Horton의 이러닝 설계

Horton의 이러닝 설계

활동 유형 및 사례

William Horton 지음

김세리 · 한승연 · 우영희 · 박성희 공역

WILEY 아카데미프레스

E-Learning by Design

William Horton

Authorized transslation from the English language edition published by John Wiley & Sons, Ltd

ISBN 978-89-91517-62-2

역자 서문

발전하는 첨단 기술의 약진에 힘입어 이러닝의 양상은 점차 다변화하고 효율화하는 양상을 보이고 있다. 시간과 공간의 효율적인 활용과 테크놀로지에 기반한 다양한 교수-학습 전략을 통해 빠르게 변화하는 사회에서 필요한 의사소통 능력, 상호 협력 방법, 문제 해결 능력, 고차원적 사고 능력 등을 습득하는 데 많은 가능성과 효과를 확보할 수 있는 교육방식이라고 할 수 있다.

그런데 많은 경우의 이러닝의 장점 중 하나인 대량 보급의 효율성에 지나치게 중점을 두거나, 관례에 따른 템플릿 중심 개발로 인하여 개발 형식이 고착화되어 버리게 되어 학습자의 활동이나 기대되는 학습의 효과를 염두에 둔 교수설계가 결여되는 경향이 나타나고 있다. 결과적으로 교수설계와 테크놀로지를 균형있게 고려하여 상황과 맥락에 맞는 교수와 학습의 활동을 유도하기 보다는 웹상에서의 강의 콘텐츠 제공 및 공유에 그치는 경우가 매우 많아졌다. 교육자와 이러닝 설계자들은 교육과정 및 교육내용의 설계, 교수-학습 활동의 설계, 이러닝 콘텐츠/기능의 설계 등을 다각적으로 고려하여 상호 관계를 설정하며 조화와 균형을 이루도록 하는 데 중점을 둘 필요가 있을 것이다.

역자들은 이러닝에서 교수자와 학습자의 활동 활성화를 위한 교수설계에 중점을 두면서도 동시에 첨단기술 및 테크놀로지를 조화롭게 활용할 수 있도록 하기 위한 목적으로 이 책을 선택하고 소개하고자 하였다. 이 책은 심오한 이론보다는 이러닝 학습 활동을 촉진하기 위한 실용적인 활용 지침과 사례에 중점을 두고 있다. 그러면서도 현재의 이러닝에서 다루는 모든 테크놀로지를 다양하게 소개함으로써 일종의 기술 활용 로드맵 내지 백서와 같은 역할을 수행한다.

가장 뚜렷한 특징은 교육과정, 코스, 레슨, 토픽, 활동 간의 관계 설정과 각각에 대한 설계 전략 및 사례를 통해 전체 강좌 또는 교수-학습의 구조를 설계하는 방법을 구체화해주고 있다는 점이다. 또한 이러닝에서 활용할 수 있는 다양한 학습 활동들을 실제적인 테크놀로지의 사례와 더불어 제시한다. 그리고 학습자들의 대표적인 세가지 학습 활동인 습득형 활동, 수행형 활동, 연결형 활동을 개념화하여 정리함으로써 활동들을 상황에 맞게 적절히 활용할 수 있게 하고 아울러 기대되는 학습효과와 배양될 역량을 가늠할 수 있게 해준다.

또 하나의 핵심 특징은 다양한 활동의 사례, 그래픽 자료, 참고 사이트, 개발 결과물 등과 같은 다양하고 풍부한 가시적 자료와 예시를 통해 교수설계의 구현 모습을 구체적으로 적용할 수 있게 해준다는 점이다. 예시들을 이러닝 교수-학습 환경에서 활용할 때의 전략, 지침, 유의사항과 조언의 제공도 아울러 제시된다.

역자들은 저자가 제시한 맥락, 개념, 문장을 가급적 그대로 살리도록 노력하되 한국 교육의 상황이나 해당 분야의 맥락에 부합되도록 번역하여 내용에 대한 이해를 촉진하고자 하였다. 이 책이 번역되어 나오기까지 최종본의 교정을 꼼꼼히 도와준 성은모 선생님, 사전 스터디를 통해 문장과 문맥에 대한 피드백을 제공해준 유종건 선생님, 책 발간의 모든 과정에 있어서 성심성의껏 활동해주신 아카데미프레스사의 홍진기 사장님과 김묘선님, 그 외에도 조언과 지원을 아끼지 않은 모든 분들께 감사의 말을 올린다.

2009년 4월
역자 일동

저자 서문

이러닝은 교육을 효율적, 효과적이게 해주면서 동시에 교육에의 접근성을 높여주는 새롭고 흥미로운 형태라고 할 수 있습니다. 하지만 그 발전속도가 매우 빠름에도 불구하고 이러닝은 아직 초보적인 단계에 머물러 있는 실정입니다. 개발되는 강좌들은 새로운 분야를 개척하거나 새로운 접근의 검증을 시도하는 것들이 많습니다.

마찬가지로, 이러닝 설계는 새로운 전문직입니다. 교수설계나 소프트웨어 공학과 같다고 볼 수는 없으나 이 두 가지를 동시에 요구하는 분야이기도 합니다. 일차적으로는 개인의 재능과 직감에 의존하겠지만 동시에 광범위한 연구와, 정립된 원리, 검증된 공식에 기반한 공학의 한 형태이기도 합니다. 이러닝 설계는 성공을 보증하는 완벽한 규칙이나 표준이 부족한 실정입니다. 즉 설계자가 어떤 프로젝트에서 성공적이었던 해결책을 그대로 가져다 쓰거나 규칙을 적용하는 것만으로 성공하기는 어렵습니다.

이러닝 설계는 새로운 지식과 기술의 조합을 요구합니다. 매우 높은 수준의 창의력과 의사결정이 핵심이며, 인간 심리학과 최신 기술의 적용을 동시에 요구합니다.

무엇보다도 성공적인 이러닝 설계는 설계와 개발의 차이점을 인식하는 데 달려 있습니다. 이 차이는 자동차를 설계하는 사람과 실제 이 자동차를 조립하여 제작하는 사람과의 차이만큼 큽니다. 적절한 설계가 이루어지지 않으면 아무리 열심히 개발하더라도 질을 담보할 수 없으므로 성공을 보증하기는 어렵습니다.

이러닝에 종사하는 사람들의 대부분은 콘텐츠나 미디어를 제작하는 것이 최종 목표라고 착각하는 경우가 있습니다. 이러닝의 목표는 다른 모든 형태의 학습, 즉 학습 경험을 창출하는 데 있어야 합니다. 하드웨어, 소프트웨어, 적용하고자 하는 미디어는 중요한 것이 아닙니다. 정말 중요한 것은 이러닝이 학습자에게 가지는 효과에 대해 고민하는 것입니다. 학습자가 단순히 스크린을 읽고, 제시되는 이미지들을 수동적으로 수용하기만 하는 것과 적극적으로 질의하고 분석하며 학습한 내용을 적용하는 것에는 큰 차이가 있습니다. 이러닝은 컴퓨터 스크린이 아니라 학습자의 마음속에서 이루어져야 한다는 것을 유념하시기 바랍니다.

이 책을 이러닝에 대한 규칙을 찾기 위해서가 아니라 문제 해결을 위한 용도로 활용하기 바랍니다. 반드시 첫 장부터 차례로 읽어갈 필요는 없습니다. 자유롭게 정보를 탐색하고 훑어보며 필요한 부분을 찾아 보십시오. 방법론을 다루는 부분을 읽을 때에는 프로젝트에 어떻게 적용할 수 있을지 생각하면서 읽을 필요가 있습니다. 한 번 지나간 내용이라 해도 흥미가 있고 프로젝트에 적용할 내용이라면 다시 읽어보는 것도 좋습니다. 최상의 효과를 얻으려면 이 책의 아이디어를 자신의 창의성과 경험에 연결시켜 보기 바랍니다. 자신의 상황, 자신의 문화, 고객의 요구 등에 대응하기 위해 이 책의 아이디어들을 변용해 볼 수 있습니다. 이 책을 통해 지금까지의 이러닝을 혁신할 수 있는 기회를 얻을 수 있기를 기대합니다.

차 례

제 1 장

이러닝 설계

온라인 러닝 개발 계획하기

아주 오래전부터 사람들은 함께 지식을 학습하고 공유해왔다. 지금까지는 같은 시간에 한 장소에 모여야 가능한 일이었지만 오늘날 인터넷 테크놀로지가 이러한 한계를 극복하게 해주고 있다. 이러닝의 개발과 더불어 이제 누구나 언제 어디서나 무엇이든 학습할 수 있게 될 것이다.

1. 이러닝이란 무엇인가

이러닝이란 교육적인 과제에 컴퓨터와 네트워크 테크놀로지를 통합하는 것을 말한다. 이러닝의 정의는 다양하지만 공통점을 갖고 있다. 어떤 정의는 다른 소프트웨어나 학습 자료 없이 전적으로 웹 브라우저 상에서 일어나는 것으로 이러닝을 제한하고 있다. 이러한 정의는 학습 테크놀로지와 관련된 효과적 활용에 대한 것을 배제하고 있다는 한계가 있다.

1.1 이러닝의 정의

이러닝에 관한 복잡한 정의가 많지만 간단하게 하나 제안하자면 다음과 같다.

이러닝이란 학습 경험을 창출하기 위한 정보공학 및 컴퓨터 테크놀로지의 활용이다.

이 정의는 학습 경험을 형성, 조직, 창출하기 위한 자율성을 제공해줄 수 있는 개방성을 의미한다.

1.2 이러닝의 다양성

이러닝의 형태는 매우 다양하다. 독자들은 이미 한두 가지의 형태를 활용해왔겠지만 모든 유형의 활용을 고려해보지는 못했을 것이다.

- **독립형 코스(standalone courses).** 교수자나 동료 학습자와의 상호작용 없이 자기 속도에 맞춘(sclf-paced) 개별 학습자에 의해 수강되는 형태. 이 책에서는 *Gantt 차트(Gantt Charts) 활용하기*, *GALENA 경사 안정성 분석(GALENA Slope Stability Analysis)*, *비전과 교회(Vision and the Church)* 등 독립형 강좌의 사례를 다양하게 소개하고 있다. 또한 이 책과 관련된 웹사이트(horton.com/eld/)에서 더 많은 사례를 접할 수 있다.
- **가상교실 코스(virtual-classroom courses).** 실시간 만남을 포함하기도 하는 실제 교실 수업과 매우 유사하게 구조화된 온라인 수업이다. 9장에서 소개된다.
- **학습용 게임과 시뮬레이션(game and simulation).** 탐색과 발견을 요구하는 시뮬레이션 활동을 수행하는 학습 형태이다. 3장에서 소개되며 또한 horton.com/eld/에서 다양한 사례가 소개되고 있다.
- **임베디드 이러닝(embedded e-learning).** 컴퓨터 프로그램이나 진단 절차, 온라인 도우미 등의 다른 시스템을 포함하는 형태이다. 8장에서 소개되며 또한 horton.com/eld/에서 다양한 사례를 볼 수 있다.
- **블렌디드 러닝(blended learning).** 교실 수업과 이러닝을 함께 사용하는 등 하나의 목표를 위해 다양한 학습 형태를 활용한다. 8장에서 소개되고 있다.
- **모바일 러닝(mobile learning).** 이동하면서 학습할 수 있는 형태로 PDA나 스마트폰(smart phone) 등의 기기를 활용한다. 2, 4, 5, 10장에서 사례를 찾을 수 있다.
- **지식 경영(knowledge management).** 이러닝, 온라인 문서, 전통적 매체를 개인보다는 조직적 차원에서 광범위하게 활용한다(horton.com/html/whckmt.asp/ 참조).

위의 유형 소개는 시작에 불과하다. 본서를 읽는 동안 설계자로서 더 많은 유형의 이러닝을 창출하게 되리라 기대한다.

2. 이러닝 설계란 무엇인가

최상의 이러닝은 최상의 교실 수업만큼 우수하고 최악의 이러닝은 최악의 교실 수업

만큼 나쁠 수 있다. 차이점은 설계에서 나타난다.

효과적인 이러닝을 위해서는 설계와 개발이 모두 요구된다. 설계가 결정(decision)에 관한 것이라면 개발은 실제로 수행(doing)하는 것이다. 설계 활동이 *무엇을* 하는가에 영향을 준다면 개발은 결정한 것을 *어떻게* 수행하는가에 영향을 준다. 설계는 판단, 타협, 장단점의 고려, 창의성을 포함한다. 설계는 결과에 영향을 주는 크고 작은 1001개의 결정이다. 본서는 이러한 설계에 관해 다루고 있다.

2.1 우수한 교수설계로부터 시작하기

교수설계는 어떤 내용을 가르치기 위해 필요한 학습 경험을 선택, 조직, 세분화하는 것을 요구한다. 우수한 교수설계란 이러한 학습 경험을 창출하는 데 필요한 테크놀로지나 인적 요인과는 별개의 것이다.

2.1.1 교수설계란 무엇인가

이 장에서 *교수설계*는 교육학(pedagogy)과 성인교육학(andragogy)을 모두 포함하는 광범위한 의미로 쓰이지만 저자는 성인교육학의 의미에 더 가깝게 사용하고 있다. 교수설계를 정의하는 데 있어, 교수체제설계(instructional systems design, ISD) 방법론에 대한 깊은 성찰을 요구하는 이론 위주의 접근은 지양하고자 한다.

교수설계는 이 장에서 모두 다루기에는 매우 광범위한 주제이다. 여기서는 간소화된 형태로 단순하고, 빠르고, 비형식적이고, 실용적인 래피드 설계(rapid instructional-design) 방법을 설명하고자 한다. 시간과 비용이 부족할 때 비상용으로 활용할 수도 있고 장기적이고 좀 더 공식적인 프로세스를 수행하기 위한 시험용으로 활용할 수도 있을 것이다.

2.1.2 교수설계가 모든 것을 결정한다

교수설계는 높은 수준의 프로젝트 목표를 테크놀로지 선정, 내용 선정, 그 외 다른 활동으로 변환하여 수행할 수 있게 해준다. 이러닝 교수설계는 어떤 저작도구, 관리 시스템, 다양한 테크놀로지를 구입해야 하며 어떤 사용 허가를 받아야 할지 결정하는 데 도움을 준다. 교수설계는 콘텐츠 개발과 미디어 선정을 주도하며 예산, 시간계획, 프로젝트 개발의 다양한 의사결정을 조율한다. 그러므로 테크놀로지를 새로 도입하거나, 새로운 인력을 고용하기 전에 문서상으로라도 수업을 설계해 볼 필요가 있다.

2.1.3 이 장을 꼭 읽고 넘어갈 것

모든 사람이 교수설계에 대해 알아야 할 필요는 없다. 다음과 같은 질문을 통해 이 장을 읽을 필요가 있는지 여부를 결정해보기 바란다.

- 그동안 여러분이 해온 교수설계 교육과 경험은 주로 교실수업에 관한 것이었는가?
- 지금 하고 있는 교수설계 방법이 마감일에 맞추기에는 느리고 답답한가? 좀 더 빠르고 신속한 것을 필요로 하는가?
- 험난한 여행을 떠나기 전에 개요를 살펴보고 싶은가?
- 교수설계의 훈련과 경험이 부족하다고 느끼는가? 당신은 이러닝 설계를 떠맡게 된 내용 전문가나 강사일 수도 있다. 혹은 고용하려고 하는 교수설계자의 포트폴리오를 평가하고자 하는 관리자일 수도 있다.

위의 질문 중 하나에라도 예라고 대답했다면, 이 장을 계속 읽어가기 바란다.

2.2 다양한 관점 고려하기

이러닝에서 효과적인 학습 경험을 이끌어내야 할 책임은 다양한 곳에 분산되어 있다. 성공적인 이러닝 설계는 네 가지 힘이 작용한 결과라고 할 수 있다. 효과적인 이러닝을 제작하는 것은 교수설계, 매체 설계, 소프트웨어 공학, 경제학의 다양한 기술에 대한 대규모 작업이다.

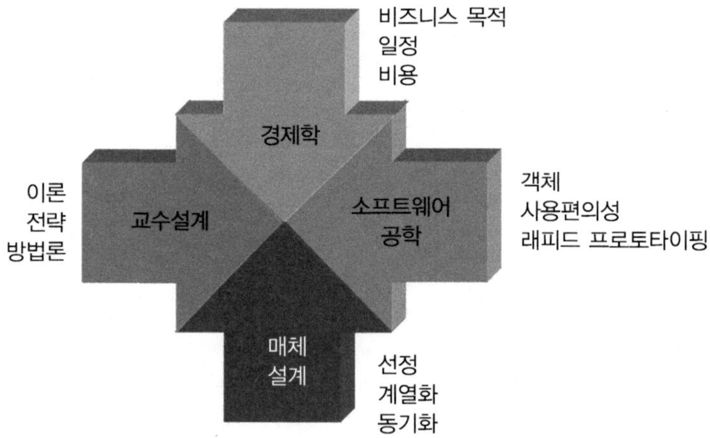

이 네 가지는 개념, 절차, 테크닉에 영향을 준다.

- **교수설계**는 사람이 어떻게 배우는지에 관한 이론과 이론을 적용하기 위한 전략, 전략을 수행하기 위한 방법을 말한다. 사람이 어떻게 학습하는지에 관한 지식은 시뮬레이션, 학습게임, 온라인 미팅, 토론 포럼과 같은 새로운 종류의 학습게임을 선정하고 구체화하는 데 지침이 된다.
- **소프트웨어 공학**은 신뢰할 만한 컴퓨터 프로그램을 구축할 수 있도록 해준다. 이는

스프레드시트나 워드프로세서처럼 컴퓨터에서 작동하고 네트웍을 통해 미디어를 전달한다. 그러므로 다른 소프트웨어처럼 세심한 설계와 질관리를 요구한다. 소프트웨어 공학은 객체 설계, 사용편의성 설계, 래피드 프로토타이핑(rapid prototyping)에 도움을 준다.

- **매체 설계**는 디지털 미디어를 잘 활용할 수 있도록 도와준다. 칠판에 판서를 하고 교수자가 설명을 할 때는 굳이 매체를 '설계' 할 필요가 없다. 최근에는 텍스트, 그래픽, 음성, 음악, 음향효과, 애니메이션, 비디오 등의 적절한 혼합을 선택해야 하므로 이러한 다양한 미디어를 배열하고 통합해야 한다.
- **경제학의 역할**은 이러닝이 가치를 갖도록 하는 것이다. 이러닝에는 비용이 따르고 수익 창출이 필요하다. 즉, 이러닝 제작, 제공, 유지에는 시간, 인력, 자원이 필요하므로 반드시 적절한 예산 계획에 의해 이루어져야 한다.

저자의 경험에 따르면 가장 흔한 실수 중의 하나가 교수설계와 이러닝 설계를 동일시하는 것이다. 저자는 다른 요인들에 대한 고려를 하지 않는 교수설계자들과 작업을 수행해 본 적이 있다. 그들은 사용가능한 테크놀로지에 대한 인식이 부족하거나 비용이 지나치게 많이 드는 설계를 했기 때문에 실제로 제작으로까지 이어지지 못하는 우를 범하게 되었다.

필요한 모든 활동을 수월하게 수행할 수 있게 되는 것은 무리가 따른다. 현실적으로 이것이 가능해질 때까지 이러닝 설계자가 여러 분야와 연계하는 역할을 수행하는 수밖에 없다. 왜냐하면 특히 복잡한 프로젝트의 경우, 서로 다른 분야의 전문가와 팀에 의해 수행되고, 한 분야의 목적이 다른 분야의 것과 충돌을 일으킬 수 있기 때문이다. 비즈니스의 목적이 요구하는 산출물은 정적이고 보수적인 반면 미디어 디자이너는 비디오나 애니메이션을 보여주고 싶어 한다.

대부분 한 분야에서 훈련을 받은 경우 다른 분야에는 경험이 부족하기 마련이다. 교수설계자로 10년 넘게 교육받아 온 사람은 역동적 매체 선택에 대해서는 잘 모를 수도 있다. 최근에 졸업했다 하더라도 애니메이션 설계나 게임 이론에 대한 광범위한 훈련이 부족한 경우도 있다.

이러닝 제작에서 일부분은 상세하게 설계하고 외주를 줄 수도 있다. 최근 한 프로젝트에서 훈련 전문 회사가 저자에게 교수설계자 업무를 의뢰하였는데, 그 이유는 사내 정보기술 부서가 소프트웨어 공학을 담당하고 미디어 제작은 더 전문적인 업체에 맡기고자 하는 의도에서였다.

2.3 이러닝의 모든 유닛 설계

설계는 전체 교과과정에서부터 개별적인 매체 요소에 이르기까지 이러닝의 모든 수준에 적용되어야 한다. 모든 요소들에 대한 이해는 어떤 설계 테크닉을 사용해야 하는지에 영향을 주기 때문에 중요하다.

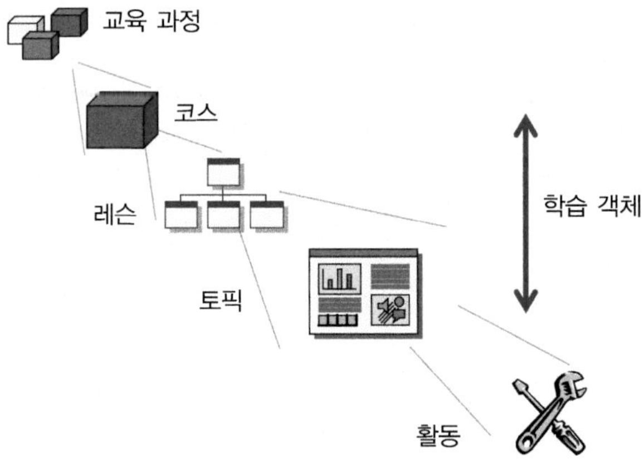

피라미드의 정점에 있는 것이 주제 영역에서 학위나 자격증을 수여하는 코스들을 포함한 학과 프로그램 등의 *교육과정(curricula)*이다. 교육과정은 특정 주제에 관한 코스들의 집합이라고 할 수도 있다.

교육과정은 일반적으로 광범위하면서도 세부적인 주제 영역을 가르치는 *코스들(courses)*로 구성된다. 이러한 유닛을 *책(books)*이나 *지식 산출물(knowledge products)*이라고 부를 수도 있다. 코스 수준에서의 설계 이슈는 이 책의 8장에서 논의된다.

코스는 *레슨(lessons)*이라 불리는 좀 더 작은 요소의 군(cluster)으로 구성되어 있다. 각 레슨은 코스의 여러 가지 목표 중 하나 혹은 관련 학습 목표군을 성취하도록 조직될 수 있다. 이 책의 7장에서 레슨 설계를 다룰 것이다.

다음 하위 수준이 단위 학습 목표를 성취하기 위해 설계되는 개별 *토픽(topics)*이다. 토픽 설계는 6장에서 다룬다.

가장 마지막 수준은 구체적인 학습 경험을 얻을 수 있도록 설계된 *학습 활동(learning activities)*이다. 각 활동은 세부적인 질문에 답하거나 핵심을 분명하게 하는데 도움이 될 수도 있지만 그 자체만으로는 학습 목표를 성취하기에 충분하지 않을 때가 많다. 활동은 이 책의 2장에서 4장까지 다룬다. 학습을 측정하기 위해 활용되는 평가 활동은 5장에서 논의한다.

중간 수준의 세 유닛(코스, 레슨, 주제)은 학습 객체(learning objects)를 포함하여 설계할 수도 있다.

실제세계에서 이 수준들을 어떻게 적용하는지 다음의 예에서 살펴보기 바란다.

교과과정(Curriculum): 경영학 석사 과정
코스(Course): 회계학 101
레슨(Lesson): 자산과 부채
토픽(Topic): 자산 평가
활동(Activity): 자산의 가치를 계산하기 위해 스프레드시트 활용하기

3. 신속하고 신뢰할 수 있는 설계하기

이러닝은 신속하고 순환적인 설계를 하는 것이 유리하다. 이 절에서는 최소한으로 시간 낭비 없이 결과 중심적인 이러닝을 구체화하는 내용을 다룬다. 불필요한 단계는 생략하고 정말 중요한 설계 과업만을 강조하는 접근이다.

빨리 숙달할 수 있도록 사전 설명(preview)으로 시작하여, 개요 보기(overview), 요약(summary), 잡 에이드(job aid)를 연결하여 진행할 것이다. 프로젝트 수행 시 참고하기 위해 인쇄하고 확대해서 벽에 붙여두는 것이 좋다. 어도비 PDF 버전은 horton.com/eld/에서 찾을 수 있다.

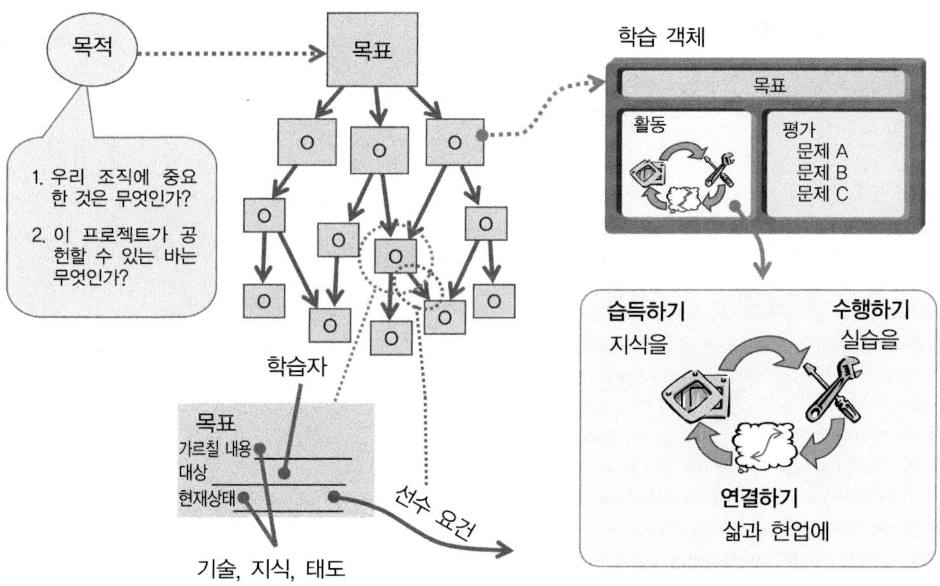

신속한 교수설계의 첫 번째 단계는 프로젝트의 목표를 설정하는 것인데 간단한 두 단계 절차로 이루어진다. 먼저 조직에서 중시하는 학습 개발의 목표를 구체화해간다. 이윤 추구인가, 공공 서비스를 위한 것인가? 투자수익률을 위한 것인가, 좋은 평판을

얻기 위해서인가?

다음으로 조직차원에서의 목표에 프로젝트가 직접적으로 공헌할 수 있는 바를 기술한다. 만약 이 시점에서 아무것도 그려낼 수 없다면 자원을 낭비하기 전에 프로젝트를 중단하는 것이 낫다. 프로젝트가 공헌할 수 있는 바를 정의하고 나면 재정적 지원이나 다른 지원을 요구할 충분한 근거를 마련할 수 있다.

다음 단계는 코스의 학습 목표를 기술하는 것이다. 학습 목표는 코스를 통해 학습자가 어떻게 변화할 것인지에 관한 것이다. 학습 목표는 선행 목표를 포함할 수 있고 이러한 부차적 수준의 목표가 선행 목표를 또 포함할 수도 있다. 대상 학습자의 출발 수준에 도달할 때까지 계속해서 선행 목표를 확인해가는 것이 중요하다.

저자는 학습 목표 진술에 단순한 공식을 활용한다. ( )를 지닌 ( )에게 ( )을 가르친다. 다시 말해 *일정 부분을 이미 알고 있는 그룹에게 주제 영역*을 가르치는 것이다. 첫 번째 괄호에는 해당 주제와 관련하여 학습자가 이미 습득하거나 수행해야 하는 것이 무엇인지 기록한다. 두 번째 괄호에는 본 내용을 배우게 되는 학습자 그룹이 누구인지를 기록한다. 세 번째 괄호에는 가르치고자 의도하는 내용(보통의 경우는 기술, 지식, 태도)을 기록한다. 첫 번째 괄호는 목표를 위한 선수 요건을 나타내며 마지막 괄호에는 기술, 지식, 태도를 기록하게 된다. 이는 선수 요건을 충족시키는 또 다른 목표를 구체화해준다.

각 학습 목표를 성취하기 위해서는 학습 객체 단위의 설계가 필요하다. 객체를 위한 교수설계는 학습 활동과 평가, 두 가지 유형을 요구한다.

학습자는 학습하기 위해 학습 활동을 완수한다. 학습 활동은 학습자가 읽거나 관찰함으로써 지식을 *습득하는(absorb)* 활동, 학습을 심화하기 위해 직접 *수행하고(does)* 발견하는 활동, 실제 생활이나 업무와 학습을 *연결하기(connect)* 위해 설계된 활동 등 세 가지 유형으로 나눌 수 있다. 평가는 목표가 성취되었는지, 학습이 일어났는지 확인하기 위한 질문이나 기타 평가 활동을 의미한다.

3.1 목표 확인하기

설계는 목표로부터 시작된다. 건물이나 기념비적인 조각, 로켓이나 자동차를 설계할 수도 있고 이러닝을 설계할 수도 있다. 어떤 것을 설계하든 상관없이 설계를 통해 성취하고자 하는 바를 명확히 알아야 한다.

학습자를 위해 해야 할 것을 열거하기 전에 고용주, 스폰서, 재정지원자가 원하는 것을 먼저 생각해볼 필요가 있다. 조직이 성취하고자 하는 바는 무엇인가? 다음과 같은 것들을 고려해 볼 수 있다.

- 내년도 교육 비용을 50%까지 절감한다.
- 새 제품을 판매하기 위한 글로벌 마케팅 계획을 신속하게 준비한다.
- 배터리 불량 오진율을 90%까지 줄인다.
- 코스를 판매하여 20만불의 수익을 낸다.
- 150개 원자력 공장 오퍼레이터를 재보증한다.

의사결정을 할 때 조직의 목표를 늘 고려해야 한다. 이 목표들을 카드에 적어 벽에 붙여 놓고 매번 "이 목표를 성취하기 위해 어떻게 해야 하는가?"를 자문하라.

3.1.1 중요한 것이 무엇인지 확인하기

개괄적인 목표는 무엇이 실제로 중요한지 말해준다. 목표를 명확하게 하기 위하여 두 가지 질문에 대답할 필요가 있다.

첫 번째 질문은 "조직에서 중요한 것은 무엇인가?"이다. 이 질문을 "당신의 회사, 대학, 부서, 정부, 기관의 성공을 측정할 수 있는 가장 중요한 한 가지 지표는 무엇인가?"로 바꾸어 볼 수 있다. 세 단어 혹은 그 이하로 대답해보라고 함으로써 목표의 초점을 정해준다. 세 단어면 충분하다. "실제적인 이익" 혹은 "투자수익률"이나, "공공서비스", "좋은 평판" 등과 같이 답할 수 있을 것이다. 저자가 수행 중인 프로젝트 중의 하나를 예로 들면, 프로젝트 관리로 특화된 컨설팅 회사인 Gantt 그룹은 목표를 다음과 같이 밝히고 있다:

> 당신의 조직을 위해, 성공을 측정하는 가장 중요한 지표는 무엇인가?
> [최대 3 단어로 표현]
>
> **더 많은 고객**

Gantt 그룹은 더 많은 고객을 유치하면 세입과 이익은 따라오게 되어 있다고 판단하였다.

두 번째 질문은 당신이 수행하는 프로젝트가 목표를 성취할 수 있느냐는 것이다. 이러닝 설계가 목표 달성에 공헌할 수 있는 바는 무엇인가? 이러닝 그 자체가 목표를 성취할 수 있다고는 말할 수 없지만 어떻게 공헌할 수 있는지는 밝힐 수 있어야 한다. 프로젝트의 공헌 여부에 대해 확신을 가지고 말할 수 없다면 중단하는 것이 바람직하다. 조직의 목표와 관계성이 없다면 프로젝트는 비용과 시간과 운영 지원의 낭비가 될 것이다. 조직에 중요하지 않은 노력에 자원을 낭비하여 조직의 운영에 장애가 되는 것은 중단해야 한다.

이에 대한 Gantt 그룹의 답변은 다음과 같다.

> 당신의 프로젝트가 목표 성취를 어떻게 도울 것인가?
>
> **잠재 고객들에게 Gantt 차트를 이해하는 것이 더 성공적인 프로젝트 매니저가 될 수 있음을(그리고 Gantt 그룹이 이를 위한 원천이 될 수 있음을) 확신시킨다.**

제안된 프로젝트는 잠재 고객들에게 프로젝트 매니지먼트의 도구인 Gantt 차트를 이해하는 것이 성공하는 길이며 Gantt 그룹이 이를 이해하기 위한 원천이 될 수 있음을 확신시킴으로써 더 많은 고객을 유치하는 것이었다.

3.1.2 조직의 목표가 나의 목표가 되도록 하기

조직의 최우선 목표와 이러닝의 학습 목표를 연결시키면 경영자나 교수설계자 모두가 조직에 이러닝이 가져올 긍정적 영향을 알 수 있게 된다. 다음의 내용은 어떻게 이러한 연결점을 만들 수 있는지 말해준다.

> 배터리 문제에 대한 잘못된 진단 대부분의 경우는 고객 지원 기술자들이 배터리 불량의 유형과 각 유형이 만들어내는 징후를 제대로 알지 못했기 때문에 발생했다. 고객 지원 기술자들을 훈련시킴으로써 오진단 비율을 적어도 90%까지 줄일 수 있다.

저자가 함께 일했던 설계자의 반 정도는 교수설계 시 조직의 목표를 고려하는 것을 완강히 거부했다. 조직의 목표가 자신의 책임이라고 느끼지 않았기 때문이다. 그들이 설계한 코스는 조직의 지원이 없었기 때문에 제대로 성과를 내지 못했을 뿐 아니라 거의 쓰이지도 않았다. 조직의 목표와 학습 목표의 연관성을 만들기 위해 불과 두 가지 질문에만 답하면 된다는 사실을 감안할 때 애석한 일이다.

3.1.3 다양한 범위의 목표 고려하기

조직의 목표는 이윤창출이나 투자 대비 수익률에 국한되지 않는다. 조직의 연차 보고서를 정독하고 조직의 리더가 연설한 내용을 반복하여 들어보면서 조직의 가치와 목표로 무엇을 강조하고 있는지 파악하라.

목표 유형	설명	측정지표
재정	영리 혹은 비영리 사업의 기업의 금융체계	• 수익 • 현금 흐름 • 이익 • 주가 • 벤처 자본
지적 자산	조직 통제 지식	• 직원의 교육 수준 • 스태프의 전문적 경험 • 매력성과 재능 보유 비율 • 특허와 발명
고객	조직의 서비스와 제품 고객	• 학생 • 거래서, 고객, 스폰서 • 시장점유율
운영 관리	효율성과 조직이 미션을 수행하는 속도	• 제품 제작부터 시장 공급에 소요되는 시간 • 유닛당 비용
평판	조직에 대한 이미지	• 수상 경력(industry awards) • 순위 • 커뮤니티 서비스 수상

3.2 학습 목표 수립

효과적인 이러닝을 위해 잘 기술된 목표라면 구체적인 미션을 갖고 있고, 반드시 필요한 것이며, 꼭 보유하고 있어야 하고, 성패를 좌우하는 것이어야 한다. 저자의 경험에 따르면 실패한 이러닝 프로젝트의 반 이상이 명확한 학습 목표의 부재에 기인하고 있다.

모든 것은 목표로부터 나온다. 목표로부터 선수학습 요건, 학습 활동 선택, 평가 설계를 규명할 수 있다. 좋은 목표는 노력이 헛되지 않게 하고, 잘못된 시작을 줄이며, 비용을 절감할 수 있게 해준다.

3.2.1 학습 목표 기술하기

일단 프로젝트의 목적을 명확하게 해야 코스의 기본 학습 목표를 기술할 수 있다. 이 목표는 강좌가 성취하고자 하는 것으로 기술한다.

목표를 어떻게 기술해야 하는지와 목표를 어떻게 표현해야 하는지에 관한 방법론에 대한 의견은 다양하다. Robert Mager나 Robert Gagné의 책을 아마존에서 검색하면 예들을 찾을 수 있다. 하지만 신속한 교수설계를 위해서 저자는 언제나 좋은 결과를 가져왔던 단순한 공식을 사용한다. 학습 목표를 세 부분으로 기술하는 것인데, 첫째, 의도(무엇을 가르칠 것인가), 둘째, 대상 학습자, 셋째는 학습 시작을 위한 선수 요건 규명이다.

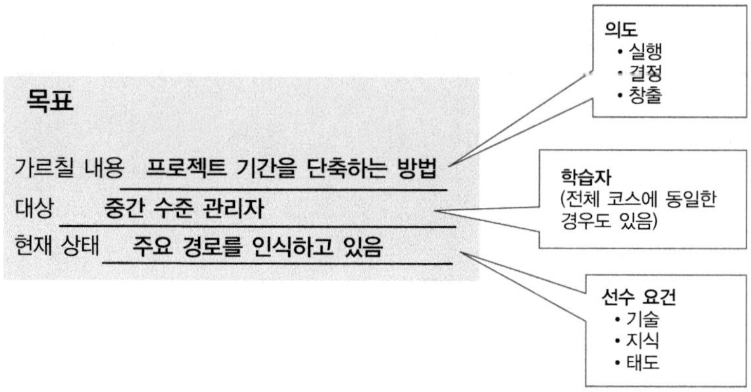

Gantt 차트 활용하기 코스에서 최상위 목표는 중간급 관리자에게 프로젝트 기간을 단축하는 방법을 가르치는 것이었다. 이를 위해 매니저들은 Gantt 차트에서 주요 경로를 인식하는 방법에 대해 알고 있어야만 했다.

이 목표를 위한 첫 번째 슬롯은 가르치고자 하는 것이 무엇인가인데, 어떤 것을 직접 해보거나, 의사결정을 하거나, 어떤 것을 창출하는 것 등을 포함한다. 두 번째 슬롯은 이 목표를 성취하고자 하는 사람들에 관한 것이다. 전체 코스가 단일 그룹을 목표로 하는 것이라면 이 슬롯은 코스의 모든 목표에 대해 같은 답만을 포함할 것이다. 마지막은 목표를 실제로 성취하기 위해 필요한 선수 요건을 기록한다. 선수 요건은 학습자가 지녀야 하는 기술, 지식, 태도 등을 기술하는 것이다. 선수 요건 슬롯은 다양한 답을 포함할 수 있으나, 수업 슬롯에서는 단일 기술, 지식, 태도만을 포함해야 한다.

3.2.2 좋은 목표를 만들기 위한 요건

좋은 학습 목표는 명확하고 정확하며 가치가 있어야 한다.

3.2.2.1 명확성

학습 목표는 관련된 모든 이에게 명확해야 한다. 목표는 프로젝트 관리 팀에게 무엇을 성취하고자 하는지 알려주어야 하고 미디어 설계자에게는 세부적인 순서가 무엇인지에 대한 아이디어를 주어야 한다. 목표는 반드시 "나를 위한 것이 무엇인지"에 대하여 학습자와 의사소통할 수 있는 것이어야 한다.

3.2.2.2 정확성

학습 목표는 요구하는 학습이 무엇인지 성취를 측정할 수 있을 만큼 세분화될 필요가 있다. 프로젝트 초기에는 지나치게 세부적이기보다는 간단하게 기술하는 것이 좋다. 우선 학습과 관련된 "목적"들을 모두 펼쳐 놓고 불필요한 것들을 제외시켜 가면서 목표를 하나씩 세분화해가야 한다.

3.2.2.3 가치

학습 목표는 조직의 목적을 성취하는 데 직접적으로 기여할 수 있어야 한다. 책임감 있는 개발자라면 조직의 목적과 대비하여 목표를 지속적으로 체크해야 한다.

3.2.3 목표의 유형

목표 기술에 대한 어떤 방법론들은 너무 복잡하여 수백 가지 다른 유형의 목표를 제시한다. 여기서는 1차적인 것과 2차적인 것에 각각 세 가지씩으로 총 여섯 가지 유형의 학습 목표로 요약해 본다. 이를 효과적으로 적용한다면 시간을 5% 정도 절약할 수 있을 것이다.

교수 의도는 다음과 같은 형식으로 표현될 수 있다. 이 형식은 표준적인 도입으로 시작해서 여섯 가지 형태로 마무리할 수 있다.

레슨수업이나 토픽 학습을 통해 학습자는 ~를 할 수 있다

1차 목표

- Y를 성취하기 위해 X 절차를 **실행(Do)**할 수 있다.
- Y를 할 수 있는 X를 **창출**하거나 설계할 수 있다.
- Y가 주어졌을 때, X를 **결정**할 수 있다.

2차 목표

- X를 **믿는다.**
- Y에 대한 X를 **느낀다.**
- Y에 대한 X를 **안다.**

3.2.3.1 1차 목표와 2차 목표

목표는 1차적인 것과 2차적인 것이 있는데 1차적인 것은 학습을 위한 궁극적인 이유가 되고 2차적인 것은 직접적인 결과를 의도하지는 않지만 1차 목표를 수행하게 해주는 역할을 한다.

1차 목표와 2차 목표는 둘 다 중요하지만 1차 목표야말로 전체 목표를 성취하기 위해 반드시 가르쳐야 하는 것이다. 1차 목표는 이러닝의 결과로 사람들이 수행할 수 있게 되는 것을 규정하는 *수행(performance)* 목표이며, 때로는 *최종(terminal)* 목표라고도 한다. 동시에 *가능하게 해주는(enabling)* 목표라고도 하는데 최종 목표를 학습할 수 있도록 가르쳐야 할 것들을 기술하기 때문이다. 2차 목표는 언제나 가능하게 해주는 목표에 해당한다. 주요 목적은 아니지만 1차 목표를 성취하기 위해 필수적이다.

이제 이러닝을 위한 전반적인 목표를 기술해보고, 만약 2차 목표처럼 보인다면 다시 고려해야 한다. 왜 사람들이 어떤 것을 믿고 느끼고 아는지 자문해보라. 그러한 목표를 성취하기 위한 요구를 충족하는 것은 무엇인지 확인한다. 1차 목표를 찾기 위해 이 질문들에 답할 필요가 있다.

저자는 인지적, 정의적, 심체적 목표를 굳이 구분하지 않는다. 실제 세계의 과제는 세 가지 모두를 포함하고 있기 마련이다. 예를 들어 심폐소생법(CPR)을 수행하기 위해 절차의 단계를 알아야 하고(인지적), 절차가 유아들에 따라 어떻게 다른지 알아야 하며(인지적), 용기를 가지고(정의적), 평온을 유지하며(정의적), 조화된 행동을 수행해야 하며(심체적), 청각과 촉각에 기반하여 절차를 수정할(심체적) 수 있어야 한다.

3.2.3.2 1차 목표는 목적을 반영한다

1차 목표는 이러닝이 성취하고자 하는 목적이다. 1차 목표는 학습자가 무엇을 할 수 있게 되는지에 관한 수행의 형태로 기술된다. 다음의 표는 1차 교수 목표의 다양한 형태를 목록화하고 각 형태의 예를 제시하고 있다.

목표 유형	Z상황에서, 학습자는 …할 수 있다	예
수행한다	Y를 성취하기 위해 X를 수행한다.	…한 달에 한 번, 메일링 리스트에서 유효하지 않은 (Do) 주소를 삭제하기 위한 절차를 완수할 수 있다. …구매자가 제공한 샘플에 맞는 기본색과 음영색을 혼합할 수 있다. …복잡한 웹사이트에 맞도록 파일 구조를 설정하기 위해 익스플로러의 보기 메뉴를 사용할 수 있다. …허리를 구부리기 보다 무릎을 굽혀서 무거운 짐을 들 수 있다. …미적분학 101에서 배운 원리를 미적분학 201의 문제 풀이에 적용할 수 있다.
결정한다 (Decide)	Y를 결정한다.	…환자의 진찰결과와 혈액 검사를 기반으로 하여 처치에 관한 코스를 선택한다. …반복 절차의 각 유형에 가장 효과적인 고리 구성이 어떤 것인지 선정한다. …기존의 협동 경험에 근거하여 가장 어려운 동료와 잘 해나갈 수 있는 전략을 결정한다. …더블치즈버거보다는 샐러드를 주문한다. …친숙함, 우정, 피상적 특성보다는 공헌할 수 있는 바가 무엇인지에 따라 팀 구성원을 고른다. …도박처럼 하기보다는 이성적인 방법으로 차입금 투자를 이용한다.

목표 유형	Z상황에서, 학습자는 ...할 수 있다	예
창출한다(Create)	Y할 수 있는 X를 설계하거나 구축한다.	...복잡한 XML 프로젝트를 위한 개발 시도를 계획한다. ...환경적, 심미적, 논리적 요구사항에 부응하는 도시 공원 레이아웃을 세분화한다. ...정보를 일반 데이터베이스에서 세부 정보만을 포함하는 XML 형태로 내보내는 프로그램을 쓸 수 있다. ...제안된 주거지의 1/24 척도모형을 만들 수 있다.

기술, 지식, 태도에 관한 목표 작성 방법에는 이미 익숙할 수도 있다. 그렇다면, 기술은 *수행하다* 혹은 *창출하다*와 같은 진술 방법을 요구한다는 것을 기억하라. 태도 영역에서는 학습자가 어떤 태도에 의해 계속적으로 선택을 해나가는지 묻기 위해 *결정하다*를 사용한다. 이 단계에서 목표가 100% 명확하지 않다고 초조해할 필요는 없다. 목표의 성취를 측정하기 위한 평가 내용을 설계하면서 목표를 명확하게 할 수 있을 것이다.

3.2.3.3 목적달성을 위한 2차 목표

2차 목표는 1차 목표를 성취하기 위해 필수적으로 요구되는 어떤 것을 가르치기 위한 것이다. 학습자가 무엇을 알고, 믿고, 느끼게 될 것인지 진술하게 된다.

목표 유형	Z상황에서, 학습자는 ...할 수 있다	예
알다(Know)	Y에 대해 X를 알다.	...국제 선적 대상의 99% 국가 코드를 회상할 수 있다. ...분쟁에서 평온을 찾게 하는 말들을 알고 있다. ...사람 손의 뼈 이름을 모두 확인할 수 있다.
믿다(Believe)	X를 믿는다.	...우리 회사가 시장에서 가장 신뢰로운 공급자라는 것을 믿는다. ...그들이 우리와 함께 일함으로써 재정적 목표를 달성할 수 있다고 믿는다. ...뮤추얼 펀드가 그들의 포트폴리오에서 가치 있는 것이라 간주한다.
느끼다(Feel)	Y에 대해 X를 느끼다.	...우리 회사의 전체 생산 라인에 대해 긍정적으로 느낀다. ...화가 난 낯선 사람을 만나게 되어도 평온을 유지할 수 있다. ...그들이 그들 고유의 문제해결을 위해 우리 제품을 쓸 것이라고 확신한다. ...장애가 있는 동료에게 (동정심보다는) 공감을 느낀다.

3.2.4 상황을 구체적으로 설명하기

우리는 학습자가 학습을 통해 단순히 지식을 축적하기만 하는 것이 아니고 적용할 수 있도록 하기 위해 가르친다. 사람들은 지식, 기술, 태도를 실제 세계에 적용한다. 목표의 일부로서, 실제 세계의 상황이 어떤 것인지 구체화할 필요가 있다. 이를 통해 설계자는 실제 세계에서 결과를 성취할 수 있도록 설계할 수 있게 된다. *상황*은 광범위한 용어이다. 상황은 세 가지 주요 요인을 포함하는데 첫째는 학습의 적용을 유발하는 사태이고, 둘째는 학습자가 반드시 행위를 하게 되는 조건이며, 셋째는 학습자가 학습을 적용하기 위해 필요로 하는 자원이다.

3.2.4.1 유발

어떤 사태가 학습의 적용을 유발하는가? 학습자가 행위의 단서로 반드시 인식해야 하는 것은 무엇인가? 혹은 학습자가 주어진 환경에서 희미한 단서로부터 행위할 필요를 추론하게 할 필요가 있는가? 일정에 따라 정기적으로 적용되어야 할 행위인가?

3.2.4.2 조건

어떤 조건에서 학습자는 행위를 수행하게 되는가? 어떤 환경이 학습자가 행위하게 하는가? 행위는 어디에서 일어나는가? 환경으로부터의 잡음(noise)은 어떠한가? 특별히 덥거나 추운가? 학습자가 가진 여유 공간은 얼마나 되는가? 조명은 적절한가? 학습자가 자주 방해를 받게 되는가?

3.2.4.3 자원

학습자가 의존할 수 있는 자원은 어떤 것인가? 책? 계산기? 웹에의 접근성? 기억에만 의존하는가? 학습자가 받을 수 있는 지원은 어떤 것인가? 학습 관리자는 학습자를 안내하는가? 어떤 동료와 문제에 대해 토론하는가?

3.2.5 성공 기준 설정

학습자가 성취해야 하는 기준(criteria)은 어느 정도인가? 우리는 모든 학습자가 의도된 결과를 완벽하게 성공적으로 성취할 것이라 생각하는 경향이 있다. 역설적이게도 완벽한 수행을 목적으로 설계된 것이 좋은 결과보다는 나쁜 결과를 가져오는 경우가 많다. 그러므로 모든 목표에 대해 배운 것을 적용하는 데 있어 학습자의 성공의 정도를 현실적으로 기술할 필요가 있다. 성공의 정도를 양화하는 것은 쉽지 않지만, 다음과 같은 매트릭스를 설정해볼 수 있다.

- 목표를 완벽하게 성취할 수 있는 학습자의 비율
- 평균 에러율
- 과제 수행에 요구되는 시간
- 일정 기간 동안 산출되는 결과
- 문제의 발생빈도의 감소 혹은 기대하는 사태 발생 비율의 증가

3.2.6 완벽한 학습 목표의 예

다음은 다양한 코스에서 학습 목표의 예이다.

학습자	상황	행위	기준
5년 미만의 경험을 가진 정규 산림업 종사자	방침을 추천해줄 것을 요구받은 상황. 웹 기반 자료에 접근할 수 있다.	삼림 관리의 수단으로 관리목적의 방화를 객관적으로 고려할 수 있다.	초보 산림업 종사자들은 경험이 많은 산림업 종사자들과 동일한 빈도로 관리를 위한 방화를 제안할 수 있다.
데이터베이스 프로젝트를 수행중인 비주얼 베이직 프로그래머	요구가 있을 때. 모든 온라인 문서와 다른 웹 기반 자료에 접근할 수 있다.	ADO와 RDS를 활용하여 데이터 불러오기(retrieve), 바꾸기(alter), 고쳐 쓰기(rewrite) 등 일상적 기능들을 활용할 수 있다.	10분 이내에 적어도 85%가 일상적 기능들을 활용할 수 있다.
고객 지원 기술자	전화로 고객의 불만사항에 응대할 때. 기억에서 회상하여 진단 절차를 활용할 수 있다.	배터리 불량의 원인을 정확하게 확인한다.	현재의 오진단율을 90%까지 줄인다.
개별 투자자	코스에서 웹기반 자원을 활용할 수 있다.	개별적 목표를 성취하기 위해 균형잡힌 재정 계획을 수립한다.	90% 이상이 계획을 완성할 수 있다.

3.2.7 학습자의 요구와 능력 분석

누구의 지식, 기술, 태도를 바꾸고자 하는가? 다음의 질문에 답하기 전에 대상 학습자가 될 사람들에 대해 조사를 할 필요가 있다.

- 학습자의 지식, 편견, 기술, 태도의 현재 수준은 어떠한가?
- 학습에 대한 기대와 태도는 어떠한가?
- 배우고자 하는 동기는 무엇인가?

- 이러닝 테크놀로지 활용에 대한 준비도는 어떠한가?

이에 관련된 지식을 얻기 위해서는 설문조사, 인터뷰, 테스트 등을 수행해야 한다. 저자는 저자의 이러닝 수강생이 될 학습자 각각에 대한 특성을 다음과 같이 요약하여 사용한다.

Gantt chart readers	Learners			Form copyright © 2005 William Horton Consulting, Inc.
ID	**Project**	**Scope**	**Identification**	**Owner**
	Course: **Reading Gantt Charts**	Entire course	RGC-Consumers-01 Version 1.1 – (2003.5.1)	Copyright © 2003 William Horton Consulting, Inc. 838 Spruce Street, Boulder, CO, 80203 +1.303.545.6964 william@horton.com

Learners	**Description**	**Job function**	**Education**	**Experience**	**Demographics**
	Middle and upper managers who need to read and interpret Gantt charts. Typically supervise those who actually construct the Gantt charts. **Portion of total audience**: 100%	General management duties, including management of complex projects **Time value**: $100K per year	Business degree and training in corporate policies but no specific training in reading and constructing Gantt charts.	85% have seen Gantt charts, understand that they show project schedules, and perhaps recognize task bars.	**Age range** 30-65 **Gender mix** 60% male **Nationality** 65% US & Canada

Goals	**What do they hope to gain?**	**Why do they take the learning?**	**Financial involvement**
	Learn to interpret Gantt charts, especially how to use them to make better decisions regarding the scheduling and supervision of complex projects	65% To accomplish current job Required by boss 20% To qualify for new job To pass certification test To make more money 15% Curiosity & self-improvement Other	Paid for time learning? Yes Costs they pay themselves: (none)

Where	**When will they learn?**	**Where will they learn?**	**Geographic distribution**	**Environment**
	Designated times 85% Normal work hours 5% Evenings 10% Weekends Other	60% Private office 30% Cubicle Factory floor Training center 5% Hotel 15% Home Other:	All in one building All on one campus All in one city 60% All in one country 40% over 24 time zones	**Space**: No room for more than one piece of paper beside the computer **Lighting**: OK **Noise** Normal office noise with frequent interruptions (every 10 minutes or so)

Abilities	**Computer skills**	**Language skills**	**Typing**	**Disabilities**
	X E-mail X Web browser X Word processor X Other desktop applications Discussion forums Chat and messaging Install software Writing macros Programming	Reading 10th Grade level Writing 10th Grade level Languages English 60% 1st language 40% 2nd language	E-mail quality 15 words/min Letter quality 10 words/min	None beyond those implied by the demographics of learners. Note: This course is not required to comply with Section 508 or W3C WAG

Technology	**Hardware**		**Software**	**Network connection**
	Processor P2 100+ MHz **Memory** 24 MB **Display size** 800 x 600 **Colors** Thousands	**Disc** CD-ROM 4X **Audio out** 16-bit **Audio in** (none) **Video in** (none)	**OS** Windows 98 **Browser** IE 4+, NS 4+ **Players** Flash 4 **Applications** MS Project	**%** / **Type** / **Up** / **Down** / **Cost** 60% Intranet 1 M 1M - 20% Broadband .2 M 1M - 20% Dialup .02 M .02 M - - Wireless

PDF 버전은 horton.com/eld/에서 다운로드할 수 있다.

3.2.8 규정된 교육과정에 대한 고려

코스나 교과과정의 목표를 설정하고 나면 다른 사람이 이미 가르칠 지식이나 기술을 규정해 놓았는지 고려할 필요가 있다. 코스나 교과과정 영역에서 필수조건이 다음과 같은 주체에 의해 규정되어 있는지 확인할 필요가 있다.

- 정부 규정
- 수료증 혹은 자격증 절차
- 참고할 수 있는 표준
- 전문 협회
- 표준화된 학과 교육과정

이미 관련 내용이 있다면 프로젝트의 학습 목표를 위한 긴 논의와 조사에 필요한 시간을 상당히 단축할 수 있다.

3.2.9 필수 기술 가르치기

수업은 꼭 필요한 것을 가르칠 때만 효과적이다. 기초수준의 명시적인 지식을 가르칠 때 발생하는 문제 중의 하나는 학습자가 이미 알고 있거나 스스로 해결 방법을 터득하게 되거나 전혀 적용하지 않는 것이다.

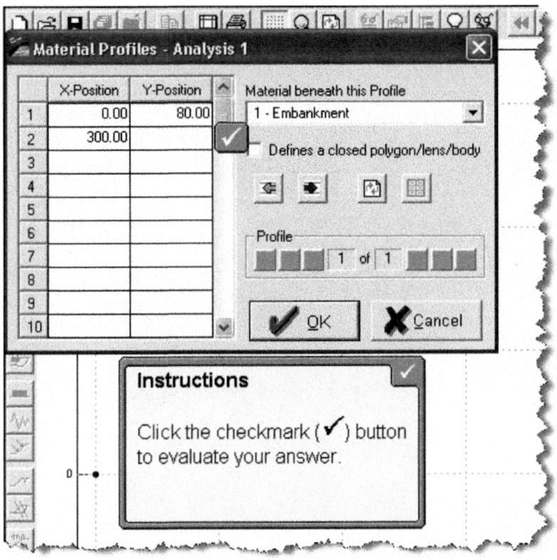

예를 들어 왼쪽 그림의 시뮬레이션은 학습자가 각 셀에 숫자를 타이핑하도록 하고 있다. 이 접근에서의 문제는 숫자를 타이핑하는 것에 주의를 집중시킨다는 것이다. 가르치는 중요한 과제로부터 주의를 분산시키는 터널 시야 현상(tunnel vision)[1]을 야기한다.

타이핑 기술은 중요한 게 아니다. 더 중요한 것은 적절한 유형의 데이터를 입력하는 것이다. 위의 활동을 수정한 예에서 보면 단순히 숫자를 타이핑하는 것이 아니라 값들의 관계에 더 집중하도록 되어 있다.

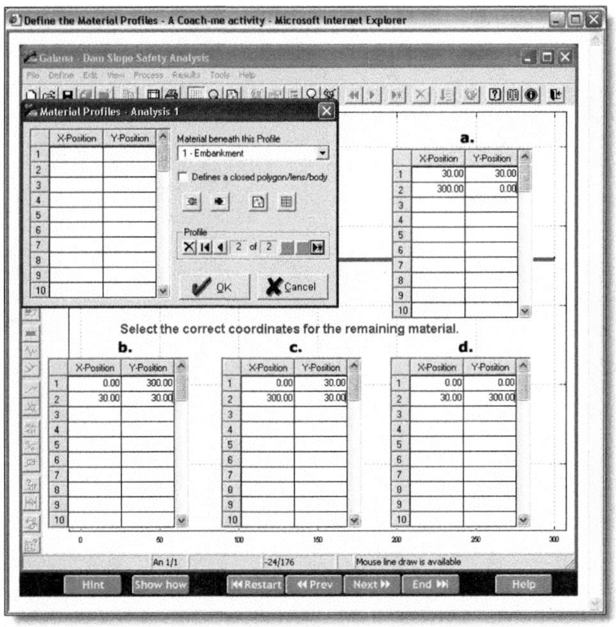

어도비 캡티베이트로 작성하였다.

1) 터널 시야 현상: 차로 여행할 때 터널에 들어가면 시야가 좁아져서 출구 부분만 밝게 보이는 현상. 전체적 맥락이나 본질을 보지 못하고 시각적 주의를 끄는 부분만 보는 현상을 지칭함.

3.3 선수 요건 확인하기

복잡한 프로젝트가 단순한 하나의 목표를 포함하는 경우는 없다. 최고 수준의 학습 목표가 무엇이든 선수 요건의 확인이 반드시 필요하다. 선수 요건은 학습자가 주요 목표를 성취하기 전에 반드시 가져야 할 기술과 지식을 세분화해준다.

3.3.1 관련 목표 파악

최상위 목표로 시작하여 설계는 일련의 단계적으로 연결된 "폭포식"의 선수 목표를 확인한다. 예를 들어 *Gantt 차트 활용하기*(*Using Gantt Chart*) 코스의 최상위 목표는 주요 경로를 파악할 수 있는 중간 관리자들에게 프로젝트 기간을 단축하는 방법을 가르치는 것이다. 하지만 모든 중간 관리자들이 주요 경로를 파악하는 방법을 알고 있는 것은 아니다.

즉, 선수 요건에 부응하는 다른 낮은 수준의 목표들이 필요하다는 것이다. 이 목표는 주요 경로를 해석하는 것을 가르치는 내용이 될 수도 있다. 이전과 마찬가지로 중간 관리자들을 목표로 한 것이지만, 새로운 목표는 Gantt 차트의 일반사항을 해석할 수 있는 능력이라는 선수 요건을 포함하고 있다.

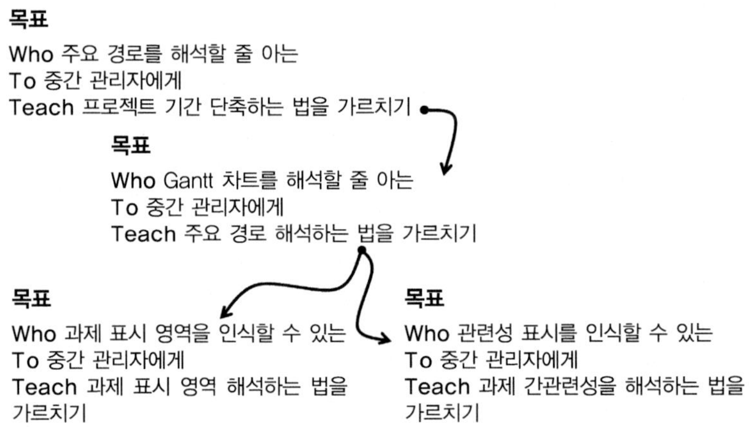

다음으로 Gantt 차트를 해석하는 것은 "과제 표시 영역(task bar)"[2]을 해석하는 방법이나 "과제 간 관련성(task dependencies)"[3]을 해석하는 방법과 같은 목표를 요구한다. 이 두 개의 새로운 목표는 모두 이전 목표의 선수 요건이 된다.

그러므로 목표 제시 전에 학습자가 반드시 알고 있어야 하는 것을 반복적으로 질문함으로써 최상위 학습 목표로부터 하위 목표까지 마치 폭포처럼 단계적으로 연결되도록 개발하게 된다.

---

2) 과제명 및 과제 관련 기간이나 진척도를 표시할 수 있도록 되어 있는 행이나 열 형태의 칸.

3) 둘 이상의 과제 간의 관련성을 나타내는 표시나 척도.

3.3.2 목표의 약식 기술

목표를 쓰는 공식은 단순하지만 십여 개의 목표를 쓰는 일은 스트레스가 될 수도 있다. 이것이 많은 설계자들이 목표 기술 단계를 그냥 넘어가게 되고 콘텐츠 개발에 착수하게 되는 이유가 되기도 할 것이다. 그런 욕구를 극복하자. 약식으로 목표를 기술하면서 능률화할 필요가 있다.

보다 능률적으로 목표를 기술하기 위해서 목표를 성취한 후 학습자가 무엇을 할 수 있게 되는지에 대해서만 서술하라. "주요 경로를 해석할 수 있는 중간 관리자들에게 프로젝트 기간을 단축하는 방법을 가르친다"는 "프로젝트 기간을 단축한다"로 단순하게 표현할 수 있다. 다음 목표는 "주요 경로를 해석한다", 그리고 마지막 두 개의 목표는 "과제 표시 영역을 해석한다"와 "과제 간 관련성을 해석한다"가 될 것이다.

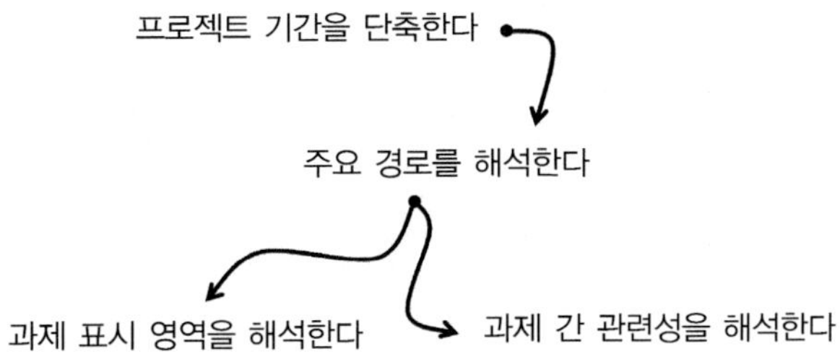

학습자가 전체적으로 유사하기 때문이고 하위 목표들은 상위 목표의 선수 요건들이 되기 때문에 이와 같은 목표 기술이 가능하다. 약식으로 기술하는 것은 목표가 학습자가 무엇을 성취할 수 있는지 과제로 표현하는 문법적 형태로 기술될 때 가장 효율적이다. 이 문법적 형태의 첫 부분은 "해석하다"나 "단축하다"와 같은 행위 동사이다. 다음 부분은 동사의 직접 목적어가 되는 어구, 즉 어떤 행위를 하게 될 것인지에 관한 것이다. 이런 형식이 수행에 초점을 맞추는 데 도움을 준다.

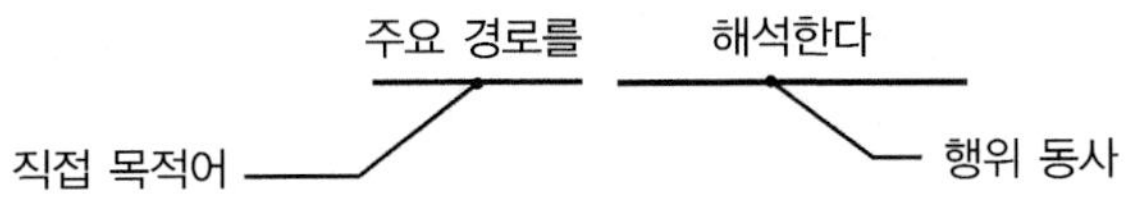

학습 목표 기술을 능률화할 수 있는 도구는 화이트보드나 포스트잇인데 목표가 바뀌게 되었을 때 수정하기 쉽기 때문이다.

3.3.3 학습 목표의 위계

학습 목표와 이에 따른 선수 요소는 자연스럽게 트리 구조나 위계를 형성하게 된다. 예를 들어 *Gantt 차트 활용하기* 코스에서의 분석을 보면, 최상위 목표는 주요 경로를 해석할 수 있는 중간 관리자가 프로젝트 기간을 단축하는 것을 가르치는 것이다.

이 목표를 위해 주요 경로 해석 능력과 프로젝트 관리 일반에 관한 두 가지 선수 요건을 명시하였다. 주요 경로 이해는 주요 경로를 인식하는 능력, 과제 표시 영역을 해석하는 능력, 과제 간 관련성을 해석하는 능력이라는 선수 요건을 가진다. 주요 경로 인식은 주요 경로를 정의하고, 주요 경로가 아닌 것과 구분하는 능력을 선수 요건으로 요구한다. 과제 표시 영역의 해석은 과제 표시 영역을 인식하며 차트 그리드를 읽고, 플로트 라인을 인식하는 선수 요건을 요한다. 과제 간 관련성 해석을 위한 선수 요건은 관련성 표시내용을 인식하고 이정표가 되는 부분을 구분하는 능력이다. 표시내용을 인식하는 것은 시작-종료, 부분 완료, 시작 지연의 세 가지 유형의 표시내용 인식의 능력을 요한다. 실제 분석은 이보다 복잡하지만 기본적으로는 같은 구조라고 할 수 있다.

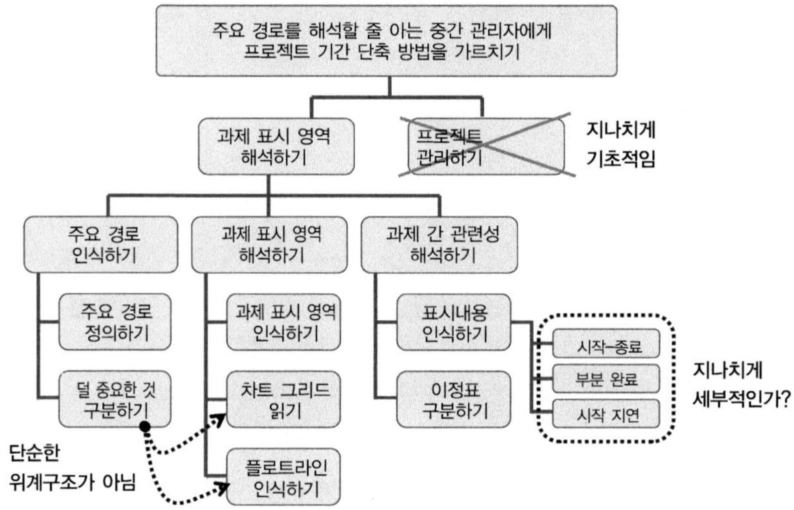

이처럼 잘 정리된 위계구조를 보면 다음 단계로 진행하고 싶다는 생각이 들 것이다. 하지만 종종 잘못된 길로 가게 되기 때문에 주의할 필요가 있다. 프로젝트의 범위에 비추어 보았을 때, 어떤 목표는 너무 기본적이고 어떤 것은 또 너무 광범위하다. 예를 들어 프로젝트 관리 능력은 *Gantt 차트 활용하기*라는 코스에는 너무 기초적이다.

한 가지 더 주의할 점은 이 위계가 선수 요건 간의 관계를 표현하고 있다고 가정하기 쉽다는 것이다. 면밀히 살펴보면 주요 경로와 주요 경로가 아닌 것을 구분하는 것은 플로트 라인 인식능력과 차트 그리드를 읽는 능력을 요구하는데, 이는 과제 표시 영역을 해석하는 것의 선수 요건으로 확인된 것이다. 목표 간의 관계는 명확하나 위계는 단순하지 않다는 것을 알 수 있다.

부가적 수준의 목표를 살펴보면 어떤 목표들은 너무 세부적이거나 독특하다는 문제를 발견하게 된다. 이 목표들은 삭제하거나 참고자료로 따로 정리하는 것도 좋은 방법이다. 세 가지 유형의 관련성 표시내용에 관한 부분도 모호하다.

마지막으로 주의할 것은 이 위계를 그대로 코스 메뉴의 구조로 채택하면 안 된다는 것이다. 특히 선수 요건을 먼저 가르쳐야 할 필요가 있는 경우에 더욱 그러하다.

3.3.4 선수 요건 확인

구체적인 목표를 위한 선수 요건을 신속하고 체계적으로 확인할 수 있는 방법은 무엇일까? 마법 같은 공식은 없다. 세심한 목표 분석이 이루어져야 한다. 예를 들어 구성요소가 되는 기술을 선수 요건으로 구분할 수 있다. 구성요소가 되는 기술은 상위 수준의 기술의 부분이다. 예를 들어 어떤 절차가 다섯 단계로 구성된다면 각 단계가 이 절차의 구성요소 기술이 된다. 선수 요건의 다른 범주는 개념 정의이다. 어떤 영역에 있어 학습자가 기본적인 어휘를 모른다면 상위 개념들을 이해할 수 없을 것이다. 암기식 학습 이상의 것, 창의적인 문제해결을 원한다면 개념이 필요하다. 학습자에게 지식 적용에 있어서의 제한점을 알려줄 필요가 있다면 규칙과 규정이 필요하다. 다음의 표는 다양한 유형의 목표의 공통적인 선수 요건에 관한 내용이다:

목표 유형	공통 선수 요건
Y를 성취하기 위해 X절차를 **수행**한다.	절차의 개별적인 단계를 **수행**할 수 있다. 절차의 수행에 대해 자신감을 **느낀다.** 절차의 수행을 **결정**한다.
X를 **결정**한다.	결정을 통제하는 규칙을 **안다.** 어떤 선택사항이 있는지 **안다.** 각 선택의 결과를 **안다.** 결정하도록 도와주는 원리와 개념을 **안다.** 결정이 필요하다고 **믿는다.** 옳은 선택에 대해 긍정적으로 **느낀다.**
Y를 수행하는 X를 **창출**한다.	계획이나 구축을 위한 절차를 **수행한다.** Y를 위한 요구사항과 프로세스를 통제하는 규칙을 **안다.** 취해야 할 접근을 **결정한다.** 새로운 아이디어를 받아들일 수 있다고 **느낀다.**
Y에 대한 X를 **안다.**	X를 이해하기 위해 필수적인 용어들을 **안다.** 도움이 되는 사실, 프로세스, 개념을 **안다.**
X를 **믿는다.**	X를 지원하는 사실, 개념, 원리를 **안다.** X가 중요하다고 **느낀다.**
Y에 대해 X를 **느낀다.**	Y에 대한 어떤 것을 **믿는다.** Y에 대한 어떤 것을 **안다.**

3.3.5 선수 요건 성취 방법 결정

선수 요건에 관한 두 번째 고려사항은 어떻게 선수 요건을 다룰 것인가이다. 가장 일반적인 방법은 목표를 계속 추가하는 것이다. *Gantt 차트 활용하기*를 위한 목표 위계를 구성할 때 사용된 프로세스이다.

다른 대안적 방법은 학습자들이 시행착오를 겪거나 발견학습을 하게 함으로써 선수 요건을 알 수 있도록 하는 것이다. 많은 학습자들은 정보가 약간 부족한 상황에서의 도전을 기꺼이 받아들인다. 혹은 목표를 가르칠 때 한 부분으로 가르칠 수도 있다. 주요 목표와 선수 요건의 목표를 함께 가르칠 수 있을 만큼 풍부한 학습 활동을 선택할 수도 있다. 또한 학습자가 정보를 스스로 찾아보게 하는 것도 한 방법이다. 인터넷 자료를 통해 목표에 해당하는 내용에 무료로 접속할 수 있다면 학습 내용을 개발하는 수고를 할 필요가 있겠는가? 한편으로는 소수의 학습자만 대상으로 하는 방법도 있다. 소수의 학습자가 특정 선수 요건이 부족하다면 굳이 소수를 위해 내용을 개발할 필요까지는 없을 것이다. 선수 요건에 따라 목표를 자동적으로 추가해서는 안 될 것이다. 지나치게 많은 목표로 성공한 이러닝은 거의 없다.

3.4 목표 계열 결정

어떤 목표를 반드시 가르쳐야 하는지 확인했다면, 학습자가 이 목표를 성취하게 될 순서를 결정해야 한다. 이에 대한 결정은 반드시 학습 객체를 개발하기 전에 내려져야 한다. '앞서 제시한 바와 같이' 신드롬(6장)에 대해 유의하도록 한다.

목표 결정 방법 중의 하나는 설계 초기 단계에 일차적인 전략적 결정을 한 후 설계를 수정하는 후반부에 가서 결정을 다시 다듬는 것이다. 여기서는 전략의 계열화에 대한 결정과 구체적인 목적의 학습 계열을 위해 이 아이디어를 사용하라.

어떤 순서로 가르칠 것인가? 이를 결정하기 위해 학습 목표 위계로 다시 돌아가 보자. 세 가지 주요 계열화가 가능하다.

가장 일반적인 계열화가 귀납적 접근이다. 귀납적 계열화에서는 목표보다 선수 요건을 먼저 가르친다. 선수 요건을 먼저 가르치지 않으면 학습자는 혼돈스럽거나 좌절을 경험할 수도 있다.

두 번째 계열화 전략은 연역적 접근이다. 연역적 계열화에서는 이미 모든 선수 요건을 다 갖추고 있는 것으로 간주하고 최상위 목표에서 시작하게 된다. 선수 요건이 부족한 학습자는 부족한 부분을 가르치는 목표에 도달할 때까지 위계를 따라 학습한다.

세 번째 계열화 전략은 다른 내용을 자유롭게 학습할 수 있도록 하는 것이다. 다양한 주제들을 자유롭게 넘나들게 해주어 선수 요건을 발견하고 충족할 수 있게 해준다.

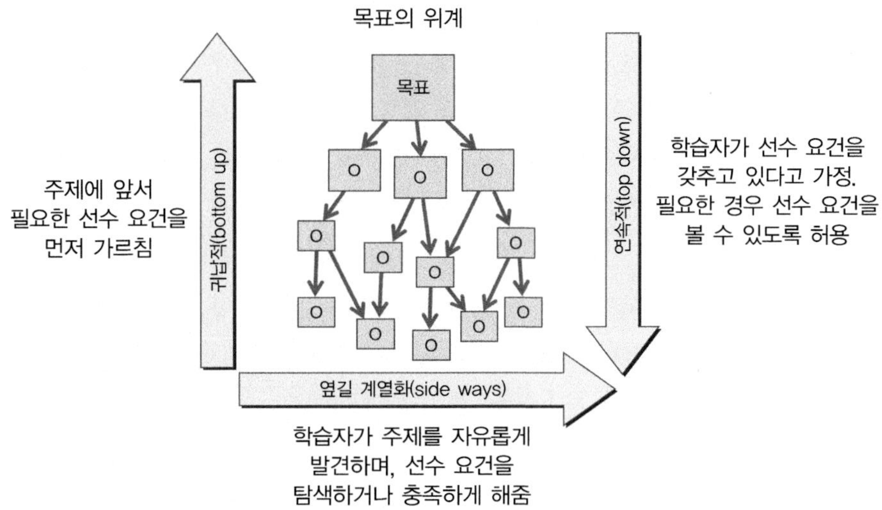

3.4.1 사례: 귀납적 계열화

효과적 임상 실습 코스는 귀납적 구조로 되어 있다. 이 코스는 삶과 죽음의 귀결이라는 매우 중요한 주제를 다룬다. 이 코스의 목적은 숙련된 의학 연구자들이 사람을 대상으로 실험을 할 때 의사의 실수로 목숨을 잃게 될 수도 있기 때문에 윤리와 규제를 따르는 것을 가르치기 위한 것이다.

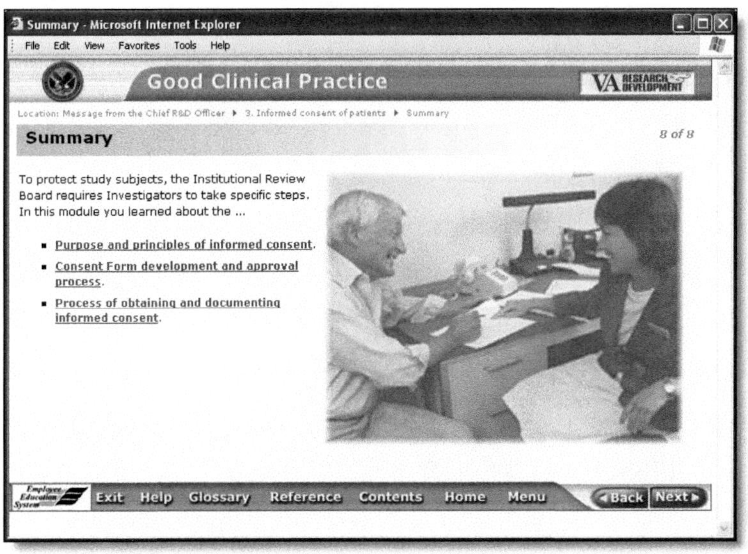

어도비 드림위버로 구축했다.

코스의 구조는 [Next] 버튼이 하단 오른쪽에 있어서 코스의 경로를 명확하게 보여주고 있다.

법적 사항과 관련된 내용은 매우 적절했고, 필수 과정으로 제공된 강좌였다. 모든 학습자가 모든 페이지를 학습하는 것이 필수사항이었으며 계열화 구조는 이를 지원하기 위한 것이었다.

레슨 안에 있는 실험을 하기 전에 동의서(informed consent)를 얻게 되는데 이에 관한 내용을 살펴보면 전체 학습의 기초가 되는 동의서에 관한 정의에서 시작한다. 다음으로 연구자들을 안내해줄 동의서의 일반 원리를 소개한다. 다음은 동의서를 작성하기 위한 문서의 세부 요소들을 하나하나 설명한다. 다음으로 어떤 문서가 보안 유지가 필요한지에 대한 세부사항을 설명하고 동의서 작성법을 다룬다.

배경 지식 설명이 끝나고 나면 연구 참여자로부터 동의서를 얻는 세부 사항을 설명한다. 마지막으로 연구자들이 동의서를 문서화할 때 반드시 따라야 하는 요구사항을 자세히 다룬다. 다음 페이지에서 연습 활동과 요약을 제공한다.

연구자가 반드시 따라야 할 정확한 절차를 설명하기 전에 정의에서 시작하여 기초 개념, 맥락적 지식을 다룬 것을 주목할 필요가 있다. 이 순서가 귀납적 계열화의 전형적인 사례라고 할 수 있을 것이다.

3.4.2 사례: 연역적 계열화

연역적 계열화의 예시로서 흙으로 만든 둑, 노면 절삭, 표면 채굴, 기타 경사의 안정성을 분석하기 위한 *GALENA 경사안정성 분석* 컴퓨터 프로그램을 가르치는 것을 들 수 있다.

도입부를 학습하고 나면 프로그램을 사용하는 전체 프로세스에 대한 사전 검토로 시작된다. 사전검토의 일부로 학습자들은 시연 보기(2장)를 선택할 수 있다. 시연은 내레이션을 제공하고 흙으로 만든 둑을 분석하는 프로그램 사용을 어깨 너머로 관찰하는 것과 같은 시점으로 제공한다. 데모가 끝나고 학습자가 더 이상 원하는 것이 없으면 수업을 종료하고 바로 프로그램 사용을 시작할 수도 있다. 또는 개요에서 제시된 각 단계를 어떻게 수행하는지 상세 수업 내용을 계속해서 볼 수도 있다.

예를 들어, 학습자가 [Material profiles] 단계를 선택하면 경사면 모형의 교차 지점을 어떻게 정의하는지에 관한 레슨이 시작된다. 이 레슨 역시 연역식 구조로 되어 있다. 첫 번째 탭은 이 단계의 개요와 요약을 제시한다. 학습자가 충분하다고 생각하면 다른 레슨으로 넘어가거나 바로 프로그램 사용을 시작할 수도 있다.

레슨 내의 [Show me] 탭은 개요에서 요약된 단계들의 자세한 내용을 제시해준다. 보다 더 자세한 교수를 받기 위해서 학습자들은 [Coach me] 탭을 클릭하면 정의된 자료 프로파일의 과제를 어떻게 수행하는지 보여주는 코치 시뮬레이션(3장)을 열 수 있다.

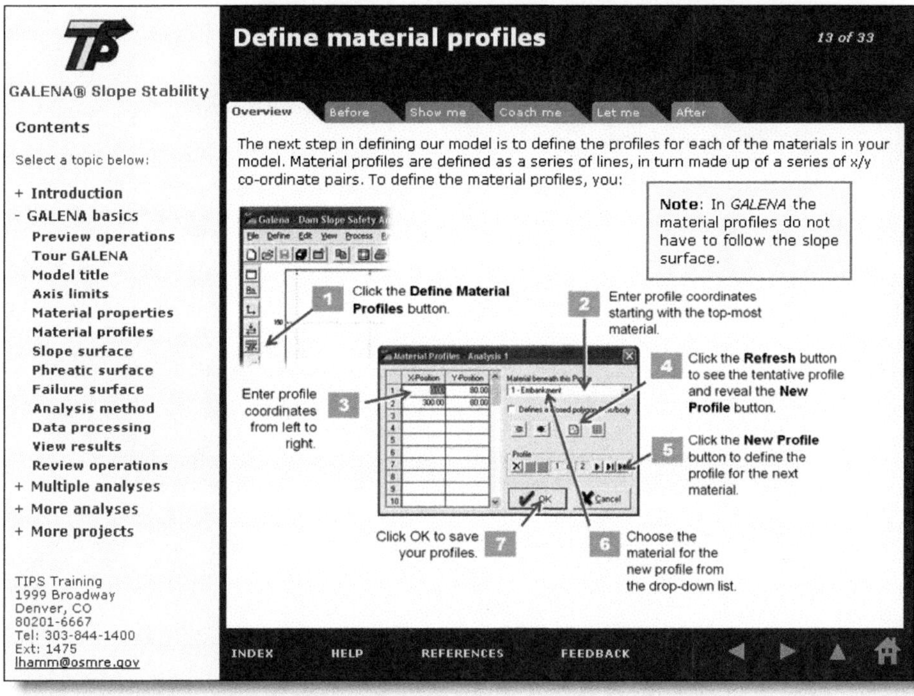

탭방식 인터페이스는 어도비 드림위버로 구축되어 자바스크립트로 최적화되었다. 스크린은 테크스미스 스내그잇으로 캡처하였다. 예시는 마이크로소프트 파워포인트로 작성하였다.

시뮬레이션 안에서도 구조는 여전히 연역적 방식이다(시뮬레이션 내 내비게이션은 7장 참조). 학습자들은 필요할 때까지는 교수적 도움이 없이 시뮬레이션을 진행하게 된다. 학습자가 실수를 하면 시스템은 실수를 수정하기 위한 에러 메시지를 보낸다. 학습자가 교수적 도움을 받을 수 있는 다른 방법은 [Hint] 버튼인데, 다음 단계를 발견해가도록 학습자를 안내한다. 학습자가 도움이 필요한 경우에는 진행 방식에 관한 명시적인 정보를 얻기 위해 [Show me] 버튼을 클릭할 수 있다.

코스, 레슨, 시뮬레이션 수준에서 학습자가 요청할 때만 선수 요건에 관한 내용이 제시된다. 이것이 연역적 계열화의 핵심이라고 할 수 있다.

3.4.3 옆길 계열화

옆길(sideways) 계열화는 학습게임이나 시뮬레이션에서 가장 일반적인 방법이다. 다음의 예는 *범죄 현장 게임(The Crimescene Game)*이다(자세한 내용은 3장 참조). 학습자가 범죄 현장의 증인인 것처럼 가정하고 인터뷰를 해봄으로써 인터뷰 기술을 가르치기 위한 것이다. 학습자들은 질문과 반응 리스트에서 선택하여 인터뷰를 진행할 수 있다.

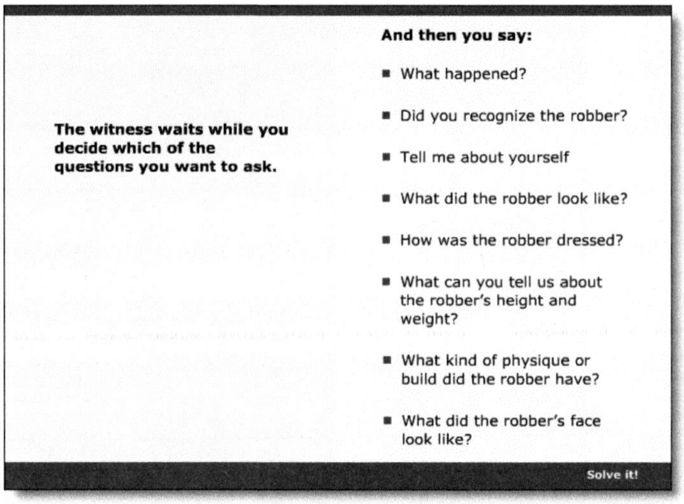

파워포인트로 작성되어 아티큐레이트 프리젠터(Articulate Presenter)를 사용하여 웹 문서로 전환되었다. horton.com/eld/에서 사례를 볼 수 있다.

학습자가 게임 소개를 읽고 나면 가능한 학습 경로의 메뉴가 나타난다. 학습자는 여기서 증인에게 물어볼 다양한 질문을 선택할 수 있다. 어떤 순서로든 질문 선택이 가능하다.

메뉴와 경로를 통해 학습자들은 학습 장면으로 갈 수 있다. 각 장면에서 학습자들은 추가 질문을 선택하거나 증인의 얘기에 응답하는 방법을 택하게 된다. 예를 들어 절도범의 옷차림이 어땠는지 질문했다고 하자. 학습자들은 질문의 메뉴로 돌아가 어떤 순서로든 다시 질문을 선택함으로써 인터뷰를 어떻게 진행할지 결정할 수 있다.

학습자들은 모두 다른 인터뷰를 진행하게 될 것이다. 각자 받게 되는 피드백도 질문에 따라 차이가 있다. 게임을 반복적으로 수행하면서 학습자들은 결국 오개념을 수정할 수 있는 피드백을 받게 될 것이다. 이와 같이 사전에 결정되지 않은 자유로운 경로가 엮길 계열화이다.

3.4.4 각 계열화 전략을 어디에서 사용할 것인가

이러닝의 어느부분에서 어떤 계열화 전략을 사용할 것인가? 어떤 학습자에게 어떤 과목의 어떤 목표에 각 전략이 적합한가?

귀납적 계열부터 설명하면, 선수 요건을 먼저 가르치는 계열은 안전성이 중요할 때 필수적이다. 정보 부족이나 오개념이 학습자를 위험에 빠뜨릴 수도 있으므로 사전에 선수 정보를 학습자가 받았는지 확인할 필요가 있다. 특히 초보자들에게는 특정 분야에 대한 광범위한 지식이 없기 때문에 귀납적 계열이 도움이 된다. 이러한 방법은 학교 학습에서 일반적으로 활용되며 전통적 학교 모형에 기반을 두고 있는 학습 모형에서 주로 사용한다.

연역적 계열은 효율적 학습에 자주 활용된다. 학습자들은 반드시 필요하거나 명시적으로 요청할 때만 콘텐츠를 활용한다. 이미 알고 있거나 관련없는 내용 때문에 시간을 낭비할 필요가 없다.

연역적 계열은 주제에 대해 많이 알고 있거나 기존 지식과 기술과 새로운 것의 차이를 빨리 확인할 수 있는 전문가들에게 좋다. 연역적 계열은 학습자들이 필요한 바로 그 순간에 꼭 필요한 정보를 찾게 되는 적시 학습에 적합하다.

옆길 계열은 예측이 힘들기 때문에 학습 과정에 흥미를 추가해준다. 학습자들이 지식을 발견하고 통합해야 하는 발견학습에 적합하다. 실제 업무 환경과 같이 복잡하고 역동적인 상황에 처한 학습자들이 스스로 학습해 나갈 수 있도록 할 수 있다.

3.5 목표 성취를 위한 객체 창출

선수 요건을 확인했으며 강좌를 직접적으로 성취할 수 있는 수준으로 세분화하였다. 목표를 성취하기 위한 계획을 세울 시점이라고 할 수 있다. 이 절에서는 각 목표의 학습 모듈을 세분화하는 학습 객체의 개발에 관한 것을 다룬다.

3.5.1 학습 객체란 무엇인가

학습 객체라는 용어가 뜻하는 것을 간단하게 정의하면 다음과 같다.

학습 객체란 개별적으로 접근이 가능하고 특정의 다양한 학습 목적을 완벽하게 성취하고 이를 증명할 수 있게 해주는 전자적 콘텐츠 청크(chunk)를 말한다.

좀 더 세부적인 내용은 다음과 같이 제시될 수 있다.

전자적 콘텐츠 청크	학습 객체는 단순한 개념이 아니라 전자 미디어의 구체적인 집합이다. 텍스트, 그래픽, 애니메이션, 비디오, 보이스, 음악, 기타 요소를 포함한다.
개별적 접근 가능	메뉴, 검색 엔진, 혹은 그냥 [Next] 버튼만 사용해서라도 학습자는 다른 부분과 별도로 원하는 콘텐츠에 접속할 수 있다. 학습자에게 이 콘텐츠는 다른 객체와는 별도로 보여진다.
하나의 학습 목적을 완벽하게 성취	학습 객체의 주요 특성은 학습 목표를 성취하는 데 있다. 이는 광범위한 것일 수도 있고 지엽적인 것일 수도 있다.
목표 부합성 증명	객체는 목표에 부합하였음을 증명할 수 있는 수단을 포함하고 있다. 단순한 테스트일 수도 있으며 복잡한 시뮬레이션일 수도 있으며 점수가 기록될 수도 있고 아닐 수도 있다. 결국에는 학습자나 객체를 제공하는 조직이 목표가 충족되었는지 알 수 있도록 하는 것이 관건이다.

보다 단순하게 정의하면 그 내용은 다음과 같다.

학습 객체란 다른 마이크로코스(micro-course)와 조합할 수 있도록 설계된 마이크로코스이다.

코스가 어떤 시간 안에 완수되어야 하는 교육 단위라면 객체는 몇 분 단위로 완수될 수 있는 단위가 될 것이다. 객체는 단순하되 완벽한 형태여야 한다. 객체는 코스보다 작은 수준일 수 있지만 교수의 질은 동일해야 한다.

3.5.2 학습 객체에 대한 오해

학습 객체라는 용어는 모호하게 사용되는 편이고 때로는 학습 객체가 아닌 것에 적용되기도 한다. 용어를 정확하게 이해하기 위해 학습 객체가 아닌 것들의 예를 살펴보자.

학습 객체는 포장판매되는 것처럼 직접 구매할 수 있는 성질의 것은 아니다. 많은 업체가 자신들의 콘텐츠에 학습 객체라는 용어를 갖다 붙이긴 하지만 학습 객체는 단편적이고 단순한 결과물 이상이다. 재사용성을 위한 콘텐츠 개발과 패키징에 대한 보다 철학적인 개념이다. 학습 객체란 소유할 수 있는 툴이나 테크놀로지도 아니다. 툴 또는 테크놀로지에 의존하기는 하지만, 특정 업체가 소유할 수 있는 형태는 아니다.

어떤 학습 객체는 다른 학습 객체를 포함하고 있는 학습 객체를 포함할 수도 있다. 이는 학습 객체가 전체 코스가 될 수도 있고 코스의 개별적인 한 부분일 수도 있다는 것을 의미한다. 학습 객체는 다른 학습 객체의 위계를 포함할 수 있기 때문에 한 개의 파일로 존재하지 않을 수도 있다. 각 객체의 위계의 가장 하위 수준은 파일이나 페이지겠지만, 상위 수준의 객체는 단일 파일 수준 이상이다.

학습자는 학습 객체의 정의를 명확하게 알지 못할 수도 있다. 그리고 사실 그럴 필요도 없다. 학습자는 새로운 기술을 습득하고 이해하며 정보를 얻으려 할 뿐이지 학습 객체가 하나 끝나고 다른 객체가 시작되는 것 자체에 크게 신경 쓰지 않을 수도 있다. 필요한 지식을 찾아서 접근할 수만 있다면 만족할 것이다. 설계자와 구축자만이 정확한 학습 객체의 정의에 신경을 쓰게 된다.

학습 객체는 다양한 목적을 위해 사용한다. 객체기반 개발 방법은 여러 가지 코스에 활용될 수 있다. 학습 객체는 훈련, 참고문헌 정보, 사실을 전달하는 단순한 참조체제, 잡 에이드, 아니면 게임이나 다른 유형의 엔터테인먼트를 위해서도 활용될 수 있다.

3.5.3 객체에 대한 잘못된 일반 상식

3.5.3.1 레고 블록의 비유

레고 블록은 덴마크 레고(Lego)사가 만든 장난감이다. 직접 면대면으로 전달하든, 인쇄자료로 제공하든, 온라인으로 제공하든 학습 객체에 대한 모든 강연, 프레젠테이션, 문서들은 마치 레고 블록처럼 적어도 하나의 그림과 세 가지의 언어적 참조물을 포함하고 있는 것이 ISO 표준인 것처럼 인식되고 있다. 레고 블록처럼 단순하게 가르치고 싶은 것이라면 학습 객체도 필요하지 않고, 이러닝도 필요하지 않고, 사실 어떤 유형의 형식적 교육도 필요하지 않을 것이다.

3.5.3.2 햄릿의 예

학습 객체를 옹호하는 사람들은 각 교사가 햄릿에 관한 콘텐츠를 개발하기보다는 햄릿에 관한 내용을 재사용함으로써 학교 시스템이 얼마나 많은 비용을 절감할 수 있는지를 주장한다. 그러나 *보편적인 햄릿 객체*를 만드는 것이 불가능하기 때문에 실패하기 쉬운 시도이다. 수업 주제로서 햄릿의 가치는 교사가 이 주제와 관련된 다른 주제를 꺼내기 좋다는 데 있다. 또 다른 문제는 모든 주제가 햄릿만큼 보편적인 주제가 아니라는 것이다. 때로는 아주 독특하고 지극히 개별적일수록 효과적이다.

3.5.3.3 지나친 약자 활용의 지양

객체에 관해 논하는 사람들은 약자를 즐겨 쓴다. 대표적인 예시는 다음과 같다. "때로 그 AU는 정말 여러 개 RLOs로 되어 있어. 나는 그걸 여러 개의 RIOs로 나누고 싶고 그렇게 하면 SCOs를 만들 수 있을 거야" 약자를 풀어보면 다음과 같다:

RLO: reusable learning object(재사용가능 객체)
RCO: reusable content object(재사용가능 콘텐츠 객체)
RIO: reusable information object(재사용가능 정보 객체)
AU: assignable unit(지정가능한 유닛)
SCO: sharable content object(공유가능 콘텐츠 객체)

이런 기술적 용어를 두려워할 필요는 없다. 간결성을 위해 약어를 쓰는 것이 때로는 필요하지만 너무 많은 TLAs(TLA, three-letter abbreviation, 세 단어 약자)나 FLAs(FLA=무엇일지 생각해보라)를 한 문장에 넣어 다른 사람에게 인상적으로 보이려고 노력할 필요까지는 없다.

3.5.4 목표의 학습 객체로의 전환

각 목표는 학습 목표를 성취할 수 있고 이를 입증할 수 있는 학습 객체를 만들도록 해준다. 이런 식으로 학습 객체는 전체 코스나 레슨, 아니면 개별 주제가 될 수 있다. 6장과 7장에서 주제와 레슨을 학습 객체로 설계하는 방법을 제시할 것이다.

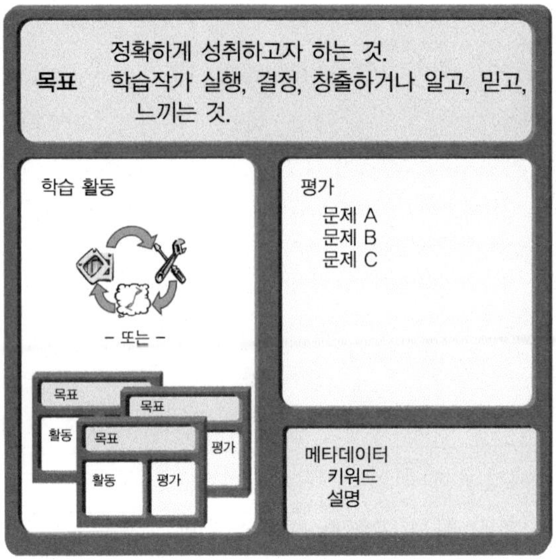

객체 설계의 시작은 성취하고자 하는 목표이다. 목표는 또한 객체 설계에서의 마지막 단계이기도 하고 계속 참조하게 되는 사항이기도 하다. 이 목표를 성취하는 데 도움이 되지 않는 것은 모두 제외하는 것이 좋다. 사전에 진술된 목표는 학습 객체를 위한 강령이 된다. 학습자가 목표 진술을 보지 않는다 하더라도 설계자와 개발자는 이를 참고하고 성취를 위해 작업할 필요가 있다.

정의된 목표가 있다면 목표에 부합하기 위해 꼭 필요한 콘텐츠 세분화를 시작할 수 있다. 콘텐츠를 세분화하는 데는 두 가지 방법이 있다. 상위 수준 학습 객체의 경우에는 보다 구체적인 목표를 위해 구조화된 학습 객체 계열로 하위 모듈을 구체화한다.

하위 수준의 학습 객체를 위해서는 학습 객체 수준의 목표를 직접 성취할 수 있게 해주는 학습 활동을 상세화해야 할 필요가 있다. 학습 활동은 다양한 학습 경험을 유발할 수 있어야 한다.

평가는 객체의 한 부분이다. 평가는 목표가 성취되었는지를 확인하게 해준다. 단순히 자기 체크식으로 학습자가 계속 진행할 것인지 결정하게 하는 방식일 수도 있다. 제시되고 있는 다이어그램은 질문 형태로 나타나고 있는데, 이는 (특히 인지적인 영역에서) 평가의 가장 기본적인 형태이기 때문이다. 하지만 시뮬레이션이나 게임, 과제와 같은 다양한 형태의 평가가 가능하다는 점을 유의해야 한다.

내용과 더불어 학습 객체는 코스 목록에 있는 객체나 설명을 검색할 수 있는 인덱스와 같은 요소를 요구하기도 한다. *메타데이터(metadata)*라 불리는 이 요소는 학습 객체를 찾거나 이해하고, 기억하기 쉽게 해주는 역할을 한다.

3.5.5 표준 준수시 고려사항

표준을 그대로 따라한다고 해서 콘텐츠를 학습 객체화할 수 있는 것은 아니다. 또한 표준이 객체를 재사용 가능하게 하는 것도 아니다(사실 처음부터 사용가능하게 해주는 것도 아닐 수 있다).

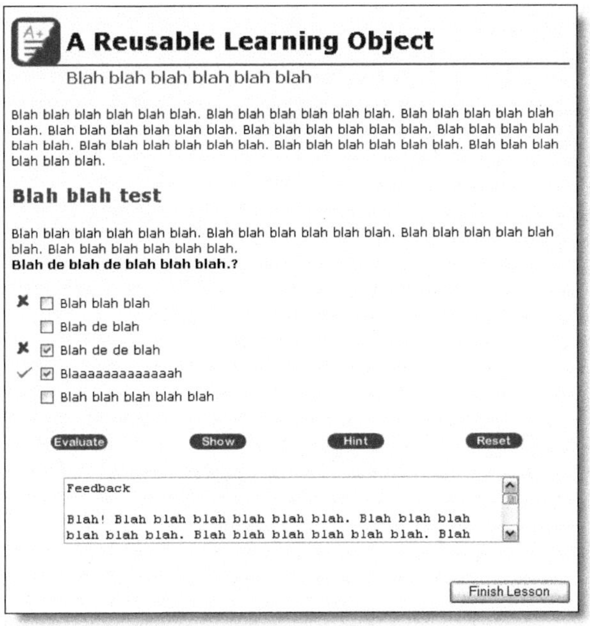

이 그림은 SCORM 표준을 적용하여 개발된 객체의 사례이다. SCORM 적용 LMS(Learning Management System, 학습관리 시스템)로 점수를 알려주는 평가의 형식을 포함하고 있다.

자세히 살펴보면 아무것이나 입력해 놓은 것이므로 이것으로는 배울 수 있는 것이 없다는 것을 알 수 있다. 이것은 객체이지만 학습 객체는 아닌 것이다.

3.6 평가 개발

평가는 목표의 성취 정도를 알게 해준다. 학습자가 다음 객체로 계속 진행해갈 수 있도록 자신감을 주는 작은 과제부터 법적으로 학습자의 기술에 대한 자격을 부여해주는 공식적 평가에 이르기까지 매우 다양하다.

학습 객체는 학습 활동과 평가 두 가지를 모두 요구한다. 대부분의 사람들은 학습 활동을 만든 다음 시간이 남으면 몇 개의 선다형 평가를 추가한다. 더 좋은 방법은 학습 목표가 정의되자마자 평가 내용을 만드는 것이다. 측정하고자 하는 학습을 만들기도 전에 평가 내용을 만든다는 것이 비논리적으로 보일지도 모르지만 평가 내용이 학습 활동 설계의 가장 좋은 지침이 되는 것이 사실이다. 먼저 만들어 놓으면 평가와 수업을 더 효과적으로 하면서도 시간과 비용을 동시에 줄일 수 있다.

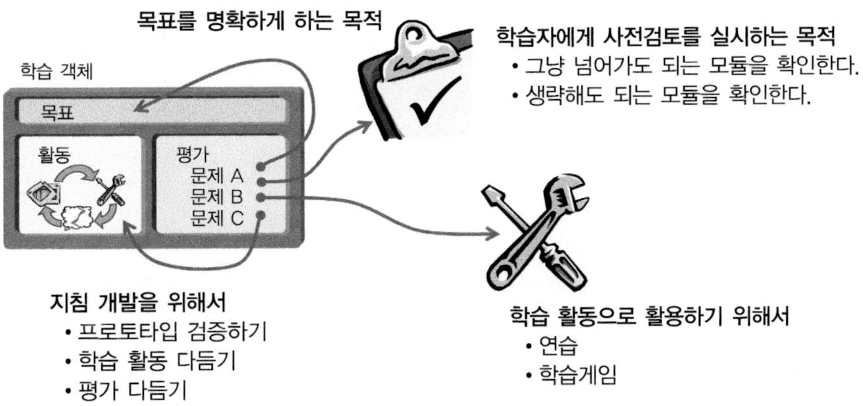

평가는 목표를 명확하게 해준다. 목표가 성취되었는지의 여부를 측정하는 평가 문제보다 더 명확한 학습 목표 진술은 없다. 평가가 타당하다면, 이를 통과하는 것은 목표를 성취했다는 것을 나타내준다. 목표를 쓰는 복잡한 방법을 갖고 고민하기보다는 우수한 평가 문제를 작성하는 데 노력을 기울이는 것이 더 낫다.

학습자 사전 검사 평가 내용을 활용한다. 사전 검사는 학습자가 건너뛰어도 되는 내용이 무엇인지 확인하게 해준다. 개발 초기에 사전 검사를 사용하면 학습자가 이미 목표에 부합하는 부분이 무엇인지 확인함으로써 삭제해도 되는 내용을 확인하게 해준다는 것이다.

평가 내용은 객체의 학습 활동으로 활용될 수 있다. 평가 내용은 학습 경험에 대한 프로토타입을 검증해준다. 학습자가 프로토타입을 수강하고 평가를 통과하면 그 프로토타입은 유효한 것으로 간주된다. 또한 다른 설계나 변인으로부터의 학습 결과와 비교해 줌으로써 학습 활동을 다듬어준다. 초기에 평가를 사용할 수 있으면 모호성을 제거하고 초점을 더 명확하게 할 수 있는 시간을 충분히 가질 수 있다. 그러므로 평가 내용을 먼저 개발하고 난 다음에 학습 활동을 설계하기를 권고한다.

3.7 학습 활동 선정

활동은 학습 경험을 유발하는 데 있어 필수적이다. 여러 가지 유형을 통합하여 활용되면 학습 활동은 어려운 학습 목표도 성취하게 해준다. 학습 활동을 통해 기본 기술, 사고 과정, 태도, 행동을 연습할 수 있다. 그러나 단순한 행위가 학습 활동은 아니다. 사람들은 마우스를 클릭하거나 휴가계획에 대한 대화를 하는 것만으로는 거의 배우는 것이 없다. 생각하고, 조사하고, 분석하고, 평가하고, 조직하고, 종합하고, 토론하고, 시험하고, 결정하고, 아이디어를 적용함으로써 배운다. 활동은 마우스 클릭이나 채팅 세션을 활용할 수 있지만, 목적은 학습으로 이끄는 정확한 정신적 경험을 유발할 수 있는 것이어야 한다.

학습 목표를 성취하기 위해서는 보통 *습득형 활동*, *수행형 활동*, *연결형 활동*의 세 가지 학습 활동을 모두 요구한다. 어떤 활동이 왜 필요할까?

3.7.1 어떤 종류의 활동이 필요한가

제대로 설계되었다면 어떤 활동이든 가능해야 한다. 교실에서 할 수 있는 활동이라면 이러닝에서도 가능해야 한다. 어떤 학습 활동 유형이 창출되어야 할까? 학습 목표를 성취하는 것은 보통 세 가지 다른 유형의 학습 활동을 요구한다.

첫 번째는 보통 텍스트를 읽거나 애니메이션을 보거나 내레이션을 들음으로써 학습자가 지식을 흡수하도록 하는 유형이다. 습득형 활동에서는 학습자가 물리적으로는 수동적이지만 정신적으로 능동적인 상태라 할 수 있다.

두 번째 학습 활동 유형은 학습자가 배운 것으로 무엇인가 수행해보게 하는 것이다. 학습자가 절차를 연습하게 하거나, 게임을 해보거나 질문에 답하게 할 수 있다. 이를 통해 학습자는 연습하고 탐색하고 발견하게 된다.

마지막 학습 활동 유형은 학습자가 배운 것을 업무나 삶, 혹은 이전의 학습 경험과 연결시키도록 하는 것이다. 연결형 활동은 추후에 필요할 때 학습을 쉽게 적용할 수 있도록 해주는 것이다.

위의 그림은 세 가지 유형을 순환적으로 나타내고 있다. 보통 인지적 영역에서 가장 일반적으로 쓰이는 계열이지만 반드시 이 계열을 준수할 필요는 없다. 다른 주제나 교수전략에서는 다른 계열이 필요할 것이다.

3.7.2 검증된 학습 경험

삶에서 학습 활동을 떠올려보라. 그 활동들을 *습득형 활동*, *수행형 활동*, *연결형 활동* 유형으로 구분할 수 있는가? 습득형 활동은 보통 학습자가 읽고, 보고, 듣는 것이다. 수행형 활동은 학습자가 지식을 활용하여 연습, 탐험, 발견을 수행한다. 연결형 활동은 학습자가 현재의 학습을 삶, 업무, 이전의 학습에 연결시키도록 이끌어준다.

학습 경험의 일반적인 유형은 탐험 활동, 현장 학습, 잡 에이드, 독창적인 과제, 사고 활동, 연습 세션, 읽기, 조사, 교사가 들려주는 이야기, 학습자가 들려주는 이야기 등을 포함한다. 어떤 것이 *습득형* 활동, *수행형* 활동, *연결형* 활동인가? 저자가 분류하는 방식은 다음과 같다.

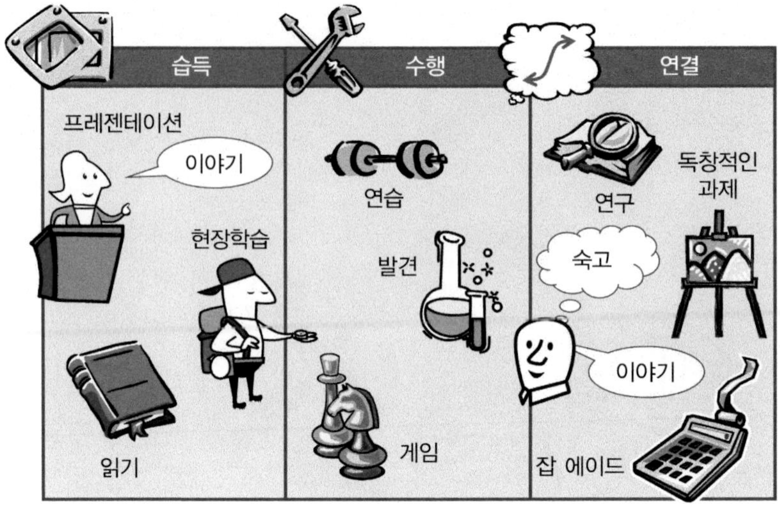

3.7.2.1 습득형 활동

습득형 활동은 학습자가 읽고, 듣고, 보는 동안 하는 활동이다.

프레젠테이션에서 학습자는 보고 듣는 역할을 한다. 우리가 바라는 것은 학습자가 프레젠테이션을 통해 능동적으로 정보를 습득하는 것이다.

교사가 들려주는 이야기는 학습자에 의해 프레젠테이션과 같은 방식으로 습득된다.

읽기는 학습자가 교과서, 연구 보고서, 매뉴얼과 같은 온라인이나 일반 문서를 읽는 활동을 포함한다.

현장학습은 습득형 활동란의 오른쪽 끝에 있다. 학습자가 현장학습 중에 물리적으로 능동적일 수는 있으나 정보 습득을 통해 학습하게 된다. 현장학습은 미술관 등에 가서 회화를 보거나 작품 설명을 읽거나 박물관 관계자의 강의를 듣는 것을 통해 학습한다. 현장학습을 샌프란시스코 과학관과 같은 실제 경험 위주의 박물관으로 가게 되면 보다 수행형의 활동이 되고 학습은 실험과 발견을 통해 이루어진다.

3.7.2.2 수행형 활동

수행형 활동란에 있는 것들은 학습자가 능동적으로 연습하고 탐험하고 발견하면서 하게 되는 활동들이다.

연습은 수행형 활동의 전형적인 예시이다. 연습 활동은 학습자가 기술, 지식, 태도를 적용하고 이에 대한 피드백을 받을 수 있게 해준다. 이 활동들은 학습자가 학습을 다듬을 수 있게 한다. 연습 활동은 단순한 반복 연습부터 보다 복잡한 안내된 분석 활동에 이르기까지 다양하다.

발견은 실험하고 탐험하는 활동이다. 목적은 학습자가 개념, 원리, 절차를 스스로 발견하도록 해준다.

게임과 **시뮬레이션**은 학습자가 기술을 안전한 환경에서 적용해볼 수 있는 기회를 제공한다. 학습자는 재미있는 환경에서 실제 문제를 해결해봄으로써 통찰력을 얻고 자신감을 갖게 된다.

3.7.2.3 연결형 활동

연결형 활동은 학습자가 학습한 것을 이전의 학습이나 다음 과목 혹은 현업에 적용하도록 유도한다. 학습자가 스스로 학습 자료를 찾아서 수행하는 **연구** 활동은 연결형 활동이라 할 수 있는데 외부의 자원에 접근하여 해석하는 것을 요구하기 때문이다.

사고 활동은 학습자가 주제에 대해 보다 광범위하고 깊이 생각해볼 것을 요구하는 활동이다. 이는 학습자가 주제를 새로운 시점에서 바라볼 수 있게 해준다. 이 활동은 학습자가 이미 알고 있는 것에 연결할 때 주로 활용된다.

학습자가 들려주는 이야기는 학습자가 자신의 경험으로부터 끌어낸 것이다. 이는 학습자가 학습 주제를 개인 경험에 연결할 수 있게 해준다.

잡 에이드는 현업에서 학습이 반드시 적용되어야 할 때 활용된다. 이를 통해 학습을 업무에 연결시킬 수 있다.

창의적 학습 활동을 수행하는 것은 학습한 내용을 학습자의 삶에 전적으로 연결시키는 것이기 때문에 궁극적으로는 총괄 평가라고 할 수 있다.

다음은 세 가지 유형에 대한 정의를 요약한 것이다.

습득형(absorb) 활동 (2장)	수행형(do) 활동 (3장)	연결형(connect) 활동 (4장)
읽기, 보기, 듣기	연습, 실험, 발견	선행 학습, 업무, 삶에 연결
• 프레젠테이션과 시연 • 교사가 들려주는 이야기 • 현장견학	• 연습 • 발견 • 게임	• 사고 활동 • 학습자가 들려주는 이야기 • 잡 에이드 • 연구 • 창의적 학습(자세한 내용은 4장 참조)

3.7.3 활동 목록의 개발 근거

여기서 확인된 활동들은 지금까지 다양한 영역, 문화, 학습자, 주제, 매체에 있어 필수적으로 요구되는 것이었다. 3천년 전에 아시아에서 면대면 종교 교육에서 사용된 것과 같은 기법이 현재 캐나다의 경영 관리 위성 TV에서 활용된다면 이는 분명 매우 강력한 방법일 것이다.

선택의 이유는 해당 활동들이 검증된 것이고 융통성이 있기 때문이다. 잘 설계되고 적절하게 활용된다면 분명 성공적일 것이다. 어떤 주제에든 적용가능하다. 전체 교실 단위나 소규모 팀 또는 강사가 주도하는 학습 상황에서의 개별학습자 또는 혼자 학습하는 개별학습자를 위해 쓰일 수 있다.

3.7.4 목표 성취를 위한 학습 활동 세분화

우리가 필요로 하는 학습 경험의 유형이 무엇인지 아는 것과 구체적인 학습 목표를 성취하기 위해 필요한 정확한 학습 활동을 목록화하는 것은 다른 문제이다. 습득형 활동, 수행형 활동, 연결형 활동의 세 가지 필수적 학습 유형을 고려하여 우리가 개발하고자 하는 학습 객체의 학습 목표 슬롯에서 시작해보자. 다음에서는 각 유형에 해당하는 실제 경험을 기술하였다. 이제 각 경험이 일어나는 순서를 구체화해야 한다. 예를 들어 *Gantt 차트 활용하기*의 목표에서 학습 경험을 세분화해보면 다음과 같다.

학습 목표	개별 상징을 인식할 수 있는 중간 관리자들이 Gantt 차트를 해석하도록 가르친다.

활동	유형
전형적인 Gantt 차트가 구성되는 내용의 내레이션이 있는 애니메이션을 본다.	습득형 활동
Gantt 차트가 어떻게 구성되는지 보기 위해 현업에서 조사해본다.	연결형 활동
조각을 드래그 앤 드롭하여 유사한 Gantt 차트를 구성해본다.	수행형 활동

전형적인 Gantt 차트가 구성되는 내용의 내레이션이 있는 애니메이션을 보는 *습득형 활동*에서 시작할 수 있다. 다음으로 학습자가 Gantt 차트가 어떻게 구성되는지 보기 위해 현업에서 조사해보도록 지도하는 *연결형 활동*을 포함한다. 조각을 정해진 위치에 드래그 앤 드롭하여 유사한 Gantt 차트를 구성해도록 하는 활동으로 마무리할 수 있다.

습득형 활동, 수행형 활동, 연결형 활동 순서로 경험을 목록화하긴 했지만 저자는 습득형 활동, 연결형 활동, 수행형 활동 순서로 구성한다.

3.7.5 핵심 활동의 사례

이제 핵심 학습 활동이 어떻게 실행되었는지 살펴보겠다.

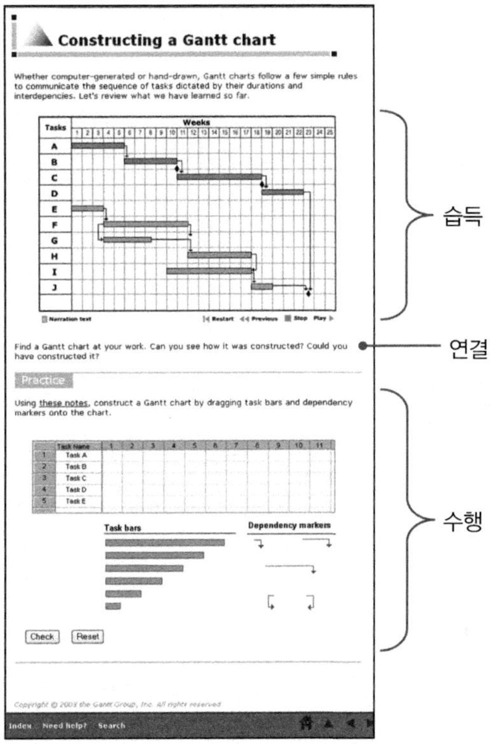

예시는 horton.com/eld/에서 볼 수 있다.

맨 위는 해설 내레이션을 포함한 애니메이션이 있는 프레젠테이션이다. 단순한 Gantt 차트를 구성하는 방법을 보여주는 애니메이션이다. 애니메이션을 보는 것은 *습득형 활동*이다. 맨 아래는 먼저 프로젝트의 과제를 설명하는 팝업을 본 후 심볼을 끌어다가 적절한 위치에 놓아봄으로써 단순한 Gantt 차트를 구성해보도록 하는 연습 활동이다.

연습 활동 위에 있는 사고 활동이다. 먼저 학습자가 현업에서 Gantt 차트를 찾아보도록 이끌고 어떻게 구성되는 것인지 그리고 스스로 구성해볼 수 있는지에 관해 질문한다. 이 수사적 질문에 답하는 것이 *연결형 활동*이다.

3.7.6 더 많은 학습 활동의 예

다음의 표는 샘플 목표와 이를 성취하기 위한 학습 활동들의 예이다.

목표	학습 활동
화학원소 니오브(Nb)를 사용할 것인지 결정하기	습득형 활동: 화학적 특성에 관한 프레젠테이션 수행형 활동: 구체적인 목적을 위해 니오브를 활용할 것인지 결정하는 연습하기 연결형 활동: 현업에서 니오브의 활용을 확인하기
트루타입과 포스트스크립트 서체를 한 문서에서 혼용한 결과 예측하기	습득형 활동: 같은 이름을 가진 다른 폰트를 사용했을 때 어떻게 되는지에 관한 프레젠테이션 수행형 활동: 폰트를 잘못 조합했을 때 발생하는 문제 유형을 분류하기 연결형 활동: 컴퓨터에 설치된 폰트를 조사하고 보고하기
주요 은행이 대부업무에 관해 협력 은행에 권한을 위임할 수 있는지의 여부를 결정하기	습득형 활동: 부적절한 권한 위임에서 오는 법적 문제에 관한 프레젠테이션을 보고 듣기 수행형 활동: 온라인 정책 매뉴얼에서 위임 부분에 관한 규칙 찾기 수행형 활동: 여러 가지 시나리오에서 주요 은행이 권한 위임을 적절하게 했는지 판단하기 연결형 활동: 내가 속한 은행의 정책을 조사하기

4. 반복해서 재설계하기

이러닝 설계는 무난하게 정석대로 이루어지는 경우가 드물다. 먼저 요구사항을 분석한 후 설계하여 구축하고 테스트한다. 이때 결과를 분석하고 약간의 재설계가 필요할 수 있다. 다음으로 몇 가지를 수정한 후 다시 테스트해본다. 계속 이러한 과정을 반복한다.

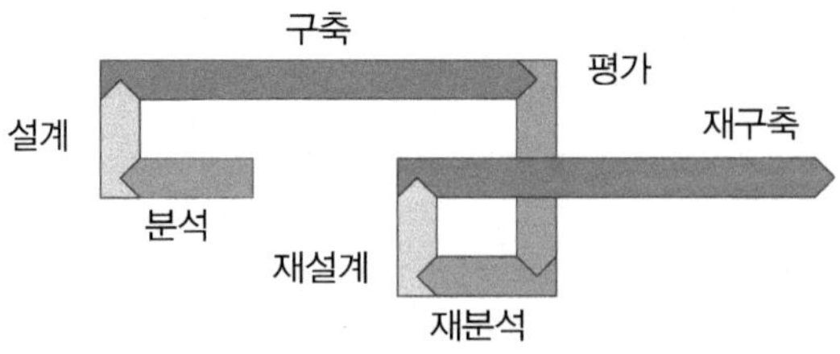

4.1 재설계하되 반복하지 않는다

설계과정은 분석, 설계, 구축, 평가로 순환된다. 한 주기에 대한 평가는 다음 주기의 분석을 위한 자료가 될 수 있다. 그러므로 설계는 (때로는 끝이 없는) 일련의 의사결정 과정이다. 설계는 계속적으로 같은 요구사항을 반복하여 확인하는 동안 상위 수준에서 구체적인 수준까지 나선형으로 이루어지는 주기적인 과정이다.

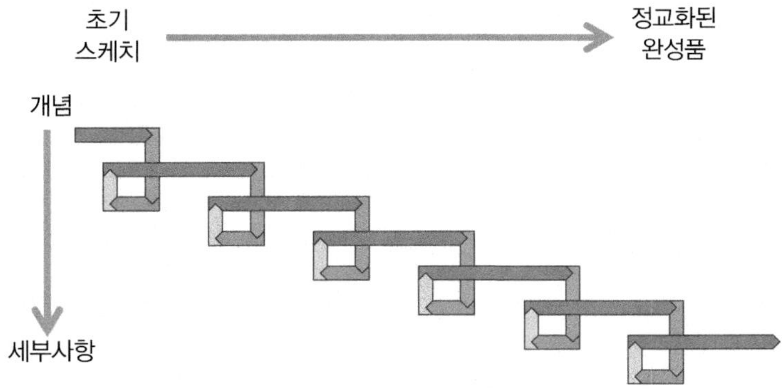

4.2 ADDIE 과정과는 다르다

ADDIE(Analyze, Design, Develop, Implement, Evaluate) 과정에 익숙하다면, 이 책에서 제시한 설계과정에서 한 가지가 빠졌다는 생각이 들 것이다. 하지만 그렇지는 않다. 개발과 실행이 여기서는 구축으로 통합되었다. 첫 번째 이유는 이러닝이 네트워크를 통해 전달되기 때문에 실행이 개발의 자연스러운 부분이 되기 때문이다. 두 번째는 과정 자체가 계열적이 아니라 순환적이기 때문에 실행이 개발 뒤에 올 필요가 없고 동시에 일어나는 것이 더 일반적이다.

4.3 안정적인 과정으로 만들어야 한다

설계 과정은 모든 단계에서 테스트를 하고 필요한 경우에 다시 보충하고 새로 시작할 수 있는 연역식 설계를 포함한다. 처음에는 상위 수준의 이슈를 다루게 되고 스케치에 지나지 않는 조악한 프로토타입을 만들게 되지만 마지막에는 세련된 이러닝으로 완성된다.

5. 이 장을 마치며

5.1 요약

이러닝은 컴퓨터와 네트워크 테크놀로지를 활용하여 학습 경험을 창출한다. 다양한 이러닝은 개별적인 강좌들, 가상 교실 강좌, 모바일 학습, 임베디드 이러닝, 블렌디드 이러닝, 시뮬레이션, 학습 게임을 포함한다.

이러닝이 그 자체로 무조건 좋은 것은 아니며 단점도 있다. 우수한 설계가 차이를 가져온다. 이러닝 설계는 전통적 교수설계 이상을 요구한다. 설계자들은 소프트웨어 공학의 아이디어를 통합하고 새로운 디지털 미디어를 선정하고 조합하고 빠듯한 예산 내에서 작업해야만 한다.

명확한 목적과 목표로 시작하여 시간과 노력을 아끼고 학습자가 지루해하거나 산만해지지 않도록 해야 한다. 성취해야 하는 각 학습 목표의 선수 요건을 체계적으로 확인하고 학습자가 어떻게 각 선수 요건을 성취하게 할지 결정한다. 어떤 지식을 학습자가 습득하고, 지식을 활용하여 어떤 것을 수행하고, 학습자가 어떻게 지식을 현업과 삶에 연결할 수 있을지 확인한다. 우수한 평가 내용을 만드는 데 노력을 기울여야 한다. 평가는 (1) 설계가 제대로 실행되는지 구분해주고, (2) 학습자가 자신의 진도를 모니터링 하게 해주고, (3) 학습자가 그냥 지나가도 되는 내용이나 설계자가 삭제해도 되는 내용을 알려주고, (4) 학습 목표를 보다 명확하게 만들어준다.

이러닝을 분석, 설계, 구축, 평가의 주기로 개발하라. 큰 그림으로 시작해서 하위 수준의 세부사항으로 들어가도록 한다.

5.2 보충사항

본서의 나머지 부분들은 여기서 소개한 내용의 각 단계를 어떻게 수행할지 안내할 것이다. 학습 활동 설계에 관한 부분은 2, 3, 4장을 참조하면 된다. 평가 설계는 5장에서 다룬다. 학습 객체 설계에 대한 내용은 6장을, 레슨 설계는 7장을 참조한다. 상위 수준의 설계가 전체 코스에 주는 영향에 관한 내용은 8장에서 다룬다.

교수설계에 관해서라면 이 장의 내용은 이제 첫 걸음마에 불과하다. William Lee와 Diana Owens가 저술한 *Multimedia-based instructional design*이나 Robert Gagné의 *Principles of Instructional Design*을 참고하기 바란다. 아니면 웹에서 *이러닝*과 *교수설계(instructional design)*라고 검색해 볼 수도 있을 것이다.

제 2 장

습득형 활동

프레젠테이션, 시범, 이야기 공유, 현장견학

습득형 활동은 정보를 제공하고 아이디어를 생성하도록 자극한다. 어느 정도 학습 동기를 가진 학습자들로 하여금 업무나 심화학습에 필요한 주요 최신 정보를 습득하게 해준다. 읽고, 듣고, 보는 것이 주요 활동이 된다. 이와 같은 활동들은 수동적인 것으로 간주되기도 하지만, 적극적이고 능동적인 학습이 가능하게 해준다.

1. 습득형 활동의 개요

세 가지 활동 유형(습득형, 수행형, 연결형) 중 습득형 활동은 순수한 정보 처리에 가장 가까운 활동이다. 습득형 활동은 일반적으로 정보와 학습행위로 구성되는데, 여기에서 학습행위는 정보로부터 지식을 추출하거나 이해하는 과정을 말한다. 습득형 활동에서 학습자는 신체적으로는 수동적일 수도 있으나 정신적으로는 적극적이다. 적극적으로 정보를 수용하고, 처리하며, 통합하고, 고려하며 판단한다. 습득형 활동에서는 학습 내용이 가장 우선시되고 학습자들을 통제하는 역할을 하기도 한다. 학습자들은 내용에서 주어지는 지식을 흡수한다.

1.1 습득형 활동의 일반적 유형

습득형 활동은 전통적 교육상황에서 미리 설정되어 온라인 교육상황으로 전환된 형태를 취하고 있다.

- **프레젠테이션.** 학습자가 슬라이드 쇼, 시연, 파드캐스트(podcast: 인터넷 상의 라디오 및 TV 방송), 기타 조직화 · 구조화된 설명을 보거나 들으면서 이루어짐.
- **이야기 공유.** 교수자가 학습 주제와 관련된 이야기를 제시하는 과정에서 이루어짐. 학습자가 스스로 이야기를 구성하도록 하는 과정을 거치면 연결형 활동이 될 수 있음.
- **읽기.** 온라인 또는 종이로 된 문서를 읽는 활동.
- **현장견학.** 학습자의 박물관, 전시관, 역사적 사이트 및 각종 학습관련 사례들이 있는 장소의 방문 활동.

1.2 언제 습득형 활동을 활용하는가

어떠한 경우에 습득형 활동에 의존하게 되는가? 다른 유형의 활동들을 제외하는 것이 아니라 보다 완벽한 활동 설계를 완성한다는 의미에서 볼 때, 어떠한 역할을 할 수 있는가?

습득형 활동은 정보를 효율적으로 제시하기 때문에 학습자가 약간의 정보를 필요로 할 때 이상적이다. 특히 현재 보유한 지식을 업데이트할 때 아주 유용하다. 예를 들어 학습자가 수개월동안 특정 소프트웨어의 버전 6.0.2를 사용해 왔는데 새로이 버전 6.0.3 활용법을 배워야 하는 경우, 또는 다년간 유지되어 왔던 규정 등이 약간의 개정을 거치게 되어 학습이 필요한 경우 등을 생각해 볼 수 있다.

보유한 지식과 기술을 확장시키는 데에도 효율적인 방법이라고 할 수 있다. 특정 분야의 기초를 이미 이해하고 있는 학습자들은, 이론 · 개념 · 원칙을 정교화하는 새로운 세부 지식들을 습득함으로써 지식을 확장할 수 있다. 특정 분야의 몸통과 줄기를 알고 있다면, '가지' 와 '잎사귀' 들을 추가할 수 있는 것이다.

또한 습득형 활동은 다른 유형의 활동들과 적절히 연결됨으로써 역할을 할 수 있다. 예컨대, 종종 수행형 활동을 준비하기 위해 활용되기도 한다. 습득형 활동 부분은 학습자들을 안내하거나, 맥락을 만들거나, 용어들을 정리하거나, 원칙들을 소개하거나, 고도의 상호작용이 필요한 학습을 위한 사전 안내사항으로 제시되기도 한다. 수행형 활동의 보충 활동으로도 유용하다. 예를 들어 학습 게임과 같은 수행형 활동들은 학습자들로 하여금 학습 내용의 주요 원칙을 발견하게 하고 학습을 촉진하는 호기심을 불러일으킨다. 게임 활동 후, 학습자들은 게임 점수를 향상시키는 데 도움이 되는 원칙들과 이론들을 습득할 수 있다.

습득형 활동은 학습 동기가 높은 학습자들에게 최적의 전략이다. 본질적으로 재미있는 활동은 아니지만 주의집중을 할 수 있고 '단순 정보' 로부터도 배울 자세가 되어 있는 학습자들에게 매우 효율적이다.

2. 프레젠테이션

프레젠테이션은 명확하고 잘 구조화되어 있으며 논리적인 계열로 필요한 정보를 제공한다. 교실 강의나 전문가 등에 의한 설명 등과 매우 유사하다고 볼 수 있다. 학습자들은 프레젠테이션을 보고 들음으로써 배울 수 있다. 또한 동시적 온라인 미팅을 통해 경험할 수도 있고, 녹음된 자료의 재생을 통해서도 경험할 수 있다.

2.1 프레젠테이션의 개요

프레젠테이션은 정보를 전달하고, 특정 절차와 행동들을 직접적 경험의 흐름으로 제시한다.

2.1.1 언제 프레젠테이션을 활용하는가

프레젠테이션은 학습자들에게 내용을 설명하고 시연한다. 일반적으로 기본적인 정보나 잘 구조화된 절차, 그리고 인간 행동을 모델링할 때 활용된다. 프레젠테이션은 설계자가 학습 경험의 계열을 통제할 수 있도록 해준다. 설계자가 특정 내용을 가르치는 최상의 방법을 확실하게 알고 있을 때 활용하는 것이 좋다. 예를 들어, 10년동안 특정 강좌를 가르쳐 온 사람이라면, 가장 좋은 설명 방법을 알고 있을 것이다. 부적절한 방법으로 설명했을 때 초래할 수 있는 혼란을 피하기 위하여 방법을 활용할 수 있다.

2.1.2 프레젠테이션의 효과

프레젠테이션은 순차적 구조를 가지고 있다. 일반적으로 도입, 본 내용, 그리고 요약으로 구성되어 있다. 이와 같은 구조는 내용을 명확하게 제시해주는 역할을 한다. 통일된 정해진 양의 내용 단위가 정해진 방식으로 제공된다.

이 책에서는 다양한 활동들의 흐름을 시각화하기 위하여 작은 도식을 활용한다. 다음 그림을 보면, 막대형의 사람모양 도식은 학습자와 교수자가 무엇을 하는지 보여주고, 사각형 안의 내용들은 관련 활동들의 유형을 상세히 설명해 준다.

- **시연은 짧은 길이로 구성한다.** 한 번에 하나의 행동이나 국면을 보여준다. 복잡한 과제를 가르쳐야 한다면 세부 행동으로 분리하도록 한다. 하나씩 가르친 후 행동들을 어떻게 서로 결합해야 할지를 가르친다.
- **학습자가 시연을 통제하도록 한다.** 녹화된 시연 활용시 학습자들에게 되돌려 보기, 재시작, 앞으로 고속감기, 그리고 느린 장면으로 보기 등을 선택할 수 있도록 해준다.

2.2.3 소프트웨어 시연

최근 소프트웨어 시연 활동은 고유한 독립 영역으로 간주될 만큼 그 비중이 커지게 되었다. 소프트웨어 시연은 학습자가 특정 행동 절차의 연계를 명확하게 볼 수 있도록 해준다. 이와 같은 행동에 대해 텍스트나 음성 내레이션, 혹은 두 가지 방법을 함께 사용해 보충 설명을 할 수도 있다. 소프트웨어 시연은 온라인 미팅을 통해 실시간으로 보여줄 수도 있고, 녹화 후 학습자가 재생하여 볼 수도 있다.

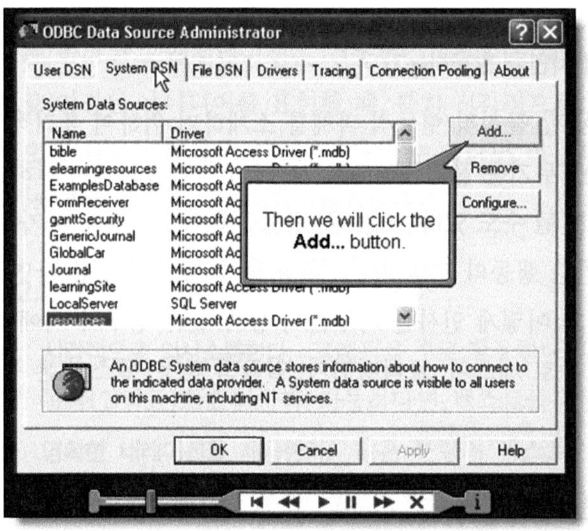

어도비 캡티베이트를 이용하여 구축했다. 예시는 horton.com/eld/에서 볼 수 있다.

시연은 다음 예시에서 보는 바와 같이 절차를 제시하는 데 효과적이다. 이 예시는 시스템의 데이터 이름을 설정하는 과정을 보여주고 있다.

소프트웨어 시연은 소프트웨어 시뮬레이션과는 다르다. 시연 활동시 학습자들은 소프트웨어를 누군가가 조작하는 것을 보고 듣게 된다. 시뮬레이션 활동시에는 학습자가 직접 조작 활동을 수행한다.

소프트웨어 시연은 녹화 프로그램을 시작하고, 시연을 수행하며, 녹화된 내용을 편집함으로써 제작된다. 이러한 녹화 활동은 움직임이나 마우스 클릭, 키보드의 텍스트 입력 등을 포착한 후 웹전달방식으로 변환된다. 캄타시아(www.teachsmith.com)와 캡티베이트(www.adobe.com) 등은 소프트웨어 시연을 제작하기 위한 대중적인 도구들이다. 소프트웨어 시연은 독립형(standalone) 이러닝을 위해 자주 활용된다. 그러나, 온라인 미팅에서의 실시간 시연도 활용될 수 있다는 것을 유의한다.

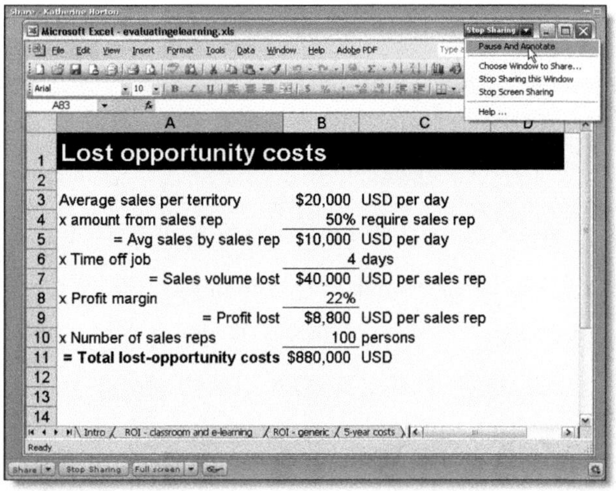

어도비 브리즈 미팅과 함께 활용되고 있는 마이크로소프트 엑셀 창이 제시되고 있다.

이 예시에서 교수자는 손실된 기회비용을 계산하는 방법을 제시하고 있다. 단순히 통계 자료를 보여주고 수치를 산출하는 방법을 설명하는 대신, 엑셀 프로그램을 이용하여 자료를 이용하는 절차를 시연한다. 학습자는 교수자의 컴퓨터 화면과 동일한 자료를 보게 된다.

학습자들은 교수자의 시연 활동을 보면서 습득형 활동을 경험하게 된다. 그런 다음, 교수자는 학습자들에게 유사한 방식으로 절차를 따라해 보도록 요구한다. 이런 경우 '수행형 활동' 이 이루어진다. 이를 지켜보는 다른 학습자들에게는 여전히 습득 활동이라고 할 수 있다.

2.2.3.1 언제 소프트웨어 시연을 활용하는가

소프트웨어 시연 활동은 컴퓨터 프로그램 활용절차를 소개할 때 활용하도록 한다. 웹사이트의 구조 탐색방법, 학습포탈 활용방법, 또는 기타 전자적인 형태의 문서 등을 새롭게 소개할 때 효과적이다.

소프트웨어 시연은 프로그램 활용법을 처음 가르칠 때 효과적이나, 초보자가 실제 프로그램을 앞에 놓고 따라할 준비가 되어 있을 때 소프트웨어 '시뮬레이션' 을 직접 수행하도록 할 수도 있다(자세한 내용은 3장 참조). 상호작용의 부재는 시연 활동의 강점이자 약점이기도 하다. 학습자의 기술과 동기 수준이 낮아도 된다는 측면에서는 강점이다. VCR을 조작할 수 있다면 어떤 학습자라도 시연 활동을 관찰할 수 있다.

2.2.3.2 소프트웨어 시연 활용방안

- **시연 활동을 소개한다.** 초반에는 학습자들에게 습득할 내용과 소프트웨어 관련 사항과, 시연 활동 범위를 알려준다. 몇 단어의 키워드, 텍스트, 한두 문장, 또는 간

략한 내레이션 정도면 충분하다.

- **시연을 단순화하고 핵심 포인트를 잡는다.** 모든 시연 활동에서, 하나의 과제를 수행할 때 하나의 방법만을 활용하도록 해야 한다. 너무 많은 대체 방법들, 단순화된 방법들, 예외들을 한꺼번에 제시하지 않도록 한다.
- **시연활동과 시뮬레이션을 구분한다.** "OK 버튼을 클릭하세요"라고 안내한다면, 몇몇 학습자들은 따라해 보려고 할 것이다. 학습자들이 관찰하도록 하는 데 중점을 둔다.
- **시뮬레이션으로 시연 활동을 따라하도록 한다.** 절차적 방법을 보여준 후, 시뮬레이션으로 연습해 볼 수 있는 기회를 제공한다(자세한 내용은 3장 참조).
- **시연 활동을 따라하도록 한다.** 절차를 수행할 때 위험성이 없다면 학습자들이 소프트웨어를 실행하여 따라해 볼 수 있도록 한다. 단계를 넘어갈 때가 되면 프레젠테이션 활동을 멈추도록 한다.
- **저용량형 대안을 제시한다.** 만약 음성과 비디오 형식의 시연 자료가 너무 큰 용량이라면 정사진과 내레이션이 있는 대체물을 활용할 수 있도록 해준다.

2.2.4 영화

동영상 기술의 발전 이래로 다큐멘터리 영화는 사실적 정보를 시각적 서술로 전달하는 역할을 해왔다. 이러닝 환경에서는 디지털 비디오가 그 역할을 대신하고 있다.

이 예시는 1906년 샌프란시스코 지진의 영향을 보여주는 다큐멘터리 영화이다. 에디슨사에 의해 제작된 이 영화는 나토마 근방의 4번가 동쪽부터 마켓의 북쪽까지 파노라마 방식으로 보여주고 있다. 이 예시는 미국 국회도서관에서 이용가능한 많은 역사적 영화 중 한 가지이다.

영화를 어떻게 기획, 감독, 제작하는지에 대해 상세히 다루는 것은 이 책의 범위를 벗어난다. 기본적인 지식을 위해서는 '영화, 비디오, 그리고 멀티미디어를 통한 정보교류' (Marty Shelton 저, Communicating Ideas with Film, Video, and Multimedia: A practical Guide to information Motion-Media)를 참고하기 바란다.

2.2.4.1 언제 영화를 활용하는가

영화는 명확하고 논리적 위계를 가진 주제를 설명할 때 활용하면 좋다. 특히, 시각적인 것과 밀접한 관련이 있으나 학습자가 쉽게 상상하기 어려운 주제일 때 더욱 유용하다.

이미지와 경험이 중요한 비중을 차지하는 논리적 이야기나 대화(예를 들면 인과관계를 설명하거나 서사적 주제)를 제시할 때 유용성이 높다. 보다 구체적으로, 어떤 위대한 발명으로 이어지는 일련의 발견들을 보여주고자 할 때나, 원유 정제소의 처리 과정과 이와 연결된 송유관을 따라 걸으며 설명하는 화학공학자를 따라가며 보여줄 때 활용할 수 있다. 예컨대 새가 어떠한 원리로 날고 물고기가 어떠한 원리로 헤엄치는지 등, 3차원의 객체가 특히 중요한 내용일 때 활용하는 것이 포인트이다. 영화를 제작하는 것은 복잡하면서 많은 비용이 들 수 있으므로, 중요하고 재정을 풍부하게 활용할 수 있는 프로젝트에서 활용하도록 한다. 또는 기존의 다큐멘터리 등을 재활용하는 것도 가능하다.

2.2.4.2 영화 활용방안

- **가능하면 대여한다.** 다큐멘터리를 설계하고, 저작하고, 촬영하고, 편집하고, 보급하는 것은 많은 비용과 많은 작업을 요구한다(저자는 이미 초소형 경비행기와 이를 다루는 사람들에 관한 '환타지 비행(Flights of Fantasy)' 이라는 제목의 짧은 다큐멘터리를 쓰고 편집한 경험을 통해 애로사항을 직접 경험한 바 있다). 가능하면 이미 제작되어 있는 다큐멘터리 영화를 활용하도록 한다. 교육목적을 충실히 달성하기 위하여 보조자료를 준비하여 부족한 부분을 보완하도록 한다. 학습자들에게 영화를 접할 수 있도록 하기 위해 '결합 모듈(docking module)' (자세한 내용은 6장 참조)의 활용이 필요할 수도 있다.
- **허락과 승인을 획득한다.** 누군가의 동영상을 포함한 이러닝 자료를 공식적으로 출판하게 되면 확실한 허락과 승인을 얻어야 한다.
- **작은 화면을 고려하여 설계한다.** 다운로드 시간을 줄이고 비디오가 원활하게 재생될 수 있도록 하려면 비디오 창을 작게 유지하는 것이 좋다. 작은 창에서 선명하게 보이도록 하게 위해서는 항상 전체 개요를 보여주는 장면으로 시작하고 세부사항에는 일련의 클로즈업을 활용한다. 위치 파악을 위해 주기적으로 전체 화면 조정으로 돌아갈 필요가 있다.
- **대역폭을 고려한다.** 좋은 영화는 동영상과 함께 세부적인 디테일들을 함께 제공하는데, 압축하기 어려운 경우도 있다. 최적의 압축방식을 찾기 위해 여러 가지 방법을 시도해보는 것이 필요하다. 다양한 버전을 제공함으로써 자신의 학습의 속

도를 자유롭게 할 수 있도록 하는 것이 바람직하다. 연결속도가 느린 경우에는 텍스트나 음성 해설/대화가 동반된 일련의 정사진들을 제공하도록 한다.

2.2.5 드라마

드라마를 활용한 학습에서는 허구적인 장면들을 활용하게 된다. 예를 들면, 성공적인 인터뷰 장면이라든가 팀 역동성을 보여주는 장면 등이 있다. 드라마는 비디오의 형태로 제시하는데, 정사진 및 음성자료를 포함시킬 수도 있고 음성자료만으로도 제시할 수 있다.

이 사례는 브라이트라인 컴플라이언스사의 '작업장 윤리'에 관한 강좌이다(www.brightlinecompliance.com). 두 사람이 사적인 목적으로 회사 신용카드를 사용할 것인지의 여부를 논의하는 장면을 보여주고 있다. 일상에서 윤리적 의사결정을 요구하는 상황 및 의사결정이 얼마나 모호할 수 있는지에 대한 것을 알 수 있게 해준다.

2.2.5.1 언제 드라마를 활용하는가

드라마는 바람직한 또는 바람직하지 않은 인간 행동이나 상호작용 스타일을 묘사하는 데 적절한 방법이다. 저자의 경우 합법적인 고용, 윤리적 행동, 그리고 인터뷰 기술을 가르치는 데 활용한 경험이 있다. 그리고 과학적 발견이나 정치적 문제와 같은 역사적 사건을 다시 생생하게 전달하는 데에도 활용될 수 있다. 또한, 학습자들이 다양한 역할상황이나 시뮬레이션을 준비해야 하는 상황에도 활용 가능하다.

2.2.5.2 드라마 활용방안

- **신뢰할 수 있는 대화를 작성한다.** 성공적인 영화나 TV 미니시리즈에서 사람들이 말하는 방식은 현실 세계의 사람들이 말하는 방식과는 매우 다르며, 사람들이 글을 작성하는 방식과는 더더욱 다르다. 여기서 대화의 목적은 신뢰할 수 있는 명확한 것이어야 한다. 좋은 작가를 고용하는 것이 중요하다. 또한 대화를 소리내어 읽어보고 제대로 되었다고 판단될 때까지 수정하고 또 수정할 필요가 있다.
- **좋은 배우를 활용한다.** 음성에 감정을 실을 수 있고 대사를 보다 풍부하게 만드는 제스처 및 보디랭귀지를 구사하는 배우를 활용해야 한다. 전문 배우를 고용할 수

없다면 정사진을 활용하도록 한다. 배우의 포즈를 신중하게 결정한 후 사진을 찍는다.

- **드라마적 요소를 삽입한다.** 연결 장면들이 전적으로 예측가능하다면, 드라마적 요소가 없는 것이고 자연히 호기심도 유발하지 못한다. 학습자가 항상 다음에 어떠한 일이 일어날지 궁금하게 해야 한다. 판에 박힌 캐릭터와 상황 설정을 피하는 것이 좋다.
- **이야기를 들려준다.** 사람들이 상호작용하는 것을 보면 자연스럽게 캐릭터, 위기상황 및 해결책을 기대하게 된다. 이야기는 이와 같은 방식으로 간단히 제시될 수 있다.

2.2.6 토론 프레젠테이션

우리는 사람들이 말하고 행하는 상호작용을 보면서 학습을 하게 된다. 사람 간의 상호작용은 본질적으로 흥미를 유발하는 활동이며, 중요한 정보와 의견을 보여주는 자연적인 장치를 제공한다. 학습자들에게 실시간 온라인 미팅의 일부로 상호작용을 제시할 수도 있고 녹화된 내용을 제공하여 되돌려 보기를 하게 할 수도 있다. 이와 같은 활동들은 대부분 비디오의 형태로 활용되는 것이 일반적이지만 때로 녹음 음성자료 역시 유용하게 쓰인다. 토론 프레젠테이션의 예시를 보다 쉽게 찾아보려면 웹 검색에서 '패널 토론 비디오(panel discussion video)' 라는 키워드를 입력하여 찾아보면 된다.

2.2.6.1 언제 토론 프레젠테이션을 활용하는가

토론은 강연이 너무 지루하거나 학습자의 의견에 직접적으로 도전하는 이슈를 다룰 때 활용된다. 많은 사람들은 전문가가 의견을 피력하는 것을 단순히 듣기보다는 그들의 논쟁을 보면서 스스로 의사결정하는 것을 선호한다. 이러한 방식을 사용하는 가장 중요한 이유 중의 하나는 학습자들이 전문가의 명확하면서도 가치 있는 정보와 의견을 흥미롭게 얻을 수 있는 방식이기 때문이다. 강연 등에서 전문가는 단조로운 톤으로만 이야기를 하지만 인터뷰 상황에서는 더 열의 있는 태도로 반응하게 된다.

2.2.6.2 토론 프레젠테이션 형태

다음은 사람들이 아이디어, 의견, 그리고 정보를 드러내기 위하여 상호작용하는 몇 가지 방법이다.

- 뉴스 인터뷰
- 토크쇼 인터뷰

- 논쟁
- 패널 토론
- 모의 재판

2.2.6.3 토론 프레젠테이션 활용방안

- **여러 대의 카메라를 활용하여 녹화한다.** 장면을 이리저리 움직이지 않고도 개인별 컷을 확보할 수 있다.
- **TV 쇼 수준의 적절한 조명을 활용한다.**
- **클로즈업을 활용한다.** 표정과 제스처에서 화자의 감정을 볼 수 있도록 충분한 클로즈업을 활용한다.
- **비효과적인 토론 활동을 지양한다.** 간혹 토론은 매우 평면적으로 진행되기도 한다. 패널은 가끔 "동의합니다"와 같은 식으로만 말을 이어갈 수도 있다. 또는 논쟁에 따라 감정만 격해지고 정보는 없는 경우도 있다. 효과가 없다면 녹화를 중단하고 활용하지 않는 것이 좋다.
- **대여 녹화물에 대하여 유의한다.** 대여하여 쓰는 자료는 두 가지 문제점이 있을 수 있다. 첫째, 토론을 보여줄 때, 화면에 나타나는 모든 사람에 대한 개별적인 법적 허락을 받아야 한다. 둘째로, 이러한 유형의 프레젠테이션은 웹상에서 활용할 수 있는 기간이 상대적으로 짧은 편이다. 복사본을 구해서 활용해야 하는 상황이 있을 수 있다.

2.2.7 파드캐스트

파드캐스트라는 용어는 '강의' 보다 훨씬 그럴듯하게 들린다. 그러나 파스캐스트와 강의 음성 녹음은 실제로 큰 차이가 없다. 파드캐스트라는 용어는 애플사의 iPod와 같은 음악재생 장치로 음성 자료를 다운받아 이용하는 활동을 말한다. 대부분의 파드캐스트는 며칠 또는 주당 한 번씩 정기적으로 새롭게 제작된 것을 들을 수 있다. 그리고 많은 파드캐스트가 라디오 프로그램의 형태를 띠고 있다.

어떤 파드캐스트는 점차 비디오 자료를 첨가하기도 한다. 데스크탑 컴퓨터나 노트북 컴퓨터, 그리고 비디오를 볼 수 있는 PDA, iPod, 기타 매체로 재생이 가능하다. 몇 년 후에는 비디오캐스트(vidcasts), 브이오디캐스트(vodcasts), 미티브이(meTV) 등 다른 명칭으로 불릴 수도 있다.

이 책에서 말하는 파드캐스트는 음성 자료만을 활용하는 것을 뜻한다. 여러 가지 시리즈의 한 부분일 수도 있고, 독립된 자료일 수도 있다. 비디오 파드캐스트는 이전에 언급한 다른 유형의 프레젠테이션의 범주에 속한다고 볼 수 있다.

파드캐스트의 목록을 찾으려면, Yahoo.com나 podcastally.com을 활용할 수 있다. 몇몇은 순수한 오락물이며, 수많은 자료들이 임의로 제작된 방송이지만, 교육적인 것들도 꽤 있다. 저자는 여섯 개 정도의 파드캐스트를 평생교육 전문 교육 프로그램에서 정기적으로 이용하고 있다.

2.2.7.1 언제 파드캐스트를 활용하는가

파드캐스트는 소리 자료만을 이용하여 의사소통하고자 할 때 좋다. 특히 기차나 비행기, 기타 대중 교통 등 이동 시간 중 파드캐스트를 활용할 수 있는 학습자들에게 유용하다.

한 페이지의 텍스트로 중요한 아이디어가 요약될 수 있는 경우에는 파드캐스트를 활용하지 않도록 한다. 또한 주로 사실적인 정보나 절차적인 정보를 전달할 때 활용한다. 유흥이 아니라 교육 서비스이기 때문이다. 또한 파드캐스트는 매우 경제적으로 활용할 수 있다. 전문가에게 무엇인가 써달라고 요청하는 것보다 말로 표현해 달라고 하는 것이 빠르고 훨씬 용이하다. 그리고, 강연은 매우 유창하게 진행하지만 글쓰기는 주저하는 편이라면 강연을 요청하는 것이 더 바람직하다. 사람들이 두서없이 말하게 될 것이 우려가 된다면 질문에 대한 응답을 구조화하기 위하여 여러가지 질문을 하는 인터뷰 장면을 계속 녹화한 다음 편집을 하도록 한다.

파드캐스트는 음악이나 언어처럼 소리 자체와 관련된 교과에서 자연스럽게 활용할 수 있다. 학습 내용이 시각적인 것과 관련성이 매우 높다면 활용하기가 어려운 편이다. 그렇다 하더라도, 재치있는 이용자는 이와 같은 장애를 극복하기도 한다. 교육 분야에서 2005 파드캐스트 피플스 초이스 상을 수상한 내용은 디지털 사진술에 관한 것이었다. 방송했던 Chris Marquardt는 사진술의 절차적 측면에 초점을 두었고, 웹사이트 및 포럼을 보조적으로 활용했다.

2.2.7.2 파드캐스트 형태

파드캐스트는 특정 내용을 직접적으로 설명하는 강의일 수 있다. 그러나 수많은 다른 유형 역시 가능하다. 라디오를 들어보면 알 수 있다. 어떠한 유형들이 있는가?

- 인터뷰
- 지침
- 제품 리뷰
- 현실사건/상상적 사건 드라마
- '오디오북' 과 같은 텍스트 읽어주기 활동

- 현장활동 생중계
- 현장견학 보고

이 중 두 가지는 특히 유용하게 활용할 수 있다. 그 중 한 가지가 현장활동 생중계인데, '소리보기(soundseeing)' 로 불리기도 한다. 예컨대, 전문가가 현장에서 활동하는 것을 따라가며 그 설명을 생생하게 들을 수 있다. 생물학자가 겁많은 사슴떼에게 접근하며 관찰하는 장면에 대한 설명을 듣거나, 사진가가 장면을 설명하면서 완벽한 노출을 조정하는 과정을 생생하게 들을 수 있다. 또 다른 유용한 형태는 현장견학 보고이다. 참석한 컨퍼런스나 박람회 등에서 현장 보고를 할 수 있다. 들은 아이디어 및 내용들을 요약하여 활용한다.

2.2.7.3 파드캐스트 활용방안

교육적 파드캐스트의 몇 가지 활용방안을 다음과 같이 제시할 수 있다.

- **단순화한다.** 운전 중에 들을 자료라면 특히 더욱 단순화한다. 복잡한 활동이 동반되지 않도록 한다. 한 내용 단위당 10분 정도가 적절하다. 글을 작성하는 행위 등을 요구하지 않는 것이 바람직하다.
- **쉽게 기억할 수 있도록 한다.** 반복적으로 제시하고 동시에 기억술을 알려준다. 그리고 요점을 강조한다. 웹 자료의 위치를 알려주기 위하여 웹주소, 이름, 그리고 다른 구체적인 정보들을 제공한다.
- **친숙한 단어를 활용한다.** 새로운 용어나 개념을 소개하게 된다면 구체적으로 설명해주도록 한다.
- **시작과 끝을 간략히 한다.** 특히 학습자들이 여러 개의 학습 에피소드들을 한 번에 들어야 하는 경우에는 시작과 끝을 간략하게 해야 한다.
- **라디오를 흉내 내지 않는다.** 오락적인 요소를 가진 파드캐스트는 라디오이지만, 교육적 정보를 포함한 파드캐스트는 그렇지 않다. 음악, 현란한 도입부, 그리고 기타 라디오 효과를 최소화한다. 광고는 삽입하지 않는다.
- **자신보다는 청중을 만족시키는 음악을 선택한다.** 특히 청중의 연령대가 다양하다면 더욱 유의해야 한다.
- **최신 정보를 활용한다.** 오래된 정보를 최소화한다. 뒤떨어지기 쉬운 정보보다는 재사용이 가능하고 시간이나 시대에 구애받지 않는 정보들을 주로 활용한다.
- **명확하고 즐거운 목소리를 유지한다.** 좋은 마이크를 사용하고 목소리를 균질하고 고르게 한다. 음성 편집 프로그램을 사용하여 목소리의 진동과 크기를 일정하게 유지하도록 한다. 감정을 실어 즐거운 음성으로 누군가가 듣고 있는 것처럼 가정하

여 말을 하면 더욱 생생해진다.

- **부드러운 흐름을 유지한다.** 많은 연습과 시연을 한다. 실수를 없애고 지나치게 긴 끊김을 없앤다. 장황한 부분을 나누기 위하여 짤막한 팁 등을 삽입할 수 있다.

2.3 프레젠테이션의 활용방안

형식에 상관없이 수준 높은 프레젠테이션 사례들이 있다. 이와 같은 것들을 제시하면 다음과 같다.

2.3.1 학습자 통제의 제공

학습자들에게 프레젠테이션을 어떻게 경험할지에 대한 통제권을 제공한다.

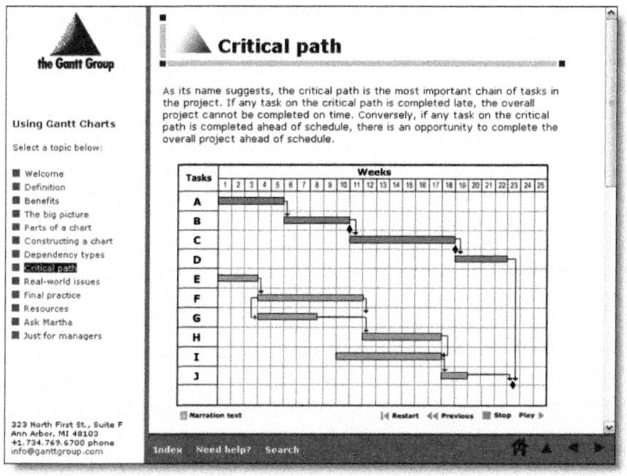

어도비 드림위버, 자바스크립트, 플래시를 이용하여 구축했다. 예시는 horton.com/eld/에서 볼 수 있다.

그림의 *Gantt 차트 활용하기*는 학습자가 어떻게 중요한 경로를 파악하는지 보여준다. 내레이션이 동반된 플래시 애니메이션은 중요 경로의 특징을 시범적으로 보여주고 있다. 애니메이션 하단 버튼들은 학습자가 프레젠테이션 속도를 조절할 수 있도록 해준다.

학습자들로 하여금 내레이션을 들으면서 읽을 수도 있게 해주어야 한다. 어떤 학습자들은 청력에 문제가 있거나, 난독증이거나, 영어가 모국어가 아닌 경우도 있다. 들으면서 읽게 되면 이해를 증진시킬 수 있다. 또한 소리듣기가 제한된 공개 열람실 등에서 활용하게 될 경우를 고려하여 읽기 자료를 제공하는 것이 유용하다. 그리고 간혹 사실적 정보를 확인하는 것만 필요할 수도 있다.

학습자들이 내레이션을 담은 텍스트를 인쇄할 수 있도록 해준다. 내레이션을 인쇄할 수 있도록 해주면 학습 자료를 보는 것이 훨씬 쉬워진다.

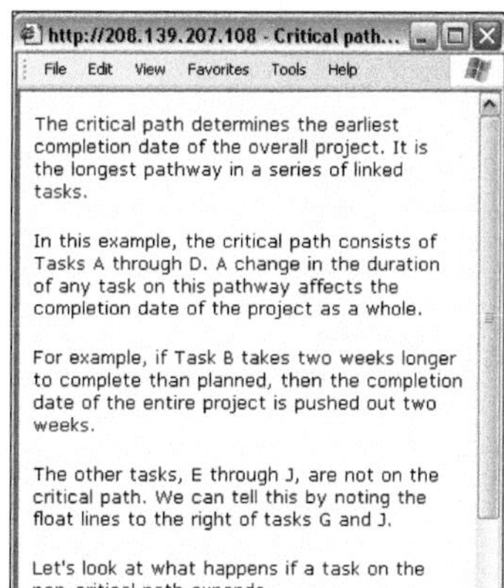

2.3.2 예시의 제공

많은 경우 강사들은 이론은 충분하나 구체적이고 세부적이며 사실적인 예시들은 충분히 갖고 있지 못하다. 모든 사람들이 일반적인 개념들로부터 특정한 응용사항을 도출해 낼 수 있는 것은 아니며, 적어도 어느 정도의 예시의 도움이 있어야 이해하거나 응용이 가능해진다.

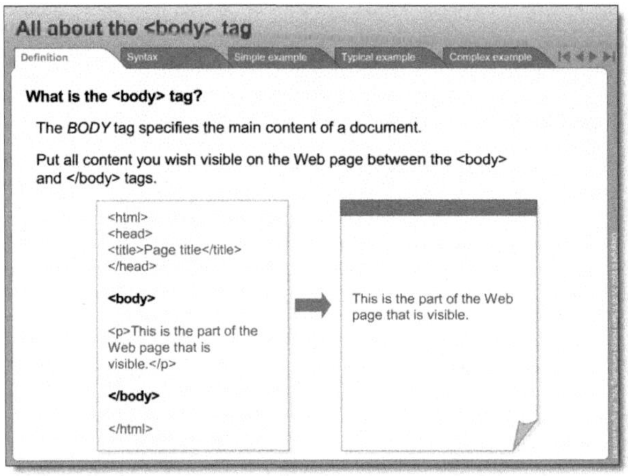

마이크로소프트 파워포인트로 구축하였고 어도비 브리즈 프리젠터를 이용하여 웹 모드로 변환하였다.

여기에서 제시하는 내용은 HTML 강좌에서 추출해 온 것이다. 매우 실용적이지만 추상적인 이와 같은 내용을 제공할 때는, 적어도 핵심 요점 전달을 위해 세 가지의 예시를 포함해야 한다.

학습 내용은 개념 정의에서 시작한다. Syntax 탭은 태그의 추상적인 형식에 대한 내용을 포함하고 있다.

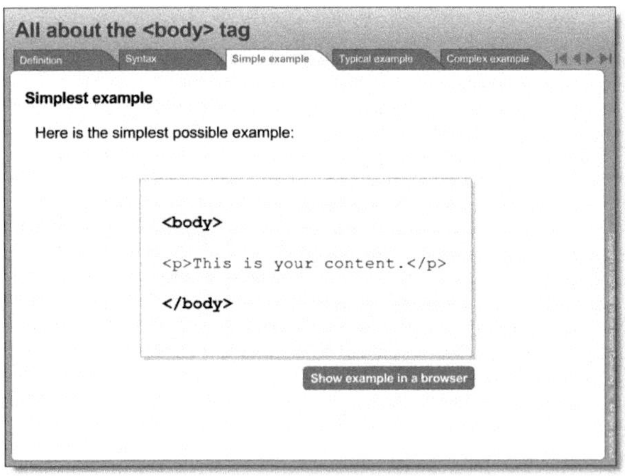

첫 번째 예시는 태그를 가장 단순하게 활용할 수 있는 사례를 보여준 것이다. 학습자들에게 이해하기 쉽고 즉시 응용할 수 있는 내용을 제시한다.

[Show example in a browser] 버튼은 해당 코드가 어떻게 나타나는지에 대하여 브라우저 창을 띄워 즉시 보여주는 기능을 한다.

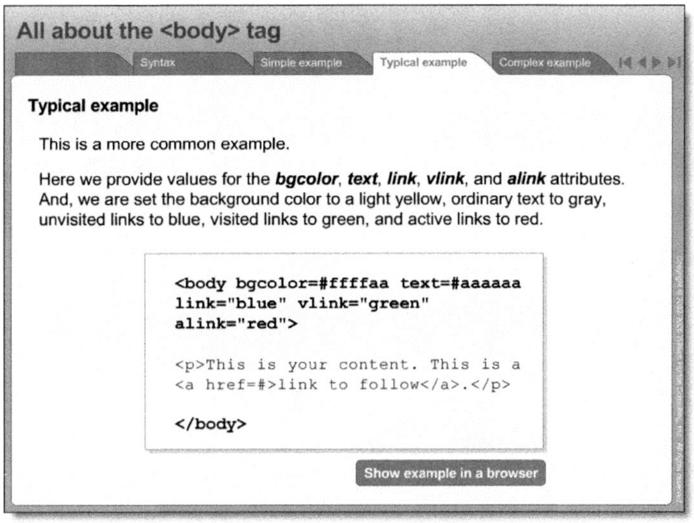

두 번째 예시는 가장 일반적인 사례이다. 학습자들이 빈번하게 사용할 기능들을 보여주고 있다. 태그를 포함한 페이지를 나타내도록 하여 학습자들이 그 효과를 즉시 볼 수 있도록 해주고 있다.

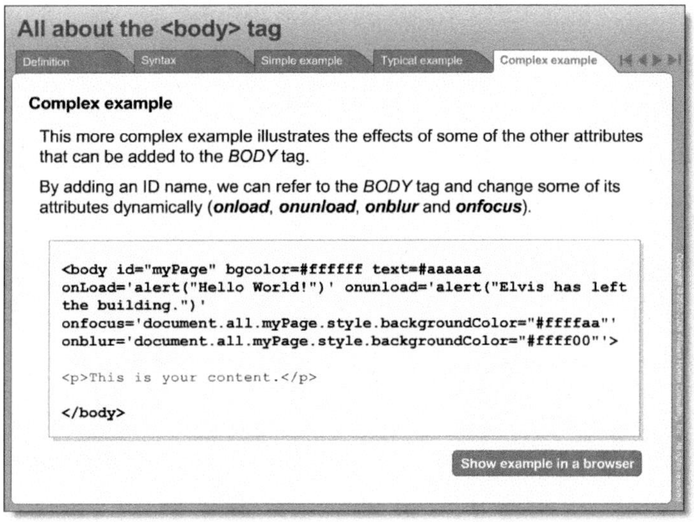

마지막 예시는 다소 복잡하다. 태그의 완전한 기능들을 모두 보여주고 있다. 능숙한 학습자들에게 유용한 많은 기능들을 보여준다.

2.3.3 즉각적인 연습의 제공

프레젠테이션을 연습활동과 결합시키도록 한다. 프레젠테이션의 마무리 부분에 학습자가 배운 것을 시연하고 연습해 볼 수 있는 기회를 제공해야 한다.

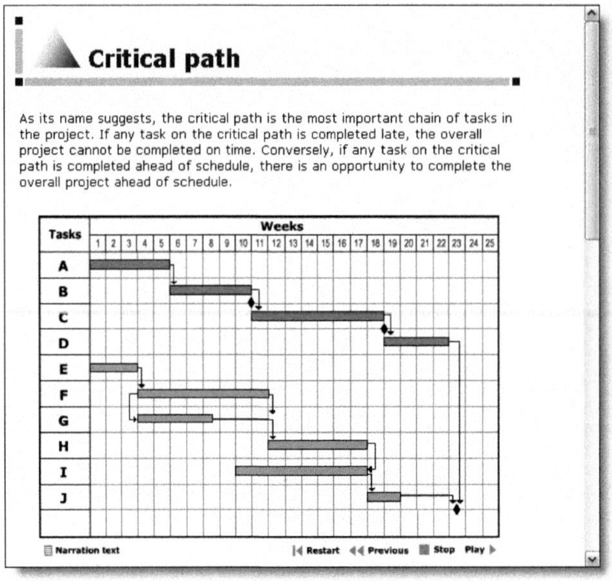

어도비 드림위버, 자바스크립트, 플래시로 구축했다. 예시는 horton.com/eld/에서 볼 수 있다.

이 그림은 Gantt 차트에서 중요한 경로를 찾아보는 학습 내용 사례를 보여주고 있다. 학습자는 애니메이션 효과와 더불어 음성 내레이션이 중요한 경로를 설명하는 것을 듣고, 다른 조건하에서 경로가 어떻게 변화하는지에 대한 설명을 듣는다.

이 애니메이션은 프레젠테이션 자료이며 습득형 활동을 위한 것이다.

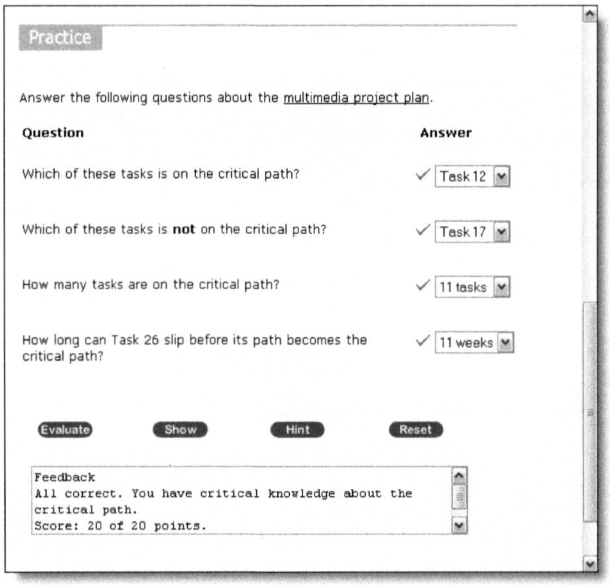

학습자가 제시된 개념을 이해했는지 즉시 확인할 수 있도록 해주는 예시이다. 스크롤하면서 학습자들은 가장 중요한 부분과 잘못 이해하기 쉬운 부분을 확인하기 위한 다지선다형 문제를 푸는 연습활동을 하게 된다.

이와 같은 활동은 수행형 활동이다. 습득형 활동에 이어 수행형 활동을 하게 함으로써 이해를 확인하는 것은 대부분의 학습 상황에서 유용하다.

지금까지의 많은 이러닝에서, 대다수의 프레젠테이션 자료는 너무 내용이 길거나 너무 많은 개념들을 담고 있는 경향이 강했다. 그러한 경우에는 배운 것을 연습할 시점이 되면 무엇을 배웠는지 잊어버리기 쉽다.

2.3.4 증강 프레젠테이션

효과적인 프레젠테이션이라면 전체 주제나 차시의 핵심이 될 수 있다. 프레젠테이션을 보다 이해력 높은 학습 경험으로 만들고자 할 때에는, 네비게이션을 통해 이동할 수 있도록 하여 증강 효과를 부여할 수 있도록 한다.

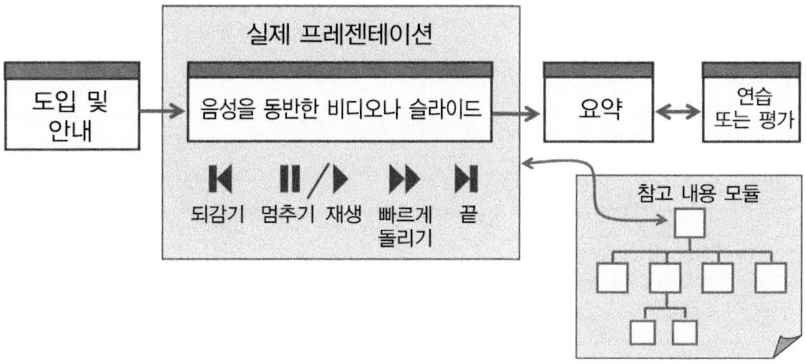

프레젠테이션에 활동 안내를 위한 도입 부분, 참고정보 · 요약 · 연습활동/평가 활동에 대한 접근방법(메뉴)을 제공하는 것도 유용하다.

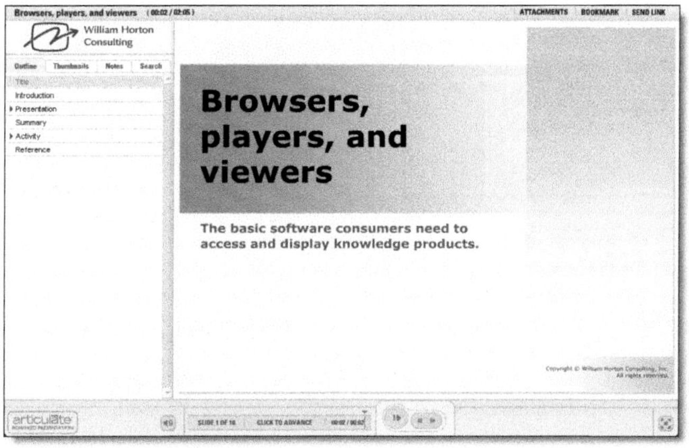

이러닝 단원 전체 안내를 위한 증강 효과를 삽입한 프레젠테이션 예시이다. 정보 제시를 위한 세 가지 유형의 소프트웨어를 소개하고 있다.

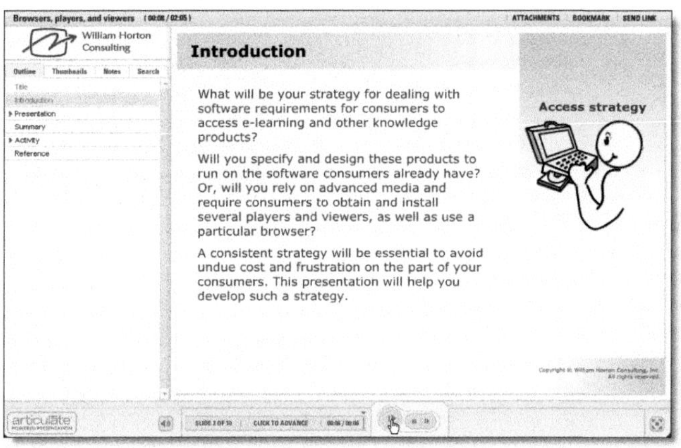

프레젠테이션 단계에 대한 간결한 안내 부분이다. 프레젠테이션의 내용이 답해줄 수 있는 것에 대한 질문거리를 포함하고 있다.

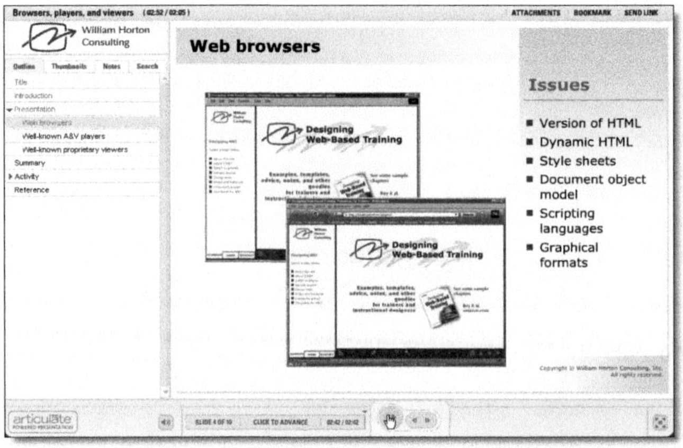

프레젠테이션의 한 장면이다. 텍스트는 음성 내레이션을 간략히 요약해 주고 있다.

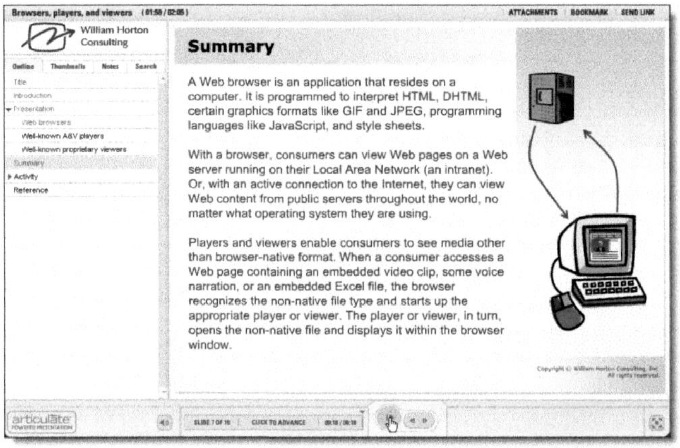

학습자들이 프레젠테이션으로부터 배울 핵심 요점을 제시하고 있다. 본 내용과는 독립적으로 제시되고 있기 때문에 특별히 중요한 내용을 강조할 수 있다.

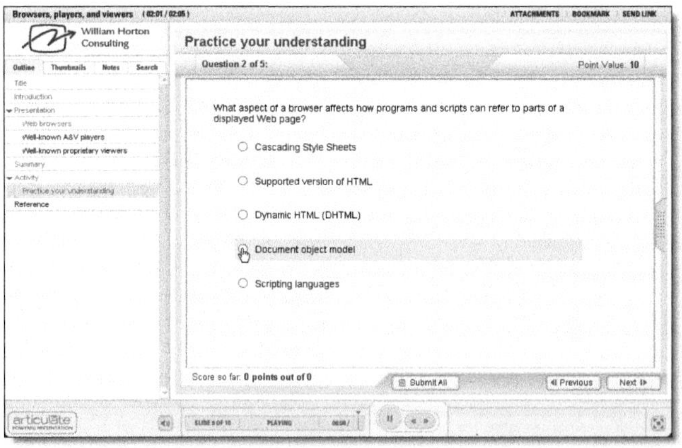

증강 프레젠테이션은 학습자들이 지식을 점검해볼 수 있는 간단한 평가 활동을 제시하고 있다.

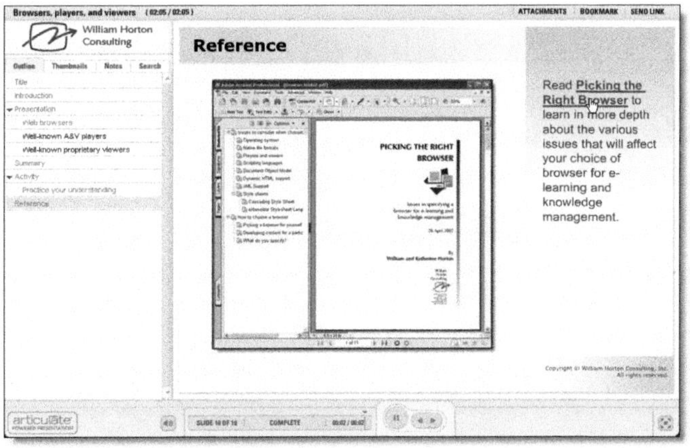

마이크로소프트 파워포인트로 구축하였고, 아티큐레이트 프리젠터를 이용하여 웹 모드로 변환하였다. 예시는 horton.com/eld/에서 볼 수 있다.

과목에 대한 전반적인 개관을 소개하고 있는 부분이므로 상세한 내용을 위해서 문서들로의 링크를 포함하고 있다.

2.3.5 다른 활동들과의 결합

다른 모든 활동들과 마찬가지로, 프레젠테이션은 보조적인 활동들과 결합될 때 더욱 강력한 효과를 발휘한다. 다양한 예들을 제시하면 다음과 같다.

- 학습자들의 응용 활동을 위하여 하드웨어/소프트웨어 시연과 연습활동을 결합한다(자세한 내용은 3장 참조).
- 학습자들이 원리를 파악할 수 있도록 슬라이드쇼나 영화에 발견 활동을 활용한다(자세한 내용은 3장 참조).
- 게임의 규칙과 사용자 인터페이스를 가르치기 위하여 짧은 슬라이드와 게임으로 활동을 시작한다(자세한 내용은 3장 참조). 게임을 이기는 데 필요한 개념들을 가르치기 위하여 슬라이드와 영화를 사용한다.
- 프레젠테이션에서는 간략히 제시되는 내용의 세부사항을 알려주고 지적 호기심을 충족시키기 위하여 보조 읽기 자료를 활용한다.

2.3.6 기타 활용방안

프레젠테이션을 설계할 때 활용했던 추가적인 사항들을 다음과 같이 제안한다.

학습자들에게 핵심내용 전달을 위하여 최상의 매체 조합을 선택한다. 동적인 움직임을 대학원생들에게 설명하기 위해서는 애니메이션과 비디오가 합리적인 선택이다. 한편 실천가들이 자신의 현장 경험을 일반화하기 위한 추상적인 개념을 논의한다면 음성 자료가 적절하다고 볼 수 있다.

학습자들이 적극적으로 활동할 수 있도록 한다. 너무 오랫동안 정신적 · 신체적으로 수동적이 되지 않도록 프레젠테이션 활동에 수행 활동을 결합한다. 예를 들어 학습자들이 개념을 적용해 볼 수 있도록 하는 수행형 활동을 프레젠테이션 대신 제공한다.

프레젠테이션 자료를 대여한다. 웹에는 기존의 훌륭한 프레젠테이션 자료들이 존재한다. 웹의 녹음 · 녹화된 프레젠테이션들로의 링크를 고려해 볼 필요가 있다. 다른 출처에서 학습 자료를 활용하고 있음을 명확히 한다. 그렇지 하지 않으면 학습자들은 자료 제시방식의 차이점으로 인해 혼란스러워 할 수 있다. 또한 자료의 제공자가 이와 같은 용도로의 활용에 대하여 반내의사가 없음을 명확히 한다. 임대한 자료에 대한 결합 모듈을 제공한다(자세한 내용은 6장 참조).

3. 이야기 공유

요점 전달을 위해 교수자가 이야기를 활용했던 강의들을 떠올려보면, 실제로 강의 중에 가장 기억에 남는 부분은 이야기를 들려주었던 부분인 경우가 많다.

그렇다면, 이야기를 활용했던 온라인 강의를 떠올려 볼 수 있는가? 이야기는 학습자들이 가장 잘 기억할 수 있는 부분임에도 불구하고 설계자들이 교실 강의를 이러닝으로 변환시킬 때 종종 생략하는 부분이다.

3.1 이야기 공유의 개요

이야기는 개인적인 경험과 밀접히 관련되어 있다. 정보를 보다 사실적이고 개인적으로 만드는 역할을 한다.

3.1.1 언제 이야기 공유 활동을 활용하는가

이야기 공유 활동은 가르치는 내용을 인간적인 것과 직접적으로 관련시킬 때 활용한다.

- 학습 내용의 유용성과 중요성을 증명하기 위하여 사용한다.
- 내용에 대한 구체적인 사례를 제시한다.
- 학습자들이 중요하게 생각하는 영향/효과를 보여줌으로써 내용을 보다 인간적으로 만든다.
- 학습자들이 어려움을 극복할 수 있도록 격려하고 동기를 부여한다.

3.1.2 이야기 공유 활동의 유형

이야기 공유 활동에는 두 가지 유형이 있다. 하나는 교수자에 의해 이야기가 제공되는 형식이고, 또 다른 하나는 학습자가 이야기를 하는 형식이다. 두 유형 모두 동시적으로 제공되거나 녹화/녹음된 자료로부터 재생되는 방법으로 활용할 수 있다. 종종 교수자가 이야기를 들려주다가 학습자가 유사한 이야기를 발표함으로써 공유하는 방식으로 통합되기도 한다. 이러한 활동을 *이야기 공유(story-sharing)*라고 부른다.

교수자나 설계자가 이야기를 제공하면 그것은 *습득형* 활동에 해당되고 학습자가 이야기를 제공하면 *수행형* 활동이 된다. 이와 같은 두 가지 활동이 매우 유사하고 자주 통합되어 활용되기 때문에, 여기에서는 이 두 가지를 동시에 다루기로 한다.

3.1.3 이야기 공유는 어떠한 효과가 있는가

짤막한 도입부가 제공되고 난 다음 학습자들은 교수자나 다른 내용전문가로부터 이야기를 듣는다. 다음으로, 학습자는 이에 상응하는 이야기를 들려줄 수 있는 기회를 갖는다. 전체 활동은 이야기의 핵심 요점을 간결하게 정리하면서 끝맺음을 하게 된다.

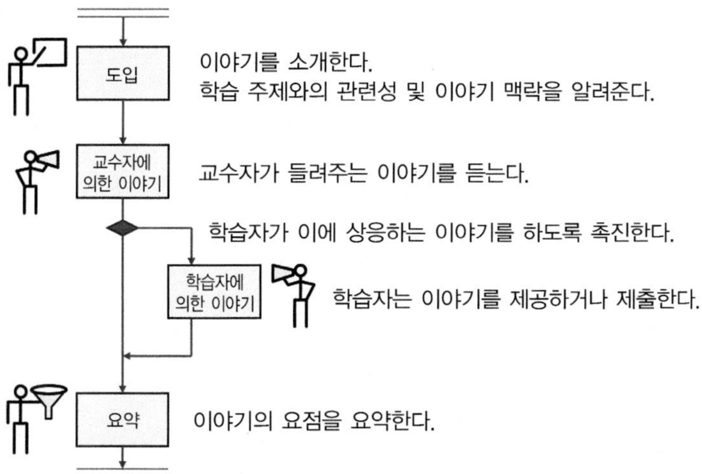

3.2 학습자에게 이야기 들려주기

학습자들에게 단순히 이야기를 들려주기만 해서는 안된다. 이야기들이 자신에게 어떻게 적용될 수 있는지를 생각해 보도록 독려한다.

3.2.1 이야기 공유 활동의 예시

마이크로소프트 파워포인트로 구축하였고 아티큐레이트 프리젠터를 이용하여 웹 모드로 변환하였다. 예시는 horton.com/eld/에서 볼 수 있다.

이 예시는 리더십에 대한 강좌에서 가져온 것이다. Denise가 리더십을 발휘한 이야기를 예시적으로 들려주고 있다.

그녀는 다음과 같은 이야기를 들려주고 있다.

> 20년 전에 나는 보스턴에 살고 있었고 출근길에 전철을 이용했습니다.
>
> 어느 월요일 파크 스트리트역에 갔을 때, 온통 신문들이 사방에 흩어져 있었어요. 나는 신문을 밟기도 하고 둘러싸이기도 하고 신문을 뚫고 나가기도 했지만, 사실 별로 유심히 보지는 않았죠.
>
> 중년의 남자가 나한테서 그리 멀지 않은 곳에서 전철을 기다리며 서 있었어요. 그는 온통 아수라장인 사방을 둘러보며 발치께를 내려다보았지요. 그는 몸을 구부렸고, 몇몇 신문을 집어서 쓰레기통에 버렸어요. 전철이 도착할 때까지 이 행동을 몇 번 반복하는 것을 볼 수 있었어요.
>
> 그가 전철을 타고 간 후 역이 다소 조용해졌을 때, 플랫폼에 서 있던 젊은 여자가 몸을 구부려 발아래에 있던 신문을 집어 쓰레기통에 버렸어요. 그런 다음 어떤 젊은 남자가 똑같은 행동을 하는 거에요. 마침내, 우리는 모두 같은 행동을 하고 있었어요. 내가 탈 전철이 왔을 때, 역은 상당히 깨끗해져 있었죠. 그리고 쓰레기통은 꽉 찼어요.
>
> 그 최초의 남자는 내가 20년 후 이 이야기를 여러분에게 들려주게 됐다든가 그가 내 인생에 어떤 영향을 줬는지 전혀 알 수가 없겠지요. 그런데 나는 그때의 일이 우리가 잊기 쉬운 리더십에 대한 무엇인가를 보여준다고 생각해요. 즉, 리더십은 어떤 나라의 수상이나 CEO가 가진 것만이 아니라, 우리가 어떻게 우리의 매일을 이끌어 나가고 어떻게 다른 사람에 영향을 미치는가에 관한 것이라고 생각합니다.

교실에서 이 이야기를 재생하여 들려줄 때마다, 학습자들은 산만한 행동과 잡담을 멈추고 주의를 집중하는 것을 볼 수 있었다. 이것이 이야기의 효과이다.

3.2.2 이야기 유형

학습 내용과 관련이 있고 학습자들에게 적절하다면, 어떤 종류의 이야기라도 이러닝에서 효과적으로 쓰일 수 있다. 수천년 동안 그 효과가 검증된 이야기의 유형을 소개하면 다음과 같다.

3.2.2.1 영웅 이야기

영웅 이야기는 때로 '전쟁 이야기' 로 불리기도 하는데, 학습자들이 직면한 것과 유사한 장애물들을 극복하게 되는 평범한 사람에 관한 것이다. 영웅은 자신의 지식을 적용하고 바르게 행동함으로써 승리하게 된다. 일반적으로 영웅은 이야기를 들려주는 화자 본인이다. Denise가 들려준 이야기는 영웅 이야기라고 할 수 있다.

영웅 이야기는 이야기 공유 자체만큼이나 그 역사가 오래되었다. 선사시대 화톳불에서부터 최신의 과학 컨퍼런스에 이르기까지 영웅 이야기는 계속 공유되어 왔다. 그러한 영웅 이야기는 친숙한 패턴을 따르고 있다. 먼저 영웅이 등장하고 환경 여건에 대하여 배우게 된다. 그런 다음 영웅은 도전에 직면하게 되고 이에 따른 장애물로 인하여 곤경에 처한다. 장애물을 극복할 수 있는 힘을 발견하거나 기르는 과정이 뒤따른다. 마침내 영웅은 경험을 통해 성취를 얻게 된다.

영웅 이야기는 학습자들이 어려운 과제를 받아들이도록 하는 데 용기를 북돋아 주고, 그들이 학습하는 내용이 어려움을 극복하는 데 얼마나 도움이 될지 설득하는 데 도움이 된다. 이러한 이야기들은 경영, 정치, 종교, 복지, 그리고 기타 복잡한 인간적인 활동 등 학습자들이 배운 것을 응용해보도록 격려를 받을 필요가 있는 부문에서 인기가 있다. 영웅 이야기는 어려운 자료를 학습하도록 하기 위한 동기유발에도 유용하다. 학습한 것을 응용하는 것이 얼마나 도움이 되는지를 묘사하는 데 활용하도록 한다.

3.2.2.2 사랑 이야기

사랑 이야기는 두 사람 간의 구애, 애정 획득, 그리고 영원히 행복하게 사는 것에 관한 이야기이다. 사랑 이야기를 이러닝에 도입하기에는 다소 엉뚱하게 보일 수도 있다. 그러나 사랑 이야기가 반드시 제인 오스틴이나 셰익스피어만의 영역은 아니다. 헐리우드 로맨틱 코미디에만 제한된 영역도 아니다. 사랑 이야기는 세일즈맨이 어떻게 주저하는 구매자의 호의를 얻고 구매 주문을 받게 되는지를 알려줄 수 있다. 또한, 과학이론이 어떻게 과학 공동체 내의 지지를 얻고, 잃으며, 다시 획득하게 되는지에 대한 과정을 이야기해줄 수도 있다.

사랑 이야기의 구조는 매우 일관성이 있다. 우선 A가 B를 만난다. A가 B를 따르나, B는 거부한다. 그러다가 A와 B가 이루어진다. 그런데, A의 바보 같은 실수나 라이벌의 속임수로 인하여 B와 헤어지게 된다. A와 B는 다시 결합하고 영원히 행복하게 살아간다. 사랑 이야기를 충성, 신뢰도, 존경, 그리고 헌신을 얻는 것에 대한 중요성과 어려움을 설명하는 데 활용할 수 있다. 인간관계의 허무함을 파악하는 데 활용할 수도 있다.

3.2.2.3 재난 이야기

재난 이야기는 지식을 적용하거나 바르게 행동하는 데 실패한 데 따르는 부정적인 결과들을 생생하게 전달한다. 미국의 TV 시청자들은 1년에 5회 정도 재난 미니시리즈를 시청한다고 한다. 재난 이야기는 지진에서부터 해일, 혜성, 허리케인 이야기 등 매우 다양하지만 그 플롯은 거의 같다고 할 수 있다. 영웅이 재난을 예측한다. 영웅은 거만한 상사로부터 무시당한다. 재난이 발생한다. 영웅은 대중을 구하게 되고, 거만한 상사는 사라진다. 영웅은 그의/그녀의 가족을 구한다.

이러한 패턴은 교육적 목적으로 활용되기는 다소 멜로드라마와 같은 요소가 있지만, 몇 가지 요소를 포함하여 활용하는 것에 대한 시사점을 제공한다. 예를 들어 무시된 경고나 바르지 못한 행동은 재난으로 이어진다는 점이다. 이러닝에서 우리가 가르치는 지식과 기술의 적절한 적용이 재난/위기를 방지할 수 있음을 명확히 할 수 있다.

전문 조종사를 위한 강좌인 *지면 결빙에 대한 비행사 지침(A Pilot's Guide to Ground Icing)*은 비행기 이륙시 일어난 사고로 다섯 명이 사망한 사고 이야기에서 시작한다. 승무원이 지면 결빙의 잠재적 효과를 무시함으로써 발생한 사고이다(aircrafticing.grc.nasa.gov/courses.html). *GALENA 경사안정성 분석(The GALENA Slope Stability Analysis)* 강좌는 지반 붕괴로 일어난 피해와 통계에 관한 이야기로 시작한다.

3.2.2.4 비극

재난 이야기와 마찬가지로 비극은 사전 예방과 경고에 관한 이야기이다. 그런데 공공차원의 결과보다는 개인의 행동에 초점을 맞춘다.

비극의 패턴은 매우 잘 구조화되어 있다. 오이디푸스, 리어왕 이야기에 이르기까지 패턴은 유사하다. 영웅은 좋은 일을 하지만, 어떤 실수나 오류로 인하여 재난을 발생시킨다. 영웅은 자신의 잘못을 후회한다. 어떤 경우 영웅은 회복하게 되지만 어떤 경우에는 그렇지 못한다. 이러닝에서, 영웅을 괴롭히는 잘못은 우리가 전달하는 지식에 대한 인식부족이나 가르치는 기술의 부족에 해당될 수 있다.

비극은 세일즈 훈련에서는 일반화되어 있다. 핵심은 '핵심적인 지식이나 기술을 배우지 못했고, 그 때문에 수많은 고객을 잃었다' 라는 것이다. 이와 같은 이야기들이 효과적인 이유는 그들이 존경하는 권위있는 인물의 개인적 고백이 학습자의 자아로부터의 거부감을 줄일 수 있기 때문이다. "당신에게 일어날 수 있다면, 나에게도 충분히 일어날 수 있는 일이겠군요"라고 생각하는 것이다.

비극을 재난 이야기와 같은 방식으로 활용하는 것이 가능하나, 개인 학습자에게 적용되는 학습 내용에서 주로 활용하는 것이 좋다.

3.2.2.5 발견 이야기

발견 이야기는 화자가 어떻게 가치 있는 통찰력을 얻게 되었는가와 관련되어 있다. 화자의 경험 및 학습에 핵심 요점이 있다는 점만 제외하면 영웅 이야기와 유사하다. 그러한 이야기들은 예상치 않았던 경험으로 인해 야기된 과학적 돌파구, 개인적인 통찰력, 새로운 관점, 태도 전환 등을 강조한다.

패턴은 다음과 같다. 영웅은 어떤 특정 과제를 성취하기 위해 떠난다. 어려움에 봉착하고 곤경에 빠지게 된다. 영웅은 좌절하거나 또는 용기를 얻는다. 영웅은 본래의 과제보다 더욱 중요한 발견을 한다.

이와 같은 발견 이야기는 발견에 의한 학습의 중요성과 새로운 경험에의 개방성을 가르치기 위하여 활용하도록 한다. 학습자가 즉각적으로 받아들이지 않을 수 있는 원리나 개념을 소개하는 좋은 방법이다. 이야기를 들으면서 학습자는 아이디어의 원천을 파악할 수 있게 된다.

3.2.2.6 기타

소설이나 짧은 이야기를 읽거나, 영화나 TV를 보면서 이야기를 간단히 메모한다. 플롯을 적고 이러닝에서 활용할 수 있는 이야기의 기초로 활용할 수 있을지를 고려해본다.

3.3 학습자가 이야기 들려주기

학습자들이 자신들의 이야기를 공유하도록 격려한다. 이는 학습자에게 자신의 경험과 학습 내용을 연결하여 관련된 이야기를 제시하도록 요구함으로써 연결 활동을 창출하도록 만든다.

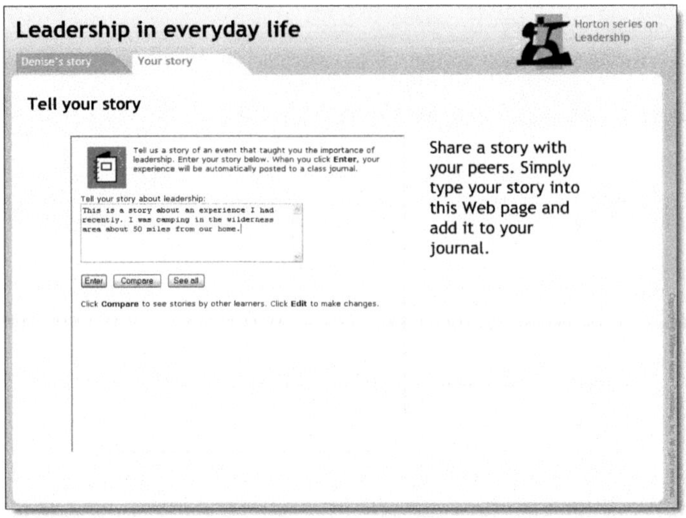

마이크로소프트 파워포인트로 구축하였고 아티큐레이트 프리젠터를 이용하여 웹 모드로 변환하였다. 예시는 horton.com/eld/에서 볼 수 있다.

예를 들어, 교사의 이야기가 끝난 후, 학습자에게 이에 상응하는 이야기를 해보게 한다.

학습자들이 이야기를 할 수 있는 온라인 미팅 등에서 학습자로 하여금 자신만의 이야기를 하도록 유도할 수 있다. 학습자가 음성으로 의사소통할 수 없다면 이야기를 문자채팅으로 하지는 않도록 한다. 타이핑에 매우 능숙하지 않다면 힘든 과정이 되기 때문이다. 그 대신 토론 포럼에 이야기를 올리도록 촉진한다(자세한 내용은 9장 참조).

학습자가 이야기를 해보도록 하여 반성적 사고의 요소를 추가하고 학습자가 들은 이야기의 내용을 자신의 상황에 적용해보도록 독려한다. 유사한 이야기를 구성해나가는 과정은 학습자의 삶과 학습의 사태를 연결시킨다. 학습자가 이야기하는 것을 들어보면 교수자가 들려준 내용의 핵심을 알고 있는지 알 수 있기 때문에 학습을 확인할 수 있는 좋은 방법이 된다. 또한 새로운 이야기들을 수집하는 데 매우 좋은 방법이기도 하다.

3.4 이야기 공유 활동 활용방안

이야기 공유 활동의 효과는 이야기와 이야기가 제공되는 방식에 달려 있다.

3.4.1 효과적인 이야기의 활용

이러닝을 위한 좋은 이야기의 요건은 무엇인가? 정해진 공식은 없지만 효과적인 이야기는 몇 가지 공통적 특징을 가지고 있음을 알 수 있다.

- **이야기가 신뢰할 만하다.** 여러 가지 다양한 경험의 조합이거나 심지어 우화의 형태

일 수도 있으나, 학습자들에게 진실하게 들리고 사실로 느껴지는 이야기이다.

- **이야기가 중요하다.** 중요한 핵심내용을 제시하고 있으며 일상에 가까이 있는 내용이다. 학습 목표를 성취하는 데 직접적 도움이 된다.
- **간결하고 초점이 분명하다.** 이야기 속의 모든 요소가 학습 목표 달성에 기여한다. 일반적으로 교실에서 들려주는 이야기 분량의 1/3 또는 1/2 정도 분량이 적절하다.
- **드라마틱하다.** 이야기의 결말은 끝부분에 이르기 전까지는 분명하지 않다. 따라서 학습자들은 이야기가 어떻게 끝날지 궁금해 하게 된다.
- **캐릭터가 중요하다.** 확실하게 알 수 있는 영웅이 존재하고, 동정할 수 있는 희생자가 있으며, 경멸할 수 있는 악한이 존재하고, 그 외에도 즐겁게 해주거나, 두렵게 하거나, 화나게 하는 캐릭터들이 존재한다. 들려준 이야기에 대한 가장 좋지 않은 반응은 "그런 인물이 도대체 무슨 상관이 있어?"라는 반응이다.
- **화자가 중요하다.** 이야기는 감정을 실어 전달한다. 사건과 캐릭터들에 대한 화자의 느낌이 분명하게 드러난다. 음성은 적절히 조정되고 리듬을 맞추어 전달한다.
- **도덕적 요소가 분명하다.** 학습자가 "요점이 뭐지?"라고 질문할 필요가 없다. 이야기의 핵심이 매우 명확하다. 또는 화자가 분명하게 요점을 언급한다. 때로 두 가지 요소가 모두 존재한다. 공통적인 도덕적 요소를 이용하여 다른 목적으로 재활용할 수도 있다.

3.4.2 이야기 다듬기

이야기를 잘 구조화하여 들려주어야 한다. 완벽함보다는 신뢰성과 명확성이 중요한 목표이다.

- **화자의 화법을 관리한다.** 음성에 열정과 감정을 담도록 해야 한다. 이야기를 연습할 필요가 있다. 전문적으로 들리는 것이 중요한 것이 아니라, 신뢰성 있게 들리는 것이 중요하다는 점을 인지해야 한다.
- **완벽함보다는 성실함을 목표로 한다.** 전문적 내레이터는 지나치게 완벽하게 들릴 수 있다. 완벽하게 세련된 발음보다는 신뢰성있는 음성으로 가끔 "음", "아" 등 감탄사를 섞어 들려준다.
- **좋은 음질을 지향한다.** 음성을 주의 깊게 녹음하고 편집한다. 사실적인 것보다 감정이 이야기의 중요한 요소라면, 좀 더 높은 음질의 오디오를 활용한다.
- **한 번에 완료하지 않는다.** 주저하는 화자로부터 좋은 이야기를 추출해 내려면 이야기를 반복적으로 시켜본다. "녹음 버튼 누르는 것을 잊었네요." 등과 같은 방식의 전략을 써도 좋다. 이야기가 좀 더 짧아지고 핵심 요점에 가까워진다. 일반적으로

세 번째 버전이 가장 좋은 이야기가 된다.

3.4.3 이야기 개발

이야기의 단순한 뼈대만을 제공하는 것 이상의 풍부한 이야기를 제공한다.

- **화자의 얼굴을 보여준다.** 반드시 비디오를 제공할 필요는 없으나 좋은 화질의 사진은 학습자로 하여금 화자를 상상하게 해준다. 서서히 다음 장면으로 넘어가는 반복되는 세 장 정도의 사진을 보여줄 수도 있다. 대부분의 학습자들이 비디오로 인식하고 보게 되는 효과가 가능하다.
- **이야기를 묘사한다.** 뉴스 기사나 다른 자료를 덧붙여 이야기를 보다 현실적으로 들리게 한다. 그러면 이야기는 보다 큰 사례 연구의 한 부분이 될 수도 있다.
- **수업 전체에 걸쳐 하나의 복잡한 이야기를 전개한다.** 이야기를 에피소드 단위로 전개해 나가며 들려줌으로써 호기심과 긴장감을 유발시킨다.

3.4.4 이야기와 다른 활동들과의 결합

보다 원대한 학습 목표를 달성하고자 할 때에는 단순한 이야기 공유만으로는 부족할 때가 많다. 이야기를 다른 활동과 결합하는 몇 가지 조합을 고려하여 본다.

- **추상적인 내용에 프레젠테이션과 읽기 자료를 끼워넣는다.** 그렇게 하면 이야기는 학습자들로 하여금 실질적인 적용에 대한 것과 추상적인 내용의 가치를 인식하게 된다.
- **다소 어려운 학습 활동에는 장애물을 극복하는 것과 학습 내용에 대한 가치를 서술하는 이야기를 포함시킨다.**
- **연구 활동(자세한 내용은 4장 참조)을 시작하기 위한 방법으로 이야기를 활용한다.** 학습자는 화자 이야기의 사건에 대한 배경적 정보를 수집할 수 있다.

4. 읽기 활동

때로 최고의 이러닝은 좋은 책(혹은 좋은 전자책, e-book)일 수도 있다. 읽는 활동은 중요한 활동이다. 이러닝에서 효과적으로 읽기 과제를 통합하여 활용할 수 있다. 학습자들로 하여금 개별적인 문서 하나하나를 접하도록 할 수도 있고 활용 가능한 도서관 전체를 제공할 수도 있다.

4.1 읽기 활동의 개요

읽기 활동은 학습자로 하여금 탁월하게 연구되고 조직되어 작성된 전자적 자료로 학습할 수 있도록 해준다. 이와 같은 자료들을 읽으면서 학습자들은 중요한 정보와 영감을 얻게 된다.

인쇄된 자료들은 20세기의 유물처럼 느껴질 수 있다. 표현방식은 고정되어 있고 정적이다. 플레이 버튼도 없고 제한된 상호작용만을 가능하게 한다. 그러나 이와 같은 안정성이 오히려 오늘날의 초역동적이고 하이퍼 상호작용이 오가는 시대에서 장점을 가질 수 있다. 문자로 작성된 읽기자료들은 꿈틀거리거나, 뒤틀리거나, 깜빡거리거나, 또는 학습자의 미묘한 의도를 곡해하지 않는다. 그러한 자료들은 명확한 시각적 조직과 예측가능한 순서로 정보를 제공한다. 역설적이게도 읽기가 학습게임보다 더 능동적인 학습 경험을 제공하기도 한다.

4.1.1 언제 읽기 활동을 활용하는가

읽기 활동은 복잡하고 까다로운 정보를 안정된 형식으로 학습자가 꼼꼼히 공부해야 할 때 활용한다. 읽기 활동은 다음과 같은 상황에서 활용하면 바람직하다.

- 학습자가 특정 주제에 대하여 보다 깊은 지식이 필요할 때 활용한다.
- 상호작용적인 자료를 개발할 시간이 없고, 잘 작성된 읽기 자료가 이미 준비되어 있을 때 활용한다.
- 학습자가 읽기에 능숙하고 스스로 읽기 학습을 진행할 만큼 충분히 동기 부여가 되어 있을 때 활용한다.

4.1.2 읽기 활동의 유형

이러닝을 위한 읽기 활동은 일반적으로 다음과 같은 세 가지 방식으로 자료를 제공한다.

- 개별적인 읽기 자료(문서)
- 선택적인 읽기가 가능한 도서관 또는 일련의 문서들
- 인터넷 자원으로서 사전 확인된 검색 자료들

4.1.3 읽기 활동의 절차

읽기 활동의 절차는 매우 간단하다. 우선 학습자는 자료를 획득한 후 읽는 활동을 수행한다.

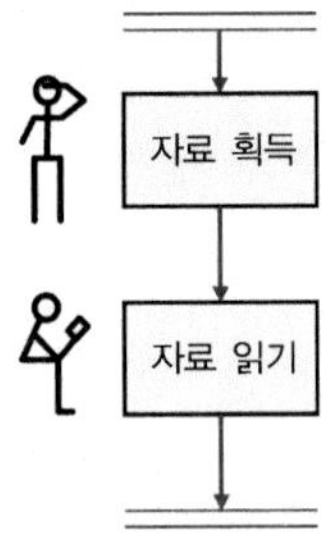

학습자는 링크 클릭을 통해 자료를 얻거나, 제공된 온라인 도서관에서 자료를 찾거나, 안내에 따라 인터넷을 검색하여 자료를 얻는다.

학습자가 자료를 읽는다. 또는 상황에 따라 듣거나 단순히 보기만 할 수도 있다.

자료를 얻는 과정은 간단하고 신속하며 신뢰할 수 있어야 한다. 복잡해질 경우 연구 활동(자세한 내용은 4장 참조)의 일부가 된다.

4.2 개별 읽기 자료의 제시

읽기 활동의 가장 단순한 형태는 구체적인 특정 자료를 제공하는 것이다. 일반적으로 학습자들은 링크를 클릭하여 자료를 얻고 온라인 상에서 읽거나 인쇄하여 읽는다.

4.2.1 다양한 유형의 자료에 대한 고려

- 교과서
- 대중서
- 매뉴얼
- 핸드북
- 보고서
- 규정/지침
- 브로슈어
- 데이터시트
- 명세서
- 일기/일지
- 학술 논문
- 무역 잡지
- 일반 잡지
- 신문
- 블로그

4.2.2 표준적 참고문헌의 명기

대부분의 연구 분야는 이러닝에 활용할 만한 참고문헌 표준을 가지고 있다.

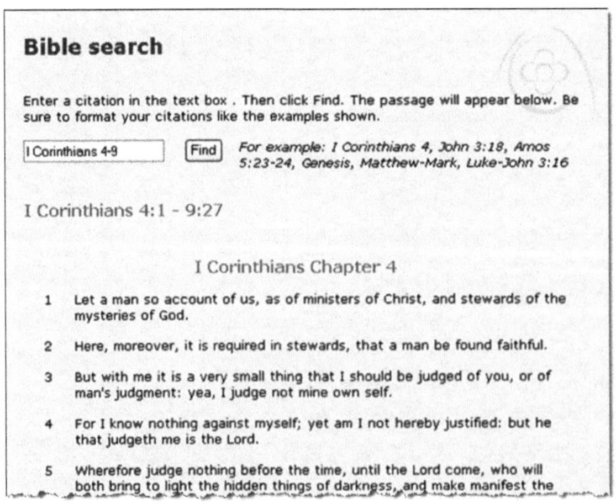

어도비 드림위버와 액티브 서버 페이지스로 구축했다. 예시는 horton.com/eld/에서 볼 수 있다.

교회집회에 관련된 프로젝트의 사례인데 특히 중요한 참고문헌에 대한 접근을 허용하고 있다. 학습자들은 전통적인 방식을 이용하여 인용구를 입력함으로써 성서와 관련된 메시지를 찾아볼 수 있다.

표준적인 참고문헌은 다음과 같은 요소들을 포함하고 있다.

- 해당 분야의 전통적인 강좌들을 위한 교과서
- 실천가들이 사용하는 전문적 핸드북
- 해당 분야를 관리하는 법률과 규정
- 연구주제를 위한 전통적인 문헌들
- 가치 및 정책의 기초가 되는 경전
- 해당 분야의 핵심 인물들의 전기
- 해당 분야에 대한 역사적 고찰
- 중요한 연구자들이나 예술가들에 대한 종합적인 연구자료

4.2.3 읽기 자료를 위한 파일 형식의 선택

학습자들이 쉽게 접근할 수 있는 읽기 자료를 제공하려면 전통적인 자료를 어떻게 웹에서 활용할 수 있는 형태로 변환할 수 있을 것인지를 고려해야 한다. 많은 형식들이 이러닝 상황에서 공통적으로 활용되고 있다.

형식	장점	단점
HTML	플러그인 없이 브라우저에서 제시 가능함.	단순한 형식에만 해당되며, 그렇지 않을 경우 변환작업이 까다로움.
PDF (Portable Document Format)	복잡성에 관계없이 본래의 형식에 충실함. 인쇄가능한 모든 형식의 자료에 적용할 수 있음.	어도비 애크로뱃 리더 프로그램을 보유해야 함.
어도비 플래시페이퍼	본래의 형식에 충실함. 애니메이션, 그래픽, 비디오 등도 제시가능한 어도비 플래시 플레이어를 이용함.	어도비 애크로뱃 리더 프로그램을 보유해야 함.
MS 워드/RTF (Rich Text Format)	MS 워드 프로그램 및 기타 워드 프로그램에서 편집을 위해 열 수 있음.	워드프로세서를 보유하거나 뷰어를 다운로드하여 활용해야 함. 저자의 자료에 대한 학습자의 조작을 통제할 수 없음.

PDF 형식은 학습자가 읽어야 할 읽기 자료나 핸드아웃을 제공할 때 매우 좋은 형식이다. PDF는 인쇄시 원본에 매우 충실한 이미지를 제공한다. 이것은 PDF의 큰 장점이다. 인쇄가능한 모든 컴퓨터 문서에 활용될 수 있다. 그러나 PDF를 만드는 것은 문서를 인쇄하는 것보다 약간 까다롭다.

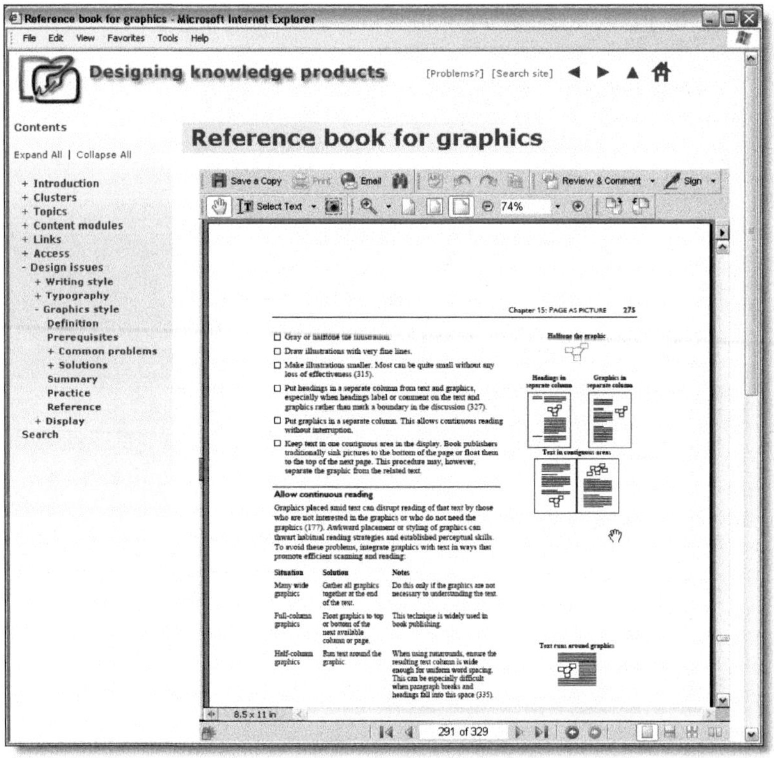

어도비 드림위버와 어도비 애크로뱃 프로페셔널로 구축했다.

PDF는 학습자들로 하여금 무상으로 제공되는 애크로뱃 리더를 다운로드받도록 요구하고 있다. 기술적 역량이 있는 학습자들에게 이것은 그리 까다로운 장애가 아니다. 그러나 모든 학습자들이 리더 프로그램을 스스로 설치할 만큼 기술적으로 능숙하거나 정보활용 능력이 있다고 볼 수는 없다.

PDF의 장점은 그림을 포함하여 99% 원본에 충실하다는 점이다. HTML처럼 간결·명확하지는 않으나, 직관적이고 그래픽 중심의 형식에 비하면 상대적으로 간결한 편이다.

PDF 형식을 활용할 것인지를 결정하기 위한 간단한 점검을 할 수 있다. 문서가 길고 복잡한 형태이며 인쇄본으로 읽을 것이라면 PDF를 활용함으로써 읽기 쉽고 명확한 자료를 제공하도록 한다.

4.2.4 듣고 인쇄하기 버전의 제공

많은 프로젝트에서 저자는 시력이 약한 학습자들을 위하여 듣고 인쇄하기 버전의 읽기 자료를 제공해 왔다.

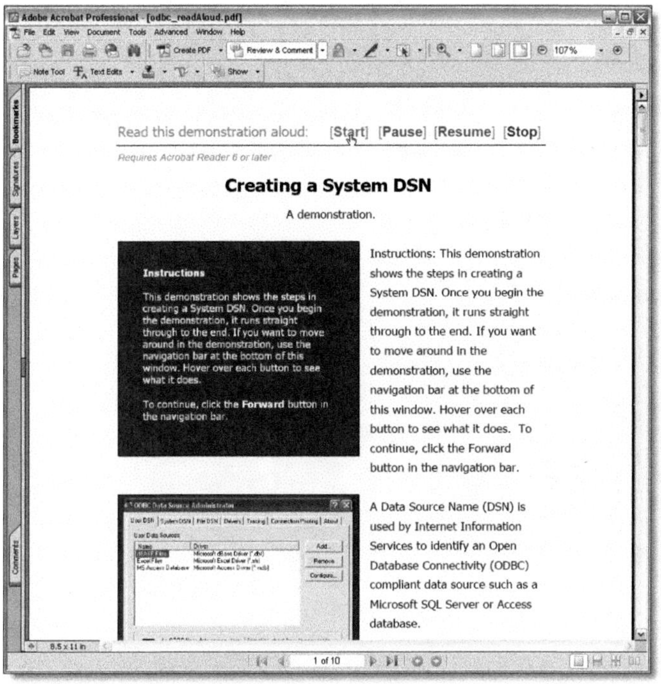

어도비 캡티베이트에서 마이크로소프트 워드로 변환한 후, 어도비 애크로뱃 프로페셔널을 이용하여 PDF 파일로 바꾸어 클릭가능한 버튼을 추가하였다.

이 그림과 같은 읽고 인쇄하기 자료는 윈도우 XP에 내장된 텍스트 읽어주기 기능을 활성화하기 위한 버튼을 포함하고 있다. 학습자들은 재생, 일시정지, 다시 재생, 멈춤 기능을 활용하여 읽기 활동을 할 수 있다.

읽기 활동을 단순화하려면 줄 간격을 넓게 하여 텍스트의 부피를 크게 하는 방법이 있다.

하루 종일 컴퓨터 화면에서 자료를 읽었다면 마지막에는 컴퓨터가 읽어주는 것이 매우 편하게 느껴질 것이다.

4.3 온라인 도서관의 생성

읽기 자료를 위하여 도서관으로 학습자들을 보내는 것은 예전부터 해오던 일이다. 이러닝 설계자들은 이러한 활동 대신에 이러닝 강좌에 도서관을 결합시켜 유용하게 활용할 수 있다.

학습자들에게 잘 조직되고 분류된 학습 자료가 있는 도서관을 제공함으로써 읽기 과제를 위해 보다 신속하고 믿을 만하면서 쉬운 것으로 할 수 있다. 읽기 활동을 위한 구체적인 과제를 주는 것보다는 학습자들이 선택할 수 있는 관련 자료들을 보유한 도서관을 제공하는 것이 바람직할 수 있다.

이와 같은 방법의 장점들 중 한 가지는 서버의 다운이나 웹 자료 삭제 등과 같은 사태가 읽기 활동에 영향을 미치지 않는다는 점이다. 또 다른 장점은 연구와 읽기 활동을 손쉽게 통합하여 수행할 수 있다는 점이라고 할 수 있다.

고대 알렉산드리아 시대부터 도서관 이용의 기본적인 원칙은 변함이 없다. 도서관은 최상의 가장 필요한 자료를 수집하고, 라벨을 붙이고, 조직하고, 목록화하며, 검색할 수 있게 함으로써 지식에 접근하는 것을 가능하게 해주었다. 웹기반 도서관은 이러한 활동을 보다 오래 지속할 수 있도록 해준다.

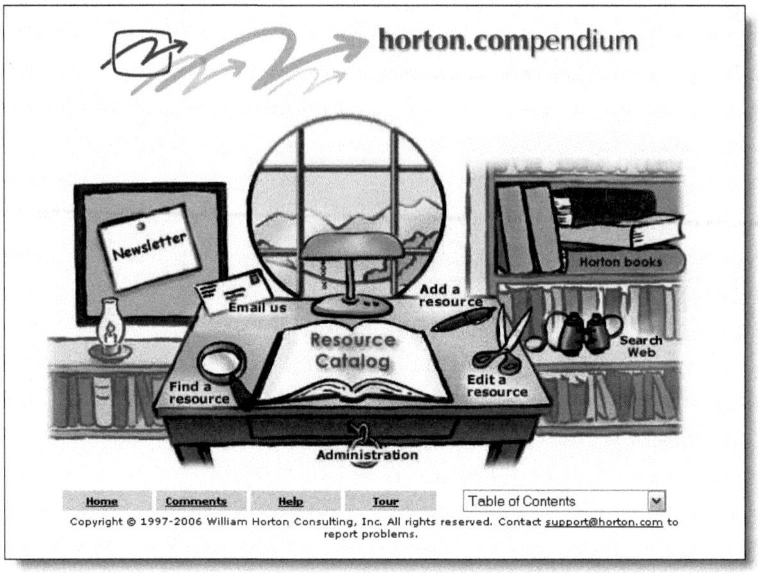

온라인 도서관의 사용자 인터페이스의 예시이다.

어도비 드림위버와 액티브 서버 페이지스로 구축했다.

도서관을 먼지가 쌓인 책들을 보관하는 성지로 설계하지 말고 자율학습의 포털로 활용할 수 있도록 설계해야 한다. 실용적이고 도움이 되며 즐거운 곳으로 만들어야 한다. 학습자들의 요구와 취향에 적합한 것으로 맞춤화한다.

이러한 도서관들은 가치가 높은 자료들로 연결된 하이퍼링크를 담은 하나의 페이지가 될 수도 있다. 또는 수천 수백만 개의 자료들을 보유한 광대한 데이터베이스의 형태일 수도 있다. 그렇지만 성공적인 가상 도서관의 핵심은 자원의 양이 아니라 얼마나 자원이 잘 조직되어 있고 쉽게 접근할 수 있는가이다. 온라인 도서관이 기존의 대중적인 검색엔진들이 이미 제공하는 것과는 차별적으로 제공할 수 있는 것은 무엇일까? 그 중 한 가지 방법으로서, 교수자가 자신의 분야의 지식을 적용하여 학습자들이 다른 엔진들을 사용했을 때보다 더 적은 시간을 들여 보다 적절한 답과 자료를 찾을 수 있도록 할 수 있다.

이러닝에서 제공하는 자원들의 품질 관리에 유의해야 한다. 관련 학습 내용에 대한 모든 자료들이 아니라, 관련된 '최상의' 자료들을 제시한다. 도서관 사서의 중요한 목표 중 한 가지가 정보 과부하를 줄이는 것임을 잊지 말아야 한다.

또한 도서관이 다양한 목적을 충족시킬 수 있도록 설계해야 한다. 연구 활동(자세한 내용은 4장 참조)의 기초가 될 수도 있다. 하나의 단일 도서관이 다양한 강의들의 요구를 충족시키기 위한 것일 수도 있다. 그리고 그 자체만으로도 매우 가치있는 정보 자원이 될 수 있다.

4.4 인터넷 자원의 활용

어떤 의미에서는 웹 전체가 도서관이라고 할 수 있다. 다양한 정보를 담은 무수한 페이지들을 보유하고 있다. 그러나 원하는 자료를 찾기 위해서는 조직되지 않은 수많은 자료들을 찾아 다녀야 한다. 교수자나 설계자로서 그러한 노력을 덜어줄 수 있는 방법은 의도하는 인터넷 검색으로 직접 연결해주거나 유도하는 것이다.

4.4.1 인터넷 자원의 링크

웹을 활용하는 가장 단순한 방법은 학습자들에게 유용한 문서들을 곧바로 링크하여 주는 것이다. 문서를 보려면 링크를 클릭하기만 하면 된다.

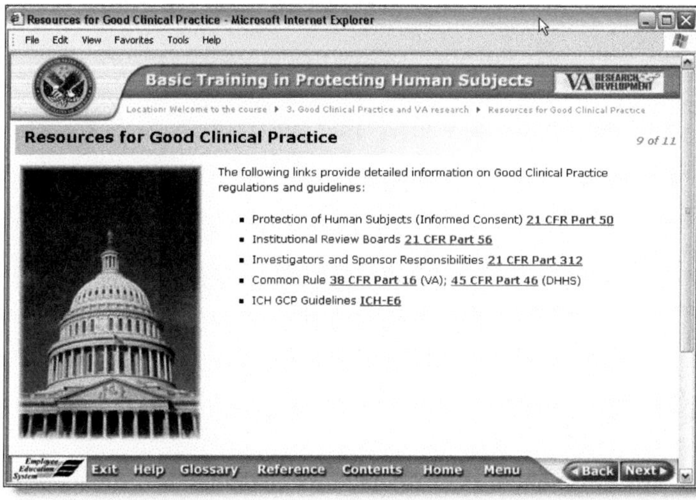

윌리엄 호튼 컨설팅사에 의해 설계되었다. 윌리엄 호튼 컨설팅과 VA Research and Development가 개발하였다.

의료 윤리 및 절차에 관한 이 강좌에는 적절한 행동들을 규정하고 있는 규칙과 지침들이 링크되어 있다. 연방 규정의 세부적인 부분들이 연결되어 제공된다.

4.4.2 검색 엔진 활용으로의 유도

학습자들이 검색 엔진에 입력해 넣을 수 있는 구체적인 검색어를 제공한다. 또는 학습자들이 검색 엔진에서 웹검색을 하도록 유도하고 결과물을 제시해 주는 링크를 제시한다. 이러한 방법은 검색어를 입력하는 수고와 함께 잘못 입력할 수도 있는 실수를 덜어준다.

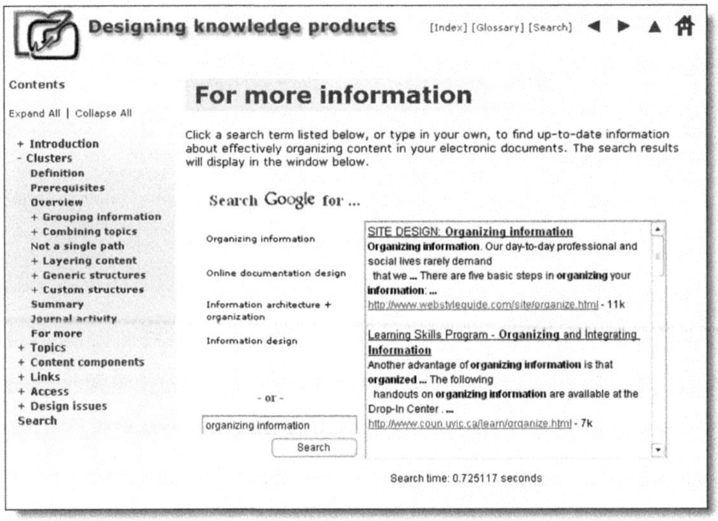

이 예시는 강좌 목차에서 이용 가능한 구글 검색 페이지를 보여주고 있다. 학습자들은 미리 규정된 검색어를 클릭하거나, 자신들의 고유한 검색어를 자유롭게 입력할 수 있다.

이와 같은 방법의 장점은 매우 명확하다. 읽기 자료의 목록을 유지·관리할 필요가 없다. 개별 자료 제공자들이 이를 대신하며 검색 엔진이 찾아준다. 읽기 자료의 목록은 항상 최신으로 유지된다. 아울러 이와 같은 방법을 활용하기 전에 강좌에서 검색 결과를 사용하는 것에 대한 사전 허가를 검색 엔진 제공자측으로부터 받아둘 필요가 있다.

4.4.3 유용한 자료 제공처

설사 99.999%의 웹자료가 쓸모없다고 해도, 수백만 개의 이러닝 강좌를 위한 유용한 읽기 자료는 충분히 존재한다. 다음과 같은 곳에서 강의와 교수-학습 활동을 위한 읽기 자료를 찾을 수 있다.

scholar.google.com	논문, 아티클, 책, 요약물, 각종 저널 등과 같은 학술 문헌을 검색할 수 있다.
print.google.com	관심 있는 서적의 풀 버전을 찾아준다. 전체 내용 페이지들과 더불어, 책을 사거나 빌릴 수 있는 곳에 대한 링크 정보를 제공한다.
www.gutenberg.org	구텐베르크 프로젝트는 다운로드받을 수 있는 17,000개가 넘는 전자책을 제공한다.
book24x7.com	소정의 비용을 지불하고 인기 있는 과학·기술·경영 관련 책들의 온라인 버전을 볼 수 있다.

4.5 읽기 활동 활용방안

읽기 활동은 지루할 수도 있고, 초점에서 벗어날 수도 있으며, 매우 흥미를 끄는 일일 수도 있고, 무엇인가를 깨우쳐주는 활동일 수도 있다. 무엇보다도 후자에 가까운 활동이 되도록 해야 한다.

4.5.1 도서관 규모의 점진적 증대

온라인 도서관의 규모를 유연하면서도 확실하게 증대시켜 가도록 한다. 초기에는 강의 자료 페이지로 시작한다. 스크롤이 길어지면, 앞부분에 메뉴를 만들어 둔다. 몇백 개의 자원들을 넘어서게 되면, 개별 기록들을 보관하기 위한 데이터베이스 체계를 통합한다. 더 많은 종류의 자원과 서비스를 제공하기 시작하면, 지식 관리 시스템으로의 이전을 고려한다. 초기에는 단순하면서도 꼭 필요한 기술을 사용한다.

4.5.2 활용 정책의 공표

제공하는 자료로 학습자들이 할 수 있는 활동이 무엇인지 명확하게 제시하는 것이 바람직하다. 문서를 읽고, 공유하고, 복사하고, 재활용하고, 수정할 때 학습자들이 가지는 권한이 무엇인지 구체화한다. 소유권을 갖고 있지 않은 자료들은 제시만 할 수 있거나 링크만 걸 수 있는 권리만 가질 수 있는 경우가 대부분이다.

4.5.3 자료 획득 방법의 단순화

자유롭게 배포된 전자 문서들인 경우 단순히 링크만 걸어둘 수 있다. 그러나 소정의 비용을 요구하거나 온라인에서 가능하지 않은 자료들의 경우에는 어떻게 해야 하는가?

- 학습자가 구매하거나 복사본을 주문할 있는 구매 사이트를 연결해 둔다.
- Amazon(www.amazon.com), Barnes & Noble(bn.com), 또는 기타 온라인 서점들이 있다.
- 자신만의 서점을 만들어두고 직접 판매한다. 보기보다 쉬운 작업이다. Amazon이나 기타 다른 판매 중개 사이트들은 기술적 절차와 비용 청구 절차를 요구한다.
- 전자 자료에 관한 제한된 권리를 확보하고 특정 학습자만 접근할 수 있도록 만들 수 있다.

4.5.4 실질적 예시의 제공

온라인 자원의 가장 유용한 형태 중의 하나는 실제로 학습자들이 조작할 수 있고 사용할 수 있는 사례 도서관을 활용하는 것이다.

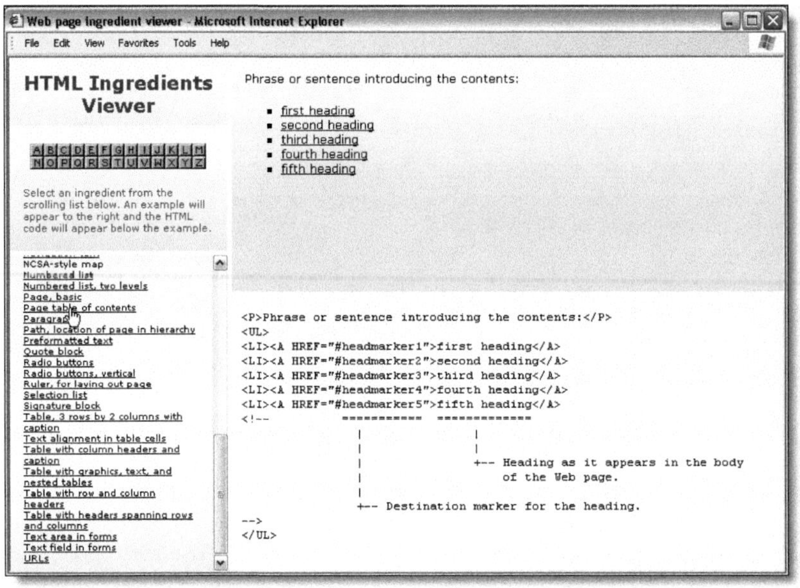

여기서 제시하는 것은 표, 헤딩, 목록, 기타 등등을 만들 수 있는 HTML 요소들이다.

어도비 드림위버와 자바스크립트로 구축했다. 예시는 horton.com/eld/에서 볼 수 있다.

활용 절차는 다음과 같다. 학습자가 특정 글자로 시작하는 예시들의 목록을 찾기 위하여 원하는 글자가 쓰인 버튼을 클릭한다. 목록이 나타나면 학습자는 목록 중의 하나를 선택할 수 있다. 선택된 예시는 우측 상단에 제시되고, HTML은 우측 하단에 제시된다. 프로그램을 저작하기 위하여 HTML을 복사하여 활용할 수 있다. 내재된 지침들로 학습자들이 그들의 목적에 맞게 사용하기 위해 예시들을 수정할 수 있도록 안내해 준다.

실질적 예시는 다음과 같은 것을 활용하여 사용한다.

- 프로그래밍 코드
- HTML, XML, 기타 태그 언어
- 슬라이드, 문서, 기타 자료를 만들기 위해 활용되는 템플릿
- 인쇄하고 입력하기 위한 양식들

4.5.5 읽기 활동과 다른 활동들의 결합

4.5.5.1 도서관과 박물관의 결합

도서관과 박물관을 하나의 체제로 구축하고 관리한다. 물리적인 세계에서 이 두 유형은 단지 서로 다른 유형의 물품이나 자료를 보관하고 있다는 이유만으로 독립되어 있는 기관들이다. 미술 박물관에는 그림과 조각이 있고, 도서관에는 책이 있다. 그러나

온라인에서는 모든 자료가 단순히 비트의 모음일 뿐이다.

도서관과 박물관의 기능은 상호 보완적이다. 박물관은 생생한 2차원 또는 3차원의 물품들을 보유하고, 그러한 물품들에 대한 작은 설명을 적은 자료를 포함하고 있다. 도서관은 생각할 수 있는 모든 것에 대한 광범위한 설명을 제공하지만 객체의 복제는 비교적 낮은 수준이다. 도서관과 박물관의 결합은 이러한 점에서 이상적으로 들린다.

그렇다 해도, 도서관과 박물관의 학습자 인터페이스를 서로 다르게 보여주고자 할 때도 있다. 이용자들이 이 두 기관의 통합에 완전히 준비되기 전 단계에서는 특히 그럴 것이다. 이러한 상황에서는 서로 다른 인터페이스를 유지하면서도, 같은 웹서버와 데이터베이스, 접근 메커니즘을 공유할 수 있다.

4.5.5.2 도서관 이용법에 대한 안내

- **전반적인 구조를 파악할 수 있도록 '둘러보기'를 만든다.** 강의에 관련된 내용에 초점을 맞추도록 한다.
- **구조와 검색 원리에 익숙해질 수 있도록 보물찾기 같은 활동(자세한 내용은 4장 참조)을 활용한다.**
- **안내된 연구 활동(자세한 내용은 4장 참조)을 활용한다.** 학습자들이 도서관을 이용하는 습관을 갖도록 해준다.

4.5.5.3 읽기 활동과 다른 활동들과의 결합

- **보조적 프레젠테이션을 읽기 자료와 결합하면 깊이와 상세함을 추가할 수 있다.**
- **읽기 자료와 게임(자세한 내용은 3장 참조)을 결합한다.** 게임에서 이기기 위한 규칙을 숙지할 수 있게 해주고, 컴퓨터 게임이 요구하는 높은 상호작용 활동에 대해 익숙하지 않은 학습자들을 지원해 줄 수 있다.
- **이러닝 수업 전반에 걸쳐 도서관 자료들을 활용한다.** 강의의 초기부터 각 차시별 학습 내용과 관련된 다양하고 대안적인 자료들로 링크되도록 하고, 학습한 내용에 대하여 심화학습을 할 수 있는 자료들의 링크로 마무리되도록 해놓는다.

5. 현장견학

온라인 현장견학은 학습자들이 학습 내용의 구체적인 사례를 관찰할 수 있는 곳으로 가는 짧은 교육적 여행을 말한다. 전통적 교육환경에서 지리학을 공부하는 학습자들이 다양한 암석층을 관찰할 수 있는 협곡으로 하이킹을 가거나, 예술을 공부하는 학습자들이 그림을 보기 위하여 박물관을 방문하는 활동 등을 수

행하곤 했다. 이러닝에서는 똑같은 학습자들이 방문했던 협곡을 온라인 자료로 재구성한 곳을 방문하기도 하고 가상 박물관의 전시물들을 검색하기도 한다.

5.1 현장견학의 개요

현장견학은 교육적 예시 자료와 흥미로운 전시물들이 있는 곳을 방문하는 활동이다. 현장견학의 핵심은 전시물에서 전시물로 이동하는 것에 있는 것이 아니라 전시물들을 관찰하고 관계를 파악하는 것이다. 현장견학은 박물관, 공원, 전쟁터, 역사적 유적, 동물원, 식물원, 고고학적 발굴지, 농산물 생산지, 고대 유적 등을 방문해 볼 수 있게 해준다.

5.1.1 언제 현장견학을 활용하는가

학습자들이 가상 교실에서 벗어나, 가상 현장견학을 떠나게 한다. 실제로 현장견학이 필요한 상황인데도 스케줄이나 예산이 허용되지 않을 때 주로 활용한다. 다음과 같은 상황에서 현장견학을 활용할 것을 권장한다.

- 강의에서 가르친 개념들이 실제 현실세계에서 어떻게 적용되고 있는지(혹은 잘못 적용되고 있는지를) 보여준다.
- 구체적인 예시물들을 많이 접할 수 있게 해준다.
- 맥락속에서 예시물들을 파악할 수 있도록 해준다.
- 새로운 환경이나 체제에 대하여 안내해준다.
- 현재의 추세와 패턴에 대한 발견을 촉진한다.

5.1.2 현장견학의 유형

온라인 현장견학에는 두 가지 주요 유형이 있다.

- **안내된 견학.** 사전에 결정된 순서대로 살펴보도록 하는 활동이다. 안내된 견학은 물리적으로 서로 분리된 예시물들을 볼 수 있도록 한다. 자율적으로 수행하거나 교수자 주도적으로 할 수 있고, 동시적으로 활용하거나 녹화된 자료를 활용할 수도 있다.
- **박물관.** 학습자가 다음 이동 순서를 결정하는 방법이다. 박물관은 전시물들을 하나의 공간 안에 모아 보여준다. 박물관에서 학습자들은 전시물들을 관찰하고 관계 양상을 파악할 수 있다.

5.2 안내된 견학

안내된 견학은 학습자들이 가상 또는 실제 환경을 살펴볼 수 있도록 해준다. 실제 세계에 대한 온라인 프레젠테이션을 제공한다. 예를 들어, 앰뷸런스 공간 안의 장비의 배치, 강의 수로의 굽이와 방향, 산맥의 암석층 배열 등을 들 수 있다.

또 다른 대중적인 형태의 안내된 견학으로서 상호작용적 컴퓨터 시스템을 소개하는 활동이 있다. 예를 들면 컴퓨터 응용프로그램, 특정 웹사이트, 이러닝 강좌 등이 있다. 소프트웨어를 어떻게 조작하고 다루는가에 대한 것을 가르치는 것은 아니지만, 전반적인 구조를 살펴볼 수 있게 해주고 기능을 사전에 검토할 수 있게 해준다.

5.2.1 안내된 견학의 사례

다음의 안내된 견학은 학습 자료가 있는 곳을 보여주고 있다. 학습자들은 화면 하단의 [Tour] 버튼을 클릭하면 어떤 페이지에서도 견학 활동을 시작할 수 있다. [Tour] 버튼을 클릭하게 되면, 견학의 첫 번째 장소가 나타나고, 견학 전반에 걸쳐 학습자를 안내해주는 역할을 하는 별도의 창이 나타난다.

[Next] 버튼을 클릭하여 다음 장소로 이동할 수 있다. 두 번째, 세 번째, 네 번째 장소는 다음과 같다.

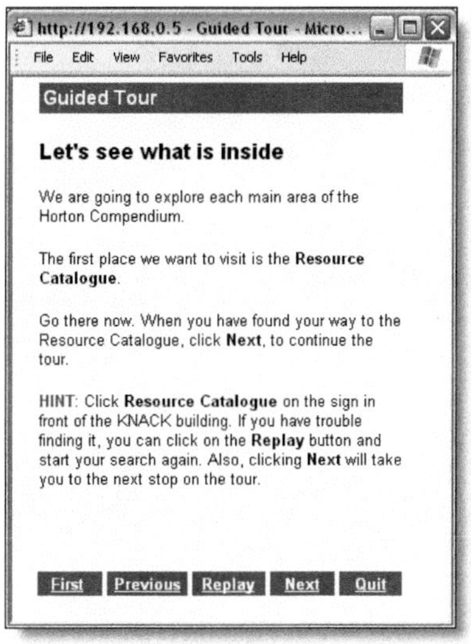

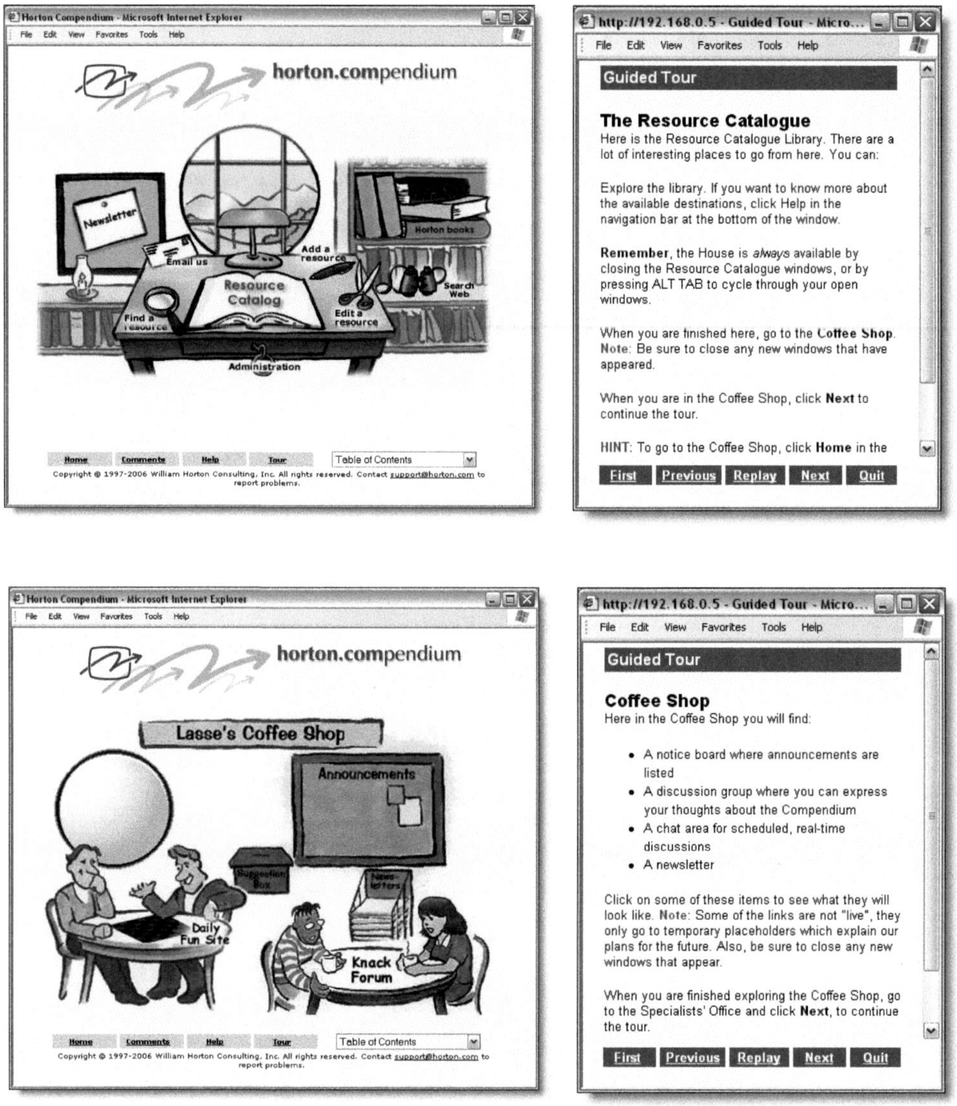

어도비 드림위버와 액티브 서버 페이지스로 구축했다. 그래픽은 어도비 포토샵으로 제작되었다.

들러야 할 특정 장소를 서술하고 있고 각 장소에 대한 탐색활동을 제시하고 있다. 마치 크루즈를 하는 배에서 잠깐 내려 해안가를 군데군데 방문하는 것과 유사하다. 학습자는 [Replay] 버튼을 클릭함으로써 언제든지 다시 견학활동을 재시작할 수 있고, 현재의 장소에서 원래의 화면으로 돌아갈 수 있다. 다른 버튼들도 선택사항을 제공한다. [Previous] 버튼은 학습자가 이전의 장소로 이동할 수 있도록 해주고, [First] 버튼은 전체 견학의 처음으로 되돌아갈 수 있도록 해준다. 견학의 마무리 단계에서 학습자들은 견학이 시작된 시점으로 되돌아가 본 것에 대한 간략한 설명을 듣게 된다.

5.2.2 안내된 견학의 활용 절차

일반적으로, 학습자는 웹사이트, 컴퓨터 프로그램, 또는 이러닝 강의 콘텐츠 안의 버튼이나 링크를 클릭함으로써 견학을 시작한다. 클릭과 동시에 견학을 위한 창이 나타난다.

학습자는 학습과 견학의 목표에 대한 간략한 설명을 들은 후 견학 활동을 시작한다.

견학 활동의 각 장소에는 전시물, 객체, 위치 등의 주안점이 제시되어 있다. 어떤 부분에서는 다음 장소로 이동하면 자동으로 그 장소에서 다루어지는 객체 등이 제시된다. 또 다른 부분에서는 학습자들은 다음 장소를 찾기 위한 항해 활동을 어떻게 할 것인지에 대한 안내를 받기도 한다.

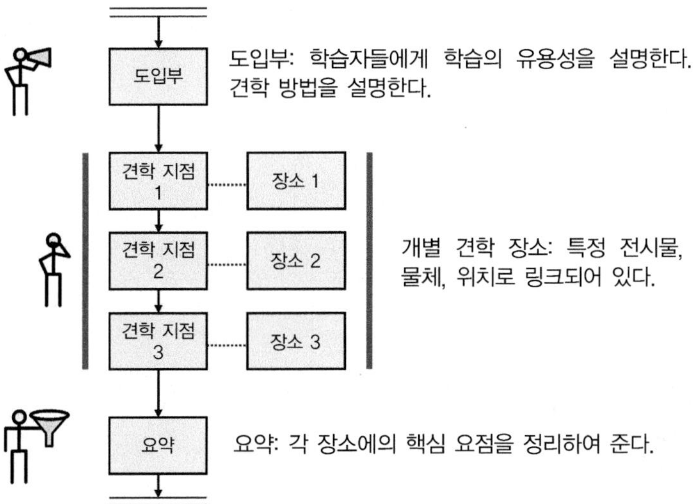

5.2.3 언제 안내된 견학을 활용하는가

안내된 견학을 특정 환경, 빌딩, 웹사이트, 컴퓨터 프로그램, 이러닝 강의 등에서 이용한다. 학습자들에게 다음과 같이 간단한 안내된 견학 활동을 제공한다.

- **세부적인 내용보다는 큰 그림이나 구조를 먼저 보아야 하는 학습자들.** 학습자들이 복잡한 과정들을 먼저 둘러본 다음 스스로 세부사항을 수행할 수 있도록 해준다.
- **대략적인 개관을 원하는 학습자들.** 예를 들어, 어떤 상품을 시연하고 장점을 보여주어야 하는데 조작하는 방법을 배울 시간이 없는 세일즈맨 등이 이러한 학습자들이다.
- **물품과 관련되어 있으나 조작법이 필요없는 학습자들.** 실제 조작 활동을 하는 사람들의 매니저들이나 조작 활동을 내켜 하지 않는 잠재적 구매자들 및 물품 평가자들이 이에 해당된다.

개인적으로 특정 장소를 방문할 수 있는 사람들에게 안내된 견학 활동을 활용하도록 한다. 실제로 존재하는 장소일 수도 있고, 상상의 장소일 수도 있다. 다음과 같은 장소일 경우 안내된 견학 활동을 이용한다.

- **지나치게 멀리 있는 곳.** 멀리 위치해 있어서 비용과 시간이 너무 많이 소요되는 장소일 때 활용한다.
- **지나치게 흩어져 있는 곳.** 모빌레, 모스크바, 몬트리올, 뭄바이, 몬테카를로, 메트로폴리스 등과 같이 여러 곳을 포함하는 견학일 때 활용한다. 마우스를 클릭하기만 하는 활동으로 대체하여 보자.
- **지나치게 위험한 곳.** 방사능, 수류탄, 우주선 등은 컴퓨터 화면상에서는 아무런 위험이 없다.
- **상상의 장소.** 불가능한 이론이 실제로 구현된 곳이나 대안적 현실이 구현된 장소로 학습자들을 데려가 볼 수 있다.

5.2.4 안내된 견학의 다양한 형태

이러닝 상황과 사용자의 기술 환경에 적합하도록 안내된 견학을 응용하여 활용할 수 있다.

5.2.4.1 개인 여행 다이어리

스냅사진으로 묘사되는 개인적인 여행 다이어리는 안내된 견학 활동의 보다 단순화된 형태이다. 이와 같은 견학은 특정 학습 내용에 대한 개인적 경험을 보다 직접적이고 흥미로운 방식으로 구성할 수 있다.

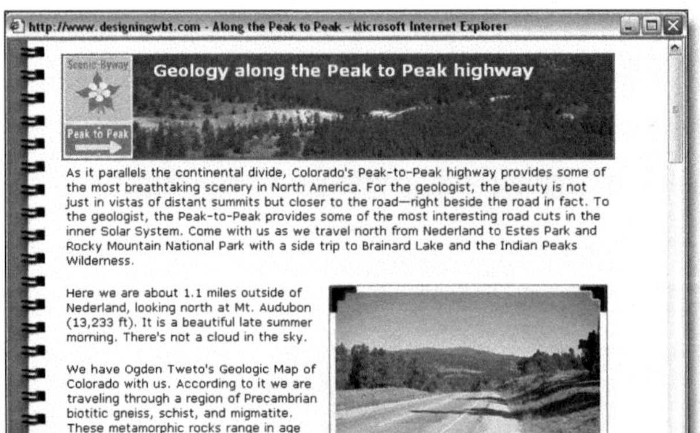

이 예시는 학습자가 로키산맥 지역의 지리를 탐사하는 활동을 소개하고 있다. 콜로라도의 정상에서 정상으로 이어지는 고속도로를 따라 북쪽으로 자동차 여행을 하는 과정을 자세히 설명하고 있다. 각 장소는 주석이 달린 풍경 및 도로 주변의 사진들로 구성되어 있다.

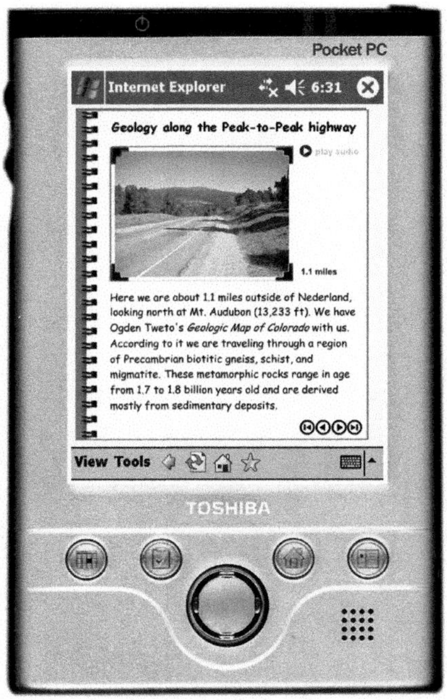

웹페이지 버전은 어도비 드림위버로 구축했다. 예시는 horton.com/eld/에서 볼 수 있다.

만약 견학 활동이 물리적 장소들을 관통하는 이동을 동반한다면, 학습자들이 정해진 동선을 따라 이동할 수 있도록 안내된 견학 활동을 설계할 수도 있다. 이와 같은 방식을 통해 학습자들은 견학을 재구성하고 직접 경험해 볼 수 있다.

이러한 견학 활동은 이동기기에서 활용할 수 있도록 설계된 것이다. 학습자들은 화면 제시되는 내용 텍스트의 녹음된 버전을 듣는 기능을 선택할 수 있다.

5.2.4.2 온라인 미팅을 활용한 웹 견학

온라인 미팅에서 웹사이트 견학 활동이나 기타 웹투어(자세한 내용은 9장 참조)를 활용한 전자 매체 이용 견학 활동, 그리고 응용프로그램 공유(자세한 내용은 9장 참조)를 통한 견학 활동을 수행할 수 있다.

5.2.4.3 상상속 세계의 견학

가상적인 장소를 탐험하도록 해보자. 상상속의 세계에 대한 견학과 실제 세계에서는 경험할 수 없는 물리적 물체에 대한 견학 활동을 제공한다. 상상속의 장소에 대한 견학 활동의 예시를 제시하면 다음과 같다.

- **인체.** 동맥 안을 헤엄칠 수 있도록 해보자. 횡경막을 트램폴린처럼 이용할 수도 있다. 팔꿈치의 척골 끝에 있는 뼈를 간지럽혀 보는 것도 가능하다.
- **상상속의 마을.** 그린필드 마을(Greenfield Village: www.hfmgv.org/village)처럼 모든 건축학적 양식을 갖춘 건물이 하나씩 있는 상상속의 마을을 견학해 볼 수 있다.
- **동굴.** 지구에서 찾아볼 수 있는 모든 주요 암석을 보유하고 있는 동굴 안을 탐험하여 본다.

- **원자.** 전자 구름 안으로 다이빙하여 원자핵에 착지하여 볼 수도 있다.

이와 관련된 항해 메뉴를 만들려면, 구조를 나타내는 지도 또는 전시하고자 하는 요소들을 모두 포함한 장면을 만들어 활용하도록 한다.

5.2.5 안내된 견학 활용방안

잘 만들어진 견학은 학습자들이 즐기고 만족하며 스스로 찾아다니는 데 자신감을 갖도록 해준다.

학습자들이 흥미를 가지고 객체들을 탐색하도록 한다. 클릭을 통해 확대하거나 주석의 내용을 살펴볼 수 있도록 해준다. 학습자들이 각 장소에서 다양한 측면에서 선택 활동을 할 수 있도록 한다. 단순히 보고 읽는 것 외에 다양한 활동을 할 수 있도록 촉진해준다.

각 장소를 체계적으로 설명한다. 견학 중 무엇에 주안점을 두어야 하는지를 알려준다. 그렇지 않으면 현란한 그림에 산만해지거나 학습에 실패할 수도 있다. 각 장소에서 특정 장면이 무엇을 보여주는지 설명한다. 제시되고 있는 객체들의 이름은 무엇인가? 어떤 방향에서 장면이 제시되고 있는가? 이 장소의 물체들에서 특히 중요한 점은 무엇인가? 기술적 여건이 허락한다면, 텍스트뿐만 아니라 권위있는 음성의 내레이션을 제공하는 것을 고려하여 본다.

공간적 관계를 보여준다. 객체들간의 공간적 관계가 중요한 경우 학습자들이 그러한 관계를 명확히 파악할 수 있도록 해준다. 장소들을 겹쳐서 제시함으로써 다음 장소가 현재 장소의 가장자리 부분에 나타날 수 있도록 한다. 자신의 위치를 알려주는 지도에서도 동시에 보여준다. 그리고 전반적인 구조를 보여주는 지도를 포함시켜 견학 활동상의 모든 장소를 안내해 주도록 한다.

학습자들이 스스로 탐색해 보도록 촉진한다. 각 장소에서 장면들을 탐색해 보도록 한다. 클릭할 수 있는 것을 제시해 준다. 여기저기의 짧은 방문 거리를 표시하여 준다. 학습자들이 견학 활동을 스스로 선택하거나 설계할 수 있는 여지를 제공한다. 전반적인 사항을 볼 수 있는 지도와 갤러리를 제공하여 목적지를 다양한 방식으로 자유롭게 선택할 수 있도록 한다.

이탈의 가능성을 방지한다. 학습자가 멀리 떨어져 돌아다닐 우려가 있다면, [Rejoin tour] 버튼을 제공하여 길을 잃지 않도록 해준다. 혹은 별도의 창을 만들어 메인 견학 창이 화면에 남아 있도록 해줌으로써 견학에서의 이탈을 방지한다.

시각적 자료를 이용하여 각 장소를 표시한다. 주목을 끄는 시각적 이미지를 이용하여 각 장소를 표시한다. 매력적인 방식으로 제시해야 하는데, 더 중요한 것은 각 장소의 핵심 아이디어를 명확하게 전달할 수 있어야 한다는 점이다.

견학의 초점을 유지한다. 견학은 튜토리얼이나 도움 기능, 또는 교수 매뉴얼이 아니다. 견학은 부분들이 어떻게 전체로 맞추어질 수 있는지에 대한 폭넓은 개관 활동을 위한 것이다.

5.3 가상 박물관

박물관은 단일한 장소에서 전시물들을 조직적으로 수집해 놓은 것을 말한다. 전시물은 정보를 제공해 주는 물체들이라고 할 수 있는데, 예를 들어 관련된 설명이 담긴 주석을 달고 있는 반 고흐의 그림이나 티렉스(T-Rex) 공룡의 뼈 등을 들 수 있다. 가상 박물관은 이와 동일하다. 다만 화강암이나 대리석으로 이루어진 건물 안에 모여 있는 것이 아니라 브라우저를 통해 온라인 공간 안에 모여 있다는 점이 다르다.

가상 박물관은 안내된 견학과 매우 유사하지만, 학습자가 박물관을 어떻게 돌아다닐 것인가를 스스로 결정한다는 점에서 차이가 있다. 가상 박물관들은 웹기반 박물관이나 e-박물관, 가상 갤러리, 온라인 갤러리로 불리기도 한다. 가상 박물관은 인간의 장기, 2학년 학급의 아이들이 그린 그림, 그리고 기내 멀미용 봉투 등 매우 다양한 객체들을 광범하게 다루는 진열 장소로 활용되어 왔다.

5.3.1 박물관 사례

어도비 드림위버와 액티브 서버 페이지스로 구축했다. 예시는 horton.com/eld/에서 볼 수 있다.

여기에서 광물들에 대한 작은 박물관을 볼 수 있다. 광물들의 사진과 이들에 대한 정보를 포함하고 있다. 학습자들은 광물의 형태나 이름을 선택함으로써 해당 광물의 세부 전시 사항을 볼 수 있다.

개별 광물을 보여주는 전시물이다. 광물에 대한 전문적인 세부사항과 더불어 짤막한 설명을 동시에 보여주고 있다.

[Next] 버튼과 [Previous] 버튼은 박물관 안의 모든 광물들의 앞뒤로 이동할 수 있게 해준다. [Fast Forward] 버튼은 각 전시물당 6초 정도의 속도로 이동하게 해주는 기능이다. 이것은 오토스캐닝(autoscanning, 자세한 내용은 11장 참조)이라고 불리기도 한다. [Stop] 버튼은 현재 전시물에 멈추어 살펴볼 수 있도록 해준다. 페이지들을 초월하여 전시물들을 모두 살펴보는 것은 방문자가 광물들을 알아볼 수는 있으나 이름을 모를 때 유용하다.

[Search] 버튼을 클릭하면 방문자가 특정 조건에 부합하는 광물들을 찾아볼 수 있다.

5.3.2 가상 박물관의 활용 절차

가상 박물관은 학습자들이 스스로 견학 활동을 구성하고 제시할 수 있도록 해준다. 학습자들은 어떠한 종류의 전시물들을 원하는지 구체화하고, 박물관은 이러한 활동을 실질적으로 가능하게 만들어주는 역할을 한다.

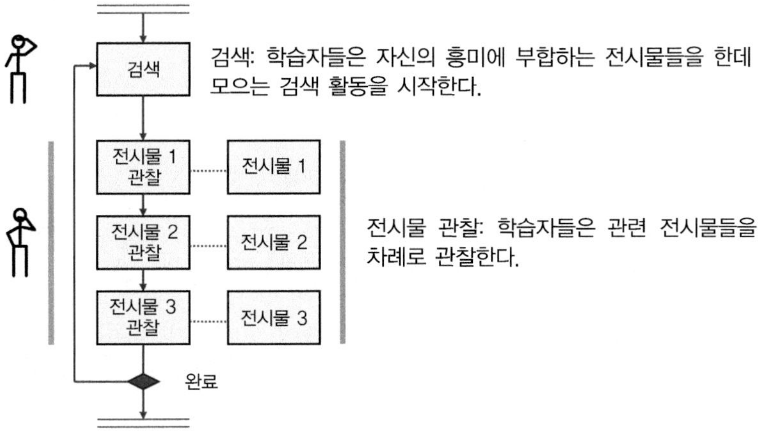

수집된 자료들을 관찰한 후, 검색 활동을 중지하거나 다른 자료들을 찾아볼 수 있다.

5.3.3 언제 가상 박물관을 만드는가

박물관은 서로 떨어져 있는 수많은 객체들을 유의미한 수집물의 집합으로 조직하는 역할을 한다.

- **예시의 제공.** 연구하고 있는 분야의 구체적인 사례들을 다양하게 접할 수 있다.
- **패턴과 경향의 발견.** 학습자들로 하여금 서로 떨어져 있는 물체들이나 사례들의 패턴과 경향성을 발견할 수 있도록 해준다.
- **산출물의 활용.** 특정 분야의 산출물들을 이용할 수 있도록 해주거나, 그러한 시도와 관련된 조직들을 활용할 수 있도록 해준다.

대학 캠퍼스에서는 교수들이 학습자들이 시각화할 수 없는 내용에 관하여 강의하는 일이 빈번하다. 추상적인 것들은 흐릿하게 남고 서서히 잊어버리게 된다. 교수들이 이야기하는 것들에 관한 구체적인 사례를 모아놓은 박물관은 추상적인 것들을 현실 세계로 불러오게 한다.

크고 작은 일상적인 회사들은 디스크 용량이 다 차면 문서들을 지워버리곤 한다. 수년 후, 임원들은 왜 직원들이 그들이 일하는 회사의 전통이나 유산에 대하여 아무런 인식이 없는지 궁금해 하게 된다. 박물관은 조직의 공식적 역사와 고군분투해왔던 과거의 산출물을 보존하고 조직하기 위한 수단으로서 대단히 좋은 방법이다. 현재의 CEO가 1983년도에 이용했던 머리손질법이나 작년 크리스마스 파티의 당황스러웠던 사건 등 소소한 흥밋거리를 위한 동영상을 전시하라는 것이 아니다. 가상 박물관의 가장 유용한 이용 방법은 오늘날 왜 회사가 이와 같은 위치를 점하게 되었으며, 왜 특정한 전통들이 존재하게 되었는지에 대한 전시물을 제공하는 것이다.

5.3.4 가상 박물관 활용방안

미술 박물관을 마지막으로 방문했던 때를 떠올려 보자. 눈을 감고 진열장 중 한 곳을 걸어가는 모습을 상상해 본다. 무엇이 보이는가? 공예품 외에도 사람들에 관해서는 무엇을 볼 수 있는가? 시끄럽게 구는 3학년짜리 학습자들에게 '쉿' 하고 이야기하는 교사를 볼 수 있는가? 지역대학의 미술 전공 학습자가 에스프레소 바를 가로지르며 열의 없이 전시품을 스케치하는 모습이 보이는가? 아이들을 데리고 온 부모들이 진열실의 가장자리에서 의무적으로 모든 그림들의 설명판들을 읽어주고 있는 모습들을 볼 수 있는가? 박물관은 수많은 다양한 사람들이 수많은 서로 다른 것들을 다양한 방식으로 학습할 수 있는 장소이다. 가상 박물관에서 수행할 수 있는 많은 다양한 활동들에 대한 제안들을 정리하면 다음과 같다.

학습자 통제를 제공한다. 학습자들이 원하는 것을 선택하게 한다. 전시품들 사이로 안내 활동을 제공하되, 어떤 전시품을 볼 것이며 어떤 물체를 자세히 공부할 것인지 스스로 결정할 수 있도록 해준다.

사적인 견학을 허용한다. 가상 박물관에는 고정된 위치 계획이나 영구적인 전시 배열이나 가용한 공간의 제한 등이 존재하지 않는다. 검색 엔진과 데이터베이스의 이용이 학습자들로 하여금 개인적 요구에 부합하는 맞춤화된 경험을 얻도록 해주고 있다. 맞춤화된 몇 가지 전시물 이용법을 다음과 같이 제안할 수 있다.

- 개별 학습자가 흥미를 가질 수 있는 부분적인 전시품들을 제시한다.
- 학습자들이 흥미를 가지는 경향성과 패턴을 나타내 주는 전시품들을 배열한다.
- 학습자들이 학습 내용 중 흥미를 갖고 있는 부분을 드러내는 맞춤화된 지도와 메뉴를 생성한다.

학습자들이 스스로 견학하도록 한다. 당장 보고 싶어 하는 전시물들을 찾아 박물관을 탐색할 수 있도록 허용해준다. 단지 모나리자만을 보고 싶어 한다면, 루브르 박물관 전체를 걸어다니게 할 필요가 없다. 자신이 보고 싶은 것을 쉽게 찾을 수 있는 몇 가지 방법들이 있다.

전시품 목록(카탈로그). 카탈로그는 박물관 전체를 색인화하는 기능을 한다. 박물관의 전시품들을 이름과 설명으로 목록화하는 전통적인 알파벳/가나다순의 색인을 제공한다.

- **메뉴.** 중요하다고 생각하는 모든 유형의 특징들로 검색해 볼 수 있는 여러 가지 메뉴를 제공한다. 예를 들어, 기업 역사 박물관은 시기, 현재의 생산 라인, 기반 기술, 기반 시장, 책임자 등의 다양한 기준들로 조직된 메뉴를 포함하여 제시할 수 있다.
- **시각화된 진열실.** 학습자들이 전시장의 모든 물품들의 썸네일(thumnail) 이미지들을 검색함으로써 전시품을 선택하여 볼 수 있도록 해준다. 보고 싶은 것이 나타날 때까지 자동적으로 물품에서 물품으로 넘어가는 기능을 이용해서 전시품들을 훑어볼 수 있는 기능도 제공하여 준다.
- **링크된 키워드.** 각각의 전시물에 설명을 위한 키워드를 할당하여 놓는다. 특정 키워드로 검색이 가능하도록 한다. 또한, 각 전시품마다 키워드를 명시하여 제시한다. 클릭하면 같은 키워드로 색인된 다른 전시품들의 목록이 나타날 수 있도록 링크해 둔다.
- **특징을 이용한 검색.** 세부적인 특수한 특징으로 전시품을 검색하여 찾을 수 있도록 하는 검색 엔진을 제공한다.

만약 박물관을 관통하는 여러 가지 경로의 활용이 가능하다면, 가급적 간단한 것을 제시하여 준다. 또는 박물관 안내인에 의한 견학을 제공한다.

5.3.5 이러닝에 박물관 통합하기

가상 박물관을 혼자 돌아다니는 것은 잠시 즐거운 외출이 될 수는 있으나, 자동적으로 학습 경험이 되지는 않는다. 박물관 안의 진열실에서 학습을 증진시킬 수 있고 이러닝의 한 부분이 될 수 있도록 하기 위한 몇 가지 팁을 제시하면 다음과 같다.

- **학습자 중심의 견학 박물관.** 학습자가 흥미를 가지는 진열품과 각종 전시품들을 부각시켜 놓는다. 안내된 견학 활동은 학습자들로 하여금 스스로 박물관의 물품을 탐색하고 찾아다닐 수 있도록 가르칠 것이다.
- **연구 활동의 생성.** 학습자들이 정보와 예시를 찾아내도록 요구하는 연구 활동을 구안한다. 예를 들어, 특정 유형의 전시품들을 찾고 그러한 전시품들이 서로 어떻게 관련되어 있는지 발견해 보도록 하는 과제를 낸다. 보물찾기 등과 같은 게임(자세한 내용은 4장 참조)은 박물관 안에서 특정 전시물을 찾도록 동기 부여하는 데 특히 좋은 방법으로 활용될 수 있다.
- **안내된 연구 활동(자세한 내용은 4장 참조)의 제공.** 박물관의 자원을 학습 자료로 활

용할 수 있게 해준다.

- **전문화된 견학 활동의 조직.** 학습 내용에서 제시하는 패턴과 경향성을 드러내어 주는 전시물들을 찾는 방법으로 전문화된 특수한 견학 활동을 조직한다.
- **과제물 부여.** 학습자들이 관련된 물체들을 개인적 흥미와 연결시켜 찾을 수 있도록 한다.
- **박물관과 프레젠테이션 및 읽기 활동의 결합.** 박물관이 프레젠테이션이나 읽기 활동에서 제시된 특정 이론에 대한 구체적인 사례를 제공하는 역할을 할 수 있도록 한다. 또는 프레젠테이션이나 읽기 활동이 개별 박물관 전시물에 대한 배경적 지식이나 세부 사항을 제공하여 주는 역할을 할 수도 있다.

5.4 현장견학 활용방안

안내된 견학, 박물관, 또는 어떤 형태의 현장견학을 활용하든 학습 증진에 기여하고 있는지 지속적으로 확인해야 한다. 이를 위한 몇 가지 제안사항은 다음과 같다.

5.4.1 학습 과제를 제시한다

구체적인 학습 산출물을 요구한다. 현장견학이 단순히 학습의 책임으로부터 떠나는 것 이상임을 분명히 해야 한다. 학습자들에게 현장견학 후 완료해야 할 구체적인 과제물을 제시한다. 예를 들어, 그들이 찾아야 할 전시물, 찾아야 할 패턴, 또는 추론해 내야 할 원리 등이 있다.

5.4.2 다양한 유형의 매체를 이용한다

박물관을 다양한 유형의 매체로 풍부하게 만들어야 한다. 다음과 같은 것들이 이용될 수 있다.

- **스캔한 문서.** 인쇄된 광고자료, 연간보고서의 표지, 기업 정관, 첫 번째 공채증서, 중요한 특허 등이 있다.
- **중요한 사건에 대한 비디오 클립.** 강연, 전문적 프레젠테이션, 상품 시연, 실험, 생산품 실험, 시상식 장면, TV 광고 등이 있다.
- **녹음 자료.** 강연, 프레젠테이션, 광고의 후렴 부분 등이 있다.
- **가상 현실.** 유명한 건축물, 중요한 물체, 특정 분야 연구의 개념적 모델 등이 있다.

5.4.3 중요한 부분을 지적한다

전시물에서 학습자가 인지해야 할 부분을 강조한다. 스스로 중요한 요점을 발견할 수도 있지만 그렇지 못할 수도 있다. 왜 이를 감수해야 하는가? 좋은 이러닝 사례를 모아 놓은 온라인 사이트(horton.com/examples)에, 저자는 반드시 인지해야 할 중요한 사항들을 목록화해 놓았다.

What to notice	
	▪ **Vast explorable world**. This environment contains a 3D model spanning 64 tombs, some containing many separate chambers linked to dozens of photographs and descriptions. A learner could spend months exploring. ▪ **Appropriate media usage**. Animated 3D models are used to show orientations and inclines, not to distract with twirling logos. Videos are short and to the point. Paintings and statues are illustrated with photographs. ▪ **Unified design**. The consistent user interface, harmonious color scheme, and clear organization make navigation pleasant and predictable. ▪ **Layered information**. Both a fifth grader completing a homework assignment and a post-grad Egyptologist will gain useful knowledge here. ▪ **Subject-specific search**. Learners can search for tombs by dynasty, discoverer, or architectural characteristics.

5.4.4 전시물에 철저한 주석을 달아 설명한다

전시하고 있는 물체들에 라벨을 부착한다. 간결하되 철저한 세부사항을 제공하도록 한다. 사람들이 알고자 하는 세부사항에 대한 체크리스트를 제시하면 다음과 같다. 모든 전시물이 이와 같은 세부사항을 모두 필요로 하는 것은 아니지만, 이 체크리스트는 고려할 수 있는 모든 가능성을 포함하여 작성된 것이다.

- **이름.** 공식적인 이름과 비공식적인 이름을 모두 명기한다. 형식적이고, 법적이며, 과학적인 이름을 비공적이고 상식적인 이름과 함께 제시하여 준다.
- **설명.** 해당 물체는 무엇인가? 무엇을 실증하고 있는가? 왜 여기에 전시되어 있는가? 무엇이 중요한 점인가?
- **ID 번호.** 번호, 모델 번호, 시리얼 번호는 무엇인가?
- **규격.** 전시물의 길이, 넓이, 깊이, 무게, 영역, 부피는 어떠한가?
- **제작자.** 전시물을 창작한 사람은 누구인가? 수석 디자이너, 예술가, 프로젝트 매니저를 나열한다. 가능하다면 그들의 이력을 링크해 둔다.
- **날짜.** 언제 생산되었고, 언제 제작이 완료되었으며, 언제 발견되었는가? 구체적인 날짜를 제시할 수 없다면 대략적 시간대의 범위나 역사적 시기, 지리적 시기를 명세화한다.
- **구성요소.** 어떤 재료로 구성되어 있는가? 중요한 구성요소는 무엇인가?
- **소유자.** 실질적 소유자는 누구인가? 디자인의 저작권자는 누구인가?
- **역사.** 언제 구상되었고, 창작되었으며, 수정되었는가? 기원은 무엇인가?
- **분류.** 규정된 분류 구조에 적절히 부합되는가? 표준적인 산업 영역에 부합되는

제 3 장

수행형 활동

실습, 발견, 그리고 게임

습득형 활동이 명사라면 *수행형* 활동은 학습을 위한 동사에 비유할 수 있다. 사람들을 행동하게 하는 유형의 활동이다. 이를 통해, 수동적으로 읽거나 보는 학습으로부터 적극적으로 탐색하고 선택하며 지식을 창조하는 학습으로 향상시킨다. 행동은 학습을 생산해 내는 활동이다.

1. 수행형 활동의 개요

습득형 활동이 정보를 제공하는 반면 수행형 활동은 정보를 지식이나 기술로 전환시킨다. 수행 활동을 하면서 학습자들은 발견하고, 분석하고, 해석하고, 증명하고, 통합하고, 조직하고, 토론하고, 논쟁하고, 평가하고, 요약하고, 상세화하고, 정교화한다. 가장 중요한 것은 지식을 응용하는 활동을 한다는 점이다.

1.1 수행형 활동의 일반적 종류

수행형 활동은 다양한 형태를 포함하고 있다.

- **연습 활동**은 학습자들에게 정보, 지식, 그리고 기술을 적용해 볼 수 있는 학습 경험을 제공한다.
- **발견 활동**은 학습자들이 무언가를 발견하도록 이끄는 것으로, 가상 실험실, 사례

연구, 그리고 역할극 활동을 포함한다.

- **게임과 시뮬레이션**은 안전한 환경 안에서 과제를 수행해 볼 수 있도록 하며, 수행 결과에 대한 피드백을 통해 배울 수 있도록 해준다. 이 활동은 퀴즈쇼 게임, 단어 퍼즐, 조각그림 맞추기, 모험게임, 소프트웨어 시뮬레이션, 기구 시뮬레이션, 개별반응 시뮬레이션, 수학 시뮬레이션, 그리고 환경 시뮬레이션을 포함한다.

1.2 언제 수행형 활동을 활용하는가

어떠한 상황에서 우리는 수행형 활동을 활용해야 하는가? 수행형 활동을 위해서는 능동적인 상상력과 완전히 습득하게 할 수 있는 광범위한 평가가 필요하다. 비용과 노력을 고려할 때 다음과 같은 경우에 수행형 활동을 활용하는 것이 좋다.

- 실제 세계에서 학습한 내용을 적용할 수 있도록 학습자들을 준비시키는 훈련을 보다 안전한 환경에서 진행되도록 하고 싶을 때 활용한다.
- 지루하게 생각할 수 있는 학습 자료에 대해 학습자들의 호기심을 유발하여 동기유발을 시키고자 할 때 활용한다.
- 학습자들에게 그들이 알고 있는 것이 얼마나 적은지를 보여주고, 습득해야 할 정보의 가치를 분명히 해줌으로써 습득형 활동을 준비시키고자 할 때 활용한다.
- 탐험과 발견에 의한 학습을 가능하게 하고자 할 때 활용한다.

일반적으로 학습자들은 학습시간의 50%를 실습 활동에 소요해야 한다(90%라면 더욱 적절하겠지만 50% 정도도 바람직하다).

2. 연습 활동

연습은 학습자들이 배운 기술, 지식, 태도를 적용해 보고 피드백을 통해 지식, 기술, 태도를 연마하여 강화하는 것을 도와준다. 연습과제는 학습자들에게 새로운 정보를 가르치기보다는 새롭게 습득된 능력을 연습해 볼 수 있는 기회를 제공해준다.

2.1 연습 활동의 개요

연습 활동은 교실 수업에서 교사가 설명한 내용이나 책에서 읽은 내용을 적용해 보게 하는 활동과 비슷하다.

2.1.1 언제 연습 활동을 활용하는가

연습을 통해 보다 완벽해질 수 있음은 당연한 사실일 것이다. 습득한 기술을 정련시켜 주고 수행을 능률적이게 하므로 다음과 같은 경우에 연습 활동을 활용해 본다.

- 실제 상황에서 기술, 지식, 태도를 적용하도록 학습자들을 연습시키고자 할 때 유용하다.
- 일반적이고 추상적인 지식을 특정적이고 구체적인 상황에서 활용하는 것을 가르친다.
- 습득한 기술을 자동화하고, 분리된 학습의 부분들을 조합해서 더 빠르고 세련된 적용이 가능하도록 하고자 한다.
- 학습을 적용하는 능력에 있어서 자신감을 키워 주려는 상황이다.
- 보다 복잡한 내용으로 이동하기 전에 낮은 수준의 기술과 지식의 적용 능력을 검증하고자 한다.

2.1.2 연습 활동의 종류

연습 활동은 단순하고 기계적인 활동에서부터 분석적이고 다수가 참여하는 활동에 이르기까지 다양하다.

- **반복-연습 활동**은 비슷하고 단순한 작업을 연속적으로 반복하게 하여, 학습자들이 필요로 하는 기술을 자동화시키고 적용 능력을 향상시켜 준다.
- **실습 활동**은 학습자들이 실제 도구를 가지고 안내에 따라 과제를 수행하도록 하여 실제 과제를 가르치는 한편 이론을 적용하는 것을 돕는다.
- **안내된 분석 활동**은 단계별 안내에 따라 학습자들이 분석 과제를 하도록 도우며, 이를 통해 복잡한 인지과제를 수행할 수 있는 능력을 강화시킨다.
- **협력 활동**은 학습자들에게 분배된 복잡한 과제를 수행할 것을 요구하는 과정을 통해 협동적 기술을 개발하도록 돕는다.

2.1.3 연습 활동의 적용 방법

연습 활동은 반복적인 3단계 순서를 가지고 있다. 우선 교사나 컴퓨터가 학습자들에게 연습과제를 부여하고 과제를 시작하는 데 필요한 사항을 자세히 설명해 준다. 다음으로 학습자들은 과제를 수행하고 교사나 컴퓨터로부터 그 결과에 대한 피드백을 받는다.

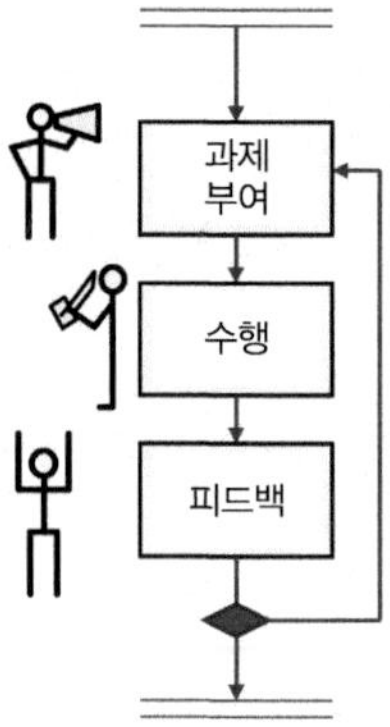

교사나 컴퓨터가 학습자들에게 과제를 부여한다.

학습자는 과제를 수행한다.

교사나 컴퓨터가 학습자의 수행을 평가하고 피드백을 준다.

완료 후에는 많은 반복 연습을 수행한다. 안내된 분석에 따른 선형적 단계를 따른다.

이러한 과정은 한 절차 안에서의 또 다른 단계를 위해서나 또는 상위의 목표를 위해 반복된다.

2.2 반복연습 활동

반복연습 활동은 작고 단순한 부분을 반복적으로 연습하는 것으로서 외국어의 어휘를 가르치기 위해서 사용되는 플래시 카드와 비슷하다.

반복연습 활동은 학습자들을 환영하며 활동의 진행방법을 설명해주는 소개화면에서 시작된다. 그러고 나서 학습자들은 반복적으로 문제를 풀고, 피드백을 받는다. 마지막으로 배운 내용을 복습하고 보다 실제적인 상황에 이를 적용해 보도록 시도한다.

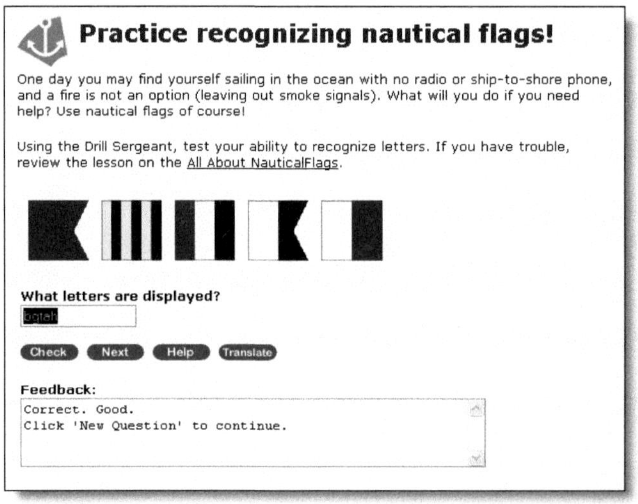

어도비 드림위버와 자바스크립트로 구축했다. 예시는 horton.com/eld/에서 볼 수 있다.

반복연습 활동은 학습자들에게 항해 깃발을 이해하도록 해주고 알파벳 문자와 연관시키는 것을 가르친다. 학습자들은 항해 깃발들의 모음을 보고 나서 알파벳 문자를 입력한다.

2.2.1 언제 반복연습 활동을 활용하는가

최근의 교수이론가들은 반복연습 활동이 쓸모가 없다고 믿고 쉽게 비난하는 경향이 있다. 하지만 이는 확실하게 기억해내야만 하는 사실을 암기하도록 돕는 데 매우 유용하며 다음과 같은 내용에 유용하다.

- 외국어 어휘
- 수화
- 전문분야에서 사용되는 상징, 표상, 기호
- 철자, 문법, 구두법
- 프로그래밍 언어의 구문(syntax)

반복연습 활동은 또한 학습자들이 깊이 생각하지 않고 막힘 없이 수행해야만 하는 절차를 자동화하는 데에도 유용하다. 스포츠에 있어서의 기본적인 움직임이나 댄스, 또는 시끄럽고 복잡한 상황에서 실시되어야 하는 모든 응급절차들도 여기에 속할 수 있다.

반복연습 활동은 보다 상위수준의 활동을 수행하기 위한 것으로서 학습자들이 무의식적으로 수행하는 단순한 절차나 규칙을 가르치는 것을 돕는다.

2.2.2 반복연습 활동의 다양성

온라인 반복연습 활동은 다양하게 활용할 수 있다.

- **자동으로 개발하는 문제.** 학습자들이 해결해야 할 문제들을 개발하기 위하여 컴퓨터를 활용하는 것을 말한다. 이에 대한 자세한 예시는 5장을 참고할 수 있다.
- **도전의식의 증가.** 수행의 수준의 기초를 다지기 위해 간단한 문제에서 시작하여 실습의 난이도를 서서히 올려 점점 더 복잡하고 어려운 문제를 제공한다. 학습자들이 문제를 해결할 시간은 점점 더 줄이고 소음이나 주의를 분산시키는 요소들을 추가한다.
- **문제의 데이터베이스화.** 완벽하게 개발된 문제들로부터 문제들을 도출한다. 문제는 무작위로 선택될 수도 있고, 선수학습 수준에 따른 순서나 학습자들의 문제해결 능력에 맞게 제시될 수도 있다. 이런 접근은 프로그램 언어의 문법이나 구문(syntax)에 관한 학습 같이 단순 반복적인 과제를 가진 주제에 적합하다.

2.2.3 반복연습 활동 활용방안

반복연습 활동을 설계할 때는 다음을 유의한다.

- 반복연습 활동을 통해 연습된 기계적인 지식을 어떻게 적용할 수 있는지를 가르치기 위해서는 다른 학습 활동과 반복연습 활동을 통합해야 한다. 반복연습 활동

그 자체만으로는 만족스러울 수 없다.

- 학습자의 진행수준에 따라 난이도를 증가시킨다. 더 복잡하고 빠른 응답을 요구하는 문제를 제시한다.
- 학습자에게 해결해야 할 많은 양의 문제를 부여한다. 중단의 시점은 학습자가 결정하게 하고, 가능하면 새로운 문제를 무제한으로 생성할 수 있는 활동을 설계하도록 한다. 교재를 이런 방법으로 만들면 항상 새로운 내용을 제공할 수 있다.

2.3 실습 활동

실습 활동은 학습자들에게 수행해야 할 실제 과업의 일부분을 부여하는 활동이다. 실습 활동 안에서 스크린 상의 계산기를 가지고 계산을 한다든가 서식을 채워 넣는다든가 또는 기계의 한 부분을 작동시키는 것과 같은 활동들로서 레슨 밖에서 하나의 과제를 완성한다.

실습 활동은 실생활의 과제를 통해 학습자들을 안내하고 성공여부에 대한 피드백을 제공한다. 교사나 컴퓨터는 과제를 할당하며 상세한 안내를 제공한다. 학습자들은 절차를 수행하고 수행된 각각의 단계를 확인하게 된다. 절차를 리뷰한 후에 학습자들은 그들 방식대로 해당 과제를 반복적으로 수행한다.

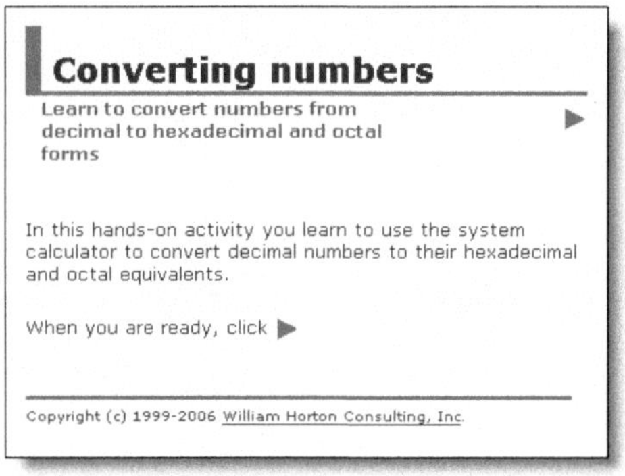

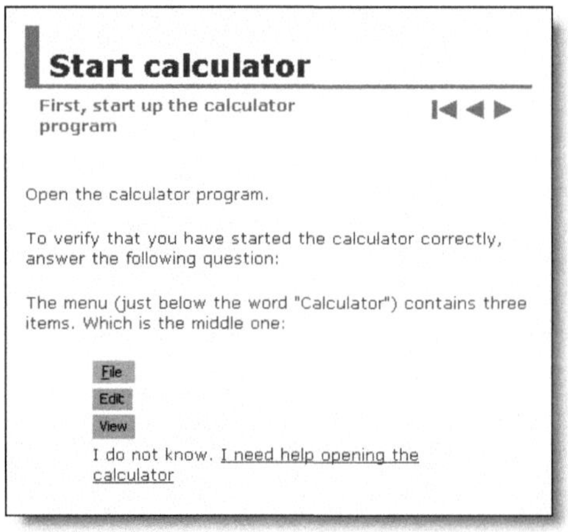

이 그림은 10진수를 16진법과 8진법으로 전환하기 위해 윈도우 시스템 계산기 사용법을 가르치는 사례이다.

학습 활동은 학습자들이 무엇을 수행하게 되는지를 설명해 주는 소개에서 시작하며, 설명창의 사이즈를 작게 하여 스크린의 나머지 부분을 실습 활동을 위해 사용할 수 있도록 하였다.

학습자는 한 단계를 수행하고 질문에 대답을 해야만 한다. 질문에 대답을 하기 위해서는 반드시 성공적으로 해당 단계를 마쳐야 하므로, 답변은 해당 단계가 완성될 때까지는 보이지 않도록 한다.

진행하기 전에 선수학습 과제를 수행해야 하며 정확한 답변을 하면 다음 단계를 볼 수 있다.

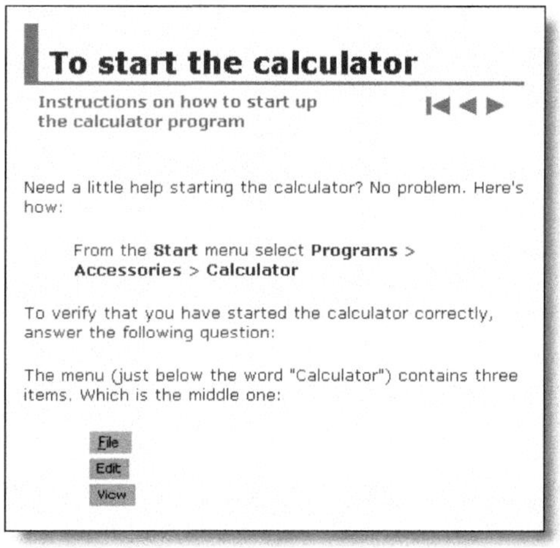

성공적으로 해당 단계를 수행할 수 없는 학습자는 더 자세한 설명을 참고하기 위해서 **[계산기]**와 같은 도움말 링크를 클릭할 수 있다.

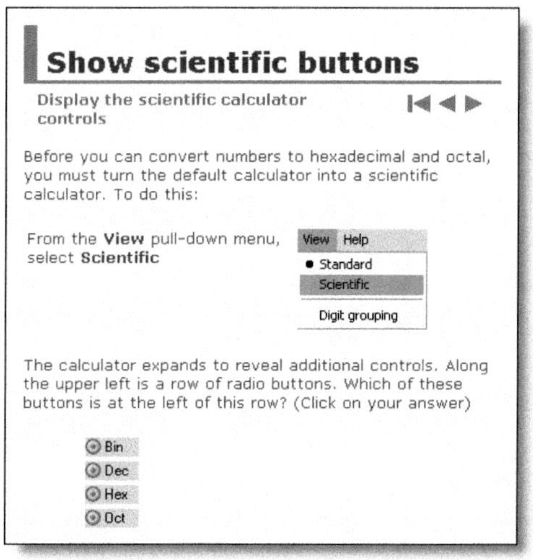

학습자가 실수를 한다면 학습을 정상적으로 진행하기 위한 도움을 받을 수 있다. 예를 들어 정확한 답인 16진법(Hex)이 아닌 10진법(Dec)을 선택한 학습자는 다음 그림의 내용을 보게 된다.

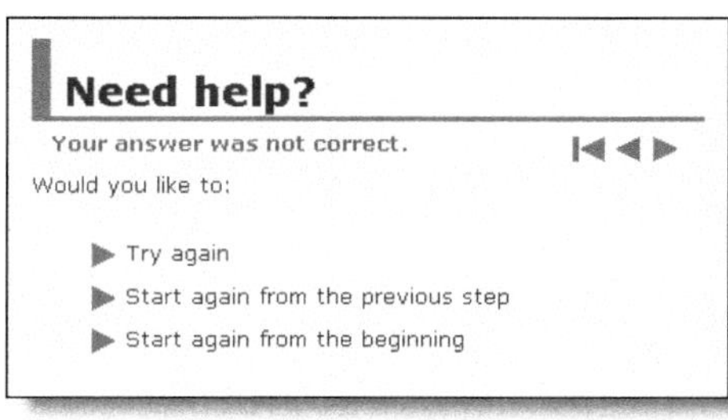

여기에서 학습자들은 세 가지 선택권을 갖는다. 다시 시도하거나, 이전 단계로 돌아가거나, 처음부터 다시 시작할 수 있다. 무의식적으로나 부주의로 실수가 발생하는 단순한 단계에서는 재시도가 가능하다.

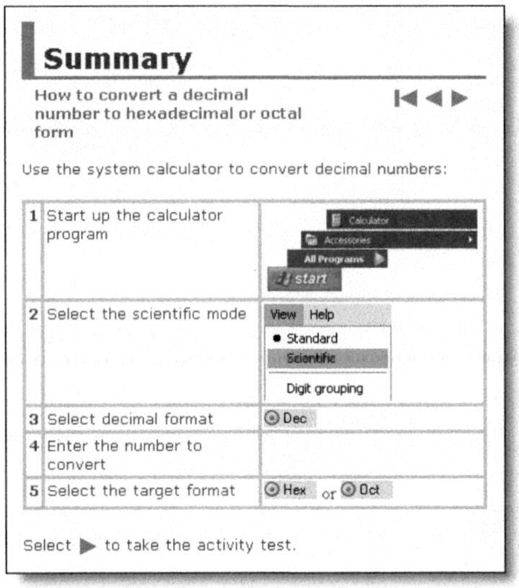

활동을 완료한 후 학습자들은 요약정리 화면을 보게 된다. 업무 보조물로서 이용할 수 있을 뿐만 아니라 복습을 할 수 있도록 해준다. 한편 학습자들은 요약화면을 북마크하거나 인쇄할 수 있다. 요약화면을 한 페이지로 인쇄하기에 충분할 정도로 간단하게 제공하거나 특별 인쇄 버튼을 제공하는 것이 좋다.

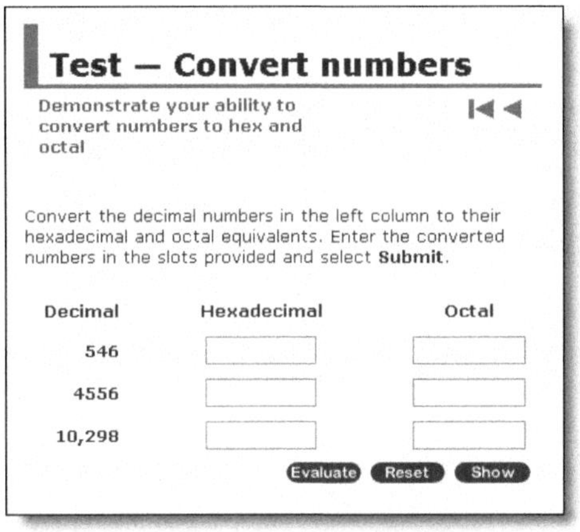

마지막으로 학습자들은 자율적으로 해당 절차를 수행할 능력이 있는지를 평가한다.

이 평가는 해당 기술의 습득을 확인하기 위해 반복적인 적용을 요구한다.

어도비 드림위버와 자바스크립트로 구축했다.
예시는 horton.com/eld/에서 볼 수 있다.

2.3.1 언제 실습 활동을 활용하는가

과제를 직접적으로 가르치기 위해 실습을 활용한다. 추상적인 지식을 가르칠 때에는 특별한 효과가 없다고 하더라도, 많은 과정에서 일상적으로 볼 수 있는 추상적인 개념을 직접 즐거운 방식으로 적용해 볼 수 있도록 해줌으로써 실제적인 기술 학습에 강력한 자극제 역할을 한다.

2.3.2 실습의 변형

실제로 과제를 수행하는 것이 학습자들에게 너무 위험하거나 위협적인 상황이라면 실제처럼 보이거나 느껴지도록 모방한 시뮬레이션을 제공한다. 대표시범 적용은 실습에서도 활용될 수 있으므로, 교사가 먼저 시범을 보인 뒤 한 학습자를 불러내어 나머지 학습자들 앞에서 과제를 시행해 보이도록 한다. 이렇게 학습자가 해당 과제를 수행하는 것을 실습 활동이라고 한다.

2.3.3 실습 활동 활용방안

단계확인용 과제 활용하기. 다음 단계로의 진행을 조절하기 위해 현재의 단계를 성공적으로 수행하고 있는지 확인할 수 있는 질문을 활용한다. 이런 질문은 과제의 중요한 부분이나 다음 단계들에서 중요하게 다루어질 장면에 대해 주의를 집중시킬 수 있다.

지시사항을 인쇄할 수 있도록 하기. 학습자가 컴퓨터를 이용하지 않고 과제를 수행해야 한다면, 지시사항이나 학습자들이 필요로 하는 다른 자료들을 인쇄할 수 있도록 해주어야 한다. 데이터를 기록해야 하는 상황이라면 기록할 수 있는 인쇄된 서식을 제공해준다.

증거자료 요구하기. 가시적인 결과를 생산하는 실습 활동의 결과로 디지털 사진을 제출하는 경우도 있다. 컴퓨터 관련 기술 학습을 모니터링하는 방법들 중에 하나는 학습자들에게 결과의 스크린 스냅 사진을 이메일로 전송하도록 요구하는 것이다.

2.4 안내된 분석 활동

많은 설계자들은 기계적인 절차나 거의 손으로 직접 수행하는 과제로 연습 활동을 제한한다. 그러나 연습은 적응적인 절차의 섬세한 적용을 요구하는 과제들에서 더욱 중요하다.

안내된 분석 활동은 하나의 복잡한 상황을 분석하는 과정을 통해 학습을 진행시킨다. 안내된 분석은 가장 중요한 질문 중의 하나인 '그래서 어떻다는 것인가?'에 대해 답변하면서, 쓸모없는 정보로부터 유용한 것을 분리시키는 한편, 개별적이고 복잡하고 실제적인 예로부터 일반적인 원리와 결론을 추론하는 것을 도와준다. 어떻게 데이터가 정보로 전이되고 지식으로 변화되는지에 대해 가르친다.

다음의 예는 산림 전문가들이 토양의 모래, 옥토 및 침적토 비율에 기반하여 토질을 분류하도록 안내하고 있다.

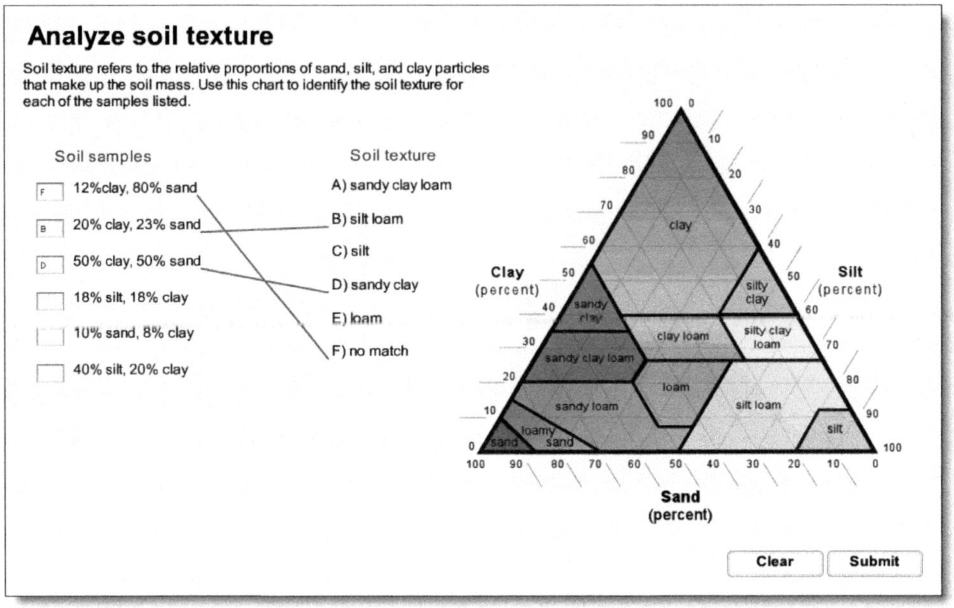

어도비 캡티베이트로 구축했다. 예시는 horton.com/eld/에서 볼 수 있다.

안내된 분석에서 학습자들은 데이터를 모으고 분석하는 절차를 따른다. 몇 번의 수집과 분석의 순환과정 후에 분석에 의해 발견한 원리를 요약한 후 새로운 데이터 분석을 통해 이를 검증한다. 신뢰성 있는 결과를 추론해 낼 때까지 이와 같은 원리를 수정해야 한다.

2.4.1 언제 안내된 분석을 활용하는가

안내된 분석은 공식적인 분석 기술을 가르치는 데 주로 활용된다. 이러한 기술은 계산을 하거나 숫자적 가치를 추산하거나 또는 정의된 절차에 따라서 항목을 구분하고 분류하거나 순위를 매기는 일들을 포함할 수 있다.

또 다른 활용방법으로는 데이터 분석에 의해 밝혀진 원리를 가르치는 것이 있다. 이런 경우에 학습자들은 안내된 분석 방법을 통해서만 인식하거나 믿을 수 있는 원리 또는 특정의 패턴을 습득하게 되기도 한다. 그러나 이런 경향이나 원리를 밝히는 것에 중점을 두는 경우라면 안내된 분석 대신 발견 활동을 활용하는 것이 더 바람직하다.

2.4.2 안내된 분석 활용방법

안내된 분석을 활용하기 위한 한 가지 방법으로서 학습자들에게 특정한 공식이나 절차를 적용해 보도록 하는 것이 있다. 다음에 제시되어 있는 것은 분석을 위한 몇 가지 방법들이다. 각 데이터의 다양한 측면에 대한 학습자들의 주의와 생각에 초점을 맞추고 있다.

2.4.2.1 비교와 대조

복잡한 데이터를 평가하는 작업은 말그대로 '복잡'하다고 할 수 있다. 이것을 단순화하는 한 가지 방법은 대안적인 것들과 비교해 보도록 학습자들을 안내하는 것이다. 이러닝에서 이렇게 하는 가장 쉬운 방법은 학습자들에게 하나하나 나란히 놓고 비교해 보는 차트를 만들어 보게 하는 것이다.

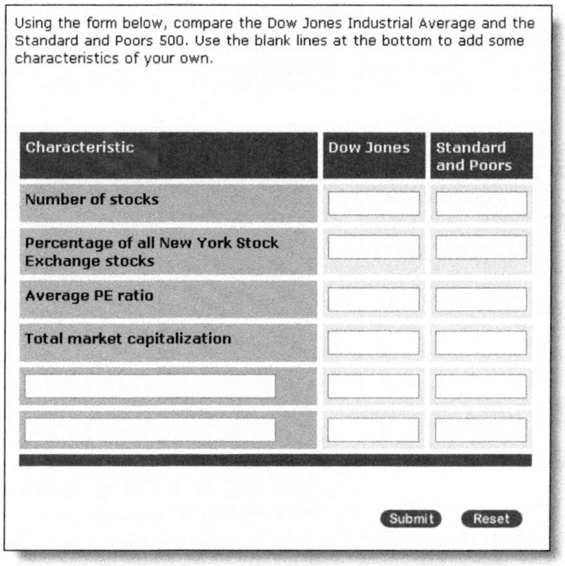
Using the form below, compare the Dow Jones Industrial Average and the Standard and Poors 500. Use the blank lines at the bottom to add some characteristics of your own.

Characteristic	Dow Jones	Standard and Poors
Number of stocks		
Percentage of all New York Stock Exchange stocks		
Average PE ratio		
Total market capitalization		

Submit Reset

예시에서 학습자들은 미국 주식시장의 두 가지 주요 인덱스를 비교한다.

제시된 양식은 두 가지 인덱스 사이의 중요한 차이점에 집중하도록 하고 학습자들이 대조되는 사실들을 나란히 배열하게 하여 차이가 분명하게 나타나도록 한다.

이 양식은 독립적인 생각을 고무시키기 위한 목적으로 빈칸들을 제공함으로써 학습자들은 자신이 선택한 특징들을 기준으로 두 가지 인덱스를 비교할 수 있다.

2.4.2.2 항목 분류하기

과학과 경영학에서 학습의 대부분은 항목들을 정해진 범주를 기준으로 분류하는 것이며, 이를 위해 학습자들은 실세계나 인터넷상에서 정한 범주들 안에 대상들을 배정한다.

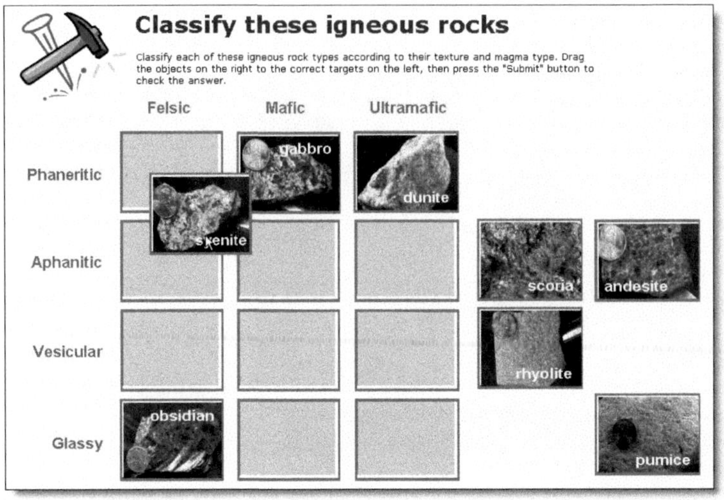

어도비 드림위버로 구축했다. 예시는 horton.com/eld/에서 볼 수 있다.

이 예시에서 학습자들은 재질의 종류와 마그마의 종류에 따라 화성암을 분류한다. 오른쪽에 나열된 돌을 분류하기 위하여 각각의 돌을 드래그하여 알맞은 줄과 행의 박스 안에 놓는다.

학습자들이 각 항목들을 범주에 할당하게 하는 몇 가지 방법들이 있다.

- 분류되어야 하는 각 항목들과 비교한 후 옆에 나열되어 있는 드롭다운(drop-down) 형태의 목록으로부터 적절한 범주를 고르도록 한다.
- 범주의 목록에서 하나를 선택한다.
- 특정 범주에 속하는 구성요소들을 구분할 수 있도록 미리 목록에서 여러 개를 선택해 놓는다.
- 분류되어야 할 항목들이 있는 목록과 범주들이 있는 목록을 서로 일치시키도록 한다.
- 항목들을 해당 범주로 끌어 올 수 있도록 하거나 거꾸로 범주를 항목들이 있는 쪽으로 끌어다 놓는다.

2.4.2.3 항목 개요 쓰기

대부분의 기술과 경영 분야에서는 위계적인 구조가 지배적이다. 학습자들에게 항목들에 대해 간략하게 써보게 하는 것은 각각의 항목들을 이와 같은 위계적인 조직 안에 넣기 위한 것이라고 할 수 있다. 이러한 방법은 특정한 조직적인 설계뿐만 아니라 일반적인 조직화 기술을 가르친다.

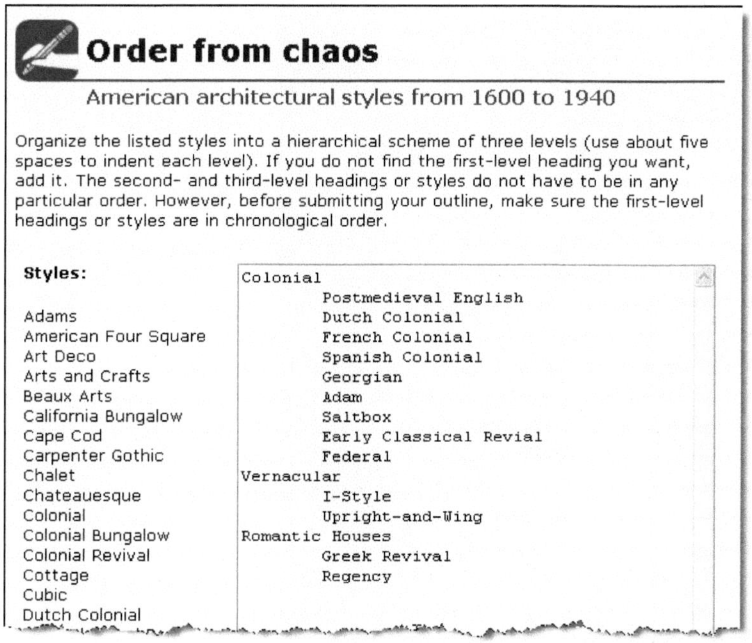

어도비 드림위버로 구축했다. 예시는 horton.com/eld/에서 볼 수 있다.

안내된 분석의 예시에서는 학습자들에게 범주 및 하위 범주에 맞게 건축 스타일의 목록을 구성하도록 요청한다.

이러한 활동이 복잡하기는 하지만 명확하게 정의된 범주가 없는 분야에서는 그 가치가 더 높다. 학습자들에게 여러 번 생각을 바꿀 수 있는 충분한 시간을 제공해 주기도 하고 팀 활동을 하게 하기도 한다. 팀 토론은 범주와 분류 계획에 대한 많은 아이디어를 유도할 수 있다.

2.4.2.4 유명한 예시물의 재창조

관련 분야에서 널리 알려진 대표적인 예시물을 다시 만들어 보게 할 수 있는데, 구체적으로 다음과 같은 것들이 있다.

- 그림이나 사진
- 유명한 영화나 연극의 장면
- 저작
- 음악 작곡
- 건축 설계도
- 과학적 실험

처음에는 원본과 똑같은 방식으로 견본을 재창조해 보도록 요구하고, 그 후에는 약간의 변형을 시도해 보도록 한다. 다음에는 또 다른 방식으로 재창조해 볼 수 있으며 마지막에는 학습자 개인의 스타일에 따라 완전히 창의적으로 창조해 볼 수 있다.

어도비 플래시와 어도비 드림위버로 구축했다. 예시는 horton.com/eld/에서 볼 수 있다.

이 그림은 학습자들이 학습한 유명한 포스터의 재창조 작업을 시도한 것이다. 모든 조각들을 재배열하거나 사이즈를 조절하여 수직 또는 수평으로 결합해 볼 수 있었다.

또 다른 예는 www.wildlifeart. org/ Rungius/home.html을 참조하도록 한다.

2.4.3 안내된 분석 활용방안

2.4.3.1 테크닉 또는 원리에 초점 맞추기

가르치고 있는 것이 무엇에 관한 것인지를 지속적으로 염두에 둘 필요가 있다. 분석 테크닉에 대해 가르치고 있다면 테크닉을 강조하면서 각각의 단계에 최대한 주의를 기울여야 한다. 반면, 실제 대상에 관한 원리를 밝히기 위해 분석을 활용하고 있다면, 원리에 초점을 두고 분석은 간단하게 실시한다. 원리 학습이 주된 목적인 경우에는 발견 활동을 고려해 보는 것도 좋다.

2.4.3.2 데이터 수집이 아닌 분석에 투자하기

주의를 분산시킬 수 있는 불필요한 단계를 제거하도록 한다. 데이터를 찾는 것이 활동의 주요 부분이 아니라면 직접적으로 제공해 주거나 관련 내용의 링크를 걸어주고 복잡한 계산을 위해서는 계산기를 제공해 준다.

데이터를 모으는 것이 학습 내용의 일부분인 경우에는 안내된 분석 활동과 리서치 활동을 결합시킨다.

2.4.3.3 답변 형식 구체화하기

자율적인 방식으로 답변을 제출하게 할 수도 있지만, 답변을 구조화하는 것은 불필요한 사항들을 제거하면서 동시에 배우고 있는 주요 아이디어에 보다 주의를 기울일 수 있도록 한다. 또한 교수자에 의한 평가를 단순화할 수 있으며 컴퓨터에 의한 자동화된 평가와 채점이 가능해진다.

답변을 구조화하는 가장 직접적인 방법은 학습자들에게 빈칸을 채워 넣도록 요구하는 것이다.

이 형식은 학습자들에게 의견을 표현하고 옹호하도록 요구하는 형식이다. 두 개의 극단적인 수치 사이에 있는 척도로 각 이슈를 정의함으로써 과정을 단순화하고 집중시킨다.

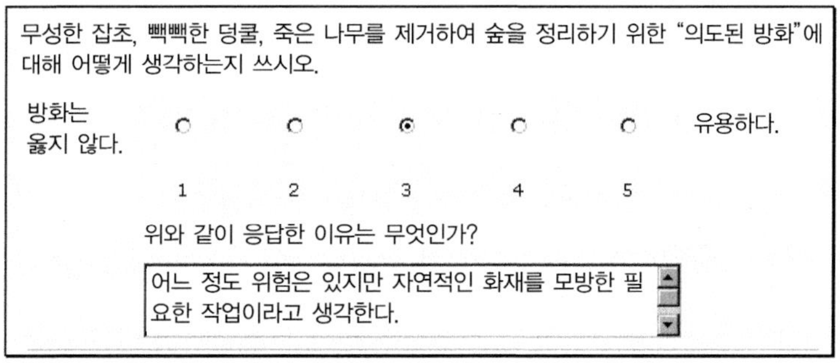

범위 안의 하나의 지점을 선택하게 함으로써 답변을 단순화하는 방법이다. 5점 척도를 포함하고 있기 때문에 반응은 범위를 가지게 된다. 의견을 기입하게 되어있는 부분은 학습자들이 왜 그렇게 답변했는지 설명하게 하되 간단하게 작성하게 한다.

2.4.3.4 안내된 분석을 위한 라벨 부여하기

모호한 질문은 모호한 대답을 유발한다. 주관적인 방식으로 글자를 임의로 기입하는 부분은 답변 형식에 대한 제한이나 힌트를 거의 주지 않으므로 더욱 어렵다. 그러므로 답안 내용에 대한 단서를 제공해 준다고 전제하고 그러한 단서 제공 방법에 따라 답변 작성 영역에 라벨을 붙이며 크기를 조절한다.

주관식을 작성하는 영역에는 간단한 질문이나 학습자들이 완성해야 하는 불완전한 문장을 사용하여 라벨을 붙여 줄 수 있다. 답변 작성을 위한 분석을 하기 위해서는 라벨을 말로 진술해야 한다.

> 사례 연구에서 환매 마케팅 계획은 ... 때 실패했었다.
>
> 희롱에 대한 불만은 주로 ... 때이다.
>
> 브레이크 회전자의 실패의 세 가지 주요 원인은 .... 이다.
>
> 편집자는 ... 때 Gaussian Blur보다는 Smart Blur를 사용해야만 한다.

일반적으로 텍스트 기입 박스는 요구되는 답변의 사이즈보다 대략 25%에서 50% 정도 크게 만든다. 대부분의 사람들은 이용 가능한 영역의 1/2에서 3/4정도를 작성할 것이다.

하나의 영역에 하나의 답변보다 많은 것을 기입하도록 요구하지 않는다. 하나의 활동에 대한 세 가지 질문이 있다면 각각의 질문에 하나씩 총 세 개의 박스를 제공한다.

2.4.3.5 고차적 사고의 촉진

학습자들이 사물이나, 생산물, 또는 아이디어에 대해 판단력을 길러야 한다면 연습이 필요하다. 종종 학습자들에게 어떤 항목을 비판할 것을 요구하는 활동들은 '매우 적절하다' 또는 '형편없다' 같은 무의미한 단순 반응을 이끌어낸다. 보다 깊은 사고를 유발시키기 위해 다음과 같은 질문을 던져 본다.

- 다음 사항의 장점은 무엇인가?
- 다음 사항의 잘못된 점은 무엇인가?
- 다음 사항이 어떻게 하면 더 향상될 수 있는가?
- 어떻게 하면 이 잘못이 고쳐질 수 있는가?
- 이 행동을 수행한 결과는 어떠한가?
- 다음 사항들이 포함되어야 할 범주는 무엇인가?
- 다음 사항의 비판적인 특징들은 무엇인가?
- 도출해 낸 결론은 무엇인가?
- 뒷받침할 수 있는 증거는 무엇인가?
- 해당 원리의 근거는 무엇인가?
- 사건들의 패턴은 무엇인가?
- 다른 사람들의 의견과 어떻게 다른가?
- 이 원리를 어떻게 적용할 수 있는가?

2.5 협력 활동

협력 활동은 팀워크나 그룹을 통해 습득할 수 있는 기술을 가르치기에 좋다. 네트워크의 커뮤니케이션 역량은 멀리 떨어져 있는 개별 학습자들이 팀으로 일하는 것을 가능하게 한다. 이러한 역량을 활용하는 협력 활동은 같은 클래스에 속하는 학생들이 그들이 어디에 있든지 상관없이 단순한 문제 혹은 복잡한 문제의 해결을 위하여 팀으로 작업할 수 있게 한다. 팀 구성원들은 부여된 과제를 완수하기 위하여 온라인 미팅과 토론 포럼을 활용한다.

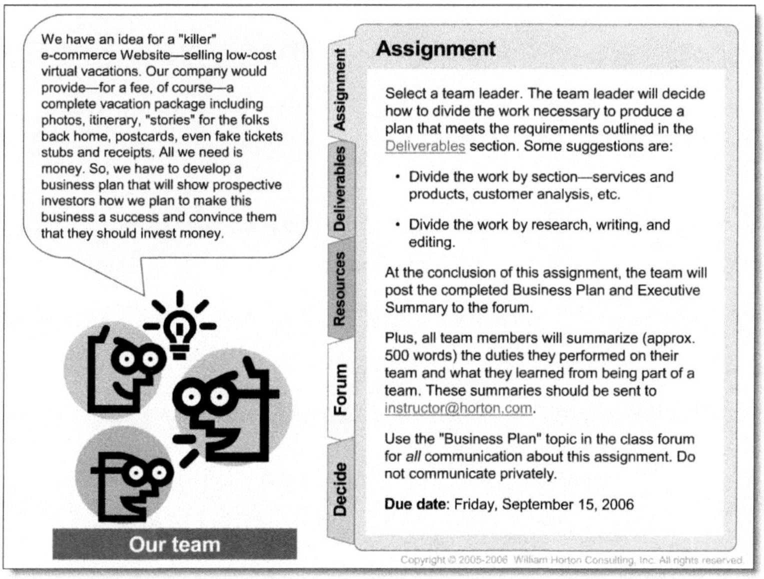

이 예시는 참여자들에게 새로운 벤처 사업 계획을 준비하도록 요구하는 과제를 제시하고 있다.

마이크로소프트 파워포인트로 구축했으며, 웹에서 볼 수 있도록 어도비 브리즈 프리젠터를 활용하여 변환하였다. 예시는 horton.com/eld/에서 볼 수 있다.

협력 활동에서 교수자는 과제를 할당하고 학습자들이 스스로 팀을 구성하는 것을 돕는다. 팀들은 지속적으로 더욱 정교화된 버전을 만들어 내며 그 결과물을 통합팀에 제출한다. 통합팀은 다른 팀들의 결과물을 합쳐서 점수 부여를 위한 최종본을 교수자에게 제출하게 된다.

2.5.1 언제 협력 활동을 활용하는가

협력 활동은 개인보다는 팀의 구성원으로서 활용할 수 있는 기술과 팀워크 기술 습득에 유용하다. 점차 더 많은 과제들이 원격의 동료들과 협력할 것을 요구함에 따라 협동학습은 일반적인 활동이 되어가고 있다.

일반적인 협력 활동은 학습자들에게 다음과 같은 것을 만들어 보게 한다.

- 새로운 사업을 위한 재정계획
- 새로운 상품 가능성에 대한 보고서
- 새로운 의학 절차 활용에 대한 제안서
- 새로운 테크놀로지를 포괄하는 법안 제안서

2.5.2 협력 활동의 변형

협력 활동은 다양한 규모의 수업들과 다양한 주제를 가르치기 위해 적용할 수 있는 넓은 범위의 활동으로서 몇 가지 활용 유의점을 다음과 같이 제시할 수 있다.

소규모의 수업인 경우. 소규모의 수업에서는 한 팀의 구성원이 한 명이 될 수 있다. 교수자는 개별 팀의 작업을 통합하고 진행에 따른 피드백을 제공함으로써 보다 적극적인 역할을 수행한다.

대규모 수업인 경우. 대규모 수업에서는 팀들이 병렬적으로 일을 수행할 수 있다. 수업을 큰 팀들로 나누고 각 팀에게 같은 과제를 부여한다. 각각의 팀은 그들만의 해결책을 개발해야 하며 다른 팀의 팀원들이 볼 수 있게 서버에 올린다. 다른 팀의 해결책들을 고찰한 후 자신이 속한 팀의 해결책을 수정할 수 있다. 활동의 마지막에 각각의 팀은 그 중에서 최상의 해결책을 선정하고, 이에 대한 이유를 설명한다.

어학 학습의 경우. 문제를 공동으로 해결하기 위해 원어민과 비원어민을 한 팀으로 구성한다. 팀들은 반드시 학습하고 있는 언어를 써서 함께 작업해야 한다.

모자이크 또는 직소(jigsaw) 모델을 활용하는 경우. 두꺼운 책, 웹사이트 등과 같이 다소 독립적인 구성요소들로 이루어지는 작업들을 고려해 보자. 클래스를 팀으로 나누고 각 팀에는 전체를 위한 부분들을 할당한다. 각 팀에서는 할당된 부분을 팀원들 개개인 모두가 참여할 수 있도록 보다 세부적인 부분으로 나눌 수 있다. 그 다음으로 아래의 활동들을 실시한다.

- 각 팀은 각각이 맡은 부분의 요약과 비평을 준비한다.
- 대표 팀이 부분들을 모두 합친 후 전체에 대한 리뷰를 작성한다.
- 개별 구성원들은 통합된 리뷰에 대해 의견을 올리고 대표 팀이 이를 수정한다.

2.5.3 협력 활동을 위한 활용방안

평가 준거를 명확하게 한다. 성적은 수강생 전체 단위, 팀 단위, 또는 개인별로 부여할 것인가? 어떤 학습자들은 대규모의 보이지 않는 동료들에 의해 자신의 성적이 좌우되는 것에 대해 불만을 갖기도 한다.

프로젝트 진행을 위한 스케줄을 제공한다. 면대면 접촉이 부족한 학습자들은 정해진 시간 내에 과제를 완수하는 것에 대해 완벽한 책임감을 갖기 어렵다.

도전의식을 촉진하되 적절한 수준이 되도록 한다. 협력 활동의 목적은 너무 어렵지도 너무 쉽지도 않은 수준으로 적절하게 도전적이어야 한다. 학습자들이 가상공간에서 팀 활동을 해본 경험이 없다면 면대면 활동과 비교할 때 두 배의 시간을 필요로 할 수 있다.

2.6 연습 활동의 활용방안

모든 유형에 적용될 수 있는 보다 좋은 연습 활동을 위한 몇가지 최상의 활용방안들을 살펴보도록 하겠다.

2.6.1 연습량의 자율적 결정

일반적으로 성인 학습자들은 연습의 정도를 스스로 결정할 때 보다 효과적이고 효율적으로 학습하는 경향이 있다. 초보자들은 기본 기술 습득에 보다 많은 연습을 필요로 하는 반면 상급 학습자들은 이미 보유한 기술을 세련되게 연마하거나 재점검하기 위한 용도로만 연습 활동을 필요로 할 것이다. 학습장애를 가진 사람들은 광범위한 연습을 통해 이득을 얻을 수 있다.

이는 다양한 수준의 많은 연습 활동을 개발할 필요가 있으며, '85% 이상의 완수, 또는 1200점을 얻을 때까지' 와 같은 방식으로 학습자들이 완수해야 할 최소한의 숫자 또는 성취해야 할 목표 점수를 제시해 줄 필요가 있다는 것을 의미한다.

2.6.2 오프라인 연습 기회 제공

학습자들이 컴퓨터 없이도 연습 활동을 수행할 수 있도록 해야 한다. 컴퓨터상에서만 가능한 고비용의 시뮬레이션 하나를 개발하는 것보다는 컴퓨터 없이 독립적으로 연습할 수 있는 방법을 설명해 주는 것이 효과적이다. 특히 컴퓨터 없이 수행되는 기술을 학습하고 있다면 더욱 효과적이라고 할 수 있다.

이 예시에서는 서점의 신입 점원이 서로 다른 종류의 책들이 어느 선반에 있는지 조사하러 다닐 때 활용할 수 있는 인쇄용 서식을 제공하고 있다.

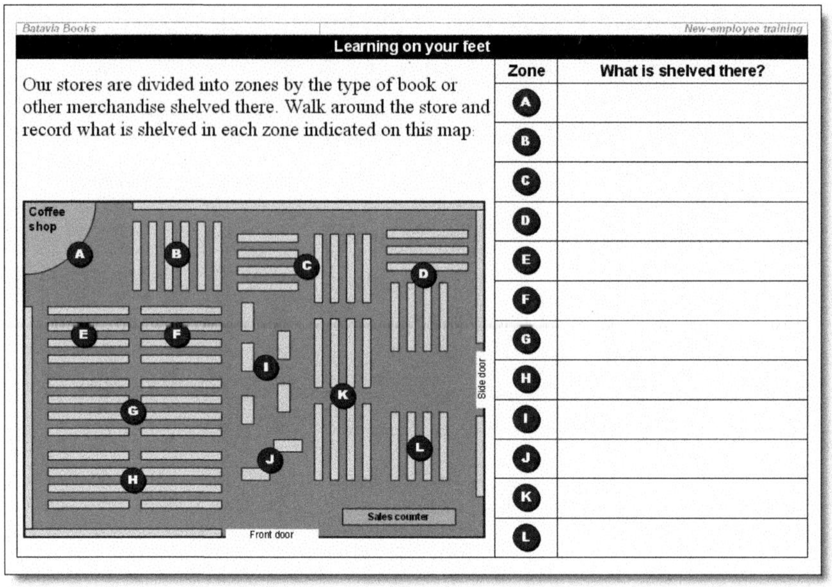

마이크로소프트 워드와 파워포인트로 구축했다.

2.6.3 학습한 기술의 적용에 대한 요구

학습자들이 이러닝을 통해 학습한 기술, 지식, 태도를 적용해 볼 수 있도록 확실히 해야 하며 과제 완수와 관련없는 다음과 같은 사항들을 최소화하여야 한다.

- 클릭할 수 있는 것을 타이핑하도록 하는 것 같이 본질적 과제가 아닌 작업.
- 자료를 한데 모으고 많은 샘플 파일들을 일일이 다운로드하라는 요구 등과 같은 작업. 모든 필요 자료들을 하나의 웹 페이지에 모으거나 또는 하나의 파일로 다운로드하게 함으로써 이러한 작업을 지양한다.
- 불필요한 기계적인 계산. 계산기를 제공하거나 계산 작업을 단순화하는 숫자들을 선택한다.

2.6.4 실제적인 도전의 제공

연습을 지나치게 단순화시키지 말아야 한다. 관련 개념을 간략히 소개하고 자신감을 북돋아 주기 위하여 간단한 활동으로 시작하는 것이 좋지만 모든 것을 그와 같은 방식으로 구성하는 것은 적절하지 않다. 실제로 어려운 과제를 다룰 수 있도록 해줄 필요가 있다.

예를 들어 *Gantt 차트 활용하기* 강좌에서는 학습자들에게 Gantt 차트를 해석할 것을 요구한다. 연습 활동에서는 다음의 그림과 같이 다양한 형식과 상세한 수준으로 차트를 다룰 것을 요구하고 있다.

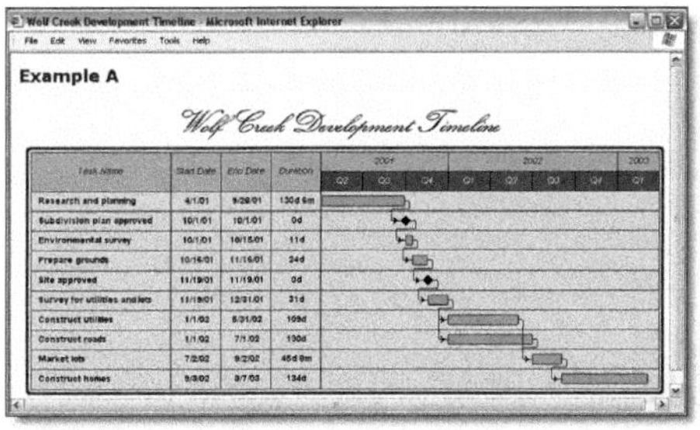

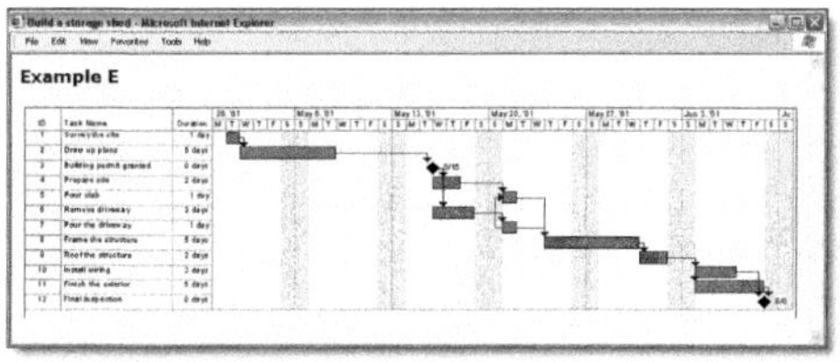

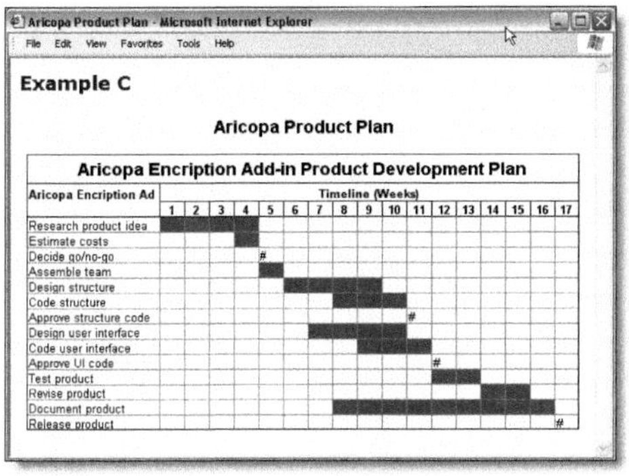

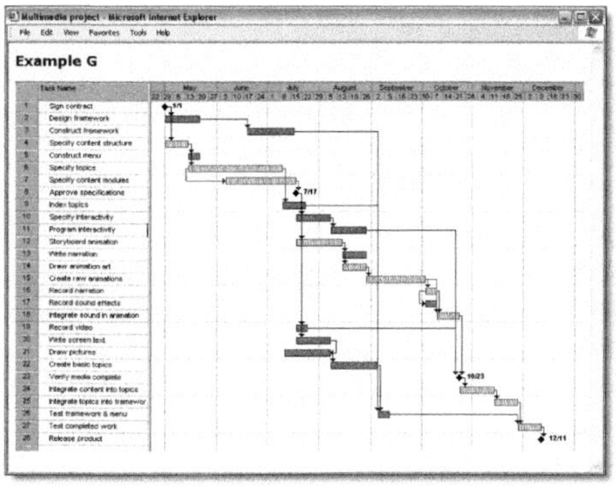

2.6.5 연습과 다른 활동들의 결합

연습 활동은 거의 모든 종류의 활동, 특히 습득 활동을 증진시킬 수 있다. 몇 가지 유용한 결합 방식을 소개한다.

- 프레젠테이션이나 읽기 활동 후에 연습 세션을 제공하여 학습자들이 앞서 제시되었거나 읽었던 것들을 적용할 수 있도록 해준다.
- 보다 고차원적인 적용과 통합 활동을 요구하는 게임 활동 전에 간단한 기술의 습득을 도와주는 실습 활동을 제공한다.
- 안내된 분석 활동과 연구나 읽기 활동을 통합시킨다. 학습자들이 읽을 문서들을 확인하기 위해 연구 활동을 해보도록 하고, 읽은 것의 활용을 돕기 위해 안내된 분석을 활용한다.

3. 발견 활동

학습의 많은 부분은 발견을 통해서 이루어진다. 우리는 학습 도중 실험을 하거나 무언가를 시도해 보게 하는 활동에 참여하고, 호기심을 자극하는 것들을 깊이 파고들게 된다. 주제들을 체계적으로 조사하기도 하고 때로는 그냥 보기만 하기도 한다. 단순히 무슨 일이 생길지 알아보기 위한 목적으로 찔러보고 조사하며 자극하는

한편, 매우 정밀하게 조사하고 살펴볼 때도 있다. 이러한 상황들에서 무엇을 배울 수 있을지 알기 위하여 조사하고 연구한다. 대부분의 사람들은 이를 통해 매우 실용적인 지식을 얻을 수 있다.

3.1 발견 활동의 개요

발견행동들은 아이디어를 직접적으로 제공하지는 않지만 아이디어를 발견할 수 있도록 이끈다. 발견 활동은 시행착오를 거쳐 스스로 깨닫는 학습으로 변환하여 주는 활동이다.

3.1.1 언제 발견 활동을 활용하는가

발견학습은 발표(presentation)기반 교수법의 대안으로 다음과 같은 상황에서 유용하게 활용할 수 있다.

- **탐색적 학습을 할 때 유용하다.** 어떤 사람들은 이야기를 듣거나 보는 것을 통하여 배운다. 하지만 많은 사람들은 기술과 지식을 스스로 발견하면서 학습을 한다. 특히 회의론자들, 창의력이 있는 사람들, 혹은 구체적 사상가들의 경우가 이에 해당된다.
- **원리들을 보여줄 때 활용한다.** 실험 혹은 실습은 학습자들이 원리, 경향성, 관계들을 스스로 발견하도록 유도한다. 스스로 발견한 개념들을 보다 신뢰하며 더 오래 기억하는 경향이 있다.
- **주제에 관한 호기심을 자극할 때 활용한다.** 발견할 주제에 집중하게 하고 스스로 발견한 것에 대한 설명을 찾도록 동기를 유발시킨다.

3.1.2 발견 활동의 유형

이러닝에 유용한 세 가지 중요한 발견 활동들이 있다.

- **가상 실험실.** 학습자들이 원칙을 발견하고 사고를 정련하기 위하여 시스템과 상호작용하는 곳으로서 과학적 지식에 유용하다.
- **사례 연구.** 복잡한 실제 사건이나 상황의 기저에 자리한 이유와 개념을 이해하기 위해 분석하는 활동이다. 분석 후에 학습자들은 결론을 내리거나 원칙들을 요약하거나 추천안을 제시한다.
- **역할극 시나리오.** 최상의 활용방안, 행동, 전략을 추론해 내기 위하여 관련 상황 안에서 다른 이들과 상호작용하는 것을 말한다. 역할극 시나리오들은 대인관계와 관련된 기술들의 습득에 유용하다.

3.1.3 발견 활동의 효과

발견 활동은 학습자들이 실험을 실행하고 상황들을 분석하도록 해줌으로써 발견한 것을 관측하고 기록할 수 있게 한다.

교수자(혹은 컴퓨터)는 분석 방법이나 실험 방법에 관한 안내 또는 지시사항을 제공하거나 질문들을 던짐으로써 학습 준비를 시킨다.

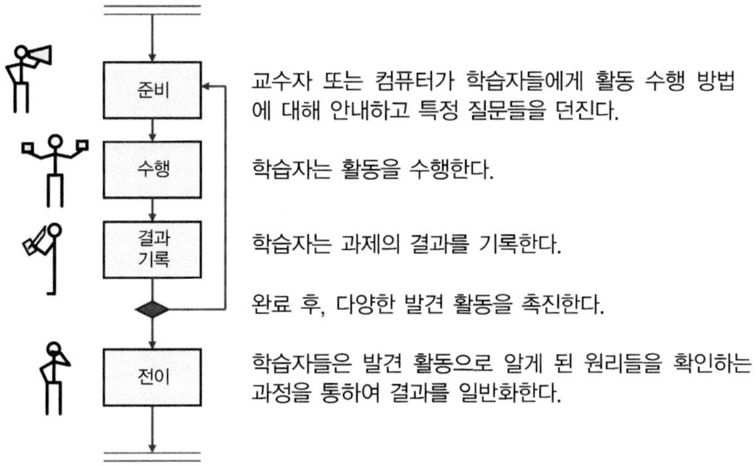

문제에 답하는 활동은 결과들을 대원칙으로 일반화하거나 절차 또는 공식으로 요약하기 위하여 주기적으로 반복될 수 있다.

3.2 가상 실험실 활동

가상 실험실은 학습자들이 아이디어를 실험해 보고 결과를 관측할 수 있는 모의 실험기나 계산기를 스크린상에 제공한다.

학습자가 과제를 부여받은 후 실험 장비들의 조작법을 습득하여 일련의 실험들을 거치고, 각 실험의 결과를 주의 깊게 기록하며 마지막 실험 후에 배운 것을 일반화한다.

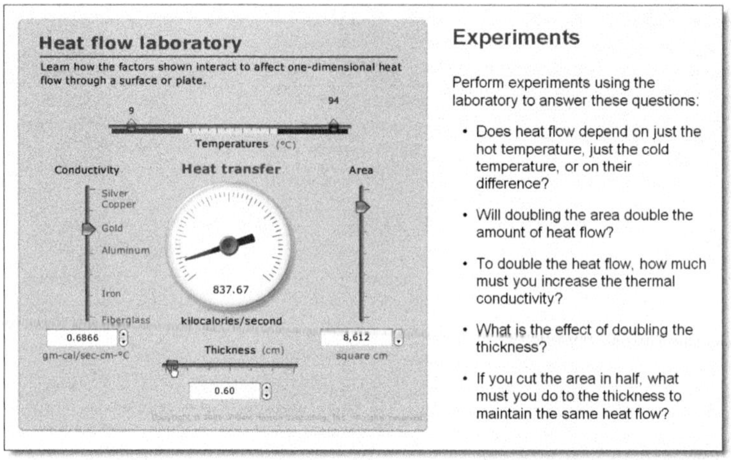

마이크로소프트 엑셀과 크리스탈 엑셀시우스로 구축했다. 파워포인트에 탑재한 후 웹에서 볼 수 있도록 어도비 브리즈 프리젠터를 활용하여 변환하였다. 예시는 horton.com/eld/에서 볼 수 있다.

기계 설계자들이 온도, 면적, 두께, 열전도율과 같은 요인들이 열 흐름에 미치는 영향을 학습하기 위한 실험들을 수행한다.

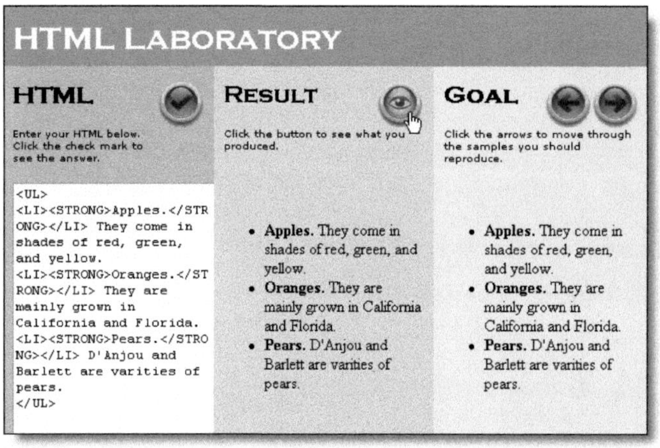

어도비 드림위버와 자바스크립트로 구축했다. 예서는 horton.com/eld/에서 볼 수 있다.

이 가상 실습은 HTML을 가르치고 있다. 화면의 오른쪽 부분의 순차적으로 난이도가 높아지는 일련의 목표들을 화살표 버튼으로 이동할 수 있다. 학습자들은 화면 왼편의 문자입력 공간에 HTML을 작성하고 그 결과를 화면의 중간 칸에서 볼 수 있게 된다.

결과 창의 버튼을 누르면 입력한 HTML 처리 과정을 통해 생성한 결과를 볼 수 있다. 제시된 결과를 목표와 비교하여 적절하게 수정할 수도 있다. 난항을 겪는 학습자들은 HTML 위의 체크마크를 눌러서 현재 보이는 목표에 대한 해답을 보는 것이 가능하다.

지난 수십 년간 학습자들은 수량 데이터의 추세들과 패턴들을 찾아내기 위하여 도표와 그래프를 그리며 눈금종이들을 소비해왔다. 지금은 클릭과 드래그를 통해 웹 브라우저 내에서 데이터를 그래프로 나타낼 수 있다.

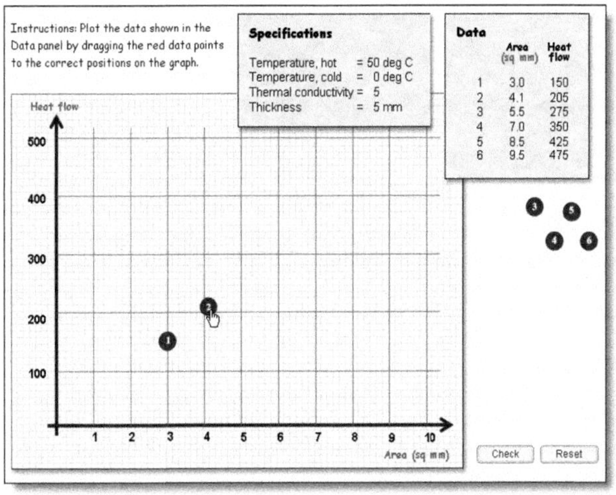

어도비 플래시로 구축했다. 예시는 horton.com/eld/에서 볼 수 있다.

이 예제는 측정 데이터를 제공하여 학습자들이 가상 그래프용지 위에 점들을 배치할 수 있게 함으로써 그래프로 나타내게 해준다. 결과적으로 면적과 열 흐름 사이의 관계를 간략화된 형태로 볼 수 있게 해주며 매우 둔한 학습자의 경우에도 원리를 깨달을 수 있게 해준다.

데이터 점들을 그래프로 표시하는 활동은 지루하고 반복적인 일이며 그 자체로는 아무런 학습이 되지 않는다. 데이터 점들을 표시하는 행위 자체가 학습에 도움이 되지 않는다면 미리 점들이 표시되어 있는 그래프를 보여주는 것이 적절하다. 데이터를 그래프로 표시하는 행위는 활동적으로 수행하도록 압박하면서 심도 깊은 학습으로 연결하는 역할을 하기도 한다. 단, 이때 학습자들이 반드시 데이터 내의 숨겨진 관계를 발견할 수 있도록 해야 한다. 필요시 도움말을 제공하거나 그래프상에 경향선을 그려준다.

3.2.1 언제 가상 실험실을 활용하는가

가상 실험실에서는 학습자들이 다치거나 장비를 손상시킬 위험 없이 모든 종류의 실험들을 시도할 수 있다. 또한 가장 많은 지원을 받는 현실 세계의 연구실에서조차 불가능한 실험들을 수행할 수 있다.

- **실제 연구실(실습실) 대신 활용한다.** 실제 연구실을 대체하여 사용할 수 있다. 한번 구축되면 공급품, 기기 정비(관리), 혹은 고장 부품의 교체 등으로 인한 추가 비용이 들지 않는다. 학습자들은 연구실에 실제로 가지 않아도 된다. 결코 붐비지 않으며 문을 닫지 않아도 되고 고장 나지도 않으며 폭발하지도 않는다.
- **실제 실험실 사용에 앞서 학습자들을 준비시키기 위하여 활용한다.** 가상 실험실은 학습자들이 실제 연구실에서 효과적으로 일할 수 있도록 준비시켜 준다. 가상 실험실은 실제 연구실의 일을 간단하거나 단순하거나 제한된 형태들로 시작할 수 있다. 단순한 실험들을 익혀 나가는 과정에서 더 많은 조작들과 변수들을 경험하게 되

며 결과적으로는 실제 연구실과 동일한 수준의 풍부함과 범위를 지닌 실험들을 체험할 수 있다.

- **관념적인 실험들을 위하여 활용한다.** 가상 실험실은 실제의 실험실을 모의적으로 체험하는 정도에만 국한되지 않는다. 학습자들은 가상 연구실을 이용하여 행성의 궤도를 바꿀 수도 있고 글로벌 경제를 수정하거나 피라냐와 팬더를 이종교배할 수도 있다. 가상 실험실을 이용하여 어떠한 규모의 어떠한 등급의 이론이든 개념적으로 실험할 수 있도록 한다.

3.2.2 가상 실험실 활용방안

3.2.2.1 가르치는 내용에 집중하기

가르치는 것에 노력을 집중해야 한다. 만약 활동의 목적이 실험실 장비 사용법을 가르치는 것이라면 시뮬레이션을 충분히 상세하게 만들 필요가 있다.

연구실 실험의 목적이 원칙을 가르치는 경우라면 효과적이고 신뢰할 수 있는 원칙들을 발견할 수 있도록 활동을 설계한다. 연구 장비를 작동시키는 것이 학습에 방해가 되지 않도록 주의할 필요가 있다. 모든 클릭 작업과 각 픽셀이 일을 복잡하게 만드는 것이 아니라 목적을 달성하기 위한 것이 되도록 한다. 실제 연구실 장비 사용 준비에 시간이 오래 걸린다고 해서 가상 실험실에서도 동일한 불편한 과정을 포함시킬 필요는 없을 것이다.

3.2.2.2 학습자들의 가정에 대한 도전

학습자들이 사실이라고 믿는 것들에 의문을 품을 수 있도록 실험을 설계해 본다. 이와 같은 방법은 잘못된 생각을 바로잡을 수 있으며 흥미로운 발견으로 이끌어 갈 수 있다. 학습자들로 하여금 그들이 알고 있는 것들이나 믿음들에 대해 분명하게 말하도록 하고 그러한 것들을 실제 현실 상황의 것들과 비교하는 방법을 위한 실험들을 수행하게 한다.

3.2.2.3 실험 안내

단순히 실험실을 제공했다고 해서 학습자들 스스로 실험을 구성하여 진행할 수 있다고 생각해서는 안된다. 수행해야 할 실질적인 실험들을 제시해야 한다. 이를 위한 최선의 방법은 연구실 실험을 거쳐야 답할 수 있는 일련의 질문들을 제공하는 것이다. 연구 질문을 받기 전에는 학습자들이 주제에 관해 신경 쓰지 않을 수도 있으나, 일단 질문이 제공되면 학습자들은 옳다고 믿는 것들을 증명하기 위한 도전을 받게 된다.

3.2.2.4 독자적인 실험의 허용

학습자들이 스스로 자율적인 실험들을 수행할 수 있도록 한다. 가상 실험실을 설계할 때에는 모방을 수행한 다음에 혁신적인 활동을 하도록 유도해야 한다. 관련 예시를 소개하면 다음과 같다.

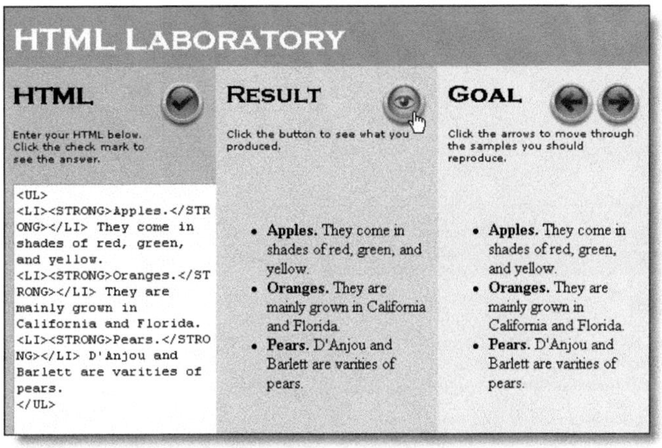

HTML 실습실의 설계 시에 학습자들이 성취할 목표들을 채워 넣는 부분을 만들었다. 이것은 모방 활동에 해당된다. 예상치 못했던 것은 많은 학습자들이 미리 정해진 목표들을 변형하여 작성하려는 시도가 많았다는 점이다.

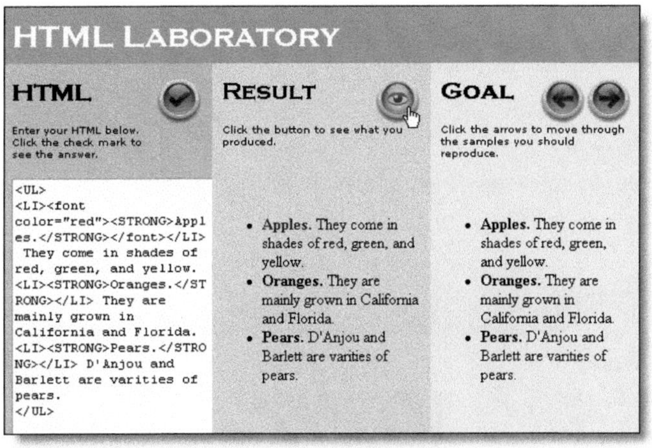

어도비 드림위버로 구축했으며 자바스크립트를 활용하여 수정되었다. 예시는 horton.com/eld/에서 볼 수 있다.

예를 들면, 어떤 학습자가 *Apple*이라는 단어를 붉은색으로 만들고 싶어 할 수도 있다. 학습자는 추가 코드를 입력하고 결과 화살표를 클릭한다. 잘 살펴보면 단어 Apple이 붉은색이 되었다. 이것은 혁신적인 활동에 해당된다.

학습자들에게 독자적이고 자율적인 실험들을 수행하게 함으로써 실험실의 가치를 높이고 능동적인 활동이 일어나는 곳으로 만들었다.

3.2.2.5 가상 실험실의 재활용

가상 실험실 개발에는 많은 노력이 필요하다. 따라서 동일한 실험실을 다양한 활동이나 과정들에 사용할 수 있는지도 고려해 볼 필요가 있다.

3.3 사례 연구

학교라는 것이 설립되고 존재한 이래 사례 연구를 활용한 교육은 지속적으로 이루어져 왔다. 사례 연구는 적절하고 의미 있는 경험들을 제공하며 이러한 경험들을 통해 유용한 개념들과 원칙들을 발견하고 이론화할 수 있다.

만약 학습자들이 학습을 통해 정보를 습득하는 것만을 원한다면 읽기를 위한 기초 활동으로 사례 연구를 활용할 수 있다. 그러나 사례 연구의 사건들에 학습자의 문제 분석과 해결 능력을 능동적으로 적용하도록 해야 수준 높은 발견 활동을 구성할 수 있게 된다.

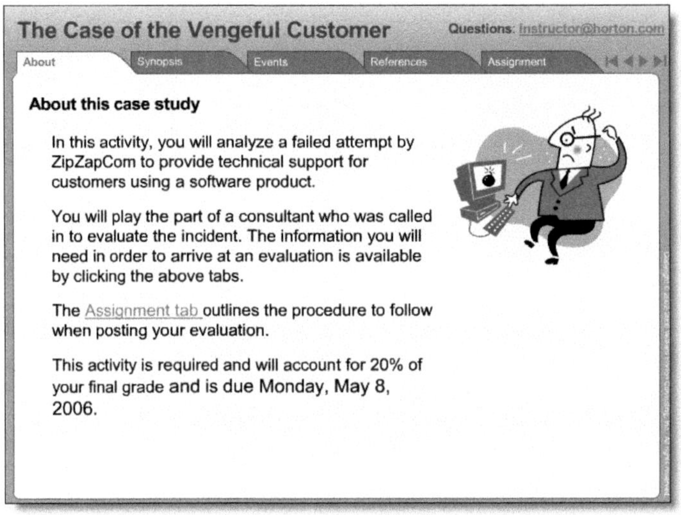

제시된 예시에서 학습자들은 소프트웨어 제품의 고객들에게 기술 지원을 시도하다가 실패한 경우를 분석하는 과제를 부여받았다. 다음과 같은 소개 내용이 제공되고 있다.

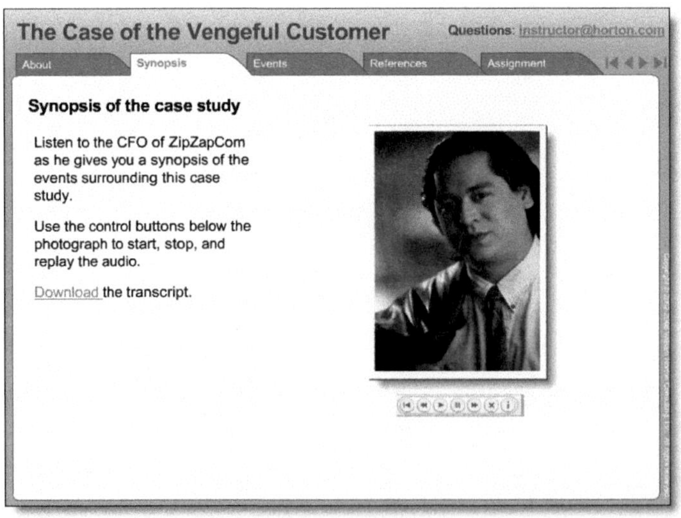

CFO에 의해 제시된 사례 연구의 개요가 제시되어 있다. 음성 자료에 대한 대본이 동시에 제공되었다. 다른 탭들은 이벤트의 순차, 참고 문헌들, 과제 등에 관한 것이다.

마이크로소프트 파워포인트로 구축한 후 웹에서 볼 수 있도록 어도비 브리즈 프리젠터를 활용하여 변환되었다. 예시는 horton.com/eld/에서 볼 수 있다.

사례 연구에서는 포괄적인 학습 예제들, 즉 현실 상황의 이벤트나 과정 혹은 시스템일 수도 있다. 또한 사례를 서술하고 있거나 시범적으로 조작할 수 있는 자료들이 주어지기도 한다. 자료들을 연구한 후에 학습자들은 해당 사례에 대한 질문에 답을 하거나 사례에 의해 드러난 원칙들을 일반화하려는 시도를 하게 된다.

이러닝 사례 연구는 다음과 같은 측면에서 면대면 사례 연구들과 차이점이 있다.

- 인터넷상에 존재하는 자료의 다양성
- 상호작용적인 멀티미디어 프레젠테이션의 사용
- 협동학습을 통한 다수의 관점들

이러닝 사례 연구는 매우 풍부한 조합의 자료들을 제공할 수 있고 실제 사례의 특징을 보다 현실적으로 반영할 수 있다.

3.3.1 언제 사례 연구를 활용하는가

사례 연구는 명확하고 구체적인 상세사항들에서부터 추상적이고 보편적인 원칙들에 이르기까지 매우 다양한 내용을 가르치는 데 활용된다. 대부분의 사람들이 관찰 활동과 이전 경험에 대한 분석을 수행하면서 과거에 사용했던 학습 방법들을 모방하여 이용한다. 사례 연구는 단순한 방식으로 나타내기 힘든 복잡한 지식들을 가르치는 데에 효과적인 방법이다. 특히, 실생활 속에서 쉽게 부딪치는 복잡하고 모순되는 상황을 다루는 의사결정 기술을 가르치는 데에 효과적이라고 할 수 있다.

3.3.2 사례 연구의 종류

사례 연구의 유형은 매우 다양하게 나타나고 있는데, 대표적인 몇 가지 형태들을 소개하면 다음과 같다.

3.3.2.1 교수자가 주도하는 사례 연구

교수자는 참석자들을 환영의 말로 맞이하고 연구할 사례를 소개한다. 그런 다음 대답해야 할 질문 리스트를 할당하여 사례를 묘사하는 자료를 다룰 수 있도록 해준다. 학습자들은 각자 사례 자료들을 연구하고 다른 사람의 대답을 검토하고 비평할 수 있는 토론 포럼에 응답의 글을 올린다. 정해진 시간이 될 때까지 포럼에 올린 글을 지속적으로 개선한 후, 학습자들은 사례로부터 추론한 원리, 경향성, 발견학습으로 얻은 내용, 지침들을 올린다. 마지막으로, 발견한 것을 일반화하고 이러한 지식이 현실적으로 미래의 사례들에 어떻게 적용될 수 있을지 명확히 한다. 교수자는 참가자들이 상황을 지나치게 간략화하지 않고 올바른 원리들을 발견하는지의 여부를 기준으로 평가한다.

3.3.2.2 가상 현장 방문

사례 연구는 실제 현실 세계에서 발생한 현상과 동일한 수준의 현상에 대한 관찰 활동을 수행할 수 있도록 하는 가상 현장 방문 형태로 이루어질 수 있다. 학습자들은 한 페이지에서 다른 페이지로 이동할 수 있는 링크를 클릭하여 특정한 장소나 현장을 둘러볼 수 있다. 시간의 축을 따라 일련의 현상들 간을 이동하며 학습을 한다.

3.3.2.3 관찰과 비평 활동

학습자들은 사람들이 상호작용하는 비디오나 애니메이션 장면들을 관찰한다. 단순히 설명을 읽기도 한다. 이러한 장면은 드라마 프레젠테이션으로 편성될 수도 있다. 학습자들은 이러한 자료를 얼마든지 반복해서 볼 수 있다. 자료를 관찰하고 살펴본 후에 다음과 같은 질문들에 답하면서 관찰했던 것에 대한 의견을 제시한다.

- **어떤 일이 일어났는가?** 사람들은 무엇을 했는가? 무엇을 생각했는가? 어떤 것을 느꼈는가? 무엇을 얻거나 잃었는가? 무엇을 배웠는가?
- **어떤 의미인가?** 경험한 것이 어떤 의미로 다가오는가? 현실 세계 경험에 어떻게 적용되는가?
- **무엇을 할 것인가?** 무엇을 배웠는가? 미래에는 어떠한 식으로 행동하거나 생각할 것인가? 배운 것을 어떻게 적용할 것인가?

3.3.2.4 소규모 사례 학습

간결하지만 완전한 형태의 일련의 예시들을 보여줌으로써 실제 세계의 경험을 제공할 수 있다. 공식은 단순하다. 상황에 대한 묘사로 시작하고 중요한 캐릭터, 사물들 그리고 구조(혹은 조직)를 소개한다. 제시된 것들 간의 중요한 관계들을 확실히 정립하게 한 후, 상황에 관한 질문과 해답을 교대로 제공한다.

학습을 위한 질문의 요건은 다음과 같다. 우선 학습자가 상황을 주의 깊게 관찰하도록 요구해야 하며, 사실 언급이 아닌 추론 작업을 하게 만들어야 하고 원칙들을 적용하며 결론을 도출해 내도록 해야 한다.

그 외에도 학습자들에게 추가 질문을 제공하여 이에 대한 답을 토론 포럼에 제출하도록 만들거나 스스로 사례 연구를 만들도록 할 필요가 있다. 만들어진 사례들이 다른 학습자들에 의해 사용되고 비평받을 수 있도록 토론 포럼에 제출하도록 한다.

3.3.2.5 성찰 일지

학습자들이 학습한 분야의 조사 작업을 완료한 후 결과와 반응을 표현하도록 해야 한다. 간단한 예제, 보고서, 또는 물리적인 물체를 개발하는 것이 될 수도 있다. 활동을 구성하기 위하여 학습자들이 입력할 부분을 포함하는 작성 양식을 제공한다.

- **개인적 목적.** 당신은 이 일을 관찰함으로써 무엇을 얻기를 원하는가?
- **요약.** 무엇을 언급하고 있는가? 관련있는 모든 이들에게 어떠한 의미를 주는가?
- **반응.** 당신에게 중요한 것은 무엇인가? 기존 경력이나 경험에 의거하면 어떻게 평가될 수 있는가?
- **활용도.** 활동을 통해 배운 내용을 직무에 어떻게 적용할 수 있을 것인가?

3.3.3 사례 연구 활용방안

3.3.3.1 사례 자료의 다양한 조합 제공

전통적으로 사례 연구에는 문서 메모, 인터뷰 녹취록, 그리고 때로는 비디오테이프들이 사용되어 왔다. 오늘날의 사례 연구는 보다 다양한 유형의 자료들을 포함할 수 있다.

포함할 수 있는 자료들은 다음과 같다.

- 보고서, 계약서, 사용 설명서, 이메일 메시지, 메모, 편지 등과 같은 전통적인 직무 관련 문서
- 청사진, 제도, 상품이나 시스템의 설계서(명세서)
- 특허, 선서 증언, 판결, 기타 법률 문서
- 수치 자료의 스프레드시트
- 차트, 그래프, 다이어그램, 기타 기술 또는 경제 관련 그래픽
- 비디오나 오디오 인터뷰
- 실제 시스템의 시뮬레이션

가능하면 학습자들이 조작해볼 수 있는 문서나 스프레드시트 같은 파일들을 포함하여 제공한다.

3.3.3.2 사례 연구 안내

사례 연구를 토대로 한 중요한 원칙들의 발견을 촉진시켜야 한다. 학습 시간을 유용하게 사용할 수 있도록 특별한 안내를 제공할 필요가 있다. 다음과 같은 사항들을 안내해 주도록 한다.

- **사례 연구의 내용.** 토론중인 해당 주제와 어떻게 연관되는가를 설명한다. 너무 구체적인 설명은 하지 않는다.
- **인지해야 할 것.** 중요한 특징들은 무엇인가? 학습자들이 어디에 집중을 해야 하는가? 역시 이에 대한 것도 지나치게 구체적으로 설명하지 않는 것이 바람직하다. 단지 학습자들이 사례에 대한 조사를 어디서 시작해야 하는지에 대한 실마리를 던져 주면 된다.
- **대답해야 할 질문들.** 답변들은 수행할 수 있는 행동들을 나타내게 되므로, 질문을 통해 학습자들의 탐구조사의 방향을 지시하고 스스로 발견한 내용들을 통제하도록 한다.
- **생각해봐야 할 것.** 학습자들이 이 사례가 어떻게 다른 사례들과 혹은 코스나 레슨의 주제와 연관이 되는지를 생각할 수 있도록 안내할 수 있는 질문들을 한다.

3.4 역할극 시나리오

아동은 성인의 역할을 수행해 보는 과정을 통해 많은 성인의 행동을 학습할 수 있다. 마찬가지로 성인들도 다른 사람의 역할을 수행해 봄으로써 많은 것을 배울 수 있다.

역할극 시나리오에서 교수자는 목적을 진술하고 학습자들에게 목적을 달성하기 위해 필요한 역할을 부여한다. 그런 다음 학습자들로 하여금 역할을 연구하게 한다. 이후 목적 달성을 위해 그들의 역할을 수행하고 온라인 미팅이나 토론 게시판을 통해 다른 사람들과 협동하는 과정을 거치게 한다.

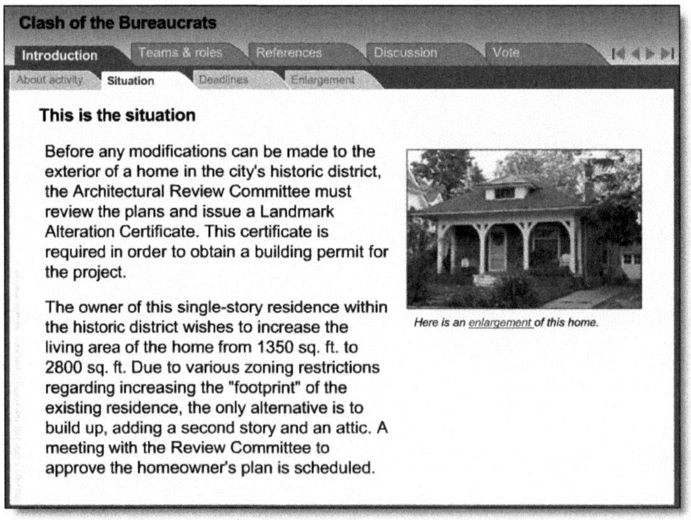

제시된 예시에서 참여자들은 역사적 지역에 위치한 집의 증축을 고려하기 위해 도시 건축 검열 위원회 회의를 가상적으로 실시한다.

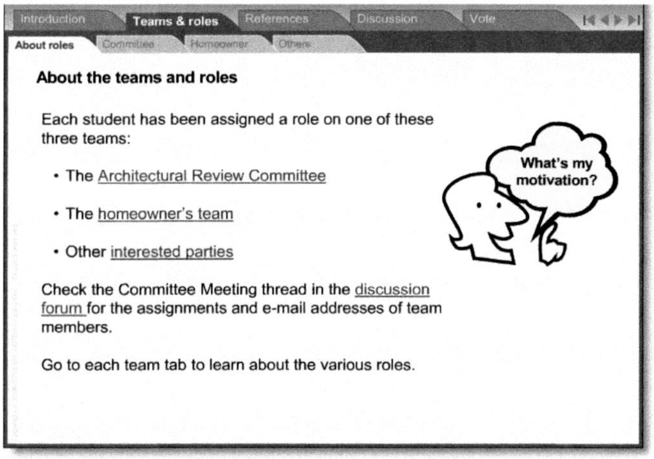

각 학습자들은 특정한 수행 역할을 부여받는다. 각 역할은 고유한 책무와 동기를 갖고 있다.

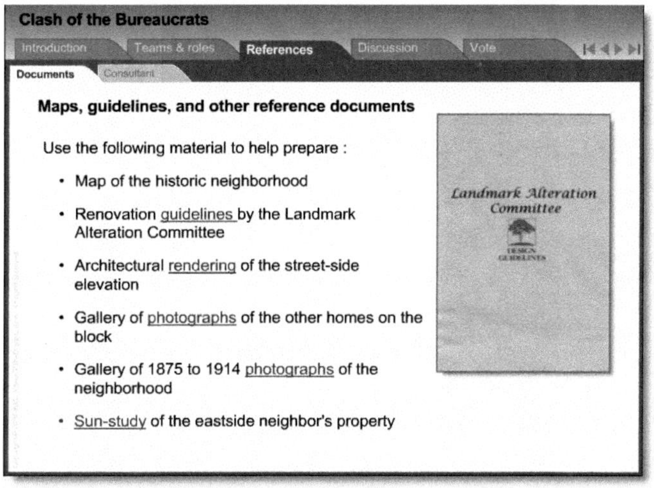

학습자들은 실제 세계에서와 같은 구체적인 참고 자료들에 접근할 수 있다.

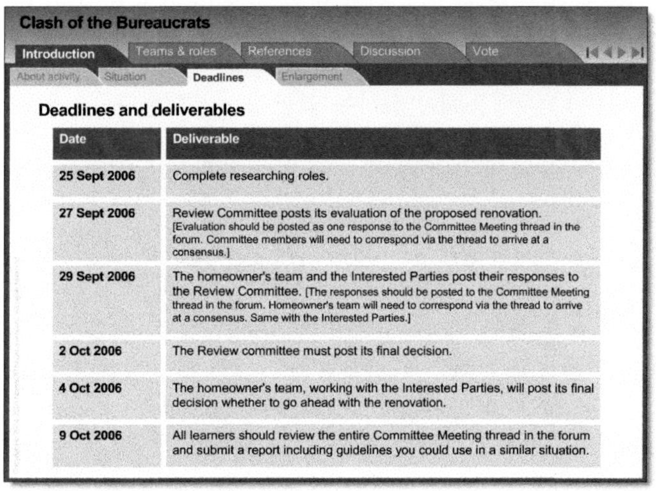

학습자들은 역할이 요구하는 활동들을 완수하고 다른 사람들과의 공유를 위해 자료를 제출해야 한다.

마이크로소프트 파워포인트로 구축한 후 웹에서 볼 수 있도록 아티큐레이트 프리젠터를 활용하여 변환되었다. 예시는 horton.com/eld/에서 볼 수 있다.

3.4.1 언제 역할극 시나리오를 활용하는가

역할극은 사람 간의 미묘한 관계를 가르치고 많은 인간 노력의 숨겨진 복잡성을 드러낼 수 있는 가치 있는 방법이다. 역할극 활동이 활용되는 일반적인 예시를 제시하면 다음과 같다.

- 다른 시각에서 상황을 보게 하고 싶을 때 활용할 수 있다. 환경 운동가에게 부동산 개발자 역할을 부여하는 것 등이 있다.
- 실제 세계에서 경험할 수 없는 사건을 온라인에서 경험해 보게 할 때 활용 가능하다. 남성에게 여성이 겪는 성희롱을 경험하게 해보는 것 등을 예로 들 수 있다.
- 복잡한 사업을 수행하는 데 필요한 다양한 시각들을 보여 주고자 할 때 활용할 수 있다. 초반 아이디어부터 성공적 결과물을 산출할 때까지의 프로젝트를 안내해주는 관리팀을 갖는 것 등이 있다.
- 사람과 사람 사이의 관계에 대한 기술을 가르치고자 할 때 활용한다. 상호 대치되는 경쟁적인 아이디어, 그룹, 그리고 개인 간의 효과적인 절충안을 찾아내기 위한 위원회 미팅을 잡는 것 등을 고려해 볼 수 있다.

3.4.2 역할극 시나리오의 변형

역할극 시나리오는 개인들 간의 접촉이 있고 논쟁이 가능한 모든 다른 상황을 모방하는 데 활용될 수 있다. 좋은 학습 경험을 촉진시킬 수 있는 다음과 같은 몇 가지 방법이 있다.

행동비판. 학습자들에게 특정 상황을 위한 바른 행동을 가르친 후 나쁜 행동에 대한 본보기를 보이고 비판한다. 누군가에게 부적절한 행동을 보여주는 역할을 부여하고 나머지 학생들에게는 나쁜 행동에 반응하는 역할들을 부여한다.

법정재판. 어떤 개념이나 역사적 인물, 또는 조직을 재판에 도입하여 판사, 피고인, 검사, 변호사, 증인 그리고 배심원 역할을 부여한다.

임원회의. 회사, 대학, 병원, 또는 다른 조직의 임원진 회의를 가상적으로 실시한다. 각각의 참여자들에게 특정 목적, 태도, 성격을 부여한다. 회의에 참석한 사람들 사이의 알려진 관계 및 비밀 관계들을 알려주며 회의에 의제와 시간제한을 부여한다.

살인 사건 미스테리. 학습자들에게 살인 사건을 조사하는 역할을 부여함으로써 조사의 기술을 가르칠 수 있다. 각 구성원들은 역할을 할당받게 된다. 각 역할을 위해 모든 사람들이 알 수 있는 사실 여부의 판단을 위한 정보와 사실들이 있으며 그 외에 해당 역할을 맡은 사람만이 개인적으로 알 수 있는 사실들이 있다.

역할 수행자들은 숨겨진 사실들을 알아내기 위해 질문을 하거나 책략을 쓸 수 있다. 또한 각 역할 수행자들은 다른 사람들이 알지 못하는 개인적인 비밀을 갖게 된다. 역할 수행자들은 용의자일 수도 있고 조사자일 수도 있다. 조사자들은 용의자들을 인터뷰하고, 증거물을 조사하고, 기록물을 교환함으로써 미스테리를 해결해야만 한다. 살인 미스테리가 당신의 상황과 맞지 않는다면 다음 중 하나로 대체할 수 있다.

- 숨겨진 보물 발견하기
- 비행기 충돌사고의 원인 찾기
- 질병의 치료책 발견하기
- 잃어버린 사람 찾기

나는 누구인가. 각 학습자들은 공부하고 있는 분야에서 잘 알려진 인물들을 선정하고 조사한다. 그런 다음 각 학습자들은 해당 인물의 시각과 스타일로 연설문을 작성하고 게시판에 올린다. 올라온 연설문들에 대하여 논평을 하게 된다.

3.4.3 역할극 시나리오 활용방안

역할극 시나리오는 흥미롭고 역동적이며 매우 교육적일 수 있지만 시간 소모적이고 실망스러운 방법일 수도 있다. 이러한 차이는 신중한 상황의 설계와 역할 부여에 의존한다. 논평은 자신이 맡은 인물의 시각에서 작성된다. 학습자들은 자신이 맡은 캐릭터가 처한 상황을 방어하면서 아울러 다른 캐릭터의 인물이 누구인지 알아내야 한다.

3.4.3.1 시나리오에 대한 충분한 소개

시나리오의 상세한 사항들을 알려주어야 한다. 일반적 상황은 무엇이며 학습자들에게 부여된 문제 상황은 무엇인지 알려줄 필요가 있다. 학습자들이 수행하게 될 역할은 무엇인가? 각각의 역할에 있어서 그들의 동기와 행동은 무엇인가? 성공 요건은 어떻게 정의될 수 있으며 어떻게 점수가 매겨지는가?

실제 상황에서 이용 가능한 모든 정보 출처와 문서를 제공한다. 축약될 수는 있으나 학습자들이 그들의 역할을 완벽히 수행하는 데 충분한 세부 내용들을 담고 있어야 한다.

3.4.3.2 주제와 관련된 역할 부여

팀 과제시에 학습자들에게 주제 또는 과제의 비유와 관련된 역할을 부여한다. 상호관련성과 논쟁이나 협력의 기회가 풍부한 역할을 선택한다. 예를 들어 건축구조 검열위원회의 활동은 다음과 같은 역할들을 포함할 수 있다.

집주인: 집의 증축만을 원한다. 우선시되는 사항은 최소한의 비용으로 보다 많은 공간을 얻는 것이다. 출산이 임박한 상황이므로 시간이 가장 중요하다.

건축가: 이미 그려진 계획에 대해 위원회의 승인을 얻기를 원한다. 계획이 거절될 경우 건축가는 수수료를 잃게 된다. 일을 간절히 필요로 하고 있다.

건물 계약자: 가급적 빠르고 저렴하게 완료하기를 원한다. 건축학적 안전도에 대해서는 거의 걱정하지 않는다. 현금의 흐름과 겨울 전에 일을 마무리하는 것에 대해서만 우려하고 있다.

도시 역사가: 역사적 지역의 건축학적 안전도를 유지하는 것에 관심이 있다. 상처받기 쉬운 자아를 가진 전통적 관료주의자다. 도시 변호사의 권력에 분개한다.

위원장: 역시 건축학적 안전도에 관심이 있다. 공식적 건축 교육은 받은 경험은 없다. 참견하기를 좋아한다.

도시 변호사: 건물 규약을 꼼꼼하게 따라야 한다고 주장한다. 그럼에도 불구하고 규약이 모호하다는 점과 해당 규약이 건축구조 검열위원회의 가이드라인과 맞지 않는 부분이 있다는 점에는 신경 쓰지 않는다. 도시 역사가가 교육을 잘 받지 못했고 명석하지 못하다고 생각한다.

이웃: 새로운 증축물이 전경을 막을 수 있고 뒤뜰에 그늘을 드리울 수 있다는 것에 대해 걱정한다. 전반적으로 집주인과 잘 지내고 있지만 자신이 할 수 없는 증축을 집주인은 할 수 있다는 것에 대해 질투심을 갖고 있다.

3.4.3.3 보편적인 역할의 활용

활동의 주제와 관련된 구체적인 역할을 할 수 없다면 일반적인 역할들의 활용을 고려해 볼 수 있다. 다음은 학습자들이 친숙하게 느낄 수 있는 역할들이다.

발표자: 내용을 가장 먼저 발표하는 역할을 한다. 팀에서 개발한 자료를 제공하게 된다.

저널리스트: 시나리오에서 발생한 일들을 요약한 정기간행물 기사를 작성한다.

연구자: 사실들을 추적하고 논쟁거리를 해결한다.

판사: 자료의 관련성과 적절성을 판단한다.

편집자: 다른 사람들의 일을 편집하고 확장하며 보기 좋게 만든다. 비판하지 않도록 한다.

브레인스토머: 연구를 위한 새로운 아이디어 및 새로운 분야를 제시한다.

비판가: 유명하지 않고 잘 발견되지 않은 입장에 대해 논쟁하는 귀찮은 존재이다.

중재자: 판사가 판단하기 전에 논쟁을 해결하는 것을 돕는다.

변호사: 활동에서 생겨난 법적 문제에 대해 확인하고 이에 대해 조언한다.

조정자: 활동을 계획하고 관리하며 일을 배분한다.

3.4.3.4 개인적 성향과 기술에 맞는 역할의 배정

역할을 주의 깊게 배정한다. 부정적이고 비판적인 역할보다는 긍정적이고 창의적인 역할을 강조하도록 한다. 매니저, 판사, 비평가와 같이 권력을 가진 역할을 부여할 때는 특히 더 주의하여야 한다. 학습자들의 개인적 성향을 고려해 본다. 겸손함과 공격성을 균형 있게 보유하고 있는가? 권력 관계에 대한 통제와 사회성은 적절한가?

학습자들의 기본적 기술을 고려할 필요도 있다. 광범위한 글쓰기를 요구하는 역할이라면 빠르고 명확하게 글을 쓸 수 있는 학습자를 선택해야 한다. 대중 앞에서 말하는 능력을 요구하는 역할의 경우에는 발표 경험과 기술을 보유한 학습자를 고르도록 한다.

3.4.3.5 역할 명칭의 사용

수업 활동의 일환으로 학습자들이 채팅이나 토론 게시판에 글을 올릴 때 실명보다는 맡고 있는 역할 명칭(예: 교수, 기술 전문가, 배심원4)을 활용하도록 한다.

3.5 발견 활동 활용방안

3.5.1 강의 활동의 축소

많은 설계자들에게 있어 통제권을 이양하는 것은 쉽지 않은 일이다. 그렇다 해도 발견 활동에서는 가르치고자 하는 경향, 원리, 그리고 개념 발견에 중점을 두어야 한다. 그리고 학습자들이 실제로 의도된 발견을 해낼 수 있도록 하는 활동을 설계할 수 있어야 한다. 아울러 활동을 테스트해보고 수정하며 다시 한 번 테스트하고 수정하는 과정을 반복하여야 한다. 발견 활동을 설계하는 것은 원격 제어를 통해 가르치는 것과 비슷하다.

3.5.2 실험과 상호작용의 촉진

팀 활동에서는 모든 사람들이 누군가가 이끌어 주기를 기다리기 때문에, 활동을 시작하는 데 수십 분 또는 몇 시간을 기다리게 되는 것은 이상한 일이 아니다. 컴퓨터기반 시나리오 같은 새로운 환경에서는 행동을 취하는 것을 더욱더 주저하게 된다. 이를 극복하기 위해서는 모든 학습자들에게 반응을 요구하는 구체적인 시발점 이벤트로 시작하는 것이 좋다.

3.5.3 통합 활동 포함하기

단지 실험 또는 글 읽기 사례 연구만을 수행하는 것은 지식보다는 정보만을 무수히 제공하는 것이 될 수 있다. 학습자들이 관찰한 것과 관련있는 일관된 이론을 결합하는 통합 활동을 수행하도록 한다. 이를 위한 간단한 방법은 학습한 것을 공식이나 간결한 활용방안 모음으로 요약해 보도록 요구하는 것이다.

3.5.4 현실성과 복잡성 간의 균형 유지

학습자들이 그들의 상황과 유사한 것으로 보고 인식할 수 있도록 충분히 현실적인 활동을 만들어야 한다. 그렇다고 하여 현실적인 것에 집착하게 하는 상황이나 일상적인 삶에서 겪기 힘든 지나친 특별 상황을 만들어서는 안 된다.

3.5.5 발견 활동과 다른 활동의 통합

발견 활동은 다른 종류의 이러닝 활동들과 생산적인 방식으로 통합될 수 있다.

- 학습 영역을 소개하는 간단한 프레젠테이션으로 시작해 본다. 주요 원리를 발견하고 호기심을 유발할 수 있는 실험이나 시나리오상의 역할을 수행하도록 한다. 발견한 원리를 확장하고 호기심을 만족시킬 수 있는 토론 활동으로 마무리하는 것이 바람직하다.
- 학습자들이 스스로 발견하지 못했을 때 무엇을 배웠는지 모른다고 생각할 수도 있는데, 이런 경우에 대비하여 선택적 가상 실험실 활동을 활용한다.
- 이야기를 이용하여 사례 연구나 역할극 활동을 구성한다. 이야기를 들려주는 사람은 사례 연구에서나 역할극 시나리오의 상상속 캐릭터 중에서 하나의 중요한 인물이 될 수 있다. 이야기를 들려주는 것은 모든 역할을 충분히 채울 수 있을 만큼의 학습자가 없을 때 역할극 활동을 풍부하게 해 줄 수 있다.

4. 게임과 시뮬레이션

게임과 시뮬레이션은 학습자들이 놀이를 통해 학습하도록 이끌기 때문에 흥미로울 것이라고 여겨진다. 학습용 게임도 재미있을 수 있지만 항상 목적의식을 가지고 있어야 함을 유의해야 한다. 가장 우선적인 첫 번째 목적은 가르치는 것이고, 두 번째 목적이 흥미를 불러일으키는 것이다. 학습게임으로는 호기심을 유발하며 경쟁심을 유발하는 퀴즈쇼, 보드 게임, 비디오 게임 등과 같은 공인된 대표적 게임들을 포함시킬 수 있다.

시뮬레이션은 학습자들이 위험한 과제를 안전하게 수행할 수 있는지의 여부를 검증해 준다. 만약 학습자들에게 시험을 볼 것인지 게임을 할 것인지 묻는다면 대부분의 학생들이 어떻게 답하겠는가?

4.1 게임과 시뮬레이션의 개요

게임과 시뮬레이션은 학습자들이 재미있게 과제를 실습하고 지식을 적용하며 원리를 추론할 수 있도록 해준다. 게임과 시뮬레이션은 현실 세계의 상황에 대한 모델을 제공하거나 대답해야 하는 일련의 속사포와 같은 질문들을 제공하기도 한다.

4.1.1 학습 게임의 사례

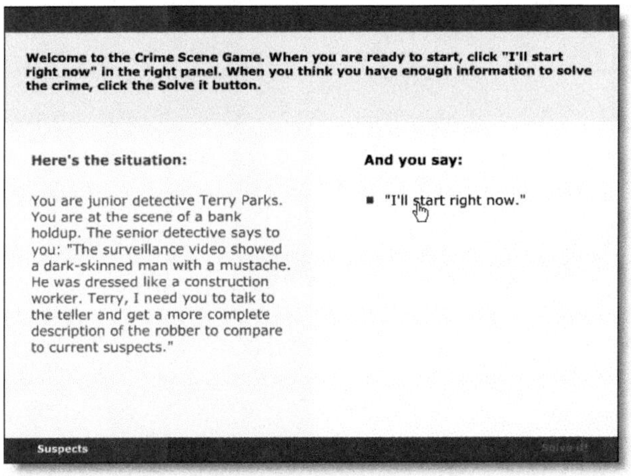

이 게임은 경찰 조사의 상황에서 인터뷰하는 기술을 가르치고 있다. 학습자들은 은행 강도를 잡기 위한 단서를 확보하기 위해 목격자를 인터뷰하는 과제를 할당받는다.

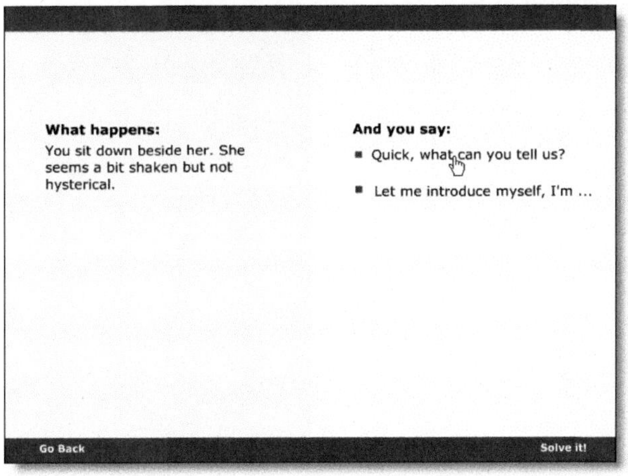

학습자들에게 게임의 절차와 관련된 여러 가지 선택 사항들을 제공한다.

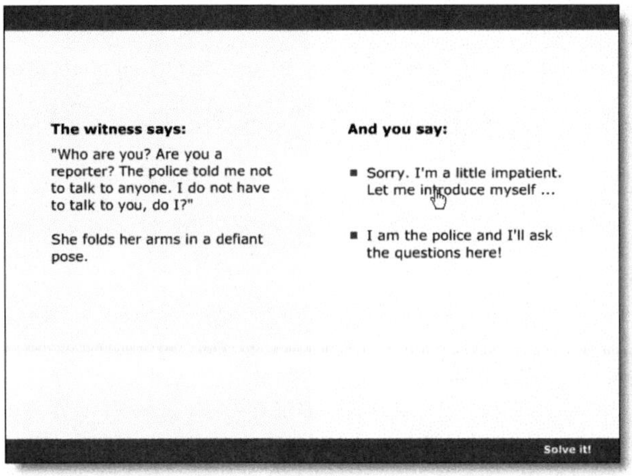

게임 안의 여러 가지 사건들을 통해 대부분의 피드백이 제공된다. 사건을 통해 학습자들의 행동이 적절했는지의 여부를 밝히게 된다.

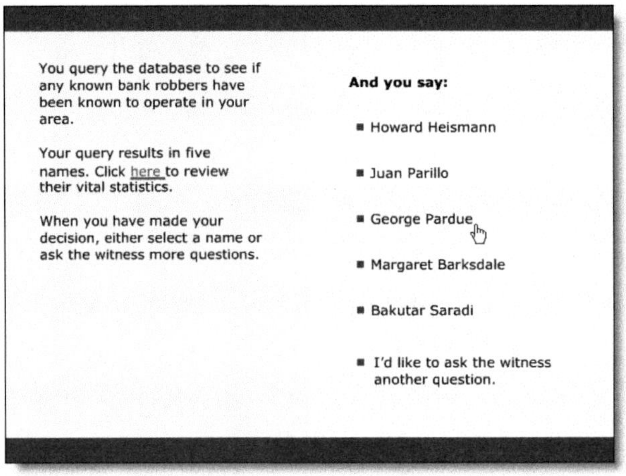

어떤 시점에서든 학습자들은 미스테리 사건 해결을 시도할 수 있다.

마이크로소프트 파워포인트로 구축한 후 웹에서 볼 수 있도록 어도비 브리즈 프리젠터를 활용하여 변환되었다. 예시는 horton.com/eld/에서 볼 수 있다.

4.1.2 게임과 시뮬레이션의 정의

학습 게임과 시뮬레이션은 정확하게 무엇을 의미하는가? 이 용어들은 다소 포괄적으로 활용되고 있으므로 활용방안을 제시하기 전에 이들을 정의할 필요가 있다.

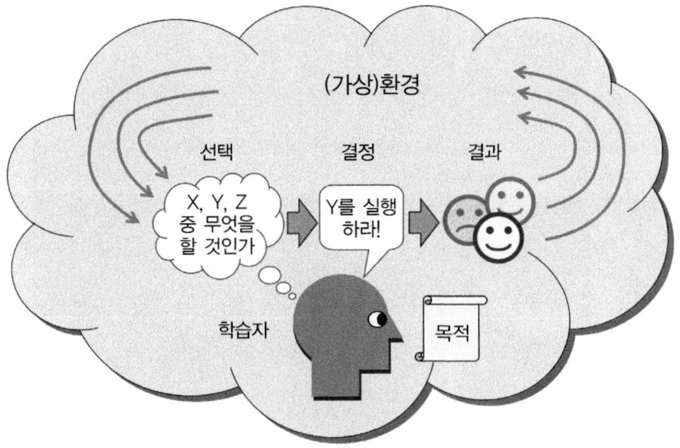

가장 중요한 요소는 학습자이다. 위 그림에 있는 학습자는 소프트웨어 활용 방법 또는 구직자 인터뷰 방법을 연습하고 있거나 분자 물리학에서의 문제를 해결하기 위한 계산 방법을 적용하는 상황 안에서 활동하고 있을 수 있다.

게임이나 시뮬레이션에는 학습 목적이 있다. 일반적으로 이와 같은 목적은 컴퓨터에 의해 학습자들에게 제시된다. 통상적으로 학습 목적은 수행을 위해 학습하고 있는 하나의 과제이기 마련이다. 소프트웨어 시뮬레이션은 전형적으로 학습자에게 컴퓨터 도구를 활용하는 과제를 수행할 것을 요구한다. 또 다른 유형의 과제에서는 구직자를 대상으로 하는 가상 인터뷰를 수행하기도 하고 학습하고 있는 주제에 대한 질문에 응답하여 점수를 얻기도 한다.

학습자는 주어진 환경 안에서 움직인다. 이러한 환경은 물론 가상적인 것이다. 소프트웨어 시뮬레이션에서 제시되는 윈도우 화면은 학습자가 컴퓨터 프로그램을 작동할 때 보게 되는 화면과 비슷하다. 업무 인터뷰의 경우 윈도우 화면은 학습자 앞에 앉아 있는 구직자를 보여 줄 것이다.

이와 같은 환경은 학습자들에게 여러 가지 선택 사항들을 제시한다. 수행한 활동의 다음 순서로 무엇을 해야 하는가? 컴퓨터 프로그램상에서 어떤 명령어를 사용하여야 하는가? 구직자들에게 어떤 질문들을 물어 보아야 하는가? 어떠한 접근으로 문제를 해결할 것인가? 이러한 여러 가지 선택들 사이에서 결정을 해야 하고 결정에 따른 행동을 취해야 한다. 학습자들은 버튼을 클릭하거나 타이핑하거나 기타 다른 행동을 통해 자신이 선택한 것을 표현하게 된다.

이러한 학습자들의 행동은 가상환경 안에서 산출물이나 결과물을 만들어 낸다. 자신의 행동 결과에 따라 변화된 화면을 보게 된다. 또한 거친 소음이나 에러 메시지를 보게 되기도 한다. 이러한 피드백은 게임이나 시뮬레이션에서는 본질적인 것이라고 할 수 있다.

이러한 것 중 몇 가지는 명확하게 보이지 않을 수도 있으나 학습 환경 안에 부가적 효과를 추가하여 줄 수 있다. 이러한 효과는 학습자들에게 새로운 선택사항을 제시하면서 기존 사이클을 유지시킨다.

의사결정과 결과 제시가 반복되는 이와 같은 학습 사이클은 게임이나 시뮬레이션의 핵심이다. 소프트웨어 시뮬레이션에서 각 사이클은 통상적으로 단일한 하나의 입력 사항에 반응한다. 구직자 인터뷰의 경우 각 사이클은 구인자(학습자)의 질문과 구직자의 응답 각 하나씩으로 구성된다. 군인을 훈련시키는 데 활용되는 전쟁 시뮬레이션에서는 전체 사이클을 위해 1초가 걸릴 수도 있다. 상품을 개발하고 판매하는 것을 포함하고 있는 경영 시뮬레이션의 경우에는 학습 주기가 한 달이 될 수도 있다.

4.1.3 게임과 시뮬레이션의 차이

엄정한 구분을 중시하는 전문가나 언어학자들은 의견이 다를 수도 있으나, 학습 게임과 학습 시뮬레이션이라는 용어의 차이점은 관점의 차이로 생각할 수 있다. 사실 시뮬레이션은 현실을 모사하는 데 중점을 두는 경향이 있는 반면 게임은 점수 획득에 초점을 맞추는 경향이 있다. 그러나 양자 간의 현학적인 개념 구분의 시도는 보다 실질적인 관심사에 의해 무의미해지기도 한다. 따라서 다음과 같은 방법을 고려해 볼 수 있다.

*게임*이라는 명칭이 다소 가볍게 들릴 경우 *시뮬레이션*이라고 지칭한다.

*시뮬레이션*이라는 명칭이 지나치게 부담스럽고 고비용으로 느껴질 경우 *게임*이라고 지칭한다.

단, 교육의 효과가 명확하도록 설계해야 한다는 점은 분명하다. 따라서 본서에서는 학습용 게임과 시뮬레이션 두 가지 모두를 다루기 위하여 게임이라는 용어를 활용할 것이다. 학습자들에게 호소력이 더 높으면서도 교육적 통제가 가능할 것으로 판단되는 용어를 자유롭게 선택하면 된다.

4.1.4 언제 게임을 활용하는가

효과적인 게임을 개발하는 것은 어렵고 시간이 많이 소요되며 단순한 사지선다형 문항을 개발하는 것의 100배 정도의 비용이 소요된다. 웹상에서 게임을 원활하게 운영하는 것은 더욱 어렵다. 그럼에도 불구하고 게임의 교육적 가치가 높은 경우는 어떤 상황인가?

실패 비용이 높은 경우. 실패하게 되면 삶, 공공의 안정, 재정적 성공이 위협을 받을 경우 비용이 높은 것은 당연하다. 뇌수술을 하는 외과의사, 핵무기 발전소 조작자, 그리고 주식시장 투자자 등과 같이 실패 비용이 높은 분야에서는 높은 수준의 기술을 수행해야만 한다.

실제 시스템으로 학습하는 것이 현실적이지 않은 경우. 예를 들어 식물 유전자 변형 실험 등과 같은 활동은 지나치게 많은 시간을 요구할 것이다. 보잉이나 에어버스사의 최신 비행기 조작법 등과 같이 실제 시스템을 활용한 교육에는 매우 높은 비용이 든다. 실수로 안전 시스템의 경고 버튼을 눌러 실제 경찰이 출동하는 것 등과 같은 경우가 생기면 매우 당혹스러운 상황에 처하게 될 것이다.

학습자의 개별적 주의를 필요로 할 경우. 게임은 자체 맞춤형이다. 학습자들은 그들이 보유한 지식, 기술, 본능에 반응하는 일련의 사건들을 경험한다.

많은 사람들이 교육받아야 할 경우. 대부분의 비용은 게임을 개발하고 완벽하게 만드는 것에 소요되기 때문에 학습자 수가 예상보다 늘어나도 전체 비용에 큰 영향을 주지 않는다. 수만 수천 명의 학습자들이 활용하게 된다면 소요된 비용을 정당화시킬 수 있다.

과제는 복잡하고 시간은 적은 경우. 게임은 몇 주간의 교육을 며칠간의 교육으로 단축시킬 수 있다. 이미 습득한 주제를 빨리 건너뛸 수 있도록 하며 향상이 필요한 부분에서 더 많은 시간을 보낼 수 있도록 한다. 고도로 효율적인 지도 전략이라고 할 수 있다.

배울 기술이 미묘하고 복잡한 경우. 시뮬레이션이 제공하는 도전감은 사실적인 지식을 얻는 것이 아니라 기술, 지식, 태도를 복잡하고 독특한 상황에 적용시켜야 하는 학습 주제에 적합하다.

게임 개발 프로젝트를 수행할 시간과 예산이 있는 경우. 게임은 효과적이다. 그러나 개발하기가 쉽지 않으며 개발 비용도 저렴하지 않다. 한 시간짜리 학습용 게임을 개발하는 데 현실적으로 500시간에서 1000시간을 필요할 수도 있다. 보다 적은 개발 시간을 필요로 하는 단순한 게임들의 경우에도 설계하고 기획하며 구체화하는 데 상당한 시간을 필요로 한다.

4.2 학습용 게임의 유형

학습용 게임의 유형을 결정하는 것은 설계자의 창의력이다. 이러닝에서 활용될 수 있는 다양한 학습용 게임의 몇 가지 예를 들어보면 다음과 같다.

- 퀴즈쇼 게임
- 단어 퍼즐

- 조각 그림 맞추기
- 어드벤처 게임
- 소프트웨어 시뮬레이션
- 장비 시뮬레이션
- 개별 반응 시뮬레이션
- 수학 시뮬레이션
- 환경 시뮬레이션

4.2.1 퀴즈쇼 게임

학습 평가에 대한 두려움을 덜고 보다 집중할 수 있게 하는 방법 중 하나는 TV에서 자주 볼 수 있는 게임쇼와 같은 형태로 재구조화하는 것이다.

어도비 드림위버와 자바스크립트로 구축했다. 예시는 horton.com/eld/에서 볼 수 있다.

제시되는 예에서 학습자들은 비주얼 베이직(Visual Basic)에 관한 질문에 적절하게 대답함으로써 점수를 획득하기 위한 도전을 한다. 이를 위해 다수의 낮은 배점의 문제들과 소수의 고득점 문제들에 대답한다. 몇 개의 카테고리 내에서의 문제에 대답하거나 또는 다른 카테고리들을 오가며 질문에 답할 수 있다. 정답을 맞히면 전체 점수가 늘어나고 정답을 맞히지 못하면 감점된다.

퀴즈쇼 게임은 명확하게 정 · 오답을 제공하는 실제적 지식을 평가하는 데 유용하다. 이러한 유형의 개발물은 학습자 중 자원자를 통해 사전 검사를 실시할 수 있다. 몇 분 안에 25개 정도의 빈칸을 채우는 평가를 시행해 본다. 동시에 학습자들은 필요한 내용을 학습한다는 보상을 받을 수 있다.

퀴즈쇼 게임은 점진적 난이도를 가진 많은 게임에서 발견되는 중요한 요소들을 쉽게 활용할 수 있다. 시작하기는 쉽지만 마스터는 어렵다. 거의 모든 사람들이 100점까지는 점수를 얻지만 만점인 500점을 획득하는 사람은 거의 없다.

4.2.2 단어 퍼즐

가로 세로 단어 맞추기 퍼즐 같은 단어 게임은 재미있게 용어 학습을 할 수 있게 해준다. 대부분이 게임형 빈칸 채우기 테스트 방식이다.

어도비 드림위버와 자바스크립트로 구축했다. 예시는 horton.com/eld/에서 볼 수 있다.

제시된 가로 세로 단어 맞추기 퍼즐은 이러닝에 필요한 테크놀로지에 대한 코스에서 활용된 것이다. 조작 방법은 다음과 같다. 11개의 가로 세로 가운데서 1개의 단서를 선택한다. 그런 다음 빈칸에 답을 입력하고 [Post] 버튼을 클릭하면 입력한 답이 퍼즐상에 나타난다.

단어 게임은 용어에 대한 지식을 테스트하는 데 유용하다. 또한 사람, 사물, 개념, 동물, 위치 등의 명칭 학습을 위하여 자료를 찾아 읽는 것과 같은 활동의 동기 유발에도 좋다. 보물찾기 활동과 잘 조화를 이루는 활동이다.

4.2.3 조각 그림 맞추기 퍼즐

전체와 부분에 대한 관계를 다루는 주제를 가르치고 있는 상황 또는 어떻게 상품, 조직, 또는 기타 내용이 구성되어 있는지를 알려주기 위해 시간을 소요할 때가 있다. 이와 같은 상황에서는 조각 그림 맞추기 퍼즐과 그림판 맞추기 게임으로 이러한 관계를 발견하도록 유도하면서 동시에 학습 평가도 가능하게 하는 방법이 될 수 있다.

그림판 맞추기 퍼즐은 이미지 기억, 관계의 시각화, 세부 차이점 인식 등을 지원해 줄 수 있다.

듣기 기술에 대한 다음 활동은 우연히 듣게 된 회사 중역들의 대화를 바탕으로 조직구성 차트를 구성할 것을 요구한다.

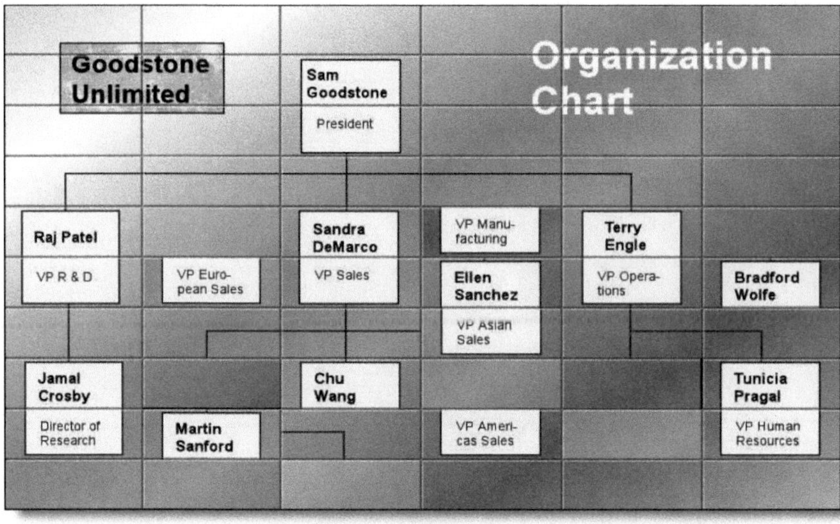

어도비 드림위버와 자바스크립트로 구축했다. 예시는 horton.com/eld/에서 볼 수 있다.

먼저 움직이기를 원하는 타일을 클릭한 후 그 타일을 옮길 위치를 클릭한다. 그림이 모두 맞추어질 때까지 이 과정을 반복한다. 이 게임은 특정한 관계 체계에 학습자들의 주의를 집중시킬 수 있다.

이와 유사한 종류의 퍼즐을 사용하여 특정한 양식의 집들을 짓기 위해 건축 양식의 구성요소들을 어떻게 조합해야 하는지에 대한 방법을 리모델링 계약자에게 가르칠 수도 있다.

개념적이고 추상적인 주제 또한 연습을 필요로 하지만 이러한 주제들을 위한 실제적인 연습 활동은 종종 간과하게 된다. 이를 해결하기 위한 한 가지 방법은 추상적 개념을 학습하기 위한 구체적 게임을 개발하는 것이다.

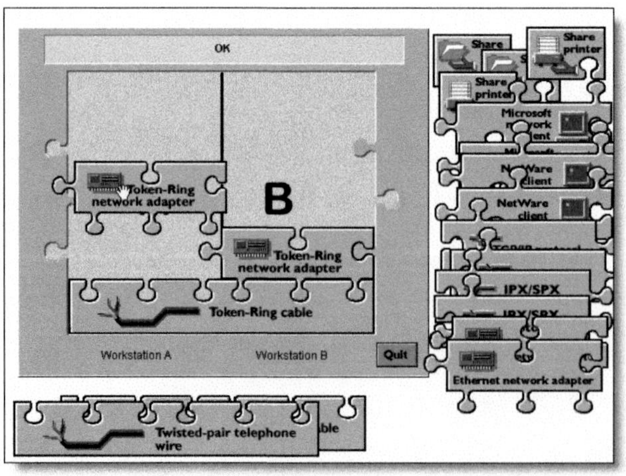

어도비 디렉터로 구축했다. 예시는 horton.com/eld/에서 볼 수 있다.

제시된 조각 그림 맞추기 퍼즐은 학습자들에게 네트워크를 구성하기 위해 퍼즐 조각들을 적절한 위치에 끌어다 놓도록 요구한다. 한 구성요소를 적절한 위치에 끌어다 놓았을 때, 지정된 위치에서의 원활한 작동의 정도와 주변 구성요소들과의 상호작용 양상에 대한 피드백을 얻게 된다.

다음 과제는 보기보다 간단하지 않다. 빈 공간보다 더 많은 퍼즐이 있고 호환성 있는 요소들만이 함께 사용될 수가 있다. 정해진 해결책은 없으며 현실세계에서 작용하는 요소의 어떠한 조합이든 적용할 수 있다.

이와 같은 활동을 통해 데이터 커뮤니케이션 프로토콜에 관한 다층적인 표준들이 있는 추상적인 세계를 더욱 재미있고 실제적인 방법을 통해서 탐험하게 된다. 이러한 게임은 개발하기는 어렵지만 하나 이상의 정답을 가진 주제를 가르치는 데 있어서 매우 효과적이다.

4.2.4 어드벤처 게임

어드벤처 게임들은 자율적인 진행을 돕기도 하고 방해하기도 하면서 학습자들이 목적을 향해 나아가도록 만든다. 플레이어들이 모험의 여정을 설정하고 물건들을 습득하며 노정을 신중하게 선택해야 하는 초기 컴퓨터 어드벤처 게임들과 유사하다. 이런 종류의 게임들은 사람 간의 상호작용을 모의 실험하기 위해서 사용될 경우에는 일반적으로 사회-상호작용 모의실험이라고 불리기도 했다.

마이크로소프트 파워포인트로 구축한 후 웹에서 볼 수 있도록 임파티카를 활용하여 변환되었다. 예시는 horton.com/eld/에서 볼 수 있다.

이 예제는 학습자들로 하여금 한 직원의 유급휴가 요청에 응답하게 함으로써 직원 관리 기술을 연습하게 한다. 적절한 응답의 체험을 위해서는 개인신상 파일을 확인하고 회사방침을 읽고 다른 관리자들에게 연락해 보는 과정을 경험해야 한다.

4.2.5 소프트웨어 시뮬레이션

소프트웨어 시뮬레이션은 컴퓨터 소프트웨어를 학습하기 위한 보편적인 방법이 되어가고 있다.

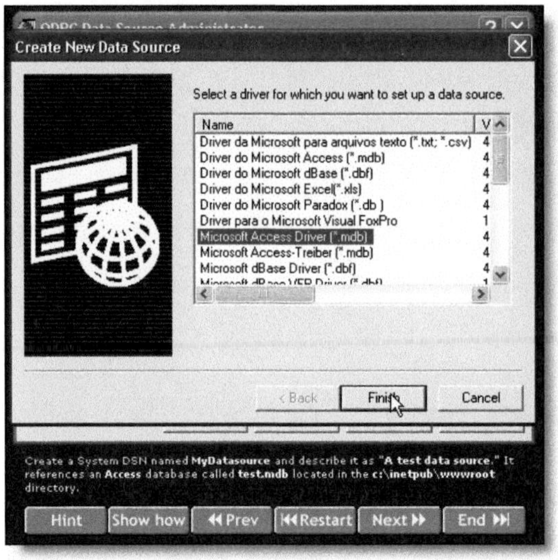

어도비 캡티베이트와 테크스미스의 테크스미스의 스내그잇으로 구축했다. 예시는 horton.com/eld/에서 볼 수 있다.

제시된 시뮬레이션은 자료나 시스템에 위험 부담을 주지 않고 운영 시스템 및 여러 종류의 데이터베이스 간의 연결을 설정하는 방법을 연습시킨다. 시뮬레이터는 학습자들을 배워야 할 과제에 한정시키고 필요한 가르침을 제공하는 것을 제외하고는 실제 조작 창과 동일하게 작동한다.

제시된 단계는 학습자들이 데이터베이스를 위한 올바른 장치관리자(driver)를 선택한 상태이고 계속 진행하기 위해서는 [Finish] 버튼을 눌러야 하는 장면을 보여주고 있다.

4.2.6 장비 시뮬레이션

장비 시뮬레이션(device simulations)은 기기의 조작방법을 가르쳐 주는 시뮬레이션이다. 화면상의 그림들을 누름으로써 버튼들을 누르는 동작을 모방할 수 있다. 손잡이의 가장자리를 좌측이나 우측으로 끌어당김으로써 손잡이를 돌리는 방법을 모방할 수도 있다.

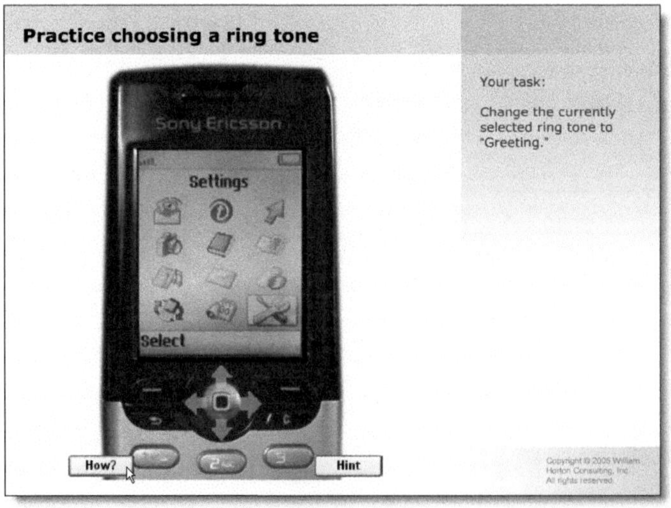

어도비 캡티베이트, 파워포인트, 어도비 브리즈 프리젠터로 구축했다. 예시는 horton.com/eld/에서 볼 수 있다.

주어진 예제에서 학습자들은 휴대전화의 벨소리를 선택하는 방법을 연습한다.

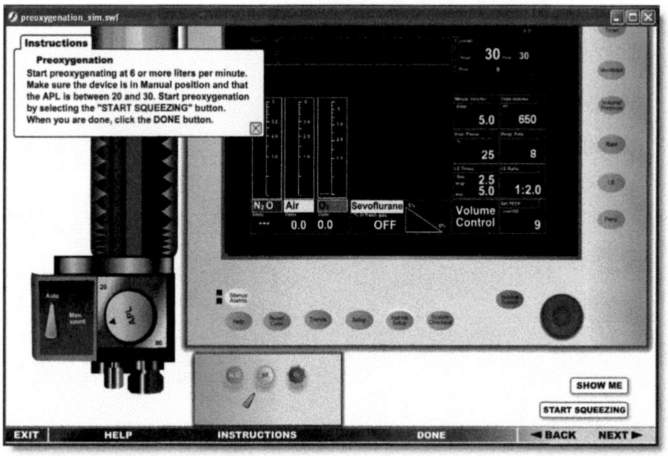

호튼 컨설팅사에서 디자인하고 웹 코스웍(Webcoursework.com)에서 어도비 플래시로 구축했다.

이 예제는 마취 기기의 조작법을 가르치고 있다. 시뮬레이션 안에서의 실수는 실제 수술실에서의 실수보다 심각성의 정도가 덜하다. 위와 같은 경우를 '게임' 이 아닌 '시뮬레이션' 이라고 할 수 있다. 사람의 목숨이 달려 있는 문제라면 게임이라고 할 수 없다.

4.2.7 개별 반응 시뮬레이션

개별 반응 시뮬레이션(personal-response simulations)은 학습자들이 의사결정해야 할 일련의 복잡한 사항들을 제공한다. 수많은 개별적인 요인들에 변화를 줄 수 있으며 그 결과들을 즉시 볼 수 있다. 결과의 향상과 개선을 위하여 답을 살짝 바꾸거나 조정할 수 있다.

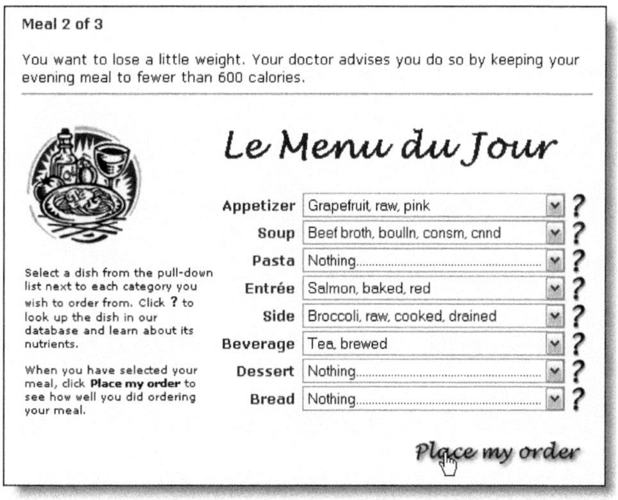

어도비 드림위버와 액티브 서버 페이지로 구축했다. 예시는 horton.com/eld/에서 볼 수 있다.

*다이어트 게임*에서 학습자들은 식당에서 복잡한 영양학적인 조건을 만족시키는 식사를 주문하는 방법을 연습한다. 식사는 다양한 종류의 음식들로 구성되며 각 음식은 서로 다른 영양소들을 함유하고 있다. 음식을 주문한 후에 학습한 방법에 대한 성과를 확인해 보는 것이 가능하다. 그 다음에 다른 조합의 음식들을 시도해 볼 수 있다.

*다이어트 게임*은 미국 농수산부에 의해서 만들어진 영양소 정보 데이터베이스를 위한 초기 개발물이다.

4.2.8 수학 시뮬레이션

수학 시뮬레이션은 학습자들로 하여금 수학을 재미있고 시각적이며 직관적인 방법으로 배울 수 있게 한다.

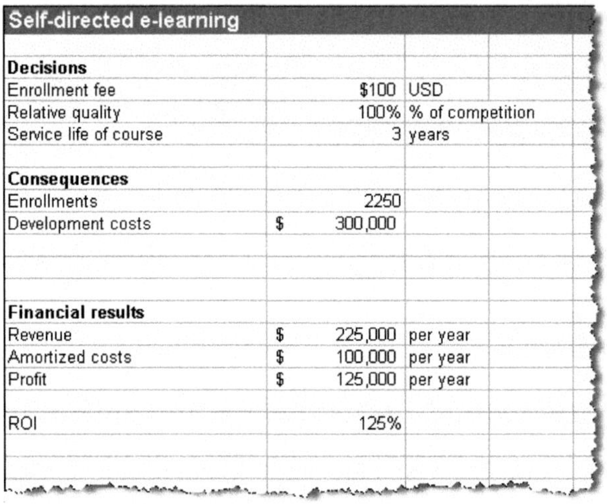

Self-directed e-learning			
Decisions			
Enrollment fee		$100	USD
Relative quality		100%	% of competition
Service life of course		3	years
Consequences			
Enrollments		2250	
Development costs	$	300,000	
Financial results			
Revenue	$	225,000	per year
Amortized costs	$	100,000	per year
Profit	$	125,000	per year
ROI		125%	

마이크로소프트 엑셀로 구축했다.

예시와 같은 스프레드시트를 완성하는 과정을 통해 훈련부서 자금의 관리방법을 배우는 것도 가능하다.

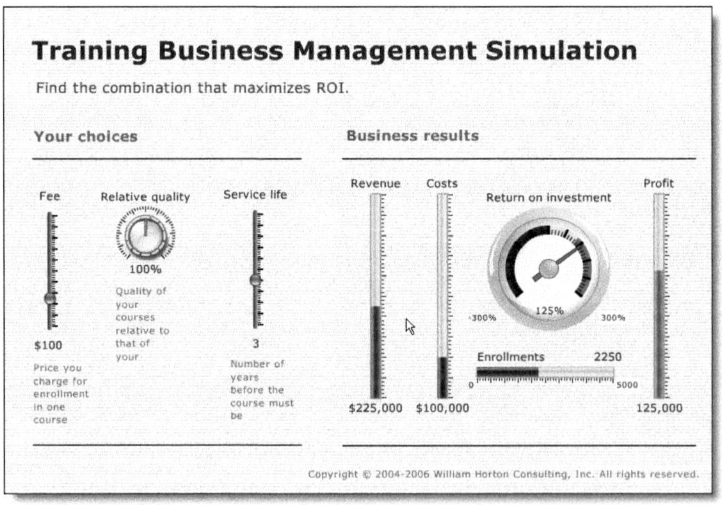

크리스탈 엑셀시우스와 마이크로소프트 엑셀로 구축했다. 예시는 horton.com/eld/에서 볼 수 있다.

또는 게임에서 움직일 수 있는 부분들을 조작하면서 학습하게 하는 것은 어떨까?

또 다른 예는 학습자들이 투자를 도박처럼 다룸으로써 발생하는 위험들을 깨달을 때까지 계속적으로 위험한 투자를 하게 함으로써 보다 바람직한 투자 습관을 기르도록 한다.

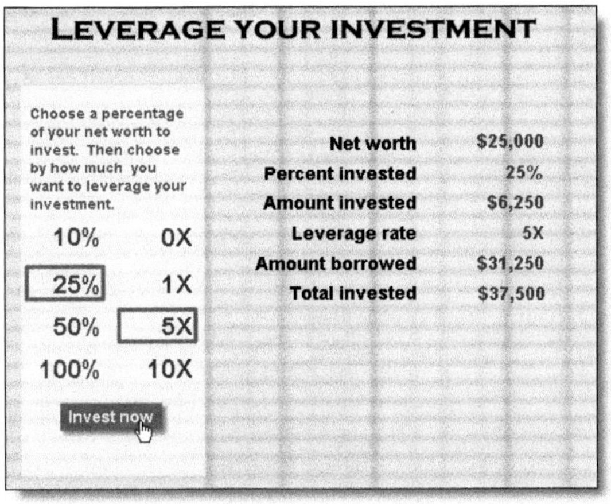

어도비 플래시로 구축했다. 예시는 horton.com/eld/에서 볼 수 있다.

학습자들은 전체 재산 중에서 어느 정도의 비율을 투자하기를 원하는지 결정하고 얼마나 많은 부분을 차입금으로 투자할 것인지를 결정한다. 여기에서 학습자는 그의 전체 재산의 50%를 투자하기로 결정했고 10배의 차입금을 투자하기로 결정한다. 이는 자기 자본으로 투자한 1달러마다 남의 자본 10달러를 빌리는 것과 같다. 투자 결정 후에 학습자는 [Invest now] 버튼을 누른다.

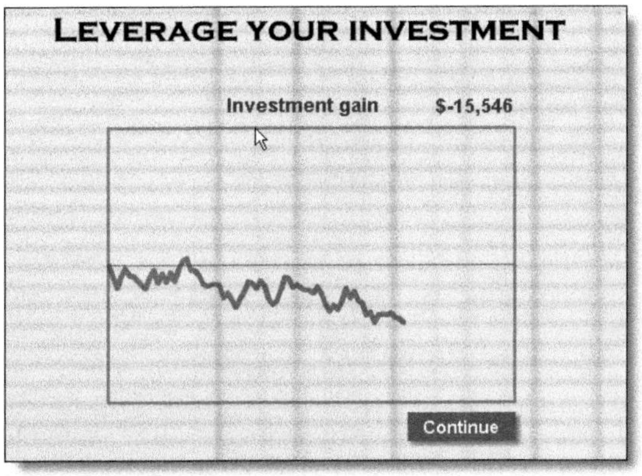

이 게임은 주식가격의 변동을 보여준다. 학습자는 언제나 [Sell] 버튼을 눌러서 주식을 팔 수 있고 이익을 내거나 손실을 낼 수 있다. 학습자가 [Sell] 버튼을 누른 이후에는 이익 혹은 손실을 보여주기 위하여 학습자의 변경된 총 재산이 표시되는 화면으로 돌아간다. 이러한 과정을 계속해서 반복할 수 있다.

수학적 시뮬레이션에 적절한 주제들은 재정(학), 과학, 공학, 의학이라고 할 수 있다.

4.2.9 환경 시뮬레이션

환경 시뮬레이션은 학습자들로 하여금 자연 환경 같은 밀접하게 상호 연관된 시스템을 위한 실험을 가능하게 한다.

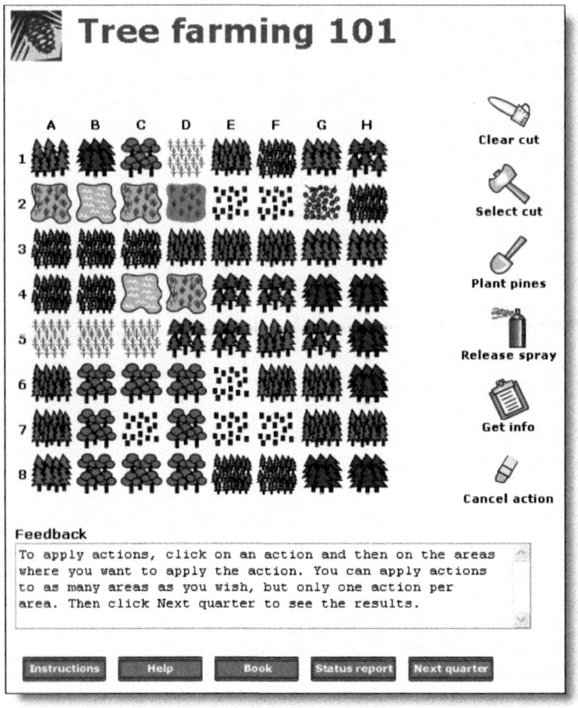

마이크로소프트 노트패드, 마이크로소프트 페인트, HTML, 자바스크립트로 구축했다. 예시는 horton.com/eld/에서 볼 수 있다.

이 게임은 미국 동서부 지역의 토지 소유자들이 개인적 목적과는 무관하게 그들의 삼림을 효율적으로 관리하는 법을 가르친다. 이 게임에서 학습자들은 나무 농장을 운영하게 된다.

게임 과정에서 변동하는 가격, 소나무 벌레, 현금 운용의 어려움, 그리고 나무 성장에 필요한 30년이라는 세월이라는 요인들과 맞선다. 이러한 과정을 거쳐 환경적 · 경제적 원칙들을 발견할 수 있고 가상 환경에 적용하는 방법을 배운다.

필요시 이 시뮬레이션은 수백 년간의 분기 단위로 운영될 수 있다. 각 분기마다 학습자들은 지난 분기의 결과를 검토하며 어떤 방안을 적용해야 할지를 결정한다. 적용할 수 있는 방안에는 개별적으로 한 지역을 선택적으로 벌목하는 방안, 완전히 벌목하는 방안, 다시 나무를 심는 방안, 특정 지역의 가치를 평가하는 방안 등이 있다. 이러한 방안들은 지도상에 있는 64개의 용지에 개별적으로 적용될 수 있다.

한 분기의 결과는 학습자에 의해 취해진 방안들과 변수들(예: 강우량, 제지 원료)의 가격변동, 긴급 현금 필요성(예: 딸이 하버드 대학에 입학함), 산불, 태풍 · 벼락 등의 자연재해에 따라 결정된다.

실제 상황과 마찬가지로 겉으로 보이는 모습의 이면에 반드시 주의를 기울여야 한다. 이를 위하여 상세한 현황 보고서를 분석할 수 있다.

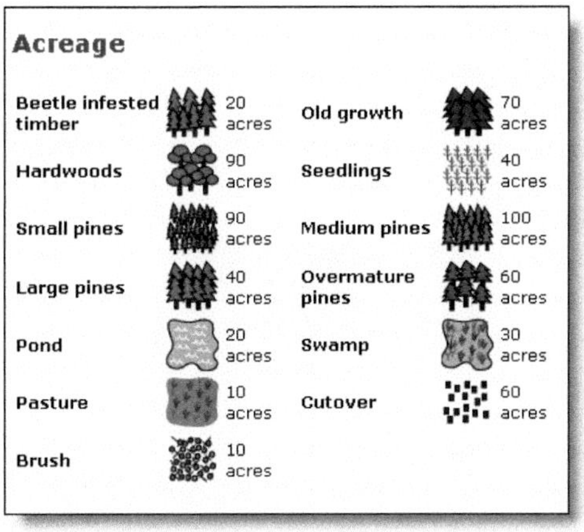

현황 보고서는 토지 사용 현황과 나무들의 상태를 알 수 있게 한다.

또한 현황 보고서는 학습자가 설정한 다음 분기까지의 행동 방안 목록을 보여 준다. 이 목록은 실제 상황과 유사한 방식으로 학습자들에게 개선 방안을 재고할 기회를 부여한다.

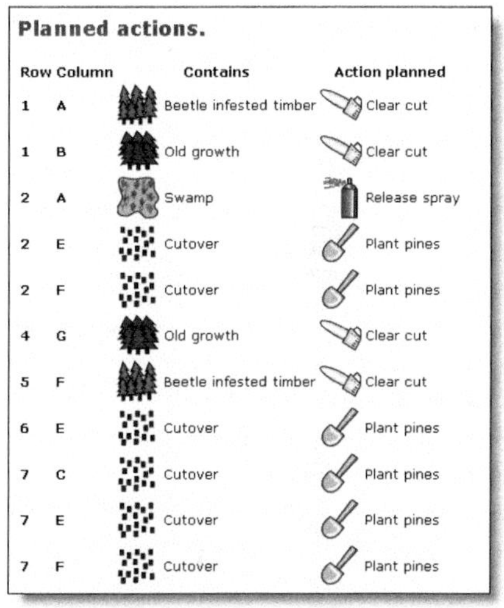

Planned actions.

Row	Column	Contains	Action planned
1	A	Beetle infested timber	Clear cut
1	B	Old growth	Clear cut
2	A	Swamp	Release spray
2	E	Cutover	Plant pines
2	F	Cutover	Plant pines
4	G	Old growth	Clear cut
5	F	Beetle infested timber	Clear cut
6	E	Cutover	Plant pines
7	C	Cutover	Plant pines
7	E	Cutover	Plant pines
7	F	Cutover	Plant pines

이 게임은 학습자가 목표를 설정할 수 있다는 점에서 다른 게임과 다르다. 학습자들은 실제 삼림지 조성을 위한 목표에 맞게 경제적, 환경적, 미학적 관심들을 조합할 수 있다. 목표를 유연하게 만들면 학습자들이 여러 종류의 접근법을 시도해 보도록 촉진할 수 있다.

4.3 학습용 게임의 설계

상업용 컴퓨터 게임이나 비디오 게임은 개발하는 데 수백만 달러의 비용과 수년의 기간을 필요로 할 수 있다. 이렇게 큰 예산을 가지고 있는 학교나 교육부서는 거의 없다. 하지만 저자는 일주일 만에 단 한 명이 개발한 효과적인 학습용 게임을 본 적도 있다. 좋은 교육용 게임에는 방대한 양의 프로그래밍이나 복잡한 그래픽보다는 좋은 설계가 더 중요하다.

4.3.1 학습 목표를 달성하기 위한 설계

효과적인 게임을 설계하는 것은 과학만큼이나 예술적이다. 분지형 게임을 위해 저자는 특정 학습 목표를 달성하는 게임 개발에 적용할 수 있는 절차를 개발해 왔다.

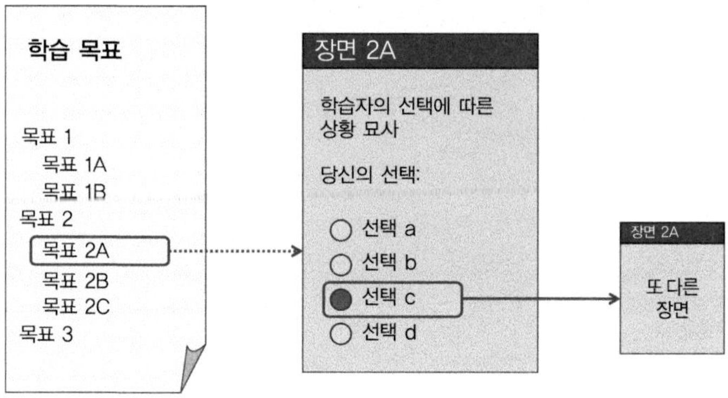

각 목표는 학습자들이 수행해야 할 것과 수행하지 말아야 할 것을 대표하고 있다. 예를 들어 바람직한 행동 또는 바람직하지 않은 행동 등이 있다. 각 목표는 하나 또는 그 이상의 장면에 의해 가르쳐진다. 한 장면은 학습자들이 선택해야 하는 하나의 상황을 대표한다. 선택의 결과는 목표 달성 여부를 평가할 수 있는 척도이다. 올바른 선택을 한다는 것은 학습자들이 학습 목표를 성취했다는 것을 나타낸다. 각각의 선택은 또 다른 상황으로 이어지게 된다.

이와 같은 게임에는 두 가지 대표적인 유형의 장면이 포함되어 있다. 목표를 테스트하기 위한 장면과 이야기를 풍부히 하기 위한 부가적 정보를 제공하는 *상황 장면*이라고 불리는 장면이 그것이다. 목표를 테스트하기 위한 장면은 직접적으로 학습 목표와 연결된다. 두 번째 유형의 장면은 학습자들가 의사결정을 할 수 있도록 지원하기 위한 것이다.

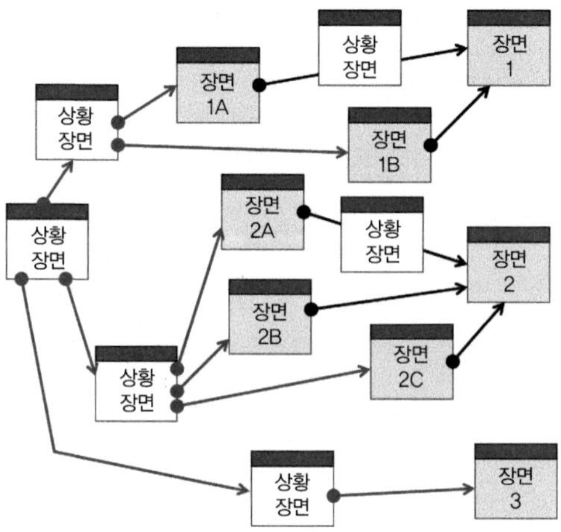

상황 장면은 의사결정을 해야 할 이유를 설명하는데, 주로 학습자들이 고려해야 하는 배경정보를 제공한다. 일반적으로 이러한 장면은 특정 의사결정과 그 다음 의사결정 간의 자연스러운 연결고리를 제공한다. 이전 의사결정의 결과를 보여주면서 자연스럽게 다음 의사결정을 이끌어 내게 된다.

4.3.2 목적을 구체적인 과제로 표현하기

게임에서 학습자들이 성취해야 할 것은 무엇인가? 학습 결과가 평가될 수 있음을 감안하여 단일하고 이해 가능한 목적을 설정할 필요가 있다.

☹ 부적절한 예	☺ 적절한 예
주식, 채권, 부동산 투자를 통해 돈을 번다.	정부 세금을 40% 감면하기 위해 주식, 채권, 부동산의 포트폴리오를 재조정한다.
가상 레스토랑에서 균형 있는 식단을 주문한다.	철분과 칼슘의 일일권장량의 두 배를 가진 1,000칼로리 이하의 음식을 주문한다.
다양한 구성의 팀을 선택한다.	일본, 중국, 미국에서 새로운 상품을 동시에 출시하는 데 필요한 모든 기술을 보유한 가장 작은 팀을 선택한다.

4.3.3 게임 시나리오 개발

4.3.3.1 필수적인 구성요소 포함하기

학습자들이 상호작용할 수 있는 상상의 세계를 창조해야 한다. 구체적으로 다음과 같은 것을 포함하는 것이 좋다.

- **학습자들을 위한 명확한 역할.** 학습자들이 수행할 캐릭터를 정의하고 캐릭터별로 구체적인 동기와 능력을 부여한다.
- **상호작용을 위한 대상.** 학습자들이 어려운 과제를 수행하기 위해 활용해야 하는 도구를 제공한다. 이 도구들은 기구의 제어판, 정보의 소스, 장비, 그리고 어떤 경우에는 가짜 돈도 해당된다.
- **적군과 아군.** 게임은 학습자들을 도와주거나 방해하는 다른 캐릭터들을 포함하게 된다. 이 캐릭터들은 시뮬레이션상의 다른 학습자일 수도 있고 가상의 캐릭터일 수도 있다.

- **환경.** 환경은 게임을 조직화하고 구조화한다. 장면을 세팅하고 상호작용을 위한 상황을 제공한다. 상상의 거리, 빌딩, 방, 가구 등 학습자들이 직접적으로 상호작용하지 않는 모든 것을 포함할 수 있다.

4.3.3.2 명확하고 독특한 캐릭터의 정의

사람 간의 관계를 가상적으로 제공할 경우에는 학습자들에게 게임에서 만나게 될 캐릭터들에 대하여 풍부하게 묘사해야 한다. 가능하다면 이 캐릭터들에 대한 사진이나 그림을 포함한다. 별도의 윈도우 창에서 이러한 내용을 인쇄하거나 참고할 수 있도록 하는 것이 좋다.

4.3.3.3 도전의 제공

게임의 목적을 달성하는 동안 학습자들이 다루게 될 도전들은 어떠한 것이어야 하는가? 이러한 도전은 실제 세계에서 직면하게 될 도전과 유사해야 하고, 좌절감을 제공하기 위해서가 아니라 학습할 기회를 제공하기 위하여 정교화되어야 한다. 학습자들이 인지하고 있고 예측 가능하며 대책을 위한 계획을 세울 수 있는 장애물들도 포함한다. 또한 즉각적 반응을 요구하는 예상 밖의 도전들도 포함해야 한다.

4.3.4 피드백을 통한 학습

게임에서 교육적인 효과를 나타내는 것은 피드백이다. 피드백을 체계적으로 설계할 필요가 있다.

4.3.4.1 내재적 피드백 제공

때로 피드백으로 인하여 게임의 자연스러운 흐름이 방해받을 수도 있다. 대부분의 바람직한 학습용 게임은 내재적인 방식으로 피드백을 다룬다. 즉, 게임의 맥락 안에서 피드백을 전달한다. 적절한 행동을 하면 학습자가 이동하고자 하는 흐름과 방향 안에서 게임의 활동을 지속시킬 수 있다. 적절한 행동에 대한 피드백은 캐릭터의 '미소' 또는 목적 성취에 대한 작은 표시 등과 같이 세심하고 미묘하게 제시하는 것이 좋다.

증인의 말:	당신의 응답:
"누구시죠? 기자이신가요? 경찰이 나보고 아무에게나 말하지 말라고 했어요. 당신하고 말할 필요가 없을 것 같은데요" 방어적인 자세로 짱을 꼈다.	• 죄송합니다. 제가 인내심이 부족했어요. 제 소개부터 하지요. • 나는 담당 경찰이고, 질문을 할 것입니다!

이 예시에서 목격자의 말과 몸짓은 이전에 제공한 질문이 지나치게 모호했음을 명확하게 피드백해 주고 있다.

마찬가지로 부정적인 피드백도 게임의 흐름과 맥락 안에서 전달될 수 있다. 지나치게 의도적인 행동은 실패한다. 또 다른 캐릭터가 부정적인 몸짓, 제스처 또는 얼굴 표정을 통해 반응하고 있으며 문이 닫혀진 채로 있다.

만약 분명한 피드백을 확실히 제공해야 한다면 짧고 명확하게 한다. 단순히 '맞았음', '틀렸음' 으로 나타내는 것만으로 충분하다. 왜 옳지 않은 행동인지 설명하고 싶은 유혹을 물리치고 게임을 진행하는 동안 실패의 원인을 자연스럽게 알 수 있도록 해야 한다.

4.3.4.2 교육적 피드백

또 다른 방법으로, 특정한 교육적 메시지를 분명하게 전달하는 피드백을 제공하기 위해 게임의 진행을 다소 의도적으로 방해하기도 한다. 예를 들면 다음과 같다.

맞았습니다. 그리고 파일을 저장하기 위해 키보드 단축키 Ctrl-S를 활용할 수 있습니다.

아닙니다. Save As는 다른 이름으로 파일을 저장합니다. 여기에서는 Save 명령어가 필요합니다.

틀렸습니다. 어떻게 해야 하는지를 알려드리겠습니다.

이러한 피드백은 즉각적으로 수정되지 않으면 문제를 일으킬 수 있는 잘못된 개념에 대한 수정을 위해 활용될 수 있다.

4.3.4.3 극단적 실패에 대한 극단적 피드백의 제공

학습자들이 아주 잘못된 일을 했다면 실패의 심각성을 모르고 진행하지 않도록 즉각적으로 수정해 주어야 한다. 예를 들면 다음과 같다.

- *범죄 현장 게임(The Crimescene game)*에서는 인종차별 발언을 하는 경우 그 자리에서 해고당한다.

- 마취 기기에 대한 시뮬레이션에서는 환자를 위험하게 하는 행동에 대해 즉각적으로 경고를 한다.

4.3.4.4 상세한 피드백의 보류

게임 진행을 방해하지 않고 상세한 피드백을 제공하는 한 가지 방법은 마지막 사후 행동 리뷰 시점에 전달해 주는 것이다.

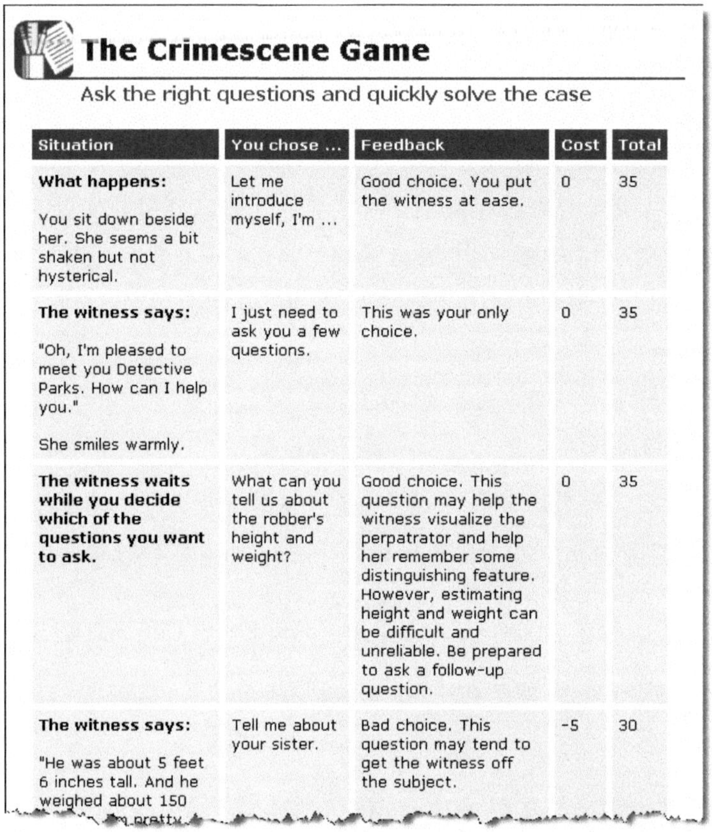

The Crimescene Game

Ask the right questions and quickly solve the case

Situation	You chose ...	Feedback	Cost	Total
What happens: You sit down beside her. She seems a bit shaken but not hysterical.	Let me introduce myself, I'm ...	Good choice. You put the witness at ease.	0	35
The witness says: "Oh, I'm pleased to meet you Detective Parks. How can I help you." She smiles warmly.	I just need to ask you a few questions.	This was your only choice.	0	35
The witness waits while you decide which of the questions you want to ask.	What can you tell us about the robber's height and weight?	Good choice. This question may help the witness visualize the perpatrator and help her remember some distinguishing feature. However, estimating height and weight can be difficult and unreliable. Be prepared to ask a follow-up question.	0	35
The witness says: "He was about 5 feet 6 inches tall. And he weighed about 150 ... I'm pretty...	Tell me about your sister.	Bad choice. This question may tend to get the witness off the subject.	-5	30

마이크로소프트 노트패드와 자바스크립트로 구축했다. 예시는 horton.com/eld/에서 볼 수 있다.

*범죄 현장 게임*의 대안적 버전은 재생된 학습자들의 행동에 대한 상세한 비평과 각각의 행동에 대한 코멘트로 마무리를 한다.

4.4 게임 활용방안

홍미롭고 화려하며 깜빡거리고 번쩍거리는 화면을 가진 많은 게임들이 있다. 교육용 게임에는 거의 해당되지 않는다. 일반적으로 구체적인 차이는 본질적으로 교육을 위해 설계되었는지 아니면 즐기기 위해 설계되었는지의 여부에 달려있다. 여러분이 설계한 학습용 게임이 실제로 누군가의 학습을 위한 것임을 주지하고 있어야 한다.

4.4.1 활동이 아닌 학습의 강조

게임이 가르치고자 하는 지식과 기술의 적용을 요구하고 있는지 확인한다.

- 단순한 신체적 활동이 아니라 사고과정을 가상적으로 전개한다. 얼마나 빨리 정확하게 학습자들이 마우스를 움직일 수 있는지 측정하는 게임은 학습 목표에 부합되지 않는다면 피해야 한다.
- 학습자들에게 실제 활동에서와 유사한 의사결정을 하도록 요구한다. 대부분의 학습용 게임에서 의사결정 결과대로 무엇인가를 실행하게 하는 것보다 직접 실제적인 의사결정을 내리도록 하는 것이 더 중요하다.
- 학습자들이 목적을 성취하는 방법을 임의로 제한하지 않도록 한다.

4.4.2 도전의식 제공

시작은 쉽게 그러나 완료하기는 어렵게 만들어야 한다. 게임 안에 경쟁적인 요소를 도입하여 학습자들이 서로 경쟁하도록 설계할 수 있다. 또는 다른 사람의 최고 점수 또는 최고의 결과에 도전하게 한다. 보다 많은 기술을 습득할수록 각 단계를 완료하는데 걸리는 시간에 제한을 두도록 한다. 모든 학습자들에게 도전의식을 주기 위한 적절한 기술을 스캐폴딩(scaffolding) 또는 페이딩(fading, 점차로 도움을 줄여가기)이라 부른다. 이러한 기술은 다음 스캐폴딩의 3단계에 잘 반영되어 있다.

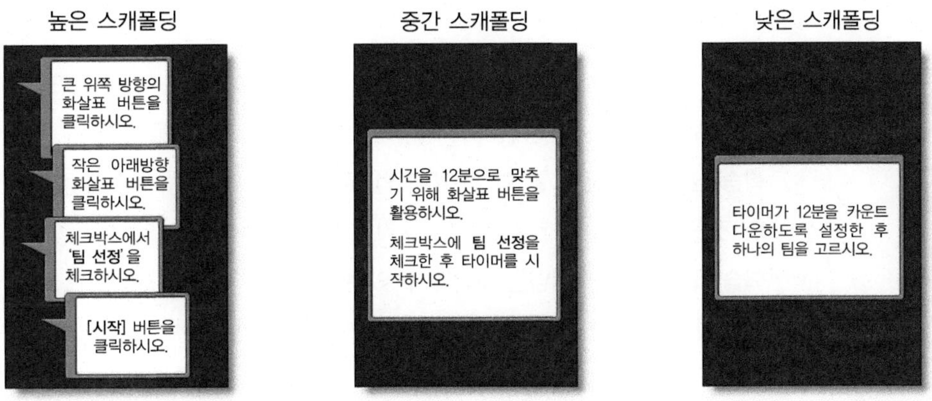

스캐폴딩은 학습자들의 성공을 확실히 하기 위하여 제공되는 지원을 의미한다. 과제를 학습함에 따라 점차로 스캐폴딩을 줄이거나 좀 더 자율적으로 무엇인가를 할 수 있도록 해야 한다. 스캐폴딩을 줄이는 한 가지 방법으로 중간 수준이나 상위 수준의 학습자들이 일반적인 수준의 지시사항으로부터 더욱 상세한 사항들을 직접 확인하도록 하는 것이 있다.

낮은 스캐폴딩의 예로는 여러 단계들에 공통적으로 적용되는 하나의 일반적인 안내를 제공하는 것을 들 수 있다. 학습자들은 개별적 행동이 요구되는 의사결정을 해야 하고, 각 행동을 수행할 부분을 선정해야 하며 모든 행동을 수행해야 한다. 이러한 방법은 위의 높은 스캐폴딩의 예시에서 보는 것처럼 모든 행동을 위한 상세한 지시 사항을 제공하는 것보다 확실히 도전적이고 현실적이다.

학습자들의 방식대로 스스로 이해하도록 허용한다는 것은 무엇을 의미하는가? 예를 들어 컴퓨터 시뮬레이션상에서 클릭할 곳을 스스로 결정하도록 하는 것에서 시작할 수 있다. 스크린상에서 필요한 버튼, 아이콘, 기타 다른 객체들을 찾도록 할 수 있다. 데이터를 입력하도록 요구하면서도 입력 위치를 자율적으로 결정하게 하는 것이다. 또한 데이터를 포맷하는 방식을 결정하도록 할 수도 있다. 지시사항을 제공할 때도 행동을 수행하는 순서가 아니라 해야 할 것이 무엇인지 정도만 알려준다.

이와 같은 활용방안은 세심한 접근을 요구한다. 학습자들을 단서없이 방치해 두는 위험을 지양하고 명시적인 지시사항을 점차 제거하는 것 간의 균형을 유지해야 한다. 이러한 방법이 적절히 적용되기 위해서는 여러 번의 사전 테스트가 필요하다.

4.4.3 게임에 대한 명확한 설명

게임을 위한 지시사항을 제공하고 목적을 명확하게 설명한다. 이용 가능한 시간과 같은 규칙을 분명하게 제시해야 한다. 학습자들은 독단적이거나 불공정한 규칙을 포함한 게임들을 거부할 가능성이 높다. 어떤 규칙들이 적절하지 않은지의 여부를 판단하는 사람은 학습자이다. 다음과 같은 사항들을 명시하도록 한다.

- **목적은 무엇인가?** 학습자들이 게임에서 성취해야 하는 것이 무엇인가? 어떻게 성취 여부를 판단할 수 있는가? 학습자들이 스스로 목적을 정할 수 있는가?
- **학습자들이 수행해야 할 역할은 무엇인가?** 학습자들이 특정한 캐릭터의 역할을 수행할 것을 기대하는가? 캐릭터의 동기, 가치, 목적은 무엇인가?
- **학습자들은 어떻게 게임을 시작할 수 있는가?** 학습자들은 일반적으로 처음 시작할 때 주저하고 망설이는 경향을 보인다. 게임 진행상에 시작을 위한 전략(예: 안전한 투자를 시작해 볼까요?) 이나 힌트(예: 잠깐! 당신의 바구니 안을 보세요) 또는 시간 준수를 요하는 행동을 명시한다(예: 우리는 2분 안에 당신의 의사결정이 필요합니다). 자연스럽게 스스럼없이 자신이 맡은 역할을 추진할 수 있도록 유도할 수 있어야 한다.
- **규칙은 무엇인가?** 게임이 어떤 특정 상황을 모방한 것이라면, 해당 상황 안에 있는 사람들이 알아야 하는 규칙들을 분명히 설명해 주도록 한다. 게임이 비현실적인 방식으로 작용한다면 이러한 점들을 분명하게 해줄 필요가 있다. 게임에서 이기

는 방법을 직접 알려 줄 필요는 없다. 현실 세계의 사항들을 학습하기 위한 진행 방법을 충분히 설명해 주면 된다.

- **게임 작동 방법은 무엇인가?** 게임의 인터페이스를 다루는 방법을 알려 주도록 한다. 전화 걸기나 주식 매도하기 등과 같은 현실적 활동들을 클릭 · 타이핑 · 끌어다놓기 등과 같은 방법들을 적용하여 수행할 수 있는지 확인해 준다. 어떤 유형에서는 이와 같은 정보가 도움말 기능을 통해 제공되기도 한다.

4.4.4 학습을 위한 다양한 방법의 제공

시행착오를 통한 학습을 다른 다양한 학습 방법들을 활용하여 보완하도록 한다. 시행착오에 의한 학습은 좌절하기 쉽고 적절하지 않았던 첫 시도를 기억할 우려가 있다. 보다 신뢰할 수 있는 학습 경험을 제공하기 위하여 학습의 부가적 자료들을 통합시키는 것도 좋은 방법이다. 예를 들면, 사업 보고서, 메모, 이메일 메시지, 기술 매뉴얼, 산업 표준서, 회사 정책이나 절차, 미팅시간 등을 통합하여 활용할 수 있다.

가능하다면 간단하게 이용할 수 있는 실제 문서를 링크해 주어도 좋다. 이러한 방법은 비디오나 사운드를 저용량으로 용이하게 활용할 수 있는 대안이 된다. 현실적 실효성을 최대화하기 위하여 이러한 정보들을 실제로 활용해야 할 상황을 만들어 놓은 다음 자료를 제공하는 것도 적절한 방법이다. 예를 들면 관련된 전문 협회에 등록을 하거나 전문가에게 활용 요청을 한 후에 사용할 수 있도록 해주는 방식이 있다.

4.4.5 경쟁심리의 관리

지나친 경쟁심은 효과적인 학습에 장애물로 작용할 수 있다. 학습자가 어떠한 방식으로든 과도하게 경쟁적이 되면 바람직한 결과물을 산출해 내기가 어렵다. 마케팅 부서원이나 재판 변호사들은 예상보다 더 공격적으로 경쟁할 것이다. 또는 친구나 동료들과 대항해서 직접 경쟁하는 것을 불편해 할 수도 있다. 학습자들이 경쟁적 상황이나 협동 역량을 배울 필요가 있는지를 자문해 보고 상황에 부합되는 게임을 적절하게 설계하는 것이 좋다.

4.4.6 유의미하고 현실적인 게임의 설계

많은 초보 설계자들은 3D 그래픽 또는 가상 현실세계의 가공된 화면을 현실주의와 동일한 것으로 간주한다. 학습을 목적으로 하는 현실주의는 다소 다른 의미를 지닌다. 실제적 과제에서 필요로 하는 지식과 기술을 연습하는 것에 중점을 두어야 하며 현실과제를 지나치게 정확히 모방할 필요는 없다. 다음 사항에 해당된다면 충분히 현실적이라고 할 수 있다.

- 숙달해야 하는 실제 세계 시스템의 인과 관계와 원리의 활용
- 게임 구성요소를 현실 세계의 대응물로 인식하는 데 필요한 세부사항 제시
- 실제 세계에서 통제할 수 있는 부분을 게임에서도 조정할 수 있도록 해주는 경우
- 탈맥락적인 개입 및 방해 없이 게임을 통제할 수 있다고 느끼도록 해주는 경우

다시 말하면, 현실세계의 시스템처럼 보이게 하는 것보다는 현실세계의 시스템처럼 작동하게 하는 것이 더 중요하다.

4.4.7 변화와 다양성의 적용

대답이나 반응이 매번 다르게 나타나도록 게임을 설계한다. 그렇게 해야 학습자들이 다시 게임을 하고 싶어 한다. 또한 답변을 미리 알아차리게 하는 것을 방지함으로써 학습 효과가 떨어지는 것을 막을 수 있다. 매번 새로운 문제를 생성하도록 설계하거나 가상 세계의 갑작스러운 변화들(날씨, 장비의 오작동, 감기의 발생, 또는 시장의 하락)을 적용하여 설계한다.

4.4.8 학습자들의 다양한 역할 수행 유도

학습자들이 다양한 역할을 수행할 수 있도록 할 필요가 있다. 한번은 '교재를 이용하여' 학습하고, '직감에 의해' 다시 한 번 학습하며, 최종적으로 '최대한 적절하지 않게' 수행해 보도록 한다. 대안적인 행동들의 결과를 경험할 수 있게 해주는 것이 중요하다. 부정적 행동의 결과를 가르치기 위한 목적이라면 사악하거나 부주의한 사람의 역할을 부여하고 그러한 시각으로 삶을 경험해 보도록 해준다. 왜 규칙을 준수해야 하는지 설명해 주는 대신 학습자들이 규칙을 깨뜨리도록 하고 그 결과를 경험하도록 한다.

4.4.9 게임과 다른 활동의 결합

게임은 단독으로 활용해도 되고 다른 학습 활동들과 조합하여 활용해도 학습 효과가 나타난다. 다음과 같이 몇 가지 생산적인 결합을 소개한다.

- 같은 주제의 게임, 독서, 프레젠테이션을 조합한다. 게임은 학습자들에게 독서와 프레젠테이션을 통해 학습한 것을 적용해 볼 수 있는 기회를 제공해 준다. 독서와 프레젠테이션은 게임에서 발견할 수 있는 원리를 보다 깊이 이해할 수 있게 한다.
- 컴퓨터 소프트웨어를 위한 도움말 파일 또는 온라인 매뉴얼에 소프트웨어 시뮬레이션을 포함시킨다. 게임은 도움말 파일 안에서 무엇인가를 찾아서 이해해 보는 이유를 제공해 줄 것이고, 도움말 파일은 시뮬레이션의 범위를 벗어난 과제를 이

해하고 다룰 수 있도록 해줄 것이다.

- 복잡한 게임에서는 게임 진행 방법을 파악하기 위해 조사하고 탐색하게 된다. 게임에서 필요로 하는 정보를 발견하기 위해 실험을 시행할 수 있는 가상 실험실을 학습자들에게 제공해 준다. 의학 진단 게임은 실험실 테스트를 필요로 할 수 있다. 또한 건축 시뮬레이션의 경우에는 자재들의 강점을 테스트해 볼 것을 요구할 수도 있다.

4.5 이러닝 코스로서의 게임 활용

많은 경우 코스 그 자체보다는 *학습 환경*으로 지칭되기는 하지만, 게임은 완전히 새로운 종류의 강좌를 위한 토대를 만들어 줄 수 있다.

게임의 요소만으로 코스를 완성할 수 없는 경우라고 해도, 학습용 게임은 전체 이러닝의 핵심으로 기능할 수 있다. 게임의 활용 방법을 살펴보면, 전형적인 학습 게임에서는 가상 환경 안에서의 모방을 통해 게임 내용을 알려주면서 동시에 게임의 구조를 소개하는 장면으로 시작한다. 이 시점에서 학습자들에게 게임을 통한 학습과 전통적 튜토리얼에 의한 학습 중 선택을 할 수 있는 기회를 줄 수 있다. 대부분은 게임을 선택한다.

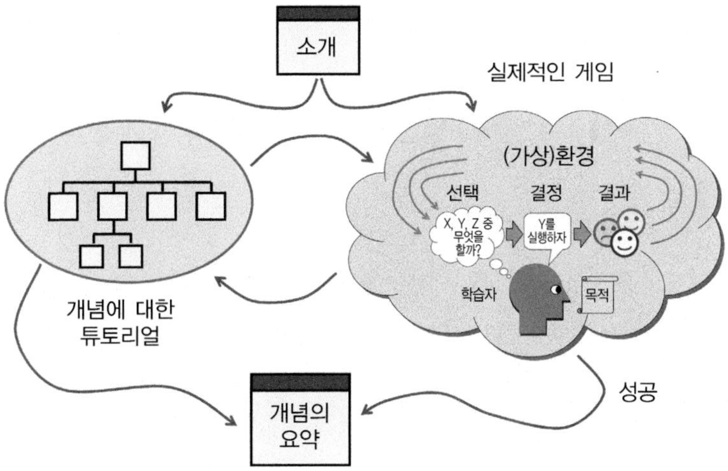

특정 시점이 되면 학습자들은 게임에서 이기기 위해서는 게임 주제를 깊이 있게 알기 위한 도움이 필요하다는 것을 인식하게 된다. 이때 잠깐의 학습을 위해 전통적 튜토리얼로 건너뛴다. 주제에 대해 좀 더 학습한 후에 다시 게임으로 돌아온다. 학습을 진행하는 동안 몇 번씩 이러한 과정을 반복하게 된다.

학습자가 게임상에서 목적을 달성하면 주요 개념에 대한 간단한 복습을 수행한다. 게임이 평가 그 자체이기 때문에 별도의 학습 평가는 없다. 학습자가 게임상에서 과제를 수행할 수 있다면 실제 세계에서도 수행할 수 있기 때문이다.

물론 이와 같은 절차를 다양하게 변형하는 것도 가능하다. 어떤 학습자들은 게임을 시작하기 전에 학습 주제에 대해 공부하기 위해 튜토리얼로 시작하기를 선호하기도 한다. 어떤 학습자들은 게임에 전혀 참여하지 않기도 하고 어떤 학습자들은 튜토리얼을 전혀 이용하지 않기도 한다.

5. 이 장을 마치며

5.1 요약

수행형 활동은 정보와 지식 간의 연결고리이며 설명적 내용과 기술 간의 연결고리이다. 행동, 탐험, 발견, 실습, 조율, 지식과 기술을 완벽하게 습득하고 수행하도록 하는데 목적이 있다. 학습자들은 의미있는 활동을 수행하기 위해 최소한 학습 시간의 절반을 소요해야 한다. 수행형 활동은 다음 내용을 다룬다.

- 단순한 기계적 기술부터 복잡한 분석적 기술 및 상호작용적 기술에 이르기까지 넓은 범위의 기술을 연습하고 조율하는 **실습 활동**
- 스스로 새로운 개념, 원리 사실을 발견하도록 촉진하는 탐험 및 실험을 활용하는 **발견 활동**
- 학습 전반에 걸쳐 매우 흥미로운 방식으로 새로운 지식을 발견하고 기술을 향상시켜 적용해 보며 발전과정을 모니터링할 수 있게 해주는 **게임과 시뮬레이션**

5.2 보충사항

수행형 활동은 많은 경우 점수를 획득하는 활동들로 구성된다. 이러한 방식을 통해 학습 평가를 대체할 수 있다. 평가에 대한 보다 자세한 설명은 5장을 참고한다. 특정한 연결형 활동은 무엇인가를 수행해 보는 것을 요구하는데, 그 중 몇 가지는 수행형 활동이 될 수도 있다. 이에 대한 내용은 4장을 참고한다.

게임이나 시뮬레이션 또는 고도의 상호작용을 요구하는 수행형 활동의 형태를 개발하려면 다음과 같은 저작 도구들이 필요할 수도 있다.

- Captivate(www.adobe.com)
- Quandary(www.halfbakesoftware.com)
- Xcelsius(businessobjects.com)
- Articulate Presenter(www.articulate.com)
- Impatica for PowerPoint(www.impatica.com)

제 4 장

연결형 활동

학습을 삶, 업무, 그리고 미래의 학습과 연결시키기

연결형 활동은 학습자들의 삶과 학습 간의 간격을 좁히는 데 도움이 된다. 학습한 내용을 업무, 추후 학습, 그리고 일상에서 부딪히는 상황에 응용할 수 있게 한다. *습득형* 활동이 명사이고 *수행형* 활동이 동사라면, *연결형* 활동은 접속사라고 할 수 있다.

1. 연결형 활동의 개요

연결형 활동은 우리가 알고 있는 것과 학습하는 것을 통합시킨다. 설계자들이 간단하면서도 미묘한 연결형 활동을 무시하고 지나가는 경우가 있어, 학습자들이 스스로 연결 활동을 해야만 하는 상황이 자주 발생한다.

연결형 활동은 간격을 메우는 역할을 한다. 새로운 지식과 기술을 추가하기보다는 이미 배운 지식과 기술을 연결하게 된다. 그러한 과정에서 보다 고차적인 수준의 지식과 기술을 습득하게 해준다. 특정 활동이 연결형 활동인지를 알아보려면 활동의 목적을 확인해야 한다. 활동 목적이 새로운 것을 가르치는 것이라면 수행형 활동이거나 습득형 활동이다. 목적이 이미 알고 있는 것과 새로운 것을 연결시키는 것이거나 응용을 촉진시키는 것이라면 연결형 활동이라고 할 수 있다.

1.1 연결형 활동의 일반적 유형

연결형 활동은 쉬어가는 문제와 같이 간단한 것에서부터 복잡한 실제 세계의 업무 과제에 이르기까지 다양하다. 교실과 온라인 학습 상황에서 연결형 활동으로 나타날 수 있는 대표적인 것을 제시하면 다음과 같다.

- **사고 활동(Ponder activities).** 학습자들에게 특정 주제에 대하여 깊고 넓게 생각하도록 요구하는 활동이다. 학습자들이 수사적 질문에 대하여 답하고, 주제에 대하여 숙고하며, 사례들을 파악/평가하고, 요약 활동을 하며 아이디어들을 브레인스토밍하도록 한다.
- **학습자 주도 이야기 공유.** 학습자들이 스스로의 삶에서 일어났던 사건들을 회상하도록 한다(이러한 활동은 2장에서 교사 주도 이야기 공유와 함께 논의된 바 있다).
- **잡 에이드(Job aids).** 학습자들이 학습한 내용을 자신들의 실제 세계 과제에 적용할 수 있도록 돕는 도구이다. 용어집 활용, 보물찾기, 안내된 연구 활동 등이 해당된다.
- **창의적 학습 활동(Original work).** 학습자들이 스스로 고유의 독창적인 학습을 수행하도록 하고 이에 대한 비평을 위해 과제를 제출하도록 한다.

1.2 언제 연결형 활동이 중요한가

학습자들은 일반적으로 학습할 때 응용 활동에 종종 실패하곤 한다. 예를 들어, 어떤 관리직에 종사하는 사람이 다양한 문화적 배경을 가진 사람들을 인터뷰하는 방법에 대한 강좌를 수료했다고 하자. 6개월 후 그녀는 낯가림이 심한 터번을 두른 이란 여성의 고용 인터뷰를 제대로 수행하지 못했다. 다른 예로, 수학 과정을 이수한 학습자가 미적분 입문 강좌에서는 A를 받았으나 이후 고급 미적분 강좌에서 D를 받는 경우가 있다. 그 이유는 무엇인가? 입문 강좌에서 학습했던 개념을 고급 강좌에 적용하지 못했기 때문이다.

Kirkpatrick의 4단계 평가모형에 익숙하다면 응용의 중요성을 익히 알고 있을 것이다. 응용은 3수준에 해당되며 *행동(수행)*으로 지칭된다. 학습자들이 이미 학습한 내용(2수준)을 연결되는 행동에 실질적으로 적용할 수 있는지 여부를 확인하는 단계이다. 응용이 이루어지지 않으면 의도된 조직적 성과(4수준)는 결코 성취할 수 없다.

Kirkpatrick의 모형에 익숙하지 않은 경우에는 빨리 내용에 대해서 알아둘 필요가 있다. 관련 서적을 구입하여 학습하는 것도 좋은 방법이다. 이러한 활동과 관련하여 11장의 내용을 필히 참고하도록 한다. 연결형 활동은 학습의 응용 증진을 목표로 하고 있다. 그러므로 다음과 같은 상황일 때 연결형 활동을 활용하는 것이 바람직하다.

- **응용이 매우 중요한 상황.** 개인, 조직, 사회의 성공은 지식의 응용 정도에 달려 있다. 안전 수칙에 대한 무시의 결과로서 매일 사상 사고가 발생하곤 한다. 경제 상황은 세계 경제의 시대가 요구하는 역량에 개인이 부응하지 못해 내리막길을 걷기도 한다.
- **응용이 적절히 이루어지고 있지 않은 상황.** 학습한 내용을 응용하고는 있으나, 충분한 수의 사람들이 심도 있게 수행하지 않을 수도 있다. 이를 테면 많은 회사들이 식스 시그마(Six Sigma)나 총체적 질관리(TQM) 전략을 수립하기 위하여 높은 비용을 들여 경영 컨설턴트들을 고용한다. 6개월 후 관련 포스터는 벽에서 떨어져 너덜거리고 슬로건이 각인된 펜들은 닳아빠져 있으며, 남은 것이라곤 휴게실에 남아도는 기념 머그컵뿐들일 수 있다. 응용 활동이 거의 이루어지지 않은 상황이다.
- **일반적 주제를 가르치는 상황.** 광범위한 원칙과 개념은 다양한 상황에서 응용될 수 있다. 학습자들이 당면할 수 있는 모든 가능한 상황들에 응용 가능하도록 준비시킬 수 있는 충분한 사례와 맞춤형 활동들을 포함하기 어려울 수도 있다. 예를 들어, 기술적 명세서를 작성해야 하는 엔지니어나 판매 제안서를 작성해야 하는 마케팅 관리자들이 비즈니스 글쓰기 강좌를 수강하고 이를 응용할 수 있을 것이다.
- **학습자들이 학습 내용의 응용 가능성에 대하여 의구심을 가지고 있는 상황.** 학습자들은 이수 과목으로 정해져 있기는 하나 실제적 활용 가치를 갖지 않는 것으로 간주되는 강좌들을 통과하기 위하여 벼락치기식 학습을 한다. 2주후 학기가 끝나갈 때, 그들은 학습한 것을 거의 잊어버린다. 산업 분야의 훈련도 마찬가지이다. 학습자들은 강좌 통과 인증을 받지만 별다른 효과나 영향 없이 살아간다. 그 이유는 그들이 학습한 것을 삶에 적용시킬 만한 방법을 파악하지 못했기 때문이다.
- **학습자들이 스스로 연결 활동을 할 수 없는 상황.** 추상적인 수학, 과학, 철학, 그리고 무수한 많은 학습 주제들에서 실제적인 상황과의 연결고리를 찾기 위해서는 특별한 노력이 필요할 때가 있다. 하지만 많은 학습자들은 스스로 연결 활동을 할 만한 경험이나 동기, 또는 창의성이 부족하다.

연결형 활동은 추가적 노력을 많이 들이지 않아도 이와 같은 문제들을 해결해 준다. 대체적으로 연결형 활동은 학습자들이 학습하는 시간의 10% 정도만 소요하면 된다. 때로 하나의 수사의문문만으로 충분한 경우도 있다.

2. 사고 활동

사고 활동은 학습자들이 학습한 것에 대하여 깊고 넓게 생각하도록 요구한다. 학습 주제에 대하여 집중하고 관련된 새로운 관점을 채택하는 데 중점을 둔다.

2.1 사고 활동의 개요

사고 활동은 학습자들이 아이디어를 새로운 관점에서 관찰하도록 촉진하는 단순한 학습 경험이라고 할 수 있다. 주로 다음과 같은 촉진기법이 적용된다.

잠시 멈추고 이제 그것에 대해 생각해 보자.
물러서서 큰 그림을 그려보자.
다른 각도에서 살펴보자.

사고 활동은 교사들이 정형화된 틀에서 벗어나 비일상적인 활동을 수행하도록 하고 학습 주제를 새로운 시각으로 바라볼 수 있도록 하기 위해 활용하는 교실 활동들과 유사하다.

2.1.1 언제 사고 활동을 활용하는가

사고 활동은 학습 내용을 새로운 시각으로 보게 하고자 할 때 활용한다. 다음과 같은 용도로 활용될 수 있다.

- 학습 내용에 대하여 좀 더 넓고 깊은 사고를 하도록 촉진할 때 활용한다.
- 아이디어와 가치가 삶속에서 어떻게 적용될 수 있을지 인식시키고자 할 때 활용한다.
- 스트레스나 불안으로부터 파생되는 협소한 시야를 개선하고자 할 때 활용한다.
- 개별적 아이디어들을 새로운 방법으로 통합시킴으로써 개념적 돌파구를 마련하고자 할 때 활용한다.

2.1.2 사고 활동의 유형

사고 활동은 다양하게 나뉠 수 있다. 유형들의 목록과 그 역할을 제시하면 다음과 같다.

- **수사의문문.** 학습 내용의 특정 측면에 대한 생각을 유도하는 사고 촉진 수사의문문을 활용한다.

- **명상 활동.** 학습 내용에 대한 유연하고 개방된 고찰 활동을 증진시킨다.
- **현장 사례 활동.** 학습자들로 하여금 특정 개념이나 영역에 대한 실제 세계의 사례들을 찾아보도록 한다.
- **평가.** 학습자들에게 학습 중인 한 부분에 대한 가치나 중요성을 판단하도록 한다.
- **요약 활동.** 학습자들이 중요 원리, 개념, 사실, 팁, 그리고 기타 학습 관련 사항들에 대한 것을 파악하고 요약하도록 한다.
- **브레인스토밍 활동.** 학습자 집단으로부터 문제 관련 해결책들을 위한 제안들을 수집한다.

2.1.3 사고 활동의 효과

사고 활동은 대체로 순서가 없는 단순한 일회성의 경험들이라고 할 수 있다. 두 단계 이상의 더 많은 절차들이 있는 경우라면 일반적으로 다른 유형의 활동이 된다. 사고 활동의 단순성은 좀 더 복잡한 활동들과 쉽게 통합될 수 있도록 해준다. 연결 활동이 별개의 것임에도 불구하고 사고 활동과 습득형 활동들을 자연스럽게 연결하는 경우가 많다. 수사의문문처럼 단순한 형태일 때 더욱 그렇다.

2.2 수사의문문

수사의문문은 사고 활동을 자극한다. 학습자로부터 가시적 반응을 요구할 수도 있으나, 보다 근본적으로 직접 질문에 대한 답을 하도록 깊이 숙고하는 활동을 요한다. 때로 *잠시 멈추고 생각하기 질문(stop and think question)*이라고 부르기도 한다. *Gantt 차트 활용하기* 강좌에서, 저자는 종종 이러한 질문들을 하나의 토픽에 통합시켰다.

> 자신의 업무 상황 내에서 Gantt 차트를 찾아보자. 어떻게 구성되었는지 알 수 있는가? 직접 만들 수 있었는가?

학습자들이 클릭해야 할 체크박스나 입력해야 할 텍스트 상자는 제시하지 않았다. 답에 대하여 생각해보는 것만으로도 충분한 것이다.

2.2.1 언제 수사의문문을 활용하는가

사고 활동은 학습 내용을 새로운 시각으로 보게 하고자 할 때 활용한다. 다음과 같은 용도로 활용될 수 있다.

- 실제 세계의 사례들이 이미 존재하고 있으며 학습자들의 주의 집중만 끌어내면 될 때 활용한다.

- 학습 내용의 특정 측면에 대해서 생각해보기만 하면 되는 상황일 때 활용한다.
- 더 이상 추가적인 무엇인가를 하기에는 시간, 비용, 에너지가 부족할 때 활용한다.

2.2.2 수사의문문 활용방안

어떤 주제에서도 수사의문문을 활용할 수 있다. 정책, 절차, 원칙, 개념, 태도, 가치 등 어떠한 것이라도 무방하다. 그렇다면 어떻게 효과적인 수사의문문을 던질 수 있는가? '잠시 멈추고 생각하기' 질문을 던지는 방법이 일반적이다. 소크라테스 이후 교사들은 학습 내용의 특정 측면으로 학습자들의 생각을 유도하기 위하여 수사의문문을 활용해 왔다. 다음과 같이 이미 효과성이 입증된 사고 촉진 의문문들을 활용할 수 있다.

- 왜 이렇다고 생각합니까? 왜 이런 일이 발생했나요?
- 어떤 다른 결과들을 예상할 수 있습니까?
- 이 아이디어는 어디에 적용될 수 있을까요? 어디에는 적용되기 어려울까요?
- 이 자료를 어떻게 적용할 수 있겠습니까?
- 이 아이디어가 자신에게 얼마나 중요합니까?
- 자신이 알고 있는 다른 것과 얼마나 일관성이 있습니까?

질문을 개인화한다. 2인칭을 활용한다. "당신은 어떻게..?", "당신은 왜…?"와 같은 질문들을 활용한다. 학습자들이 자신의 고유한 경험, 지식, 태도, 가치에 대하여 생각해 보게 한다.

학습 주제와 학습자의 세계에 대한 생각을 요구한다. 학습 내용에 대해서만 단순히 질문을 하는 것은 시험을 치르는 것과 유사한 상황을 만든다. 따라서 학습자의 맥락 안으로 질문을 끼워넣을 필요가 있다. 예컨대 "당신이 하는 일에서 ~를 하는 최상의 방법은 무엇입니까?" 등이 있다.

필요시 몇 가지 행동을 요구한다. 이를테면 "이 아이디어의 예시를 찾고 관련된 질문들에 대해 답하세요." 등이다.

언제, 어디서, 어떻게, 왜 학습을 응용하는가에 대한 생각을 유도한다. 실제 응용을 하기 전에 학습자들이 답을 먼저 하도록 한다. "이것을 얼마나 자주 응용하게 될까요?"

2.3 명상 활동

명상(meditation)이라는 용어는 양반다리를 하고 진지하게 앉아서 "음" 소리를 반복하는 사람의 모습을 연상시킬 수 있다. 이러한 활동이 학습에 적합한 편안한 상태로 이끌 수는 있으나, 여기에서 말하고자 하는 정확한 의미의 명상 활동이라고 보기 어렵다. 명상은 학습 내용에 대한 유연한 고찰 활동으로서 언제든 생겨날 수 있는 통찰들을 위한 열린 마음과 함께 이루어지는 활동이다.

명상 활동은 명확한 초점을 두지 않는다. 큰 그림을 그리는 것이 세부적인 사항 파악보다 중요하다. 명상 활동은 학습 내용의 인지적 측면 이상의 것과 관련되어 있다. 학습자의 가치 및 태도와 관련된 정서적 의미와 시사점을 파고들 수 있는 활동이다. 음악이나 추상적인 그림 등과 같은 비언어적이고 비명시적인 매체를 활용할 수 있다.

2.3.1 명상 활동의 사례

어떤 프로젝트에서, 저자는 비전이라는 것의 개념을 단순히 비전 진술이 아닌 집단의 감정과 이러한 감정이 집단의 행동을 어떻게 유도하는가에 관한 것으로 인식해야 할 목적의 교수-학습 상황을 접하게 된 적이 있었다.

두 번째 목적은 일상적인 근심을 잊고 강좌에서 함께 학습에 전념할 수 있도록 학습자들을 돕는 것이었다. 그들은 다양한 직업들을 가지고 있으며, 책임져야 할 가족들이 있고, 바쁜 삶을 가진 개개인들로 이루어진 기독교 교회 교인들이었다.

이와 같은 목적들을 달성하기 위하여 각 수업을 명상 활동으로 시작하였다. 수업은 스테인드글라스 창이 특징적으로 나타나는 화면으로 시작한다. 목적은 학습자들로 하여금 번잡한 세계에서 벗어나 아름다운 이미지를 편히 보도록 하는 데 있었다. 창을 선택한 것은 우연적인 것이 아니었다. 창은 비전이라는 것이 특정 조직이 소속된 보다 큰 공동체를 바라보고 색을 입히는 것이라는 메시지를 강화하는 역할을 한다.

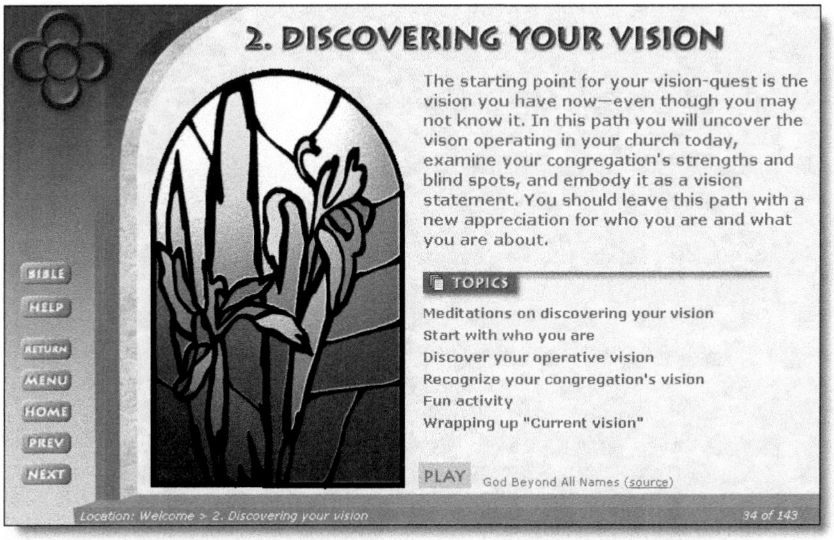

어도비 드림위버와 플래시로 구축했다. 예시는 horton.com/eld/에서 볼 수 있다.

학습자들이 일상사로부터 벗어나는 것을 촉진시키기 위하여 화면에 영적 가치 등과 관련된 음악을 들을 수 있는 버튼을 포함시켰다.

두 번째 페이지에는 공통된 비전을 발견하기 위하여 팀으로 학습하는 데 필요한 묵상 활동의 심화를 위한 명상 활동들이 포함되어 있다. 주요 활동은 다른 형식의 음악들을 제시하면서 학습자들에게 자신의 비전을 반영하고 있는 것을 선택하도록 한다. 이와 같은 활동은 학습자들이 서로 "왜 그러한 방식으로 느끼고 있습니까?"와 같은 질문을 던지면서 활발한 토론을 하도록 하는 데 큰 촉진제가 되었다.

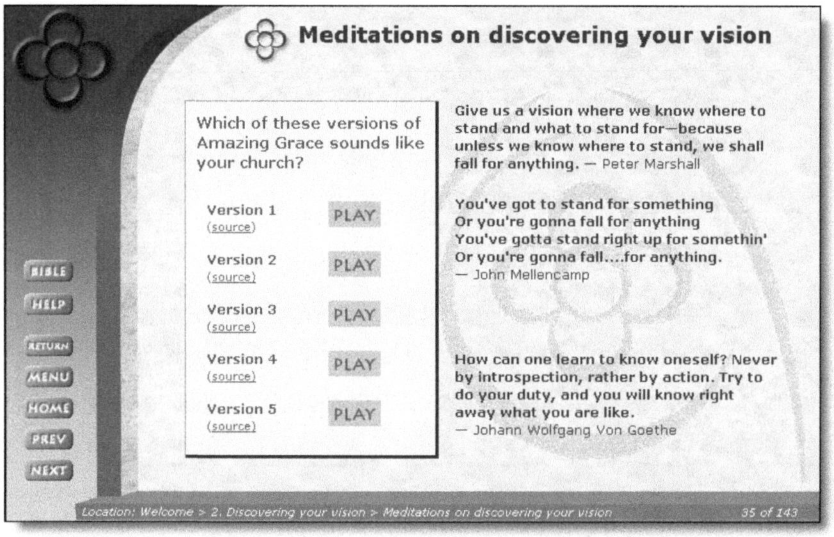

어도비 드림위버와 플래시로 구축했다. 예시는 horton.com/eld/에서 볼 수 있다.

명상의 결과물은 공통된 자료들로부터의 인용문이었다. 이것은 조직의 비전이 고립보다는 주변세계와의 연결을 돕는다는 점에 대한 강화 요인이 되었다.

2.3.2 언제 명상 활동을 활용하는가

명상 활동은 정서적 저항을 유발할 수 있는 내용을 학습할 때 특히 가치가 있다. 예를 들어, 리더십 스타일, 타협, 윤리적 행동, 정치학, 그리고 분노한 사람 다루기 등의 주제가 이에 해당된다. 근본적인 인간의 가치에 대한 토론을 수행하거나 영성(靈性)의 다양한 측면들을 가르칠 때에도 유용하다.

다음과 같은 상황일 때 명상 활동을 수행한다.

- **긴장된 학습자들을 편안하게 만들고자 할 때 활용한다.** 학습에 장애가 되는 외부의 걱정들로부터 벗어나도록 돕고자 할 때 활용한다.
- **초점을 넓히고 맥락을 강조한다.** 학습자들이 한 걸음 물러서서 학습 내용이 좀 더 넓은 틀(기준) 측면에 어떻게 부합되는지 파악하도록 한다.

- **다양한 감각 양상 및 *지능(intelligences)*을 관련시킬 때 활용한다.** 다양하면서도 목적이 분명하도록 함으로써 학습자들이 자연스럽게 받아들이고 스폰서들이 지원을 할 수 있도록 한다.
- **개방성과 창조성이 요구되는 업무에 대한 준비를 시킬 때 활용한다.** 명상 활동은 비판적이고 분석적인 사고방식이 학습에 장애가 될 경우 이를 극복할 수 있게 해준다.
- **총체적(holistic) 사고를 촉진할 때 활용한다.** 학습자들이 그들이 배운 것과 믿는 것 사이의 갈등 및 비일관성을 해결할 수 있도록 돕는다.

2.3.3 다양한 명상 활동들

다음은 보다 간단한 방식의 명상 활동들이다.

- **색칠공부.** 학습자들은 특정 상징물에 대한 색상을 선택하고 그들의 선택에 대하여 근거를 제시한다.
- **상징화하기.** 그룹, 개념, 가치, 원칙 등을 표현하는 다양한 방식들을 찾기 위하여 클립아트 라이브러리를 검색하도록 한다. 그리고 그와 같은 선택에 대한 근거를 제시한다.
- **챈트.** 개념이나 조직의 명칭을 반복적으로 말하도록 함으로써 내재된 관련성을 느낄 수 있게 한다.
- **자세하게 바라보기.** 비디오의 장면을 일상적으로 보고 경험하고 난 후 소리를 끄고 장면만 보거나, 장면 없이 소리만 듣거나 슬로우 모션으로 보거나 빠른 배속으로 보게 한다.
- **의미 찾기.** 학습 내용의 인용문들 또는 용어의 개념 정의들을 비교하거나 수집하기 위하여 웹을 검색한다.
- **데자뷰.** 기존의 유추들에서부터 근대의 기술, 그리고 최근의 역사적 사건들을 찾아본다.

2.3.4 명상 활동 활용방안

명상은 섬세한 활동이므로 세심한 설계를 통해 효과를 높일 수 있다.

- **활동에 대한 충분한 근거 제공.** 많은 설계자들은 별다른 이유 없이 다채로운 예술적 제작 활동이나 음악을 제시하곤 한다. 명상 활동의 근거로서 지적, 정서적, 그리고 영적인 사항들이 해당될 수는 있으나 단순히 장식적인 용도로는 활용하지 않도록 한다.
- **목적 명세화하기.** 활동의 결과로서 성취하고자 하는 것이 무엇인가? 기쁨인가, 아

니면 차분히 수용하는 마음가짐인가? 미묘하고 치밀한 포인트를 만들려고 하는가? 또는 편견이나 선입관을 없애고자 함인가?

- **이유 설명하기.** 학습자들이 "이상한 것을 위하여 이상한 활동을 한다"라고 인식하지 않도록 충분히 근거를 설명한다.
- **유형을 다양화하기.** 서로 다른 학습자들은 각각 다른 유형의 활동에 반응한다. 차별성 있는 매체를 활용하도록 한다. 음악, 상징적 그래픽, 애니메이션, 그리고 동영상 활용을 고려해야 한다.

2.4 현장 사례 활동

학습자들이 서술 또는 묘사되어 제시된 특정 개념이나 영역의 사례를 알 수 있게 하는 활동 유형이다. 이러한 활동은 이미 익숙하거나 실제 세계에서 쉽게 찾을 수 있는 것들과 학습하는 개념 또는 영역을 연결하여 준다.

이 활동은 학습자들로 하여금 새로운 예시를 창조하는 것이 아니라 이미 존재하는 예시를 찾도록 요구하는 활동이다. 자신만의 고유한 예시를 만드는 것은 창작 활동의 한 부분에 해당된다.

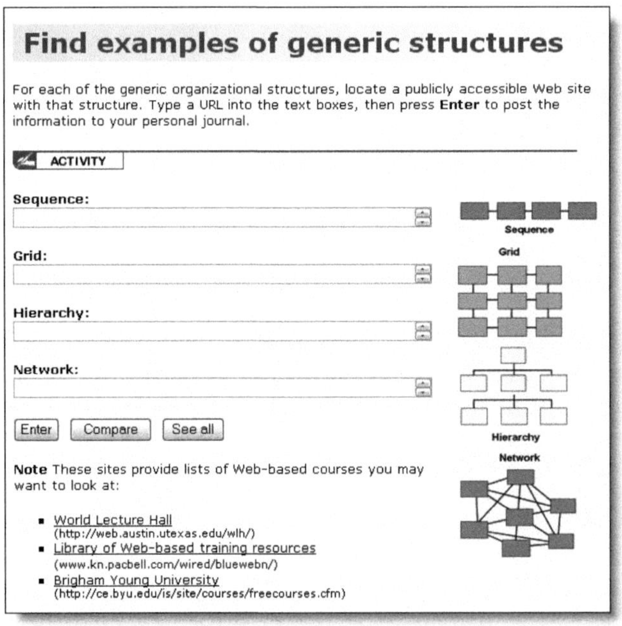

정보 구조에 대한 강좌는 학습자들이 서로 다른 원칙하에 구성된 웹 사이트들을 찾도록 요구하고 있다.

어도비 드림위버와 액티브 서버 페이지스로 구축했다.

Gantt 차트 활용하기 강좌에서 저자는 종속관계를 표시하는 것에 대한 것을 소개하고 학습자들로 하여금 실제 사례들을 찾아보도록 했다.

> 자신이 참여하고 있는 프로젝트에서 이러한 유형의 종속관계의 예시를 생각해낼 수 있는가?

때로 수사의문문만으로도 충분함을 알 수 있다.

2.4.1 언제 현장 사례 활동을 활용하는가

학습자들에게 다음과 같은 여러 가지 교육 목적을 성취하기 위해 사례들을 찾아보게 한다.

- 용어나 영역의 개념 정의를 완성한다.
- 개념을 보다 구체적이고 명확하게 만든다.
- 학습자들이 용어나 영역을 정확하게 적용할 수 있는지 확인한다.
- 학습 내용의 응용성을 검증한다.

2.4.2 현장 사례 활동 활용방안

- **사례를 찾기 위한 탐색 활동을 요구한다.** 학습자들이 제공받은 목록 중에서 하나를 선택하는 것 이상의 활동을 하게 한다. 탐색 활동을 단순화하기 위하여 시작 지점을 알려준다. 보다 확장된 탐색이 필요할 경우 현장 사례 활동을 연구 활동과 결합시킨다.
- **제출 사례를 단순화한다.** 학습자들로 하여금 사례들의 웹주소를 제출하는 것으로 시작하게 한다. 사진, 소리자료, 동영상 클립을 업로드 또는 이메일로 보내거나, GPS 좌표를 알려주는 등 사례를 찾을 수 있는 방안을 제시해 준다. 온라인 미팅에서는 채팅(자세한 내용은 9장 참조)에 참여하게 하거나 음성 회의(자세한 내용은 9장 참조)를 통해 사례들을 묘사해 줌으로써 사례를 찾고 파악하도록 돕는다.
- **탐색 대상 사례들의 유형을 구체적으로 알려 준다.** 어떠한 사례들을 찾아야 할지 유형이나 개념을 명확하게 정의하여 준다. 학습자들이 찾아야 할 사례들의 모델로서 몇 가지 예시들을 보여주는 것도 바람직하다. 품질의 기준을 명확하게 제시하고(예: "읽기 쉬운 형식으로 되어 있는"), 특성을 제시하며(예: "최소한 세 수준으로 이루어져 있는"), 기술적 측면에서의 제한사항(예: 최대용량 1MB)을 제시할 필요가 있다.

2.5 평가 활동

학습자들에게 학습 요소들의 중요성을 평정해보도록 하는 활동이다. 학습자들은 개인적 관점을 바탕으로 판단해야 한다. 이를테면 학습 요소들이 적용되는 프로젝트의 맥락 상황에서 판단을 내리는 것 등이 있다.

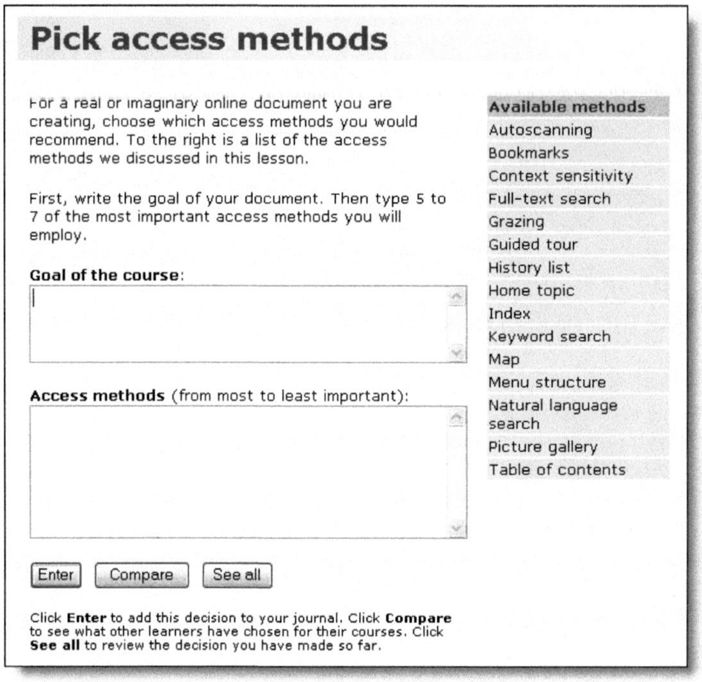

어도비 드림위버와 액티브 서버 페이지스로 구축했다.

이 예시는 학습자들이 직접 개발한 온라인 문서나 웹사이트에 접근할 수 있는 다양한 방법들의 유용성을 평가하도록 요구하고 있다.

평가 활동은 전체 학급 활동으로도 이용될 수 있다. 온라인 미팅에서는 각 학습 요소에 대하여 학급 투표를 실시하는 방법으로도 가능하다. 다른 이들의 의견을 참고한 후 다시 재투표할 수도 있게 해주는 전략을 활용한다.

2.5.1 언제 평가 활동을 활용하는가

학습자들에게 그들이 배운 아이디어들의 중요성을 평가하도록 하는 것은 개인적 관점에서 이러한 아이디어의 중요성을 비판적으로 바라볼 것을 요구하게 된다. 이러한 활동은 다음과 같은 상황일 때 유용하다.

- 실질적으로 적용할 아이디어들을 골라내기 시작하도록 할 때 활용한다.
- 각각의 요소들 및 이들의 실질적 유용성과 좋지 않은 점에 대한 재고를 촉진한다.
- 기계적으로 규칙을 따르는 대신 세심한 직관적 판단에 중점을 둔다.

2.5.2 평가 활동 활용방안

- **개별화된 평가.** 고유의 독특한 개인적 관점하에 요소들을 평정하도록 상기시킨다. "자신에게 이 아이디어가 얼마나 중요하거나 가치가 있는가?" 등과 같은 질문을 던진다.
- **평가 맥락의 설정.** 중요성이 평정되는 영역을 명시적으로 밝힌다. "자신이 수행하는 업무 맥락에서"나 "자신이 수강하는 수학 수업에서" 등과 같은 구절들을 이용한다.
- **기준의 요구.** 학습자들이 평가를 수행할 때 이용하는 기준들을 진술하도록 한다. "중요성을 1에서부터 10까지 매기고, 왜 그러한 점수를 부여했는지를 설명하라" 등을 활용한다.
- **정확성의 요구.** "나쁘다/좋다" 등과 같은 모호한 평정은 피한다. 척도가 있는 수치적인 평정을 요구하거나 일련의 아이디어들에 대한 상대적 중요성을 매겨보도록 한다.

2.6 요약 활동

요약 활동은 배운 것의 핵심을 정리하는 활동이다. 학습자들은 내용 영역을 비평하고 중요한 것을 선택하며 선택한 것을 논리적으로 조직하고 자신만의 언어로 명확하게 표현해야 한다.

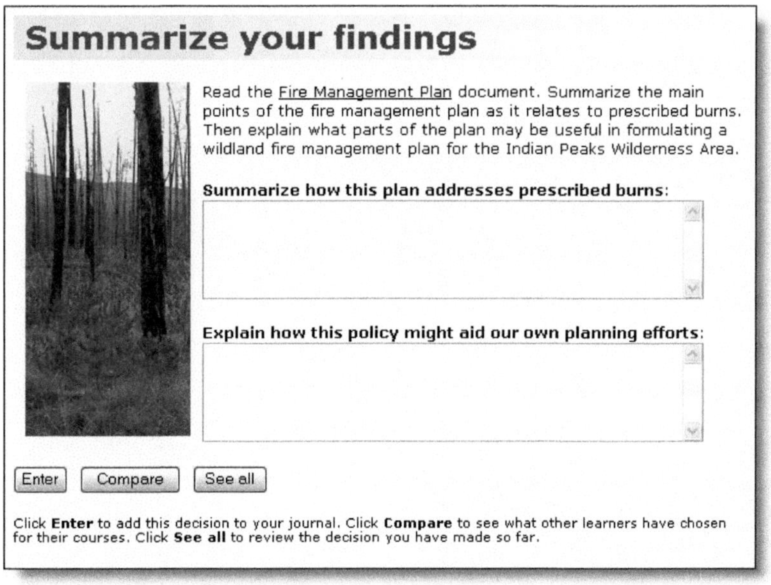

이 예시는 문서자료를 요약하고 그 내용이 학습자들의 업무에 어떻게 반영될 수 있을지 생각해보도록 요구하는 활동을 포함하고 있다.

어도비 드림위버와 액티브 서버 페이지스로 구축했다.

2.6.1 언제 요약 활동을 활용하는가

학습 전 요약 활동은 다음과 같은 효과를 지닌다.

- 필요한 정보를 회상하도록 연습하게 함으로써 학습 응용이 가능하도록 한다.
- 스터디 그룹 또는 팀원 등 다른 학습자들을 대상으로 교수 활동을 하거나 정보를 줄 수 있다.
- 학습 영역에 대하여 체계적이고 개인적인 비평을 촉발시킨다.

이러한 활동들은 학습자의 이해수준을 모니터링하는 데 도움을 준다. 다음 사항을 고려하도록 한다. 핵심 요점을 회상하고 있는가? 요점들이 논리적으로 통합되고 우선순위가 매겨졌는가? 자신만의 언어로 학습 내용을 변형하였는가?

2.6.2 요약 활동 활용방안

요약물의 생성 과정을 단순화한다. 학습자들이 요약한 것을 표현하도록 하는 데 있어서 빈칸이 있는 텍스트가 항상 유용한 것만은 아니다. 어떤 내용 영역들에서는 학습자들로 하여금 전체적인 그림을 그리고 이를 이메일로 보내거나 공개 토론장에 올리도록 할 수 있다. 또 다른 내용들을 위해서는 요약의 형식을 구조화하는 것에 중점을 둘 수도 있다. 예를 들어 내용 목록으로부터 선택한 후 선택된 것들을 서로 연계하는 방식을 통해 요약물을 구성할 수 있다.

무엇을 요약할 것인가를 명확히 한다. 구체적인 레슨, 토픽, 특정 활동을 요약하도록 한다. 그리고 구체적인 학습 경험을 요약하게 하는 것이 좋다. 예컨대 책, 기사, 발표물, 규정, 기타 문서 등의 요약이 있다.

요약의 맥락을 설정한다. 판에 박힌 전통적이고 학구적인 요약물보다는 실제 세계나 진행 중인 시나리오 안에서 필요한 형식을 요구하는 것을 고려하여 본다. 다음과 같은 것들이 있다.

- 보도 자료
- 광고
- 포스터
- 입체 묘사 도표 또는 조직도(기구도)
- 책 커버와 커버용 광고(blurb)
- 표제와 신문기사의 첫 몇 문단들
- 60초짜리 TV뉴스를 위한 스토리보드

- 20초짜리 인터뷰/연설 등의 핵심 내용
- 비평 혹은 시놉시스

2.7 브레인스토밍 활동

브레인스토밍은 창조적 활동들의 공통요소이다. 새로운 아이디어들을 생성하는 과정이라고 할 수 있다. 브레인스토밍 세션에서는 참여자들이 해결책을 제안할 수 있도록 리더가 문제를 제기한다. 목적은 가능한 한 많은 아이디어들을 만들어 내는 것이다. 브레인스토밍에서는 어떠한 아이디어도 거부되거나 비판받지 않는다.

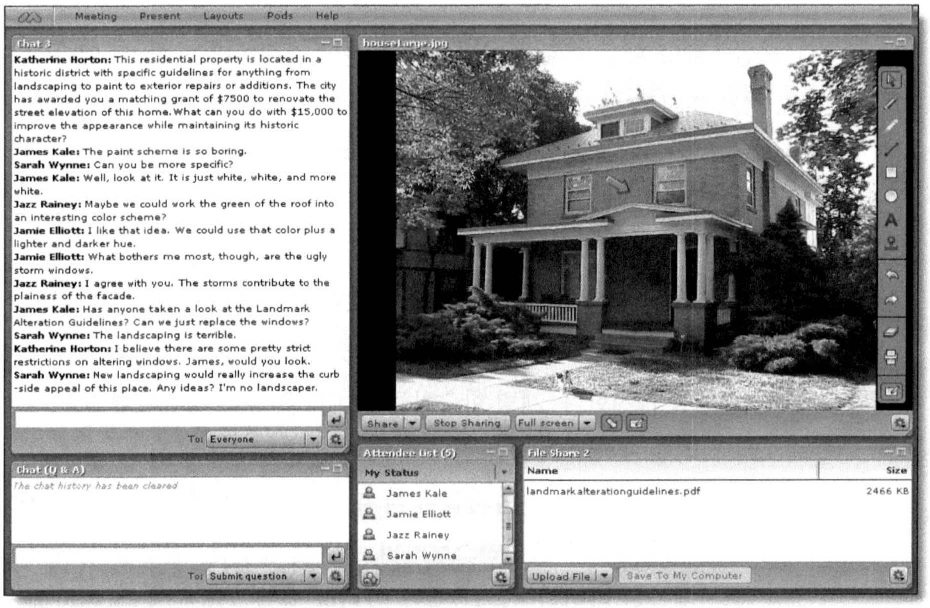

어도비 브리즈 미팅을 이용하여 수행된 온라인미팅 사례

위의 브레인스토밍 예시는 리모델링 분야의 건축가와 토건업자를 위한 수업에서 활용한 것이다. 목적은 제한된 예산으로 작업하는 상황에서 창의적 사고가 어떻게 도움이 될 수 있을지를 제시하기 위한 것이다. 이와 같은 모임은 학습자들이 신속하게 의견을 제안할 수 있는 화이트보드(자세한 내용은 9장 참조)를 이용한 온라인 미팅과 채팅 창(자세한 내용은 9장 참조)에서 시작되었다.

브레인스토밍 모임은 공개 토론(자세한 내용은 9장 참조)으로 방향을 전환할 수 있다. 다음 그림은 브레인스토밍 활동 목록과 응답들의 사례이다.

의 선택 등을 예로 들 수 있다. 기술적 의사결정, 즉 여러 가지 디자인 전략 중에서 어떠한 것을 선택하는가에 관한 것, 또는 문제해결 활동 중 문제를 진단하거나 심층 테스트를 추천하는 것 등도 있다.

3.4.2 E-컨설턴트 활용방안

- **모든 상황을 다루려고 하지 않는다.** 가장 공통적이고 가장 중요한 상황들을 다루어야 한다. 50%의 사람들이 사용할 수 있으면서 95%의 문제를 해결하는 잡 에이드보다는 90%의 사람들이 사용할 수 있으면서 90%의 문제를 해결할 수 있는 잡 에이드를 개발하는 편이 바람직하다.
- **컨설턴트 인력을 활용한다.** 그리고 다른 정보 자원들을 활용하도록 한다. 문제를 해결하고 해결책을 추천해 줄 수 있는 사람들의 연락처와 이메일 주소를 링크해 준다.
- **문제를 말로 표현하여 이해할 수 있도록 한다.** 중대한 의사결정의 압박감이 있는 사람이 이해할 수 있도록 해야 한다. 조언을 필요로 하는 대부분의 사람들은 복잡한 문제들을 가장 잘 이해 못하는 사람들일 수 있다.

3.5 잡 에이드의 활용방안

잡 에이드가 작업 환경에서 우선적이고 중요한 도구임을 유념하고 있으면 잡 에이드를 설계하는 것은 어려운 일이 아니다.

- **잡 에이드가 어떻게 활용될지를 고려하여 설계한다.** 만약 학습자가 컴퓨터 화면상에서 특정 절차를 수행하는 것을 안내하는 데 활용된다면, 학습자의 작업 공간을 지나치게 가리지 않도록 간결하게 만든다. 컴퓨터 이외의 수단으로 절차를 안내하게 된다면 인쇄용으로 설계하도록 한다.
- **잡 에이드는 간결하고 간명하게 한다.** 대체적으로 브라우저의 디폴트 사이즈에서 하나의 단일한 스크롤 영역에 맞도록 설계하거나, 인쇄할 경우 한 페이지의 문서 안에 내용이 모두 담길 수 있도록 한다.
- **인쇄용이라면 용지 형식을 갖춘다.** 만약 잡 에이드가 인쇄하여 활용될 용도라면 한 페이지의 종이에 인쇄될 수 있도록 유의한다. 어도비 애크로뱃 PDF 형식을 활용하여 인쇄용 버전을 갖추는 것을 고려할 필요가 있다. 이를 통해 HTML보다 레이아웃을 보다 정확하게 조정할 수 있다. 상용되는 용지 크기(A4 또는 레터지)를 염두에 둔다.
- **잡 에이드는 독립적으로 활용될 수 있도록 개발한다.** 이러닝의 맥락에서 벗어나 적용

될 수 있어야 하되, 활용을 위해 추가적 훈련을 요구해서는 안된다.

- **잡 에이드를 튜토리얼 형태로 개발하지 않는다.** 잡 에이드는 훈련 도구가 아니다. 훈련 도구로 만들면 잡 에이드 고유의 독특한 가치를 잃게 된다. 훈련을 보조할 수 있는 수단으로 활용하되 훈련 그 자체로 개발하지 않도록 한다.
- **이러닝을 단순화하기 위하여 잡 에이드를 활용한다.** 잡 에이드가 업무를 간소화하여 주는 것과 마찬가지 방식으로 이러닝을 단순화할 수 있다. 예를 들면, 지루한 계산을 해야 하는 학습자들의 부담을 덜어주기 위하여 계산기를 활용하도록 한다. 이러닝 강좌에서는 도구들을 활용하도록 안내해 주는 참고자료 요약과 과제중심 교수 활동을 활용할 필요가 있다.
- **강좌를 잡 에이드로 대체한다.** 만약 모든 사람들이 필요로 하는 것이 잡 에이드라면 굳이 강좌를 개발하지 않도록 한다. 계산기가 공식을 습득할 필요성을 없애 준다면 공식을 가르치지 않는 것이 바람직하다. 진정으로 필요한 것이 용어집이라면 개념이나 용어를 가르치지 않는다. 그 대신 어떻게 잡 에이드를 활용해야 할지를 가르치면 잡 에이드가 포함하고 있는 이론, 개념, 절차, 원칙, 그리고 다른 세부사항들을 가르칠 필요가 없을 수 있다.
- **학습에 장애가 되지 않도록 한다.** 개념이나 절차를 가르칠 필요가 있다면 이를 학습하는 데 방해가 되는 잡 에이드를 제공하지 않는 것이 좋다. 적어도 개념이나 절차를 먼저 가르치고 난 후에 잡 에이드를 제공하도록 한다.
- **잡 에이드를 기념물로 제공하도록 한다.** 이러닝 수업 이후에도 지속적으로 이용할 수 있도록 잡 에이드를 제공한다. 이러한 기념물은 그들이 무엇을 어디에서 배웠는지 상기시켜 주는 역할을 할 수 있다. 잡 에이드에 로고를 넣도록 하고 웹사이트에 링크시켜 놓는다.
- **잡 에이드를 다른 활동과 통합한다.** 다른 활동들을 간소화할 수 있다면 잡 에이드를 통합적으로 활용한다. 학습자들이 잡 에이드를 이용하도록 격려하게끔 활동들을 설계할 수 있다. 참고자료 요약을 통해 프레젠테이션(자세한 내용은 2장 참조)이나 읽기 활동(자세한 내용은 2장 참조)의 핵심을 요약할 수 있도록 하고, 실제 연습(자세한 내용은 3장 참조) 및 계산을 활동의 일부분으로 요하는 안내된 분석 활동(자세한 내용은 3장 참조)을 위하여 계산기를 활용한다. 연습 활동을 참고자료 요약 및 체크리스트와 통합하여 볼 수 있다.

4. 연구 활동

연구 활동(research activities)은 학습자들이 스스로 학습하도록 가르침으로써 지식의 전체 세계와 연결될 수 있도록 해준다. 복잡한 현실 세계에서 연구 활동은 기본적으로 습득해야 할 기술이다. 사실에 대한 기계적 기억으로 충분하지 않다. 학습해야 할 것은 굉장히 많으며 오늘 정확하고 적절하게 들어맞았던 것이 내일은 잘못되고 부적절한 것이 될 수 있다.

4.1 연구 활동의 개요

연구 활동은 학습자들이 정보를 수집하고 분석하며 보고하는 방법을 가르치는 활동이다. 정보와 관련되어 있기 때문에 습득형 활동으로 간주될 수 있고, 정보 수집의 수행을 요구하기 때문에 수행형 활동으로도 간주될 수 있다. 그러나 연구 활동의 가장 중요한 효과가 성공적인 생활을 할 수 있도록 해주는 지식의 세계와 학습자가 연결되는 것이므로 여기에서는 연결형 활동으로 분류하기로 한다.

거대한 정보에 즉각적으로 접근할 수 있도록 해주는 테크놀로지들은 무엇인가를 안다는 것 자체의 개념 정의에 대한 의문을 갖게 한다.

> 동사 '안다(to know)'라는 것은 주로 기억에 정보를 저장하는 것을 의미하였다. 오늘날에는 정보에 접근하고 그것을 어떻게 이용하는지 아는 것을 의미한다. – Herbert Simon, 노벨상 수상자

이와 같은 견해는 교육의 임무가 사람들의 머리속에 사실적 정보들을 집어넣는 것에서 필요한 것을 필요한 시기에 배울 수 있는 도구를 사람들에게 제공하는 것으로 전환되었음을 의미한다. 이것이 바로 연구 활동이다. *Harvard Business Review*의 편집자는 보다 직접적으로 다음과 같이 말하고 있다.

> 무엇인가를 안다는 것을 의미하는 것이 아니다. 모르고 있는 모든 것에 얼마나 빠르게 접근할 수 있는가를 의미한다. 접근 시간을 몇 초로 줄일 수 있다면 효과적으로 모든 것을 알 수 있게 되는 것이다. – Thomas Stewart, *The Wealth of Knowledge*

필요할 때 정보를 찾는 능력은 현재 기본적인 학습 역량으로 간주된다.

4.1.1 연구 활동의 유형

연구는 읽기나 발견 활동과 같은 다른 유형의 활동들의 자연스러운 일부분이 될 수 있다. 연구의 다음 두 가지 주요 활동들은 그 자체로 학습 활동이 된다.

- **보물찾기.** 학습자들이 문제에 답하고 과제를 해결하기 위해 신뢰할 만한 정보의 원천을 찾도록 한다.
- **안내된 연구.** 학습자들은 특정 주제에 대한 다양한 정보와 관점들의 출처들을 참고한 후 그 결과물을 요약한다.

이 두 가지는 유사하지만 활용 목적이 다르다. 보물찾기는 믿을 만한 정보의 원천을 찾는 것을 가르치고, 안내된 연구 활동은 정보로부터 결론을 이끌어내도록 가르친다.

4.1.2 연구 활동의 효과

연구 활동에서 학습자는 문제 또는 과제를 고찰하고 자료를 수집하며 그 자료를 학습 관련 질문에 대한 답 제시 또는 문제 해결을 위하여 활용하게 된다.

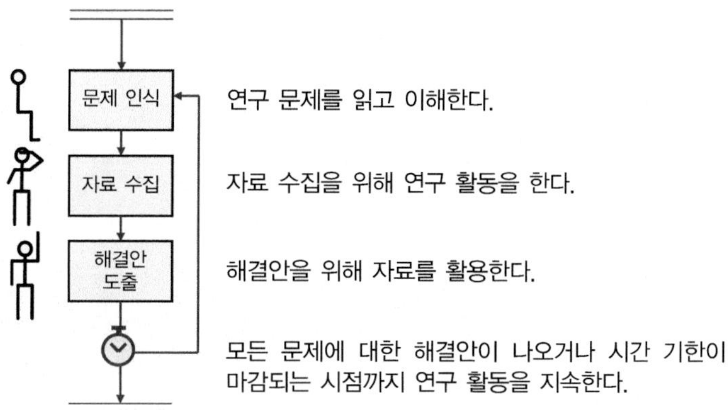

4.2 보물찾기

보물찾기는 학습자들에게 답하고 탐구할 과제들 및 이를 위한 웹이나 기업/캠퍼스 인트라넷 내의 믿을 만한 정보의 출처를 탐색하도록 하는 활동이다.

보물찾기 활동은 답이 제시되어야 할 문제들을 구체화한다. 학습자가 제출해야 할 추가 정보를 더 세부적으로 제시할 수도 있다. 예를 들면 문제에 대한 답이 발견될 수 있는 곳, 찾을 수 있는 수단, 적절한 답이 될 수 있는 이유, 답으로부터 도출된 결론, 그리고 답이 속하는 범주(영역) 등이 있다.

이 활동은 정보에 관한 특정한 출처들을 추천할 수도 있고 학습자들이 스스로 찾아야 할 수도 있다. 출처들을 활용하여 활동에서 제시하는 구체적인 문제들에 대한 답을 하게 된다. 이러한 과정을 거쳐 도출된 답과 사전에 파악된 출처에 근거하여 더 일반적이고 추상화된 질문에 대한 답을 할 수 있다. 제출된 결과물은 시스템에 의해 자동적으로 또는 교수자가 직접 채점한다.

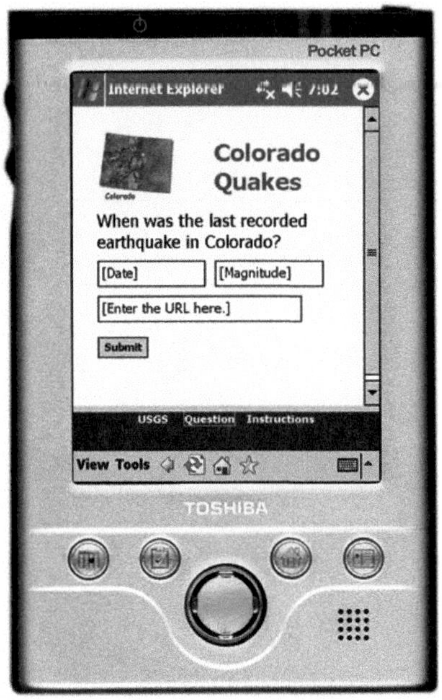

이 예시는 모바일 장치에서 운영될 수 있도록 설계된 것으로서, 콜로라도에서 마지막으로 발생한 지진과 그 규모에 대하여 질문하고 있다. 학습자들은 답을 찾을 수 있는 웹 페이지의 URL을 입력하도록 안내받는다. 검색을 간소화하기 위하여 정보의 공식적 출처인 미국의 지질조사 웹사이트로의 링크를 포함하고 있다.

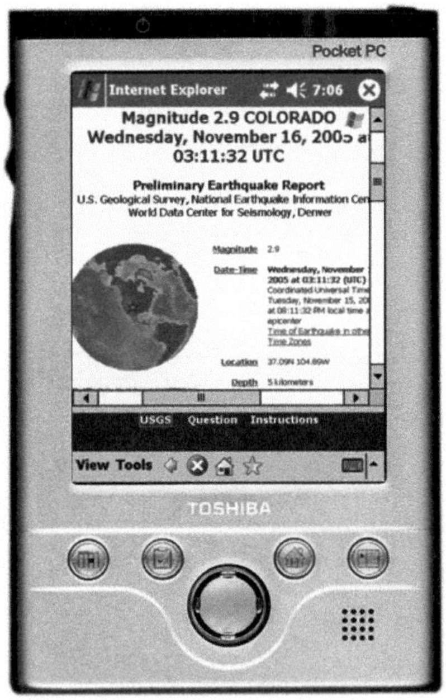

어도비 드림위버로 구축했다.

답을 찾은 후 [Question] 버튼을 클릭하여 질문 화면으로 돌아와서 답과 출처를 입력하게 된다.

빠르게 진보하는 지식을 습득하기 위해서는 해당 분야에서의 변화에 대응하는 방법에 대한 학습이 필요하다. 예를 들어, 프로그래머들은 프로그래밍 언어, 데이터베이스 기술, 그리고 프로젝트 업무상에서 늘 활용하는 다양한 코드 자료들에 대한 최신 정보에 접할 필요가 있다. 이러한 정보는 필수불가결한 패치, 버그 수정, 주변 업무들뿐만 아니라 개발자들이 지속적으로 새로운 버전의 도구들을 빈번하게 보급하고 있기 때문에 끊임없이 변화하고 있다. 이와 같은 역동성으로 인하여 인쇄된 자료와 면대면 교실수업으로는 보조를 맞추기가 어렵다. 구입 당시 '박스' 에 있던 문서와 도구에만 의존하는 프로그래머는 뒤처지게 되는 것이다.

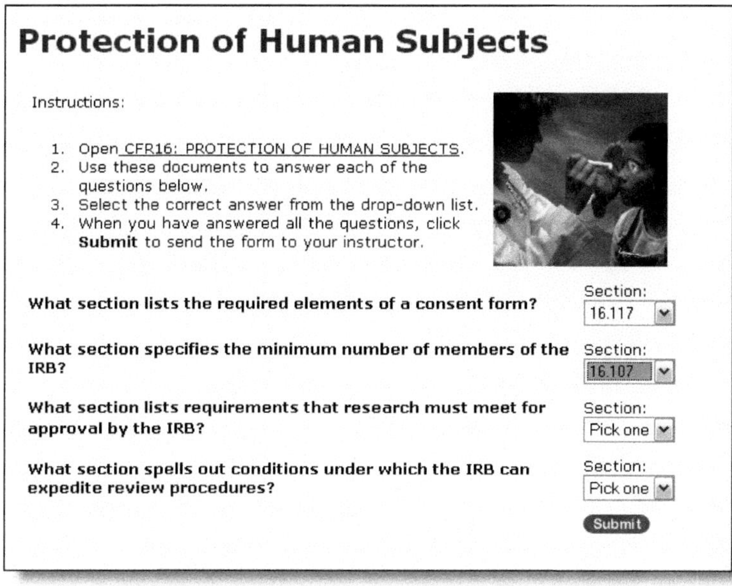

어도비 드림위버로 구축했다. 예시는 horton.com/eld/에서 볼 수 있다.

이 예시를 살펴보면 학습자들로 하여금 연구 참가자들에 대한 의학 검사의 세부 규정들을 찾도록 요구하고 있다. 학습자들은 답을 찾을 수 있는 적절한 규정들이 포함된 링크를 제공받는다.

4.2.1 언제 보물찾기를 활용하는가

보물찾기는 학습자들이 스스로 신빙성 있는 정보 원천을 찾을 수 있도록 가르친다. 이러한 활동은 최상의, 최신의, 정확한 정보를 온라인에서만 찾을 수 있는 분야에서 특히 가치를 가진다. 그러한 분야들에서는 어디에서 정보를 찾을 수 있는지를 아는 것 자체가 매우 중요한 핵심 기술이 된다. 다음과 같은 경우에 보물찾기를 활용한다.

- 인터넷이나 인트라넷에서 정보를 찾아야 할 때 활용한다.
- 명세서나 기술적 매뉴얼과 같은 큰 규모의 참고 문헌을 찾아야 할 때 활용한다.
- 데이터베이스에서 정보를 추출할 때 활용한다.

4.2.2 보물찾기 활용방안

- **활동을 단순하게 한다.** 보물찾기는 복잡할 필요가 없다. 학습자들이 웹 자원을 통해 답을 찾을 수 있도록 다섯 개에서 열 개의 짧은 질문 목록이면 된다.
- **정보의 가치를 보여준다.** 보물찾기에서 수집된 자료의 중요성을 강조하기 위하여 계산이나 의사결정 활동에서 자료를 활용하도록 한다.

- **활동의 목표에 초점을 맞춘다.** 질문에 답하는 것을 강조하는 것만으로는 충분하지 않다. 보물찾기의 목표는 미래에 활용될 신뢰할 만한 정보의 원천을 확인하는 것이다. 학습자들이 그들의 답에 대한 원천을 확인하도록 하고 그러한 자원들의 정보가 얼마나 정확한지 판단하도록 한다.
- **채점을 단순화한다.** 채점을 자동화할 수 있도록 미리 확인된 목록에서 학습자들이 정보를 선택할 수 있도록 해준다. 만약 출처를 입력해야 한다면 허용 가능한 곳의 목록과 연결시키도록 한다. 허용 가능한 곳과 연결되지 않은 제출 결과물은 평가자가 검토한다. 만약 정보의 위치가 적절한 곳이라면 목록에 추가할 수 있다.
- **학습자들에게 도전감을 제공한다.** 게임적 특색을 가미하기 위하여 검색에 가시적인 시간제한을 제공하는 카운트다운 시계를 추가한다.

4.3 안내된 연구

명칭에서 알 수 있듯이 안내된 연구(guided research)는 학습 주제에 대한 연구를 수행하도록 지도하는 역할을 하는 활동이다. 학습자들은 연구 주제를 할당받는다. 주제는 복잡한 하나의 문제이거나 일련의 간단한 문제들일 수 있다. 개인적으로 또는 팀으로 질문에 답하기 위해 필요한 정보를 수집하게 된다. 학습자들은 그들이 수집한 정보를 평가하고 관련된 사실들을 선택하며 조직한다. 교수자나 촉진자는 연구의 확장성, 사실의 정확성, 그리고 조직의 논리성 등에 근거하여 학습자가 작성한 보고서를 평가할 수 있다.

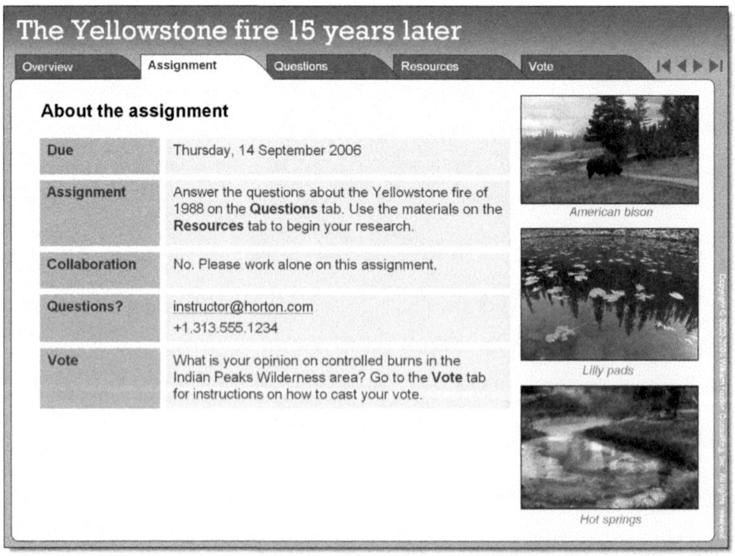

이 강좌에서 전문 산림 감독관을 위해 학습자들은 1988년에 옐로우스톤 국립공원을 휩쓸고 간 화재에 대한 결론을 숙고하도록 요구받았다.

마이크로소프트 파워포인트로 개발되었고 어도비 브리즈 프리젠터를 이용하여 웹 모드로 변환하였다. 예시는 horton.com/eld/에서 볼 수 있다.

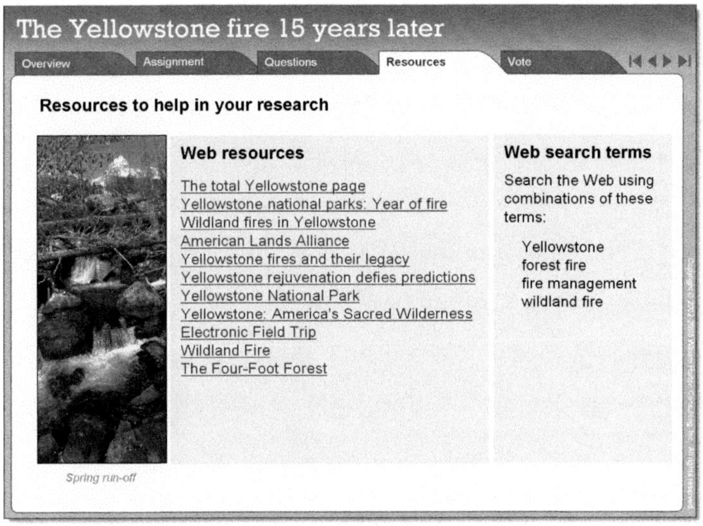

[Resource] 탭을 누르면 연구를 시작할 수 있도록 해주는 자원들을 제공받는다. 유용한 문서들이 있는 링크들을 포함할 뿐만 아니라 더 많은 문서들을 찾을 수 있는 검색 용어들을 포함하고 있다.

4.3.1 언제 안내된 연구를 활용하는가

안내된 연구는 개인, 팀, 그리고 한 클래스 전체에 효과적으로 적용될 수 있기 때문에 교수자 주도 이러닝의 주요 요소로 활용할 수 있다. 특정 주제에 대하여 비형식적인 연구를 수행하는 방법을 가르치기 위하여 이용한다. 특히 학습자들이 빈번하게 연구 결과를 요약하는 보고서를 작성해야 할 경우에 유용하다.

정보를 찾고 분석하는 것은 안내된 연구의 일부분이지만 중점을 둘 부분은 아니다. 안내된 연구는 정보를 평가하고 선택하며 조직하는 법을 가르치고자 할 때 활용해야 한다. 단순한 정보 수집을 위해서는 보물찾기를 활용하는 것이 좋다.

4.3.2 안내된 연구의 여러 가지 변형

안내된 연구 활동을 다양한 종류의 이러닝과 다양한 규모의 수업을 위하여 응용할 수 있다. 필요에 따라 어떻게 응용할 수 있을지에 대한 몇 가지 아이디어들을 제시하면 다음과 같다.

4.3.2.1 개인적 관점

각 학습자들로 하여금 같은 연구 과제를 수행하게 하는 것보다는 복잡한 주제를 골라 학습자들에게 다른 관점에서 연구할 수 있는 과제를 부과하도록 한다. 예를 들어, 프로젝트 관리에 대한 강좌에서는 1628년 스톡홀름 항구를 떠나 처녀 항해를 하던 중 침몰한 스웨덴 선박 Vasa의 사례를 연구하도록 할 수 있다. 여러 가지 관점에서의 연구는 다음과 같은 것들이 가능하다.

- **공학.** 어떠한 설계상의 오류가 선박이 전복되어 가라앉도록 만들었는가? 당시 해군의 공학기술은 실패를 미연에 방지할 수 있을 만큼 발달되었는가?
- **관리.** 실패를 야기한 설계와 제작의 관리 절차는 어떠했는가?
- **사회.** 좋지 못한 설계에 영향을 미친 사회적 압력은 무엇이었는가?
- **법.** 그 이후 제기된 민사 및 형사 소송은 무엇이었는가?
- **역사.** 스웨덴의 역사적 측면이 배의 설계에 미친 영향은 무엇이었는가? 배의 실패가 이후의 사건들에 미친 영향은 무엇이었는가?
- **미학.** 선박의 특징 중에서 상징적이거나 장식적인 것은 무엇이었는가? 당시 설계에 있어서의 미학의 역할은 무엇이었는가? 미학이 재난에 미친 영향은 무엇이었는가?
- **과학.** 잔해들이 실질적으로 거의 손상되지 않은 이유는 무엇인가? 선박은 어떻게 복원되고 보존되었는가? 과학자들이 복원 과정 중에 배운 것은 무엇이었는가?

학습자들은 자신만의 고유한 연구물을 발전시키기 위하여 서로 다른 다양한 관점들을 고려해 볼 수 있다.

4.3.2.2 스크랩북

안내된 연구의 흔한 형태 중 한 가지는 스크랩북이다. 학습자들은 이를 통해 특정 주제에 대한 지식을 수집하고 조직한다. 자원들을 복사하고 붙여 넣으면서 (단순 링크가 아니라) 스크랩북을 만든다. 완성 후 논평을 위하여 포럼 등에 올려놓을 수 있다.

학습자들에게 다음과 같은 안내를 제공하도록 한다.

아래에 있는 목록의 자원들을 찾아본다. 자신의 역할과 과제에 중요한 텍스트, 그림, 통계, 약간의 멀티미디어, 그리고 인용문을 수집한다. 수집한 조각 자료들을 스크랩북으로 모아서 그것들의 의미와 선택 이유를 설명한 짧은 주석을 붙인다. 수집한 자료들의 논리적 조직성을 보여주기 위해 목차를 작성하도록 한다.

4.3.2.3 일상의 하루

일상의 하루(day in the life)를 활용할 때에는 실제적이고 역사상 실존하고 있거나 또는 허구적인 인물에 대하여 연구하도록 하고, 일상적인 하루 동안 이 인물이 무엇을 경험하는지에 대하여 작성해 보도록 한다. 강좌의 내용에 기여한 사람 또는 해당 분야의 대표적인 실천가인 사람을 선택한다. 혹은 특정 사회 계층이나 전문 분야의 전형에 해당되는 보통 사람을 선택할 수도 있다.

4.3.2.4 최적의 사례 찾기

실용적인 학습 주제를 위한 또 다른 방법으로 학습자들이 연구 분야에서 훌륭한 결과물의 예시들 속에서 최적의 사례를 선택하고 분석하며 표현하도록 하는 것이 있다.

학습자들이 잘 살펴볼 수 있도록 수십 개 혹은 수백 개의 훌륭한 결과물들의 출처를 제시해 주는 것으로부터 시작한다. 그러한 출처들은 임의로 직접 선택해 볼 수도 있고 박물관 전시물, 수상자들 또는 전문가들이 빈번하게 인용하는 것들을 선택할 수 있다. 그런 다음, 학습자들로 하여금 사례들의 특정 측면에 주목하도록 안내한다. 사례들에 대한 구체적인 질문들을 하거나 특징들을 열거해 줄 수도 있다. 또는 사례들을 비교해 볼 수 있도록 세부 분류 범주들을 제공해 줄 수도 있다. 그러고 나서 해당 범주들 안의 가장 훌륭한 사례를 뽑도록 하고 왜 그것이 가장 최적의 것인지에 대해 설명하도록 요구한다. 다른 범주에 대해서도 같은 절차를 반복하여 진행하도록 안내해야 한다. 마지막으로 훌륭한 사례들이 가지고 있는 공통점들이 무엇인지 일반화하도록 하면서 마무리한다.

비교를 위한 준거는 전문가가 질문할 법한 질문들이 되어야 하지만 답하는 것 자체에 지나치게 큰 비중을 두지 않도록 한다. 분석 작업을 안내하고 활동을 구조화하기 위하여 워크시트를 활용할 때도 있다.

4.3.2.5 지속적 연구

연구 프로젝트에서는 학습자들이 정기적으로 연구 활동 기록을 제출하도록 요구할 필요가 있다. 교수자는 추가적인 자원을 찾고 보다 효율적인 기법들을 제안하며 확실하지 않은 자원들에 대한 설명을 요구할 수 있다. 일주일에 한 번 팀 작업의 결과물들을 제출하도록 한다.

4.3.3 안내된 연구 활용방안

믿을 만한 정보 자원을 찾도록 학습자들을 돕는다. 모든 질문들에 대해서는 아니지만 몇 가지 질문들에 대한 답을 드러내 주는 링크나 검색 용어들을 제시해 준다. 학습자들에게 유사한 자원들을 찾도록 요구한다. 연구 활동을 지속적으로 안내한다.

사실적 정보들을 평가하고 선택하며 조직하는 것의 중요성을 강조한다. 안내된 연구가 단순히 웹 검색의 마무리 단계에서 발견한 정보들을 기록하는 것 이상이 될 수 있도록 해야 한다. 발견한 것의 정확성을 판단하고 최상의 근거들을 선택하며 일관된 주장 또는 설명이 될 수 있도록 통합 작업을 요구한다.

연구를 안내하기 위하여 탐구적 질문들을 이용한다. 다양한 자원들로부터 나온 정보들을 통합할 것을 요구하는 질문들을 던진다. 견해로부터 사실을 분리하거나 서로 모순되는 정보들을 추려내도록 해본다. 단순히 언제 무엇을 다루었느냐가 아니라 그 근거는 무엇이며 어떻게 하였는지를 질문하도록 한다.

4.4 연구 활동 활용방안

4.4.1 연결 활동을 위한 설계

연구 활동이 학습자들의 사전 지식과 현재의 삶을 연결시킬 수 있는 것임을 확실히 해야 한다.

- 개별적 질문들에 대한 답을 제공하는 결과만이 아니라, 정보의 원천을 찾고 자료를 분석하는 절차를 강조한다.
- 학습자들에게 선택할 수 있는 다양한 정보 자원들을 제공하고 참고하도록 요구한다.
- 연구를 통해 수집한 것들을 적용하는 방법을 가르칠 수 있도록 분석 및 종합 작업을 수행하도록 요구한다.

4.4.2 자료의 원천으로서의 웹의 활용

두 가지 종류의 연구 활동들은 웹에서 찾을 수 있는 방대한 자원에서 많은 이득을 얻을 수 있다. 웹은 다양한 상품을 파는 온라인 상점, 다양한 의견으로 가득 찬 블로그, 현장 라이브 웹캠 등의 사례 연구, 보고서, 책, 매뉴얼, 역사적 문서, 데이터베이스, 사전, 뉴스, 음악, 이미지, 그리고 상상 가능한 모든 학습 내용의 카탈로그식 자료를 위한 자원의 보고이다. 많은 자료들이 무료로 제공된다. 연구 활동에 활용하기 위하여 온라인 자료들을 뒤지기 전에 이미 활용 가능한 웹 자원들에 기반을 둔 활동을 설계하는 것이 시간적으로 효율적이지 않을지 고려해 볼 필요는 있다.

연구 활동의 시작점. 유용한 정보 원천으로 안내해 줄 수 있는 수천 개의 웹사이트들이 존재한다. 어떠한 것들은 검색 엔진을 통해 유지되고 어떠한 것들은 정부 기관, 대학, 열정적 아마추어 커뮤니티들로 유지되기도 한다. 연구 활동의 시작점으로 활용할 수 있는 몇 가지 예를 제시하면 다음과 같다.

- wikipedia.com 방대하고 다양한 주제의 글을 찾을 수 있다.
- dictionary.com 단어들의 개념 정의를 찾을 수 있다.
- urbandictionary.com 최신의 속어나 은어들의 의미를 찾아볼 수 있다.
- etymonline.com 사용하는 단어 및 문구의 역사를 찾아볼 수 있다.

- earth.google.com 전 세계 모든 곳의 3D 광경을 볼 수 있다.
- scholar.google.com 학문적 논문과 책들을 찾아볼 수 있다.
- images.google.com 상상할 수 있는 모든 그림들을 찾을 수 있다.
- print.google.com 수백만 권의 책들에 대한 접근이 가능하다.
- uspto.gov 무수한 장치 및 방법들에 대한 수천 개의 특허들을 볼 수 있다.
- www.sec.gov 미국에서 상장된 회사들에 대한 정보를 볼 수 있다.

문헌과 문서자료의 산출. 근래 대부분의 기업 웹 사이트들은 상세한 활용법 안내, 마케팅 문헌, 수리 절차, 참고 매뉴얼, 기술 명세서, 기타 그들의 생산물과 서비스를 위한 문서들을 보유하고 있다. 이러한 자료들을 선택, 조작, 설계, 평가, 제조, 재활용하는 것에 관해 이러닝에서 유용하게 활용해 볼 수 있다. 기업의 웹 사이트로 가서 [products]나 [support]를 클릭하면 이와 같은 자료들을 찾을 수 있다.

매거진 및 저널. 인쇄 자료 기반의 매거진, 상업 저널, 학문 저널들도 웹에서 사용가능한 아티클, 초록, 그리고 관련 이슈들을 만들어내고 있다. 완전한 내용을 보거나 세부 이슈들까지 보려면 비용을 지불해야 하는 곳들도 있으나 대부분이 무료로 최신 아티클의 초록에 대한 접근을 허용하고 있다.

전문 협회. 소수가 아니라 다수가 특정 직무에 연관되어 활동 중이라면, 원칙, 윤리, 기준, 직무 범주, 기술적 요구사항, 그리고 다른 직무 관련 측면에 관한 유용한 정보들을 찾을 수 있는 전문 조직이 있는 웹 사이트가 존재할 가능성이 높다. 학습을 설계하는 설계자들에게 특별히 흥미를 불러일으킬 만한 것은, 전문가들이 사용하는 산출물의 사용자 그룹들의 웹 사이트들일 것이다. 그러한 웹 사이트들에서 활용할 수 있는 가치 있는 자원의 한 예로 전국 포토샵전문가협회(www.photoshopuser.com)를 들 수 있다.

정부 기관. 점차 정부 기관들은 규정, 제작품, 그리고 과학적 데이터 수집들을 인터넷 상에서 활용 가능하도록 만들고 있다. 예를 들면, NASA는 지구 전체에 대한 3D Landsat(미국 지구 자원 탐사위성)과 우주왕복선의 영상자료를 볼 수 있도록 하고 있다(worldwind.arc.nasa.gov). 미국 국회도서관(www.loc.gov)은 지도, 사진, 비디오 클립, 사서들에 대한 무료 접근을 허용한다. 유럽연합온라인(europa.eu.int)은 유럽 연합의 관리 방식에 대한 정보를 제공하고 있다. 세계연합(UN) 역시 유사한 정보를 제공한다(www.un.org).

뉴스 네트워크 및 신문. 거의 대부분의 주요 뉴스 보도 조직은 웹 사이트를 보유하고 있고 그곳에서 정치, 기술, 상업, 과학, 자연, 예능, 교육, 스포츠, 의학, 여행, 그리고 법률 등에 관한 최신의 기사들과 비디오 클립들을 제공하고 있다. 다음과 같이 몇 가지 탐색 시작을 위한 사이트들을 찾아볼 수 있다.

- news.bbc.co.uk
- www.cnn.com
- www.wsj.com
- www.msnbc.com
- www.nytimcs.com
- news.ft.com

이러한 각 기관들은 고유의 관점을 견지하고 있다는 것을 유의할 필요가 있다. 많은 기관들이 뉴스 제공을 위한 다양한 부서들을 보유하고 있다. 예컨대 *Financial Times*는 영국, 미국, 유럽, 그리고 아시아를 위한 별도의 사이트들을 운영하고 있다.

토론 포럼과 뉴스그룹. 만약 전 세계에 걸쳐 천 명 이상의 사람들이 특정 주제에 흥미를 가지고 있다면, 해당 주제와 관련된 토론 포럼 및 뉴스그룹이 있을 것이라고 단언할 수 있다. 그러한 온라인 토론은 학습자들이 실제 세계에서 실습하고 겪는 주제들에 대한 많은 자원들을 찾을 수 있도록 안내해줄 수 있다. 뿐만 아니라 실제 세계의 소소한 다툼이나 도취적인 자기 홍보, 과장된 거만, 개인적 독설 등으로 안내하기도 한다.

학습자들로 하여금 포럼이나 뉴스그룹에 접근하여 잠시 지켜본 후 대화에 참여하고 무엇을 배웠는지 보고하는 것으로 마무리하도록 한다. 토론 그룹의 본질적인 기능이 무엇인지에 대하여 보고하도록 제안할 수 있다. 어떠한 종류의 질문들이 좋은 자원들인가? 어떤 종류가 비효과적인 자원인가? 학문적 기능을 하는가, 직업과 관련된 기능을 하는가, 아니면 사회적인 기능을 하는 그룹인가?

관찰할 수 있는 사이트로의 안내. 라이브 웨비나(Webinar)는 아기의 탄생, 인공혈관이 이식된 심장, 성별 관련 내용 등을 보여주곤 한다. 그러나 모든 웹 사이트들이 모두 흥미로운 구경거리가 되는 것은 아니다. 몇몇은 딱딱한 교육적 가치를 표방한다. 천문학자이자 교수인 애리조나주 투손(Tucson)에 있는 Prima 대학의 David Iadevaia는 자신 또는 다른 연구자들이 망원경을 통해 보는 것들을 학습자들도 볼 수 있도록 해주고 있다(www.api-az.com). 웹캠은 굶주린 물고기 피라냐의 생생한 현장 영상도 볼 수 있게 해주고(piranhapictures.com), 수감 예정인 죄수들도 볼 수 있으며(www.tnasco.net/cont/jailcam.php), 화산에서 연기가 나는 것도 볼 수 있다(www.fs.fed.us/gpnf/volcanocams/msh/). 학습자들이 보기를 원한다면 주제명과 웹캠(Webcam)이라는 단어를 검색 엔진에 입력하고 그 결과물을 살펴보기만 하면 된다.

4.5 연구 활동과 다른 활동들의 결합

보다 풍부하고 믿을 만한 학습 경험을 위하여 연구 활동을 다른 활동들과 통합하여 활용할 수 있다.

- 안내된 분석 활동(자세한 내용은 3장 참조)과 통합함으로써 정보의 원천을 찾고 사실적 정보를 추출하며 세부적으로 분석하도록 한다.
- 프레젠테이션(자세한 내용은 2장 참조)이나 읽기(자세한 내용은 3장 참조)의 후속 활동으로 활용하여 스스로 심층 학습을 할 수 있도록 해준다.
- 읽기(자세한 내용은 3장 참조)의 학습 자료 찾기의 일환으로 연구 활동을 수행하게 한다.

5. 창의적 학습 활동

창의적 학습 활동(original-work activities)은 궁극적으로 보면 총괄 시험과 같다고 할 수 있다. 학습한 것을 고유의 학습 활동에 적용하도록 요구하는 활동이기 때문이다. 학습자들은 실제 세계의 문제들을 해결하고 난 후에 교수자나 동료 학습자들이 제공할 비평을 위하여 해결책을 제출해야 한다.

5.1 창의적 학습 활동의 개요

창의적 학습 활동은 수행중인 프로젝트에 학습한 것을 적용하도록 촉진하는 역할을 한다.

5.1.1 언제 창의적 학습 활동을 활용하는가

창의적 학습 활동은 실제 현실에서의 직무나 미래의 연구 활동에 학습한 내용을 적용하는 것을 검증할 수 있도록 해주는 활동이다. 다음과 같은 상황에서 창의적 학습 활동을 이용할 수 있다.

- 학습자들이 배운 것을 적용할 수 있음을 실증한다.
- 학습의 개별 분야들을 통합하고 종합한다.
- 총괄 평가나 실습을 위하여 활용한다.

5.1.2 창의적 학습 활동의 유형

학습자들은 다양한 방식으로 창의적 학습 활동을 할 수 있다. 다음의 목록을 살펴보면, 서로 다르지만 전혀 별개는 아닌 방식으로 창의적 학습 활동을 수행할 수 있는 방법을 제시해 주고 있다. 몇 가지 방법들은 서로 매우 생산적으로 결합될 수 있다.

- **의사결정 활동.** 실제 현장 프로젝트 상황에서 중요한 시점에 학습자들이 결정한 사항을 제출하도록 한다.
- **작업 문서 활동.** 실제 현장 업무의 일부가 될 수 있는 문서를 만들도록 한다. 예를 들어 기입 양식 작성, 슬라이드 프레젠테이션 제작, 명세서 작성 등을 들 수 있다.
- **저널 활동.** 의사결정 사항들을 수집하여 지속적으로 업데이트되는 복습용 문서로 만들고 이러닝을 마무리하면서 가져갈 수 있도록 해준다.
- **비교 활동.** 다른 학습자들의 작업과 비교할 수 있도록 한다.
- **그룹 비평 활동.** 개별 학습자들이나 소규모 팀들을 대상으로 동료 학습자들이 각각의 산출물에 대하여 논평한 결과물을 제출하도록 하는 활동이다.

5.1.3 창의적 학습 활동의 효과

창의적 학습 활동은 두 단계로 이루어진다. 먼저 학습자들이 창의적 작업 결과물을 제작하고 이후 교수자나 동료 학습자들이 비평을 하는 것이다.

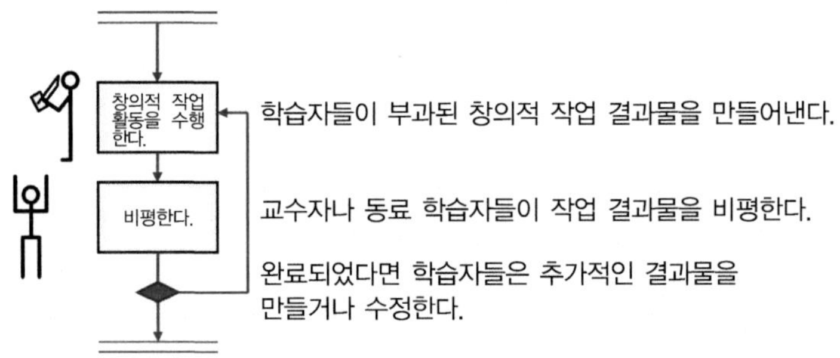

5.2 의사결정 활동

학습자들이 실제 프로젝트 상황에서 의사결정을 내리도록 하고 비평을 위하여 이를 제출하도록 한다. 의사결정은 세부 요소들로 구성된 형식을 따라야 한다.

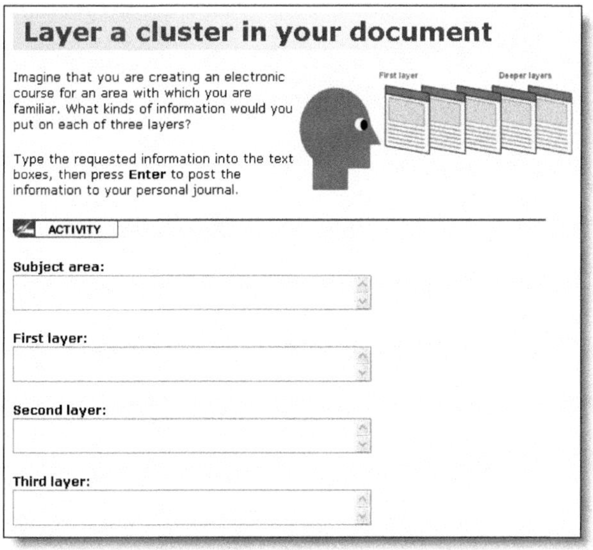

어도비 드림위버로 구축했다.

프로젝트를 위하여 레이어 작업에 대한 의사결정을 요청하는 활동이다. 학습자들은 자신의 작업이나 연구물들에서 주제를 선택해야 한다. 이 부분이 창의적 학습 활동으로 만드는 역할을 한다.

그러한 의사결정은 학습자의 작업 분야의 모든 세부 사항을 알지 못하는 교수자들이 평가 활동을 쉽고 간단하게 할 수 있도록 해주기도 한다.

5.3 작업 문서 활동

많은 작업과 연구들은 공식적인 문서나 프레젠테이션 활동을 요구하게 된다. 창의적 학습 활동의 한 가지 형식은 학습자들에게 그들의 작업 결과물로 산출된 실제 작업 문서들을 제출하도록 하는 것이다.

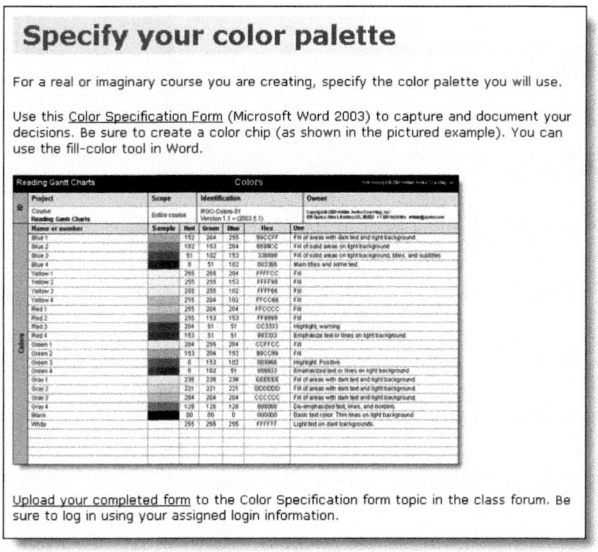

어도비 드림위버와 마이크로소프트 워드로 구축했다.

이 예시는 디자인하는 웹사이트의 색상을 구체화하도록 요구하는 활동이다. 이러한 활동의 일부로 양식을 다운로드 받아 작성하게 된다.

학습자들이 관련된 직무 활동들에 대하여 생각해 보자. 그러한 활동들의 산출물은 무엇인가? 산출물들 중 어떠한 것이라도 창의적 학습 활동의 토대가 될 수 있다. 예를 들어 사회복지가의 직무와 직무의 산출물들을 생각해 보자.

사람들과의 인터뷰	녹음, 녹취, 인터뷰 결과의 보고
자료의 기록	자료를 기록하기 위한 양식 작성 결과물
실행할 행동의 추천	지원 보고서들을 통한 보고

학습자들이 제출할 수 있는 방대한 유형의 작업 결과물들을 고려하여 본다.

- 작성한 글
- 계획
- 절차
- 정책
- 스프레드시트
- 보고서
- 설계 결과물
- 개요(밑그림)
- 슬라이드 프레젠테이션
- 3D 모델
- 광고물
- 음악 작곡 결과물
- 비디오 클립
- 애니메이션 장면
- 오디션 테이프

5.4 저널 활동

창의적 학습은 지속적으로 이루어져야 한다. 저널 활동은 워크북이나 데이터베이스, 또는 토론 포럼 등 작업한 결과물들을 모을 수 있는 곳에서 수행하는 활동이며, 이러한 곳에서는 비평을 하고 업데이트를 할 수 있다.

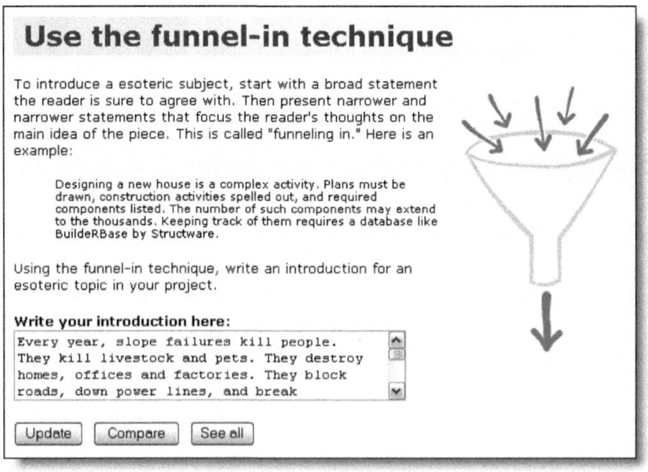

어도비 드림위버와 액티브 서버 페이지로 구축했다.

이 예시는 저널 활동을 보여주고 있다. 각 개인적 활동과 마찬가지로 데이터베이스에 기록된다. 한번 입력하고 난 후 학습자들은 변화를 주거나 [Update] 버튼을 클릭하여 수정할 수 있다. [See all] 버튼을 클릭하면 전체 저널을 보여준다.

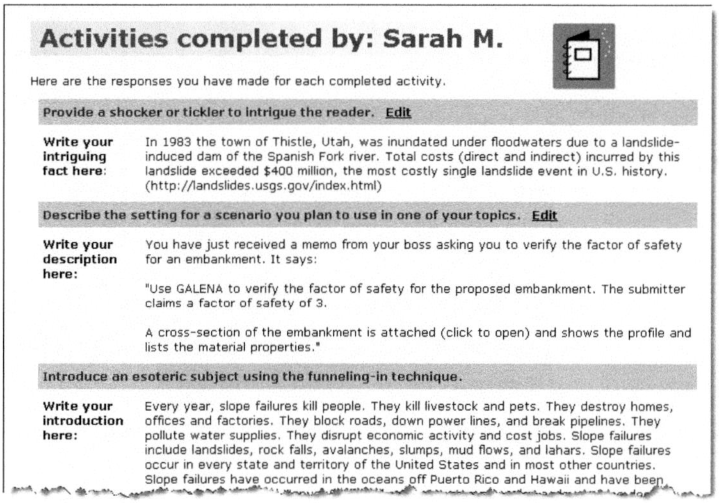

Activities completed by: Sarah M.

Here are the responses you have made for each completed activity.

Provide a shocker or tickler to intrigue the reader. Edit

Write your intriguing fact here: In 1983 the town of Thistle, Utah, was inundated under floodwaters due to a landslide-induced dam of the Spanish Fork river. Total costs (direct and indirect) incurred by this landslide exceeded $400 million, the most costly single landslide event in U.S. history. (http://landslides.usgs.gov/index.html)

Describe the setting for a scenario you plan to use in one of your topics. Edit

Write your description here: You have just received a memo from your boss asking you to verify the factor of safety for an embankment. It says:

"Use GALENA to verify the factor of safety for the proposed embankment. The submitter claims a factor of safety of 3.

A cross-section of the embankment is attached (click to open) and shows the profile and lists the material properties."

Introduce an esoteric subject using the funneling-in technique.

Write your introduction here: Every year, slope failures kill people. They kill livestock and pets. They destroy homes, offices and factories. They block roads, down power lines, and break pipelines. They pollute water supplies. They disrupt economic activity and cost jobs. Slope failures include landslides, rock falls, avalanches, slumps, mud flows, and lahars. Slope failures occur in every state and territory of the United States and in most other countries. Slope failures have occurred in the oceans off Puerto Rico and Hawaii and have been

저널은 학습자들의 모든 입력 사항들을 제시해 준다. 각 입력물들은 [Edit] 버튼이 있어서 이를 이용하여 수정을 할 수 있다.

저널 활동은 학습자가 중요한 특정 작업 결과물을 완성한 이후에 효과적이다. 저널은 명확한 개발 및 개선 과정과 함께 완료된 결과물을 보유하게 된다. 저널 활동은 전체 프로젝트를 위한 핵심 의사결정에 이르는 모든 소소한 의사결정들을 반복하여 수행하는 것과 유사하다.

5.5 비교 활동

비교 활동은 의사결정 활동의 변형이라고 할 수 있다. 다른 학습자들이 의사결정한 것을 비교하는 활동이다. 다른 이들이 어떻게 결정했는지 또는 유사한 작업 결과물을 만들어냈는지 파악하게 된다.

일반적으로 비교 활동은 영감이 생기도록 해주는 훌륭한 자원이 되며, 보다 유용한 방식으로 활동을 재해석하도록 해준다. 학습자 주도의 이러닝 상황에서 피드백을 위한 중요한 자원이 되기도 하는데, 논평을 제공할 교수자가 없는 상황이나 그룹 비평을 해줄 수 있는 충분한 학습자가 없는 비실시간 이러닝 상황에서 유용하다.

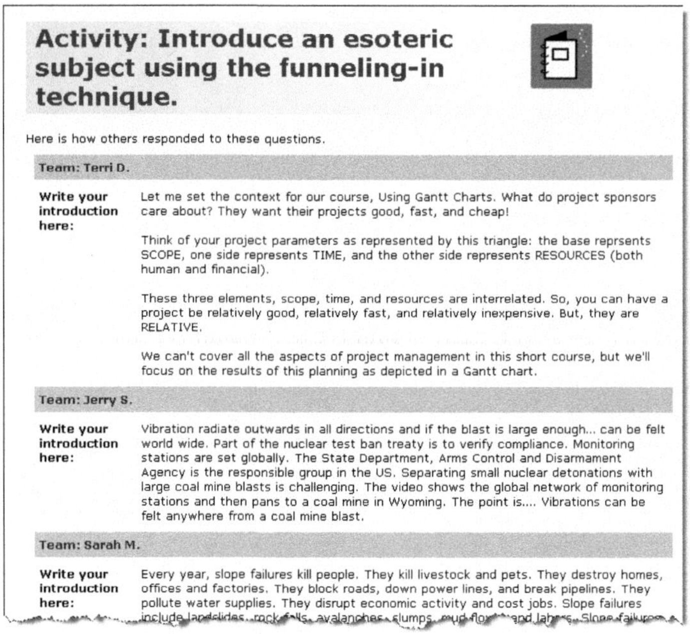

어도비 드림위버와 액티브 서버 페이지로 구축했다.

이 예시는 이전에 제시한 바 있는 저널 활동을 나타낸다. [Compare] 버튼을 클릭함으로써 다른 학습자들이 같은 활동을 어떻게 수행했는지 볼 수 있다.

5.6 그룹 비평 활동

그룹 비평은 창의적 학습 활동 중 가장 복잡한 형식을 띠고 있다. 학습자들로 하여금 다른 학습자들의 작업 결과물을 개선하는 것을 도울 수 있도록 해준다. 학습자들이 다른 학습자들을 돕는 토론 포럼의 효과를 지니고 있다. 가장 단순한 형태의 그룹 비평을 살펴보면, 학습자는 특정 질문에 대한 개별적 답을 작성하고 다른 이들의 비평을 위해 올린 후, 최종 작업 결과물을 제출하기 전에 수정하는 과정을 거치게 된다.

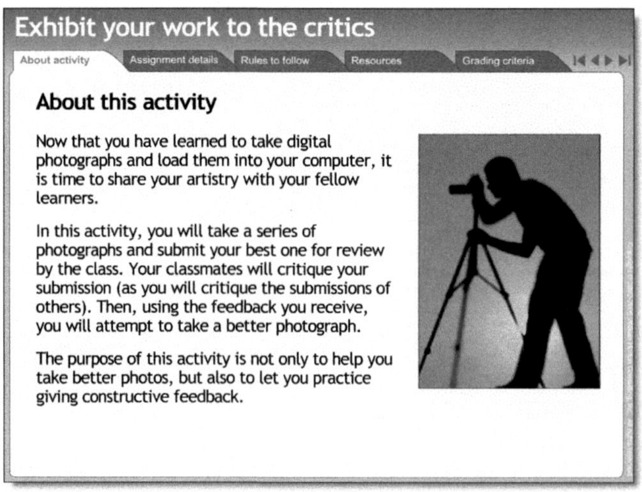

이 예시는 그룹 비평 활동을 위한 과제를 보여주고 있다.

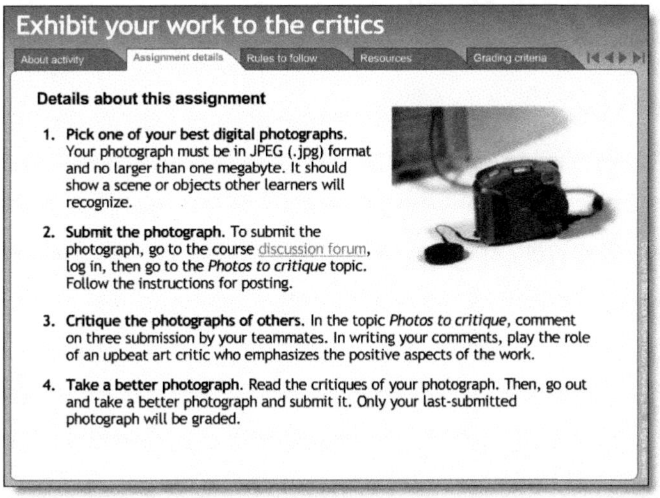

마이크로소프트 파워포인트로 개발되었고 어도비 브리즈 프리젠터를 이용하여 웹 모드로 변환하였다. 예시는 horton.com/eld/에서 볼 수 있다.

학습자들은 가장 좋은 사진을 선택해야 하며, 토론 포럼에 그것을 업로드한다. 다른 학습자들의 사진을 살펴본 후에 비평 활동을 하고 그들의 원래 사진보다 더 나은 버전을 최종적으로 제출하게 된다.

전형적인 그룹 비평 활동은 다음과 같다. 먼저, 교수자가 학습자들이 수행해야 할 창의적 학습 과제를 부과한다. 개별 학습자들은 초기 작업 결과물을 토론 포럼에 올리고 질문을 하며 비평을 하고 수정을 제안한다. 결과물을 수정하고 또 다른 비평을 위해 다시 올린다. 끝으로, 교수자는 학습자들의 최종 답변들의 질과 그들의 코멘트가 기여한 정도를 기준으로 평가를 한다.

기본적인 그룹 비평 방법은 비평을 수행하는 방식에 따라 다양하게 변화시킬 수 있다. 즉, 무엇을 비평하고 어떠한 종류의 비평을 요청하는지에 따라 변화가 가능하다.

그룹 비평은 비평을 제공하고 받아들이는 방법을 가르친다. 다음과 같은 상황에서 활용한다.

- 다른 이들의 아이디어를 통합하여 산출물을 개선하도록 한다.
- 동료들의 비평을 받아들이고 걸러내는 상황을 제공한다.
- 도움이 되는 비평을 제시하는 방법을 가르친다.
- 평가하고 비평하는 교수자의 많은 업무를 덜 수 있을 때 활용한다.

그룹 비평 활동의 가치는 비평의 질에 달려 있다. 가장 좋은 결과를 얻기 위하여 실질적이고 격려하는 코멘트를 제시하면서 참여자들을 안내해야 한다. 비평들을 모니터링하고 적절히 조정한다. 만약 조언들이 개인적 공격의 양상으로 변질될 경우 개입할 준비를 해야 한다. 조언이 도움이 되는 정도가 성적에 반영됨을 상기시킬 필요가 있다.

5.7 창의적 학습 활동의 활용방안

5.7.1 비평 기준의 구체화

비평자들이 활용할 수 있는 객관적인 기준을 제공해야 한다. 산출물을 만든 개인이 아니라 작업 산출물에 비평의 초점을 맞추도록 한다. 개인 비평은 도움이 되지 않는다는 것을 분명하게 상기시킨다. 학습자들이 자신들의 산출물에 대한 비평의 기준을 제시할 수 있도록 한다. 비평을 보다 구조화하기 위하여 양식을 제공할 수도 있다.

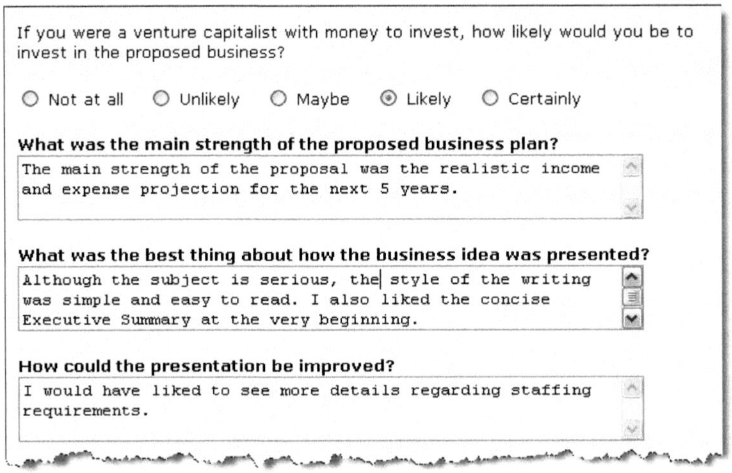

어도비 드림위버로 구축했다.

이 예시는 경영 계획에 대한 비평을 이끌어내기 위한 양식이다.

5.7.2 도움이 되는 조언의 제공

교수자는 예시를 제시함으로써 도움이 되는 조언 활동을 촉진할 수 있다. 학습자들이 다른 이들의 산출물을 비평하는 것에 대해 주저한다면, 교수자가 활동을 먼저 시작하고 도움이 되는 조언의 패턴을 만들어낸다. 두 가지 유형의 도움이 되는 조언들은 학습자들로 하여금 자신들의 산출물에 대하여 다시 생각하도록 만들고 개선사항 제안을 위한 질문들을 포함하는 조언들이다. 개인 학습자나 산출물을 직접적으로 비판하지 않는다.

5.7.3 워드프로세서의 수정 기능 활용

학급 전체가 같은 워드프로세서를 쓰고 있다면 학습자들이 상세하고 정확하게 형식을 갖춘 문서를 작성하게 할 수 있다. 그런 다음 작성된 문서 내용에 조언을 삽입하기 위하여 워드프로세서의 수정 기능을 활용하도록 한다.

5.7.4 제출 결과물의 명세화

- 학습자들에게 기입해야 할 양식이나 템플릿을 제공한다. 예를 들어, 학습자들이 프레젠테이션을 준비해야 한다면 교수자가 요구하는 종류의 정보들이 들어가는 틀을 포함하는 슬라이드 파일을 제공하는 것 등이 있다.
- 산출물을 제출하기 전에 사적이고 무례하거나 비밀스러운 것은 삭제하도록 안내한다.
- 산출물이 평가될 맥락(예를 들면 달성해야 할 성취 목표) 등을 함께 제출하도록 한다.

5.7.5 창의적 학습 활동과 다른 활동들의 결합

- 연구 활동을 수행함으로써 창의적 학습 활동을 전문가의 수준에서 수행할 수 있도록 하거나, 다른 전문가들의 결과물과 비교하거나, 다른 이들의 산출물을 비평하기 위한 기준들을 알 수 있도록 해준다.
- 학습자들이 자신만의 고유한 참고 자료의 목록을 모아 정리하고 잡 에이드를 만들도록 요구하는 창의적 학습 활동을 부과한다.
- 교사 훈련의 경우라면, 교수자가 제공하는 강좌들을 다시 설계해 보도록 한다. 다음 강좌 개설시 이러한 자료를 활용할 수 있다.

6. 이 장을 마치며

6.1 요약

연결형 활동은 학습한 내용의 적용을 확실하게 하기 위한 활동이다. 지식과 기술을 새

연결의 시작	연결의 대상	활용할 연결형 활동의 유형
개별 원칙, 개념, 기타 학습의 부분들	학습자의 직무나 연구	사고 활동(예: 사례 탐색)
이러닝에서의 주요 학습 주제	학습자의 삶	학습자에 의한 이야기 공유
절차와 정책	학습자의 전문적 작업	잡 에이드 및 창의적 학습 활동
강좌 내의 제한된 정보	해당 분야의 보다 방대한 지식의 총체	연구 활동
현재의 정보	학습자가 접할 새로운 정보	연구 활동

로이 가르치지 않으며 기존의 지식과 기술을 보다 유용하게 하는 역할을 한다. 연결형 활동의 유형은 단순한 *잠시 멈추고 생각하기 질문*과 같은 것에서부터 본격적인 작업 프로젝트에 이르기까지 매우 다양하다. 효과적인 연결형 활동을 설계하기 위해서는 무엇을 연결하고자 하는지에 대한 명확한 아이디어로부터 시작해야 한다.

6.2 보충사항

연결형 활동의 주요 목적이 학습한 내용의 적용에 있기 때문에 다음과 같은 단어들의 조합으로 웹을 검색해 보면 도움이 될 수 있다: *교육(education)*, *훈련(training)*, *학습(learning)*, *전이(transfer)*, *적용(application)*. 연결형 활동은 독립적으로 활용하는 경우가 드물다. 수행형 활동(자세한 내용은 3장 참조)과 습득형 활동(자세한 내용은 2장 참조)을 동반 활동으로서 고려해 볼 필요가 있다.

제 5 장

평가 활동

학습 평가

교육전문가, 교수설계자, 코스 저자들은 평가를 가볍게 생각하거나 무시하고 지나가는 경향이 있다. 한편 학습자들은 평가에 대해 공포심을 갖는다. 하지만 평가를 게임이나 퍼즐처럼 보이게 만들 수도 있고, 제대로 할 수 있는 충분한 시간이 있을 때까지 평가 문항 작성을 미룰 수도 있다. 평가를 *사정*, *퀴즈*, *연습*, *시험*, *역량 모니터링*, *숙달성 시연* 등은 무엇이라고 부르든 간에 학습자의 발전을 점검하는 데는 필수적인 요소이다. 또한 학습자의 참여를 유도하고 객관적인 피드백을 줄 수 있는 대표적인 방법이다.

1. 평가 목적의 규명

평가 문제를 작성하기 전에 평가 내용이 학습을 위한 것인지 확인할 필요가 있다. 평가의 목적이 명확하지 않다면, 실패하기 쉽다.

1.1 공식적 평가가 필요한 경우

평가 내용의 작성과 관리는 어렵다. 때로는 비형식적인 연습 활동이 주제를 가르치는 데 더 적합할 수도 있다. *성공적인 평가(Test That Work)*라는 책에서 Odin Westgaard는 성취 점수를 기록하게 되는 공식적 평가가 필요한 세 가지 조건을 설명했다.

2.3.2 사고에 대한 요구

진위형 문제를 효과적으로 하기 위해서는 추측보다는 사고를 적용하도록 설계해야 한다.

- 한 주제에서 한 가지 이상의 진위형 질문을 출제한다. 한 문제를 풀고 나면 다음 문제의 답을 저절로 알 수 있게 하는 문제는 피한다.
- 각 주제에 대해 한 문제에는 맞는 진술이 다음 문제에서는 틀린 진술이 되게 한다.
- 진위형 문제의 답이 참과 거짓이 양식으로 고르게 분배되었는지 확인한다.
- 답을 암시하지 못하도록 가치 중립적으로 진술한다.

2.3.3 답에 맞는 질문 작성

질문은 단순하고 직접적으로 작성한다. 평가하고자 하는 내용이 아니라면 학습자가 생각하거나 느끼거나 믿는 것에 대해 묻지 않는다.

☹ 부적절한 예	☺ 적절한 예
다음 진술은 참이라고 생각하는가, 거짓이라고 생각하는가?	다음 진술은 참인가, 거짓인가?

대부분의 경우 진위형 선택 버튼 위의 진술은 충분한 안내를 포함하고 있다.

> 포르투칼은 유럽 연합의 소속이다.
> ○ 그렇다 ○ 아니다

질문과 응답을 작성할 때 응답이 질문의 형태에 맞는지 확인한다.

☹ 부적절한 예	☺ 적절한 예
화강암은 흑운모를 함유하는가? ○ 참 ○ 거짓	화강암은 흑운모를 함유하는가? ○ 예 ○ 아니오
화강암은 흑운모를 함유한다 ○ 예 ○ 아니오	화강암은 흑운모를 함유한다 ○ 참 ○ 거짓

2.3.4 답안 추측 방지

학습자들은 진위형 문제를 풀 때 50 대 50의 확률로 답을 추측한다. 확률이나 도박을 가르치는 코스가 아니라면 단순 추측으로 답을 맞추지 못하도록 문제를 출제해야 한다. 다음과 같은 방법으로 방지할 수 있다.

- **추측시에 벌칙을 준다.** 진위형 문제에 점수를 부여할 때, 맞는 답에는 1점, 답하지 않은 경우 0점, 틀린 답에는 −1점을 준다. 추측하여 틀린 경우 오히려 불이익이라고 생각하면 답하지 않는 편을 택할 것이다.
- **높은 점수를 요구한다.** 10개 중 5개를 맞추었다면 확률로 추측했을 경우가 50%이다. 그러나 추측으로 80%이상 맞추었을 경우는 5%에 불과하다.
- **많은 문제를 출제한다.** 진위형 문제를 20개까지 출제하면 80% 이상 추측으로 맞을 경우가 1% 미만으로 줄어든다.

2.3.5 대안적 형태 고려하기

대부분의 진위형 질문은 버튼 형태이지만 둘 중 하나를 선택하게 할 때 상호 반대임을 분명히 나타내는 형태라면 어떤 것이든 활용가능하다.

2.3.5.1 그래픽 활용

다음의 예는 진위형 문제에서 그래픽에 적절한 표시를 넣어 함께 활용하는 경우이다.

2.3.5.2 다지선다 평가

서로 연관있는 진위형 질문의 시리즈는 하나의 다지선다 질문으로 다음과 같이 제시할 수도 있다.

이해력 연습

정보산물 개발 실습

정보 개발 과정에 대한 다음 진술 중 맞는 것은?

- □ 개발은 주기적 과정이다.
- □ 설계 단계는 주로 연역적이다.
- □ 평가는 구축단계 맨 마지막에 이루어지는 것이 가장 좋다.
- □ 구축 단계는 주로 연역적이다.
- □ 분석 단계 중 가장 실제적인 것은 '건축가' 프로젝트이다.

2.4 단일 선택형

선다형은 학습자가 선택할 수 있는 답안의 목록을 제공한다. 선다형에는 *단일 선택형*과 *복수 선택형*이 있다. 단일 선택형은 학습자가 정답이 하나만 있는 목록에서 하나의 답만 고르게 하는 것이다.

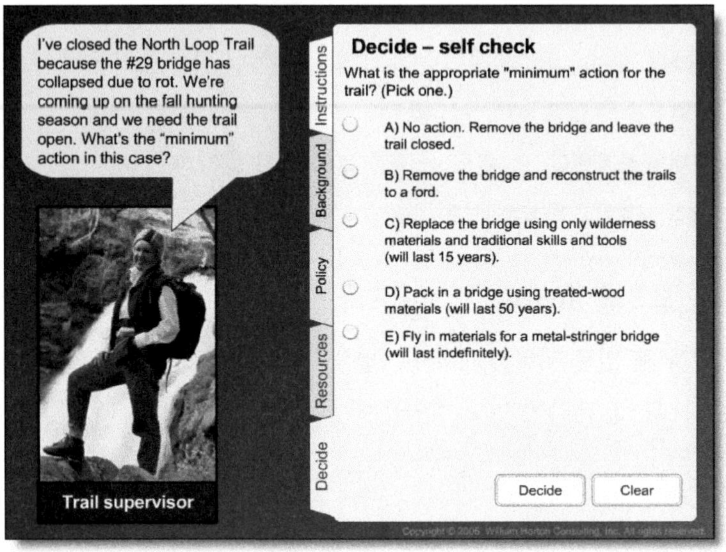

마이크로소프트 파워포인트로 구축했다. 평가는 어도비 브리즈 프리젠터로 추가되었다. 토픽은 웹 전달을 위해 브리즈 프리젠터로 전환되었다. 예시는 horton.com/eld/에서 볼 수 있다.

이 예시는 *자연보호 구역관리(wilderness management)* 강좌에서 학습자가 시나리오를 읽고 특정 규제를 준수하면서 문제를 해결할 수 있는 맞는 행동을 선택하도록 하는 것이다.

2.4.1 언제 단일 선택형을 활용하는가

단일 선택형은 정답이 하나만 있을 때 활용한다. 예를 들면 다음과 같이 범주별로 항목을 배정하도록 요구하는 활동에 좋은 방법이다.

- **척도에 따라 순위 정하기.** 위험도에 따라 대출신청서의 순위 매기기
- **특정 카테고리에 속하는 구성원 구별하기.** 특정 종에 속하는 식물을 고르기
- **문제의 원인을 선택하기.** 타이어 펑크의 가장 일반적 원인 진단하기
- **최고의 답 고르기.** 그룹에서 최상, 최악, 최대, 최소, 최고, 최저의 구성원 선택하기
- **최상의 행동 선택하기.** 학습자는 그럴듯해 보이는 여러 가지 중에서 하나를 선택할 때, 선택의 위험부담을 판단할 수 있어야 한다.

2.4.2 대안적 형태에 대한 고려

일반적으로 단일 선택형은 버튼이나 체크박스 형태로 선택지를 제시한다. 다양하게 하는 것은 좋으나 완전히 상반되는 형태를 쓰는 것은 학습자의 혼동을 야기할 수 있다.

2.4.2.1 복수의 단일 선택형 질문 선정을 위한 풀다운 메뉴

한 가지 주제에 대해서 복수의 단일 선택형 질문을 하고자 하거나 공간이 부족할 때는 풀다운 메뉴형 선택지 제시하는 것을 고려하도록 한다.

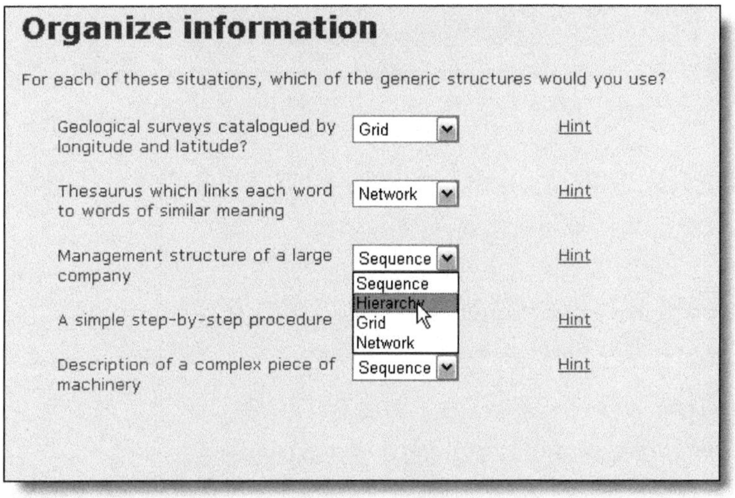

이 예와 같이 동일한 질문에 대한 답을 선택하도록 할 때 특히 효과적이다.

HTML과 자바스크립트로 구축했다. 예시는 horton.com/eld/에서 볼 수 있다.

단, 학습자들이 풀다운 메뉴형 선택지에서 답을 선택하는 방법을 반드시 알고 있어야 활용이 가능하다. 대부분의 사람들은 체크박스나 버튼을 이미 이해하고 있다. 풀다운 메뉴형 선택지는 사용법을 모르는 초보 사용자에게는 문제가 될 수도 있다.

2.4.2.2 시각적 선택을 위한 그림 클릭 문제

만약 학습자들이 시각자료 중 하나를 선택하게 하고자 한다면, 선택지를 그림으로 주고 학습자가 그림을 가리키거나 클릭하여 답하게 하면 된다. 이러한 유형은 시각적 주제를 위한 경우가 대부분이기 때문에 이 경우에는 *"그림 클릭하기(click-in-picture)"* 질문으로 구분하기도 한다. 그림 클릭하기 질문은 학습자가 마우스로 가리키거나 클릭함으로써 객체나 영역을 선택하게 한다. 이는 단일 선택형 문제의 시각화된 방식이라고 할 수 있다.

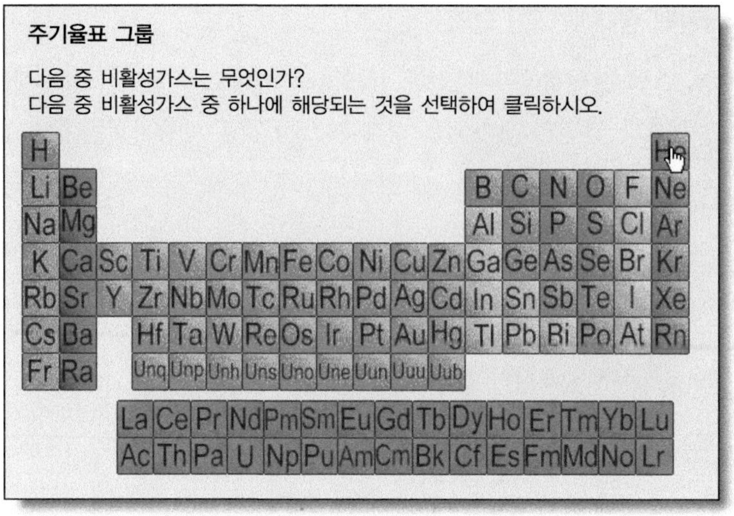

이 예는 학습자들이 주기표에서 영역을 선택함으로써 화학원소를 구별하도록 한 경우이다.

HTML과 자바스크립트로 구축했다. 예시는 horton.com/eld/에서 볼 수 있다.

그림 클릭하기 평가는 객체나 영역의 시각적 구별을 측정하기 위한 것이다. 다음과 같은 유형의 질문에 답하게 할 때 활용한다.

비상시 문을 닫기 위해 어떤 버튼을 클릭해야 하는가?

이 그림에서 누가 안전복을 착용하고 있는가?

우리 회사의 가장 큰 공장이 있는 국가는 어디인가?

만다린어가 공식 언어인 지역의 깃발을 클릭하시오.

그림 클릭하기 질문은 학습자가 무엇이 어디에 있는지 확인해야 하거나 이름보다는 모양이 더 중요할 때 문자 위주의 단일 선택형보다 효과적이다.

그림 클릭하기 질문에서는 명확한 이미지를 제시하고 사용법을 알려주는 것이 중요하다.

- **학습자가 선택해야 하는 것을 정확하게 설명해준다.** 영역을 선택해야 하는가? 또는 특정 물체를 선택해야 하는가? 척도의 일부를 선택해야 하는가?
- **대상을 시각적으로 분명히 구분해준다.** 시각적으로 분리된 객체나 영역으로 구분을 해준다.
- **대상을 충분히 크게 그려준다.** 일반적인 시각-조작 능력을 지니고 있는 학습자라면 금방 선택할 수 있도록 해야 한다. 최소 크기가 20×20 픽셀은 되도록 만든다.
- 제어판 버튼 클릭과 같은 활동처럼 실제 세계에서의 적용을 유도하기 위한 것이면 **실제로 보이는 것과 똑같이 제시해준다.**

2.4.2.3 가치판단용 척도 선택

학습자에게 상대적인 가치를 표현하게 하려면 학습자가 이해하기 쉬운 척도에서 선택하도록 하는 방법이 있다. 예를 들면 화학 수업에서 활용할 수 있는 다음과 같은 질문이 있다.

> 염산은 다음의 PH 지수 척도에서 어디에 해당하는가?
> (해당 값을 클릭하시오.)
>
> ← 산성 증가 —— 중성 —— 알칼리성 증가 →
>
> | 0 | 1 | 2 | 3 | 4 | 5 | 6 | 7 | 8 | 9 | 10 | 11 | 12 | 13 | 14 |

학습자는 척도에 따라 다음과 같은 방법으로 선택할 수 있다.

- 척도를 클릭하기
- 척도를 따라 아이콘을 움직여 위치 정하기
- 척도에 맞는 위치에 해당하는 숫자를 입력하기
- 척도에서 정의하는 위치를 선택하기

학습자가 입장을 선택해야 하는 경우에는 홀수로 된 선택지를 제공해야 한다. 그렇게 해야 중립적인 입장을 취하게 해주고 어느 한쪽으로 치우치지 않게 해준다. 중립적인 입장은 학습자가 둘 중 하나만 반드시 택해야 한다는 암시효과를 없애 주며, 질문이 보다 객관적으로 보이게 하는 장점도 있다. 또한 척도의 구간을 동일하고 의미있게 한다. 학습자가 익숙하다면 원문자로 숫자를 제시하는 것이 일반적이다.

2.4 복수 선택형

복수 선택형은 학습자가 하나 혹은 그 이상의 답을 선택할 수 있게 하는 것이다.

> **창고 계획에서 일곱 번째 업무인 차도 정비와 직접적으로 관련된 것은?**
> (적절한 것을 고르시오.)
>
> □ 테스크 4: 현장 준비
> □ 테스크 5: 슬랩 정비
> □ 테스크 6: 차를 없애기
> □ 테스크 7: 구조물 틀 만들기
> □ 테스크 8: 구조물에 지붕 얹기

이 예는 학습자가 맞는 답을 모두 고르게 하는 경우이다.

2.4.1 언제 복수 선택형을 활용하는가

답이 하나 이상일 때 복수 선택형을 활용한다. 단일 선택형이나 진위형보다 더 복잡한 문제가 될 수 있다. 복수 선택형 문제는 서로 관련된 일련의 의사결정을 요구한다. 예를 들면 다음과 같다.

- 준거에 맞는 항목 선택하기
- 규칙이 적용되는 경우 선택하기
- 예/아니오 결정의 신속한 시리즈 만들기
- 원리의 예와 예가 아닌 것 선택하기

복수 선택형을 활용하면 답을 추측으로 맞추지 못하게 할 수 있다. 항목의 특정한 조합을 선택해야 하기 때문에 추측으로 정답을 맞출 확률이 현저히 줄어든다.

질문의 유형	추측으로 맞출 가능성
진위형	1:2
4개 중 1개 고르기	1:4
5개 중 1개 고르기	1:5
4개 중 복수 선택하기	1:16
5개 중 복수 선택하기	1:32

복수 선택에서 추가 선택지는 단순한 추측으로 답을 맞출 확률을 반으로 줄여준다. 복수 선택형은 서로 관련있는 진위형 질문에 답하는 압축적인 방법이다.

형석의 특징은 무엇인가?
(모두 고르시오.)

- □ 순수 형태에서 형석은 무색이다.
- □ 모스척도에서 형석의 강도는 5~5.5 사이이다.
- □ 상업용 형석제조 1위 국가는 미국이다.
- □ 형석은 단일 결정구조이다.
- □ 순수 형석 공식은 CaF_2이다.

그림의 예는 5개의 진위형을 질문하는 경우의 사례이다. 5개의 진위형 문제를 각각 푸는 것보다 이 문제 하나를 푸는 것이 훨씬 어렵다.

2.4.2 대안적 형태에 대한 고려

2.4.2.1 그래픽 활용

학습자들이 그림에서 항목을 선택하게 하는 방법이다. 다음의 예는 학습자들이 질문에 답하기 위해 여러 개의 바를 선택하게 한 경우이다. 선택된 바는 강조 표시가 된다.

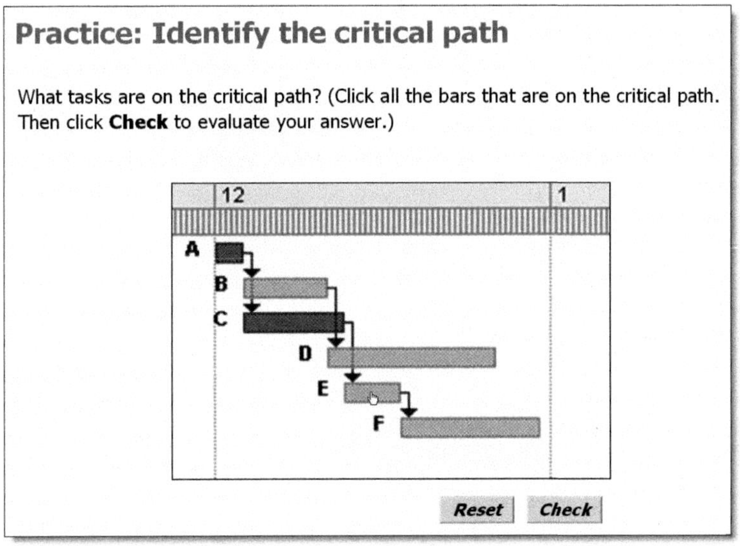

이 예는 학습자가 질문에 답하기 위해 차트 위의 바를 선택하게 한 경우이다. 선택된 바는 강조표시가 된다.

마이크로소프트 파워포인트로 제작되어 변환되었다. 예시는 horton.com/eld/에서 볼 수 있다.

그림 클릭하기 평가를 활용하여 객체나 영역의 시각적 식별 능력을 측정할 수 있다. 다음과 같은 질문을 활용한다.

지도상의 어느 나라에 우리 회사 판매 사무소가 있는가?

어떤 수하물이 기내에 갖고 탈 수 있는 것인가?

퀴리 부인이 발견한 원소는 주기율표에서 어느 것인가?

그래픽 복수 선택형 질문은 학습자가 객체가 있는 위치 또는 객체의 모양을 아는 것이 중요한 경우에 활용한다.

명확한 이미지와 가이드라인을 사용한다.

- 영역, 객체, 범위 등 그래픽을 정확하게 지시하며(예: 지도 위의) **학습자가 선택해야 하는 것이 무엇인지 명확하게 설명한다.**
- **대상을 시각적으로 분명히 구분해준다.** 시각적으로 분리된 객체나 영역으로 구분을 해준다.
- **대상을 충분히 크게 그려주어.** 일반적인 학습자라면 보고 금방 선택할 수 있도록 해야 한다. 최소크기가 20×20픽셀은 되어야 한다.

2.4.2.2 평가 툴이 복수 선택을 지원하지 않는 경우

평가 툴이 복수 선택형 질문 생성을 지원하지 않으면 일련의 진위형 문제들로 구성할 수도 있다. 복수 선택형의 각 선택지가 각각 진위형 질문이 되는 것이다.

2.5 빈칸 채우기 질문

빈칸 채우기 질문은 학습자가 질문에 대한 답을 입력하도록 한다. 일반적으로 아주 상세한 문제에 대한 짧은 답으로 구성된다.

그림의 예에서 학습자는 날짜수를 입력하게 되어 있다.

빈칸 채우기 질문은 빠진 단어나 숫자를 쓰게 하기도 한다. 빈칸은 문장의 중간이나 질문의 끝에 위치할 수도 있다. 여러 개의 빈칸을 텍스트의 문단이나 표 내용 군데군데에 삽입할 수 있다.

2.5.1 언제 빈칸 채우기를 활용하는가

빈칸채우기 질문은 학습자가 어떤 것들의 이름을 정확하게 알고 있는지 확인하기 위해 사용한다. 구체적인 예시는 다음과 같다.

- 기술적 용어 또는 경영학 용어
- 파트의 번호
- 약어
- 프로그래밍 언어의 명령어나 진술
- 외국어 어휘

2.5.2 빈칸 채우기 질문을 어떻게 설계하는가

빈칸 채우기 질문을 설계할 때 가장 어려운 것은 컴퓨터가 채점할 수 있도록 문제를 진술하는 것이다.

- 주어진 맥락이 학습자가 빈칸을 채우기에 충분한 단서를 제공하고 있는지 확인한다. 학습자로 하여금 요구하는 바가 무엇인지를 파악하도록 도입과 맥락을 명확하게 제시해야 한다. 모호한 진술 중간보다는 명확하게 진술된 질문 뒤에 빈칸을 두는 것이 좋은 방법이다. 질문은 사전에 테스트해본다.
- 질문을 만들 때는 정답의 수를 제한하는 것이 좋다. 가능하면 한 가지 답만 가능

하도록 질문을 작성한다.

- 질문을 만들 때는 어떤 특정 단어나 구가 채점에 영향을 주지 않게 하고 단어의 순서나 구문의 정확성에 영향을 받지 않게 해야 한다.
- 동의어, 문법적 오류, 오타 등은 허용하는 것이 좋다.
- 학습자들에게는 답을 어떻게 작성해야 하는지 예를 통해 알려준다. 답이 텍스트인지, 숫자인지, 텍스트와 숫자의 조합인지 명확하게 알려준다.
- 질문이 복잡하면 개별 질문으로 분리하여 각각 단답식으로 답할 수 있게 해준다. 하나의 입력 박스에 두 개 이상의 질문을 하지 않도록 한다.
- 학습자에게 길이, 형태, 필수 구성요소 등을 알려준다. 길이를 알려주지 않으면 학습자들은 입력박스를 전부 채울만큼 써야 한다고 가정할지도 모른다.

자유 서술식 텍스트를 자동 채점하는 것이 어렵기는 하지만 질문 작성 시점에서 평가하기 쉽게 할 수는 있다. 예를 들어 학습자들에게 다양한 원석을 비교하게 하고 시스템은 학습자의 응답을 원석의 이름으로만 구분하게 하거나(예: 루비, 다이아몬드, 오팔 등) 특성으로만(색상, 강도 등) 구분하게 할 수 있다.

가능하면 정답 여부를 평가하기 전에 *확인하기*를 페이지 오른쪽에 두어 맞게 입력했는지 볼 수 있게 해준다. *확인하기* 버튼은 주제 관련 내용과 상관없는 실수를 체크할 수 있게 해준다. 예를 들어, 숫자 형태가 정답인 경우 응답자가 숫자가 아닌 텍스트로 "백십"이라고 입력할 가능성이 있을 수도 있다. *확인하기* 버튼은 숫자를 넣어야 하는지 텍스트를 입력해야 하는지 체크하게 해준다. 입력해야 하는 것이 숫자가 아니라면 경고 표시를 이용하여 맞는 답을 입력하도록 유도한다.

2.5.3 완성형 질문

복수의 빈칸을 포함한 질문은 보통 *완성형 질문(cloze questions)*이라 불린다. 이러한 질문은 수세기 동안 활용되어 온 것이다.

다음 사례는 불어 문법, 구문, 철자법 지식을 평가하기 위한 고전적인 예이다.

적절한 남성형과 여성형 관사를 입력하시오.

[La] salle a manger est- [elle] plus grande que [la] cuisine? Non, [elle] plus petite que [la] cuisine.

완성형 질문은 학습자들이 답을 써 넣게 되어 있는 인쇄된 워크북과 같은 방식으로 활용될 수 있다. 이러닝 버전에서는 학습자들이 대신 타이핑을 하거나 선택지에서 고르거나 하는 식으로 방법이 바뀌는 것이다.

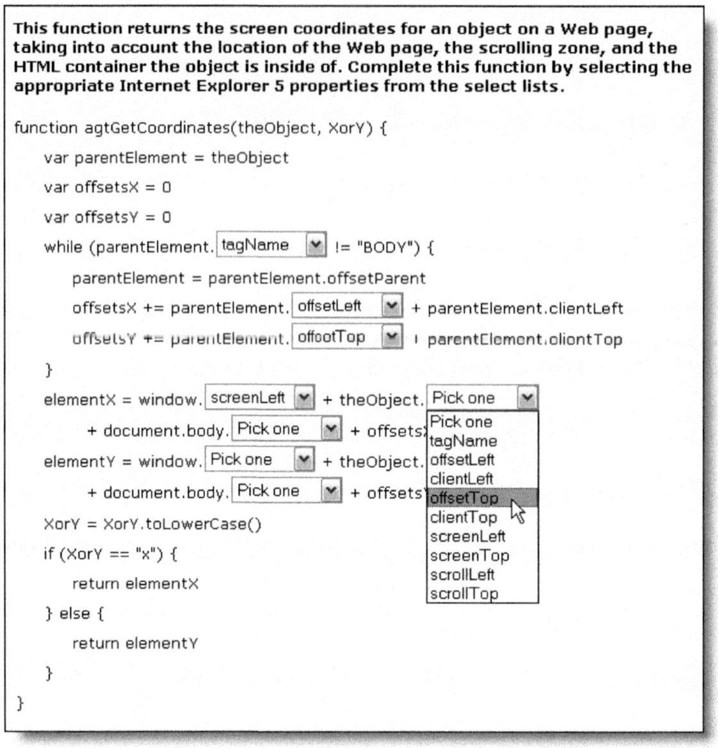

그림의 예는 프로그래밍 언어에서 기능을 완성하기 위해 학습자들이 목록으로부터 단어를 선택하게 하는 예시이다.

HTML과 자바스크립트로 구축했다. 예시는 horton.com/eld/에서 볼 수 있다.

위의 예시와 같이 완성형은 밀접하게 서로 관련된 일련의 빈칸 채우기 문제들 또는 복수 선택형 문제들의 통합된 시리즈와 유사하다.

2.5.4 언제 완성형 질문을 활용하는가

완성형 질문은 특정 문제 상황에서 지식을 적용하는 능력을 측정하기 위해 사용된다. 학습자는 정답을 맞추기 위해 부분적인 답을 활용한다. 다음과 같은 경우에 활용할 수 있다.

- **지식을 축적을 평가하기 위해 활용한다.** 학습자들은 주제의 부분을 알고 있으며 이를 답을 추정하는 데 적용한다.
- **맥락이 중요할 때 활용한다.** 학습자는 주변 텍스트나 코드로부터 정답을 추정한다.
- **주어진 상황에 언어 지식을 적용하는 능력을 측정하기 위해 활용한다.** 학습자들은 앞에 오는 단어나 뒤에 오는 단어를 통해 맞는 단어를 추측할 수 있다.
- **복잡한 질문을 위해 활용한다.** 학습자들은 서로 관련된 여러 부분들에 관한 질문에 대답한다.
- **스캐폴딩을 제공하기 위해 활용한다.** 맥락은 학습자가 주제를 학습하는 초기에 필요한 지원을 제공한다. 학습자는 맥락이 제공하는 지식을 완벽하게 모두 알 필요는 없다.

2.5.5 완성형 질문을 어떻게 설계하는가

학습자가 질문에 대한 답에 집중할 수 있도록 단순하고 예측가능하게 설계한다.

- **맥락을 소개한다.** 불완전한 예가 어디서 나왔는지, 완성해야 하는 것이 무엇인지 설명한다(예: "다음 문단은 러시아 여행 가이드 중 세인트 피터스부르크에서의 첫날 무엇을 하면 좋을지 소개하는 글이다").
- **목적을 설명한다.** 학습자에게 빈칸을 채우기 위한 준거를 설명한다(예: "문단의 내용을 간략하게 요약하는 단어를 고르시오").
- 정답이 너무 많은 경우에는 **선택 목록을 주어** 학습자들이 여러 개의 답 중 하나를 선택하게 한다.

2.6 짝짓기 질문

보기 목록 간 짝짓기 질문은 한 목록에 있는 어떤 항목이 다른 목록에 있는 항목과 어떻게 대응되는지 맞추는 것이다.

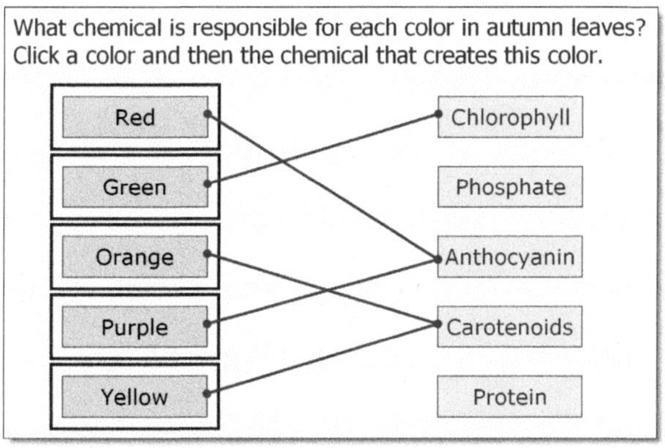

마이크로소프트 파워포인트로 제작하여 변환했다. 예시는 horton.com/eld/에서 볼 수 있다.

이 예는 학습자가 낙엽의 색이 어떤 화학물과 관련이 있는지 맞추는 것의 사례이다.

목록을 단어를 쌓아 놓는 형식으로 만들 필요는 없으며 학습자들에게 스크린상의 대응하는 곳에 아이콘이나 이미지를 옮기게 할 수 있다.

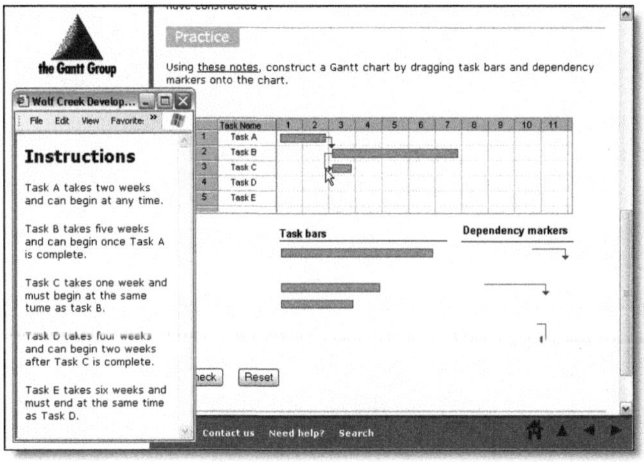

어도비 드림위버로 구축했다. 예시는 horton.com/eld/에서 볼 수 있다.

학습자들이 Gantt 차트에서 프로젝트 과제들의 관계를 나타내는 위치로 요소들을 움직여야 하는 예를 보여주고 있다. 드래그 앤 드롭(drag-and-drop) 질문은 항목을 맞는 범주에 배정할 수 있는 역량이나 부분을 전체 시스템과 연관지을 수 있는 역량을 평가하기 위한 것이다.

2.6.1 언제 짝짓기 질문을 활용하는가

개념, 객체, 요소 간의 관계에 관한 지식을 측정할 때 짝짓기 질문을 활용한다.

대응항목	대응항목
질문	답
용어	정의
그림	설명
사람	직위 혹은 성취
도구	활용법
질병	징후나 치료법
전체의 부분	전체에서의 위치
항목	범주, 척도에서의 순위, 혹은 항목의 반대

2.6.2 짝짓기 질문을 어떻게 설계하는가

학습자들이 두 개 목록에 있는 항목 간의 관계에 집중할 수 있도록 쉽게 설계한다.

- **목록의 항목들은 명확하게 기술한다.** 익숙한 용어를 사용하거나 용어 사전을 제공한다.
- **같은 길이로 제시될 수 있도록 짧게 기술한다.** 또는 학습자들이 버튼을 클릭해서 앞뒤로 이동하며 볼 수 있게 해준다. 일곱 개 항목 정도면 충분하다.
- **항목을 쉽게 짝지을 수 있게 해준다.** 문자나 숫자를 타이핑하게 하기보다는 선택지에서 고르게 해주거나 끌어다 놓게 하거나 선을 긋게 해준다.

- **"제거 절차" 효과[1]를 없애기 위해** 연결하는 다른 한쪽 보기 리스트에 항목을 추가하여 서로 맞지 않는 항목을 추가로 둠으로써 "해당없음"과 짝지을 수 있는 항목을 만든다.

2.7 순서 배열형 질문

순서에 관한 질문은 학습자들이 어떤 규칙이나 원리에 의해 처음부터 끝까지 항목을 순서대로 놓게 하는 방식이다. 학습자들은 순서가 뒤바뀐 항목으로 구성된 목록을 받게 되고 항목들을 움직여서 순서를 맞추게 된다.

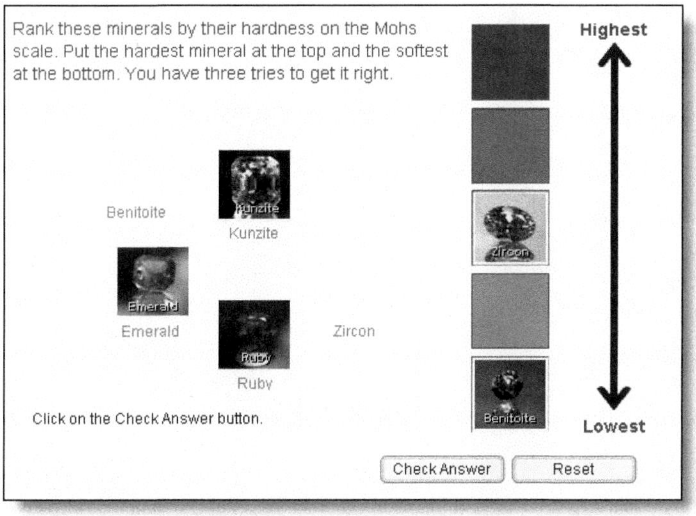

이 예는 학습자들에게 다섯 가지 광물의 상대적 강도를 묻고 있다. 학습자들은 광석 그림을 끌어다가 적절한 위치에 놓고, 정답을 확인하기 위해 [Check Answer] 버튼을 클릭하게 되어 있다.

어도비 플래시 러닝 인터액션으로 구축했다. 예시는 horton.com/eld/에서 볼 수 있다.

2.7.1 언제 순서 배열형 질문을 활용하는가

학습자가 항목을 의미있는 순서로 배열할 수 있는 능력이 있는지 평가하기 위해서 활용한다. 순서 질문은 목록내 항목 간의 관계에 관해 학습자가 판단을 하게 한다. 학습자가 순서를 배열할 수 있는 능력이 있는지 측정하기 위해서는 다음과 같은 질문을 활용한다.

- 역사적 사건의 날짜별 순서
- 절차가 수행된 순서
- 일어나는 순서에 따른 절차의 각 국면
- 논증에서 연역적 혹은 귀납적 순서

1) 오답인 것을 하나씩 제거해가면서 정답을 찾는 특정 행동에 의해 답을 추측하는 효과

- 의존관계 사슬을 통한 개선(innovations by a chain of dependencies)
- 값(혹은 가치)의 순서
- 크기, 무게, 중요성 등과 같은 객체의 속성
- 성공 확률에 따른 개선책(순서)
- 확률에 의한 징후의 진단

2.7.2 적절한 순서에 대해 명확하게 하기

순서 배열하기와 관련된 활동을 명확하고 단순하며 공정하게 진술한다.

- **한 가지 이상의 답이 있을 때는 순서 배열형 질문을 사용하지 않는다.** 맞는 답을 모두 인정해주는 경우라도 학습자들은 질문이 공정하지 않았다고 느낄 수 있다. 순서가 주관적인 경우에는 사용하면 안된다.
- **학습자에게 익숙한 항목을 사용한다.** 학습자가 각 항목이 무엇인지 추측해야 하거나 조사를 해야 하는 경우에는 사용하면 안된다.
- **순서의 준거를 명세화한다.** 예를 들어 "연대기적 순서" 라든가 "가장 오래된 날짜부터 가장 최근 날짜까지" 와 같이 정확하게 해준다.
- **순서에 관한 준거는 하나만 제시한다.** "첫 번째 요소와 두 번째 요소에서" 라든가 "테크놀로지와 그것이 개발된 해" 와 같은 복잡한 준거를 주지 말고 명확하고 간결하게 제시한다.

2.7.3 공정하게 평가하기

순서 유형에 대한 지나치게 단순한 평가는 문제가 될 수도 있다. 순서 배열형 문제의 특성상 다른 순서들을 모두 알고 있더라도 한 항목의 위치를 잘못 생각하면 오답이 될 수도 있다. 응급처치에 관한 경우라면 엄격하게 순서를 준수하는 것이 중요할 수도 있다. 하지만 한 개의 순서가 틀려도 거의 맞은 것과 다름없는 경우가 발생할 때 다음과 같은 대안을 고려한다.

- 부분 점수 부여
- 항목별 채점
- 점수가 기록되지 않는 실제 연습에서 활용

2.7.4 대안에 대한 고려

평가 도구가 순서 배열 질문을 지원하지 않을 경우에는 다음과 같은 대안을 고려할 수 있다.

● 순서에서 위치를 맞추는 짝짓기형 질문
● 빈칸 채우기에서 각 항목의 순서를 번호로 입력하기

2.8 창작형 질문

창작형 질문은 학습자들에게 에세이를 쓰게 하거나 그림을 그리게 하거나 노래를 쓰게 하는 경우 등이 있다. 주로 독창적 분석이나 의견 등을 묻는 경우에 해당한다. 창작형 질문은 창의적 학습 활동과 동일하지만 단지 점수를 매기는 형태일 뿐이다. 지금까지 가장 일반적인 형태는 에세이형이었지만 다른 형태의 미디어를 첨부하는 것도 가능해 졌다.

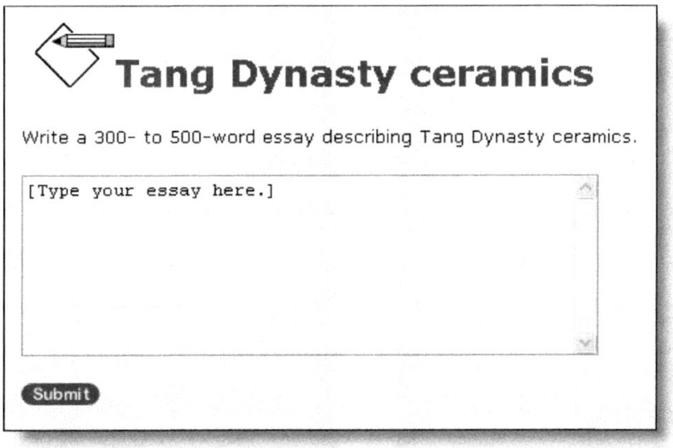

HTML로 구축했다.

그림의 예는 짧은 서술형 답안의 예이다.

창작형 질문은 강사 주도형 수업에서 가장 일반적이다. 이 경우 주관식 혹은 개방형 질문의 출제가 가능하며 사람이 직접 채점한다.

2.8.1 언제 창작형 질문을 활용하는가

창작형 질문은 복잡한 지식, 상위 수준의 기술, 창의성을 평가할 때 활용한다. 전형적인 창작형 질문은 학습자가 다음과 같은 과제를 수행할 수 있게 해준다.

● 문제 해결을 위한 독창적 아이디어 종합하기
● 복잡하고 미묘한 관계를 인식하고 표현하기
● 복잡한 객체나 상황 분석하기
● 증거의 비중을 판단하여 의견을 형성하고 정당화하기
● 갈등되는 의견이나 반대되는 증거 해소하기

과제 2.2	평가 기준
• 학습자가 구축하고, 촉진하고, 활용해야 하는(*deploy*) 기술과 재능을 열거한다면, 다음과 같은 항목이 포함되었는지 확인한다. b. 기술적 지원 c. 내용 전문가 d. 촉진자 e. 운영자(administrator) 위의 직무들은 〈표 10-1〉 *Leading e-learning*에 자세하게 나타나 있다. 이와 같은 내용을 쓰지 못했다면 학습자는 개발 단계 이상을 보지 못하고 특히 이 계획이 활용 단계를 포함했다는 사실을 모른다는 것을 나타내준다. • 학습자가 스태프 수준을 제안해야 한다면, 구성원 포함 여부를 정당화할 필요가 있다. 그리고 이 섹션은 필요한 스킬을 다루는 이전 섹션과 반드시 일관성이 있어야 한다. • 아웃소싱을 위해서는 학습자들이 필요 여부 결정을 제대로 하는지 확인할 필요가 있다. 왜 핵심역량이 아니고 이러닝이어야 하는가?	학습자들이 누락된 스킬, 직원계획에 대한 정당화, 아웃소싱을 해야 할지 말아야 할지에 대한 설득적 논쟁에 모두 적절히 답했다면 A를 받을 것이다. 특히 작문 수준이 명확하고 잘 구조화되어 있다면 A+를 주도록 한다. 학습자가 세 개 이슈 중 두 개에만 잘 답했다면 A-와 B+ 중 하나를 줄 수 있다. 학습자가 세 개 이슈 중 하나에만 잘 답했다면 C를 준다. 학습자가 전혀 새로운 접근에 대해 썼다면 제대로 설명하고 있는지 확인해 본 후 판단을 할 필요가 있다. 창의성을 차단하지 않도록 신중한 고려가 필요하다. 답안의 질에 따라 가산점을 주거나 감점할 수 있다. 많은 학습자가 답을 제대로 쓰지 못한 경우 좀 관대해질 필요가 있다. 솔직히, 채점자의 판단에 달려 있다.

채점 지침을 작성하는 것은 기초적인 교수설계이지만 많은 노력이 필요하다. 강좌의 원저자가 아닌 사람이 창작형을 채점하게 될 때 특히 필수적이다. 강좌가 면대면, 온라인, 혹은 다른 어떤 방법으로 행해지든 마찬가지이다. 특히 불안도가 높고 지나치게 민감한 학습자에게 객관적이라는 인상을 남기기 위해서라도 평가 지침의 제공은 더 중요하다.

2.8.4 대안적 형태의 고려

에세이 방식의 질문이 창작형 질문의 유일한 형태는 아니다. 학습자가 음성을 녹음할 수 있는 버튼을 두거나, 아니면 오디오 파일을 업로드 할 수 있도록 하는 것도 대안이 될 수 있다. 유사하게 비디오카메라로 답을 녹화할 수 있게 할 수도 있다. 제공된 파워포인트나 워드 템플릿에 작문을 하게 할 수도 있는데, 형식을 다운로드 받아서 필요한 모든 요소를 포함하여 창작한 후 제출하게 하는 방법이다.

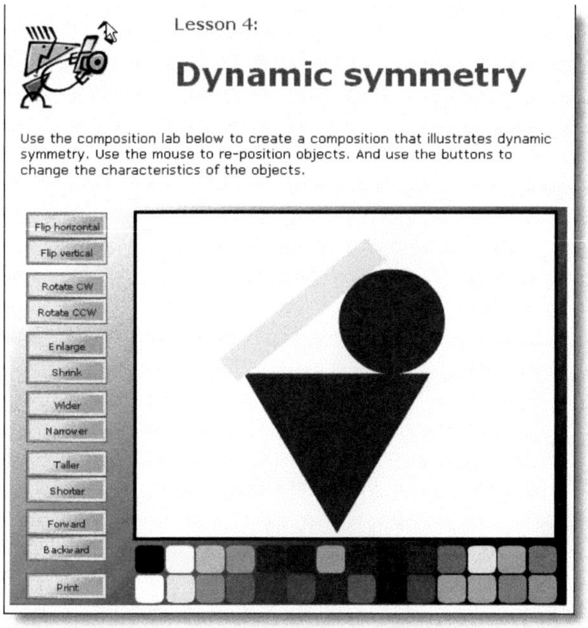

어도비 플래시와 드림위버로 구축했다. 예시는 horton.com/eld/에서 볼 수 있다.

그림의 예에서 드래그 앤 드롭으로 도형을 뒤집거나 이동시켜 디자인 목적에 맞도록 추상화된 시각적 자료를 만들어야 하는 과제를 보여준다.

2.9 수행형 문제

수행 평가는 학습자가 실제 작업을 수행하도록 요구한다. 작업의 각 단계는 개별 문제로 출제되어 개별적으로 채점될 수도 있다.

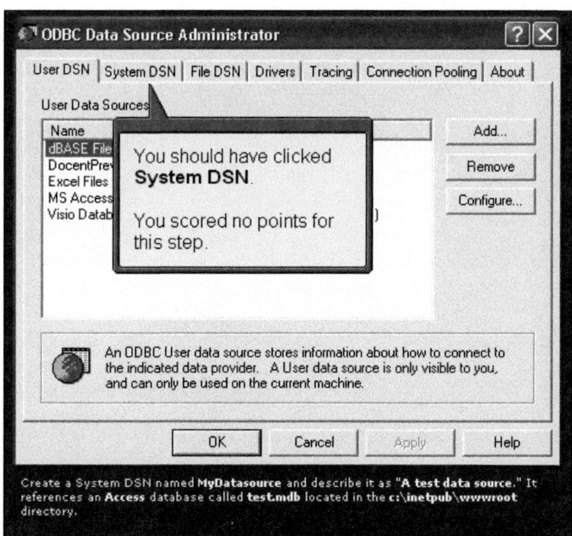

어도비 캡티베이트로 구축했다. 예시는 horton.com/eld/에서 볼 수 있다.

예시에서 제시된 평가에서, 학습자는 시뮬레이션에서 시스템 데이터 소스의 이름을 만드는 단계를 수행해야 한다. 시뮬레이션의 각 단계가 채점된다. 학습자가 이 단계를 제대로 수행하지 못했기 때문에 메시지 창에서 학습자가 점수를 받지 못했고 다음 단계로 어떻게 진행할 수 있는지 설명하고 있다.

수행형 문제는 학습자가 복잡한 활동을 수행할 수 있는 능력이 있는지 측정하기 위한 것이다. 학습자가 수행 평가에서 주어진 과제를 잘 해결했다면 실제 활동을 잘 수행할 수 있을 것으로 가정하고 통과시켜 준다.

2.9.1 언제 수행 평가를 활용하는가

수행형 문제는 과제를 수행할 수 있는지 평가할 때 유용하다.

- 주제에 대한 추상적 지식보다 절차를 수행하는 능력을 평가하고자 할 때 활용한다.
- 절차가 복잡하여 학습자가 단계를 그대로 따라하기보다는 의사결정을 해야 하는 과제일 때 활용한다.
- 과제 수행의 속도가 성공에 중요할 때 유용하다.
- 실제 세계에서 과제를 수행할 수 있도록 할 때 이용할 수 있다.

수행형 문제는 컴퓨터로 할 수 있는 과제로 제한되지 않는다. 학습자가 컴퓨터를 사용하지 않는 과제에서 단계를 성공적으로 수행했는지 확인하기 위한 질문으로 "*단계확인형 과제(gatekeeper tasks)*" (3장)를 활용할 수도 있다.

시뮬레이션을 필요로 하는 수행 평가 문제는 개발 비용이 높고 시간이 많이 소요되는데 보통 단순한 선다형 질문 제작의 100배 정도 된다. 그만큼 가치가 있는 것이기도 하지만, 언제나 그렇지는 않다. 시뮬레이션 수행 평가는 다음과 같은 경우에 활용한다.

- 다른 유형의 평가 질문으로는 수행을 제대로 측정할 수 없을 때 활용한다.
- 학습자가 실제 시스템에서 수행하게 하는 것이 위험할 때 이용한다.
- 시뮬레이션이 활동 채점을 용이하게 하고 다른 유형의 평가 질문과 통합해줄 때 유용하다.

2.9.2 수행 문제 설계

평가를 단순화시킨다. 수행 평가는 과제를 가르치는 것이 아니라 과제를 수행하는 능력을 측정하기 위한 것이다. 학습자에게 많은 선택권을 주기보다는 주요 목표에 관련된 필수적인 것만 가르친다.

목적을 명확하게 진술한다. 학습자들에게 평가를 통과하기 위해서 반드시 성취해야 하는 것이 무엇인지 정확하게 전달한다. 제한점이 있다면 명시한다. 목적을 달성하기 위해서는 특별한 방법을 써야만 하며 얼마나 오래 걸리는지 등의 정보도 설명해준다.

질문을 설명해준다. 학습자가 수행 문제에 답하는 방법을 알고 있는지 확인해야 한다.

학습자가 시뮬레이션을 조작해야 한다면 어떤 버튼을 누르고 어떤 손잡이를 돌리고 어떤 스위치를 올려야 하는지 설명해주도록 한다.

제한점을 명시한다. 어떤 수행 문제나 평가도 실제 세계에서의 과제를 똑같이 모사할 수는 없다. 평가가 실제 세계와 어떻게 다르며 학습자가 할 수 있는 행위에서 한계가 무엇인지 설명할 필요가 있다. 시뮬레이터를 활용하는 경우라면 실제 시스템에서의 위험한 요소가 시뮬레이터에서는 어떻게 차단되어 있는지 설명해준다.

채점 규칙을 명시한다. 평가가 통과/탈락이 아니라면 점수 획득에 대한 준거를 명세화한다. 학습자가 완성한 과제의 수에 의해 점수를 받는지, 시간이 오래 걸리거나 수행하는 행위의 수가 적거나 실수를 하면 감점이 있는지 등을 설명해준다.

3. 효과적인 질문의 작성

학습을 평가하기 위해서는 학습 목표를 평가 문제로 전환해야 한다. 정확하고 명확한 언어가 어느 때보다 중요하다. 질문은 모든 학습자가 이해하고 의도된 대로 답할 수 있을 때만 효과적이다.

3.1 표준 질문 형식의 준수

여러 가지 유형의 평가 문제가 가능하지만, 공통된 특징이 있다.

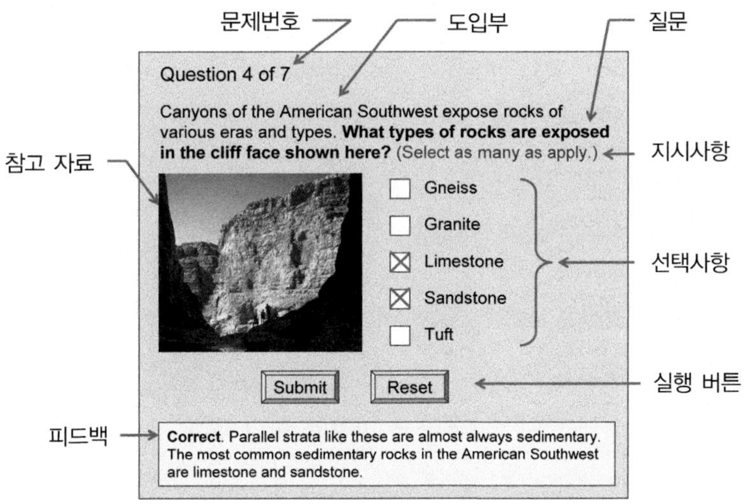

문제를 구성하는 전형적인 부분들에 대한 설명과 설계하는 방법을 다음의 표에 제시하였다.

부분	설명
문제 번호	순서에서 질문의 위치, 길이가 긴 평가와 시간이 정해진 평가에서 번호는 시간을 안배하는 데 도움을 준다. 또한 평가를 하는 동안 진척되는 상황을 알게 해준다.
도입부	실제 질문에 관한 배경 정보나 맥락을 제공한다. 도입부는 실제 문제를 단순화하기 위해 활용한다. 문제 은행에서 문제가 임의로 출제되는 경우에는 특히 도입부가 필수적이다. 도입부는 해당 질문이 다른 문항보다 더 독립적이 되게 해준다.
질문	반드시 담해야 하는 세부적인 진술을 말한다. 질문이 되기 위해서는 단순하게 진술되어야 한다.
지시사항	질문에 답하기 위해 따라야 하는 절차와 제한점 등에 관해 설명해준다. 예를 들면 몇 문항을 풀어야 하고 몇 단어를 입력하여 답을 완성해야 하는가 등의 내용을 포함해야 한다.
선택사항	진위, 단일 선택, 복수 선택 등은 학습자가 선택사항으로부터 답을 고르게 되어 있다.
실행버튼	학습자는 문제 풀이가 완료되었다는 신호를 보낼 수 있는 장치가 필요하다. 대체로 **[제출]**, **[평가]**, 혹은 **[다음 질문]**과 같은 버튼을 클릭하게 된다. 학습자는 현재 작성한 답안을 지울 수 있는 버튼, 이전 질문으로 돌아가기 버튼, 평가에서 빠져나가기 등의 버튼을 사용할 수도 있다. 버튼의 정확한 명칭은 실제로 버튼을 클릭했을 때 어떤 결과가 나타나는지 학습자에게 명확하게 알려줄 수 있는 것이어야 한다.
피드백	피드백은 각 질문의 다음에 혹은 평가 마지막에 제시될 수 있다. 피드백이 각 질문마다 제공되는 경우라면 질문 하단에 제시되거나 팝업 윈도우 형식으로 제시될 수 있다. 피드백은 "맞음", "틀림" 외에도 답에 대한 상세한 설명 혹은 관련내용으로 링크되도록 할 수도 있다. 보조적 학습의 경우라면 유의미한 피드백이 매우 중요하다.

3.2 단순하고 직접적으로 질문하기

단순한 질문은 이해하기도 쉽고 답하기도 쉬우며 채점하기도 쉽다. 직접적인 질문은 학습자에게 더 객관적이고 공정하게 보인다.

3.2.1 정확하고 명확한 질문 작성하기

학습자가 질문을 이해하지 못하면 문제를 풀지 못할 것이다. 명확한 질문과 불명확한 질문의 차이는 단어 한 개 또는 마침표 하나 정도의 차이일 수도 있다. 시간을 좀 더 들여서라도 학습자가 이해할 수 있도록 질문이 작성되었는지 확인한다.

가장 단순한 단어를 사용하는 것이 좋다. 평가는 학습자들에게 스트레스를 준다. 학습자들은 다양한 수준의 언어 기술을 가지고 있다. 어떤 학습자는 원어민이 아닐 수도 있고 때로는 난독증을 갖고 있기도 하다. 모든 학습자가 다 이해할 수 있는 질문이 아니라면 어떤 식으로든 차별이 일어나고 있는 것이나 마찬가지라고 할 수 있다.

3.2.2 문제를 질문 형태로 표현하기

가능하면 평가 문제는 단순하고 표준적인 질문으로 표현하도록 한다. 질문의 표준적 형식은 다음과 같다.

이러한 형식은 어린 학습자들에게도 익숙하고 사용된 언어의 원어민이 아닌 학습자에게도 익숙하다.

시작 부분의 단어(prompt word)는 즉각적으로 학습자에게 이것이 문제라는 것을 알게 해주고 물음표로 끝나는 문장이 이를 확신하게 해준다. 이때 문제가 질문 형태여야 함은 의문의 여지가 없을 것이다. 시작 부분의 단어는 제시된 것이 문제이며 특정한 형태의 답변을 요구한다는 것을 구체화해준다. 익숙한 6하 원칙(Rudyard Kipling's honest serving men)으로 살펴보면 다음과 같다.

용법	질문 대상
무엇	객체, 절차, 사태
누가	사람이나 그룹
언제	시간, 날짜, 순서
어디서	위치
왜	이유, 원인, 근거
어떻게	절차, 과정

이 정도면 문제의 조건은 90% 만족시킨다. 물론 '어느'도 포함시킬 수 있지만, '무엇'보다는 약하다. "다음 중 어느 것이...?"라고 묻기보다는 가능하면 "다음은 무엇인가?"라고 묻는 것이 더 바람직하다.

3.2.3 질문 앞에 배경 정보 넣기

질문에 새로운 정보를 포함시키지 않는다. 복잡한 질문이라면 배경 정보는 도입부에 넣어야 한다. 도입부는 선언적(declarative)으로 작성한다.

☹ 부적절한 예	☺ 적절한 예
뎅기열(dengue, breakbone, ferer, dandy fever)이라고 알려져 있으며 심한 고열, 오한, 두통, 근육이나 관절통, 피부 발진 등의 증상을 나타내는 열대병은 어떻게 전염되는가?	뎅기열(dengue)은 열대병이다. 또한 breakbone fever나 dandy fever 라고도 불린다. 증상은 심한 고열, 오한, 두통, 근육이나 관절통, 피부 발진 등이 있다. **뎅기열은 어떻게 전염되는가?**

배경 정보를 도입부로 옮겨보고 나서 불필요하다고 느껴지면 삭제해도 무방하다. 하지만 배경 정보는 질문의 맥락을 명확하게 해주고 질문에서 다루는 용어를 확인해 준다는 의미에서는 필수적이다.

3.2.4 응답 방법에 대한 안내 포함하기

학습자가 답변을 어떻게 작성해야 할지 잘 모를 수도 있는 상황이라면 질문 바로 다음에 안내 사항을 제시해 준다. 예를 들면 다음과 같다.

어떤 화학물이 잎의 색깔 변화와 관련이 있는가?(각 화학물을 그 화학물이 만들어내는 색깔 위로 끌어다 놓아 보시오.)

다음과 같은 경우에 이러한 안내가 필수적이다.

- 복수 선택형에서 학습자가 하나 이상의 답변을 선택해야 한다는 것을 설명해야 할 때
- 어떤 선택지든 반드시 선택해야 할 때(무응답으로 두면 안 될 때)
- 드래그 앤 드롭 활동에서 객체가 이동가능하다는 사실을 학습자가 모를 수도 있을 때
- 빈칸 채우기나 서술형 문제에서 철자, 마침표의 위치, 대소문자 사용의 구별이 중요할 때

95%의 학습자가 안내문 없이 문제를 풀 수 있는지 확인해보고 필요시 가급적 안내문을 포함한다.

3.2.5 질문과 응답을 단순하게 작성하기

평가에서 어려운 것은 문제를 해석하는 것이 아니라 문제에 답하는 것이다. 응시자가 불안도가 높고 인내심이 없는 경우(특히 원어민이 아닌 경우) 혼동되는 단어가 더 큰 문제가 된다.

3.2.5.1 단순화

- 문장을 단순하게 유지한다(KISS, Keep It Simple for Students).
- 표준 철자와 마침표 사용에 유의한다. (영어의 경우) 각 선택지는 대문자로 시작하고 끝에는 반드시 마침표를 찍는다.
- 학습자에게 익숙한 용어를 사용한다. 전문 용어는 용어집을 함께 제공한다.
- 문제, 안내문, 선택지, 실행버튼이 구별되도록 여백을 적절하게 사용한다.
- 문제는 꼭 필요한 단어로만 구성하여 10~12단어 정도로 짧게 한다.
- 학습자가 문제를 읽을 때 답과 연관지을 수 있도록 선택지를 적절하게 기술한다.
- 선택지를 가능하면 한 줄 이내로 짧게 한다.
- 부정적인 평가 질문이라면 "아닌"을 강조하여 사용한다.

3.2.5.2 모호성 제거

문제와 답변 작성시 특히 모호한 언어를 넣지 않도록 주의한다.

- "아마도 아닌", "가능하지 않은"을 동시에 의미할 수도 있는 "할 수 없는"과 같은 모호한 용어를 피한다.
- 이해하는 데 있어 필요 이상의 상상력을 요구하는 단어(fancy word)는 피한다. 쉬운 용어가 있다면 공연히 생소한 말을 쓸 필요가 없다.
- 이중 부정을 쓰지 않는다. "언제 거부하지 않아야 하는가"와 같은 표현을 피하고 "언제 수용해야 하는가"와 같은 긍정문을 사용한다. 논리를 엉키게 하지는 말아야 한다. 긍정적인 형태로 하는 것이 좋지만 상황에 따라 부정적인 말을 써야 할 때는 강조해 주도록 한다.
- 불명확한 질문(indefinite questions)은 피한다. 예를 들어 "3+5는 7인가?"라고 묻는다면 이것이 수학적 질문인가 아니면 철학적 의견을 묻는 것인가? "A가 B처럼 여겨지는가?" 혹은 "A가 B처럼 생각되는가?"와 같은 질문은 피하는 것이 좋다.
- 유머는 자제한다. 학습자는 유머를 글자 그대로 수용할 수도 있지만 오히려 짜증을 낼 수도 있다.
- 학습자에게 익숙하지 않은 은유, 반어, 특이한 유형의 구술을 피한다. 특히 특정한 문화나 언어는 오해를 가져올 수 있으므로 주의해야 한다. 다음의 예를 보도록 하자. "1776년 크리스마스 다음날 얼어붙은 Mary(hail Mary)호를 예인한 장군의 이름은 무엇인가?"라는 질문에 대해 "hail Mary"[2]를 근거로 하여 이를 스포츠에

---

2) hail Mary는 아베마리아를 지칭함(Ave Maria).

서 비유적으로 사용한다는 지식[3] 여부에 따라 답변이 달라질 것이다(역자주—즉, 문장이 1776년 크리스마스 다음날 hail mary 패스를 이끌어 낸 팀의 지도자는 누구인가로 해석될 수 있음.)

3.2.5.3 한 번에 하나의 질문 제시

질문은 한 가지 답변만 하도록 작성해야 한다. 다른 질문을 암시할 만한 내용을 포함하지 않는다. 다음의 예를 살펴보자.

이 예는 두 개의 질문을 담고 있다. 첫 번째는 난방비를 줄이는 것이고 두 번째는 폐연료의 요소를 묻는 것이다.

단골 고객이 "난방비를 줄일 수 있는 방법이 뭔가요?"하고 물을 때, ThermoKAV의 기능 중 어떤 기능을 작동시키지 않아야 할 것인가?

- ○ 즉각적 점화(Instant-on)
- ○ 가열 촉진장치(Heat boost)
- ○ 정밀 자동 온도조절기(Precision thermostat)
- ○ 가습기 옵션
- ○ 미립자 필터(particulate filter)

위와 같은 문제는 다음과 같이 작성해야 한다.

단골 고객이 난방비를 줄일 수 있는 방법을 찾고 있다. ThermoKAV의 어떤 기능이 작동하지 않도록 해야 하겠는가?

- ○ 즉각적 점화(Instant-on)
- ○ 가열 촉진장치(Heat boost)
- ○ 정밀 자동 온도조절기(Precision thermostat)
- ○ 가습기 옵션
- ○ 미립자 필터(particulate filter)

위 예를 보면 한 가지 질문으로 작성된 것을 확인할 수 있다.

물론 복합형 문제가 유용할 때도 있지만 세심한 주의를 갖고 설계되어야 한다. 예를 들면 무엇을 왜 하는가에 관한 질문으로서 학습자가 질문을 고르고 그 질문을 택한 이유를 답하도록 하는 것이다.

---

3) hail Mary는 미국 미식축구에서 경기가 끝나는 마지막 순간에 상대편 골을 향해서 길게 던지는 패스를 일컬음.

> **자동차 경주를 사진으로 찍고 있다. 어떤 노출 모드를 선택해야 하는가?**
>
> ○ 모션이 번지는 것을 막기 위한 셔터우선 촬영 모드
> ○ 피사계심도 조절할 수 있는 조리개우선 촬영 모드
> ○ 포화도에 이른 색상을 포착하기 위한 조리개우선 촬영 모드
> ○ 가장 유연한 방법인 프로그램 모드
> ○ 반사광이 노출계에 영향을 주지 않도록 하기 위한 셔터우선 촬영 모드

위의 예는 맞는 답이 무엇인지와, 왜 맞는지에 대한 이유를 함께 묻고 있다.

실제 현실 세계에서의 답변이 "때에 따라 다른" 상황이라면 이러한 형태를 쓰는 것이 좋다. 문제를 명확하게 진술하여 모든 선택지가 무엇을 왜 하는가에 관한 부분을 포함하고 있는지 주의하여 작성한다. 선택지의 패턴을 정한 후 그 패턴대로 작성하는 것도 좋은 방법이다.

3.2.5.4 중요한 단어의 강조

질문을 작성할 때, 질문의 의미에 영향을 줄 수 있는, 즉 해석을 잘못할 소지가 있는 중요한 단어는 강조한다. 예를 들면 다음과 같은 문장이다.

romdibulation의 예가 아닌 것은?

가장 중요한 단어는 반대나 제한이 되는 단어들이라고 할 수 있는 "아닌(not)", "유일한(only)", "단지(just)", "하나의(one)", "첫 번째의(first)", "마지막(last)" 등이다. 단어를 강조하되 밑줄을 긋지 않는 것이 좋다. 학습자가 간혹 하이퍼링크로 오해할 수도 있다.

3.2.6 학습 적용을 위한 질문

지식과 기술을 적용할 때 학습자가 해야 하는 의사결정과 유사한 질문으로 작성해야 한다. 실제 업무상황에서 적용할 수 있도록 문제를 진술하는 것이 좋다. 다음의 사항을 고려하여 질문을 작성한다.

3.2.6.1 상황 설정

고객, 상사, 부하직원, 화가 난 동료, 친구와의 관계에서 발생할 수 있는 상황을 설정한다.

☹ **부적절한 상황**

Morty Cerebrum 교수가 제안한 세 가지 동료 관계 중재 방안은 무엇인가?

☺ **적절한 상황**

동료인 John이 당신 사무실에 들어와서는 고객용 의자에 앉아 "나는 사표를 쓰거나 깐죽대는 족제비 같은 보스를 창밖으로 던져버리거나 해야겠어." 라고 투덜거린다. 어떻게 대답하면 좋겠는가?

실제 세계에서 발생할 수 있는 문제가 아니라면 평가를 할 필요가 없을 것이다. 적용과 관련된 문제라는 것을 명확히 하기 위해서는 다음과 같은 방법을 활용한다.

- 부차적 목표보다는 수행 목표에 기반을 두고 문제를 출제한다(자세한 내용은 1장 참조).
- 학습자를 문제 상황의 중심이 되게 한다. "이럴 때 당신이라면 어떻게 할 것인가?" 와 같은 맥락을 형성해준다.
- 문제 수 자체가 좀 줄어들더라도 학습자가 결정하거나 실행해야 하는 실제 상황을 포함하는 질문으로 구성한다.
- 실제적인 시나리오를 수립하여 문제를 소개하고 문제에 대한 질문들을 구성한다.

3.2.6.2 적용을 위한 문제 출제

평가를 작성하다 보면 언어적 문제 위주로 구성하게 된다. 학습자가 언어적인 역량이 강하면 괜찮지만 제한된 언어 역량을 가진 학습자에게는 공평하지 않다. 또한 시각적 혹은 물리적 과제를 수행해야 하는 경우 정확한 질문이 될 수 없다.

☹ **부적절한 문제**

워드 파일 메뉴에서 워드 문서를 파워포인트 문서로 변환해주는 명령어는 무엇인가?

○ 저장하기
○ 다른 이름으로 저장하기
○ 보내기
○ 새 문서
○ 인쇄하기

☺ 적절한 문제

워드 문서를 파워포인트 문서로 변환해주는 명령어를 선택하시오.

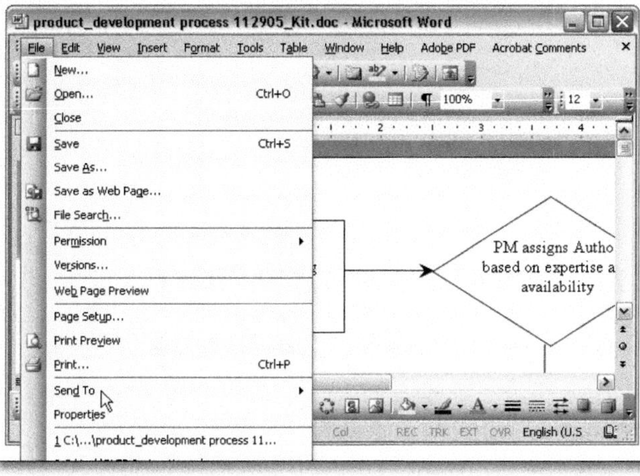

위의 예는 시각적이고 운동기능적인 과제를 수행하는 지식을 묻는 단일 선택형 문제이다. 이 시뮬레이션은 실제 상황에서 과제를 수행하는 것과 똑같은 상황을 제시하고 있다.

평가 문제의 유형은 학습 후에 적용할 수 있는 지식이나 기술 유형에 부합되어야 한다.

적용	평가 문제 유형
언어적	복수 선택, 단일 선택, 빈칸 채우기 등의 텍스트 질문
위치 검색	그림 문제에서 클릭하기
소프트웨어 과제	과제 수행 시뮬레이션
물리적 과제	과제 수행 후 결과에 대한 단계확인형 문제에 응답하기 (자세한 내용은 3장 참조)
예/아니오 의사결정	의사결정을 위한 정보에 기반한 진위형 문제

3.2.7 일반적 오류 피하기

평가 작성의 초보자들이 자주 하는 일반적인 실수나 오류를 피하기 위한 방법을 이 절에서 다룬다.

3.2.7.1 시간에 따른 변화 고려

답변이 시간이 지난 후 변화하는 내용의 문제는 피한다. 특히 변화가 빠른 분야에서 새로운 개발물이나 소프트웨어의 새 버전이 답변에 영향을 주게 되므로 주의한다.

☹ 부적절한 문제	☺ 적절한 문제
어느 회사가 주식 배당금을 지속적으로 지급해왔는가?	2005년에 어느 회사가 주식배당금을 지급해왔는가?
현재 마이크로소프트 윈도우 버전에서 가장 큰 디스크 사이즈는 얼마인가?	윈도우 XP가 처음 보급되었을 때 지원가능했던 최대 디스크 사이즈는 얼마인가?

3.2.7.2 절대적인 표현을 쓰는 문제의 유의사항

절대적인 표현을 쓰는 문제는 칼로 자른 듯한 엄격한 구분을 가정하는데 다음과 같은 질문이 예가 될 수 있다.

언제나 ________인 것은?
________은 항상 ________인가?
모든 ________은 ________인가?

한 가지 예외만으로도 답을 바꿀 수 있다. 학습자는 그 한 가지에 해당되는 모호하며, 사소하고 미처 평가 작성자가 생각하지 못했던 예외를 찾아낼 것이다.

문제와 답에서 절대적인 표현은 피해야 한다. *모든(all)*, *매(every)*, *전체(entirely)*, *모든 사람(everybody)*, *완전히(completely)*, *모두 함께(altogether)*, *언제나(always)*, *정확하게(exactly)*, *없는(no)*, *해당 없는(none)*, *절대(never)*, *아무도 아닌(nobody)*과 같은 단어나 *대부분(most)*, *거의 다(almost)*, *대략(nearly)*, *겨우(barely)*, *거의 없는(hardly)*과 같은 단어는 피한다.

3.2.7.3 "모든 것" "전부 아님" 피하기

"모든 것" 혹은 "전부 아님"과 같은 보기를 포함할 때는 주의해야 한다.

PDQ 社는 시간제 근무자에게 다음 중 어떤 복지후생을 제공했는가?

- ☐ 내과
- ☐ 처방전
- ☐ 치과
- ☐ 안과
- ☐ 전부 아님
- ☐ 모든 것

위의 예는 모순이다. "에서의 역설(Escheresque)"[4]을 발견할 수 있다. "위의 모든 것"이 맞다면, "전부 아님"도 맞는 것이 된다. 그러나 "전부 아님"이 맞다면 "위의 모든 것"은 틀린 것이 된다. 어떤 답으로 조합을 해도 논리적으로 맞지 않는다.

단일 선택형이라면 "위의 모든 것"은 문제 형태에 위배되는 것이고 복수 선택형 문항이 되어 버린다. "위의 모든 것"은 한편으로는 문법적으로도 맞지 않다. "위의 모든 것"보다는 복수 선택형으로 출제하는 것이 바람직하다.

굳이 "위의 모든 것" 이나 "위의 모든 것 해당 없음"을 써야 하는 경우라면 다음과 같은 방법을 이용할 필요가 있다.

- "전부 아님"은 항상 맨 마지막 보기가 되어야 한다.
- 선택지 수가 부족하다는 이유만으로 이러한 보기를 포함해서는 안된다. 보다 신뢰로운 보기를 넣는다.
- 평가 툴에서 임의 보기 구성(randomize-answers)은 가능하지 않게 해두어야 한다. 그렇지 않으면 문제마다 이러한 보기가 제시될 수도 있다.

3.3 직접적인 답의 유도

복수 선택형 평가는 만들기는 단순하나 학습자가 정답을 생각하게 하기보다는 확률로 추측하여 맞추게 하는 경향이 있다. 또한 정답보다는 오답 리스트를 기억하고 넘어가게 할 수도 있다. 이러한 경향을 피하기 위해서는 답에 대해 보다 깊이 생각할 수 있는 기회를 제공해야 한다. 학습자가 복수 선택인지 단일 선택인지 진위형 문제인지 충분히 이해하게 해야 한다.

3.3.1 신뢰할 만한 선택지 작성

선택지를 작성할 때는 주제에 대해 충분히 배우지 않은 사람에게도 공정하도록 해야 한다. 각 선택지는 문제에 대한 자연스러운 답이어야 한다. 각 선택지의 신뢰성을 검증하기 위해서는 문제를 소리내어 읽고 바로 이어 답을 읽어보도록 한다. 신뢰성을 높이기 위해서는 길이, 문법, 복잡성, 구체성, 범위 등에서 선택지들이 동일한 수준이 되도록 만든다.

3.3.1.1 유리한 길이의 선택지 구성

모든 선택지의 길이는 비슷한 것이 좋다. 아닌 경우라도 가장 긴 답안이 언제나 정답

4) 안팎이 구별되지 않는 뫼비우스의 띠 위를 기어가는 개미의 모습을 즐겨 그린 에셔(M. C. Escher)의 그림에서 온 비유로 재귀의 역설을 시각적으로 표현한 대표적인 작품으로 손꼽힘.

이 되는 경우는 피해야 한다. 학습자들이 쉽게 추측하게 되기 때문이다.

> **고객이 매니저(당신의 상사)를 만나고 싶다고 한다. 어떻게 응대해야 하겠는가?**
>
> ○ 정말이세요?
> ○ 안됩니다.
> ○ 그럼요. 불러 드리겠습니다. 몇 분 걸릴 텐데요, 그 전에 제가 도와드릴 수 있는 사항인지 저에게 상담해 보시면 어떨까요?
> ○ 한번 직접 찾아보시죠.

3.3.1.2 유사한 문법의 선택지 구성

문법적으로 유사하게 구성해야 한다. 각 선택지가 문제와 잘 어울리는지 확인해보고, 정답을 유도하는 부분은 없는지 점검한다.

> cabassou란 ____
>
> ○ 곰팡이
> ○ 바닷새
> ○ 이끼
> ○ 아르마딜로(Armadillo)
> ○ 뱀

Can you spot the not-too-subtle hint in this example?

Yes, Armadillo is the only grammatically correct answer. To correct this problem, simply rephrase the question something like this: What is a Cabassou?

3.3.1.3 비슷한 수준의 선택지 구성

추상성, 일반성, 일반 용법의 정도에서 수준이 비슷하게 답변을 구성해야 한다.

이 문제의 답을 추측할 수 있을 것인가? 정답을 제외하고는 모두 평범한 색이다.

> **BX-1000 스노우보드의 표준 색상은 무엇인가?**
>
> ○ 빨간색과 초록색
> ○ 파란색과 노란색
> ○ 분홍색과 보라색
> ○ 심홍색과 샛노란 색
> ○ 회색과 파란색

3.3.2 답변 선택 단순화하기

문제 풀 때 하게 되는 불필요한 수고는 줄여주는 것이 좋다. 타이핑의 양은 최소화하고 눈과 손의 조작 조합 정도도 최소화해야 한다.

- 학습자가 복수 선택형 평가를 풀 때는 항목을 클릭해서 답을 선택할 수 있도록 해준다.
- 복수 선택형이 시각적으로 제시되는 경우에는 그림에서 답을 클릭할 수 있도록 해준다.
- 클릭해서 답을 선택할 경우에는 번호를 매기지 않는다. 번호나 문자를 항목 앞에 두면 클릭이 아니라 입력해야 하는 것으로 학습자에게 혼동을 줄 수도 있다.

○ A. 참
○ B. 거짓

문제는 대부분의 평가 도구가 선택지마다 번호를 부여한다는 것이다.

3.3.3 간결한 선택지 구성

문제에 넣어야 할 단어나 구를 선택지마다 반복하지 않는다.

각섬석과 흑운모의 차이점은 무엇인가?

□ 흑운모와 각섬석 둘 다 색이 검고 화강암에서 만들어지는 것이지만, 각섬석만이 나트륨 성분을 갖고 있다.
□ 흑운모와 각섬석 둘 다 색이 검고 화강암에서 만들어지는 것이지만, 각섬석은 삼사정계(triclinic)이며 흑운모는 단사정(monoclinic)이다.
□ 흑운모와 각섬석 둘 다 색이 검고 화강암에서 만들어지는 것이지만, 각섬석이 흑운모보다 단단하다.
□ 흑운모와 각섬석 둘 다 색이 검고 화강암에서 만들어지는 것이지만, 흑운모는 한 단면으로 쪼개지지만 각섬석은 두 단면으로 쪼개진다.

위의 예는 질문에 넣어야 될 부분을 모든 선택지에 반복한 사례를 보여주고 있다.

각섬석과 흑운모의 차이점은 무엇인가?

□ 각섬석만이 나트륨 성분을 갖고 있다.
□ 각섬석은 삼사정계(triclinic)이며 흑운모는 단사정(monoclinic)이다.
□ 각섬석이 흑운모보다 단단하다.
□ 흑운모는 한 단면으로 쪼개지지만 각섬석은 두 단면으로 쪼개진다.

위의 예에서는 반복되는 정보를 삭제한 것인데 답을 비교하기가 훨씬 쉽다.

3.3.4 의미 있는 순서의 선택지 구성

학습자가 정답을 찾기 쉽도록 선택지를 순서화한다.

선택 유형	순서 구성
숫자	작은 것에서 큰 것
사건	일어난 순서대로
일반 특성에 따른 다양성	특성이 증가하거나 감소하는 대로
공통된 순서가 없는 경우	알파벳 순이나 임의식

3.3.5 단순한 표현의 선택지 구성

선택지를 단순하고 직접적으로 표현하여 혼동을 줄인다. 질문이나 선택지를 이해하기 어렵지 않도록 단순하게 표현하는 것이 좋다.

복합형으로 선택지를 구성하는 경우 문제와 답이 무관하게 작성되거나 단어나 상징이 학습자에게 낯설지 않은지 주의해야 한다.

부적절한 문제

다이어그램 갤러리로 다음과 같은 것을 만들 수 있다.

- ○ 파이 차트, 바 차트, 조직도
- ○ 타겟 차트, 벤 다이어그램, 파이 차트
- ○ 사이클 다이어그램, 조직도, 파이 차트
- ○ 방사형 차트, 피라미드 다이어그램, 조직도
- ○ 바 차트, 조직도, 방사형 다이어그램
- ○ 벤 다이어그램, 조직도, 피라미드 다이어그램

적절한 문제

디자인 갤러리에서 만들 수 있는 것을 모두 고르시오.

- □ 바 차트
- □ 사이클 다이어그램
- □ 조직도
- □ 파이 차트
- □ 피라미드 다이어그램
- □ 방사형 차트
- □ 타겟 차트
- □ 벤 다이어그램

3.4 응시자에게 도전의식 제공

효과적으로 작성된 평가 문제는 학습자가 답을 고를 때 관련 주제에 대해 깊이 생각하게 만든다. 그러나 대부분의 평가는 학습자에게 적절한 도전의식을 주지 못한다. 설계자들은 학습자에게 겁을 주거나 공격하는 것처럼 생각하여 기피하거나 학습자의 자존감에 부정적 영향을 줄까봐 걱정하기도 한다. 하지만 오히려 문제는 설계자가 질문에 대한 답을 부주의하게 작성하는 데 있다.

3.4.1 배경 지식만으로 풀 수 있는 문제 피하기

너무 쉬운 평가는 주제에 대해 많이 알 필요 없이 주의 깊게 보고 논리적으로 사고하며 운이 좋으면 통과할 수 있는 경우도 있다.

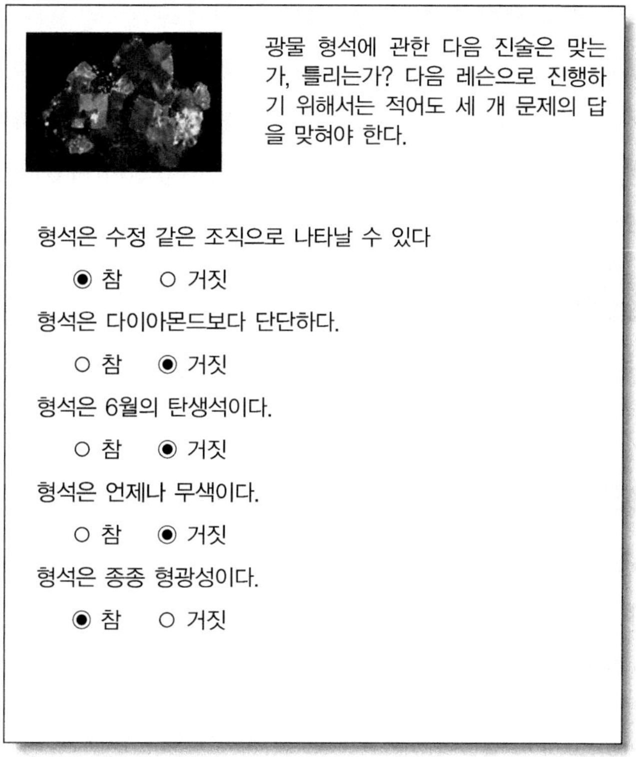

첫 번째와 네 번째 문제 같은 경우는 사진만 보아도 알 수 있다. 두 번째 문제는 누구나 다 아는 강도를 가진 다른 광물과 비교하는 경우이다. 6월은 사람들이 결혼을 가장 많이 하는 달이고, 약혼 반지로 다이아몬드를 많이 쓰기 때문에 세 번째 문제 같은 경우도 쉽게 유추할 수 있는 내용이다. 마지막 질문은 *형석(fluorite)*과 *형광성(fluorescent)*이 유사한 단어이므로 쉽게 연관지을 수 있는 문제이다.

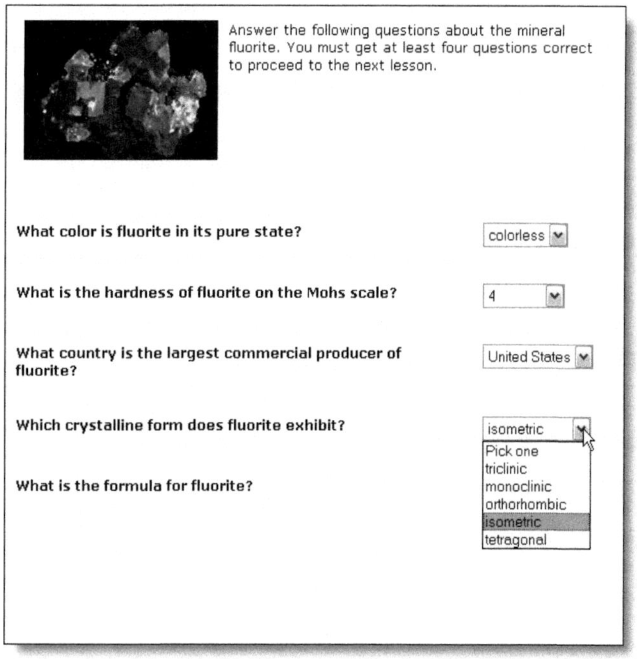

좋은 사례와 나쁜 사례는 어도비 드림위버로 구축하여 자바스크립트로 최적화했다. 예시는 horton.com/eld/에서 볼 수 있다.

이 예는 해당 주제에 관한 지식이 실제로 있어야 풀 수 있는 문제이다. 문제가 훨씬 어렵고 문제마다 선택지가 더 다양하다. 그리고 통과 점수는 확률로 추측해서 전략적으로 풀고 넘어가지 못하도록 한다. 답을 고르기가 너무 쉽지 않도록 신뢰할 만한 선택지들을 충분하게 제공해야 한다. 적어도 학습자가 깊이 생각해야 하는 답안이 세 개 이상 될 필요가 있다.

이 추측하지 못하도록 설계하라.

- **학습자의 답.** 학습자는 자신이 입력했다고 생각한 답과 다른 답을 입력하기도 한다.
- **정답이 맞는 이유**(그리고 필요시 학습자의 답이 틀린 이유).
- **학습 내용으로의 링크 혹은 교정적 내용.** 자료를 복습한 후 어떻게 평가 부분으로 돌아올 수 있는지 안내사항도 포함한다.

> **점수 카드**
>
> 점수: 230점 중 110점
>
> 문제 1:
>
> 맞음: 줄의 끝에서부터, 다른 줄이 시작되는 줄 안에서 첫 번째 지점으로 돌아가기 위해 InStrRev를 활용하였음. 50점 중 50점 획득
>
> 문제 2:
>
> 틀림: Mid 기능은 입력 텍스트 줄의 특정 부분으로 돌아가게 함. 25점 중 0점 획득.
>
> 문제 3:
>
> 맞음: 필터 속성은 파일 대화 상자 열기에서 나타난 파일 유형을 제한함. 25점 중 25점 획득.
>
> 문제 4:
>
> 틀림: 텍스트 조작 기능을 다시 복습해야 함. 6개 중 2개 맞음. 30점 중 10점 획득

유용한 피드백의 간략한 예이다. 학습자의 답에 대해 주석을 제공함으로써 필요한 피드백을 제공하고 있다.

맞는 답에 대해 짧게 칭찬해 주고 맞았음을 알려준다. 열정을 가지되 지나치지는 말아야 한다. 긍정적인 피드백을 주기 위해서는 "정답입니다", "맞았습니다", "그렇습니다"와 같은 표현을 제시해 주고 학습자가 문제를 푸는 양상에 지장을 주지는 않도록 한다. 주요 목표가 평가보다 가르치는 것에 있다면, 맞는 답에 대한 피드백 제공은 무시하고 싶을 수도 있을 것이다. 정답에 대해서는 학습자가 어떻게 문제를 맞혔는지 생각하도록 도전의식을 부여해주고 다른 방법들도 생각해보게 하라.

정답입니다. 어떻게 정답을 알 수 있었나요? 머리속으로 암산을 했나요? 수학은 간단합니다. 더 복잡한 문제를 풀고 싶나요?

맞는 답에 관한 피드백은 부가적 정보를 가르치는 역할을 한다. 피드백을 받은 학습자는이미 좋은 기분을 느끼게 되고 수용적인 태도를 갖고 있다. 이를 잘 활용하라.

문제 4: **정답입니다.** 고객의 불만 사항을 요약한 것은 당신이 그의 말을 잘 들었다는 것을 보여줍니다. 다음 단계로 넘어가기 전에 당신이 이 문제를 이해한 고객에게도 납득시키는 것은 좋은 방법입니다.

이 사례에서 보면 어떻게 부가적인 정보를 제공했는지 알 수 있다.

피드백은 짧게 해야 한다. 학습자는 자신이 문제를 맞혔다는 사실에만 만족하고 피드백을 읽지 않고 지나갈 수도 있다.

5.3 틀린 답을 친절하게 고쳐주기

틀린 답에 대해서는 친절하지만 명확하게 문제점을 지적해주어야 한다. 학습자가 오개념을 극복할 수 있도록 도와주어야 한다.

5.3.1 중립적 용어 쓰기

부정적인 피드백을 줄 때는 느낌표 같은 것은 없이 "답이 아닙니다"와 같이 중립적인 용어를 쓴다. 좀 더 친근하게 하기 위해서는 "안타깝습니다"와 같은 표현을 쓸 수도 있다. "틀렸습니다.", "그럴 줄 알았습니다", "그게 아닙니다"와 같은 표현은 쓰지 말아야 한다.

5.3.2 틀린 이유 설명하기

학습자에게 답이 왜 틀렸는지 설명해주어야 한다. 복수 선택형 문제라면 각각의 선택지가 왜 답이 아닌지 설명해 주어야 한다.

맞는 답은 Doyle 과 Scribner입니다.

Doyle과 Scribner는 둘다 목재의 양을 재는 일반적인 방법입니다. Cordage는 장작의 분량이나 펄프우드를 재는 단위입니다. IDN과 Wocon은 삼림업과 관련이 없는 지어낸 단어입니다.

5.3.3 학습자에게 무안을 주거나 멸시하지 않기

뭔가 틀렸을 때 소리치는 것은 좋지 않다. 강조 헤드라인이나 무안을 주는 소음은 삼간다.

> 당신은...
>
> **평가에서...**
>
> 실패했습니다.
>
> 10문제 중 6문제 맞았습니다. 이는 수용가능한 점수가 아닙니다. 통과하기 위해서는 10문항 중 7문제는 맞춰야 합니다.
> 수업 중에 제대로 주의집중하지 않았거나 이 과목을 위한 선수 지식이 부족했던 것 같습니다.
> 어떤 경우이건 간에 다시 복습하고 수용가능한 점수를 얻기 위해 사후 평가를 실시해야 다음 레슨으로 진행할 수 있습니다.

어도비 드림위버로 구축하였다. 예시는 horton.com/eld/에서 볼 수 있다.

이러한 피드백을 받는다면 기분이 어떻겠는가? 실패라는 말이 요란한 효과음과 함께 붉은 색으로 스크린에서 번쩍거리고 기분 나쁜 어조로 쓰인다면 좋은 피드백이라 할 수 없다.

5.3.4 부분적 성공을 칭찬해주기

학습자에게 맞힌 문제에 대한 칭찬을 해주고 다시 시도하도록 독려한다. 학습자가 통제권을 가졌다고 느끼게 해주어야 한다. 피드백이 어떻게 칭찬을 제공하고 재도전할 수 있도록 통과 가능 커트라인 점수 및 제안사항을 제시하고 있는지 다음 사례를 살펴보자.

> 획득 점수: 72
>
> 통과 가능 점수: 75
>
> 점수가 통과 가능 점수에 가까우므로 토픽 요약을 다시 복습하고 재응시할 것을 권합니다.
>
> 아니면 복습 없이 바로 재응시도 가능합니다(다른 문제로 출제됩니다).
>
> 주제에 대해 충분히 이해했다고 생각된다면 다음 레슨으로 진행해도 좋습니다. 좀 더 복습하고 싶다면 이 레슨을 다시 시작하세요.

5.4 모호한 피드백 피하기

컴퓨터 게임과 달리 이러닝이 제공하는 피드백은 소심한 편이다. 게임에서는 정확하게 내가 지금 어떻게 하고 있는지 알려준다. 수행에 실패하면 게임에서 내 캐릭터는 죽는다. 모든 것을 그렇게 하지는 못하더라도 게임과 같은 직접적인 접근을 고려해보자. 다음과 같이 약하고 모호한(wimpy) 피드백은 피하도록 한다.

잘했습니다. 하지만 좀 더 잘 할 수도 있었습니다.

애석하지만, 최상의 답이 아니군요.

비슷합니다. 다시 한 번 생각해보겠습니까?

거의 맞았습니다. 거의 정답에 가깝습니다.

아, 안타깝군요.

이크!

간결하게 맞고 틀림의 여부를 가르쳐주고 왜 그러한지 설명하는 것이 더 좋다.

5.5 적시에 피드백 제공하기

언제 평가 점수를 알려줄 것인가? 빠를수록 좋지만 때로는 자동 채점의 경우라도 점수 보고를 지연시켜야 될 때도 있다. 피드백은 각 문항마다 자동적으로 줄 수도 있고 평가가 모두 끝난 후에 줄 수도 있다. 사람이 채점하는 경우라면 채점이 끝난 후 피드백을 전달해야 할 필요가 있을 수 있다. 이 절에서는 여러 가지 방법의 장점에 대해 다룰 것이다.

5.5.1 문제가 끝날 때마다 피드백 주기

각 문제에 학습자가 답을 할 때마다 즉각적으로 피드백을 주는 방법도 있지만, 평가의 흐름에 방해가 될 수도 있다. 일반적으로 저자는 이 방법을 선호하는 편이다. 평가를 더 흥미진진하게 만들고 오개념 형성을 막을 수 있기 때문이다. 그리고 어떤 면에서는 평가를 게임처럼 만들기도 한다.

즉각적인 피드백은 학습자의 뇌에 오개념이 깊이 뿌리 내리기 전에 교정해 줄 수 있는 장점이 있다. 전체 문제 시리즈가 끝난 다음 피드백을 주게 되면 학습자들은 오개념이라는 것을 인식하기도 전에 이미 장기기억에 자신들의 답을 저장해버린 후가 될 수도 있다. 즉각적 피드백은 또한 하나의 단순한 오해 때문에 관련된 모든 문제를 전부 잘못 풀게 되는 것을 방지해 주는 장점도 있다.

하지만 피드백을 조각조각 받게 되면 평가는 길어지고 성급한 학습자라면 짜증을 낼 수도 있을 것이다. 특히 오답을 거의 하지 않는 높은 지식 수준의 학습자라면 더 그러하다. 즉각적인 피드백은 서로 관련이 많은 일련의 문제들을 풀고 있는 학습자들에게는 약간 어려움을 줄 수도 있다. 피드백이 평가의 연결성을 깨뜨리기 때문이다. 각 문제가 끝날 때마다 피드백을 주어야 하는 경우에는 다음 사항에 유의해야 한다.

- 각 문제를 그 자체로 완결성을 갖게 해야 한다. 피드백을 읽고 나면 학습자들은 이전 문제의 세부 사항은 잘 기억하지 못한다.

- 학습자가 긴 피드백은 지나칠 수 있게 해준다. 피드백이 간략하고 학습자가 다음 질문으로 가기 위한 버튼을 클릭할 수 있는지 확인한다.
- 너무 많이 설명하지 않는다. 한 문제에 대한 피드백에서 다른 문제의 답이 될 만한 설명을 하지 않도록 주의한다.
- 즉각적인 교정을 요구하지 않는다. 그렇지 않으면 첫 번째 오답 후에 학습자가 평가를 그만둘 수도 있다. 평가의 맨 마지막에 학습자가 오답에 관련된 자료를 볼 수 있도록 링크해준다.
- 시간 제한이 있는 평가라면 학습자가 피드백을 받는 동안은 시간을 재지 않고 학습자가 다음 질문으로 진행할 때 다시 시간 기능을 활성화시킨다. 학습자에게 피드백을 읽고 싶으면 이러한 기능이 있다는 것을 알려준다.

5.5.2 평가가 끝났을 때 피드백 주기

학습자가 모든 질문에 답한 후까지 평가를 기다리는 것은 더 효율적이고 경제적인 방법이지만 재미는 없다. 평가의 마지막에만 피드백을 제공하면 학습자가 봐야 할 화면 수를 줄여주고 시간도 절약해준다. 학습자는 질문을 앞뒤로 빨리 이동하면서 답할 수 있다.

마지막에 주는 피드백은 평가 전체 주제의 이해 정도에 관한 코멘트를 제공할 수 있다. 마지막에 평가를 하게 되면 피드백의 목적이 보다 뚜렷해진다. 여러 개의 문제가 같은 개념을 평가하고 있다면 학습자는 한 번만 피드백을 보게 되므로 불필요한 반복을 줄일 수 있다. 하지만, 지연된 평가에 대해 어떤 학습자들은 짜증을 낼 수도 있다. 한 문제에 대한 잘못된 이해가 나머지 문제까지 모두 망치게 할 수도 있기 때문이다.

맨 마지막에만 피드백을 주는 평가를 설계할 때는 다음과 같은 사항에 주의한다.

- 모든 문제가 독립적이어야 하며 다른 문제에 의존하지 않고 필요한 내용만을 담도록 한다. 한 문제를 잘못 풀었다고 해서 나머지도 모두 틀리게 되는 경우를 최소화해준다.
- 평가를 간결하게 한다. 전체 평가는 10~15분 사이에 마칠 수 있게 해주어야 한다.
- 마지막에 질문에 대한 명확한 피드백을 제공하여 오답에 관한 설명을 볼 수 있도록 원 자료로 링크시켜 주거나 주제에 대한 새로운 자료로 링크시켜 준다.

5.5.3 채점자가 채점을 끝낸 후 피드백 주기

평가 문제가 복잡하고 교수자나 동료학습자에 의해서만 채점이 가능한 경우 즉각적 피드백을 제공할 수 없다. 대답은 반드시 사람이 채점할 수 있도록 전송되어야 하고 결과를 다시 전송받아야 한다. 시간대가 서로 다르거나, 주말, 공휴일, 업무상의 이유 등이 있을 때는 며칠씩 지연될 수도 있다.

평가가 지연되는 것을 사전에 방지하기 위해서는 다음과 같은 사항에 유의한다.

- 채점을 업무에서 우선순위에 두도록 한다. 평가의 질을 저하시키지 않고 수행가능하다면 48시간 이내에 끝내야 한다. 교수자가 채점하기 어려운 경우라면 대리로 할 수 있는 사람을 찾아야 한다. 학습자가 평가를 수행하게 하는 것도 고려해본다. 최종 성적에 학습자 평가의 즉시성과 내용의 질을 일부의 비율로 포함시키는 것도 고려할 수 있다.
- 다음 레슨을 시작하기 전에 요구되는 통과 점수가 있더라도 계속해서 학습할 수 있게 해준다.
- 평가자가 즉각적으로 답변할 수 있도록 평가 일정을 조정한다. 어떤 교수자는 주말에 채점하기 위해 금요일에 시험보는 것을 선호하기도 한다.
- 학습자에게 피드백이 지연될 수 있음을 미리 알려준다. 학습자가 시험보는 시기를 결정할 수 있다면, 교수자가 채점 가능한 날짜를 미리 알려준다. 어떤 코스는 "점수는 업무일 기준으로 2일 이내에 받아 볼 수 있습니다."와 같이 방침을 밝히기도 한다.

6. 평가를 완벽하게 만들기

처음 시행했을 때 완벽한 평가는 거의 없다. 세심한 점검과 수정만이 문제 상황을 줄여준다.

6.1 정답 전에 힌트 주기

잘못된 답변에 대해 피드백을 줄 때 정답을 주기보다는 힌트를 제시하여 다시 한 번 도전해보게 하는 것이 좋다. 아니면 [hint] 버튼을 두어 학습자가 문제를 풀 때 도움을 받게 할 수도 있다.

6.4.1 일반적인 불평 사항 줄이기

불공정한 평가라고 불평하는 일반적인 경우는 다음과 같다.

- 학습 단위나 진술된 목표의 범주를 벗어나는 문제
- 선수 지식에서 언급되지 않은 지식이나 관련없는 기술을 요하는 문제
- 특정 문화권에 관한 지식이 있어야만 풀 수 있는 문제. 복잡한 언어로 작성되어 원어민이 아닌 학습자가 풀 수 없는 문제
- 익숙하지 않은 용어. 불필요한 은어, 은유, 속어
- 원어민이 아닌 학습자, 시각 장애나 난독증을 가진 학습자가 문제를 모두 풀 수 있는 충분한 시간을 주지 않는 경우

6.4.2 평가를 평가해보기

이러닝 설계에서 중요한 검토 사항은 각 평가 문항이 "평가를 위한 평가"를 통과하는가이다. 이 평가는 세 가지 질문으로 구성된다.

- 이 질문은 어떤 학습 목표를 평가하고 있는가?
- 어디서 학습자가 이 목표를 배웠는가?
- 읽기 기술이 최소수준이라도 주제 관련 지식만 있으면 답할 수 있는 문제인가?

위의 세 가지 질문에 모두 답할 수 없다면 평가 문항을 새로 작성해야 한다.

6.4.3 학습자에게 피드백 구하기

평가에 관한 학습자의 의견을 조사해 본다. 그러나 평가 채점이 모두 끝난 후 학습자의 피드백을 구해야 한다. 평가가 끝난 후 학습자가 여유를 갖고 심리적으로도 진정된 후 응답을 해야 이성적이고 덜 감정적이다. 또한 기대되는 점수가 아니라 실제 점수에 기반하여 답변하는 것이 바람직하다. 불공평하다고 생각되는 질문이 무엇인지 왜 그렇게 생각하는지 물어볼 필요가 있다. 어떻게 바꾸면 될 것인지에 대해서도 물어본다.

6.4.4 속임수 문제 피하기

속임수 문제는 학습자를 속여 오답을 쓰게 만드는 질문이다. 그러한 문제를 쓸 때는 학습자들이 더 주의집중을 하게 하기 위해서라고 변명하기도 한다. 하지만 속임수 문제는 학습자에게 공포심을 주고 평가 작성자에 대한 불신을 갖게 할 뿐이다. 속임수 문제는 성공적인 학습자들까지도 벌주는 셈이 된다. 속임수 문제는 비윤리적이고 때로 부도덕하기도 하다. 학습자를 놀리기 위해 속임수 문제를 만드는 경우는 다양하다.

가장 일반적인 경우는 다음과 같다.

- 오답을 쓰도록 유도하는 단서로 **주의를 산만하게 하는 요소들(red herrings).** "언덕을 뛰어 올라가는 80킬로그램 인간과 조용히 상추를 찾는 3킬로그램 토끼 중 누가 더 많은 산소를 소비하겠는가?" 와 같은 질문이 이런 예에 해당한다.
- 학습자가 적용할 일이 전혀 없는 기술과 지식을 요구하는 **잡학적 문제(trivia question).** "나폴레옹의 눈 색깔은 무엇인가?"
- 코스나 선수 과목에서 가르치지 않은 것을 묻는 시의적절하지 않은 **학습사항(late requirement).**
- 답하기에 충분한 정보가 없는 **맥락과 무관한 질문.** "토네이도는 얼마나 자주 오는가?" 이러한 질문들은 비교를 요구하면서도 비교의 표준을 제공하지 않는다.
- 불법 행위를 했다는 것을 시인해야 하는 **고백 요구 문제.** "속도 제한보다 빨리 달렸을 때 기분이 어떤가?"
- 단일 선택형 문제에서 선택지의 **범위나 범주가 중첩**되어 하나 이상의 답이 가능한 문제. "모스 강도 척도에서 공작석(malachite)의 강도는 얼마인가?(하나를 고르시오) (a) 1에서 2, (b) 2에서 3, (c) 3에서 4, (d) 4에서 5." 공작성의 강도는 3.5에서 4이다. 세 번째와 네 번째 선택지 모두 답이 될 수 있다.
- 설계자가 가장 어려운 문제를 맨 앞에 제시하여 학습자가 좌절하고 당황하게 하는 **사기 저하 문제.**
- 다음 문제 선택지에서 같은 오답을 재진술하여 **반복 때문에 혼란을 가중시키는 문제.** "Brian이 해고된 이유는 무엇인가? (a) 무례해서, (b) 버릇이 없어서, (c) 정책을 위반해서, (d) 공격적이어서, (e) 법을 어겨서.
- 용어에 대한 이해가 선수 지식이나 코스의 목표가 아닌데도 고의로 아주 소수의 학습자만 이해할 수 있는 단어를 넣는 **언어적 속임수(linguistic lofting).**
- 숫자 선택지가 순서대로 배열되지 않아 **순서가 잘못된 배열(breakstep sequencing)을 제시하는 경우.** "오존층의 고도는? (a) 10km, (b) 20km, (c) 40km, (d) 80kim, (e) 30km"
- **완전히 다른 범주를 비교하는 사과와 오렌지 비교.** "폭스바겐 투아레그(VW Touareg)의 V10 엔진의 언덕 오르기 능력과 랜드로버 디스커버리(Land Rover Discovery)의 언덕 전용 전자 기능 중 어느 것이 더 나은가?"

문제가 공평한지 그렇지 않은지 어떻게 알 수 있는가? 학습자에게 물어보았을 때 동의를 얻을 수 있는 문제들이 공평하다고 할 수 있다.

6.5 신속하고 빈번하게 평가하기

무엇인가를 가르친 직후에 곧바로 평가를 하는 것이 좋다. 학습자가 학습에 몰입하고 발전 정도를 확신할 수 있는 기회를 주어야 한다. 이제 막 배운 지식에 관해 질문하는 것은 학습자가 지식을 정리하고 통합하는 데 도움을 준다. 학습자에게 학습 직후에 절차를 수행해보라고 요구하면 자연스럽고 정확하게 수행할 수 있다.

한번의 긴 평가보다는 짧은 평가를 자주 실시하는 것이 좋다. 대규모 강좌에서는 코스 중 기간을 동일하게 나누어 몇 개의 평가를 실시하는 것이 마지막에 시험 한 번만 보는 것보다 더 바람직하다.

많은 강좌들에서 아이디어를 나열하여 제시해주고 한 번에 평가하려고 한다. 학습자가 평가에 임할 때는 이미 이전에 배운 개념은 거의 다 잊어버리게 되고 큰 시험 때문에 부담만 갖게 된다.

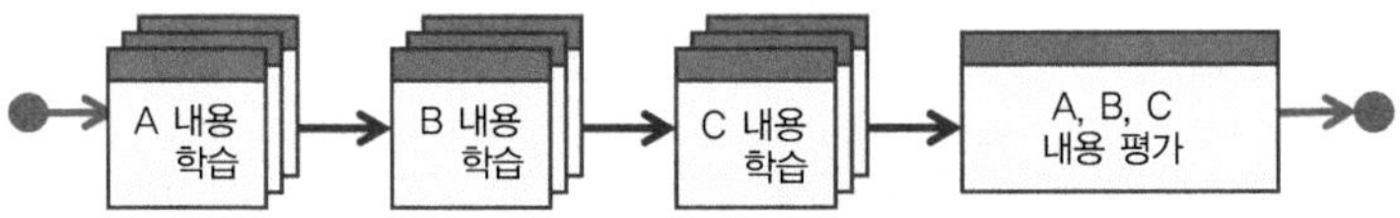

마지막에 큰 시험 하나보다는 학습 과정 중 작은 평가를 여러 번 치르는 것이 더 좋다. 그렇게 하면 학습자는 평가를 받는 내용은 제대로 학습하고 지나가게 된다. 평가가 작게 느껴져서 심적 부담도 적다. 마지막 아이디어를 가르치고 평가한 다음에는 간단하게 복습하고, 모든 아이디어에 관한 짧은 평가를 실시한다.

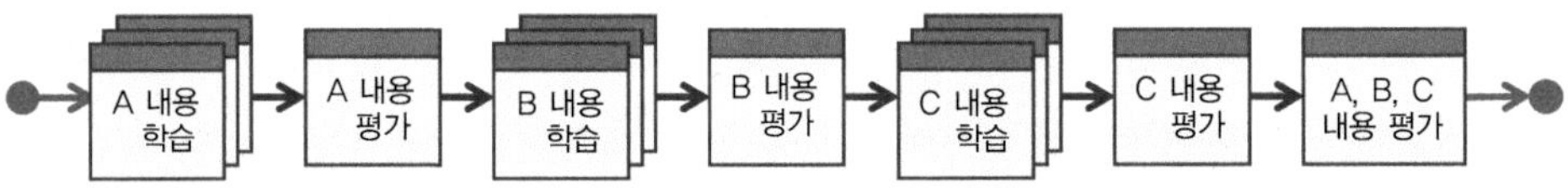

작은 평가를 설계할 때는 학습자들이 큰 평가에서의 수행을 정확하게 예측하도록 해야 한다. 학습자들에게 연습 활동 기회는 많이 주고 점수 위주의 평가는 적게 한다. 모든 시도를 일일이 추적하여 점수를 부과하면 학습자는 즉각적인 행동을 포기하게 된다. 상황을 평가하고, 가설을 세워서 검증하고 피드백을 받고 가설을 수정하는 빠른 주기는 가치있는 학습 사태이다. 학습자에게 매번 잉크로 점수가 기록된다는 공포 없이 연습할 수 있는 기회를 되도록 많이 주는 것이 좋다.

6.6 적절한 커트라인 설정

학습자에게 피드백만을 주는 것이 아니라 학습자에 대한 의사결정의 자료로 평가 결과가 활용되는 경우라면 커트라인을 정해야 한다. 통과 점수는 평가가 다룬 학습 내용을 적절하게 마스터했다는 것을 보여주기 위해 학습자가 얻어야 하는 점수를 말한다.

통과 점수를 정하기 전에 점수의 사용 목적을 먼저 고려해야 한다. 학습자가 추구해야 할 성취의 목적으로 사용할 것인가? 통과 점수를 얻을 때까지 학습 내용을 반복해야 하는 것인가? 업무 기록의 일부로 점수를 기록할 것인가? 업무 관련 자격증 취득 여부를 결정할 때 점수를 활용할 것인가? 학습자의 미래에 점수가 더 많은 영향을 주게 될수록 평가 점수 결정은 객관적이고 체계적이어야 한다.

한 가지 방법은 최소한의 역량과 완벽한 역량 사이에 위치하는 역량 수준으로 결정하는 것이다.

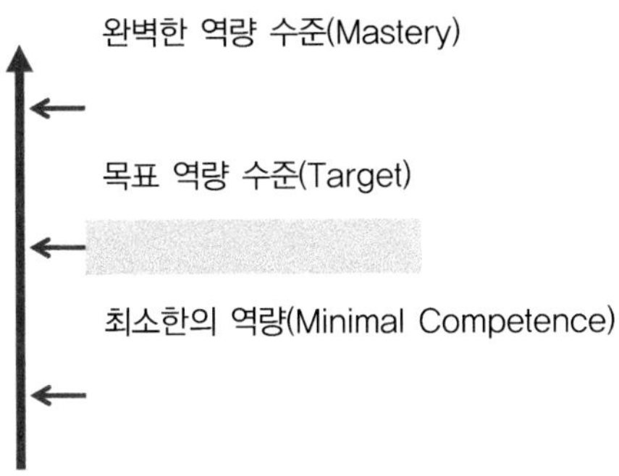

과연 목표로 삼아야 하는 경계는 어디일까? 점수를 정하는 방법은 여러 가지이다. 엄격성이 높은 순서대로 다음의 세 가지를 제시할 수 있다.

6.6.1 전문적인 판단

평가의 주제를 가르치는 데 경험이 있고, 언제 어떻게 학습자가 지식과 기술을 적용해야 할지 안다면, 설계자는 자신의 전문적 판단에 의해 통과 점수를 결정할 수 있다. 주제에 대해 잘 알고, 학습자가 얼마나 배워야 하는지 안다면 전문적 판단을 평가 점수로 표현하면 된다. 통과 점수를 결정할 때는 다음을 고려한다.

- 향후 학습을 위해 기술과 지식이 얼마나 중요한가? 상위수준으로 가기 위해 기본기술을 반드시 익혀야 한다.
- 주제를 완전히 마스터하지 못한 경우 위험 요소는 무엇인가? 누군가의 생명을 위협하게 되는가? 업무의 질이 떨어지게 되는가?
- 초보자에게 주제는 얼마나 어려운가? 높은 점수는 비현실적인가?

6.6.2 전문가의 동의

내용 전문가에게 의견을 구할 수도 있다. 여섯 명 정도의 전문가가 제안하는 통과 점수를 참고할 수 있다. 전문가는 통과 점수보다 훨씬 높은 점수, 표준 편차 그 이상을

평가 프로그램에 문제가 있는 경우 어떻게 대처해야 하는가? 점수에 영향이 있는가? 처음부터 다시 시작해야 하는가, 점수가 저장되는가?

7.2 평가 중 학습자 통제권의 부여

학습자가 평가 중에 통제권을 갖고 있다고 느끼게 할 필요가 있다. 그러면 평가 내용에 보다 집중하게 된다. 통제의 핵심은 정보와 적절한 선택지 제공이다.

- **타이머를 켜기 전에 설녕한다.** 평가가 시작되기 전에 평가에 관해 설명해주어야 한다. 타이머를 켜기 전에 필요한 모든 정보를 제공한다. 안내 사항을 제시한 후, 학습자가 "평가 시작하기" 버튼을 눌러 시작할 수 있도록 해준다.
- **선택적 평가는 그냥 지나갈 수 있게 해준다.** 평가가 필수가 아닌 선택인 경우 학습자가 그냥 넘어갈 수 있게 해준다. 버튼을 두면 간단하다.

- **상태를 명확하게 알려준다.** 학습자는 어느정도로 평가가 진척되었고 얼마나 남아있는지 알고 싶어 한다. 어떤 시스템은 시간과 문항 수를 알려주는 장치를 활용한다.

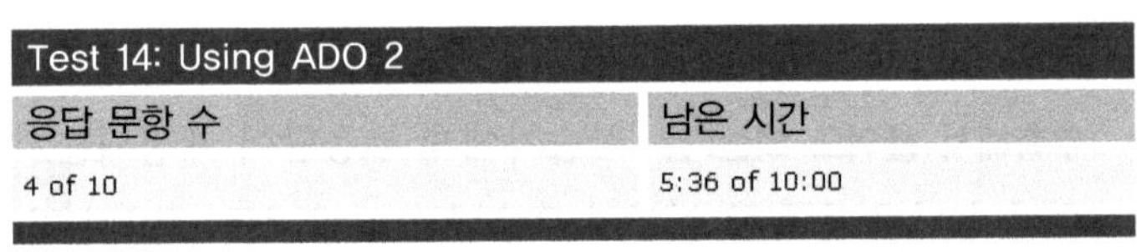

8. 공식적 평가에 대한 대안 고려

이러닝에서의 평가는 한계가 있으며 최상의 선택이 아닐 수도 있다. 평가를 설계하기 전에 다른 대안은 없는지 고려해본다.

8.1 학점 기반의 공식적 평가의 비중 감소

모든 과제가 꼭 공식적이고 학점에 기반할 필요는 없다. 다양한 형태를 혼합하여 활용한다.

- 공식적 학점 부여 평가
- 학습자가 참고자료를 보면서 치르는 오픈 북 평가

- 실제 과업을 완수하게 하는 수행 평가
- 학습자가 스스로 자신의 수행을 평가하는 자가 평가
- 연습 활동이나 창의적 학습 활동(original work)에 대한 자가 평가
- 상사, 동료, 부하직원, 고객에 의한 평가
- 경쟁에서 이기거나 풀어야 하는 학습 게임이나 퍼즐
- 독창적인 지식의 획득을 요구하는 연구 프로젝트
- 개별이 아닌 팀 평가

8.2 포트폴리오

지식에 관한 평가보다 학습의 실질적인 결과물을 생성하게 할 수도 있다. 업무에 바로 적용할 수 있는 포트폴리오를 평가하는 방식이 한 예가 된다. 포트폴리오는 업무 결과물이나 단일/복합 계획서나 보고서 등의 샘플로 구성된다.

코스 중 이미 현장에서 일하는 학습자들의 경우 포트폴리오는 업무에 즉시 활용할 수 있는 자료들로 구성될 수 있다. 새로운 영역으로 커리어를 준비하고 있는 학습자라면 자신의 역량을 보여줄 수 있는 샘플로 구성할 수도 있다.

8.3 토큰 모으기

평가를 통과하게 하기보다는 활동을 완수한 후 제공하는 토큰을 모으게 하는 것도 좋은 방법이다. 평가나 활동에서 요구하는 지식의 범위와 가치에 따라 토큰의 개수를 정해준다.

8.4 실시간 온라인 미팅에서의 수행 평가

온라인 미팅에서 학습 수준을 드러낼 수 있는 활동을 수행하게 한다.

- **투표.** 질문을 해서 누가 답할 수 있는지 구분해본다.
- **애플리케이션 공유.** 소프트웨어 활용 과제를 수행하게 해본다.
- **구술 시험.** 특정 학습자에게 질문을 해본다.
- **학생 교수.** 학습자가 짧은 부분을 가르치게 해본다.
- 채팅을 통해 답해야 하는 **개방형 문제**를 출제해본다.

8.5 토론 포럼 활동 수행 평가하기

- 테이크 홈 시험을 주고 다음날 제출하게 한다.
- 학점을 받기 위해 준비해서 제출해야 하는 과제를 내준다.

- 학습자가 독창적으로 작성해야 하는 포트폴리오를 제시한다.

9. 이 장을 마치며

9.1 요약

- 이러닝의 다른 부분에서 활용된 주기적 절차와 동일하게 평가를 개발해야 한다.
- 학습자가 자신의 발전을 측정해보고 행정가들은 이러닝의 효과성을 측정하는 데 평가가 활용될 수 있도록 한다.
- 평가 문제는 난해한 문구를 해석하는 능력을 측정하기 위한 것이 아니라 지식과 기술을 측정해야 하는 것임을 유의해야 하며, 운으로 추측하게 만들어서는 안된다.
- 단순한 문제에서는 즉각적인 피드백을 제공하여 오개념을 확인하여 이후 문제를 풀기 전에 교정할 수 있게 해준다.
- 평가는 즉각적으로 자주 한다. 점수를 기록하지 않는 연습 기회 제공의 평가를 자주 실시한다. 평가는 시험 형식보다는 재미있는 게임처럼 구성한다.
- 평가를 테스트해 본다. 최소한 전문가는 평가를 제대로 통과하고, 초보자의 평가 통과율의 정도를 점검해보아야 한다.
- 항상 설계를 먼저 한 후 평가 도구를 선정한다. 도구를 먼저 선정하여 이미 개발하여 시행했다면 어쩔 수 없이 도구의 기능에 의존하는 수밖에 없다.

9.2 보충사항

보다 복잡한 평가의 경우에는 학습 활동(자세한 내용은 2, 3, 4장 참조)을 잘 활용하도록 한다. 이 경우는 교수자가 그 활동 내역을 평가하고 채점해야 한다. 평가 저작을 위한 도구를 구입하기 전에 어떤 유형의 평가를 지원해주는지 점검해보고, 특히 내가 설계한 평가를 적용하는 데 적절한지 고려해보아야 한다. 다음에 제시되는 도구들도 유용하다.

- 드림위버용 Course Builder(www.adobe.com)
- Hot Potatoes(www.halfbakedsoftware.com)
- Perception Questionmark(www.questionmark.com)
- Quiz Rocket(www.learningware.com)
- QuizMaker(www.articulate.com)

- Captivate(www.adobe.com)

교수와 평가를 통합하는 시뮬레이션을 해보라. 학습 게임(자세한 내용은 3장 참조)이나 코스 전체를 시뮬레이션화하는 것도 고려할 수 있다(자세한 내용은 3장 참조).

[제 6 장]

토픽

구체적인 학습 목표의 달성

토픽(topics)은 개별적인 학습 목표를 달성하는 것으로서 하나 또는 여러 페이지의 분량으로 구성된다. 하나의 활동 또는 여러 가지 복합적인 활동에 걸쳐 나타나게 되며, 텍스트, 그림, 소리, 음악, 애니메이션 또는 동영상들을 통합하여 만들 수 있다. 학습을 완료하기 위해 몇 분에서부터 몇 시간까지 걸리기도 하지만 각 토픽들은 하나의 학습 목표를 완전히 달성해야 하는 데 중점을 둔다. 목표의 설정과 달성이 전제되었을 때 토픽으로 성립될 수 있다. 이 장에서는 학습 목표를 달성하기 위한 이러닝 토픽 설계 방법을 소개하고자 한다.

1. 토픽의 개요

토픽은 한 강좌 또는 기타 다른 단위의 지식 전달 산출물을 기준으로 볼 때 가장 낮은 수준의 학습 객체로서, 특정한 단일의 학습 목표를 달성하기 위한 교수 단위이다. 일반적으로 하나의 토픽을 구성하기 위해 습득형, 수행형, 연결형 활동의 조합이 필요하며 학습 목표의 달성여부를 알 수 있는 평가 활동도 포함되어야 한다.

1.1 토픽의 사례

*토픽*이라는 단어가 추상적이고 모호하게 느껴질 수 있으므로 관련된 구체적인 세 가지 예시들을 살펴보기로 하겠다. 첫 번째 예는 아주 단순하며 두 번째 예를 이해하기

위해서는 약간의 노력이 필요하고 마지막 예는 매우 복잡한 편이다. 각 예시를 살펴보면서 교수설계 및 특징적인 요소들을 알아보도록 하겠다.

1.1.1 단순한 토픽

다음은 단순한 토픽의 예시이다(1장에서 낮은 수준의 학습 객체를 보여주기 위해 사용했던 세 가지 필수 학습 활동을 상기해 보자. 한 장의 웹페이지로 되어 있으며 하나의 토픽으로 가능하도록 간단하게 구성되어 있다.

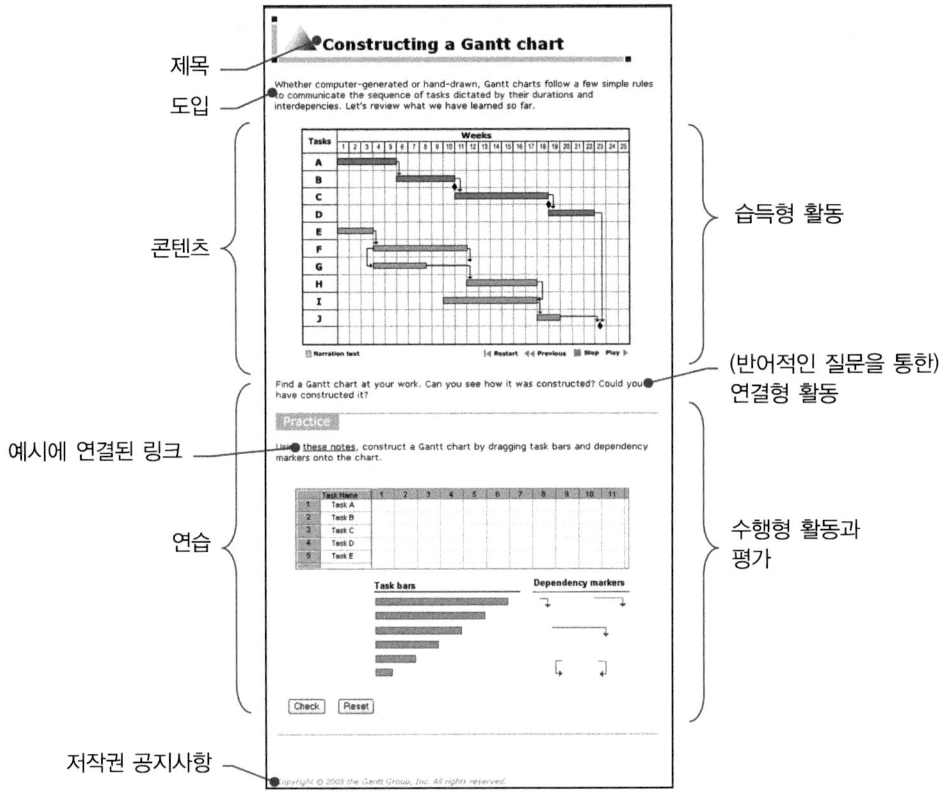

위의 토픽은 단순한 하나의 학습 목표를 달성하는 것으로서 Gantt 차트에서 종속관계 표기를 해석하는 방법에 대해 가르치고 있다. 한 장의 웹페이지로 구성되어 있지만 학습 객체의 주요 요소들을 모두 포함하고 있다.

토픽을 나타내는 제목과 해당 토픽 및 내용을 요약하여 소개하고 있는 짧은 단락이 있다. 종속관계를 나타내는 표기와 더불어 이것을 알아보는 방법을 내레이션과 함께 설명해주는 애니메이션이 이어지고 있다. 다음으로는 중요 포인트를 강조하는 짧은 단락과 종속관계 표기에 대한 자세한 정보가 있는 다른 토픽이 연결되어 있다. 이어서 학습자가 실제 Gantt 차트를 볼 수 있도록 하고 제시된 종속관계 표시의 의미를 해석할 수 있도록 유도한다.

예시에서 제시된 토픽은 간단하지만 필수적인 학습 경험들을 포함하고 있다. 학습자들은 제시된 정의를 읽고 애니메이션을 보면서 개념을 **습득**한다. 연습 활동에서는 **수행형** 학습 활동과 평가 활동을 제공하고, 다른 토픽으로 연결된 링크를 통해 추후 학습과 **연결하는 활동**을 하게 된다.

1.1.2 일반적인 토픽

다음의 예는 약간 복잡한 것으로 조사와 분석, 그리고 판단이 요구되는 까다로운 결정을 내리는 방법에 관한 것이다.

본 토픽은 자연보호구역의 관리자들을 위한 시범 강좌에서 가져 온 것으로서, 학습자들이 결정을 내려야 하는 실제 사건을 기반으로 한 실제 상황을 제시하므로 마이크로시나리오(micro-scenario)라고도 불린다.

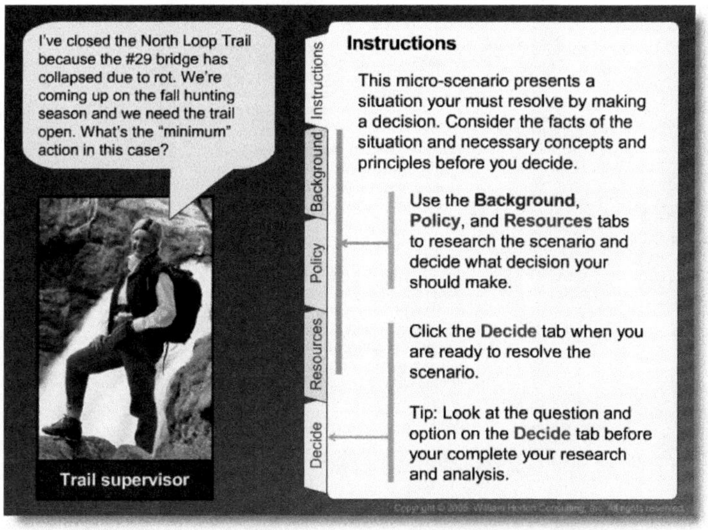

[Instruction] 탭에서는 학습자들에 대한 환영의 말과 함께 과제를 완수하는 방법에 관한 지침을 제공하고 있다.

마이크로소프트 파워포인트로 구축한 뒤 어도비 브리즈 프리젠터를 사용하여 웹으로 볼 수 있게 변환하였다. 예시는 horton.com/eld/에서 볼 수 있다.

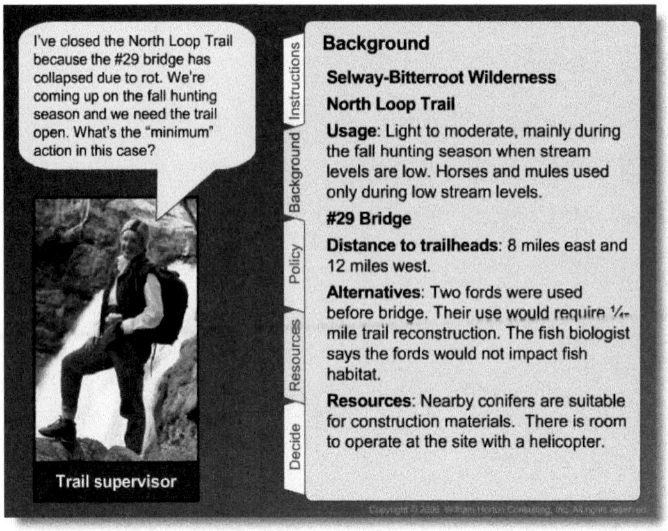

[Background] 탭에서는 학습자가 반드시 조사해야 하는 상세한 내용을 제공하고 해결책을 찾도록 한다. 해결책을 찾기 이전에 세부 내용들에 대하여 습득해야 한다.

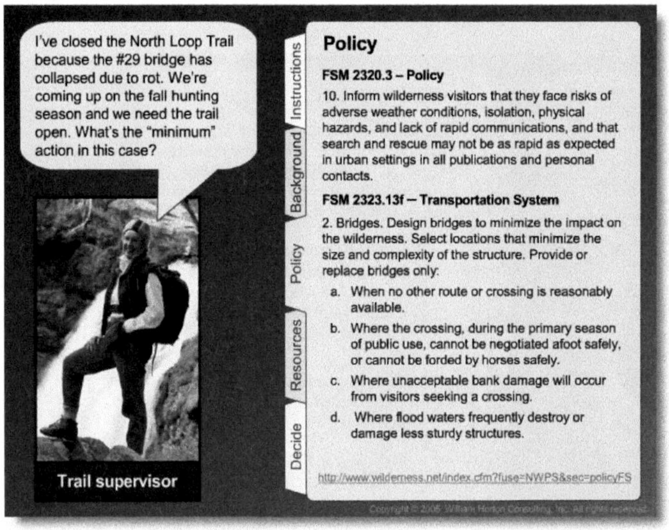

[Policy] 탭에서는 해결책에 관한 가장 중요한 제한점들을 드러내면서 Background에서 설명된 상황을 관리하는 법규들을 제시한다. 학습자들은 적용을 하기 전에 관련된 정보를 습득해야 한다.

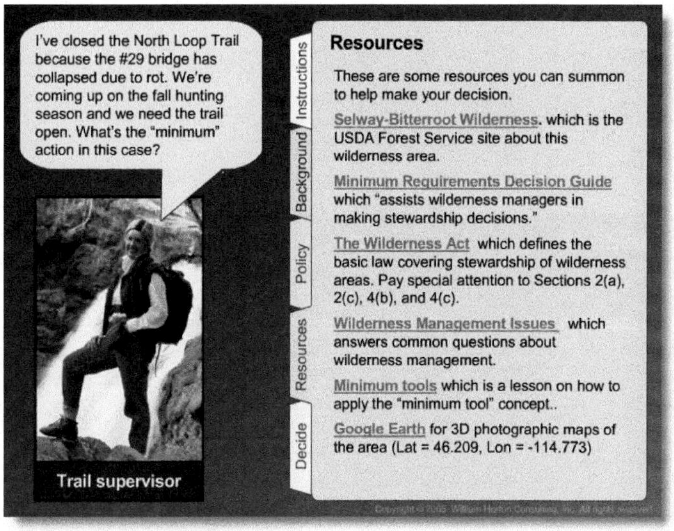

[Resources] 탭에서는 문서들과 연결된 리스트를 제공하고 있다. 학습자들은 구체적인 자연보호 지역의 상황뿐만 아니라 규제에 관한 일반적인 정보도 연구해야 한다. 이와 같은 활동은 미래에 학습자들이 자원들을 활용할 수 있도록 하는 **연결 활동**과 관련되어 있다.

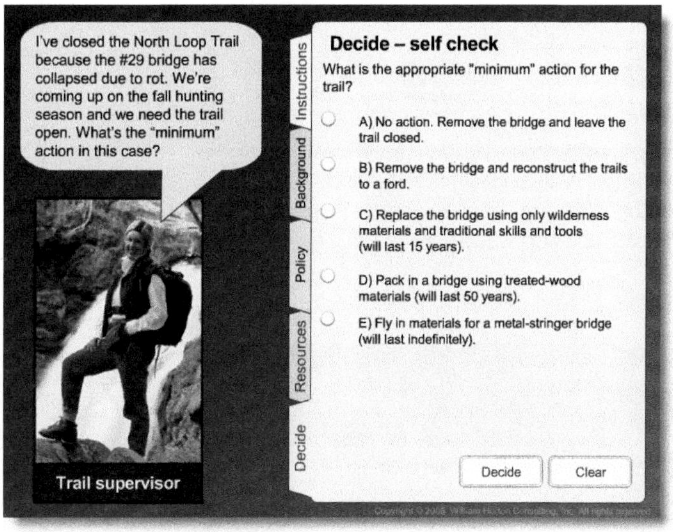

평가는 어도비 브리즈를 활용하여 구축했다.

마지막 [Decide] 탭에서는 학습자들이 해결책을 선정한다. 선택 대상 해결책들이 모두 그럴듯하게 보일 수 있으므로 정답을 선택하기 위해서는 상황에 대해 반드시 조사하고 주의 깊게 분석해야 할 필요가 있다. 학습자들의 의사결정은 학습 목표를 얼마나 잘 성취했는지를 보여주는 평가의 내용이 된다. 이것이 **수행형 활동**이다.

1.1.3 복잡한 토픽

복잡한 토픽의 예시로서 GALENA라고 불리는 프로그램을 통해 재료 속성을 컴퓨터 프로그램을 이용하여 설정하는 방법에 대해 다루는 학습 객체를 살펴보도록 하겠다. 댐이나 다른 구조물의 경사 안정성을 분석하기 위해서 GALENA에서 재료 속성을 설정하는 것은 필수적인 일이라고 할 수 있다. 재료 속성을 설정하기 위해서는 프로그램 내부에 있는 대화상자(dialog box)를 통해 몇 가지 정보들을 채워 넣어야 한다.

해당 토픽은 몇 개의 탭으로 이루어져 있으며, 각각은 해당 토픽에서 다른 부분들을 나타내고 있다.

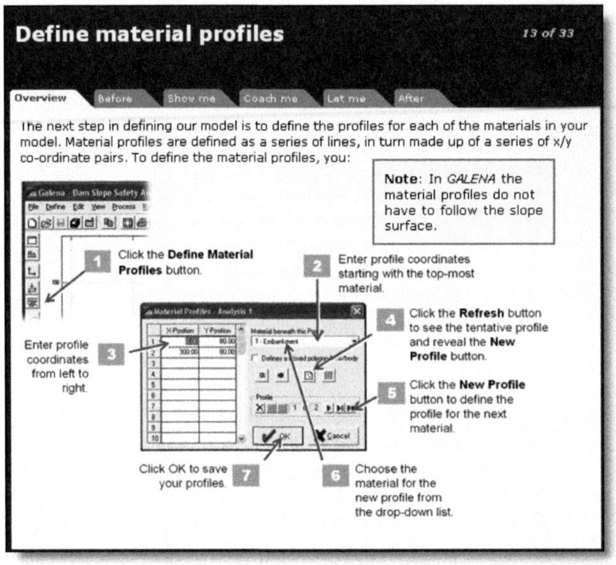

탭이 있는 인터페이스는 어도비 드림위버와 자바스크립트를 활용하여 구축하였다. 스크린 캡처는 테크스미스 스내그잇을 활용하였고, 설명 내용은 마이크로소프트 파워포인트를 활용하여 제작하였다.

[Overview] 탭에서는 학습자가 재료 속성을 규정하는 방법에 대해 배울 것이라는 간략한 개요를 제공하면서 동시에 요약의 역할도 하고 있다.

학습자들은 여기서 제공되는 내용을 **습득**할 수 있으며 또는 이를 출력하여 잡에이드(job aide)로 사용함으로써 실제 현실세계의 직무와 **연결**하는 활동을 할 수 있게 된다.

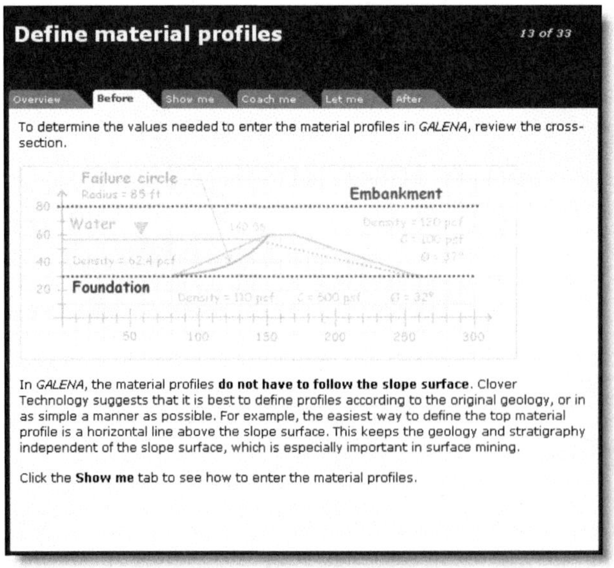

[Before] 탭은 활동을 시작하기 전에 학습자가 필요로 하는 정보를 제공하고 본 토픽에서 만들어질 모델의 구성요소에 대해서 설명한다. 이를 통해 학습자들은 관련된 정보들을 습득하게 된다.

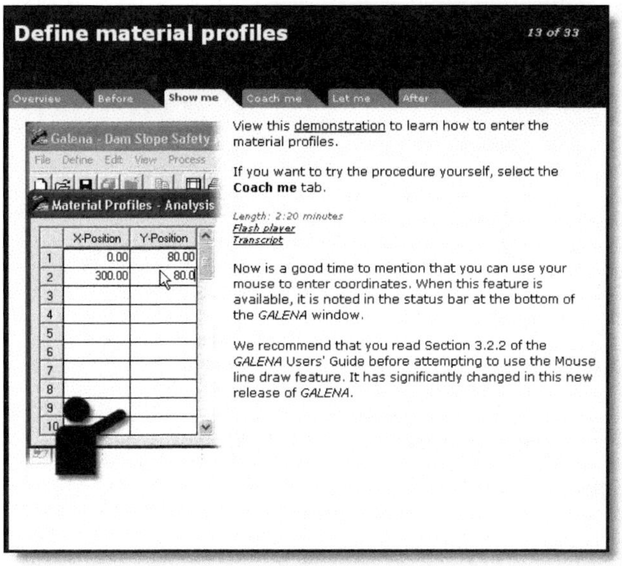

시연은 어도비 캡티베이트를 사용하여 구축했다.

[Show me] 탭에서는 학습자들이 해당 단계를 수행하는 방법을 볼 수 있도록 시연해주고 있으며 목소리 내레이션 대본을 볼 수 있는 링크들을 포함하고 있다.

시연 프로그램이 강좌 학습 창보다 더 큰 윈도우 창으로 제시되기 때문에 개별적인 또 다른 윈도우 창을 통해서 제공된다. 이러한 시연을 체험하는 것은 **습득형** 학습 활동에 해당된다고 할 수 있다.

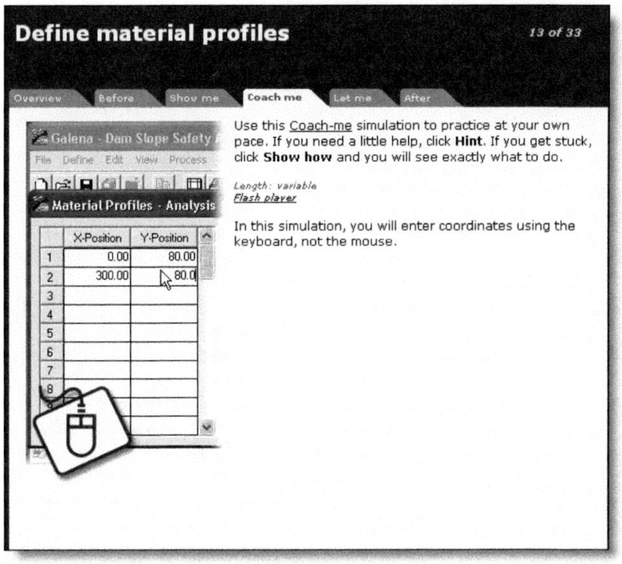

시뮬레이션은 어도비 캡티베이트로 구축했다.

[Coach me] 탭에서는 학습자들이 절차 수행 방법을 연습할 수 있도록 해준다. 이를 통해 학습자들은 시연된 절차를 수행할 수 있는 시뮬레이션을 시작할 수 있으며 피드백을 받거나 도움말 및 안내 활동을 요청할 수 있다. 이와 같이 시뮬레이션을 조작해보는 것을 **수행형** 학습 활동이라고 할 수 있다.

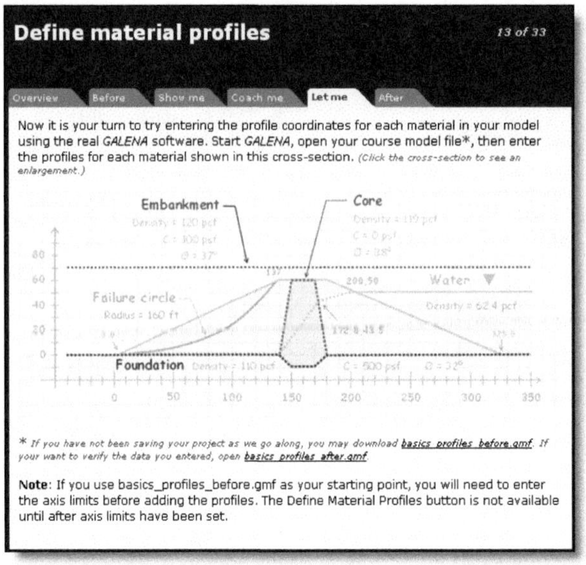

[Let me] 탭은 실제 소프트웨어 이용 방법에 대한 안내를 제공하고 있다. 초기 모델과 함께 그 모델을 이용하여 수행해야 하는 활동 내용을 제공하며 이때 학습자들은 앞의 두 개의 탭에서 배운 지식을 적용해야 한다.

이와 같이 자율적으로 실제 소프트웨어를 사용하여 수행 활동을 하는 것이 **연결형** 학습 활동이다.

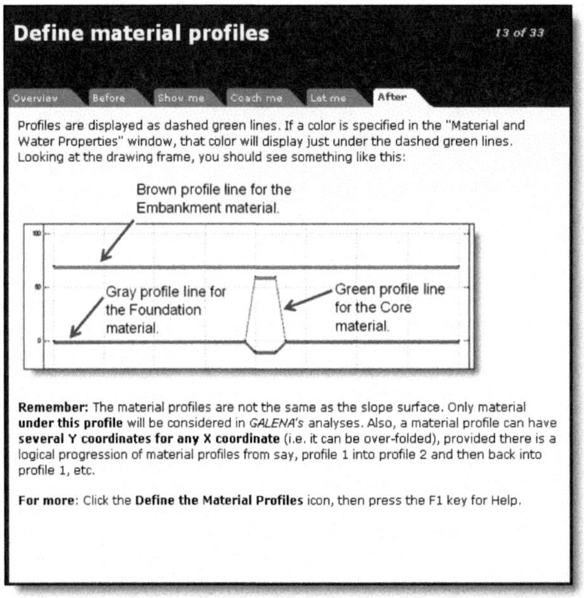

[After] 탭에서는 학습자들이 let-me 활동이 바르게 수행되었는지를 확인하도록 도와주고 있다. 또한 자신이 만든 모델을 이용하여 소프트웨어를 사용할 때 성공적으로 수행했는지를 확인하는 방법에 관한 도움말도 제공하고 있다. 그리고 지속적으로 봐야 하는 부가적인 토픽들도 제시한다.

요약하면 After 탭은 학습자들이 향후의 학습과 **연결**할 수 있도록 도와주는 내용을 다루고 있다.

1.2 토픽의 분석

이 절에서는 단순한 수준의 토픽을 포함하고 있는 학습 객체의 구성요소들을 다룬다. 다음에서 제시되고 있는 리스트는 일반적이고 광범위하므로 모든 토픽에 이 모든 요소들을 넣을 필요는 없다.

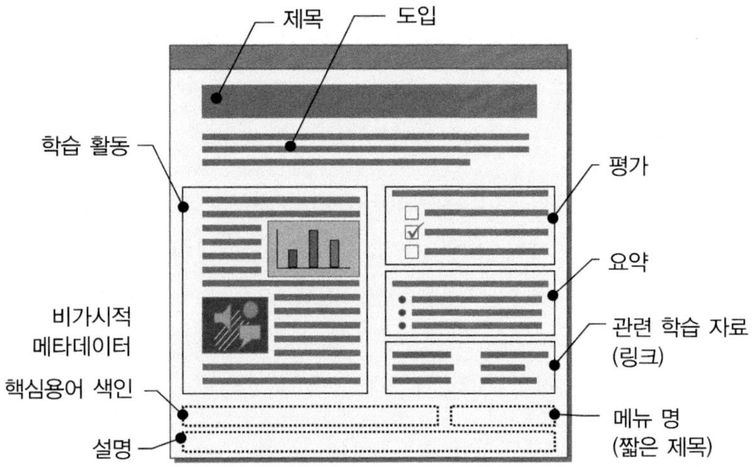

학습자들이 가장 먼저 인식하는 것은 페이지의 최상단에 헤드라인이나 배너형태로 제시되는 토픽의 제목이다.

제목 다음에는 맥락을 제공하거나 학습 내용에 관해 신중하게 생각할 수 있도록 동기를 유발시키는 간략한 도입부가 제공된다. 자세한 맥락 정보는 위치 표시기(you-are-here indicator)와 같은 것을 통해 제공될 수 있다.

토픽의 주안점은 학습 활동이라고 할 수 있다. 텍스트, 그래픽 및 여러 매체들을 포함하고 있으며 이들 요소들은 필수적인 학습 경험이 이루어질 수 있도록 촉진하여준다. 평가는 연습할 수 있는 기회를 통해 토픽 학습 목표의 완수 정도를 모니터링할 수 있는 피드백을 제공한다. 또한 요약 내용을 제시함으로써 핵심 내용의 기억 및 훑어보기를 통해 중요한 내용을 파악할 수 있도록 해준다.

단일 프로그램 안에서 모든 필요한 학습 자료를 독립적으로 보유하기 위해 토픽은 소수의 학습자들에게만 흥미 있는 학습 자료들을 다량으로 포함하게 될 수도 있다. 이를 위한 절충적인 방안은 개인적인 관심사를 지속적으로 탐구할 수 있거나 핵심 논제를 더 깊게 알 수 있도록 관련 학습자원들을 연결시켜 주는 방법이 있다.

이와 같이 눈에 띄는 요소들 외에도 보이지 않는 요소들을 가지고 있을 수 있는데, 이는 학습자들이 토픽 내용을 좀 더 쉽게 검색할 수 있도록 해준다. 알파벳 순서에 따른 색인이나 검색엔진을 통해 검색을 할 수 있도록 핵심어 색인기능을 제공할 수도 있고, 사용가능한 토픽들의 카탈로그를 제시하는 방식 등과 같이 필요 내용을 따로 모아서 볼 수 있는 기능들이 있을 수 있다. 핵심어 색인이나 설명서처럼 눈에 띄지 않는 항목들은 메타데이터라고 불리는 것으로서 토픽에 관한 정보들을 포함하고 있는 부분이다. 토픽의 또 다른 부분은 메뉴로서 학습자는 메뉴를 클릭해서 다른 토픽으로 옮겨갈 수 있다. 메뉴명이 개별적으로 분리되어 제시되더라도 독립된 단일 토픽의 일부분으로 간주된다.

2. 토픽 요소의 설계

매우 다양한 토픽들이 존재하고 있지만 대부분 제목, 도입, 학습 활동, 평가, 메타데이터와 같은 일반적인 준거 요소들을 포함하고 있다. 학습 목표는 토픽의 모든 요소들을 만들어내고 각 요소의 적용 결과를 판단하는 준거의 역할을 하게 된다.

2.1 토픽의 제목 정하기

작은 부분을 차지하지만 필수적이라고 할 수 있는 것이 제목이다. 제목은 토픽 및 다루게 될 내용을 명시한다.

2.1.1 제목의 중요성

제목은 토픽을 성공적으로 구성하는 데 매우 중요하다. 학습자들이 가장 먼저 보게 되는 부분이라고 할 수 있다. 예를 들면 토픽 메뉴 부분 또는 토픽들의 목록이 있는 레슨 시작 부분에 제시된다. 제목은 검색 결과의 형태로 나타나며 대부분 검색엔진으로 찾아볼 수 있게 목록화된다. 검색과 일치하는 텍스트 중 순위가 가장 높은 것을 제목으로 한다.

토픽 제목은 학습자에게 배울 내용을 약속해 주는 매우 중요한 부분이다. 제목을 통해 학습자들은 토픽을 선택하게 되고 학습 내용을 대략적으로 파악하게 된다.

2.1.2 학습 목표에 적합한 제목 설정

학습 목표의 각 유형에 적합한 제목을 설정한다.

학습 목표 유형	제목 유형	예시
Y를 성취하기 위해 X 절차를 수행한다(Do).	________수행하기 ________	관련된 종속적인 링크들을 해석하기 트레일 다리를 교체하기 재료의 속성을 정하기
Y를 결정한다(Decide).	________을 선택하기 ________을 선정하기	처방계획 선택하기 팀원 선정하기 사기(fraud)에 대한 거절의사 밝히기
Y를 하는 X를 만든다(Create).	________을 만들기	팀원 간 신뢰 구축하기 첫 VB 프로그램 적어보기

학습 목표 유형	제목 유형	예시
Y에 관한 X를 안다(Know).	[X의 이름] [X를 요약하는 문구]	관련된 종속적인 링크들 지역별 부가가치세(VAT)의 차이
X를 믿는다(Believe).	왜 __________? [또는 X에 관한 문구]	경사 안정성이 중요한 이유 차입투자의 위험성
Y에 관한 X를 느낀다(Feel).	Y에 관한 X를 함축하는 문구	모든 사람이 팀에 무엇인가 기여한다. 비탈면이 붕괴하면 인명사고가 생긴다.

2.1.3 의미 있는 제목의 작성

제목은 학습자들이 읽는 토픽의 첫 부분이다. 좋은 제목은 토픽의 내용을 효과적으로 알려주는 역할을 하며 다음과 같은 특징을 가지고 있다.

- **명확하다.** 다른 토픽들, 레슨들, 활동, 그리고 다른 요소들의 명칭과 쉽게 구분된다.
- **맥락으로부터 자유롭다.** 맥락이나 제목을 이해하기 위해 다른 주변 정보들에 의존하지 않는다. 이를 위해서는 제목에 대명사 사용을 피해야 한다. '이와 같은 일에 대한 이유(why this is so)' 와 같은 제목은 맥락 없이는 아무런 의미가 없다.
- **이해하기 쉽다.** 표준적인 문법과 학습자들에게 의미가 있는 용어를 사용한다. 토픽을 끝마친 후에만 학습자들이 이해할 수 있는 공식적인 용어를 사용하지 않는다.
- **한눈에 읽을 수 있다.** 얼핏 보아도 의미를 확실하게 알 수 있도록 만든다. 제일 중요한 단어를 제목 앞에 둠으로써 주의를 끌 수 있도록 하고 다음 줄로 잘려 나가지 않도록 해야 한다. 예를 들어 "어떻게 친구를 만들 수 있는가"와 같은 형식의 제목을 "친구 만드는 법" 등으로 바꾸는 방법 등이 있다.
- **토픽을 내포한다.** 학습자는 제목으로부터 토픽의 내용을 예측한다. 제목들과 학습 목표를 서로 일치시킬 수 있는지 살펴본다.
- **동기를 부여한다.** 학습자는 내용 안에서 자신을 위한 부분을 인식한다. 예를 들면 '3407/J 양식 완성하기' 와 '은행사기 줄이기' 를 비교해보면 쉽게 알 수 있다.

각 토픽은 내용과는 상관없이 그 자체만으로 이해할 수 있는 독특한 제목을 가져야 한다. 학습자들은 여러 개의 제목 목록에서 단 하나만을 선택해야 하는 경우가 많으므로 제목으로부터 토픽의 내용을 유추할 수 있도록 한다.

2.1.4 짧은 제목의 필요성

제목을 지을 때 더 짧은 형태의 제목을 만들 수 있도록 노력할 필요가 있다. 좁은 공간에 위치한 메뉴에는 짧은 형태의 제목이 더 적합하다. 앞의 몇 단어만 남기고 모두 잘라버리고 보여주거나 몇 줄에 걸쳐 제목이 제시되는 것보다 훨씬 효과적이다.

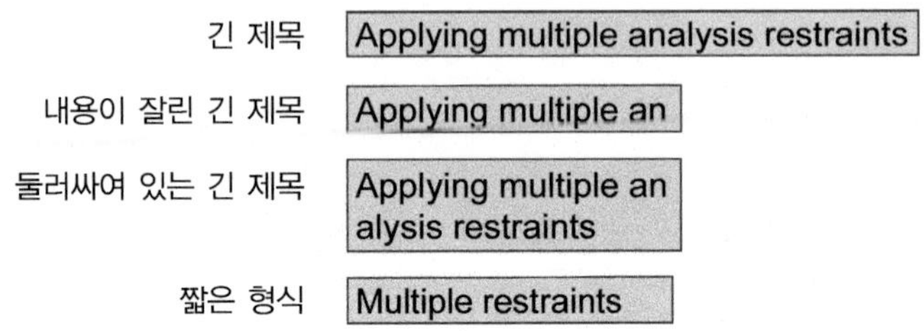

제목을 짧게 하기 위해서는 가장 중요한 동사와 명사를 선택하고, 필요하다면 짧게 약어로 만들되 학습자들이 약어로 만들었다는 것을 알 수 있도록 해야 한다. 가능하다면 짧은 제목 위에 커서를 두었을 때 툴 팁(tool tip)이나 후버 텍스트(hover text)[1]를 제공하도록 한다.

긴 제목들과 짧은 제목들의 예는 다음과 같다.

원래의 제목	짧은 형태의 제목
종속연결 이해하기	종속연결
트레일 다리 교체하기	다리 교체하기
재료 속성 정의하기	속성

2.2 토픽 소개

토픽의 핵심 내용을 곧바로 제시할 것인가, 아니면 학습자들이 쉽게 학습 내용을 접하도록 도입부를 제공할 것인가? 어떻게 토픽을 소개할 수 있을까?

2.2.1 도입의 필요성

도입은 학습자가 토픽들을 선택하고 이동할 때 특히 중요하다. 어느 정도의 도입을 포함시켜야 하는지는 학습자가 어떻게 토픽에 이르게 되는지에 따라 따르다.

1) 커서를 올리면 다른 글자가 그 위에 나타나게 함.

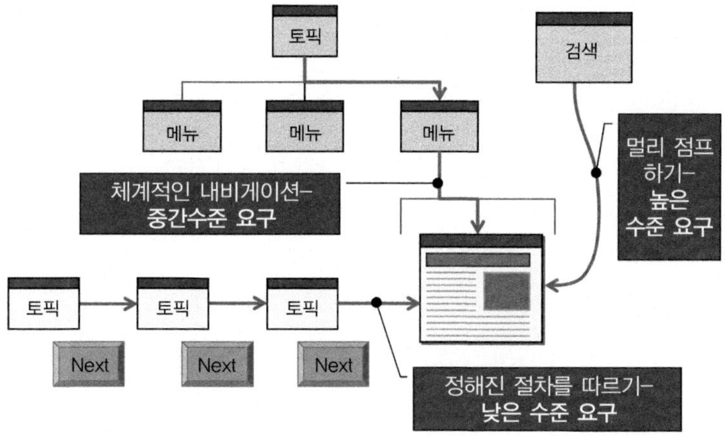

위 예시를 살펴보면 학습자들은 [Next] 버튼을 반복적으로 누르면서 토픽 내용의 실마리를 따라가다가 주제에 이르게 된다. 예시에서는 각 토픽이 다음 내용을 소개하는 역할을 하기 때문에 도입부가 거의 필요하지 않을 수 있다. 가끔은 학습자가 메뉴의 위계를 체계적으로 찾아보다가 해당 토픽으로 이동할 수도 있다. 경로가 체계적으로 구성되어 있을 때에는 도입부의 필요성이 낮은 반면, 멀리 떨어진 토픽으로 이동을 하거나 검색과정을 통해 토픽을 찾아가게 되는 경우에는 도입 부분에 대한 요구가 높다.

2.2.2 도입의 예시

학습 목표에 근거한 토픽의 도입부 제시 방법과 토픽에 접근하는 방법에 대한 예시들은 다음과 같다.

예시 1: 종속된 링크 이해하기

목표 Gantt 차트에 있는 태스크 바(task bar)를 해석할 수 있는 중간 관리자나 최고 관리자에게 종속된 링크들을 인식하고 바르게 해석하는 방법을 가르친다.

도입 맥락 설정을 위한 선수 지식의 재진술: "종속된 링크들은 두 가지 과제들의 시작 및 마무리에서 서로의 관련성을 보여준다. 예를 들면 과제 A는 과제 B가 시작되기 전에 완수되어야만 한다와 같은 요구사항을 들 수 있다."

예시 2: 트레일 다리 교체하기

목표 최소한의 행동의 원칙을 이해하고 있으며 중요한 법규 및 웹기반 학습자원에 접근할 수 있는 자연보호 관리자에게 자연보호 구역에서 트레일 유지에 요구되는 최소 행동에 대한 의사결정 방법을 가르친다.

도입 학습자가 풀어야 할 시나리오 형식의 문제를 즉시 제시한다. 문제는 개울가 옆에 서 있는 트레일 관리자의 이미지에 말풍선을 달아서 제시할 수 있다.

예시 3: 재료 속성 설정하기

목표 탄광의 경사 안정성을 위해 횡단면들의 특징을 분석하여 경사 모델을 만드는 GALENA 프로그램을 사용하는 엔지니어들에게 횡단면의 속성 설정을 위해 프로그램상의 재료 속성 대화상자 사용법을 가르친다.

도입 전반 절차상에서의 해당 토픽의 맥락화 및 선수 지식의 재진술: "모형설정의 다음 단계는 여러분의 모형에 있는 각 재료들의 속성을 설정하는 것입니다. 재료 속성은 x-y의 여러 선들로 나타나게 됩니다."

2.2.3 학습 목표 유형에 따른 도입부의 설정

토픽의 다른 요소와 마찬가지로, 학습 목표는 학습 안내의 역할을 한다. 도입부는 학습 목표의 유형에 적합하도록 설정될 필요가 있다.

학습 목표 유형	도입부 유형
Y를 성취하기 위해 X 절차를 수행한다.	절차를 수행해야 하는 근거. 달성할 수 있는 결과물 절차를 수행하는 시기 절차에 관한 한줄 개관
Y를 결정한다.	문제 진술 및 의사결정을 위한 이슈 의사결정이 필요한 시기 빈번하게 이루어지는 잘못된 결정에 관한 진술문
Y를 하는 X를 만든다.	X를 만들어야 하는 이유 Y에 대한 언급과 이에 대한 가치
Y에 관한 X를 안다.	Y의 맥락과 여기에 맞는 X 선수 지식에 관한 재진술문 X가 답을 제공할 수 있는 질문
X를 믿는다.	현재의 신념(X를 고려하지 않은 상태에서의 신념) X를 믿게 되는 놀랄 만한 이유
Y에 관한 X를 느낀다.	Y의 맥락. Y는 무엇인가? 학습자들이 현재 Y에 대해 어떻게 느끼고 있는지에 관한 진술문

더 많은 도입의 예는 다음의 *Secrets of User-Seductive Documents* 사이트에 제시되어 있다(horton.com/html/whcsed.asp).

2.2.4 바람직한 도입부의 설계

적절한 도입은 학습자들이 해당 토픽이 다른 토픽들이나 전체 코스와 어떻게 관련되어 있는지를 이해할 수 있게 해준다. 바람직한 도입은 다음과 같은 특성을 포함하고 있다.

- 학습자가 적절한 학습 위치에 있다는 확신을 준다. 새롭게 이동하여 선택한 토픽이 맞는 것인지를 학습자에게 확신시켜 준다. 또한 학습자가 계속 해당 토픽을 볼 것인지 아니면 다시 검색해서 이동할 것인지를 결정할 수 있도록 충분한 정보를 제공하게 된다.
- 멀리 떨어진 토픽에서 해당 토픽으로 바로 이동해 온 학습자들에게 어떤 내용들이 있는지 알려주며 전체적인 개요를 충분히 제공한다.
- 토픽 내용을 위한 맥락을 설정한다. 읽고 보고 들은 것들을 해석할 수 있도록 학습자들을 준비시킨다.
- 심화학습을 하도록 동기를 부여한다. 도입부를 거치면서 학습자들은 열심히 공부해야 하는 이유를 깨닫게 된다.

대부분의 토픽에는 도입부를 짧게 설정하는 것이 적절하다. 두 줄 정도의 문장과 한 개의 그래픽이면 충분하다.

2.3 토픽 관련 학습 평가

토픽이 해당 학습 목표를 달성했는지를 확인할 필요가 있다. 간단한 평가로 학습자들에게 학습한 것을 재확인시키면서 동시에 개발자들이 토픽 내용을 향상시킬 수 있도록 지원한다. 5장에서 토픽에서 사용할 수 있는 공식적인 평가의 몇 가지 유형에 대해 살펴본 바 있다. 2장과 4장에서는 학습 성취를 평가할 수 있는 많은 학습 활동들이 제안되었다.

2.3.1 학습 목표에 근거한 평가의 예

토픽 학습의 성공 여부를 측정하는 평가는 학습 목표가 달성되었는지를 반드시 입증해야 한다. 몇 가지 예들은 다음과 같다.

예시 1: 종속된 링크 이해하기

목표 Gantt 차트에 있는 태스크 바를 해석할 수 있는 중간 관리자나 최고 관리자에게 종속된 링크들을 인식하고 바르게 해석하는 방법을 가르친다.

평가 Gantt 차트를 참고하면서 어떤 과제가 특정 과제에 의존적인지 또는 반드시 마쳐야 하는 선행 과제가 있는지 등의 질문 내용을 포함하는 다섯 개의 문항들에 대답한다.

예시 2: 트레일 다리 교체하기

목표 최소한의 행동의 원칙을 이해하고 있으며 중요한 법규 및 웹기반 학습자원에 접근할 수 있는 자연보호 관리자에게 자연보호 구역에서 트레일 유지에 필요한 최소 행동에 대한 의사결정 방법을 가르친다.

평가 학습자가 다섯 가지 행동 대안들 중에서 하나를 결정하도록 요구한다. 이때 선택은 판단력과 타협 역량을 필요로 한다. 침해, 재정, 수명 등 여러 가지 측면에서 장단점들이 서로 다르다. 예를 들면, 어떠한 특정 선택은 환경 파괴 측면에서 좋지 않지만 몇 년마다 반복된 작업을 피하도록 해준다.

예시 3: 재료의 속성 설정하기

목표 탄광의 경사 안정성을 위해 횡단면들의 특징을 분석하여 경사 모델을 만드는 GALENA 프로그램을 사용하는 엔지니어들에게 횡단면의 속성 설정을 위한 프로그램상의 재료 속성 대화상자 사용법을 가르친다.

평가 평가는 두 가지 방법으로 제공된다. coach-me 활동 단계에서는 개별적인 점수와 전체 점수를 SCORM을 거쳐 LMS에 전송한다. 마지막 단계인 let-me 활동에서는 자율적인 학습자 수행 능력을 평가한다.

2.3.2 학습 목표의 유형에 따른 평가 선정

평가 유형은 학습 목표의 유형을 따르게 된다. 평가 선정시 고려해야 할 사항들은 다음과 같다.

학습 목표 유형	평가 방법
Y를 성취하기 위해 X 절차를 수행한다.	특정 상황에서의 해당 절차의 적용 가능성 및 수행 방법을 알도록 요구하기
Y를 결정한다.	학습자에게 의사결정을 요구하는 상황, 필요 정보, 기타 자원을 제공한 후 적절한 결정의 여부를 관찰하기
Y를 하는 X를 만든다.	X를 만드는 과제를 주고 이를 위한 자료들을 학습자에게 제공하기. 학습자들이 성공적으로 수행하는지 관찰하기
Y에 관한 X를 안다.	학습자가 사실, 원칙, 개념들을 상기시키고 해석할 수 있는지를 평가하기
X를 믿는다.	믿음에 의한 학습자의 말과 행동을 확인하기
Y에 관한 X를 느낀다.	학습자의 말과 선택이 바람직한 감정을 드러내는지 확인하기

2.4 학습 활동의 구체화

학습 활동은 토픽의 핵심이라고 할 수 있다. 2장, 3장, 4장에서 토픽의 핵심으로 활용할 수 있는 구체적인 활동들을 제안한 바 있다.

2.4.1 학습 활동의 예

다음에 제시된 각각의 학습 목표는 습득형, 수행형, 연결형 활동들로 선정되었다.

예시 1: 종속된 링크 이해하기

목표 Gantt 차트에 있는 태스크 바를 해석할 수 있는 중간 관리자나 최고 관리자에게 종속된 링크들을 인식하고 바르게 해석하는 방법을 가르친다.

활동 **도입 읽기.** 종속된 링크에 대한 정의 및 중요성에 관한 진술

애니메이션 보기. 종속 표시(dependency markers) 명기 및 이러한 표시들이 과제들을 연계하는 방식에 대한 안내

읽고 생각하기. 종속 표시의 역할에 대한 요약 및 자신의 Gantt 차트에서 종속 표시 찾기

예시 2: 트레일 다리 교체하기

목표 최소한의 행동원칙을 이해하고 있으며 중요한 법규 및 웹기반 학습자원에 접근할 수 있는 자연보호 관리자에게 자연보호 구역에서 트레일 유지에 필요한 최소 행동에 대한 의사결정 방법을 가르친다.

활동 **읽기.** 상황 설명과 규정의 요약. 트레일 다리가 썩어서 무너진 상황을 제시하면서 법안에서 정의된 최소의 행동이라는 전제하에 교량을 재개방하는 허가 규정을 읽음.

상황 연구하기. 자연보호구역과 트레일의 사용 과정을 파악하기 위하여 자료를 읽음. 대안으로 사용할 수 있는 다른 통로가 있는지 알기 위해 지도를 살펴보고 다리를 다시 세우기 위해 사용 가능한 어떤 자원들이 있는지를 알아봄.

규정 연구하기. 결정을 내리기 위해 고려되어야 하는 이슈들을 파악하기 위해 법, 규정 논문, 사례들을 살펴봄.

결정하기. 다섯 개의 행동대안들 중 하나를 선택함.

예시 3: 재료 속성 설정하기

탄광의 경사 안정성을 위해 횡단면들의 특징을 분석하여 경사 모델을 만드는 GALENA 프로그램을 사용하는 엔지니어들에게 횡단면의 속성 설정을 위한 프로그램상의 재료 속성 대화상자 사용법을 가르친다.

목표 **읽기.** 절차의 하위 단계들의 개요

읽고 보기. 해당 과정동안 작성되어야 할 특정 예시의 여러 가지 양상

보고 듣기. GALENA의 재료 속성 설정 시범

시뮬레이션 과정 수행하기. 학습자는 시연된 과정을 반복해서 할 수 있으며 필요한 경우에는 피드백과 힌트를 받는다.

실제 절차 수행하기. 학습자들은 GALENA를 이용하여 구체적인 물질 속성을 규정하고 결과를 산출한 후 학습 목표와 비교한다.

2.4.2 학습 목표 유형별 학습 활동의 선정

다양한 학습 목표를 위해 필요한 여러 가지 유형의 학습 경험들을 살펴보도록 한다. 다음은 몇 가지 시작점이 될 수 있는 활동의 예시들이다. 이러한 것들 외에도 많은 문헌들이 다양한 학습 목표를 가르치기 위해 학습 활동을 선정하는 방법에 대해 다루고 있다.

학습 목표 유형	학습 활동		
	습득형	활동형	연결형
Y를 성취하기 위해 X 절차를 수행한다.	단계별 시범 보기 절차 수행을 촉발하는 상황조건들의 예시 보기	절차 수행 연습하기	절차가 적용될 개인적 상황 파악하기 적용을 위한 수정방안 구분하기
Y를 결정한다.	다음에 관한 프레젠테이션을 읽거나 보기 • 결정을 위한 규칙 • 정보수집방법 • 각 선택사항의 근거들	다양한 가정들에 유리하도록 결정하는 연습하기	의사결정의 결과 보기 실제 학습자 삶속의 상황 안에서 결정하기
Y를 하는 X를 만든다.	Y의 필요 요소들에 대한 프레젠테이션 도구들을 사용하는 방법 시범	Y를 하는 X 만드는 연습하기	학습자의 Y를 위한 X를 만들기
Y에 관한 X를 안다.	X에 관한 프레젠테이션을 읽고 듣고 보기	다양한 상황에서 X를 구분하는 연습하기	지식이 적용되는 상황을 구분하기 개별 상황에서 지식을 적용하기
X를 믿는다.	다음에 관한 프레젠테이션이나 읽기자료 • X의 근거들 • X를 제안하는 사실들	사실과 근거를 통해 X를 추론하기	신념의 변화에 대한 인정 새로운 신념을 개별 상황에 적용하기
Y에 관한 X를 느낀다.	X를 느끼는 근거에 대한 프레젠테이션과 읽기자료 X와 Y를 관련짓는 이미지	Y가 X를 유발시키는 상황에 반응하기	X의 느낌이 미치는 개인적 영향 진술하기

2.5 토픽의 요약

토픽이 한 번 이상의 스크롤링이 필요한 내용으로 구성되어 있다면 요약이 포함되어야 한다.

2.5.1 언제 요약을 포함시키는가

요약을 통해 학습자는 복습할 기회를 가지며 필요한 지식 획득 여부를 확인할 수 있다. 바람직한 요약은 다시 돌아와서 내용을 상기시키기를 원하는 학습자나 내용을 매우 잘 알고 있으나 약간의 지식 확장을 위해 핵심 내용을 둘러보고자 하는 학습자에게 유용하다.

2.5.2 실제적인 요약의 포함

많은 토픽에서 한 페이지 또는 특정 부분에 요약이라는 제목을 달고 있으나 순수한 의미에서의 요약이 결여되어 있는 경우가 많다. 실제적인 요약은 학습자가 토픽을 끝내기 전에 반드시 알아야 하는 중요 포인트들을 다룬다. 대부분의 요약들은 단순히 학습 목표만 나열하고 있으며 이는 설계자가 성실하지 않았다는 인상을 줄 수도 있다.

부적절한 요약

이번 모듈은 다음의 방법을 가르치고 있다.

- 키보드를 사용하여 시작시간을 설정하라.
- 시간을 재설정하는 버튼을 사용하라.
- 기준시(zero time)에 있을 사람을 선택하라.
- 기준시에 있을 팀을 선택하라.
- 선택해야 할 사람을 구체화하라.
- 선택해야 할 팀을 구체화하라.

적절한 요약

시작하는 시간을 설정하기 위해, 시간을 선택하고 분과 초를 입력하라.

시간을 재설정하기 위해, **[위아래]** 버튼을 사용하라.

무엇을 선택하는지 구체화하기 위해, **팀** 또는 **사람**을 체크박스에서 선택하라.

구체적인 사람을 선택하기 위해서는 [Specify people] 버튼을 클릭하라. 팀을 위해서는 [Specify teams] 버튼을 클릭하라.

2.5.3 개관과 요약 결합하기

토픽을 간략하게 만들 수 있는 방법 중 하나는 개관을 활용하여 요약을 만들어 토픽의 앞부분에 배치시키는 것이다.

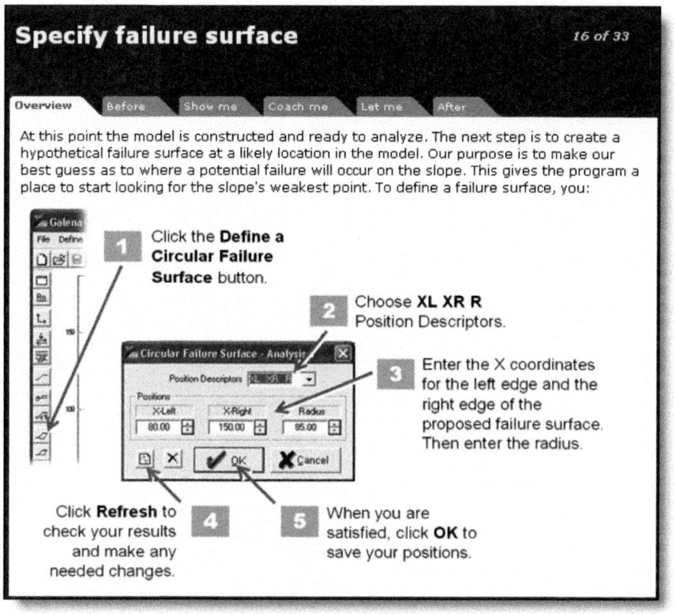

어도비 드림위버와 자바스크립트를 이용하여 탭이 사용된 인터페이스를 구축했다. 테크 스미스 스내그잇으로 스크린 캡처를 하였고 마이크로소프트 파워포인트로 일러스트레이션을 제작하였다.

*GALENA 경사 안정성 분석 코스*가 이에 해당한다. 각 절차에 대한 토픽은 단계별 학습내용 미리 보기와 요약을 제공하는 기능을 하는 [Overview] 탭으로 시작된다.

2.6 관련 자료의 연결

현실세계의 삶은 단순하지 않다. 실제 문제들은 간단한 방법들로 해결되지 않으며 광범위한 지식과 기술의 결합을 요구한다. 토픽은 다양한 학습 경험들과 참고자료들을 제공해야 한다.

학습자들이 관련된 토픽과 자료들을 읽기 용이하도록 해줄 필요가 있으므로 필요한 다른 토픽들에 하이퍼링크를 걸어둔다. 한 가지 중심 아이디어로 각 토픽을 제시하고 다른 토픽들에 대한 단순 정보를 보여주는 방식보다는 링크를 걸어두는 방식을 채택한다.

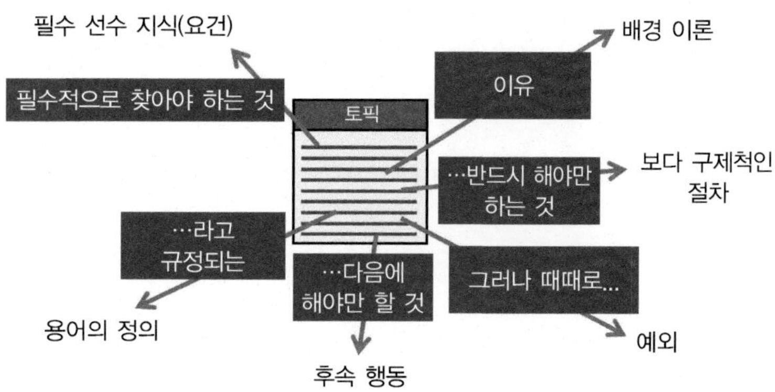

학습 활동을 시작하기 전에 참고자료나 배경 이론 또는 절차에 대한 세부 내용, 예외적인 법칙, 절차상 뒤따르는 행동, 용어의 정의, 필수 선수 지식이나 필요조건 등과 같은 다른 토픽들과 연결해 둔다.

2.6.1 관련 지식의 연결

"어떤 다른 정보들이 학습자들을 도울 것인가?"라는 질문을 지속적으로 던진다. 학습자들이 스스로의 질문에 필요한 다양한 정보들을 빨리 찾을 수 있도록 하이퍼링크를 사용한다. 아울러 다음과 같은 정보의 연결들을 고려해본다(일부 하이퍼링크는 양방향이고 다른 것은 일방향이다).

절차의 단계들	↔	관련된 개념
절차의 한 단계	↔	절차에서 다음 단계
과제를 하는 한 가지 방법	↔	다른 방법
개관	↔	구체적인 사항
용어	→	정의
원리 또는 개념	↔	구체적인 것을 묘사하는 예
일반적인 규칙	↔	규칙의 예외
상위토픽	↔	하위토픽
지식 또는 기술	→	선수 지식 또는 기술

관련 토픽을 연결함으로써 토픽, 레슨, 수업들이 가능성 있는 학습 활동으로 확장되는 방법을 살펴보자.

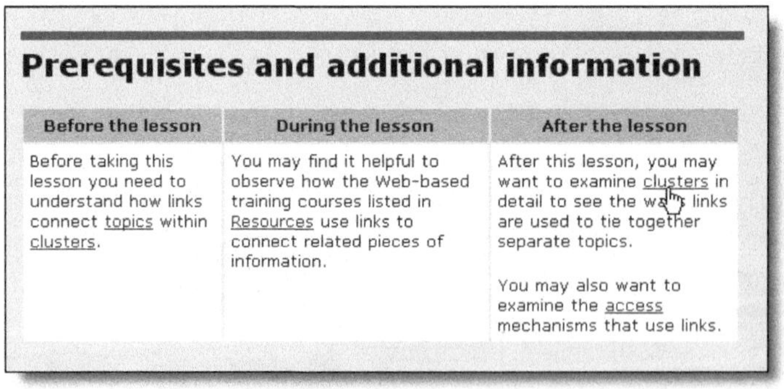

지식 산출물 설계하기 강좌의 각 레슨은 선수 지식의 참고문헌들과 관련 정보들로 시작한다. 이런 링크들은 다른 레슨에 있는 토픽들로 연결하거나 또는 웹상에서 나타나는 문서들과 연결하여 준다.

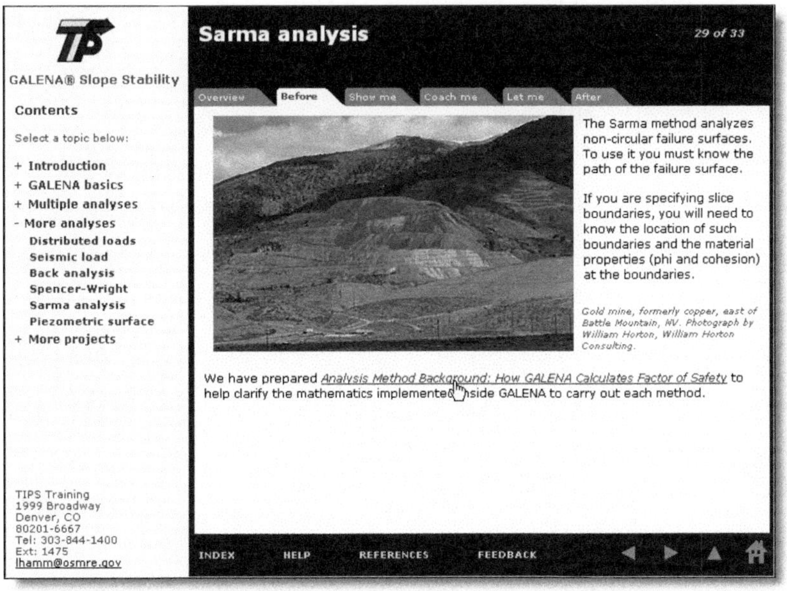

어도비 드림위버와 자바스크립트를 사용하여 구축한 탭방식의 인터페이스

GALENA 경사 안정성 분석 강좌에서 분석기법 적용과 관련된 토픽은 사용된 계산방법을 설명하는 문서와 연결되어 있다.

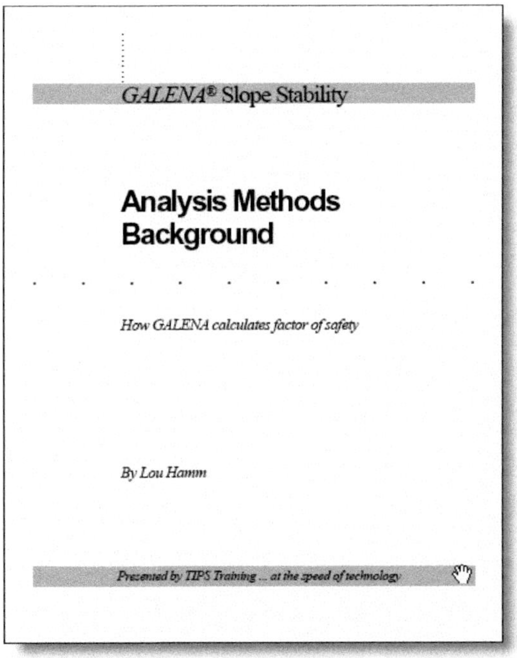

마이크로소프트 워드로 제작되어 어도비 애크로뱃 프로페셔널을 통해 PDF로 변환되었다.

사용된 기법과 관련된 수학에 대해 배우기를 원하는 학습자들은 다음 문서를 다운로드받아서 읽을 수 있다.

2.6.2 자유로운 형식의 하이퍼링크 제한

자유로운 형식의 하이퍼링크란 선형적인 위계를 비선형적인 방식으로 건너뛰어 연결시키는 것이다. 하나의 토픽을 이러닝에 포함시키면 다른 모든 토픽들과 연결시켜야 한다. 아울러 다른 모든 토픽들도 함께 연결되는 과정을 거치게 되고 결국은 모든 토픽들이 서로 연결되는 방식으로 진행된다. 그렇게 계속 링크를 만들다보면 결국 풀지 못하는 실타래처럼 되어 버린다.

이를 위한 해결책으로서 메뉴, 색인, 검색 도구, 자동화된 전후버튼 등을 통해서만 내비게이션을 하게 하는 방법이 있다. 이렇게 하면 관련된 토픽을 의식적으로 찾아야 한다는 점이 어렵긴 하지만 결과적으로 토픽과 레슨을 자유롭게 재사용할 수 있게 해준다.

또 다른 방법으로는 관련 토픽을 찾기 원하는 학습자에게 용어들을 찾도록 하는 것이 있는데, 예를 들면 "더 자세한 안내를 보고자 하면 *문장과 단어 편집*을 검색하시오" 등과 같은 것이다.

2.7 메타데이터 작성

메타데이터는 설명 라벨을 붙이는 것이라고 할 수 있다. 메타데이터는 '정보에 대한 정보'라는 의미로서, 학습자로 하여금 원하는 토픽을 찾을 수 있도록 해주고 개발자들에게는 코스에 포함시킬 토픽들을 찾아낼 수 있는 설명 라벨을 붙이도록 하는 방법이다.

업계 표준들은 구체적인 메타데이터 항목(자세한 내용은 8장 참조)들을 정의하고 있으며, 많은 저작도구들이 대화상자에 빈 공간을 두어 토픽과 다른 요소들을 위해 메타데이터를 넣을 수 있도록 하고 있다.

2.7.1 키워드와 설명의 포함

두 가지의 메타데이터 요소들이 토픽을 설계하는 교수설계자들에게 특히 중요하다. 설명 및 키워드가 이에 해당되며, 보이지 않는 요소들이지만 이 두 가지를 활용하여 필요할 때 토픽을 찾을 수 있게 된다.

키워드는 일반적인 책에서 제시되는 색인 용어들과 같은 방식으로 사용된다. 학습자는 검색필드에 키워드를 입력해서 부합하는 토픽을 찾을 수 있다. 설명은 강좌 토픽 목록 카탈로그에서 제시될 수 있으며 그 예시는 다음과 같다.

예시 1: 종속된 링크 이해하기

설명 종속된 링크 표시의 형태 및 의미에 대하여 설명한다.

키워드 종속된 링크
종속 표시
링크, 종속

표시, 종속

예시 2: 트레일 다리 교체하기

설명 자연보호구역의 트레일을 유지하기 위한 최소 행동을 결정하는 데 필요한 연구를 수행할 수 있도록 관리자를 교육시킨다.

키워드 최소 행동
트레일 다리
여울
다리 끊김
트레일 유지
트레일 보수

예시 3: 재료 속성 설정하기

설명 경사 구성요소의 단면 속성을 추가하는 방법을 알려준다.

키워드 구성요소 분석표
속성, 재료
단면

2.7.2 색인 키워드의 배정

규모가 큰 이러닝 코스를 운영하고 있다면 가급적 색인뿐만 아니라 키워드를 검색할 수 있는 기능을 포함할 필요가 있다. 이는 토픽과 관련된 용어들을 색인화해야 할 필요가 있으며 이때 용어들은 토픽의 내용 및 달성해야 할 학습 목표에 따라 배정해야 함을 의미한다.

2.7.2.1 학습자의 질문 예측

우리는 인쇄된 형태의 책에서 색인을 어떠한 경우에 사용하는가? 어떠한 경우에 웹 검색을 수행하는가? 주로 학습 과정에서의 질문에 대한 해답을 찾으려 할 때 이러한 방법들을 활용하게 된다. 이는 학습자의 질문에 적절히 답할 수 있으면서 동시에 토픽이 제시해 줄 수 있는 키워드를 선택해야 함을 시사하고 있다.

2.7.2.2 용어의 추가

추가적인 용어들을 제공해야 할 필요성을 고려해야 한다. 다음과 같은 예시들이 있다.

- 제목, 본문, 그림 제목에 있는 독특한 명사와 동사
- 사물의 이름들, 특징적이고 적절한 명사, 공식적인 학명, 부분 리스트
- 그림에 나타난 사물과 개념. 텍스트에서 분명하게 명칭이 드러나지 않은 것

2.7.2.3 표준적 단어 이상의 내용 추가

키워드를 풍부하게 하기 위하여 다음과 같이 친숙한 것들을 추가한다.

- **약어.** 얼마나 많은 사람들이 NASA나 UNESCO가 무엇을 의미하는지 알고 있을 것인가? 얼마나 많은 사람이 IBM이나 CIA와 같은 일상적인 약어를 모두 풀어서 작성할 수 있겠는가?
- **파트 번호.** 많은 기술자들은 파트 이름보다는 번호로 대치하여 사용한다.
- **통용어와 전문용어.** 학습자들을 토픽에서 제시하고 있는 공식적 용어와 일치하지 않는 현장 용어를 활용할 가능성이 있다.

2.7.2.4 학습자의 언어로 말하기

모든 사람이 같은 단어 또는 같은 방법으로 철자를 사용하지 않는다는 점을 주지해야 한다. 학습자들은 공식적인 이름을 알지 못할 수도 있으므로 키워드 안에 동의어를 포함시킬 필요가 있다. 그 예시는 다음과 같다.

복사하다(copy) → 복제하다(duplicate), 반복하다(replicate), 재형성하다(reproduce)
구축하다(build) → 창조하다(create), 만들다(make), 발생시키다(generate)

단어의 문법적인 형태를 다양화하라. 어떤 검색 엔진은 이를 자동적으로 실행하기도 한다. 자동실행이 안된다면 중요한 단어의 다양한 형식을 포함시킨다.

복사하다(copy) → 복사하기(copying), 복사물(copies), 복사된(copied)

영어의 경우 철자의 다양성에 대해 설명해야 한다. 영국식과 미국식 철자가 다를 수 있다. 그리고 어떤 단어들은 서로 경쟁하는 철자이거나 복수나 집합일 경우에는 다른 형태를 가질 수 있다. 이에 대한 예시는 다음과 같다.

color → colour
appendixes → appendices

2.7.2.5 과도한 색인의 지양

많은 색인들을 활용하게 되면 키워드 검색에는 좋지만 색인을 제시할 때 문제가 될 수 있다. 색인 활용시 알파벳 순서에 따른 색인이 너무나 많은 유사한 단어들로 차례대로 나열되는 것을 방지하기 위해 키워드들의 하위그룹을 사용할 필요가 있다.

2.7.3 토픽 설명하기

메타데이터의 다른 중요한 기능은 토픽을 설명하는 것이다. 설명은 토픽에 대한 미리보기 기능을 제공하거나 수강을 유도하는 역할을 할 수 있다. 설명을 쓰기 위한 최상의 원칙은 없다고 할 수 있으나 몇 가지 일반적인 전략들을 제시하면 다음과 같다.

- **잠재적인 학습자를 위한 설명을 작성한다.** 교수개발자가 학습자들을 위한 설명을 이해하기가 그 반대의 경우보다 쉽다.
- **학습자에게 토픽의 내용을 알려준다.** 학습 목표를 장황하게 설명하는 것보다는 토픽을 학습하고 나면 학습자들이 무엇을 할 수 있게 되는지에 관한 간단한 진술문을 제시하는 것이 바람직하다.
- **설명은 짧게 한다.** 몇 줄의 문장이면 충분하다. 더 알고 싶은 경우에는 토픽 자체를 살펴볼 것이다.
- **학습자들이 이해할 수 있는 용어를 선택한다.** 토픽을 모두 학습해야만 이해할 수 있는 용어를 사용하지 않도록 한다.

3. 재사용 가능한 토픽의 설계

단순히 콘텐츠를 템플릿에 넣는 것만으로 효과적인 학습이 이루어지게 할 수는 없으며, 토픽을 단순히 학습 객체로 구조화하는 것만으로 콘텐츠를 사용 가능하게 하거나 재사용 가능하게 할 수는 없다. 유용하면서도 재사용이 가능하게 하기 위해서는 토픽이 재사용될 것이라는 것을 염두에 두고 설계해야 한다. 무엇보다도 토픽 자체가 유용할 경우에만 재사용이 가능하다.

3.1 재조합 기술

재사용 가능한 요소들은 서로 연결이 되지 않은 조각들로서 벽이나 집, 대성당을 짓기 위해 블록을 쌓을 때 사용되는 블록과 유사한 특징을 지니고 있다.

3.1.1 재사용 가능한 콘텐츠의 개별 요소 설계

효과적인 토픽은 응집성이 있고 독립적이며 완전하고 일관성이 있다.

재사용 가능한 콘텐츠는 응집성이 있다. 하나의 목적을 달성하거나 하나의 문제에 답을 하는 것을 지향한다. 하나의 토픽에만 국한되며 불필요한 자료들로 산만하게 진행되지 않는다.

재사용 가능한 토픽은 독립적이다. 다양한 순서도 사용될 수 있어야 한다. 물론 특성 절차를 위한 세부 단계들을 수행하는 것과 같은 방식으로 구체적인 순서에 따라 사용하는 것이 토픽을 더욱 가치 있고 이해하기 쉽게 만들 수는 있다. 그러나 특정 순서에서 벗어난 토픽을 접했을 때 학습자가 혼동하지 않을 만큼의 독립성을 지니고 있어야 한다.

재사용 가능한 토픽은 완전한 형태를 지닌다. 목적을 달성하기 위한 모든 요소들을 포함하고 있어야 한다. 필요한 프레젠테이션, 연습 활동, 기타 관련 콘텐츠 등 필요한 내용들을 모두 포함해야 한다. 또는 더 구체적인 토픽도 포함할 수 있다.

재사용 가능한 토픽들은 일관성이 있다. 학습자가 학습을 진행하면서 혼란을 겪을 우려 없이 토픽들을 결합하거나 연계할 수 있어야 한다.

3.1.2 안내 메타포로서의 요리법 카드의 활용

재사용 가능한 객체의 역할 모델로서 요리법 카드를 고려해 볼 수 있다. 각각 독립적이면서도 완전하다. 하나의 음식을 준비하기 위한 요리를 위해 필요한 지식을 모두 담고 있으며 간결하고 초점이 확실하다. 다른 형태의 정보를 많이 혼합하거나 토픽으로부터 벗어나 있지도 않다. 요리법 카드는 일관적인 형식을 따르고 있다.

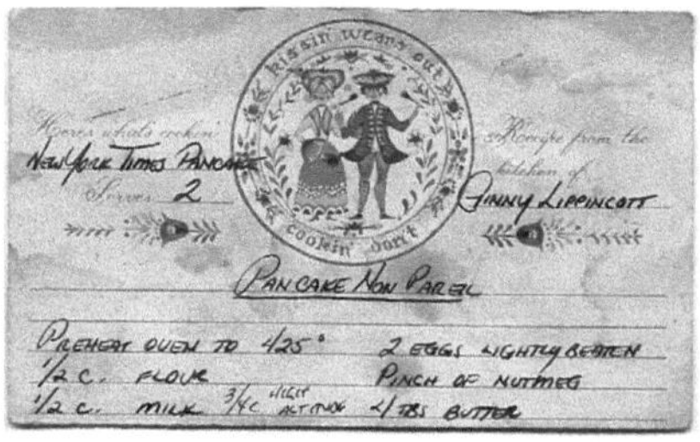

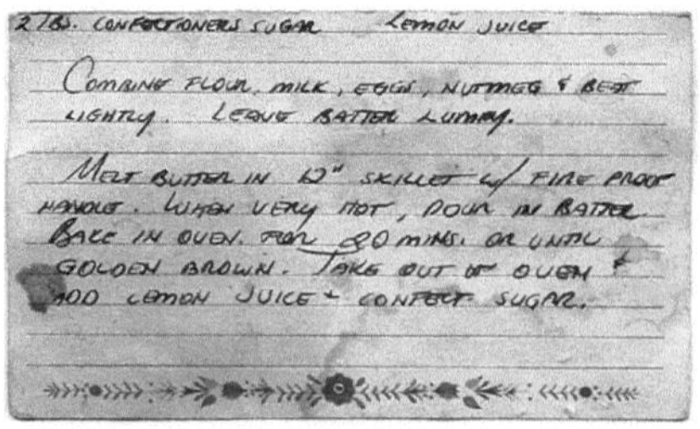

요리법 카드 묶음을 공중에 날려서 바닥에 여기저기에 떨어지게 한 뒤 하나를 무작위로 고른다고 상상해보라. 이 때에 임의로 선택한 하나의 카드는 활용하는 데 아무 무리가 없다. 음식 유형 또는 영양학적 특성에 따라 카드를 분류하면 가치가 높아지기는 하지만 맥락에서 카드 하나를 빼냈다고 해서 식중독에 걸리는 것은 아니다. 이와 같은 원리의 적용이 재사용 가능한 토픽을 설계하는 목적이다.

3.2 일관성 있는 토픽의 설계

토픽의 순서에 따른 학습 과정에서 예상치 못하게 맞닥뜨릴 수 있는 교육적 설계 전략, 색상, 내비게이션 설계, 아이콘, 글쓰기 스타일, 배경, 레이아웃, 소리 높낮이, 매체, 평가 질문상의 문제점들을 방지해야 한다.

- 시각적 외형
- 내비게이션 설계
- 교수 전략
- 평가 방법

토픽이 여러 부서 또는 여러 업체들에 의해 개발되었다면 이러한 점을 더욱 중요하게 고려할 필요가 있다.

3.3 '앞서 제시한 바와 같이(as-shown-above)' 신드롬 피하기

토픽들이 독립적이 아니라면 어떤 문제가 발생할까? 도입부분에서 "지난 시간에 어떠한 것을 하는 방법을 학습하였는데..."라는 문구를 발견하는 상상을 해보라. 또는 검색 엔진으로부터 바로 토픽으로 이동하였다면 어떠할 것인가? 이와 같은 가정을 고려할 때 학습자들이 한 가지 경로만 따르게 한다면 토픽이 실제적으로는 독립적이지 않은 것이다.

앞서 제시한 바와 같이 신드롬은 교수설계자들이 모든 사람들이 설계자가 의도한 대로 정확하게 순서를 따랐다고 가정하는 경향을 말한다. 예를 들어 다음과 같은 문장과 가정들을 볼 수 있다.

- "위에서 본 바와 같이"와 "아래에서 본 바와 같이"(항목들이 현재의 화면 또는 심지어 현재의 토픽에 언급되지 않았음)
- "사전에 읽었던..."
- "지금까지 어떻게 하는지 학습해 왔으며..."
- "이전의 단계들을 반복하시오"(이전의 단계들이 다른 토픽에 있거나 스크롤을 해도 화면에서 보이지 않을 때)
- "...은 나중에 설명될 것이다."(그러나 학습자가 나중에 읽을 것인가?)
- 약어들이 최초로 사용되었을 때만 풀어 쓰고 처음 용어 사용시에만 설명한다.
- 코스 시작 시점의 경고, 주의, 규약

- "과정에서 다음 단계는..."(학습자들이 검색을 통해 해당 토픽으로 곧바로 이동한 경우)
- X로 돌아가기 등과 같은 링크(X에서 이동하여 오지 않은 경우)

해결안은 학습자가 어떤 경로를 따를 것인지에 관해 까다롭지 않은 가정을 설정하는 것이다. 만약 한 가지 아이디어를 이해하기 위해 다른 아이디어를 미리 이해하는 것이 요구된다면, 해당하는 아이디어를 진술하거나 또는 그것과 연결시켜주거나 적어도 필수내용에 대해 신호를 주어 알려주도록 한다. 즉, 순서에서 벗어난 필요 정보를 학습자가 쉽게 찾을 수 있도록 한다. 여기에서 인덱스의 차이가 나타나므로 좋은 메뉴와 검색도구와 같은 역할을 하도록 한다.

4. 외부 모듈과의 결합

이러닝을 만드는 가장 일반적인 방법은 다른 사람들이 개발한 토픽, 학습 활동, 레슨을 포함시키는 것이다. 기술적으로는 외부 모듈을 단순히 연결시키는 것만으로 가능하지만 다른 사람에 의해 개발된 콘텐츠는 다른 기준에 근거한 것이므로 다르게 보일 수 있고 다르게 가르칠 수 있을 뿐만 아니라 다른 학습 목표에 따른 것일 수도 있다. 이러한 모듈은 학습자를 혼란스럽게 만들 수 있으므로 외부 모듈과 여러분이 개발한 토픽 사이에 도킹 모듈(docking module)을 설계해야 한다.

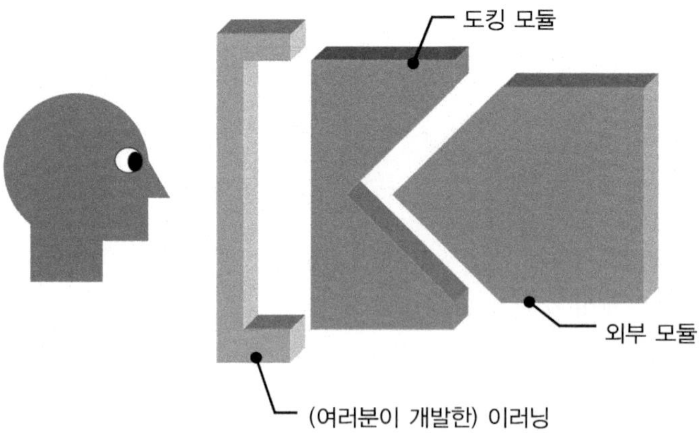

도킹 모듈은 외부 모듈이 코스에 맞도록 도와주어 학습자들이 자신의 코스에서부터 외부 모듈로 전환하거나 다시 돌아올 수 있게 해준다.

4.1 도킹 모듈의 예

다음은 한 코스를 위해 개발된 모듈이 다른 코스에서 나타나는 예이다.

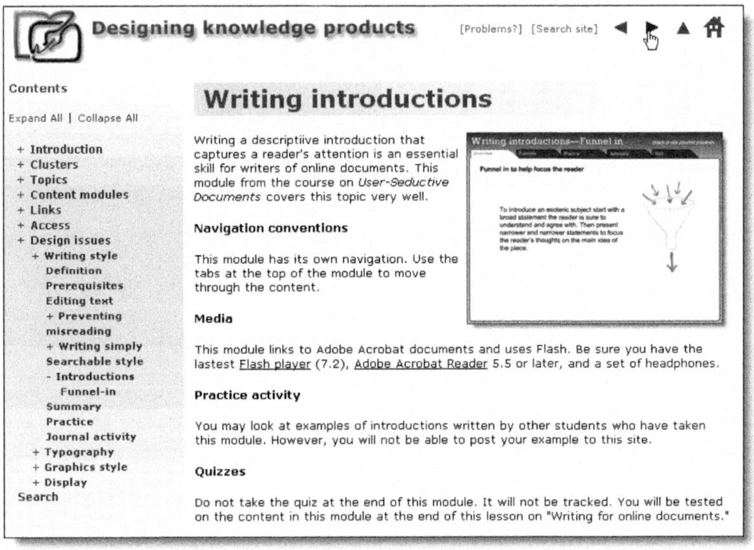

외부 모듈에 대한 간단한 도입부에서 해당 모듈의 출처와 내비게이션 방법을 알려주고 있다. 또한 어떤 파일 형태가 사용되었으며 어떤 부분들을 무시해야 하는가에 대해서도 알려준다.

외부 모듈이 표준적인 코스 구조 안에서 제시되고 있다.

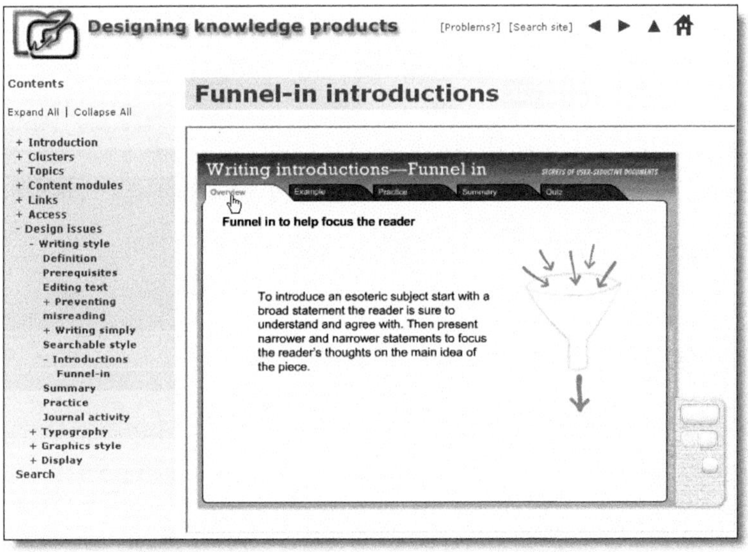

어도비 드림위버와 액티브 서버페이지(Active Sever Pages)를 이용해 구축했다. 외부 모듈은 파워포인트로 개발하여 어도비 브리즈 프리젠터를 통해 웹 형태로 변환되었다.

4.2 도킹 모듈의 구성요소

도킹 모듈은 외부 모듈이 학습자 요구에 맞춰질 수 있도록 만들기 위해 수행해야 할 일들로 구성된다. 도킹 모듈의 구성요소는 다음과 같다.

외부모듈을 보여주는 구체적인 창. 외부모듈이 내 모듈과 사이즈가 다르거나 형태가 다르다면 특별한 프레임셋을 만들어야 한다. 또는 주요 콘텐츠를 위해 따로 분리된 창으로 보여줄 수도 있다.

도입. 미리 보기, 도입, 개괄, 또는 모듈 설명 등을 제시함으로써 학습자들에게 외부모듈이 어떤 것인지 알려준다.

외부모듈에 대한 주의사항. 학습자에게 외부모듈이 본 모듈과 다르며 제한점이 있다는 것을 알려주어야 한다. 예를 들면 다음과 같다. 외부 모듈의 고유한 요소는 무엇인가? 자료들과의 관련성과 정확성은 어떠한가? 소유권은 누구에게 있으며 사용상의 제약은 무엇인가?

콘텐츠 사용을 위한 지원. 외부 모듈에의 접근 및 제시를 위하여 학습자들에게 필요한 지원을 다음과 같이 제공하도록 한다.

- 해당 모듈 선택에 관한 설명
- 해당 콘텐츠로 연결된 특수한 메뉴와 색인
- 필요한 플러그인(plug-ins)과 폰트들을 설치하기 위한 지원
- 해당 모듈에서 사용되는 용어들을 설명하는 용어사전

평가 내용의 확인. 외부 모듈이 평가를 아예 제공하지 않거나 또는 제공되는 평가가 해당 토픽에서 중요하게 간주하는 것을 측정하지 않을 수 있으므로, 학습자가 해당 모듈에서 습득해야 할 것들을 측정하는 평가를 포함시켜야 한다.

5. 이 장을 마치며

5.1 요약

토픽은 이러닝의 단위이며 하나의 학습 목표를 달성한다. 학습 활동과 학습 목표를 달성하는 데 필요한 평가들을 포함하고 있는 하나의 토픽은 하나의 학습 객체로 간주할 필요가 있다.

토픽의 주요 구성요소들은 다음과 같다.

학습 목표 토픽이 성취할 것에 관한 진술문. 학습 목표는 다른 모든 요소들 설계를 충분히 안내할 수 있는 수준으로 정확해야만 한다.

제목 토픽의 명칭. 토픽이 무엇을 제공하는지 확실히 알 수 있도록 한다.

도입 환영의 말과 더불어 제시될 내용에 대한 맥락을 설정함으로써 본

내용으로 전환할 수 있도록 한다.

평가 학습 목표가 달성되었는지 입증하는 학습 활동. 공식적인 평가 또는 간단한 자가 체크 활동들이 있다.

학습 활동 학습 목표를 달성하는 데 필요한 습득형, 수행형, 연결형 활동들의 조합.

요약 토픽에서 가르치는 주된 내용들의 재진술. 개관이나 미리 보기로 제시할 수 있으며, 잡 에이드 형태로 출력할 수 있다.

링크 토픽과 다른 자료들과의 하이퍼링크. 학습 경험을 풍부하게 할 수 있으나 토픽을 재사용하기 어렵게 만들 수도 있다.

메타데이터 학습자들과 교수개발자들이 필요할 때 토픽을 찾을 수 있도록 하는 설명의 역할을 하는 명칭. 메타데이터의 주요 두 가지 양식은 키워드와 설명이다. 키워드는 책 색인 용어들과 같은 역할을 하며 설명은 토픽을 위한 카탈로그 표제어와 같은 역할을 한다.

토픽을 효과적으로 설계하기 위해서는 교수 목적 간의 효과적인 절충안을 찾아야 한다.

- 좀 더 원활한 재사용을 위해 토픽들을 독립적으로 만든다.
- 객체를 포함한 각각의 코스에서 연결된 학습 자원에 대한 요구가 있으면 관련된 자료들을 연결하는 링크를 포함시킨다.
- 너무 많은 개발 토픽을 만드는 상황에서는 정확한 학습 목표를 대상으로 하는 짧고 구체적인 토픽을 위한 요구와 균형을 이루도록 노력해야 한다.
- 불규칙하게 길어지거나 삭제되는 것을 피하기 위해 토픽의 사이즈를 맞춘다.
- 학습자에게 토픽이 일관성 있게 보이도록 기준을 수립하고 따른다.

5.2 보충사항

다양한 학습 활동의 종류를 알아보기 위해서는 2장, 3장 4장을 참고하고 평가 유형을 알아보고자 한다면 5장을 참고한다. 레슨과 토픽을 결합하는 방법은 7장에 제시되어 있다. 또한 학습 객체를 이용하여 토픽을 포장하기 위한 기술 표준을 살펴보고자 한다면 8장을 참고하도록 한다. 학습 객체를 이용한 토픽 제작 방법은 웹에서 학습 객체를 검색해본다.

제 7 장

레슨

포괄적인 교육 목적의 성취

하나의 레슨을 통해 복잡한 학습 목적을 성취할 수 있다. 이러한 유형의 학습 목적은 하나의 단순한 주제로는 가르칠 수 없는 포괄적인 것으로, 보다 단순한 목표들로 나뉠 수 없는 것이거나 동시에 해야 효과가 있는 상호 밀접한 목표군(群)으로 표현될 수도 있다.

레슨은 개별적인 토픽보다는 큰 개념이고 전체 코스보다는 작은 개념이다. 레슨은 자체적인 고유 학습 목표, 소개, 정리, 학습 활동, 평가 내용을 포함하고 있는 축소된 코스와 같다. 또는 단순한 토픽보다 더 큰 목적을 성취하기 위한 초대형 토픽(super-topic)과 같은 것으로 간주할 수도 있다.

하나의 레슨은 의도하는 목표를 완벽하게 성취할 수 있는 하나의 학습 객체 단위로 설계될 수 있다. 레슨은 선수 지식이나 하위 수준의 학습 목표를 달성할 수 있는 토픽을 위한 학습 객체를 포함할 수도 있다. 또는 서술된 학습 경험들을 탐색할 수 있도록 경로를 정확하게 구조화하여 설계할 수도 있고, 다양한 학습 활동을 좀 더 자유롭게 추구할 수 있도록 제한이 없는 환경으로 설계할 수도 있다.

이 장에서는 먼저 포괄적인 학습 목표들을 성취하게 하는 학습 활동들을 통합하는 방법들에 대하여 살펴볼 것이다. 그리고 학습 활동들을 계열화하는 몇 가지 일반적인 방법들을 고려한 후, 마지막으로 어떻게 레슨을 학습 객체로 설계할 수 있는지를 살펴볼 것이다.

1. 학습 활동의 통합

2, 3, 4장에서 다룬 개별 학습 활동들과 6장에서 다룬 토픽들은 보다 거시적인 목적을 달성하고 보다 풍부하고 정교한 학습 환경을 창조하기 위해 통합될 수 있다.

단순한 하나의 학습 활동으로 혁신적인 학습을 초래할 수는 없다. 이를 위해서는 풍부한 학습 경험을 창의적인 방식으로 통합할 필요가 있다. 어떻게 하면 단순한 활동들을 복잡한 주제를 가르치기 위한 용도로 통합할 수 있을까?

첫째, 무엇을 가르치기를 원하는지를 분명히 해야 한다. 특별히 복잡한 개념이나 절차가 있는지를 검토한다. 그렇다면 어떤 방식의 학습 경험의 협력적인 조합이 목적을 성취할 수 있을까? 이에 대한 답을 생각해 보면서 분리된 학습 경험들 사이의 관계를 보여주는 전체 다이어그램을 그려보도록 한다.

특정 역사적 유적지에 대해 건축허가 위원회로부터 승인을 얻을 수 있는 방법과 관련하여 리모델링 건축업자들을 가르친다고 가정해 보자.

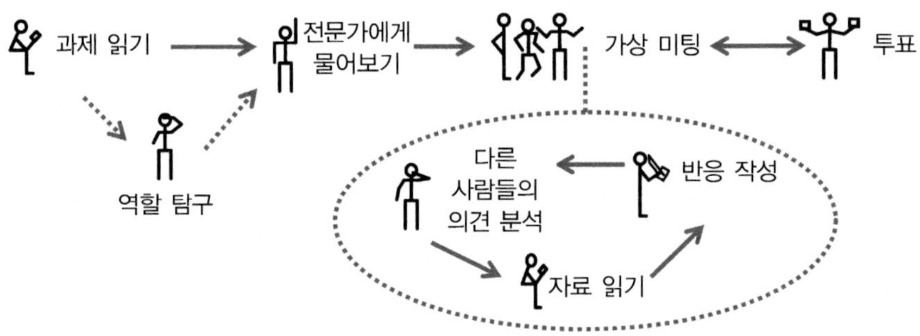

첫 번째 활동은 학습자들에게 해당 레슨의 과제를 읽어 보도록 요청하는 것으로서, 일반적으로 복잡한 활동의 첫 번째 단계에 해당된다. 역할극을 활용할 것이므로 학습자들이 수행할 역할에 대해 연구해 보도록 촉진한다.

첫 번째 협력적 활동은 필요한 허가 절차를 주제로 해당 전문가에게 질의응답을 하는 채팅 세션에서 이루어진다. 학습자들은 부여된 역할을 통해 해당 활동에 참여하게 된다.

다음으로 학습자들은 허가위원회의 회의에 가상적으로 참여하여 경험해 볼 수 있도록 한다. 회의 도중과 회의 이후에는 허가할 것인지 거부할 것인지에 대한 투표도 이루어진다. 회의는 주기적인 활동들을 반복적으로 수행하도록 설계되어야 하는데, 그 첫 번째 단계는 다른 사람들의 의견을 분석하는 것이다. 그 다음에는 학습자들이 다른 사람들의 의견을 뒤흔들 수 있는 논쟁거리를 개발할 수 있도록 자료들을 읽고 분석하며 언급된 견해들에 대한 반응을 작성한다. 이는 또 다른 토론을 유발하게 된다.

유발된 토론은 좀 더 심도 깊은 분석을 필요로 하게 되므로 또 다른 분석, 연구, 커뮤니케이션의 순환이 반복적으로 이루어진다.

다음 단계는 이와 같은 계획된 학습 경험들을 촉진하기 위한 학습 활동들을 창출하는 것이다.

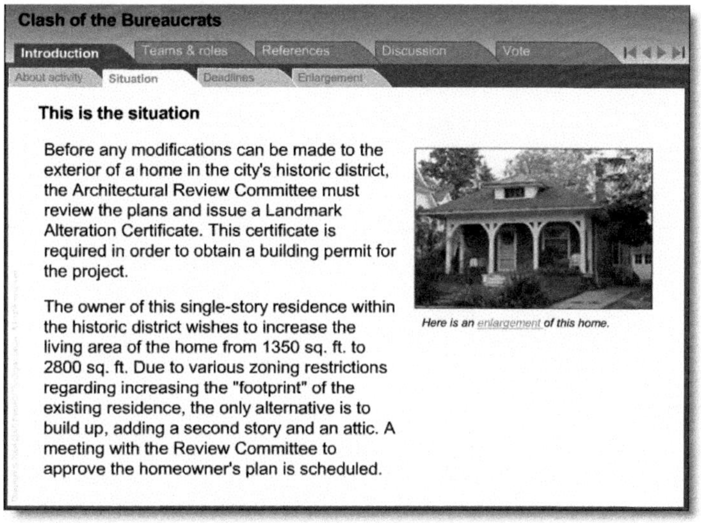

마이크로소프트 파워포인트로 구축한 후 웹에서 볼 수 있도록 어도비 브리즈 프리젠터를 활용하여 변환되었다. 예시는 horton.com/eld/에서 볼 수 있다.

그림에서 제시되는 것은 이러한 과정에 따라 개발된 레슨이다. 필요한 학습 경험을 유발하도록 설계된 학습 경험들의 조합이라고 할 수 있다. 활동의 다양한 부분들을 위해 각기 다른 탭이 사용되고 있는 것에 주목할 필요가 있다.

이러한 방법이 레슨을 설계하는 방법이다. 목표를 설정하고 어떤 학습 경험들이 해당 학습 목표를 달성할 수 있을 것인지 결정한다. 그런 다음 학습 활동들을 유발하고 계열화하기 위한 교재들을 개발한다. 효과적인 레슨으로 이르는 열쇠는 학습 경험들의 균형과 흐름을 우선적으로 생각하고 학습 내용을 그 다음에 고려하는 접근이다.

2. 레슨을 구조화하는 방법

레슨은 순차적 구조, 분지형 구조, 이차원적 구조 등과 같은 몇 가지 일반적인 구조로 조직될 수 있다. 이러한 일반적 구조들은 각각의 고유 특징에 따라 일괄적으로 적용되고 있기는 하지만 대부분 학습 내용의 특성과 학습자의 요구에 따라 구조화된다. 이러한 구조는 목적 특화된(purpose-specific) 구조라고 불리는데 학습 내용의 특성과 학습자 요구에 기반을 두고 설계되는 구조이다.

2.1 레슨의 유형

레슨의 유형과 활용 영역에 대해 다시 한 번 간략하게 살펴보면 다음과 같다.

구조	설명	활용 영역
전통적 튜토리얼	도입부를 지나면 학습자는 일련의 토픽들을 통해 진행하게 되며, 여기에서 각 부분은 전 단계보다 더 어려운 개념과 기술을 가르친다. 마지막에는 요약과 평가가 제공된다. 토픽 내의 주요 학습 기술과 개념은 예시와 연습과제를 이용하여 학습한다.	안전하고 일상적이며 평이한 방식 안에서 기본적 주제나 기술을 가르치고자 할 때 활용한다.
책과 유사한 형태의 구조	레슨은 일반 영역과 세부 영역의 위계로 구조화된다. 학생들은 책의 페이지를 넘기는 방식 또는 목차나 인덱스를 통해 순차적으로 진행할 수 있다.	명확하게 구분되는 구조를 가지고 있는 주제에 대해 가르치고자 할 때 활용한다. 특히 재교육이나 적시학습 시 유용하다.
시나리오 기반 레슨	하나의 문제 또는 프로젝트에 관한 시나리오가 레슨의 중심을 이룬다. 소개와 준비 세션 후에 학습자는 그 시나리오의 목적을 달성하는 것과 관련된 다양한 활동들에 몰입하게 된다.	복잡한 개념, 감성적 주제 또는 컴퓨터와 혹은 다른 학습자들과 풍부한 상호작용을 요구하는 세심한 지식을 가르치고자 할 때 활용한다.
필수 학습 튜토리얼	학습자들은 현재 보유한 지식의 한계에 도달할 때까지 일련의 평가를 진행한다. 평가에 통과하지 못한 주제에 대해서는 전통적인 튜토리얼로 이동하게 되고, 마지막으로 요약과 평가를 통해 끝을 맺는다.	이미 알고 있는 주제는 건너뛸 수 있게 허용하고자 할 때 활용한다.
탐험적 튜토리얼	학습자들은 고유의 방식을 통해 지식을 발견한다. 특정 학습 목표를 달성하기 위해 전자문서, 데이터베이스, 관련 웹사이트를 활용할 수 있다. 이를 위해 특정 인덱스나 내비게이션 메커니즘을 활용하기도 한다. 목적을 달성하였을 때 학습자들은 학습한 내용의 요약을 살펴보고 평가를 치르게 된다.	복잡한 전자적 형태의 정보자원들을 찾아볼 수 있는 역량의 개발을 통해 스스로 학습하는 법을 가르치고자 할 때 활용한다.
주제 특화된 구조	각각의 토픽, 활동, 웹페이지 등이 다양한 내용으로 이어질 수 있는 자유로운 형태의 구조이다. 실제 설계시 이러한 구조는 주제의 논리적 구성 또는 시나리오의 흐름에 따라 조직화된다.	학습 내용이 특정한 교수 목적의 특징적 구조를 가지고 있을 때 활용한다. 다른 구조들이 학습을 방해할 수도 있는 시뮬레이션을 설계할 때에도 활용할 수 있다.

이러닝 강좌의 레슨 구조화 방식은 다양한 방식을 통해 발전해 왔다. 많은 실험과 정련 과정을 통해 끊임없이 개선되어 온 결과물이라는 장점을 가지고 있다. 직접 레슨 구조를 설계하기 전에 위에서 제시된 모델 중 몇 가지를 잠시 생각하면서 채택 여부를 고려할 수 있다. 이 모델들이 직면한 문제를 즉각적으로 해결할 수는 없더라도 해결책을 위한 시작점으로 활용될 수 있다.

2.2 전통적 튜토리얼

오늘날 대부분의 이러닝 레슨은 전통적 튜토리얼로 구성되어 있다. 교사들이 전통적으로 지난 오만년 동안 사용해 온 학습 경험들과 유사한 흐름을 적용 가능하게 한다.

2.2.1 전통적 튜토리얼의 구성

전통적 튜토리얼은 레슨의 소개에서부터 시작하여 점진적으로 보다 고차적인 기술과 개념을 가르치는 일련의 주제들의 시리즈를 통해 학습을 진행해 나간다. 마지막 시점에서 개념의 요약 또는 복습을 접하게 되고, 레슨의 목표달성 여부를 측정하기 위한 평가를 치르게 된다.

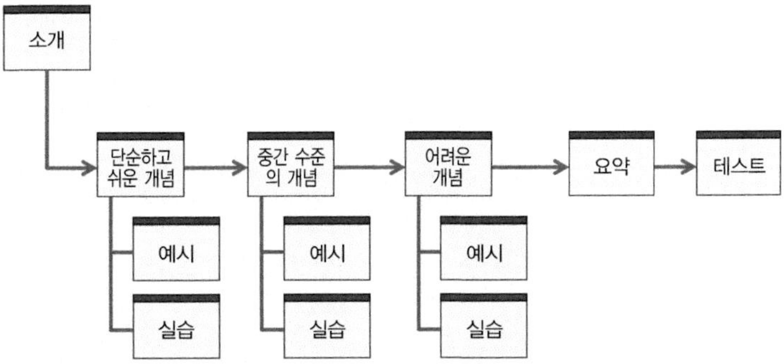

각각의 기술과 개념에 대하여 실제적 예를 보거나 적용해 볼 수 있는 연습의 기회를 갖는다. 이러한 예시나 실습활동은 선택사항이다. 하나의 개념에 대한 설명, 예시, 실습의 조합은 하나의 토픽으로 설계될 수 있다. 이러한 토픽은 학습 객체로 구성될 수도 있을 것이다.

2.2.2 전통적 튜토리얼의 사례

효율적인 기획의 핵심 과정에 대해 다루고 있는 다음 튜토리얼은 전통적 튜토리얼의 구조를 활용하고 있다.

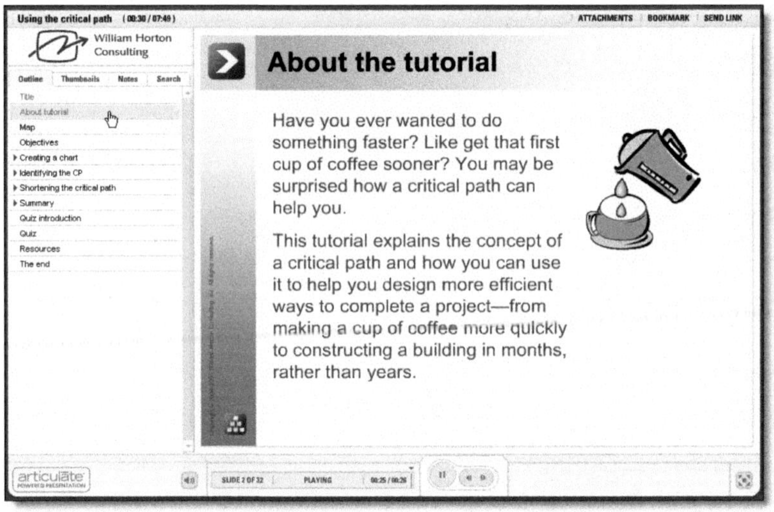

튜토리얼의 전반적 개관과 소개로 시작한다.

마이크로소프트 파워포인트로 구축한 후 웹에서 볼 수 있도록 아티큐레이트 프리젠터를 활용하여 변환되었다. 예시는 horton.com/eld/에서 볼 수 있다.

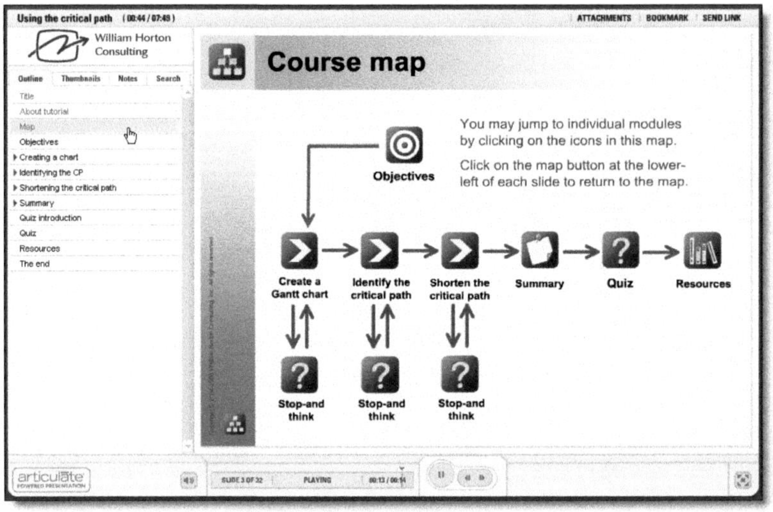

이와 같은 튜토리얼은 전체 구조를 보여주는 맵을 활용하고 있다. 세 개의 주요 토픽들이 있으며, 이들 각 토픽들은 [Stop-and think] 활동들과 연결되어 있다.

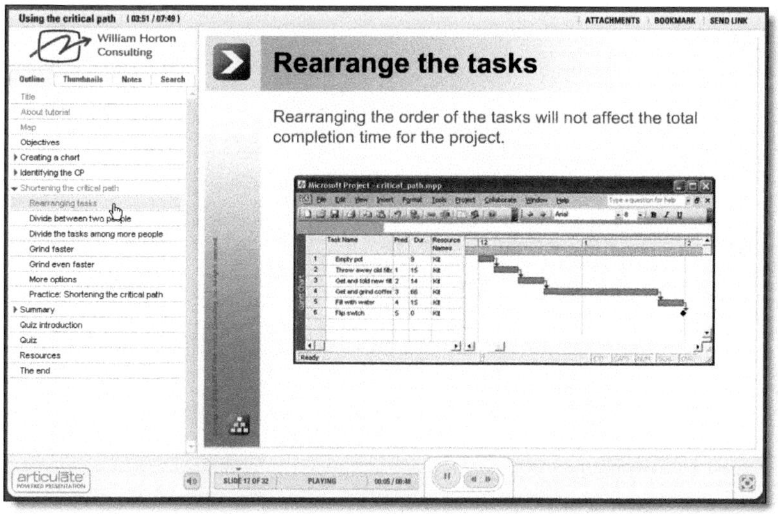

스크린 화면은 데크스미스 스내그잇으로 캡처되었다.

토픽들 중 하나를 살펴보도록 하자. 해당 토픽은 기획의 핵심 과정 단축에 대한 상세한 설명을 담은 몇 장의 웹페이지를 포함하고 있다.

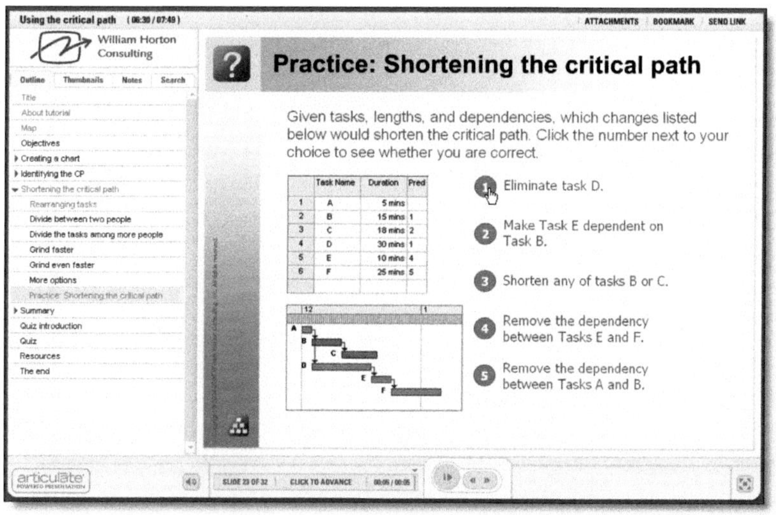

실습 활동은 어도비 캡티베이트로 구축되었다.

주제와 연관된 연습 활동이 있는데, 이는 학습자들이 핵심 과정을 단축하기 위한 프로젝트 변화 요인을 파악하도록 요구하는 활동이다. 각 요인을 클릭하면 피드백이 제공된다.

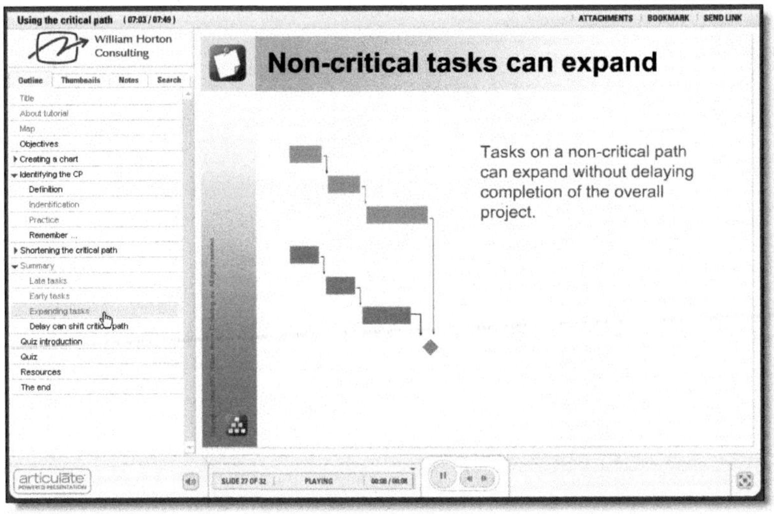

마지막 레슨은 중요한 개념들을 복습하는 요약 화면이다.

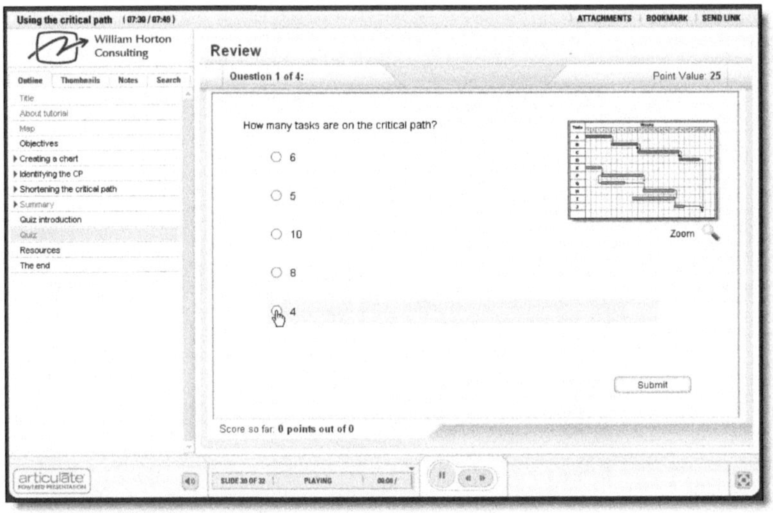

튜토리얼의 마지막 구성요소는 네 개의 짧은 퀴즈 문항이다.

퀴즈는 아티큐레이트 퀴즈메이커로 구축했다.

2.2.3 언제 전통적 튜토리얼 구조를 활용하는가

전통적 튜토리얼 구조는 안정적이고 신뢰할 수 있다. 기존의 이러닝 수업을 수강해 본 경험이 있는 학습자들에게는 익숙한 구조이다. 이와 같이 단순한 구조 내에서는 길을 잃을 염려가 거의 없다. 다양한 목적들을 다룰 수 있을 만큼 충분히 융통성이 있으며, 템플릿으로부터 많은 부분을 창조해 낼 수 있을 만큼 단순하다. 또한 단순한 훈련과제, 특히 인지적 주제들을 포함한 과제들에 효과적으로 활용될 수 있다. 이러한 단순한 주제들은 일반적으로 명확한 설명과 약간의 연습 활동을 요구한다.

한편, 전통적 튜토리얼의 단점은 직선형의 구조로 구성되어 있다는 점이다. 참을성이 없는 학습자들이나 상위 수준의 학습자들은 모든 단계들을 모두 학습해야 한다는 것에 거부감을 가지기도 한다. 이런 학습자들에게는 약간의 대안적 내비게이션 통로를 제공할 필요가 있다.

전통적 튜토리얼 구조는 가장 효율적이거나 효과적인 구조는 아닐 수도 있다. 그러나 가장 단순하고 안정적 구조라고 할 수 있다. 이러한 구조는 초보 교수설계자들도 큰 실수 없이 활용할 수 있을 것이다.

2.2.4 전통적 튜토리얼 구조의 변형

특정한 목표 달성을 위한 전통적 튜토리얼 구조의 몇 가지 변형 방안을 소개한다.

- 저자는 많은 학생들이 처음 레슨의 학습을 시작할 때, 레슨에서 가르치고자 하는 내용 중 본인이 이미 알고 있는 것을 확인하기 위해 곧바로 평가 활동 페이지로 가려는 시도를 한다는 것을 알게 된 후 모든 페이지에 평가 페이지로 갈 수 있는 버튼을 포함시켰다.
- 재교육을 받는 학습자들은 곧바로 학습 요약 페이지로 가기를 원할 수 있으므로 이를 위한 버튼도 만들어 포함시켰다.
- 또한 페이지를 휙휙 넘기며 훑어보는 행동이 빈번하게 일어난다는 것을 관찰할 수 있었다. 학습자들은 주의를 집중하기보다는 해당 순서에 포함된 주제가 무엇인지 훑어보는 경향이 있다. 학습 흐름에 익숙해진 후에야 실제로 레슨을 수강할 것인지의 여부를 결정한다. 이를 위하여 어디에서 시작하고 무엇을 반복할 것인지 학습자들이 결정할 수 있도록 하는 메뉴를 포함시켰다.
- 전통적 튜토리얼에서 예시와 연습 항목은 주요 학습 경로와는 따로 떨어진 항목들이지만, 짧고 간단하다면 해당 개념이나 기술을 설명하는 페이지에 통합시킬 수 있다.

2.2.5 전통적 튜토리얼 구조 활용방안

전통적 튜토리얼 구조는 대부분의 경우에 유용하다. 전통적 튜토리얼을 활용하고자 할 때 다음의 사항들을 고려해 보기 바란다.

- **너무 많은 내용을 가르치려고 하지 않는다.** 각 단계(계열)에서 7~10개 이상의 개념이나 기술을 포함하지 않도록 제한한다. 3~5개 정도가 적당하다.
- **연습 활동을 생략하지 않는다.** 학습자들에게 학습이 끝난 직후 무엇을 배웠는지 적용해 볼 수 있는 기회를 제공해야 한다. 그렇지 않으면 페이지만 넘기는 지루한 과정이 될 것이다.

- **기계적으로 구조를 따라가지 않도록 한다.** 지나치게 이론을 따르기보다는 실용적이 될 필요가 있다. 필요 없다고 판단된 부분들은 생략한다. 예시가 필요 없다고 판단되면 삭제한다. 실습 역시 필요가 없다면 역시 생략하는 것이 좋다. 간단한 주제들은 통합하여 활용하도록 한다. 종종 주요 학습 내용 페이지에 곧바로 예시들을 제시하기도 한다.
- **예시를 충분히 제공한다.** 필요 없는 요소들을 생략하는 것은 좋지만 실제로 학습이 일어나는지를 확인할 수 있는 충분한 예시들이 제공되고 있는지 주의해야 한다.
- **학습자들과 통제권을 공유한다.** 튜토리얼의 시작부터 끝까지 모든 경로를 일일이 거치도록 진두지휘하지 말아야 한다. 이미 알고 있는 주제는 건너뛰는 것을 허용하고 필요한 만큼 반복 학습할 수 있도록 해준다.

2.3 책과 유사한 형태의 구조

지난 500년 이상 전통적으로 검증된 조직성과 메타포를 지닌 책의 구조로 설계하는 것도 자연스러운 학습을 설계하는 방법이라고 할 수 있다.

2.3.1 책 구조의 구성

책 구조는 참고서적의 구성이나 요소들과 유사하며 보통 소개나 개관으로 시작한다. 학습자들은 도입 페이지부터 특정 세션의 상위 토픽 부분으로 건너뛸 수 있고 상위 수준의 토픽들로부터 하위 토픽들로 이동할 수도 있다. 예를 들면, 학습자들은 도입 페이지에서 섹션 1로 이동할 수 있고, 여기에서 주제 1A 또는 1B로 이동할 수 있다. 중간 또는 하위 수준의 토픽 각각은 하나의 학습 객체가 될 수 있다.

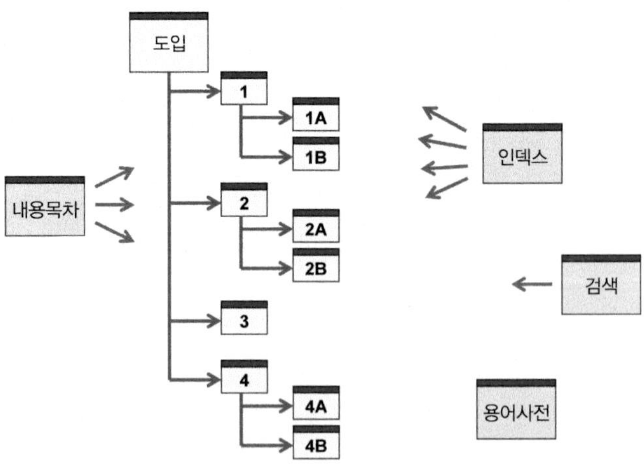

책 구조에 기반하여 조직화된 이러닝은 학습자들이 직접 다른 토픽들로 이동할 수 있도록 주 메뉴의 역할을 하는 목차를 포함하고 있다. 이러한 이러닝은 일반적인 책의

맨 마지막 부분에서 볼 수 있는 인덱스도 포함하고 있다. 인덱스는 학습자들에게 전달되는 지식의 종류에 의해서 내용을 찾을 수 있도록 해준다. 책 구조 안에서 자유롭게 이동하다가 알지 못하는 용어들을 접할 수도 있기 때문이다. 혼란을 막기 위해서 온라인 용어사전을 제공하기도 하며 이를 통해 약어나 기술적 용어의 의미를 찾아 볼 수 있다. 검색 기능도 제공되어 텍스트상에서 용어나 문장을 입력하고 검색해 볼 수 있다.

언급한 것처럼 책 구조는 순서에 상관없이 개별적 주제들로의 접근을 용이하게 한다.

2.3.2 책 구조와 튜토리얼의 차이점

책 구조는 전통적 튜토리얼과 유사하지만 미묘한 차이가 있다.

- 양쪽 모두 위계적이면서 순차적인 접근을 할 수 있지만, 책 구조는 위계적이면서 위에서 아래로 접근할 수 있는 연역적(top-down) 방식을 강조하고 권장한다.
- 설계자보다는 학습자들이 결정한 순서에 따라 접근할 수 있도록 설계된다.
- 책 구조는 목차나 인덱스 등 책과 유사한 메커니즘의 접근 방식을 제공한다. 용어사전과 검색기능을 포함하기도 한다.

2.3.3 예시: *지식 산출물 설계하기*

*지식 산출물 설계하기(Designing Knowledge Products)*라는 강좌는 책 구조를 사용한다.

어도비 드림위버와 액티브 서버 페이지로 구축했다.

이 강좌는 1996년에 개발되었으며 전자문서 및 이러닝 강좌를 제작하는 것과 관련된 내용들로 구성되어 있다. 온라인 문서를 설계할 설계자들에게 익숙하고 그들의 웹사이트와 온라인 문서들에 통합하는 전략을 적용할 수 있었으므로 책 구조가 적절하게 적용되었다고 볼 수 있다.

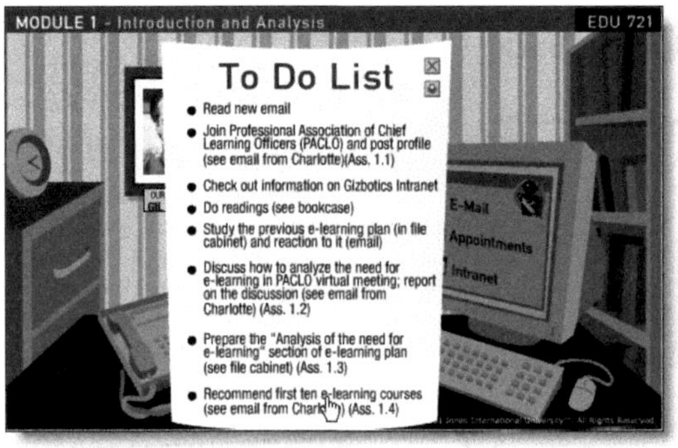

모든 활동들은 가상 회사의 상황과 맥락 안에서 이루어진다. 수행해야 할 과제는 공식적 강의계획서보다는 활동 목록을 통해 제공된다. 모든 항목들이 최종 학습 목적 달성을 위해 기여하도록 되어 있고 과제는 일상적으로 발생하는 위기상황(예민한 고용인 진정시키기, 연 단위 예산 수정하기 등) 관리뿐만 아니라 제안서의 초안 작성 과정을 포함한다.

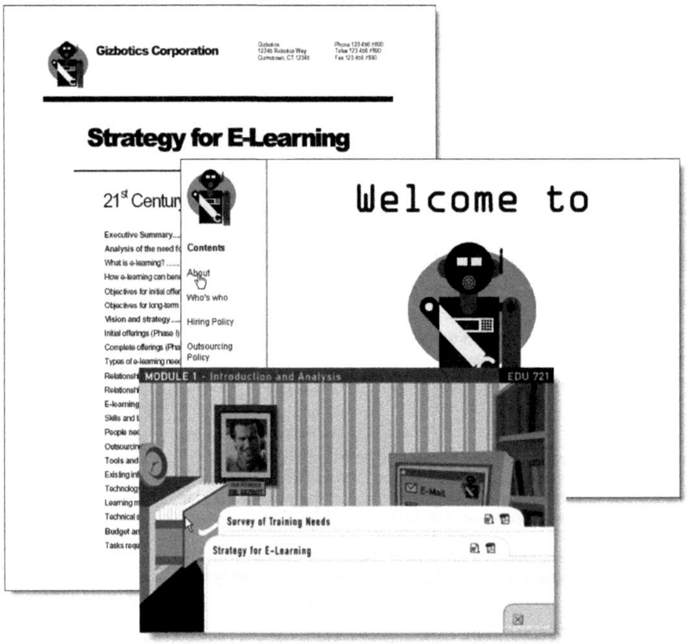

또한 주별 읽기 과제는 활동 목록의 이슈들과 밀접한 관련이 있다. 참고할 수 있는 자료들로 가상회사의 웹사이트, 구버전 제안서, 다양한 책과 논문들을 활용한다.

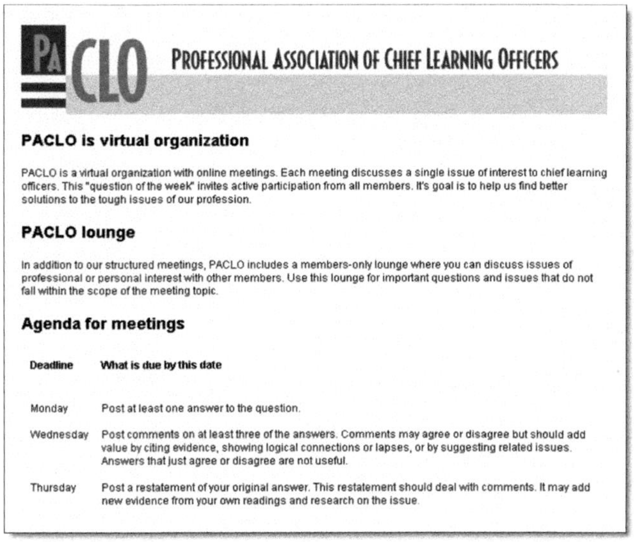

온라인 토론은 모든 학습자들이 소속된 전문가 협회의 온라인 미팅의 형식으로 진행된다. 주별 토론 주제들로는 시나리오상의 중요한 이슈나 문제에 관한 것들이 선정된다.

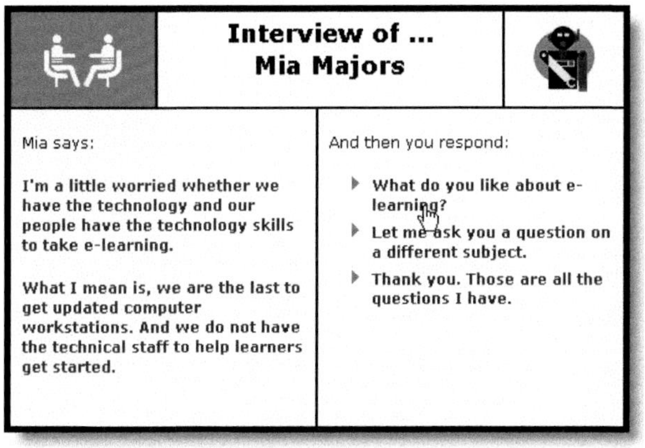

호튼 컨설팅사에 의해 설계되고, 호튼사와 존슨 인터내셔널 대학 개발자들이 어도비 드림위버와 플래시로 구축했다.

다른 활동들에서는 제안된 이러닝 활용방법에 대해 찬성하거나 반대하는 경영진과의 가상의 인터뷰 등도 포함하고 있다. 성공적 인터뷰는 제안서에서 요청한 지원을 얻게 된다.

교수자들이 물어보게 되는 질문은 시뮬레이션상에서 상사가 요구하는 사항들로 표현되어야 한다. 8주간 진행되는 강좌에서 학습자들이 경험하는 모든 것은 직접적으로든 간접적으로든 제안서 초안을 작성하는 과제와 관련된 내용이다.

2.4.4 언제 시나리오 중심 레슨을 활용하는가

복잡한 개념, 감성적 주제, 풍부한 상호작용에 몰입시켜야 하는 섬세한 유형의 지식들을 가르칠 필요가 있을 때 활용하는 것이 좋다. 하나의 학습 활동이나 단순한 독립적인 활동들로 달성될 수 없는 목표들을 위해 활용한다.

답을 작성하기 위해 논쟁적인 요구나 모순되는 정보에 근거한 판단이 요구될 때 시나리오 구조는 효과적이다. 다양한 시각에 노출시키며 다양한 방식의 상호작용에 참여하게 하므로 복잡한 상황에 대한 완전한 이해를 얻을 수 있기 때문이다. 또한 학습 경험들이 연속적으로 이어지게 할 때에도 유용하며, 실제 시나리오를 기반으로 하기 때문에 추상적인 개념이나 원리를 위한 맥락을 제공해주는 역할도 수행한다.

2.4.5 시나리오 중심 레슨 구조의 변형

시나리오 중심 레슨의 구조는 관련된 기반 활동들만큼이나 다양하다. 시도해 볼 만한 몇 가지 변형을 제시하면 다음과 같다.

대안적 학습 자료 사이트로 연결하기. 레슨의 주제와 관련된 참고자료나 다른 학습사이트로 연결시켜 준다. 소개 페이지, 준비 페이지, 요약 페이지에 연결 링크들을 포함시킨다.

연습세션 추가하기. 학습 활동이 충분히 상호작용적이 아니라면 학습한 내용을 적용해 볼 수 있도록 연습 활동을 접목하는 것이 좋다.

다른 방법으로 평가하기. 공식적인 전형적 평가를 반드시 활용해야 한다는 생각을 지양한다. 그대신 레슨의 학습 내용들을 습득하였는지를 판단할 수 있도록 결과물 제출 등과 같은 활동을 활용한다.

부가 시나리오 포함시키기. 만약 다루는 활동이 복잡하다면, 특정 이슈나 문제를 다루는 부가적인 시나리오를 포함시키기를 원할 수도 있다. 부가 시나리오가 전체 시나리오의 자연스러운 일부가 될 수 있도록 설계한다.

2.4.6 시나리오 중심 레슨 활용방안

핵심 시나리오의 질적 수준을 유지한다. 레슨의 다른 구성요소들을 포함시키기 전에 실제 학습자들을 대상으로 시나리오의 효과성을 검증해 본다. 학생들이 시나리오 내용을 완전히 이해하는지, 시나리오상에서 제시된 문제에 대해 해결하고 싶어 하는지 확인하도록 한다.

학생들 준비시킨다. 학습자들이 시나리오에 몰입하는 데 필요한 모든 것들을 제공한다.

- **시나리오의 목적.** 사람들이 시나리오상에서 성취하기를 희망하는 것은 무엇인가? 학습 목적은 무엇인가?
- **맥락.** 어떻게 시나리오가 전체적으로 강좌와 조화를 이루는가?
- **선수 지식.** 레슨을 시작하기 전에 학습자들은 무엇을 알아야 하는가?
- **행동의 규칙.** 학습자가 레슨 안에서 할 수 있고 할 수 없는 일은 무엇인가? 어떻게 교수자나 동료학습자들과 상호작용할 수 있는가?

- **지시사항.** 어떠한 과제들이 수행되어야 하며 어떠한 문서가 작성되어야 하는가? 마감 시기는 언제인가?
- **부가적 자료.** 필요한 정보, 소프트웨어, 기타 자원들에 대한 링크를 포함시킨다.

시나리오를 설명한다. 학습자들이 시나리오를 이해하지 못하면 중요 포인트를 놓치거나 반영된 원리들을 잘못 이해할 수도 있다. 어떤 정보들이 시나리오에 이용가능한지 설명해 줌으로써 시나리오를 완전히 이해할 수 있는 방법을 알 수 있도록 해주어야 한다. 시나리오가 완전하게 현실적이지 못하다면 그 한계를 설명해 주고, 그와 같은 한계 내에서 작업하도록 요청하거나 주어진 한계를 넘어서는 상상력을 발휘하게 해야 한다.

토론을 포함한 학습 활동들을 모니터링한다. 학습자들은 시나리오의 특정 부분을 잘못 이해하거나 사소한 부분에 집착하기 쉽다. 토론을 검열하거나 방해하지 않는 한도 내에서 논점을 벗어나지 않게 주의를 환기시켜 주도록 한다.

학습자들에게 질문을 하고 도움을 받을 수 있는 방법을 알려준다. 예를 들어 시나리오상의 특정 인물에게 이메일을 보내는 방식 등을 이용하여 내용의 흐름을 유지하면서도 필요한 도움을 받을 수 있도록 촉진한다. 아니면 외부 안내 데스크나 관리자에게 질문을 해야 하는지 확인하게 해본다. 도움을 요청할 수 있는 메카니즘과 제공되는 지원의 종류를 명확하게 할 필요가 있다.

2.5 필수 학습 튜토리얼

학습자들이 이미 알고 있는 내용을 가르치려고 노력하는 것은 시간 낭비가 될 수 있다. 필수 학습 튜토리얼에서는 학습하기를 원하지 않는 주제를 건너뛰는 것이 가능하다. 놓쳤던 지식이나 기술을 대상으로 하되, 알지 못했던 내용의 처음부터 끝까지 학습할 수도 있고 만족할 때까지 학습할 수도 있다.

2.5.1 필수 학습 튜토리얼의 구조

필수 학습 튜토리얼은 학습자들이 이미 학습한 주제는 건너뛸 수 있도록 구조화되어 있다. 다양한 유형이 있으나 공통적이고 기본적인 아이디어는 이미 알고 있고 학습할 필요가 없는 내용이 무엇인지 확인하기 위한 진단평가를 활용한다는 점이다.

다음은 필수학습 튜토리얼의 구조화 방법에 대해 설명한 것이다. 소개 페이지를 읽은 후에 학습자들은 주제에 따라 배열되어 제시되는 진단용 평가 활동을 하게 된다. 평가 내용은 점진적으로 어려워진다. 각 평가는 이전 단계의 평가보다 좀 더 어려운 수준의 지식이나 기술을 다룬다. 학습자들은 답을 할 수 없는 시점에 이를 때까지 어려운 평가를 치르게 된다. 응답에 실패하면 바로 연관된 주제 학습으로 연결되기 때문에 학습자 능력의 상한선상에 있는 단계로 진입하게 된다고 할 수 있다.

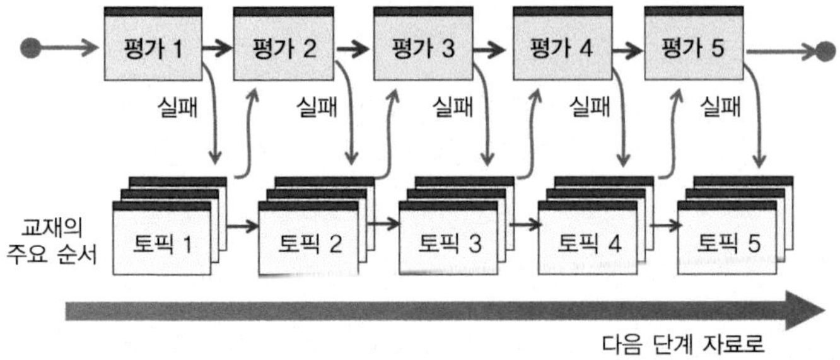

예를 들어 주제 1로부터 학습을 시작하는 것이 아니라 주제 1의 목표달성 여부를 측정하는 평가에서 시작한다. 평가를 통과하게 되면 주제 2에 관련된 평가로 이동하게 되고, 실패하면 주제 2 학습부터 하게 된다. 해당 단계를 완료하고 내용 습득을 입증할 수 있게 되면 다음 주제로 이동하거나 다시 일련의 평가로 돌아간다. 이러한 방식으로 학습자가 이미 이해하고 있는 내용을 건너뛸 수 있도록 하는 것이다.

필수 학습 튜토리얼의 토픽들은 학습 객체 단위가 될 수 있다. 그리고 평가 문항은 각각의 학습 목표와 관련된 내용으로부터 도출된다.

2.5.2 예시: 비주얼 베이직(Visual Basic) 튜토리얼

다음은 필수 학습 튜토리얼의 한 예이다. 비주얼 베이직 관련 기술을 가르치는 강좌이다.

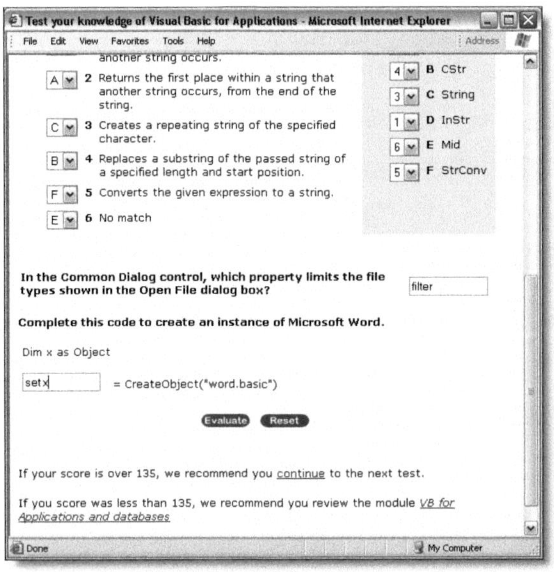

평가 활동에서 학습을 시작하며 최소 점수 미만으로(본 예시에서는 135점) 점수를 획득하면, 평가 주제와 관련된 모듈 학습을 추천하게 된다. 최소 점수 이상의 점수를 얻으면 계속해서 다음 단계에의 평가를 진행하도록 독려한다. 평가의 마지막 부분에서 학습자들은 [Evaluate] 버튼을 클릭하여 점수를 확인하게 된다.

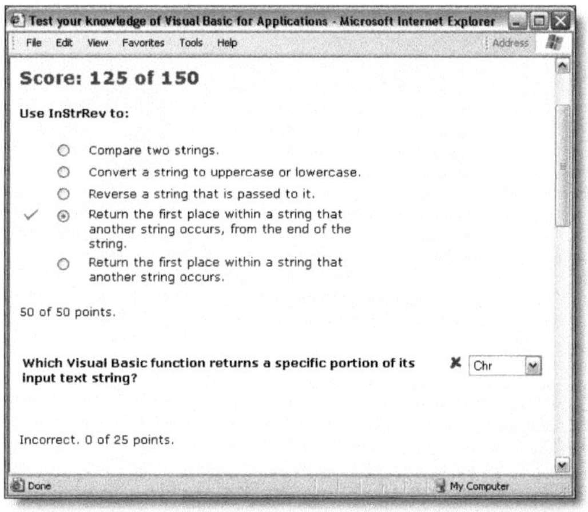

점수판은 평가 결과를 보여준다. 본 예시에서 학생은 150점 만점에 125점을 받았는데 이 점수는 얼마나 내용을 잘 이해하고 있는지 보여주고 있다.

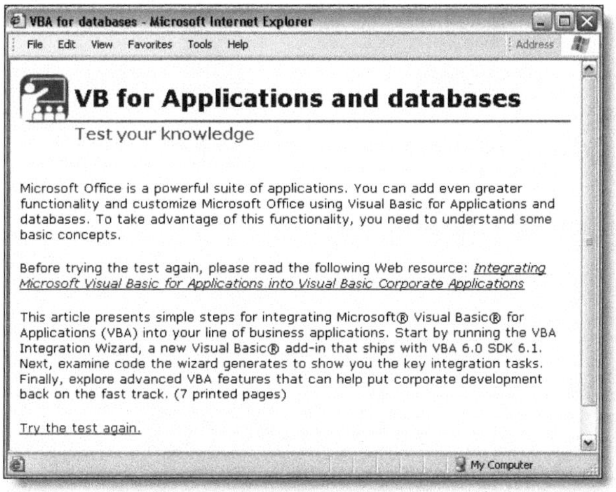

해당 모듈을 건너뛰기 위해 요구되는 점수보다 낮은 점수를 받았기 때문에 평가의 내용과 관련된 학습 화면으로 이동하였다.

어도비 드림위버와 자바스크립트로 구축했다.

예시에서는 학습자들이 주어진 조언과는 상관없이 자율적으로 계속해서 평가를 치르거나 학습을 진행하거나 모든 것을 그만두고 프로그램을 빠져나갈 수도 있는 선택권을 부여했다. 하지만 필수 학습 튜토리얼의 다른 사례들에서는 이러한 선택권을 부여하지 않는 경우가 많은 편이다.

2.5.3 예시: 시연 시뮬레이션

시연 시뮬레이션(coach-me simulation)에서는 각 학습자에게 가상적인 과제를 부여한다. 학습자들은 필요할 때만 힌트나 명시적인 안내를 받는다.

다음 그림에서는 가상 과제의 각 단계를 위한 일반적 구조를 보여준다. 단계의 시작점에서 학습자는 안내나 지시사항 없이 가상의 화면을 보게 된다. 학습자가 정확한 반응을 한다면, 시뮬레이션은 결과와 정확한 답에 대한 간단한 설명을 보여준다. 그런 다음 학습자는 계속해서 다음 단계로 진행한다.

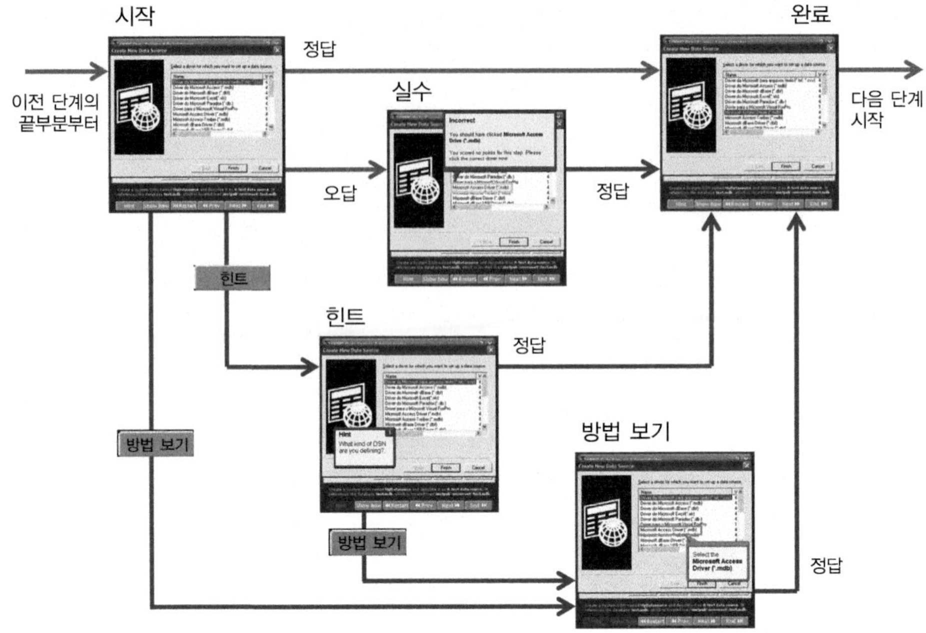

약간의 도움이 필요한 경우 **[힌트]** 버튼을 클릭하면 어디를 클릭하고 무엇을 입력해야 하는지에 대한 정확한 안내가 제공된다. 해결책을 정확하게 집어서 알려주는 것이 아니라 해결책을 생각해 볼 수 있도록 안내를 제공하는 활동이다. 적절한 반응을 보이면 계속해서 과제를 진행하도록 한다.

만약 제공된 힌트가 충분하지 않다면 보다 명확한 안내를 받기 위해 **[방법 보기]** 버튼을 클릭할 수 있다. 주어진 지시사항을 수행하게 되면 시뮬레이션은 다시 계속된다.

이 구조에서는 학습자가 **[방법 보기]**를 클릭하기 전에 반드시 **[힌트]**를 먼저 볼 필요는 없다. 또한 **[다음]** 버튼을 눌러서 다음단계로 진행할 수도 있다.

이렇게 학습자는 스스로 수행할 수 없는 단계까지 가상의 절차를 통해 진행하게 되고, 도움이 필요할 때는 힌트나 명확한 안내를 요청할 수도 있으며 다음 단계로 넘어가거나 피드백을 받을 수도 있다.

2.5.4 언제 필수 학습 튜토리얼을 활용하는가

필수 학습 튜토리얼은 복잡하고 다양한 주제를 학습하는 데 소요되는 시간을 단축할 필요가 있을 경우에 활용한다. 보통 이런 주제에서는 학습자들이 이미 알고 있는 것이 무엇인지를 예측하기가 어렵다. 이러한 구조를 활용함으로써 개별 학습자들의 요구에 정확하게 부응할 수가 있다.

또는 매우 다양한 배경을 가진 학습자들을 효율적으로 가르치고자 할 경우에 이 구조를 활용하면 효과적이다. 이러한 상황에서는 모든 학습자들을 최하위 수준에 맞추어 학습을 시작하게 하거나 최상의 수준에 맞추어 시작하게 하는 것은 현실적이지 않다. 일반적으로 학습자들은 이미 알고 있는 내용을 학습하는 것에 대한 인내심이 부족하다. 필수 학습 튜토리얼은 사전 지식이 있는 학습자들에게 지나치게 기본적인 부분들을 건너뛸 수 있는 자유를 허용한다.

2.5.5 필수 학습 튜토리얼 구조의 변형

필수 학습 튜토리얼은 교수자의 요구에 쉽게 부합될 수 있는 비교적 단순한 구조이다. 고려해 볼 만한 몇 가지 변형은 다음과 같다.

학습자가 목적 달성을 하자마자 완료할 수 있도록 해주기. 학습자가 보유한 지식의 수준 안에서 몰입하여 학습할 수 있도록 한다. 또한 희망하는 일정 수준에 도달했을 때 건너뛰는 것도 가능하다. 필요한 것을 다 학습했다고 생각할 때 언제든지 학습을 멈출 수 있다는 것을 알게 해준다.

평가 절차로 되돌아가기. 무엇이 기초지식이고 무엇이 상위 수준 지식인지 구분이 쉽지 않다면, 일부 내용 학습을 끝냈을 때 평가 절차로 되돌아가게 할 수 있다. 학습자가 학습한 내용을 완벽하게 학습하였는지를 알아보기 위해서는 학습 전에 실패했던 평가 내용의 또 다른 버전으로 되돌아가게 하는 것이 최선의 방법일 것이다.

레슨 생성하기. 시작 부분에 제시된 질문이나 평가의 결과에 기반하여 각 학습자에게 적합한 내용의 레슨을 제공한다.

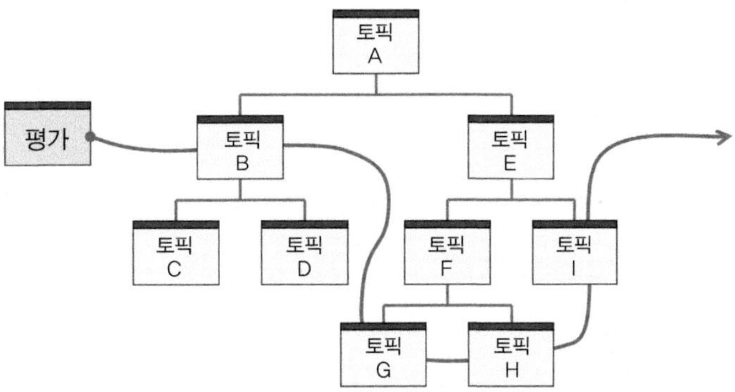

짧은 도입부를 거쳐 학습자들은 평가지나 질문지를 작성한다. 평가 부분은 학습자의 대답을 분석하고 개별 학습자의 필요에 부합되는 학습 내용의 흐름에 삽입하여 넣는다. 해당 레슨은 요약과 평가로 마무리된다.

2.5.6 필수 학습 튜토리얼 활용방안

평가 문항을 타당화한다. 평가 활동이 정확하게 학습자의 현재 지식 수준을 측정하지 못한다면 필요한 주제 영역을 효과적으로 가르쳐주지 못할 것이다.

평가를 보다 정교하게 만든다. 보다 융통성 있고 세심한 평가 계획을 수립한다. 난이도가 점진적으로 높아지는 문제들을 제공하도록 한다. 적절하게 반응할 때마다 앞의 다섯 문제를 건너뛸 수 있다. 오답을 말했을 경우에는 곧바로 다음 문제로 이동한다. 세 문제를 연속해서 틀릴 경우에는 해당 문제들과 관련된 내용 영역으로 이동하여 학습하게 된다.

평가의 종류를 다양화한다. 일련의 평가 활동은 전통적인 진위형, 선다형, 완성형 문제보다 더 다양한 문제 유형을 포함할 수 있다. 즉 어디로 이동해야 할지를 결정하는 점수화가 가능한 모든 컴퓨터 기반 활동들을 활용할 수 있다. 기나긴 평가 활동을 지속적으로 치르는 것을 좋아하는 사람은 없다. 따라서 질문의 종류를 다양화하거나 게임의 형식으로 바꾸어 본다.

하나의 학습 목표를 가진 각각의 주제에 초점을 맞춘다. 이러한 방식의 평가는 정확하게 학습자의 요구를 파악하고 필요에 맞는 정확한 모듈을 제공할 수 있다. 하나의 주제가 하나의 명료한 학습 목표를 갖도록 만든다.

세련된 튜토리얼을 위하여 활용을 모니터링하고 피드백을 제공한다. 모든 사람들이 통과할 수 있는 문항들을 찾아낸다. 필요성 여부와 난이도 등을 다시 한 번 고려해 본다. 이미 알고 있는 내용을 학습한 학습자들로부터 불만사항을 듣는다. 평가 문항이 지나치게 어려웠을 수도 있다. 가능한 한 학습이 효율적일 때까지 평가 문항과 주제를 조율하는 작업을 계속한다.

2.6 탐험적 튜토리얼

탐험적 튜토리얼에서 학습자들은 스스로 지식을 발견하게 된다. 주어진 목적과 해당 목적 달성을 위해 탐구해야 할 지식의 모음이 탐험적 튜토리얼이다. 학습자들은 과제에 도움을 주는 도구들을 활용한다. 탐험적 튜토리얼은 보물찾기의 확장된 버전이며 안내된 연구활동이라고 할 수 있다(자세한 내용은 4장 참조).

2.6.1 탐험적 튜토리얼의 구조

탐험적 튜토리얼은 두 부분으로 구성된다. 첫째는 외부 정보 자원으로서 튜토리얼을 만들기 전부터 존재하고 있는 온라인 지식의 산출물이다. 외부 정보 자원은 온라인으로 접근 가능할 수 있는 모든 형태의 정보를 포함한다. 매뉴얼, 보고서 혹은 명세서 같은 전자문서일 수도 있고, 데이터베이스, 컴퓨터 프로그램을 위한 도움말, 웹사이트 혹은 온라인 박물관일 수도 있다. 튜토리얼은 교육 혹은 훈련 프로그램을 제작하기 위해 외부 정보 자원을 활용할 수 있다.

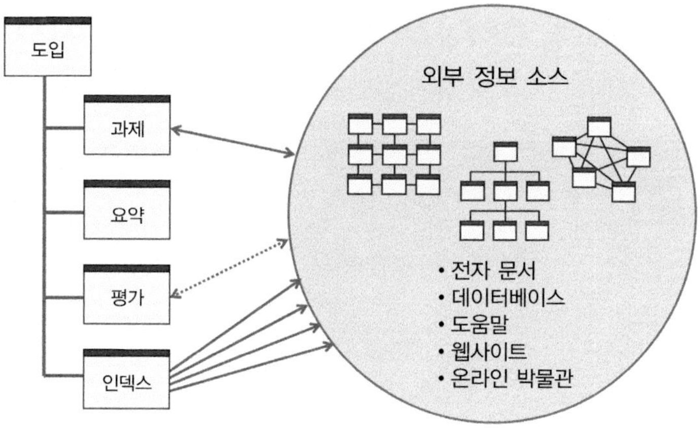

탐험적 튜토리얼은 개관과 내용 맛보기를 제공하는 **도입** 페이지에서부터 시작하며, 이를 통해 몇 가지 종류의 학습 활동과 자원들에 접근할 수 있다.

중요한 활동 중 하나는 학습자들과 외부 정보 자원 간의 상호작용이 일어나게 하는 것이다. 학습자들에게 외부 정보 자원으로부터 정보를 찾게 하는 활동이 대표적이라고 할 수 있다. 여러 가지 학습 목표를 성취하기 위하여 관련 학습 목표를 한꺼번에 다루는 질문들을 하게 되며, 선수 지식과 관련된 질문이 먼저 제시되고, 단순한 것에서 점차 어려운 것으로 진행되도록 계열화된다.

외부 정보 자원은 매우 광범위하며 튜토리얼에서 다루는 주제보다 많은 주제를 다루기 때문에 학습 주제의 **요약** 페이지를 포함시킬 필요가 있다. 요약 부분에서는 학습 목표에 맞는 주제 영역을 충분히 다루어 줄 수 있으므로 학습 발생 여부에 대한 보증 또는 보완책으로서 고려해본다.

목표 달성 여부를 확인하기 위하여 간단한 **평가** 활동을 포함한다. 과제를 완료하는 과정은 이러한 평가를 위한 준비를 제공해야 하는 것이어야 한다. 평가 활동은 오픈 북 평가를 지원하기 위한 외부 정보 자원을 검색하는 형식으로 구성될 수도 있다.

마지막 주제는 학습자들이 외부 정보 소스 내에서 관련 있는 주제들을 찾을 수 있도록 도와주는 특별한 **인덱스**를 포함한다. 인덱스상의 표제어를 통해 특정 페이지 혹은 외부 정보 소스의 관련 주제로 연결한다. 인덱스의 간단한 형태는 다른 관련 웹페이지들의 링크를 담고 있는 단순한 하나의 페이지를 제공하는 것이다.

단일한 외부 정보 자원을 활용하여 강조점을 다르게 한다든가, 다른 과제를 수행하게 하는 식의 방법으로 몇 개의 탐험적 튜토리얼을 개발할 수 있다.

탐험적 튜토리얼은 각 목표가 튜토리얼에 의해서가 아니라 외부 정보 자원과의 상호작용을 통해 달성되기 때문에 하위 수준의 목표들로는 구성되지 않는다.

2.6.2 예시: 텍스트 구성요소 카탈로그

지적 산출물 설계하기 강좌는 문단, 문자표 리스트, 체크리스트, 웹 페이지, 기타 온라인 문서상의 텍스트의 설계 방법을 가르쳐 주는 탐험적 튜토리얼을 포함하고 있다.

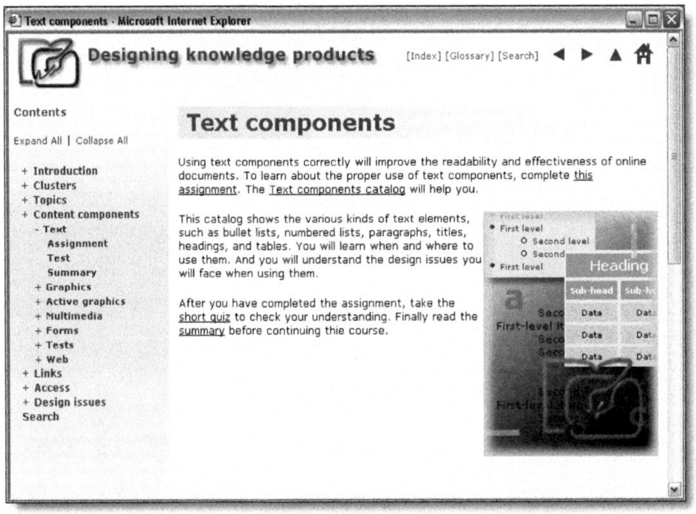

어도비 드림위버, 액티브 서버 페이지와 자바스크립트로 구축했다.

여기 제시된 레슨은 탐험적 튜토리얼의 구조를 보여준다.

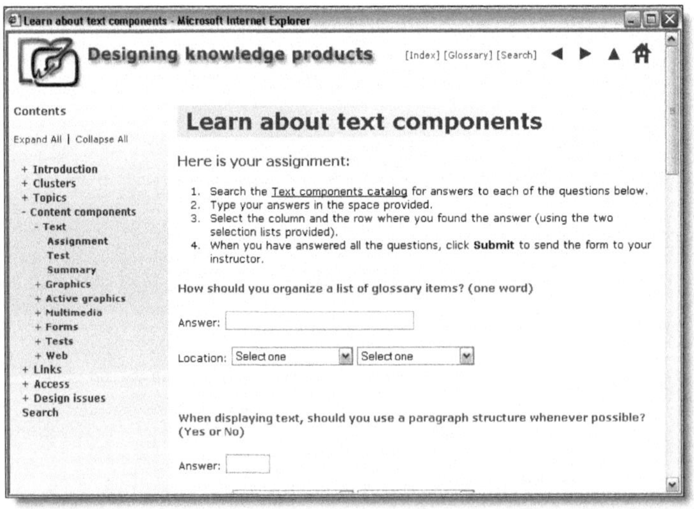

학습자들은 외부 텍스트 구성요소 카탈로그를 활용하여 과제를 완수해야 한다. 과제를 하면서 특정한 질문에 대한 답을 찾아내는 것과 그 답을 찾을 수 있는 카탈로그상의 열과 행을 찾아내는 것 모두 학습자에게 요구되는 보물찾기 활동이다.

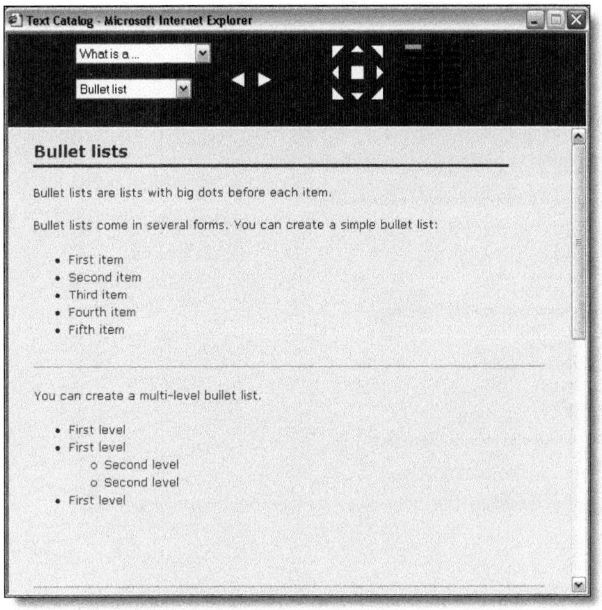

카탈로그상의 정보는 3열과 8행으로 구성된 2차원 구조로 구성되어 있다. 3개의 열은 텍스트 구성요소 각각의 종류에 대한 주제들, 즉 그 구성요소가 무엇이며 언제 활용하는지, 그리고 이들 구성요소를 만들 때 고려해야 할 관련 사항들에 관한 내용으로 연결된다. 이들 구성요소는 또다시 8개의 행으로 구분되며, 문자표, 체크리스트, 용어사전, 들여쓰기로 구분된 목록, 번호가 매겨진 리스트, 문단, 표, 제목을 포함한다.

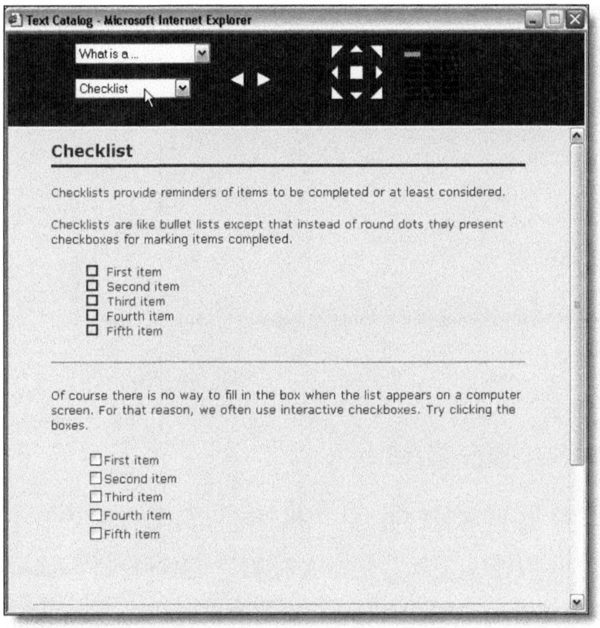

어도비 드림위버와 자바스크립터로 구축했다. 예시는 horton.com/eld/에서 볼 수 있다.

예를 들어 드롭다운 메뉴에서 '무엇인가(what is a ...)'를 선택하고 둘째 줄 '체크리스트(checklist)'를 선택하면, 체크리스트에서 둘째 줄에서의 첫 번째 토픽이 무엇인지를 보여준다.

자료들의 위치는 우측 상단에 있는 남색의 격자무늬상의 초록색 직사각형에 제시되어 있다.

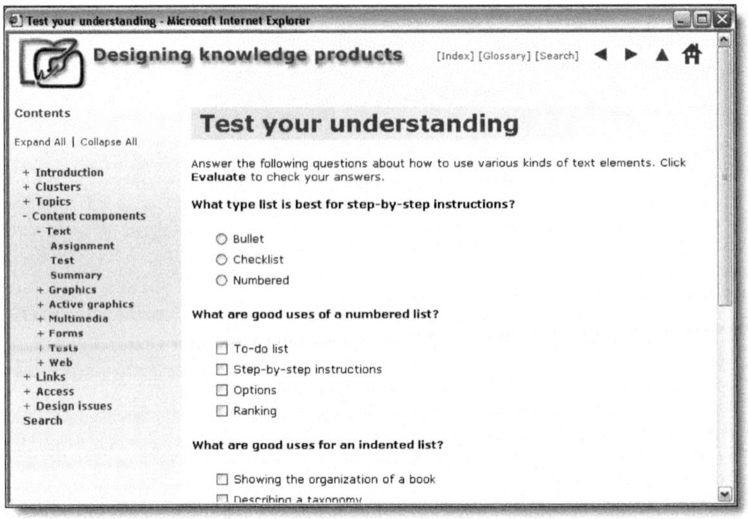

과제를 완수한 후 학습자들은 내용 습득 여부를 확인하기 위한 퀴즈를 풀게 된다.

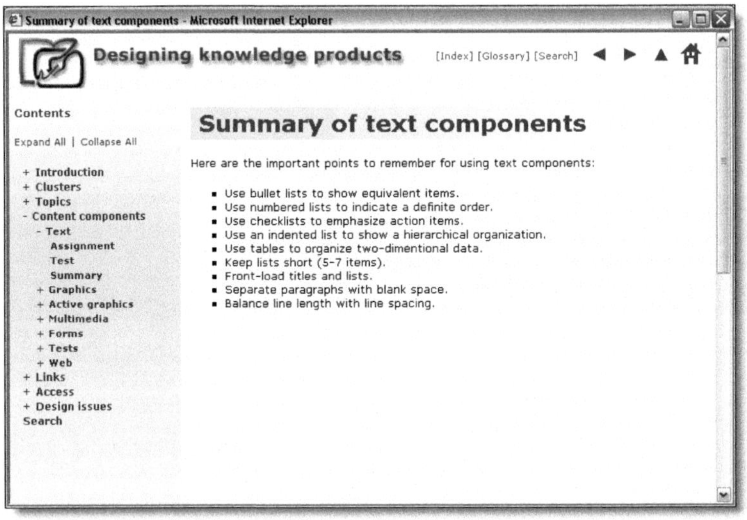

마지막으로 학습자들은 코스를 계속하기 전에 간략한 내용 요약을 읽는다.

2.6.3 언제 탐험적 튜토리얼을 활용하는가

시간과 비용을 절약하고자 할 때 활용한다. 탐험적 튜토리얼은 이미 존재하는 기존 자료들을 연결하여 활용하기 때문에 제작비용이 높지 않고 신속하게 개발할 수가 있다. 또한 매일 다양한 주제로 웹을 검색하는 데 익숙한 학습자들에게 잘 맞는 구조이다.

학습하는 방법을 가르치고자 할 때 활용한다. 탐험적 튜토리얼은 특정 사실이나 절차, 개념을 학습하기보다는 학습 방법의 학습을 추구한다. 특정 질문들이 탐험을 안내하기 위해서 활용되기는 하지만, 학습 목적은 질문에 대한 답을 찾는 것이 아니라 새로운 정보를 찾고 습득하는 능력을 기르는 것이다.

온라인 정보를 활용할 수 있는 방법을 가르치고자 할 때 활용한다. 탐험적 튜토리얼은 방대하고 복잡한 온라인 정보 자원을 활용하는 방법을 가르친다. 생산적인 검색 활동과 읽기 활동에 대해 동기를 유발시키면서 동시에 안내해 주는 기능을 수행한다.

검색 전략을 가르치고자 할 때 활용한다. 탐험적 튜토리얼은 학습자가 스스로 학습에 활용할 수 있는 검색 전략을 가르친다. 이는 적시학습을 위해 외부 정보 자원을 활용하는 방법을 제시해 준다. 이러한 기술은 학습자의 웹 검색 활동에도 영향을 줄 것이다.

경험 있는 학습자를 대상으로 할 때 활용한다. 탐험적 학습은 웹 문서를 검색하고 둘러보는 것에 익숙하고 관련 내용에 대해 이미 어느 정도 이해하고 있는 학습자에게 적합하다.

특정 주제를 가르칠 때 활용한다. 외부 정보 자원으로부터 방대한 내용을 가르치는 것은 비효과적이다. 정보 자원은 무궁무진하며 탐험적 튜토리얼은 학습자에게 정보를 찾기 위한 신중한 작업을 요구한다. 탐험적 튜토리얼이 주제와 관련된 특정 부분들을 가르칠 수 있다고 하더라도 방대한 주제를 모두 다루는 것은 좋은 방법이 아니다.

2.6.4 탐험적 튜토리얼의 변형

탐험할 문서나 상호작용 방식에 따라 다양한 변형이 가능하다.

학습자들이 탐험해야 하는 문서의 종류를 다양화하기. 탐험 가능한 후보로는 웹 사이트, 블로그, 파드캐스트, 보고서, 명세서, 브로슈어, 매뉴얼, e-북, 데이터베이스, 뉴스그룹, 대화방 기록, 도움말 문서 등이 있다.

학습자들이 탐험해야 하는 문서의 구조를 다양화하기. 활용하고자 하는 외부 참고 자료들의 구조를 통제할 수 있다면, 전달되는 정보의 종류에 기반하여 구조를 다양화한다. 계열화 구조는 인쇄된 책의 온라인 버전에 유용하다. 많은 온라인 문서는 주제와 그 하위주제의 위계적 순서에 의해 구조화될 수 있다. 표로 구성된 문서는 격자 구조에 적합할 것이고, 데이터들의 모음은 유연한 형식의 구조 안으로 적절히 연결될 수 있다.

활동의 성향을 다양화하기. 몇 년 전에 유행한 '카르멘 산디에고는 세계 어디에 있는가?' 라는 유명한 온라인 게임은 잡기 힘든 국제적 범죄자를 추적하기 위한 참고 자료 안에서 정보를 탐색함으로써 과제를 완수할 것을 요구한 게임이다. 탐험적 레슨의 구조와 정확하게 같은 구조를 게임이나 퍼즐로 만든 것이라 할 수 있다.

2.6.5 탐험적 튜토리얼 활용방안

탐험적 튜토리얼로 학습자가 성공적으로 검색하고 학습하였는지 확인해야 한다.

정보찾기를 게임처럼 재미있게 만든다. 학습자들이 문제를 해결하거나 시나리오를 완성하기 위해서 필요한 정보를 찾을 수 있도록 도전의식을 고취시킨다. 처음에는 몇 가지 쉬운 질문에서 시작하고 검색 기술이 발전함에 따라 더 어렵고 도전적인 질문들을 제시한다.

학습자들이 정보 검색 방법을 빨리 이해할 수 있도록 **정보 자원의 구조를 설명해 준다.** 이러한 설명은 검색을 보다 예측 가능하고 신뢰성 있게 만든다.

적절한 검색 전략을 제시해 준다. 정보 검색이 처음이거나 정보 자원에 익숙하지 않다면, 검색에 도움을 주고 좌절감을 겪지 않도록 도움이 될 만한 방법들을 제안해 주기를 원할 것이다. 예를 들어 온라인 문서가 알파벳순서로 구성된 인덱스를 가지고 있고, 메뉴를 통해 더 자세한 내용을 탐색할 수 있다는 것을 알려줄 수 있다.

도전과 난이도간의 균형을 도모한다. 목표 달성을 위해 필요한 질문을 충분히 물어본다. 하지만 지루하거나 반복적이 되어서는 안된다. 3개 정도의 질문은 부족할 수 있고 20여 개의 질문은 취조 수준이 될 수 있다. 답을 찾기 위해 검색을 시도하도록 충분히 어려운 문제뿐만 아니라 대부분의 학생들이 몇 분 안에 수행할 수 있는 쉬운 문제도 만든다.

2.7 주제에 특화된 구조

주제에 특화된 구조(subject-specific structures)는 가장 융통성이 높은 구조이다. 주제나 활동이 학습을 조직화하기 위한 독특한 구조를 제공하는 경우에 활용한다. 조직화에 있어 제약이 없기 때문에 때때로 *네크워크* 구조 또는 *자유형식(free form)* 구조로 불리기도 한다.

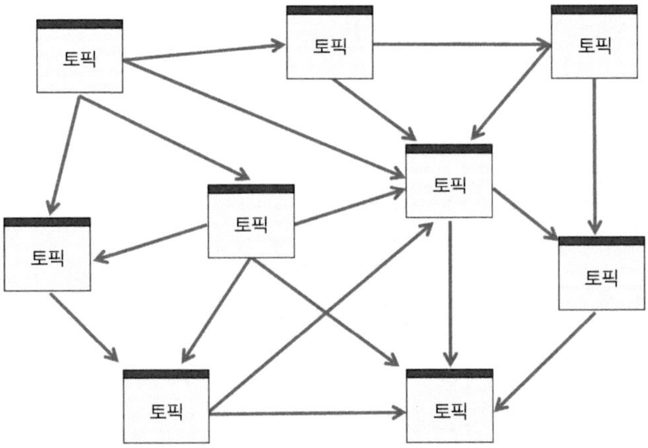

2.7.1 언제 특화된 구조를 활용하는가

주제에 특화된 구조는 보다 정교화된 구조가 주제의 구조를 대표하지 못하거나 주제를 관통하는 내비게이션 경로가 요구될 때 활용하면 좋다. 지식, 학습 활동, 복잡한 과정의 토대가 되는 구조를 학습과 일치시켜 조직하고자 할 때 사용하며 다음과 같은 경우가 이에 해당한다.

- 분지된 시뮬레이션 장면들을 위해 활용한다.
- 학습자의 흥미를 만족시키기 위해 탐험할 수 있는 다양한 면을 지닌 주제를 위해 활용한다.
- 서로 다른 흥미와 목적을 가진 학습자들을 위해 수많은 맞춤형의 코스들을 만드는 것이 실용적이지 않을 때 활용한다.
- 고도의 맞춤화된 학습 경험을 위해 활용한다.

그리고 다른 구조들이 적용되지 않는 경우에 사용한다.

2.7.2 예시: *범죄 현장 게임*

범죄 현장 게임(The Crimescene Game)(자세한 내용은 3장 참조)은 분지화된 시뮬레이션으로 각 장면이나 토픽 사이를 매우 자유롭게 내비게이션할 수 있게 한다. 다음은 모든 장면들의 구조를 보여주는 지도이다. 학습자들은 그들이 내린 결정에 따른 장면들과 마주치게 된다. 안에 A라고 적혀 있는 타원 모양은 질문들의 대표 메뉴를 나타낸다. 학습자들은 특정한 장면들의 연속이나 경로 탐색에 지치게 되면 이 메뉴로 돌아간다.

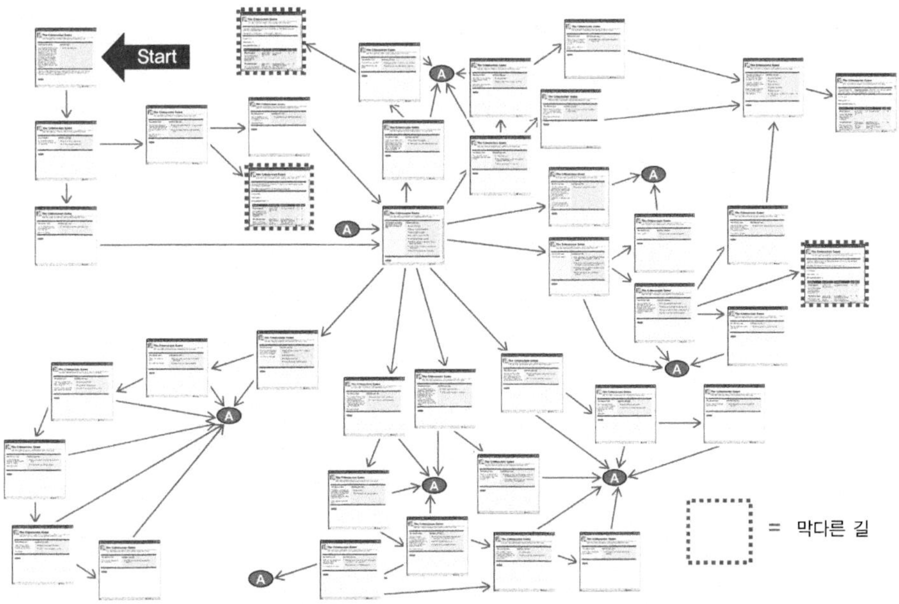

2.7.3 주제에 특화된 구조 활용방안

주제에 특화된 구조는 어떠한 제한도 없다. 따라서 이 구조를 어떻게 활용할 것인지는 전적으로 설계자에게 달려 있다.

조합을 통한 급격한 증가에 주의한다. 분지구조는 주제의 숫자를 폭발적으로 증가시킨다. 각각의 주제가 4개의 다른 주제로 분지된다고 가정해 보자. 하나의 주제가 4개로 분지하고, 그 분지는 16개로, 이는 또 64개, 그리고 또 256개로, 1,024로, 4,096개로 늘어나게 되어 계속 불어난다. 이를 위해 융통성을 부여하면서도 분지를 통제할 수 있는 두 개의 실용적 전략이 있다.

- **분지와 재결합.** 몇 개의 분지 후에 중심경로나 교차점으로 경로를 다시 모이도록 한다.

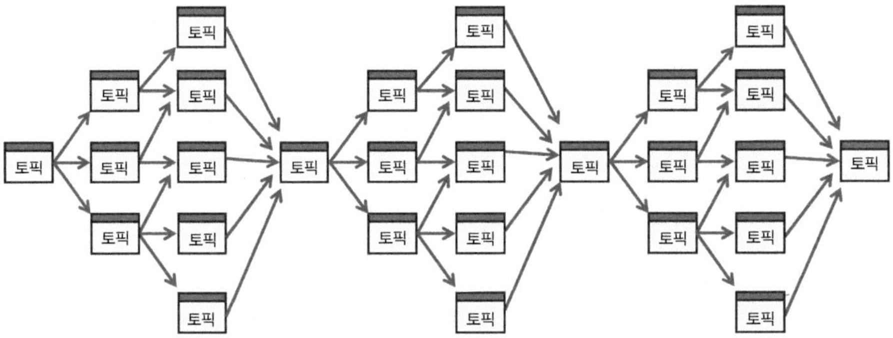

- **중심 메뉴로 되돌리기.** 학습자는 선택메뉴로부터 짧은 여행을 떠난다. 몇 개의 분지 후에 학습자는 다시 메뉴로 되돌아온다. 이는 *범죄 현장 게임*에 활용된 전략이다.

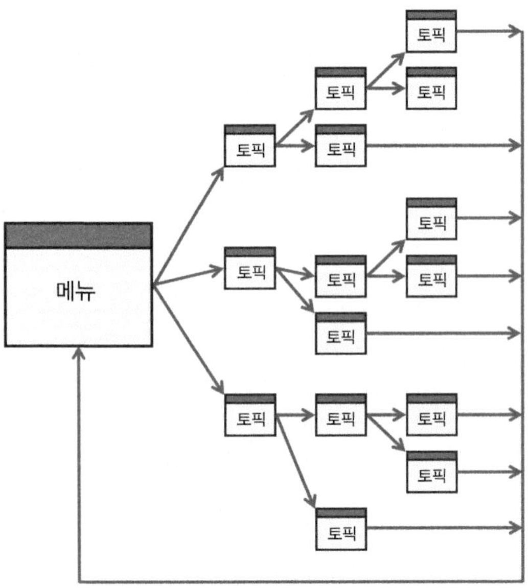

완전한 무작위로 구성하지 않는다. 포함된 링크들을 위한 정책을 가지는 한편, 관련성에 대한 구체적인 범주들에 대해서는 다음과 같은 내용을 포함하도록 한다.

- 연대기적 또는 논리적 계열상에 선행요소와 후속요소
- 부분 또는 합성
- 원인 또는 효과
- 대안 또는 변수

3. 학습 객체로서의 레슨 설계

레슨은 학습 객체로 설계될 수도 있고 그렇지 않을 수도 있다. 또는 하위 주제 수준의 학습 객체로 개발될 수도 있다.

3.1 객체로서의 레슨

레슨 단위의 객체는 광범위한 학습 목표 또는 관련된 목표 군(群)을 완벽하게 달성한다. 즉, 모든 것을 포함하거나 하위 수준의 토픽 객체들로 구성될 수 있으며, 어떤 종류의 레슨 객체든지 재활용이 가능하다. 다음은 하나의 학습 객체이면서 보다 작은 객체들을 포함하도록 설계된 레슨의 예이다.

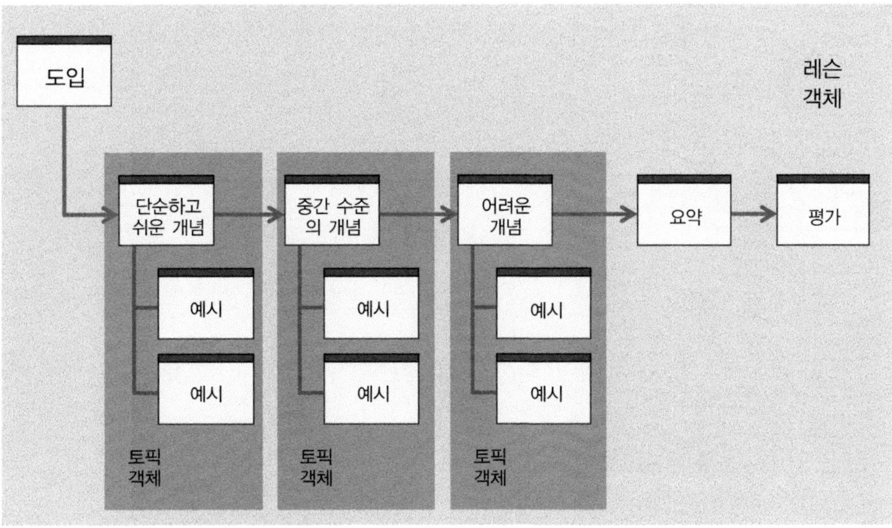

레슨 객체는 여러 코스에서 재활용될 수 있다. 재활용될 때에는 그림에서 보이는 것과 같은 세 개의 토픽 객체들을 포함하게 될 것이며, 이 세 개의 토픽 객체들은 다른 레슨 안에서 재활용될 수 있을 것이다.

3.2 언제 하나의 레슨을 객체들로 나누는가

다중의 목표를 성취하기 위해 사용된 복잡하고 다양한 측면을 가진 활동을 분리된 레슨 객체로 나누는 것은 시간 낭비이다. 이를 위해서 전체 활동이 각각의 레슨 객체 안에 포함되어야 하므로, 반복되는 레슨을 수강하는 학습자들은 지루해질 수 있다.

하지만 하나의 광범위한 목적이 쉽게 하위 수준의 구성요소나 또는 선수 목표들로 다시 나뉠 수 있다면 객체 개발 후에 보다 상위 수준의 레슨을 구성하기 위해 이들 객체들을 조합하는 것은 의미가 있다. 특히 하위 수준의 토픽 객체들이 다른 목적을 위해서 또는 다른 학습자들을 위해서 다르게 조합될 수 있는 경우 의미가 있다.

3.3 객체로 레슨 구성하기

소규모 학습 객체로 구성된 레슨을 설계하기 위해서 다음 사항을 고려한다.

1. 본서의 1장에서 다룬 것처럼 레슨의 목표들을 다시 나눈다.
2. 이들 목표를 성취하기 위한 토픽 수준의 학습 객체를 개발한다. 구체적인 내용은 6장의 내용을 참고할 수 있다.
3. 레슨의 전반적 목표를 성취할 수 있는 최선의 방법으로 객체를 계열화한다.
4. 부가적으로 상위 수준의 활동들을 제공하고 레슨의 상위 수준의 목표가 달성되었는지 판단하기 위한 평가를 실시한다.

재활용을 고려하는 것도 중요하지만 학습이 잘 진행되도록 하는 데 초점을 맞추어야 한다.

4. 이 장을 마치며

4.1 요약

- 레슨은 풍부한 학습 경험을 만드는 토픽들이 논리적으로 연결된 경로로 구성된다.
- 전통적 튜토리얼 구조는 가장 보편적이고, 안정적이지만 가장 낮은 효율성을 가진 구조이다.

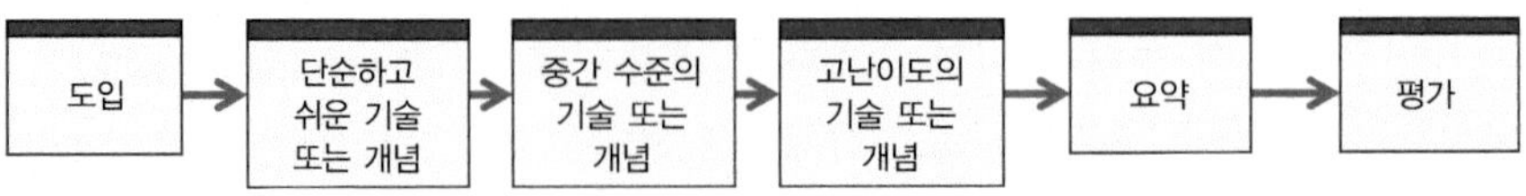

- 학습자의 요구에 부응하기 위해 다른 구조를 이용하여 학습경로를 맞춤화할 수 있다.
- 규칙적이고 예측 가능한 구조는 혼란스럽고 애매한 구조보다 효과적이다.
- 레슨과 코스를 구조화하기 위해 개념 간의 의존성과 학습자들의 선수 지식 정도를 분석한다.
- 순차적 구조 대신에 요구되는 학습의 특성에 따라 계층화된 구조도 고려해 본다.

4.2 보충사항

레슨의 구성요소, 즉 토픽(6장), 학습 활동(2, 3, 4장), 평가(5장)를 참고하기 바란다.

어떠한 유형의 학습 활동들은 복잡한 목표를 보다 쉽게 다룰 수 있다. 이들은 전체 레슨의 핵심으로서 기능할 수 있다. 보물찾기(4장), 조사 활동(4장), 현장 학습(2장), 사례 연구(3장), 가상 실험실(3장), 역할극(3장) 등이 이에 속한다.

제 8 장

전략적 의사결정

코스 전반에 영향을 미치는 결정

학습 활동, 평가, 토픽, 레슨들을 개발할 때 비슷한 의사결정들을 반복하게 된다. 이 장에서는 이러닝의 기본적인 틀을 형성하고 전체 강좌 또는 교과과정에 걸쳐 적용하게 되는 의사결정에 대하여 다음과 같이 하고자 한다.

- **강좌 정의.** 재사용 가능한 학습 객체, 블렌디드 러닝, 임베디드 러닝
- **최적의 이러닝 결정.** 강사 중심 또는 학습자 중심, 실시간 또는 비실시간, 수업 규모, 학습자가 이러닝을 수강하는 장소와 사용할 장치
- **대안적인 형태.** 블렌디드 러닝 또는 임베디드 러닝
- **콘텐츠 재사용 방법.** 재사용 단위(units)와 준수할 표준(예: SCORM)
- **준수해야 할 다른 표준들.** 디자인 품질 표준, 접근성 표준, 기술 표준
- **강좌 명칭**

어떤 결정들은 설계 범위와 이슈에서 벗어나므로 관리나 기술 또는 제작에 관한 내용이라고 볼 수도 있다. 이상적인 상황에서는 설계에 관한 결정을 하고 나면 이를 실행하기 위해 적합한 도구를 사용하고 준수할 표준들에 대한 선택사항을 정하기만 하면 되겠지만, 현실 상황에서는 정부 법안, 학습자들의 스케줄과 저작도구들의 제한점과 같은 현실적인 요소들과 절충을 해야 한다. 설계가 끝난 다음보다는 설계 단계의 앞부분에서 설계자가 절충안에 대해 결정하는 것이 가장 바람직하다.

설계 활동의 제약 사항은 커리큘럼에서부터 매체 요소에 이르기까지 모든 설계 활

동 수준에 적용된다. 제공하게 될 학습 경험의 성격을 규정하면서 동시에 제한하는 역할을 한다. 지역 또는 학습자의 선호도에 따라 제한점들이 나타날 수도 있으며 설계 과정의 의사결정에 따라 나타날 수도 있다. 어떤 경우라도 제한 사항의 영향을 충분히 고려해야 한다.

이 장에서 다루는 어떤 항목은 그냥 따라야 하는 것도 있지만 때로는 의사결정을 해야 하는 것도 있다. 이와 같은 결정들 중 일부는 전체 커리큘럼이나 자료 개발을 운영하는 방침의 역할을 하고 다른 일부는 코스 전체와 관련될 수도 있으며 레슨, 토픽, 학습 객체, 학습 활동에 따라 차이점이 있을 수도 있다. 또한 그 중 어떤 의사결정들은 특수한 경우를 제외하고는 전체 작업 과정에서 준수해야 하는 기본적인 것들이 될 수도 있을 것이다.

1. 코스의 개념

이러닝 설계에서는 코스를 새로운 용어로 정의해야 한다. 더 이상 정해진 시간에 정해진 장소에서 일어나는 것으로 간주해서는 안된다. 매체와 기술의 관점에서 규정하게 되며 이를 기반으로 제공하는 학습 경험을 다루게 된다.

1.1 프레임워크와 콘텐츠

이러닝 코스의 구조를 상위 수준에서 살펴보면, 프레임워크와 콘텐츠로 구성되어 있다. 프레임워크는 학습 콘텐츠를 위한 홈과 스테이지를 제공한다. 프레임워크는 실제 학습 콘텐츠를 위한 영역뿐만 아니라 메뉴, 인덱스 및 용어사전을 보여주는 조직구조까지 포함하게 된다.

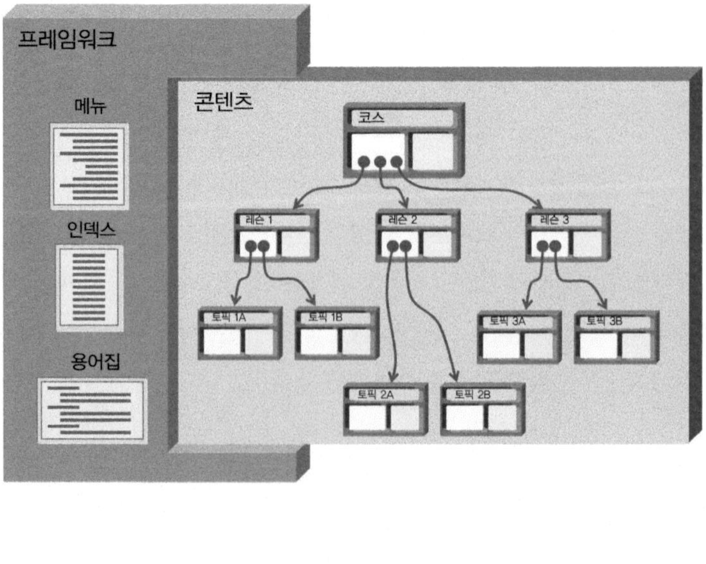

프레임워크의 대부분은 강좌를 탑재하고 운영하는 학습 콘텐츠 운영 시스템에 의해 제공되거나 강좌를 개발하는 데 사용되는 저작도구에 의해 제공된다. 또는 수작업을 통해 강좌의 콘텐츠의 일부분으로 개발될 수도 있다.

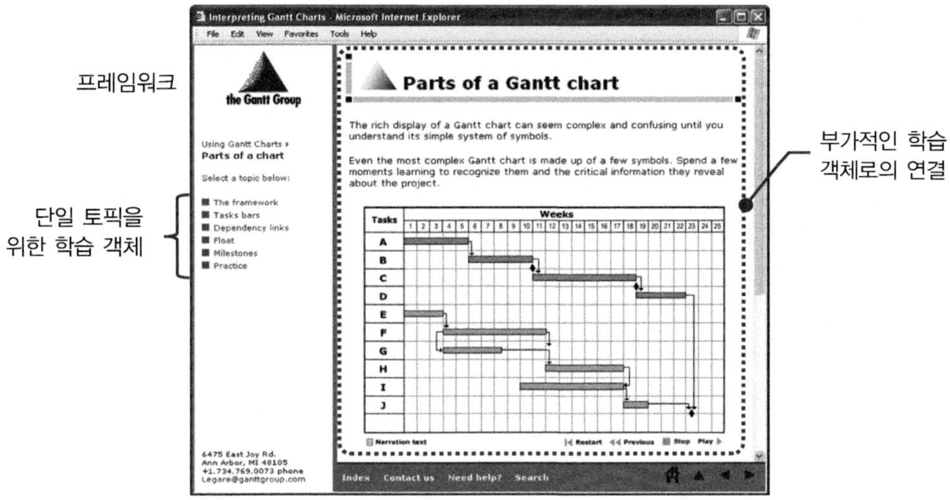

프레임워크는 기본적인 창으로 구성되어 있다. 왼쪽 가장자리를 따라 타이틀과 콘텐츠 목차가 있으며 아래쪽에는 강좌에 관한 정보를 볼 수 있는 일반적인 링크, 인덱스, 이메일, 도움말, 검색 등의 버튼들이 있다. 이들은 콘텐츠의 특정 부분과 관련이 없으므로 프레임워크의 일부로 간주할 수 있는 요소들이다. 오른쪽 영역은 선택된 학습 내용을 보여주는 영역으로서 콘텐츠 목차에서 하위수준의 학습 내용들을 볼 수 있다.

1.2 학습 객체의 위계

콘텐츠는 학습 객체들로 구성되어 있으며 주요 학습 객체를 시작으로 하는 여러 학습 객체들의 위계로 나타난다.

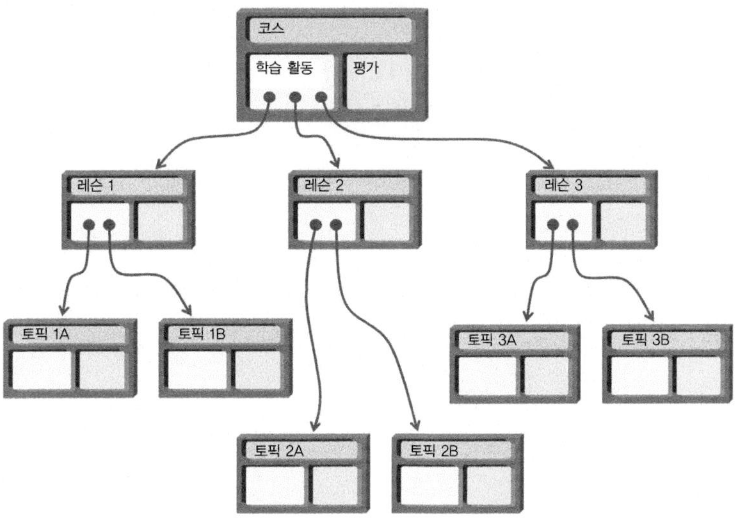

주요 학습 객체는 세부 학습 객체들과 연결되어 있다. 위의 그림 예시에서 나타난 것과 같이 코스의 주요 학습 객체는 레슨 1, 2, 3으로 되어 있고 이들은 더욱 세분화된 학습 객체들과 연결된다.

각 토픽의 구성요소들이 프레임워크의 일부로 제시되는데, 예를 들면 토픽 제목이 메인 메뉴에서 들여쓰기를 통해 위계의 상, 하위가 표현되는 방식이다. 각 토픽의 내용은 인덱스와 용어사전 내용 구성에 반영된다.

2. 이러닝의 유형 결정

컴퓨터와 인터넷 기술로 다양한 형태의 이러닝 개발이 가능해짐에 따라 학습자에게 독특한 학습 경험을 제공하고 목적과 상황에 적합한 이러닝을 활용할 수 있게 되었다. 교수자가 계획하고 학습자들의 학습 속도를 조절할 수 있는 반면, 학습자가 스스로 학습 방법을 모색하고 학습 속도도 조절하며 컴퓨터와의 상호작용이 이루어지기도 한다. 이와 같이 이러닝의 특성을 규정하는 설계상의 의사결정에 대해 살펴보도록 한다.

2.1 교수자 중심 학습 또는 학습자 중심 학습

설계자가 해야 할 가장 우선적이고 중요한 의사결정 중 하나는 교수자의 역할이 어떻게 규정되어야 할 것인가이다. 이러닝의 각 요소들을 설계할 때마다 각각에 대하여 누가 이끌어 갈 것인가에 대해 질문을 던져야 한다. 예를 들면 교수자에 의해 진행되는가 또는 학습자에 의해 학습 활동의 순서와 속도가 정해지는가와 같은 질문 등이 있다. 교수자 중심에서부터 학습자 중심에 이르는 수업의 스펙트럼에 따라 선택은 다양하게 이루어질 수 있다.

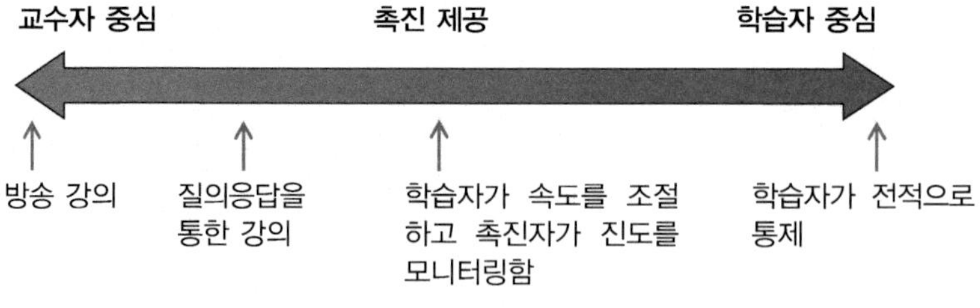

방송 강의는 전적으로 교수자 중심이라고 할 수 있으며, 이러한 방식에서는 교수자가 학습 내용과 속도를 제어하므로 학습자는 매우 수동적이 된다. 반면 전통적인 독립형 이러닝 강좌에서는 교수자의 도움 없이 학습자가 코스 선택 시기와 학습 활동 및 종료시점을 결정한다.

앞에 제시된 스펙트럼상의 두 가지 극단적인 방법 사이에는 여러 가지 대안들이 있다. 질의-응답 활동을 포함한 강의코스가 있으며 자신의 속도에 맞춰서 학습하는 개별 학습자의 진행을 관리하는 지정된 강사나 촉진자가 있는 코스도 있다. 교수자 중심과 학습자 중심 학습 양쪽 모두 장점이 있다. 구체적으로 제시하면 다음과 같다.

교수자 중심 학습의 장점	학습자 중심 학습의 장점
• 교수자는 질문과 문제가 발생하면 이에 대한 대답과 해결을 제시할 수 있다. • 교수자는 학습동기 유발을 위해 학습자에게 영향력을 미칠 수 있다. • 교수자는 특정 학습자들의 요구에 맞게 코스를 조정할 수 있다. • 교수자는 자동 채점이 어려운 활동과 평가를 채점할 수 있다. • 교수자는 학습자와 공감하며 격려하고 고무시킬 수 있다. • 교수자 중심의 코스는 개발하는 데 시간이 덜 소요되며 비용이 많이 들지 않는다.	• 학습자들은 교수자의 스케줄에 맞출 필요가 없다. • 학습자들은 시간과 학습 내용 위치를 원하는 대로 정할 수 있는 권한을 가지고 있다. • 학습자는 자기의존성 발전시킨다. • 모든 학습자는 같은 수준의 학습 경험을 한다. • 모든 학습자는 교수자를 두려워할 필요가 없으며 비평받는다는 느낌을 받지 않는다. • 학습자 중심의 코스를 진행하는 데 비용이 많이 들지 않는다.

많은 이러닝 강좌들이 수업 진행 과정을 교수자 중심에서 학습자 중심으로 전환하고 있다. 강좌 시작시에는 속도를 설정하고 과제를 부여하며 정보를 제시하고 평가하는 활동 등에서 교수자가 책임을 지고 있으나 강좌 진행 과정 중에 학습팀이나 개별 학습자에게로 이동하게 된다. 강좌가 끝날 때가 되면 학습자들은 배운 내용을 스스로 적용할 준비를 할 수 있게 되는 것이다.

Gantt 차트 활용하기 강좌의 경우에는 학습자가 제어할 수 있도록 하되 일정 수준의 촉진 전략을 포함하였다. 이는 다음과 같은 실질적인 이유에 근거하고 있다. 첫째, 경제적 효율성을 고려하였다. 해당 강좌는 무료이므로 촉진자나 교수자에게 지급할 수입원이 없다. 둘째, 프로그램 공급자의 스케줄로 인해 학습자들이 스스로 이끌어 나가야 하는 것이 필수적인 강좌이다. 해당 강좌의 프로그램 공급자 두 명은 회사의 대표이사들로서 매우 바쁘고 자주 출장을 다니므로 적극적인 교수자 또는 촉진자 역할을 하기 힘들다. 세 번째는 학습자들의 동기이다. 이 코스를 수강하는 학습자들은 자기계발을 위해 학습하므로 학습 동기 수준이 상당히 높으며 개별 학습 속도 및 바쁜 일정에 맞춰서 학습하는 것을 선호한다.

2.2 실시간 학습 또는 비실시간 학습

가장 중요한 결정 중 하나는 실시간 학습 또는 비실시간 학습을 어떻게 할 것인가의 여부이다. 학습자들이 배우는 동안 스스로 통제할 수 있을 것인가? 동시적 학습과 비동시적 학습이란 무엇을 의미하는가?

실시간 학습	비실시간 학습
엄격하게 말하면, *실시간*이라는 것은 학습 활동에 관련된 모든 사람이 자신이 담당한 부분을 동시에 수행하는 것을 의미한다. 이와 같은 이벤트는 *즉시적 실시간 학습* 또는 *라이브*라고 불리기도 하며, 온라인 미팅이나 전화 회의를 동반하기도 한다.	*비실시간* 학습에서는 학습자가 원하는 때에 학습 경험을 할 수 있다. 웹페이지에 영구적으로 게시물을 올리고 평가가 자동적으로 채점되는 것은 분명하게 비실시간적인 학습으로 학습자는 원하는 때에 완료할 수 있다.

이들 용어들은 단일 대학이나 회사 안에서조차도 일관성 없이 사용되고 있다. 어떤 설계자가 실시간 코스로 지칭하는 것을 또 다른 설계자는 비동시적인 코스로 규정할 수 있다. '실시간' 이라는 의미는 어떤 사람들은 몇 분 또는 몇 초라고 간주하는 반면 어떤 사람들은 몇 시간이나 며칠에 걸쳐 일어나는 것으로 보기도 한다.

모든 코스들이 전적으로 실시간이거나 비실시간으로 이루어지지는 않으며 양쪽 모두가 조합된 학습 활동과 이벤트들로 구성되어 있다. 그러나 개별 학습자들을 중심으로 해야 하므로 이벤트들과 학습 활동들이 다양하게 서로 다른 시간대에 걸쳐 일어나고 있다. 실시간 학습과 비실시간 학습을 서로 배타적인 용어로 간주하기보다는 학습 활동을 완수하는 데 있어서의 차이점으로 간주해야 한다.

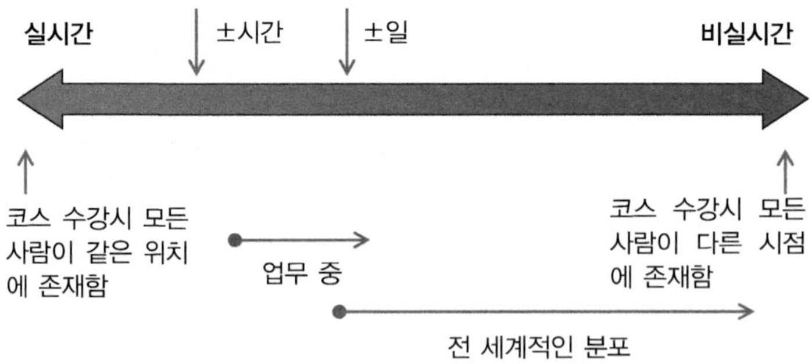

어떤 이러닝 상황에서는 실시간 학습이 학습자가 자신들의 속도에 맞게 참여할 수 있는 학습 활동과 이벤트들을 포함하는 것을 의미한다. 그러나 비실시간 학습이 이루어지는 코스라고 하더라도 마감일, 완료 시간이 정해진 평가, 즉각적인 응답을 요구하는 메시지들을 부분적으로 포함할 수 있다.

바쁜 사람들이 회의와 다른 일정들 안에서 이러닝을 하는 경우에는 몇 시간 안에 실시간으로 진행되어야만 한다. 그러나 휴일, 정부, 비즈니스 일정 등이 전 세계 다른 나라들의 여러 시간대에 흩어져 있으면 학습자들이 같은 시간에 동시적으로 참여하기가 힘들게 된다.

실시간 학습을 선택해야 하는 경우	비실시간 학습을 선택해야 하는 경우
• 학습자가 다른 학습자와 장시간의 토론을 할 필요가 있을 때 • 학습자들이 동료 학습자들과 스케줄에 따른 이벤트에 참여할 동기가 필요할 때 • 대부분의 학습자들이 같은 요구들과 질문들을 가지고 있을 때	• 학습자들이 다른 시간대나 국가에 분포되어 있을 때 • 학습자들이 유연하지 못하거나 예측하기 힘든 작업일정에 있을 때 • 학습자들이 하나의 수업이 완전히 구성될 때까지 기다리기 힘들 때 • 학습자들이 독특하고 개별적인 요구들을 지니고 있을 때

Gantt 차트 활용하기 코스에 대해 생각해보자. 학습자들이 전 세계에 분포되어 있어서 같은 시간에 로그인하는 것이 부적합하였기에 비실시간 학습으로만 구성하였다. 아울러 학습자들은 예측하기 힘든 스케줄에 있는 관리자들이었으므로 정해진 시간대에 학습을 하기가 힘들었다. 이들은 학습 속도가 느린 학습자 때문에 지체되는 것을 원하지 않거나 또는 속도가 빠른 학습자 때문에 부담을 느끼기 싫어하므로 자신의 속도에 맞추어서 진행하고 싶어하였다.

2.3 수업 규모

이러닝에서 수업이란 같은 일정에 따라 동일한 학습 자료를 학습하는 개별 학습자들이 모인 하나의 그룹이다. 교실 학습과 달리 이러닝 수업 규모는 물리적인 건축물의 제약을 받기보다는 코스 설계자의 결정과 협업 테크놀로지의 역량에 달려 있다. 예컨대 10,000명을 수용하는 수업은 바람직한 형태는 아니지만 기술적으로는 가능하다.

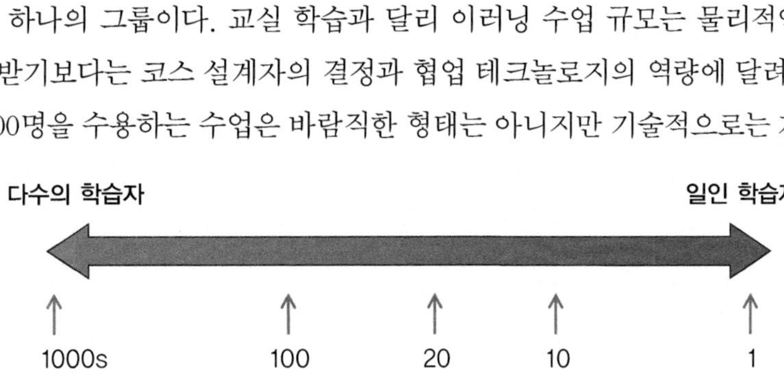

대규모 수업이 더 경제적인 반면 개별적인 관심사를 제공하기는 어렵다. 또한 수업 규모는 협동학습의 가능성에 영향을 미치게 된다. 10명 미만의 작은 규모의 수업은 학급 전체가 함께 학습을 끝낼 수 있으나 대규모 수업은 여러 팀으로 나눌 필요가 있다. 20명이 넘으면 교수자와의 상호작용이 감소하기 시작하고 개별 팀들에 대한 교수자의 관심도 따라서 감소할 수 있다. 100명이 넘는 수업에는 개별 학습자들에 대한 관심이 어려워지게 되며 극소수의 팀들만 관심을 받는다.

수업의 규모는 중요한 사안으로서 재정과 코스의 교육적 효과성 모두에 영향을 주게 된다. 강좌 개설 빈도, 수업 시작 빈도, 학습자-교수자 비율, 팀 활동의 가능성을 결정한다.

대규모 수업	소규모 수업	일인 수업
• 필요한 세션의 수가 적을수록 경제적이다. • 단시간에 많은 사람들이 학습한다. • 상호작용할 수 있는 학급 동료들이 많다. • 다양한 활동을 수행하기 위한 학습자들이 충분하다.	• 교수자들이 개별 학습자에게 관심을 더 많이 줄 수 있다. • 모든 학생들이 참여하는 활동이 실제적으로 일어날 수 있다. • 수업이 자주 개설된다. • 소규모 수업에 익숙한 학습자들의 기대를 충족시킨다. • 교수자 업무가 적당하다.	• 학습자들을 위한 개인 튜터 또는 조언자가 있다. • 수업이 개설될 때까지 기다릴 필요가 없다. • 학습이 개인적으로 이루어진다.

수업의 규모에 대한 의사결정을 수행하기 위해서는 조직 및 학습 목표 양 측면을 모두 고려할 필요가 있다. *Gantt 차트 활용하기* 강좌의 예를 살펴보도록 하자. 이 강좌는 근무 일정과 학습 양식이라는 요인으로 인하여 협동학습을 배제하고 개별 학습자를 위해 설계된 강좌이다. 학습자들이 바쁜 일정의 관리자들로 구성되어 있으므로 팀워크에 기반한 학습 방식은 비실용적이다. 어떤 학습자들은 작은 단위로 여러 번 나누어서 학습하는 반면 다른 어떤 학습자들은 한 번에 많은 내용을 배우는 것을 선호하기도 한다.

2.4 이러닝에 사용되는 장치

오늘날 학습자들은 데스크탑 컴퓨터, 노트북, 태블릿 컴퓨터, PDA, 휴대전화, 미디어 플레이어와 같이 다양한 기계적 장비들을 사용하고 있다.

2.4.1 데스크탑 컴퓨터

일반적으로 데스크탑 컴퓨터는 본체, 모니터, 키보드로 구성되어 있고 프린터, 마이크로폰, 비디오 카메라와 같은 부속품들도 포함한다. 데스크탑 컴퓨터는 이러닝을 수강하기에는 크기가 가장 크고 성능도 우수하나 이

동성이 가장 낮다.

데스크탑 컴퓨터는 빠른 처리속도, 충분한 메모리, 대규모 저장 드라이브의 특징이 있으며 실물크기의 인체공학적인 키보드도 가지고 있다. 조명이 지속적으로 제공되는 실내에서 사용되기 때문에 읽고 보기에 용이하다. 키보드와 마우스 외에도 스캐너, 비디오 카메라, 디지털 태블릿, 트랙볼과 같은 다양한 입력장치들이 있다. 이들은 크기가 크고 무겁기 때문에 다른 이동매체들보다는 분실의 위험이 적다. 제조업자들간의 경쟁으로 최첨단 데스크탑 컴퓨터의 가격은 합리적으로 책정되어 있으며 대부분 초고속 네트워크와 연결되어 있다.

데스크탑의 주요 단점은 이동성이 전혀 없다는 점이다. 학습자들이 반드시 해당 기기 앞에 있어야만 한다. 컴퓨터실에서 활용하는 데스크탑 컴퓨터는 적절하다고 볼 수 있으나 학습자가 하루 중에 잠시 짬을 내어 공부하고 싶다면 데스크탑 컴퓨터는 적합하지 않다. 데스크탑 컴퓨터에 맞춰 설계하기 위해서는 다음 사항을 유의하도록 한다.

- 최적의 이러닝을 설계한다. 미디어를 마음껏 활용하되 적절성을 고려한다.
- 학습자들이 야외에서 활동을 주로 한다면 내용을 출력하여 활용할 수 있도록 한다.

2.4.2 랩탑 컴퓨터

노트북 컴퓨터라고도 불리는 랩탑 컴퓨터는 컴퓨터, 키보드, (마우스 역할을 하는) 포인팅 장치, 모니터를 모두 보호장치가 있는 케이스에 넣어 출장시에도 안전하게 보관할 수 있도록 한 컴퓨터이다. 랩탑 컴퓨터는 데스크탑 컴퓨터과 동일한 성능뿐만 아니라 이동성을 갖추고 있지만 가격이 비싼 편이다.

오늘날 랩탑 컴퓨터는 데스크탑의 80%에 가까운 성능을 지니고 있으며 장소를 이동하더라도 자유롭게 가지고 다닐 수 있다. 버스나 비행기에 탑승하거나 멀리 해변에 앉아 있더라도 학습할 수 있다. 최근의 모델들은 다소 험하게 취급하거나 극한 환경에서 쓰더라도 견딜 수 있을 정도로 견고하다.

모니터, 디스크 드라이브, 메모리가 데스크탑 모델보다 약간 작을 수 있고 터치패드나 다른 포인팅 장치가 마우스만큼 편하지 않을 수도 있다. 키보드도 데스크탑처럼 인체공학적으로 배치되어 있지 않을 가능성이 있다. 그러나 최근의 랩탑 컴퓨터는 이러닝을 학습할 수 있게 해주는 성능을 보유하고 있다.

랩탑의 문제는 휴대성으로 인해 다른 이동 매체처럼 분실의 가능성이 있다는 점이다. 또한 배터리의 수명이 한정되어 있다(저자의 경우 도쿄에서 샌프란시스코에 이르는 거리를 여분의 배터리로 버틸 수 있었던 사례는 있었다). 그러나 랩탑은 휴대성과 축소화된 형태 등의 장점 때문에 일반적으로 같은 성능의 데스크탑보다 두 배 비싼 가격으로 판매되기도 한다.

랩탑 컴퓨터는 고정된 장소에서 학습하거나 일하기는 어려운 상황에 있으나 학습할 의지가 있는 사람들에게 적합하다. 랩탑 컴퓨터를 위한 이러닝 설계를 위해서는 다음 사항을 유의해야 한다.

- 적당한 메모리 크기와 디스크 공간에서 작동하도록 하며 적당한 크기의 모니터에서도 볼 수 있도록 설계한다.
- 랩탑 사용자들이 자주 겪는 장애물 및 소음이 많은 환경에 대응할 수 있도록 설계한다.
- 지속적인 초고속 네트워크 연결이 어려울 수도 있음을 고려해야 한다.

2.4.3 태블릿 컴퓨터

태블릿 컴퓨터는 랩탑 컴퓨터 스크린의 반 사이즈 크기 정도의 형태이다. 학습자들은 가볍게 두드리기도 하고 드래깅도 하며 글자를 적기도 하면서 태블릿과 상호작용한다. 대부분 무선 네트워크 장치를 장착하고 있다. 가장 인기 있는 모델은 호환성이 있는 것으로 키보드가 있고 모니터를 뒤집어서 기존 랩탑과 같은 형태로 만들어 사용할 수 있는 모델이다.

태블릿 컴퓨터는 기존 랩탑보다는 이동성이 좋지만 같은 가격대와 비교해 보면 성능이 떨어지는 편이다. 주요 장점으로는 학습자가 서 있거나 걸으면서도 사용할 수 있다는 점을 들 수 있다.

태블릿 컴퓨터는 다양한 회의에 참가하면서 신속하게 많은 메모를 해야 하는 사람들을 위해 고안된 것으로 알려져 있다. 따라서 메모 또는 유의사항 기록을 많이 하는 사람들에게 적합하다. 손으로 적은 내용을 텍스트로 바꾸고 손으로 그린 스케치를 그림으로 변화시켜 주는 소프트웨어가 함께 제공된다.

태블릿 컴퓨터를 위한 이러닝 설계를 하기 위해서는 다음의 사항들에 유의한다.

- 학습자들이 내비게이션할 수 있도록 하고 텍스트를 길게 입력하는 활동을 피한다.
- 시끄러운 환경에서도 내용을 짧게 나누어서 볼 수 있도록 설계한다.

- 화면을 단순하게 설계한다. 태블릿 컴퓨터 사용자들은 폭이 좁고 길이가 긴 화면을 지니고 있다는 점을 유의할 필요가 있다.

2.4.4 PDA

PDA(Personal Digital Assistants: 개인 휴대 정보 단말기)에는 Palm, Blackberry, Pocket PC 등이 있다. PDA는 휴대하기 매우 간편하고 좀 더 개인적으로 쓰일 수 있지만 이러닝을 제공하는 플랫폼은 보통 수준이다. PDA를 통한 이러닝은 사무실, 기숙사, 버스, 비행기, 기차, 택시, 호텔, 커피숍, 도서관, 공원 등 어디에서나 가능하다. 네트워크 연결을 위한 여러 옵션을 가지고 있으며 휴대전화와 무선 컴퓨터의 특징을 지니고 있다.

이러닝 학습자들에게는 PDA가 도전이 될 수 있음을 고려해야 한다. 디스플레이 사이즈 면에서도 15년 전의 데스크탑 컴퓨터 수준이고 대부분 키보드가 없거나 엄지 손가락으로만 키보드를 조정해야 하며 많은 모델들에서 배터리 수명이 문제가 되고 있다.

학습이나 작업 과정에서 이동성이 중요하다면 PDA를 활용한다. PDA를 위한 이러닝 설계를 위해서는 다음 사항을 고려할 필요가 있다.

- 데스크탑과 랩탑 컴퓨터를 위해 고안된 이러닝을 그대로 사용하지 않는다.
- 실제적인 모바일 러닝을 설계한다. 단순 정보 제시를 위해 PDA를 사용하지 말고 전 세계 어디에서나 학습이 가능한 PDA를 사용하도록 한다. 실제 세계와 상호작용을 유발하는 학습 활동을 만들어야 한다.
- 도난의 위험이 있으므로 기밀 또는 중요한 정보를 PDA에 저장하지 않는다.

2.4.5 휴대전화

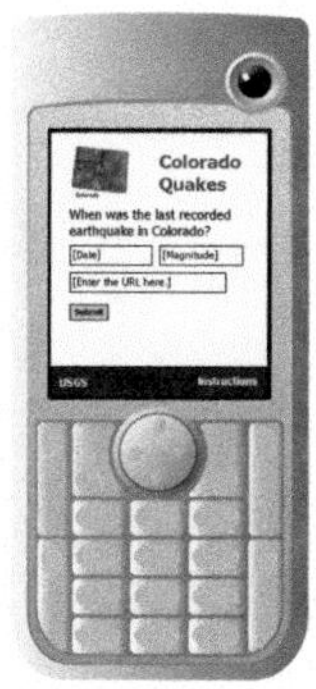

휴대전화를 사용하여 이러닝을 할 수 있을 것인가? 물론 가능하다. 오늘날 휴대전화를 통해 통화를 하는 것 외에도 비디오를 볼 수 있으며, 사진을 찍고 전송하고, 이메일과 문자메시지를 보내며, 소리를 녹음할 수도 있다. 많은 사람들이 휴대전화를 가지고 있고 항상 켜놓은 상태에서 지니고 다니므로 휴대전화를 사람들의 일상에 맞게 별도로 조정할 필요는 없다.

그런데 휴대전화는 컴퓨터가 아니라 커뮤니케이션 기계 장치로 고안된 것이므로 스크린도 작고 메모리도 한정적이며 처리속도도 빠르지 않다. 이동성이 아주 중요하고 이미 가지고 있는 기계장치를 반드시 사용해야 하는 경우에 휴대전화를 사용하는 것이 바람직하다.

휴대전화를 위한 이러닝 설계시 다음과 같은 유의사항을 고려해야 한다.

- 기계장치에 있는 기존의 매체 기능을 사용한다. 예를 들어 문자메시지 보내기, 전문가에게 전화하기, 단일 주제에 관한 사진과 비디오 클립 등을 들 수 있다.
- 기계장치에 맞춤화된 방식으로 개발해야 한다. 데스크탑이나 랩탑을 위해 고안된 이러닝을 재사용하지 않는다.
- 실제 현실세계에서 학습을 촉진시키는 활동을 설계한다. 학습자들에게 관찰하게 하고, 관찰한 것들을 비교하고 분류하도록 요구한다.
- 학습 활동들을 단순하게 유지한다. 문자를 입력하는 것보다 클릭을 통해서 질문에 답을 하도록 한다.

2.4.6 미디어 플레이어

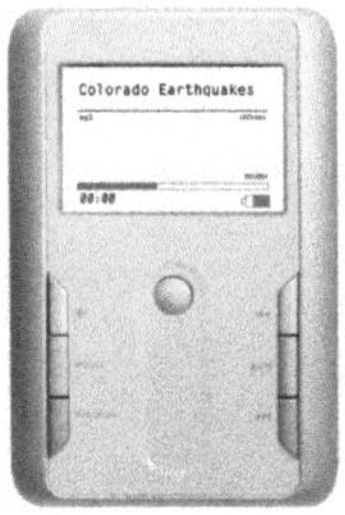

미디어 플레이어는 사진을 보여주며, 음악과 비디오를 재생시키는 것으로 여행을 다니거나 영화를 보거나 음악을 듣는 데 주로 사용된다. 오락적 목적을 위해 사용되므로 대중적이어서 학습자들이 쉽게 구입하는 편이다. 대부분의 미디어 플레이어는 스크린이 작고 재생 가능한 미디어 유형이 제한적이라고 할 수 있다.

정보 제공의 목적으로 미디어 플레이어를 사용하도록 해야 한다. 상호작용 또는 다른 기계장치와 결합 여부에 대하여 지나치게 신경 쓰지 않는 것이 바람직하다. 미디어플레이어를 위한 이러닝 설계를 위해서는 다음 사항을 유의한다.

- 그래픽, 오디오, 비디오 프레젠테이션을 통한 상호작용성을 요구하지 않는다.
- 고품질의 오디오는 사용하되 기계장치의 작은 스크린에서 작동될 수 있는 비디오와 사진들을 설계한다.

2.5 이러닝 장소

학습자들이 어디에서 학습을 하는지 상상해 볼 필요가 있다. 사무실, 집, 기숙사 방, 커피숍, 도로, 사내 연수센터 중 어디에서 주로 학습하는지 고려한다.

코스의 성공은 학습자들의 학습 장소에 달려 있다. 학습자들이 대부분 조용한 회사 연수센터에서 성능이 좋은 장비를 통해 이러닝을 할 것이라고 생각하지만, 이러닝을 진행해보고 나면 많은 학습자들이 호텔방에서 속도가 느린 네트워크의 구형 랩탑이나 아이들 방에 있는 컴퓨터를 이용해서 이러닝을 하고 있다는 것을 알게 된다.

이러닝을 수강하는 장소에 따라 사용하는 컴퓨터와 네트워크 종류가 결정된다. 소음 및 주위를 산만하게 하는 요소들이 영향을 미친다. 컴퓨터에 대한 선택은 정보 제공 방식과 미디어 재생 성능에 영향을 미치고, 네트워크의 속도 · 신뢰성 · 이용 가능성 또한 미디어 사용, 실시간 이벤트 참여, 보안 등에 제한을 가하게 된다. 학습자의 환경은 코스에 대한 주의집중 정도, 학습 활동 참여시간, 비밀 정보 보안을 위해 스크린에 손을 대는 횟수 등에 영향을 미친다. 즉, 설계의 거의 모든 측면이 학습자의 이러닝 장소의 영향을 받는다고 볼 수 있다.

2.5.1 사무실

이러닝의 장점으로 자주 지적되는 부분은 학습자들이 회사의 네트워크가 연결된 책상에서 코스를 수강한다는 것이다.

학습 환경 특성	활용방안
업무 중 가능한 시간대에 학습을 한다. 전화 통화 및 방문객과 같은 방해 요인들이 빈번하게 발생한다.	학습자가 독립적으로 통제할 수 있는 짧은 토픽들로 코스를 개발하여 장애 요인들 속에서도 원활하게 학습할 수 있도록 한다. 학습자들이 토픽에 북마크를 해두고 학습을 재시작할 수 있게 해준다.
환경이 비교적 조용하다.	사운드를 적절하게 사용한다. 부분적인 칸막이가 있는 사무실에서 사용 가능한 헤드폰을 제공하거나 권유한다.
비교적 빠른 속도의 네트워크에 컴퓨터가 연결되어 있다.	커뮤니케이션을 분명하게 해야 하는 부분에서는 그래픽, 목소리 및 다른 미디어를 사용한다.
회계업무용 또는 소프트웨어 개발용 컴퓨터에서는 이러닝을 위한 플러그인(plug-ins)이나 다른 소프트웨어가 반갑지 않을 수 있다.	학습자가 실제로 가지고 있는 컴퓨터와 다운로드해서 설치할 수 있는 플러그인에 맞게 설계한다. 플래시 플레이어나 애크로뱃 리더(Acrobat Reader)와 같이 상용화된 프로그램에서 볼 수 있는 파일포맷을 사용한다.
내부적으로 기술적인 지원이 가능하다.	기술지원팀 요원들에게 지침을 제공하여 학습자들이 이러닝을 위해 컴퓨터를 세팅할 수 있도록 도움을 준다.
학습자들이 회사 문서, 데이터베이스, 정보시스템에 접근할 수 있다.	학습자들이 배운 내용을 일에 적용하도록 권장하는 학습 활동들을 설계한다.

2.5.2 사무실 환경이 아닌 경우

모든 사람들이 책상에서 일하는 것은 아니므로 이러닝은 때로 서점의 휴식공간, 건설 현장의 랩탑, 패스트푸드 음식점 코너에서 이루어질 수도 있다. 이와 같은 환경은 컴퓨터 활용과 이러닝에 어려움이 된다.

학습 환경 특성	활용방안
제한된 공간에서 학습하므로 컴퓨터 활용만 가능한 공간에 반드시 설치되어야 한다.	온라인으로 가능한 모든 것을 제공하며 학습자에게 별도의 출력물을 참고하라고 요구하지 않는다.
컴퓨터가 다른 목적들과 공유되어 활용되고 학습 목적보다는 다른 목적들이 더 우선시된다.	학습을 짧게 구성하고 북마크 기능을 주어 학습자가 다시 학습을 시작할 때 쉽게 찾을 수 있도록 한다. 학습자들이 다량의 내용을 출력할 수 있도록 하여 컴퓨터와 멀리 떨어져 있어도 학습할 수 있게 한다.
네트워크가 불가능하다. 보안상 또는 특정 목적 때문에 로컬 네트워크가 인터넷에 연결되어 있지 않다.	CD-ROM이나 DVD로 코스를 제공한다.
소음으로 컴퓨터 소리를 듣기 힘들다. 이어폰이 안전에 위험을 줄 수 있다.	모든 음성 및 소리 자료와 동일한 내용의 시각 자료를 제시한다.
고객의 질문 응답과 같은 일에 즉각적으로 응해야 한다.	간단하고 독립적으로 진행할 수 있도록 설계한다. 일반적인 평균 가독 거리보다 더 잘 보이고 읽을 수 있도록 한다.
학습자들이 무균실 작업복, 안전모 및 보호장갑과 같은 특수 안전 장비를 착용해야 한다.	과도한 문자 입력이나 정확한 포인팅을 요구하지 않는다.
연기, 매연, 기름, 먼지 및 다른 오염물질 때문에 컴퓨터 사용이 불가능하다.	미디어 플레이어와 같이 대안적인 장치들을 고려하거나 출력된 과제를 통해 학습 활동을 수행하도록 한다.
작업환경에서 이러닝을 위해 기계나 다른 장치를 활용해야 한다.	반드시 컴퓨터로 작업해야 하는 학습 활동을 설계하지 않는다. 학습자들이 들으면서 배우게 한다.

2.5.3 학습 센터

직원들이 이러닝을 할 수 있도록 많은 기업과 대학들이 학습 센터 또는 컴퓨터 랩을 가지고 있다. 대부분의 학습 센터에는 이러닝을 할 수 있는 컴퓨터와 책상이 있으며 경우에 따라서는 촉진자나 기술요원들이 요청이 있을 때 도움을 제공하기도 한다.

학습 환경 특성	활용방안
학습 센터가 소음이나 업무 관련 방해요인들 없이 배울 수 있는 조용한 공간을 제공한다.	어려운 연구 과제를 할 수 있도록 하는 복잡한 학습 활동을 제시한다. 실제적이고 복잡한 학습 활동을 활용한다.
컴퓨터에 필요한 소프트웨어가 설치되어 있으며 초고속 네트워크 연결이 되어있다.	필요시 멀티미디어와 그래픽을 사용한다. 예를 들면, 복잡한 과정을 설명하는 정교한 다이어그램과 복잡한 절차를 설명해주는 음성 내레이션 또는 비디오를 보여준다.
학습 센터에 촉진자들이 있다.	센터 요원들이 코스를 지원하도록 연수를 시키고 기술적인 요구사항을 문서화하여 학습 시작 전략을 촉진자들에게 안내한다.
학습 센터가 학습자가 중요한 시기에 책상에서 멀리 떨어져 있도록 요구한다.	프로그램에 가급적 필요한 모든 자료를 포함시키도록 하고 이를 활용하는 활동을 설계한다. 학습자들이 문서 또는 사무실이나 기숙사에서만 찾을 수 있는 내용들을 참조하라고 하지 않는다.
학습 센터 설치와 운영에 많은 비용이 소요된다. 모든 직원이 하나의 센터에서 일하기 힘든 경우 다수의 학습 센터를 필요로 한다.	센터를 위해 예산을 책정한다. 센터가 학습자를 물리적으로 수용해야 한다면 관련 비용을 요구한다.
모든 학습자들이 학습 센터를 이용할 수 있는 것은 아니다.	구체사항과 설명을 제공하여 학습자들이 자신의 컴퓨터를 학습 센터 컴퓨터와 호환되도록 설정할 수 있게 해주고 학습자가 자율적으로 수행할 수 있는 학습 활동을 설계한다. 지원 필요시 학습 센터에 연락하는 방법을 알려준다.

2.5.4 가정에서의 학습

일반적으로 사무실에서는 업무 중에 학습에 필요한 조용한 시간을 갖기 어려운 경우가 많으므로 다수의 학습자들이 저녁이나 주말에 이러닝을 수강한다. 회사에 따라 개인 시간에 이러닝을 하도록 권장하기도 하며 가정용 컴퓨터를 구입하도록 보조금을 지급하기도 한다.

학습 환경 특성	활용방안
직장에 있는 컴퓨터보다 좋은 성능의 컴퓨터가 집에 있다. 오늘날 가정용 컴퓨터는 이러닝 코스 수강에 충분한 성능을 보유하고 있다.	가정에서 보유하고 있는 컴퓨터 종류에 대해 조사해 보고 이에 맞게 설계해야 다양한 컴퓨터에 맞게 이러닝이 운영된다. 직장과 가정에서 사용하는 컴퓨터의 플랫폼이 다를 수도 있다.

학습 환경 특성	활용방안
직장내 방해 요인들이 가정내 방해 요인들로 바뀐다. 아이들의 숙제를 도와주어야 하고, 개를 산책시켜야 할 때도 있으며, 배우자를 배려해 주어야 할 때도 있다.	기술적인 필요요건을 최소화한다. 특히 플러그인 수를 최소화하되 학습자가 반드시 다운로드받아서 설치할 수 있도록 한다.
가정에서는 컴퓨터에 능숙한 자녀들 이외에 기술 지원을 위한 요원들이 없다.	기술적 요구를 최소화한다. 특히 다운로드받아야 하는 플러그인의 수를 최소화할 필요가 있다.
가정에서 코스에 로그인하려면 방화벽을 거쳐 회사의 인트라넷을 통해 접근해야만 한다.	외부 방화벽으로부터 코스에 접근하는 과정을 간소화한다. 보안문제들에 대해 미리 대책을 강구하고 해결하며 매번 갱신되는 보안에 대한 코스 접근성을 확인한다.

2.5.5 출장 중

전문가들이 사무실에서 벗어나 이동하며 보내고 있다. 호텔에 들어간 후 랩탑 컴퓨터를 연결하여 이러닝을 수강하는 경우가 많아졌다. 언뜻 보기에는 시간차, 수면부족 및 소화불량의 고통으로 인해 이러닝을 하기에는 나쁜 상황으로 보이지만 출장 중의 학습에는 몇 가지 장점들이 있다. 협동학습 활동을 포함하고 있었던 어떤 코스의 경우를 예로 들면, 영업사원이었던 한 수강생은 학습을 통해 출장의 외로움을 쉽게 극복할 수 있었다고 언급하면서 호텔 바를 돌아다닌 것보다 훨씬 유익했다고 지적하였다. 출장이 많은 전문가들에게는 필요한 교육을 받을 수 있는 유일한 실제적인 방법이 이러닝인 것이다.

학습 환경 특성	활용방안
사무실과 가정에서의 방해요소들로부터 자유롭다.	학습자의 주의를 끌 수 있도록 설계한다. 풍부한 학습 활동과 복잡한 내용들을 제시하되 힘이 들지 않는 간단한 활동을 설계하도록 한다.
수년간의 잦은 출장으로 인해 학습자의 랩탑이 낡고 손상되었다.	기술적인 요구사항을 최소화하고 구형 랩탑 모델에 맞게 설계한다.
사내 네트워크에 로그인하여 방화벽을 거쳐 코스 서버에 접속하는 인터넷 연결과정이 복잡하고 믿을 만하지 못하다.	CD-ROM이나 DVD에 전체 코스를 담아 제공하거나 전체 레슨을 다운로드받게 한다. 인터넷에 연결되었을 때 콘텐츠를 다운로드해서 CD-ROM에 담아 출장 중에 사용하도록 한다.

학습 환경 특성	활용방안
랩탑이 분실될 우려가 있고 다운로드받은 자료들이 부적절한 사람들에게 읽혀질 수 있다.	기밀정보 사용을 제한하며 사례 연구, 읽기자료, 연구활동 내용을 보안을 위배하거나 중요사항을 누설하지 않는 범위에서 제공하도록 한다. 예를 들면 컴퓨터 시뮬레이션이나 연습 프로그램에 고객 정보를 사용하지 않도록 한다.
학습자는 피곤하고, 스트레스를 받으며 시차에 시달린다.	활동 위주로 짧게 설계한다. 학습자들이 휴식을 갖고 여유를 찾을 때까지 학습 평가를 연기하고 내용이 긴 읽기과제나 단조로운 활동을 최소화시킨다.
학습자들이 프린터 사용이 용이하지 않다.	내용을 출력해서 읽어야 하는 과제를 최소화한다.
짐을 넣을 수 있는 공간이 제한되어 있다.	모든 학습 자료들을 온라인에서 이용할 수 있도록 해준다. 학습자들이 두꺼운 교과서나 다른 참고자료들을 억지로 가지고 다니도록 요구하지 않는다.

2.5.6 기숙사

캠퍼스에 있는 학생들도 교실 수업의 보충을 위해 이러닝을 수강한다. 기숙사의 환경은 가정과 사무실의 특징을 동시에 지니고 있다.

학습 환경 특성	활용방안
캠퍼스에는 초고속 네트워크 연결이 일반적이다.	충분한 그래픽, 소리 및 다른 매체들을 사용한다. 연령이 낮은 학습자일수록 풍부한 매체들을 기대하고 있으며 많은 양의 텍스트 읽기를 견디기 어려워한다는 점을 유의할 필요가 있다.
개인 자유시간이 많은 편이지만 시끄럽고 참견하기 좋아하는 룸메이트가 장애 요인이 될 수 있다.	개인정보가 화면에 나타나는 방식을 지양하고 헤드폰을 제공하거나 개인용 헤드폰을 사용하도록 권장한다.
대학에 비치된 컴퓨터가 오래된 것일 수 있다. 게임용으로 최적화되어 있거나 다운로드받은 음악들이 디스크공간에 가득 차 있을 수 있다.	학습자의 컴퓨터에 맞게 설계한다. 많은 양의 자료를 컴퓨터에 저장하라고 요구하지 않는다.
음악을 듣거나 친구들과 인스턴트 메시지를 주고받으며 공부하기를 선호할 수도 있다.	간략한 내용으로 설계하고 북마크를 두어 학습을 다시 시작하기 쉽게 한다.

2.5.7 야외

가벼운 무게의 컴퓨터, PDA, 무선네트워크, 성능 좋은 배터리를 이용하는 학습자들은 야외로 이동할 수 있게 되어 공원, 사파리, 또는 카페에서 이러닝을 하고 있다. 야외환경은 특별한 장점과 단점을 지니고 있는데 특징과 활용방안을 정리해 보면 다음과 같다.

학습 환경 특성	활용방안
네트워크 연결이 느리며 간간히 끊기거나 연결되지 않을 수도 있다.	네트워크가 연결되지 않았을 때에도 이러닝을 할 수 있도록 다운로드받아 보관하여 학습할 수 있게 설계한다. 학습자들이 콘텐츠를 다운로드받아 CD-ROM에 담아서 야외에 있을 때 사용하게 해준다.
밝은 햇빛으로 인해 텍스트 읽기가 힘들다.	대비가 높은 화면을 설계하여 텍스트와 그래픽의 가독성을 높인다.
차량, 자연, 보행자들의 소음으로 인해 소리자료를 듣는 데 어려움이 있다.	무음으로 하거나 헤드폰 사용을 권유한다.
일정량의 무게만을 휴대할 수 있다.	가벼운 랩탑이나 다른 이동장비들을 이용할 수 있도록 한다. 모든 필요 자료들을 온라인에 포함시키며 교과서나 다른 자료들을 가지고 다니도록 요구하지 않는다.
학습자들이 고온, 추위, 바람, 먼지, 비, 또는 눈 등에 대처해야 한다.	내구성이 좋은 컴퓨터를 추천하여 주고 학습자가 장갑을 끼고도 학습할 수 있도록 해준다.
배터리 수명이 제한적이다.	학습길이를 짧게 하고 자료를 출력해서 컴퓨터 대신 가지고 다닐 수 있게 한다.

2.5.8 차량

학습자들이 이동 중인 자동차, 버스, 기차, 또는 비행기 안에서 학습하고자 하는 경우가 있다. 수많은 사람들이 틈을 내어 전문적 교육을 받을 수 있는 유일한 시간이 되기도 한다. 많은 모바일 기기들로 인하여 이동 중의 학습이 가능해졌으며 컴퓨터와 무선 네트워크가 장착된 소형트럭도 등장했다.

학습 환경 특성	활용방안
학습자의 무릎 외에 참고자료나 주변 장치들을 둘 공간이 없다.	이러닝에 필요한 모든 자료들을 컴퓨터 스크린에서 볼 수 있도록 한다.
학습자들이 안내방송(예: '안전벨트를 매세요' 또는 '다음 역은 리옹입니다')을 들어야만 하고, 도둑 및 기타 위협으로부터 보호받아야 한다.	학습 활동을 단순하게 하여 항상 모든 주의를 기울이지 않아도 되도록 해준다. 토픽에 북마크를 하여 학습을 멈추었던 시점에서 다시 시작할 수 있도록 한다.

학습 환경 특성	활용방안
차량 이동 도로가 평탄하지 않아 학습자와 컴퓨터가 흔들리기 쉽다.	매우 읽기 쉬운 텍스트를 개발한다. 내구성이 좋은 컴퓨터의 사용을 권유한다.
햇빛에서부터 터널안 어둠에 이르기까지 주변 조명의 종류가 다양하다.	모든 학습 내용을 읽기 쉽게 만들고 배경과 내용 간 명암 대비를 적절하게 설정한다.
운전 중 오디오 연결 등에 제약이 있으며 다른 방해되는 일들에 대처하기 힘들다.	학습자의 안전운전을 방해하지 않도록 복잡한 학습 활동이나 시각자료를 사용하지 않는다. 보다 바람직한 것은 운전 중의 학습보다는 목적지 도착 뒤에 학습하도록 하는 것이다.
네트워크 연결이 느리며 간간히 끊기거나 연결이 되지 않을 수 있다.	CD-ROM이나 DVD을 통한 학습이 가능하도록 한다. 미리 전체 레슨을 다운로드받을 수 있도록 해준다.
전원이 부족할 수 있다.	전력을 많이 사용하는 디스크 및 네트워크 연결을 최소화한다.

2.5.9 기타 다른 학습 장소

이러닝 학습 장소에 대한 제한이 거의 사라지고 있다. 태평양을 지나는 비행기 안에서도 식당 안에서도 자유로운 학습이 가능해졌다. 심지어 강 한가운데의 배 안이나 비바람이 치는 텐트 안, 그리고 식료품 가게 안에서 줄을 서서 기다리면서도 이러닝을 할 수 있게 되었다. 이와 같은 다양한 학습 장소를 위한 이러닝 설계는 어떻게 이루어질 수 있을 것인가? 최적의 방법으로 다음과 같이 몇 가지 제안을 하고자 한다.

학습 환경 특성	활용방안
조명이 밝고 어둡거나 매우 다양하다.	내용을 읽기 쉽게 한다. 배경과 내용 간 대비를 높이고 적절한 글자 크기를 사용한다.
주변이 시끄럽다.	이어폰을 제공한다. 또한 음성이나 소리 자료에 전적으로 의존하지 않도록 한다.
이동으로 인해 학습자의 몸이 자주 흔들린다.	읽기 활동이 어렵고 시간이 많이 소요되므로 학습 활동의 속도를 상황에 맞게 조절할 수 있도록 해준다. 내용이 명확하게 보이도록 하고 클릭 대상을 크게 만든다.
네트워크 연결이 불가능하거나 때때로 끊긴다.	CD-ROM이나 DVD를 이용한 이러닝이 가능하도록 하고 학습자들이 미리 전체 레슨을 다운로드받을 수 있게 한다.
환경이 지저분하며 컴퓨터가 연기, 먼지, 매연 또는 기름얼룩에 노출되기 쉽다.	컴퓨터를 보호한다. 미디어 플레이어와 같은 대체 장비를 사용하거나 또는 인쇄가 가능하도록 한다.
겨울 야외활동 등과 같은 상황이어서 학습자들이 장갑을 착용해야 한다.	글자를 입력하거나 정확하게 위치를 포인팅하여 수행해야 하는 활동은 요구하지 않는다.

학습 환경 특성	활용방안
컴퓨터 및 다른 자료들을 비치할 수 있는 공간이 거의 없다.	컴퓨터상에서 모든 자료들의 활용이 가능하도록 한다. 작은 모니터에서도 내용을 명확하게 볼 수 있도록 해준다.
학습자의 주의를 산만하게 하는 일이 빈번하게 일어난다.	간략하면서도 모든 내용을 포함하도록 설계하고 북마크를 두어 재시작하기 쉽게 한다.

3. 대안적 학습 방법에 대한 고려사항

다양한 요구들을 감안하여 본다면 특정 유형의 단일한 형태의 이러닝보다는 여러 가지 방식이 결합된 조합이 최선의 해결책일 수 있다.

면대면 학습장에서의 훈련과 독립된 디스크기반 이러닝에 대규모로 투자를 해 온 기관들은, 이러닝으로 재개발하는 과도기 기간의 교육 활동을 위하여 기존의 검증된 교육 자료들의 재사용을 선호할 것이다. 즉, 다양한 형태의 학습을 조합하여 활용하거나 다른 지식 산출물에 이러닝을 삽입하기를 원할 수 있다.

3.1 블렌디드 러닝

까다로운 특정 교육목적을 달성하기 위해 다른 매체, 교수전략 및 설계방법들을 혼합하여 사용해야 할 필요성이 발생할 수 있다. 이러한 혼합의 과정은 *블렌딩(blending)*이라는 이름하에 전개된다.

블렌딩은 하나의 목적을 위해 다른 형태의 교육 또는 연수들을 결합하는 것으로 정의되며 두드러지는 특징은 이러닝과 교실학습의 결합에만 국한시키지 않는 점이다. 예를 들면, 교실학습, 가상교실, 또는 독립형 이러닝과 같은 다양한 교육 방식의 혼합이 가능하고, 정보처리 전략, 행동주의, 인지주의, 구성주의 등 전략 간의 혼합도 가능하다. 또한 CD-ROM, 웹사이트, 책, 비디오 방송, 이메일 교환 등 수십 가지의 여러 매체들을 결합하여 데스크탑 컴퓨터, 랩탑 컴퓨터, 태블릿 PC, PDA, 휴대전화용으로 제공될 수 있다. 혼합의 과정이 개별적인 학습 목표나 개별 학습자에 맞춤화될 때 적합한 조합이 될 수 있다.

3.1.1 블렌딩은 돌파구가 될 수 있는가

블렌딩에 기반한 학습이 획기적인 발견으로 홍보되면서 몇 가지 문제들이 제기되고 있다. 여러분이 국제 의학학회에 참가했다고 가정하자. 어떤 발표자가 의학적인 발견에 대해 발표하면서 새로운 테크닉이 100%의 확률로 사망률을 낮추었다는 실험들을 자랑스럽게 발표하고 있는 상황이 전개되고 있다. 즉, 새로운 치료방법을 받은 환자들이 모두 생존한 반면 그렇지 못한 사람은 모두 사망하였다고 보고했다. 여러분은 깊은 인상을 받을 것이고 기적 같은 치료법의 이름을 알고 싶어 할 것이다. 이 획기적인 방법의 이름은 무엇일까? 이에 대한 대답은 숨쉬기이다. 블렌디드 러닝의 발견은 이와 유사하다고 볼 수 있다. 모든 효과적인 학습은 항상 블렌딩으로 수행되어 왔다. 다만 어떻게 구성되어 있는지 살펴볼 필요가 있다.

핵심 요점을 다시 한 번 확인하기 위하여 운전 기술을 어떻게 습득했는지 상기하여 보자. 어떤 블렌디드 러닝의 경험이 자동차를 안전하게 운전할 수 있도록 안내해 주었는가? 면대면 수업을 받았는가? 자율적으로 운전에 관한 학습 자료를 읽었는가, 아니면 강사가 나누어준 읽기자료를 읽었는가? 부모님, 강사, 또는 자동차 면허 관련 공무원에게 운전 기술 시범을 보였는가? 면허를 지닌 운전자의 감독하에 운전연습을 했는가, 아니면 나름의 방법대로 연습을 했는가? 운전방법을 배우는 데 도움을 준 다른 학습 경험이 있었는가? 대부분의 사람들이 인생에서 배우는 다른 모든 것들과 마찬가지로, 운전을 배우기 위한 다양한 학습 활동들의 조합들이 운전 기술 습득에 도움을 준 것이다.

3.1.2 블렌딩의 수준

블렌딩을 위한 학습 활동의 결합에는 많은 방법들이 있을 수 있다. 임의로 조합하거나 성공적이었던 과거의 방법들을 무조건 따르라고 요구하기에는 설계와 관련된 여러 가지 결정들을 내리는 일이 매우 복잡하고 어렵다.

올바른 조합을 단순하게 하는 한 가지 방법은 여러 수준의 블렌딩을 고려하는 것이다. 즉, 정교화의 수준과 성공 가능성의 수준을 여러 가지 수준에서 살펴보는 것을 의미한다. 다음과 같이 각각의 수준에 대해 알아보도록 하자.

수준		내용
4	개인적 (personal)	구체적인 학습 경험을 개별 학습자의 요구들에 맞추기
3	전술적 (tactical)	개별 토픽을 위한 교수방법, 설계방법, 매체들을 조합하기
2	전략적 (strategic)	교과목과 교수목적에 따라 교실과 이러닝 이벤트를 조합하기
1	기계적 (mechanical)	활용가능한 이러닝과 교실학습 콘텐츠를 번갈아 활용하기
0	무력한 (paralytic)	실제적 수행 없이 최적의 조합에 대해 끝없이 토론하기

수준 0은 **무력한** 블렌딩으로 아무것도 하지 않으면서 적합한 조합에 관해 끝없이 논쟁하는 것으로 특징지을 수 있다. 블렌딩이 실질적으로 일어나지 않는 불안정한 조직들에서 흔히 볼 수 있다.

수준 1은 **기계적** 블렌딩으로 현존하고 있는 이러닝과 교실학습 콘텐츠를 기계적으로 번갈아 수행하는 것을 말한다. 교실학습이나 이러닝 양쪽 방식 모두 학습자들의 요구 또는 실제적 학습과제에 부합되지 않는 형태이다.

수준 2는 **전략적** 블렌딩으로 교과목과 교수 목적에 근거하여 교실학습과 이러닝 이벤트를 조합한다.

수준 3은 **전술적** 블렌딩으로 정교화로 연결된다. 전체 코스에서 개별적인 토픽을 위해 교수방법, 설계방법, 매체를 조합하고 교과내용에 대한 철저한 분석과 정교화된 교수설계를 요구한다.

수준 4는 **개인적** 블렌딩으로 가장 이상적인 것으로 개별 학습자의 요구에 맞춰 구체화된 학습 경험을 맞춤화시키는 것이다. 각 토픽이 다양한 버전의 광범위한 교수설계를 필요로 하므로, 어느 학습자들이 어떤 모듈을 보고 있는지 파악할 수 있는 정교한 학습콘텐츠 관리시스템(LCMS)이 필요하다.

실용적이면서도 교육적 가치가 있는 대표적인 것으로서 전략적 블렌딩을 좀 더 구체적으로 살펴보기로 한다.

3.1.3 수준 2: 전략적 블렌딩

수준 2 또는 전략적 블렌딩은 교과목과 교수목적에 근거하여 교실학습과 이러닝 이벤트를 조합하는 것을 말한다. 전략적 블렌딩의 수행 방법을 구체적으로 살펴보자.

3.1.3.1 기술의 분해

첫 번째 단계는 기술을 요소들로 분해하는 것이다. 분해를 위하여 다음과 같은 질문들을 던져보도록 하자. 어떤 기술을 가르치는가? 누구에게 가르치는가? 기술을 습득하기 위해 학습자들이 무엇을 알아야 하는가? 학습자들이 어떤 태도를 지니고 있는가? 무엇을 믿어야 하며 무엇을 할 수 있어야 하는가?

직원들 간의 논쟁을 해결하는 방법에 관한 강좌를 설계한다고 가정해 보고 적용해 본다. 새로 임용된 관리자들에게 제공될 강좌로 설계되는 것임을 고려한다.

학습자들이 알아야 하는 내용은 무엇인가? 우선 논쟁의 해결을 위해 지켜야 할 절차들을 제공할 수 있다. 또한 흥분한 직원들과의 대화 도중 자극적인 단어들 대신 평정심을 유지하는 데에 사용할 수 있는 단어들에 대해 배우기를 원할 수도 있다.

이 기술 적용을 위해: ***직원들 간의 논쟁을 해결하라.***
학습자 그룹: ***새로운 감독자들은,*** 반드시:

다음을 안다	다음을 믿는다
1. 논쟁 해결	*5. 논쟁이 비생산적이다*
2. 침착함을 유지시키는 단어	

다음과 같은 태도를 갖는다.	다음을 할 수 있다.
3. 개방성	*6. 객관적으로 듣는다*
4. 침착성	

논쟁을 성공적으로 해결하기 위해 관리자가 반드시 가지고 있어야 하는 태도는 무엇인가? 직원들의 의견 및 아이디어에 대한 개방성, 그리고 열띤 대화과정에서도 유지할 수 있는 침착성이 도움이 될 것이다. 또한 관리자가 분쟁에 대해 부정적인 태도를 견지해야 직원들은 이를 해결하기 위한 동기를 가질 수 있을 것이다. 마지막으로 관리자들은 객관적으로 경청할 수 있어야만 한다. 이외에도 다른 요소들을 나열할 수 있지만 여러분은 이미 충분한 아이디어를 얻었을 것으로 판단된다.

3.1.3.2 학습 경험의 선정

가르쳐야 하는 내용을 파악한 이후에는 각각의 사실, 태도, 믿음 또는 기술을 가장 잘 가르칠 수 있는 학습 경험이 무엇인지에 대하여 질문해야 한다. 이러한 단계에서는 가장 효과적인 매체를 찾기보다는 요구된 사항을 가장 잘 가르칠 수 있는 인간 학습 경험이 무엇인가에 중점을 두어야 한다. 그런 다음 인간 학습 경험을 가장 잘 만들어낼 수 있는 매체를 결정할 수 있다.

가르칠 내용	최선의 방법	요구방법		전달방법
		개인	면대면	
1. 논쟁 해결	암기와 연습	-	-	웹 또는 책
2. 평정심을 유지시키는 단어	암기와 연습	-	-	웹 또는 책
3. 개방성	그룹 논평과 연습	✓	✓	교실
4. 침착성	가상의 갈등상황	✓	✓	교실
5. 분쟁의 소모성	사례 연구	-	-	웹 또는 책
6. 객관적 경청	역할극과 연습	✓	-	웹 또는 책

압박적인 스트레스 상황에서 정확한 절차를 확실하게 기억해 내려면, 논쟁을 해결하는 절차를 사전에 정확히 암기하고 있어야 한다는 의사결정을 내릴 수도 있다. 이와 같은 결정은 암기하고 연습하는 학습 활동을 요구하게 된다. 논쟁 중 평정심을 유지하기 위한 단어들의 경우에도 마찬가지이다. 개방성은 좀 더 어려운 방식을 요구하는데, 관찰과 감독관의 동료 그룹의 비평이 있어야 하고 반복된 연습을 필요로 한다. 침착성의 유지를 위해서는 관리자로 하여금 자극적인 말과 모욕에 대해 민감하게 대응하지 않도록 요구할 것이다. 예시를 보면 강좌의 목적을 달성하기 위하여 가상의 갈등상황을 제공하면서 그 과정에서 관리자가 민감하게 대응하지 않는 것을 최선의 방법으로 결정하였다. 논쟁은 무시되는 것이 아니라 해결되는 것이어야 함을 관리자들에게 설득시키기 위해 경험과 분쟁 해결의 실패에 따라 관리자와 조직이 치르는 값비싼 대가들을 보여주는 사례 연구들을 경험하게 한다. 경청기술은 역할극 연습을 통해 연마된다.

이와 같은 각각의 학습 활동들을 위해 필요한 것은 무엇인지에 대하여 질문할 수 있다. 보다 구체적으로 학습자와 상호작용할 사람이 필요한지 또는 학습자를 모니터링할 사람이 필요한지 질문할 수 있다. 만약 사람을 필요로 하는 경우라면 협동학습이 면대면으로 이루어져야 하는가에 대해서도 검토해 볼 수 있다.

논쟁 해결 절차를 암기하는 것이 다른 학습자에게는 필요하지 않을 수 있으므로 면대면 상호작용이 필요하지 않을 수 있다. 마찬가지로 마음의 평정을 유지시키는 단어들을 배우기 위한 과정에서도 다른 사람과의 면대면 접촉이 굳이 필요하지 않을 수 있다. 반면에 개방성을 가르치는 그룹 비평의 경우에는 적어도 또 다른 한 사람이 필요하다. 개방성은 제스추어, 보디 랭귀지, 얼굴 표정, 목소리 톤에서 잘 나타나므로 면대면 활동을 필요로 하며, 같은 이유로 침착성을 가르치는 가상의 갈등상황 역시 사람과 면대면 접촉을 요구한다. 분쟁이 소모적이라는 것을 가르치기 위한 사례 연구들에서는 사람 간 접촉이나 면대면 접촉이 필요하지 않다. 객관적인 경청기술을 가르치기 위한 역할극은 말하고 들을 경청자가 필요하지만 면대면이 아닌 가상적인 접촉을 통해서도 가능하다.

다음에 이어질 의사결정은 앞에서 제시된 학습 경험을 전달할 수 있는 최선의 방법에 관한 것이다. 분쟁을 해결하는 방법에 대한 암기와 연습 활동은 웹이나 책을 통해서 전달될 수 있고 마음의 평정을 유지시키는 단어들도 마찬가지다. 개방성 학습을 위해 면대면 접촉이 필요하므로 교실 학습이 최선일 것이며 침착성에 대한 학습도 마찬가지이다. 분쟁이 소모적이라는 것을 알려주는 사례 연구 제시는 웹을 통해서 하는 것이 제일 좋은 방법이며 사실상 웹에서 목적에 부합하는 많은 사례 연구들을 찾을 수 있다. 객관적으로 경청하는 기술을 교수하는 과제는 사람을 필요로 하지만 웹 또는 교실에서 가르칠 수 있으므로 면대면 접촉이 반드시 이루어질 필요는 없다. 이와 같은 분석은 힘든 과정이지만 필요한 학습 유형, 적합한 전달 방식, 매체 선정 방법을 안내해 주는 역할을 한다.

3.1.3.3 학습 경험의 순서

마지막 의사결정은 학습 경험들을 시간적인 순서로 배열하고 전달 유형을 좀 더 정확하게 구체화시키는 것이다. 이에 관한 결정을 위해서는 경제적인 측면에 중점을 두게 될 수 있다. 궁극적으로는 프로그램을 가급적 비용효율적으로 운영하면서도 많은 수입을 얻기를 원할 가능성이 높다. 이러한 이유로 인해 면대면 접촉을 요구하지 않고 필요한 교실학습 시간을 최소화시키는 학습 방식을 채택할 수 있다. 이를 위해서는 이러닝/교실 학습/이러닝을 번갈아 수행하는 샌드위치 유형이 가장 적절한 방법으로 보인다.

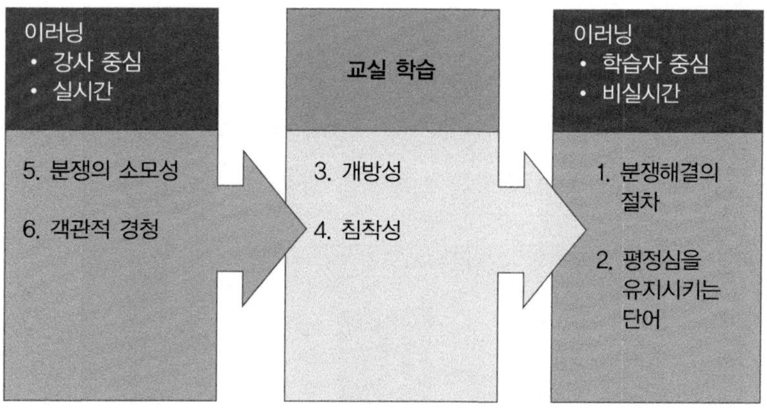

첫 번째 부분에서는 다른 학습 활동을 완수하기에 필요한 학습 동기와 기본 기술을 습득해야 한다. 초보 이러닝 학습자들을 효과적으로 지원하기 위해 강사 중심의 수업으로 구성하였으며 교수자 노력의 최소화를 통한 비용 절감과 동료 지원을 통한 학습동기 고취를 위해 실시간 회의를 제공한다.

첫 번째 부분에서 가르칠 내용은 무엇이 되어야 할 것인가? 앞에서 언급했듯이 분쟁이 소모적이라는 점과 관련된 정보 및 객관적인 경청 기술과 같은 기초적이면서 동기유발적인 토픽으로 시작한다. 5와 6이라는 숫자는 가르쳐야 하는 학습 목표들을 규명한 순서에 따라 적었을 뿐이다. 간혹 미숙한 교수설계자들은 학습 목표를 규명한 순서대로 가르치기도 한다.

중간 부분에서는 개방성과 침착성 학습을 위해 교실에서의 면대면 상호작용이 필요하다. 교실에서는 객관적으로 경청하는 능력을 시범을 통해 보여줄 수 있으며 이를 통해 개방성과 침착성을 배양할 수 있다.

마지막 부분에서 직장으로 복귀한 이후 지속적으로 학습을 수행하고 더욱 이러닝에 몰입하도록 한다. 학습자 중심이며 비동시적으로 진행되므로 원하는 속도로 학습을 지속할 수 있다. 마지막 부분에서는 분쟁을 해결하기 위한 절차와 마음의 평정을 유지시키는 단어들에 대하여 학습한다.

3.2 임베디드 이러닝

이러닝은 독자적 또는 다른 지식 산출물에 임베디드(embedded)[1]하여 활용할 수 있다.

3.2.1 임베딩의 형태

이러닝은 프로그램의 온라인 도움말, 진단 절차, 기타 다양한 전자적 형태의 정보들 안에 임베딩될 수 있다.

3.2.1.1 응용 프로그램 내의 임베딩

컴퓨터 프로그램의 사용자 인터페이스 내에 삽입하고자 할 경우가 있다. 예를 들면 다음에 제시되는 타이머 응용프로그램이 이에 해당한다. 도움말 메뉴는 인터페이스와 사용자들이 주로 사용하는 과제들을 설명하는 튜토리얼과 연결되어 있다.

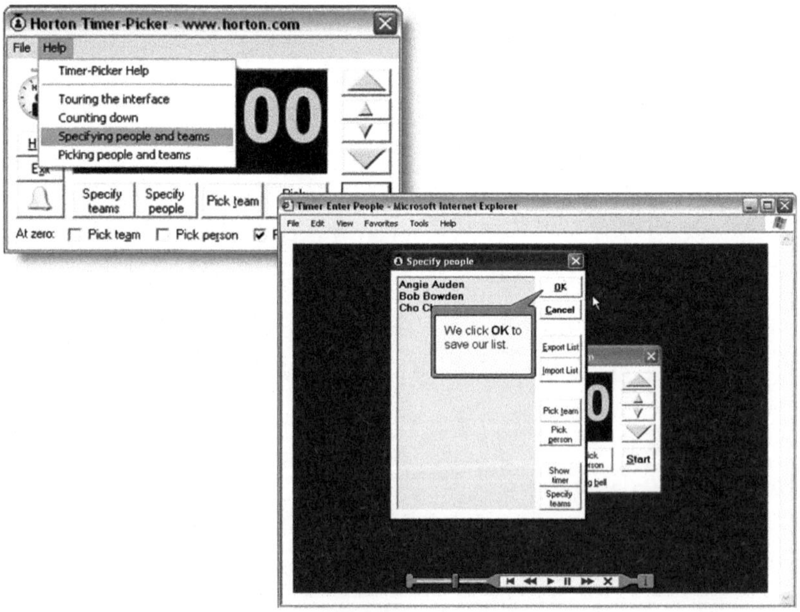

어도브 캡티베이트를 이용하여 구축한 시연프로그램이다.

1) 다양한 미디어를 디지털 텍스트 문서와 연결시켜 복합적인 멀티미디어 문서를 만드는 것을 지칭한다.

3.2.1.2 온라인 도움말 내의 임베딩

이러닝은 결과물이나 과정을 설명하기 위해 온라인 도움말에 임베딩될 수 있다.

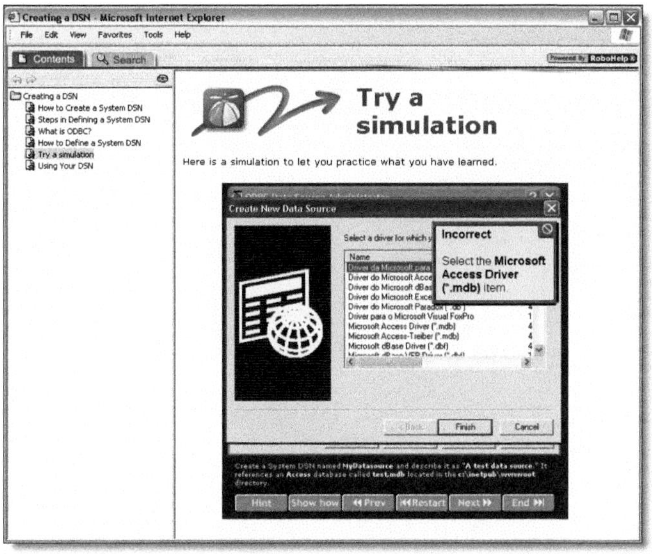

시뮬레이션은 어도비 캡티베이트로 구축했다. 예시는 horton.com/eld/에서 볼 수 있다.

제시된 예시는 전통적인 도움말 토픽과 같은 형태이다. 메뉴에서 [How to]를 선택하면, 도움말 창에서 절차를 수행하는 절차를 제시한다. [Try a simulation] 링크를 클릭하면 절차 수행을 연습할 수 있는 시뮬레이션을 불러온다.

3.2.1.3 진단절차 내의 임베딩

이러닝은 문제 진단 등과 같은 일반적인 사무적인 절차에 임베딩될 수 있다. 문제 진단 절차는 문제해결자가 인식하게 된 일반적인 증상에서부터 시작할 수 있다. 문제 진단 절차는 다음과 같은 순서에 따라 질문을 하거나 세부 증상 규명을 위한 평가를 제안하게 된다. 이와 같은 절차는 문제를 야기한 이유가 확실해질 때까지 지속적으로 수행된다. 다음 단계는 해당 문제를 해결하는 단계이다.

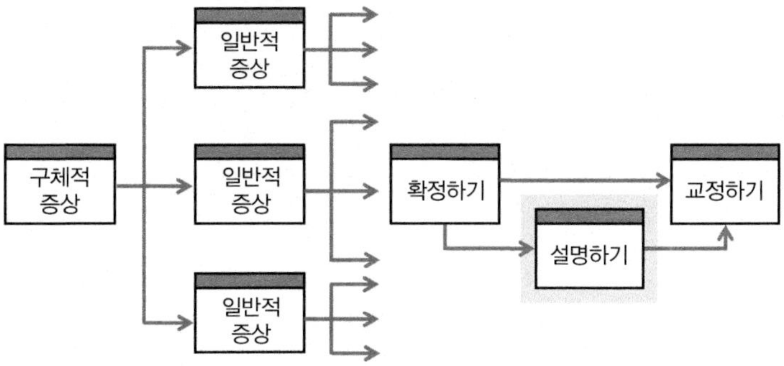

이 시점에서 문제 확정과 해결 사이에 문제에 관한 추가 설명을 보충자료로 임베딩시키고 싶을 수도 있다. 두어 번 문제를 접하게 되면 해당 보충 설명을 살펴보지 않을 가능성이 높다. 그러나 문제가 빈번하게 발생하고 비용이 많이 들게 되면 발생 원인과 예방책에 대해 무척 알고 싶어 할 것이다. 이러한 시점이 문제전문가가 배우기를 원하는 때로서 '가르칠 수 있는 시간' 이며 이에 대한 보충 설명은 임베디드 이러닝으로 활용된다.

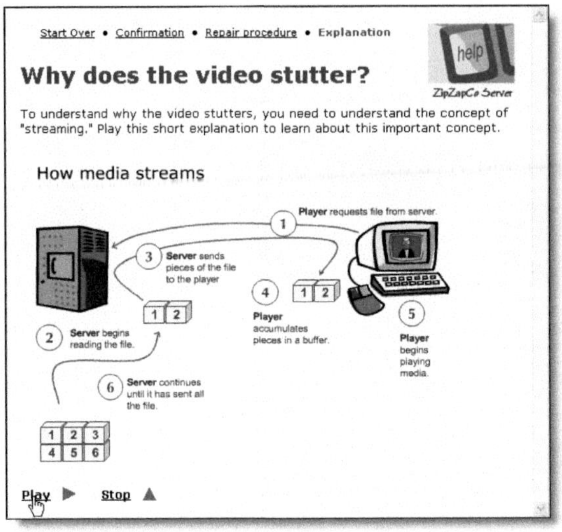

어도비 드림위버, 마이크로소프트 파워포인트, 테크스미스 캠테이시아로 구축했다.

그림은 진단 절차의 마지막 부분에서 활용한 임베디드 이러닝의 예시이다. 미디어 서버에 관한 진단의 시작에서 증상들의 목록이 제시되며 이중 하나를 선택할 수 있다. 다음에는 일련의 스크린을 통해 문제의 원인에 관한 질문이 없을 때까지 계속 질문을 받게 되고, 진단의 마지막에서는 문제를 해결하는 절차를 제공한다. 문제를 야기하는 원인에 대한 설명으로 이어지는 링크가 하단에 제시된다.

3.2.1.4 지식 산출물 연결

개별 지식 산출물들은 하이퍼링크를 통해 연결되고 연관 지식으로의 이동이 가능해진다. 이러한 링크를 사용하는 일반적인 방법은 컴퓨터 응용 프로그램을 도움말 파일, 온라인 문서, 이러닝과 연결시키는 것이다.

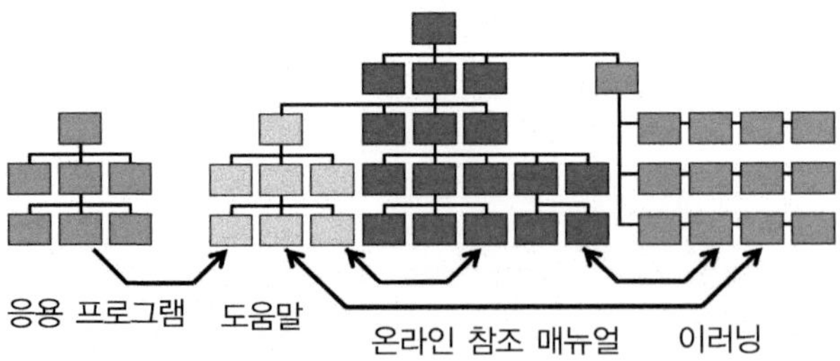

응용 프로그램 사용자가 버튼을 누르면 도움말 파일에 있는 관련 토픽으로 바로 건너뛰게 된다. 교수설계자들이 맥락 중심의 도움말 토픽을 온라인 참조 매뉴얼의 다른 정보들과 연결시키는 경향이 증가하고 있다. 도움말로 이동한 사용자는 참조 매뉴얼로 또다시 이동할 수 있다. 반대로 참조 매뉴얼의 목차에서 시작한 사용자는 도움말 토픽까지 둘러볼 수 있다.

좀 더 발전된 설계는 도움말과 온라인 참조 매뉴얼을 이러닝과 링크시킨 것으로서 사용자가 자세한 참조문을 보면서 해당 주제에 임베딩된 개념 설명 모듈로 이동할 수 있다. 반대로, 사용자는 이러닝 모듈을 학습하면서 동시에 참조 매뉴얼 또는 도움말에서 자세한 내용을 찾아볼 수 있다. 참고자료와 연수내용을 통합한 시스템을 때때로 *전자 수행 지원 시스템(EPSS)*이라 부르기도 한다.

3.2.2 독립적인 이러닝 또는 임베디드 이러닝

독립적인 이러닝 또는 임베디드 이러닝을 개발하는 경우, 이러닝이 완전한 하나의 결과물인지 아니면 더 큰 지식 산출물을 구성하는 하나의 요소인지를 검토한다.

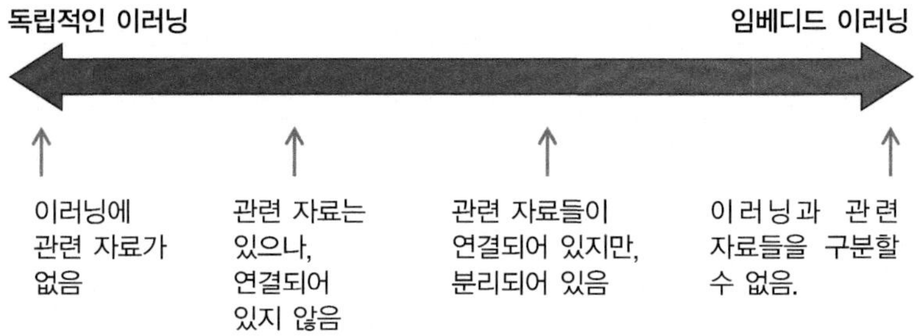

전적으로 독립적인 이러닝에서부터 완전한 임베디드 이러닝에 이르기에 이르기까지 임베딩의 정도를 다양화하는 것이 가능하다. 예를 들면 위의 화살표에서의 참고자료에 대해 생각해보자. 화살표의 끝에 있는 독립적인 이러닝에서는 모든 내용들이 포함되어 있으나 관련 자료들은 없다. 다음 수준의 이러닝을 살펴보면 교과서 또는 온라인 참고 문서와 같은 관련 자료가 있지만 서로 연결이 되어 있지 않다. 다음 단계에서의 이러닝에서는 관련 자료들이 연결되어 있지만 물리적으로는 분리되어 있다. 화살표 오른쪽 끝부분에 위치한 임베디드 이러닝은 주변 자료와 이러닝을 구분할 수 없는 형태이다.

3.2.2.1 언제 임베디드 이러닝을 활용하는가

위와 같은 화살표에서 어느 지점에 위치시킬 것인지에 대한 결정을 어떻게 할 것인가? 독립적인 이러닝은 수정이 용이하며 임베디드 이러닝은 학습자가 필요로 하는 시점에 적절한 내용이 제시된다. 독립적인 이러닝은 관리가 단순한 반면 임베디드 이러닝은 잡 에이드, 사용자 인터페이스, 도움말 파일 및 기타 유용한 도구들과 통합하여 활용할 수 있다. 독립적인 이러닝의 시각적 제시 방법은 사이즈 및 인터페이스 디자인에 제약을 적게 받지만, 임베디드 이러닝은 응용 프로그램의 다른 부분들과 구별할 수 없으므로 보다 유연하고 매끄러운 학습 경험을 가능하게 한다.

우선 언제 임베디드 이러닝을 사용해야 하는가를 고려해 볼 필요가 있다. 복잡한 의사결정을 내리는 활동으로 사람들을 가르치고 안내할 때 임베디드 이러닝이 적합하다. 즉, 결정을 내려야 하는 순간에 임베디드 이러닝을 사용할 수 있다. 문제해결자들이 문제의 패턴을 파악하고 문제를 예방하는 데 필요한 지식을 얻을 수 있도록 하는 진단 및 문제해결의 복잡한 시스템이 필요할 때에도 사용할 수 있다. 또한 많은 대안들 중에서 선택을 하거나 개념적인 지식이 필요한 다른 결정을 내려야 하는 과정에서 활용할 수 있다.

3.2.2.2 예시: 독립적 이러닝과 임베디드 이러닝

관련된 예시를 살펴보도록 하자. *Gantt 차트 활용하기* 강좌를 앞서 제시된 화살표를 기준으로 하여 중간 부분에서 좀 더 독립적 이러닝 방향에 가깝게 설정하여 보았다.

앞에서 다른 자료와 연결시키는 세 가지 방법을 소개한 바 있다. 학습자들이 강좌의 스폰서인 Gantt Group의 웹사이트를 통해서 코스에 접근할 수 있도록 하였다. Gantt Group에서 제공되는 다른 참고자료와 홍보자료 사이에 이러닝이 임베딩되었다. 강좌는 해당 웹사이트에서 참고자료가 활용되는 것과 같은 방식으로 활용되었으며, 결과적으로 강좌 통합 방식과 참고자료의 사용을 촉진시켰다.

3.2.3 임베디드 이러닝 활용방안

임베디드 이러닝을 위한 최선의 방법은 무엇일까? 무엇보다도 임베디드 이러닝의 단위를 작게 개발하여 이전 과제에 대한 주의를 유지시키는 것이다. 만약 주제가 복잡하면 요약본을 제공하거나 내용이 긴 것과 연결시킨다.

이러닝의 학습 단위는 학습이 필요한 시점에 배치시킬 필요가 있다. 사람들이 자연스럽게 배우기를 원하는 지점에 둠으로써 좀 더 지식을 쌓으면 어려운 결정을 내리거나 어려운 문제를 해결하거나 반복되는 문제를 예방할 때 도움이 될 수 있음을 깨닫게 한다.

또한 임베디드 이러닝 모듈의 선택이 가능하도록 만든다. 이와 같은 모듈은 손님의 역할을 하며 방해를 하거나 주의를 분산시키는 것으로 간주되기 쉬우므로 학습자가 배움에 대한 필요성을 인식할 수 있을 때까지 건너뛸 수 있도록 한다.

4. 재사용 계획

모든 최고 책임자, 관리자, 교수설계자들은 지속적으로 새로운 이러닝을 만들기보다는 개발된 기존의 이러닝을 재사용함으로써 비용을 절감하고, 신속하게 효율적으로 사용하며, 질을 높일 수 있다는 것을 인식하고 있다. 이와 관련하여 재사용 가능한 학습 객체를 설계하려는 경향은 점차 증대하고 있다.

4.1 재사용 가능한 부분에서의 개발의 시작

재사용 가능한 학습 객체는 기존의 가능한 부분들에서부터 개발할 수 있다. 즉, 특정한 프로젝트를 위해 모든 콘텐츠를 만들 필요는 없다고 볼 수 있다. 완벽한 부분들은 여러 프로젝트에 재사용 가능하다.

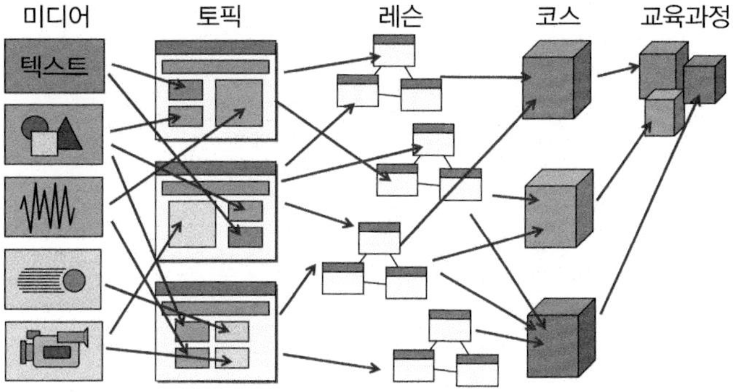

최상단의 수준에서 재사용 가능한 강좌들로부터 강좌 구성요소들을 모을 수 있다. 또한 교과과정이나 라이브러리를 구성하기 위해서는 현존하고 있는 강좌들을 이용할 수 있다. 코스 개발을 위하여 현존하는 레슨들을 찾아보고 검증된 레슨들을 여러 가지 방법으로 여러 개의 강좌에서 사용한다. 연관성이 높은 잘 만들어진 토픽은 여러 레슨들에서 나타난다. 반면, 토픽들은 기존의 미디어 요소들을 결합하여 만들 수도 있다. 이와 같은 미디어 요소들은 재사용 가능한 표준어구, 공인된 그래픽, 내레이션 부분, 애니메이션, 비디오 클립들로 구성되어 있다.

부분적으로 독립적인 콘텐츠를 만드는 경우에도 다음의 프로젝트에서 재사용될 수 있으므로 비용이 좀 더 적게 소요될 가능성도 있고 그렇지 않을 수도 있다.

4.1.1 객체들의 자유로운 결합

콘텐츠의 재사용 가능한 요소들을 다른 콘텐츠를 위한 다양한 부분조합으로 만드는 것은 용이하다. 특히 자료들이 여러 다른 목적들로 사용되거나 또는 여러 그룹들이 필요로 할 때 유용하다. 이는 다양한 사용 요구들을 미리 예측하기 어려울 때 유용하게 활용할 수 있다는 것을 의미한다.

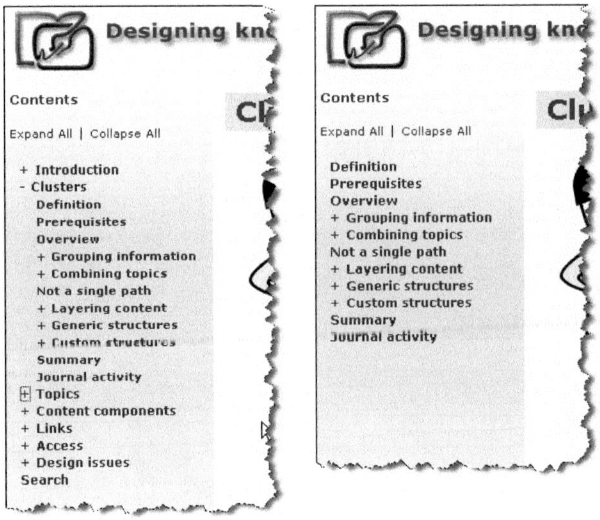

두 가지 강좌의 메뉴가 특정 학습 객체를 어떻게 공유하고 있는지를 보여주고 있다. 우측에 있는 강좌는 클러스터 설계에 관한 모듈들만을 포함하고 있는데 이는 좌측의 대규모 코스의 부분조합이다.

4.1.2 어떤 수준에서 콘텐츠를 재사용할 것인가

교수설계자로서 어떤 수준에서 콘텐츠를 재사용할 것인가를 결정해야 할 필요가 있으며 이는 프로젝트의 재정 측면에 영향을 미치게 된다. 프로젝트를 위해 콘텐츠의 각 수준에서 무엇이 재사용되어야 하는지에 관한 의사결정의 예시는 다음과 같다.

	무엇을 재사용할 것인가?	재사용 이유는 무엇인가?
교육과정	자격증 프로그램에서 인기 있는 강좌	넓은 주제영역들을 다루기 위함.
코스	인기 있는 주제의 일반적인 강좌	강좌가 사용 가능하며 비싸지 않음.
레슨	(해당사항 없음)	현 수준에서 레슨은 모듈화되기에 충분하지 않음.
토픽	자주 사용되는 페이지	시간 절약과 일관성 확보
미디어	클립아트	비용 절감과 확보

이와 같은 의사결정을 내릴 때에는 재사용을 통해 절감되는 비용 및 시간과 재사용 가능한 콘텐츠를 만들 때 요구되는 노력 간의 득실을 정확히 파악하는 것이 중요하다.

4.2 재사용의 다양한 방법

객체는 재사용의 방법이 많을수록 더욱 가치가 높다. 따라서 콘텐츠 구성단위들의 재사용에 대한 수많은 가능성들을 고려하여 사용계획을 수립해야 한다.

하나의 개별적인 객체는 하나의 코스, 레슨, 토픽의 구성요소 또는 독립적인 미디어 요소가 될 수 있다. 이러한 객체를 웹에 올릴 때에는 두 가지 버전이 필요하다는 문제가 발생한다. 하나는 빠른 인터넷용이고 다른 하나는 느린 인터넷용이다. 모든 사람이 웹과 연결되어 있지는 않으며, 사무실과 가정에서 네트워크 연결이 되는 사람들도 출장 중에는 네트워크 이용이 어려울 수 있다. 이와 같은 학습자들을 위하여 학습 내용을 CD-ROM이나 DVD로 제공하고자 할 때가 있다. 잘 만들어진 자료는 교실에서 매우 유용하다. 이는 물리적인 교실뿐만이 아니라 가상교실에서도 마찬가지이다. 그런데 서로 다른 다양한 장소는 약간 다른 형태의 학습 객체들을 필요로 할 수 있다. 인쇄용 자료에 대한 요구는 지속적으로 제기되고 있는 편이며 가상교실의 학생들조차도 인쇄된 핸드아웃을 요구한다.

재사용에 관한 예시는 아래의 그림과 같다. 이 예시는 파워포인트 프레젠테이션이 다양한 형태를 위한 하나의 학습 자원으로서 어떻게 활용되고 있는가를 보여주고 있다.

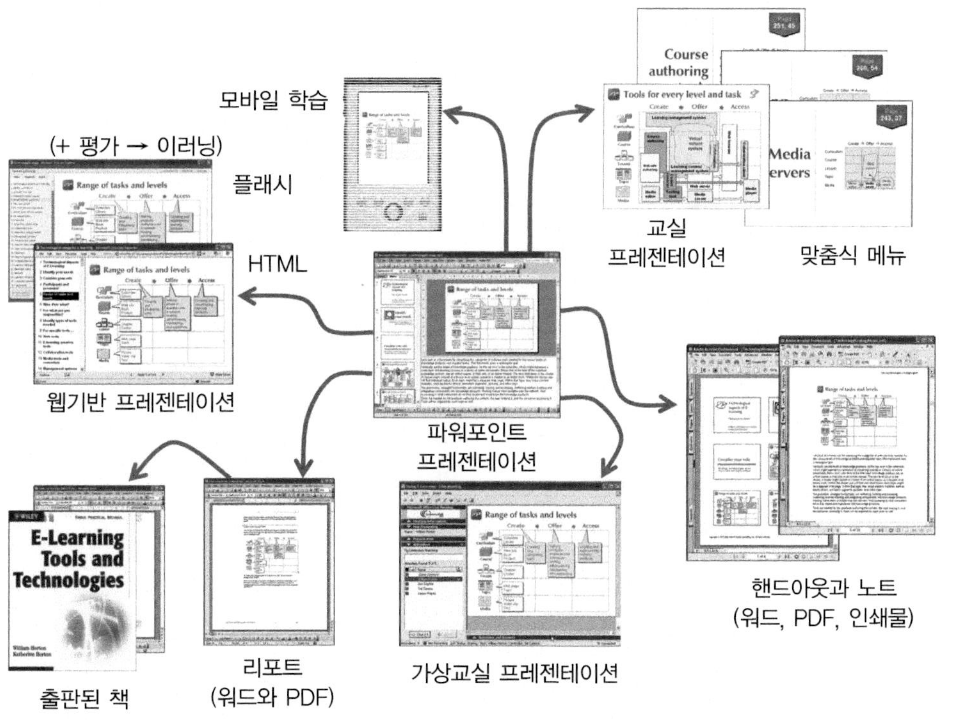

많은 사람들을 대상으로 하거나 이동전화와 같이 새로운 공급 채널을 사용하거나 또는 새로운 플랫폼, 파일 포맷, 브라우저 등에 대응해야 한다면 콘텐츠를 여러 형태

로 볼 수 있다는 점은 중요하다.

4.3 재사용 표준 준수

재사용 표준은 서로 다른 도구 및 운영 체제를 사용하는 사람들이 제작한 콘텐츠의 재사용 과정을 단순화시킨다. 예를 들면, A사에서 툴북으로 만든 모듈과 B사에서 플래시로 만든 모듈을 결합해서 코스를 만들 수 있어야 하고, C사의 LMS에 업로드될 수 있으며 학습기록들을 볼 수 있어야 한다.

4.3.1 재사용 표준의 유형

이러닝의 기술 표준은 콘텐츠 구성단위, 저작도구 및 운영시스템의 혼합 및 조합에 도움을 주고 개발자와 소비자들이 요소들을 자유롭게 조합할 수 있도록 해준다.

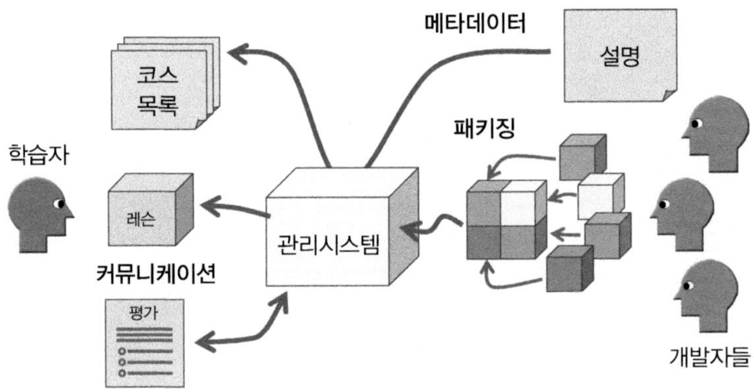

개발자들은 이러닝 콘텐츠를 설계하고 개발하며 배포하는 일을 한다. 완전한 하나의 강좌를 만들거나 레슨 및 토픽 등 개별적인 학습 객체를 개발할 수도 있다. 개발 과정에서 서로 다른 저작도구들을 사용할 가능성이 있다.

개발자들은 표준을 준수함으로써 다른 저작도구를 사용하는 각기 다른 팀들이 만든 객체들을 단일 코스에 통합시킬 수 있으며 LMS나 LCMS와 같은 운영시스템으로 보낼 수 있다. 분리된 객체들이 어떻게 통합될 수 있는지를 지정해 주는 표준을 *패키징* 표준(packaging standard)이라고 지칭한다.

일단 운영시스템에 안전하게 업로드되면 강좌 수강을 시작한다. 즉, 운영시스템은 개별 객체를 분배하고 어떤 학습자들이 어떤 코스, 레슨과 객체를 완료했는지에 대한 기록을 남기게 된다. 또한 평가를 실시하여 시험에 통과한 사람과 통과하지 못한 사람을 기록하고 어떤 시험의 몇 번 문항에 학습자들이 어떻게 답을 했는지까지도 기록한다. 수료 여부 및 평가에 대한 자료를 제공하기 위하여 모듈과 운영 체제 모두를 포괄하는 언어로 된 *커뮤니케이션* 표준을 준수해야만 한다.

학습자들은 어떤 강좌를 수강할 수 있는지 알아야 하고 개발자들은 어떤 학습 객체들이 재사용이 가능한지 알아야만 한다. 이를 위하여 운영체제는 사용 가능한 요소들과 코스들을 검색할 수 있는 목록을 공식적으로 제공할 필요가 있다. 이는 개발자들이 검색을 위해 필요한 각각의 설명을 적을 수 있는 방법을 필요로 하는데 이를 가능하게 하는 것이 *메타데이터*이다.

4.3.2 표준 기구

표준은 주로 관련 조직들의 명칭에 따라 명명되어 있다. 이러닝 기술의 표준으로 사용되는 명칭들로 다음과 같은 대표적인 주요 기구들이 있다.

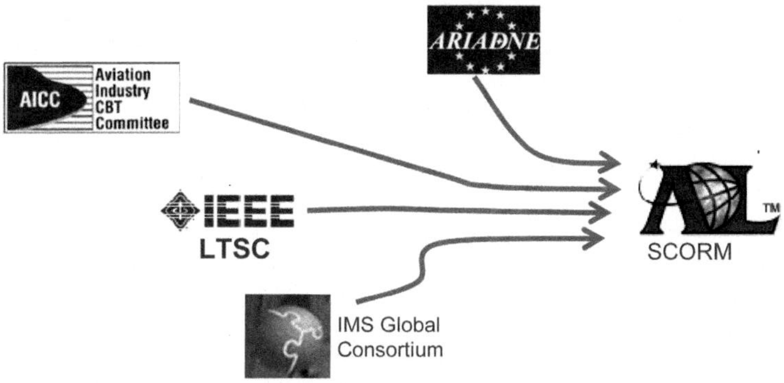

이러닝 표준 기구 중 가장 오래된 기구는 Aviation Industry CBT Committee 또는 약칭하여 AICC이다. 원래 AICC는 비행기 제조업체들이 수십 년간의 비행기 사용 기간 동안 지속적으로 다양한 하청업체들의 교육을 수행할 수 있는 시스템으로 통합시키는 것을 지원하기 위해 조직된 기관이다. 수년간 다른 산업 분야에서도 유사한 요구들이 제기되어 다양한 기관들이 AICC에 가입하였고 이에 따라 기관을 구성하는 회원들의 양상은 매우 다양해졌다.

다른 표준 기관들은 다양한 산업 분야들을 지원하고 관련된 구체적인 문제를 해결하기 위해 발족되었다. 이들 중 가장 중요한 기관들은 Institute of Electrical and Electronics Engineers(IEEE), Learning Technology Standards Committee(LTSC), the IMS Global Consortium, 그리고 European ARIADNE project and foundation이다.

수년간 이들 그룹들은 표준화라고 불리는 구체화 작업에 대해 문제를 제기해왔으나 불행하게도 표준이 항상 일관적이지는 않았고 이해하며 수행하기가 쉽지 않았다. 그래서 이러닝 분야에는 "표준의 유일한 장점은 선택할 표준들이 많다는 것이다."라는 농담이 있을 정도이다.

세계에서 가장 규모가 큰 교육기관 중 하나인 미국 교육부는 이를 별로 달가워하지 않았고 Advanced Distance Learning(ADL)을 설립하기에 이르렀다. 이 조직의 우선적인 미션은 여러 표준들 간의 조화를 이루어 사용 가능성을 높이는 것이었다. 이 프로젝트의 명칭은 Sharable Content Object Reference Model(SCORM)이다. SCORM이 세계적으로 받아들여질 수 있을 때까지 SCORM은 경쟁적인 표준그룹들 사이에서 많은 대화와 실제 협력을 촉진시켰다.

SCORM을 표준이라고 언급하는 것은 사실상의 표준을 지칭하는 것이다. 도구 개발자나 콘텐츠 개발자들이 준수하기 시작한 실질적인 표준이므로 유일한 표준이라고 할 수 있다. ADL은 법적인 효력을 가지고 있지는 않으므로 SCORM을 따르지 않는다고 해서 경찰이 하드디스크를 삭제하는 것은 아니다. 그러나 고객이 SCORM을 준수하지 않은 코스를 구입하지 않을 것이라는 점에 유의해야 한다.

4.3.3 패키징 표준

패키징 표준은 코스, 레슨, 토픽에서 분리된 모든 요소들을 묶어주는 방법에 관한 것으로 관리 시스템이 각 조각들을 적절하게 분배할 수 있다. 복잡한 코스는 수백 개의 분리된 파일들로 구성되어 있을 것이며, 각 파일은 코스가 운영될 수 있도록 특정 하위 디렉토리에 위치해야만 한다.

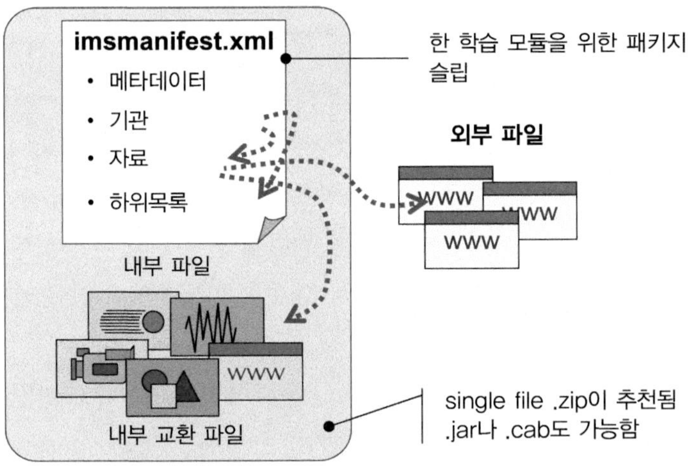

SCORM 패키징 상세내용의 핵심은 목록 형식으로 한데 묶기 위한 패키지 슬립으로서 전체 코스에서부터 개별 사운드 클립에 이르기까지 어떤 것이든 가능하다. SCORM에서는 이와 같은 작은 단위들을 SCO라고 한다. 이 목록은 imsmanifext.xml을 반드시 파일명으로 해야 하고, 여기서 'ims'는 IMS Global Consortium의 첫 부분으로서 해당 기관에서 목록을 명세화했던 것에서 유래한다. '.xml'은 파일이 XML의 규칙을 반드시 따른다는 것을 의미한다(eXtensible Markup Language, 직접 만드는 HTML 버전이다).

목록은 네 개의 주요 부분들로 구성되어 있다.

- **메타데이터 부분**은 모듈에 대해 설명을 하는 부분이다. 메타데이터 표준을 준수해야만 한다.
- **조직 부분**은 모듈의 포함내용과 구조를 알려준다. 조직 부분은 자료 설명과 하위목록들에 관한 두 가지에 대해 기록되어 있으며 각각은 다음 부분에 설명되어 있다. 조직 부분은 모듈의 목차로서 레슨과 토픽이 배열되어 있는 방법에 대해 구체적으로 보여준다. 즉, 레슨이나 토픽이 시작하기 전에 학습자가 어떤 선수 지식을 완료해야 하는지를 보여주고 있다.
- **자료 부분**은 패키지를 구성하고 있는 구체적인 파일들을 구분해주는 설명을 포함하고 있으며, 여기에는 LMS에 모듈과 같이 업로드되어야 하는 로컬 파일들과 웹에 있어서 URL만 있는 외부 파일의 2가지 유형이 있다.
- **하위목록**은 동일한 주요 모듈과 같이 메타데이터, 조직, 학습 자료 부분들을 가지고 있으나 이는 관련 콘텐츠만을 위한 것이다. 하위목록들은 다른 하위목록들도 포함할 수 있다. 예를 들면 코스의 목록이 포함된 레슨의 하위목록을 가지고 있을 수 있으며 레슨의 하위목록들은 하위 토픽 목록들을 포함하고 있을 수 있다.

4.3.3.1 패키징 설계 이슈들

패키징 표준은 반드시 내려야 할 결정과 이에 따른 설계 제약에 관한 내용을 제시하고 있다.

- 어떤 수준에서 패키징을 할 것인가? 교육과정, 코스, 레슨, 토픽, 평가, 또는 미디어 요소? 대부분의 재사용 가능한 단위는 전체 코스들과 미디어 요소(개별 그래픽, 애니메이션, 사운드)들이지만, 많은 패키지들을 만들면 일이 많아지고 이에 대한 기록을 하는 것이 필수적이 된다.
- 학습자가 레슨이나 토픽을 택할 수 있는 곳에서 순서를 어떻게 제약할 수 있는가? 처음부터 끝까지 선형적 순서로만 배우게 할 것인가? 또는 학습자들이 코스 안에서 자유롭게 내비게이션을 할수 있도록 할 것인가? 또는 토픽과 레슨 사이에서 선택적으로 선수 학습을 하도록 할 것인가?
- 어느 부가적 맥락에서 패키지가 재사용될 것인가? '앞서 제시한 바와 같이' (자세한 내용은 7장 참조) 신드롬으로 표현되는 것을 피할 수 있는가?
- 하위목록과 같은 방식으로 패키지들 안에 있는 패키지를 정의할 수 있는가? LMS가 이를 가능하게 할 것인가 아니면 패키지를 전적으로 독립적으로 만들어서 다른 패키지 안에 포함시킬 수 있는가?

- 패키지 안에 중요한 관련성이 있는가? 이는 SCORM의 버전에 영향을 미치며 이 표준은 코스에서 관계의 복잡성을 제한할 수 있다.

4.3.4 커뮤니케이션 표준

커뮤니케이션 표준은 학습관리시스템에서 모듈을 시작하고 이들과 데이터를 연결하는 언어를 규정하는 역할을 한다. 다음에서는 학습 관리시스템과 모듈이 커뮤니케이션을 하기 위해 주고받는 것, 커뮤니케이션 표준들, 작용 효과, 그리고 준수해야 할 사항들을 살펴보기로 한다.

4.3.4.1 객체들의 커뮤니케이션

커뮤니케이션 표준은 객체들과 운영시스템이 서로 연결하는 방법을 설명하고 있다. 모든 커뮤케이션은 객체에 의해 시작되며 구체적인 사항은 다음과 같다.

- 시작하거나 또는 종료하는 신호를 보낸다.
- 데이터를 운영시스템에 보낸다.
- 운영시스템으로부터 데이터를 요청한다.

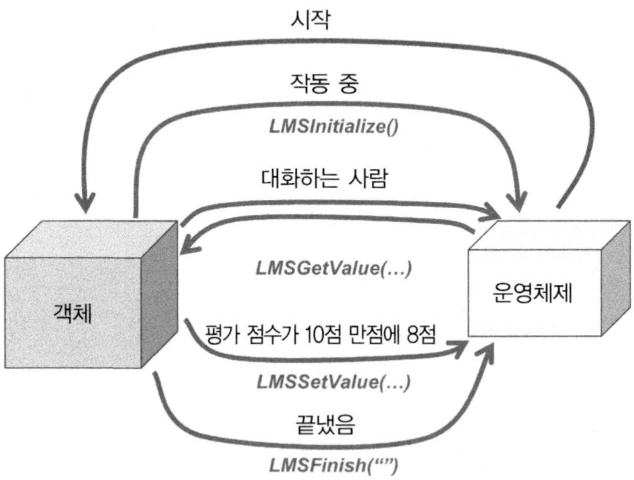

LMS는 시작시 작동 중임을 모듈이 인식하도록 한다. 모듈은 학습자의 이름을 요청하고 이를 통해 답변을 개별화하거나 학습 완료 정도를 알려준다. 또한 LMS는 언제 모듈을 모듈학습을 완료하고 종료했는지 인식한다.

이와 같은 커뮤니케이션 요구들이 새로운 것은 아니다. 다만 전통적인 CBT 모듈에서는 단일 프로그램이 단일한 장치에서 운영되었기에 이와 같은 요구들을 적용하지 못했던 것이다.

4.3.4.2 커뮤니케이션을 위한 설계 이슈

어떤 수준으로 학습자에 대한 정보를 기록할 것인가? 코스, 레슨 또는 토픽 단위로 기록할 것인가? 운영시스템은 기록을 남기는 수준에 대해 제한을 두게 될 것이고 부가기능이 없는 LMS는 코스와 관련된 것만 기록할 것이다.

- 기록한 데이터로 무엇을 할 것인가? 한 가지 적절한 사용방안은 조직과 코스들의 사용자 인터페이스를 향상시키기 위해 네비게이션과 학습 속도에 대해 분석할 수 있다는 점이다.
- 각 수준에서 어떤 이벤트들에 대한 기록을 남길 것인가? 시작과 끝, 각 항목의 평가 결과, 여러 개 평가들의 결과들, 또는 개별 평가 질문에 대한 답안들까지 기록을 남길 것인가?
- 코스, 모듈, 학습자들에 관해 어떤 데이터 항목들을 교환하고 공유할 것인가?
- 사생활 보호법과 정책으로 인해 수집되는 데이터들이 제약을 받을 수 있다.
- 데이터가 많다고 해서 정보가 많은 것이 아니다. 데이터를 유용한 정보로 만들기 위해 데이터를 여과하고 분석하며 조직해야 하므로 이를 위한 시간이 있는지 확인해야 한다.
- 모든 행동이 기록된다는 것을 알게 되면 학습자들은 위협을 느낄 수도 있다.
- 트래킹(tracking)을 사용하게 되면 코스 개발 시간이 더 필요하다.

4.3.5 메타데이터 표준

메타데이터는 설명을 위하여 이름을 부여하는 것으로서 문자 그대로 데이터에 관한 데이터이다. 이러닝에서 메타데이터 표준은 코스, 레슨, 토픽, 미디어 요소들에 대하여 기술하는 일관적인 방법을 제공하며 이러한 내용은 전자 목록에 종합하여 검색할 수 있다. 학습자들은 수강할 모듈을 찾기 위해 목록을 검색하게 되고 개발자들은 재사용할 내용을 찾기 위해 목록을 검색하게 된다.

4.3.5.1 메타데이터의 예시

메타데이터 표준은 수십 가지 항목들을 구체화시켜 준다. 내용에 따라 선택적일 수도 있고 필수적이 될 수도 있으며 어떠한 것들은 핵심적인 것들이 되고 어떠한 것들은 현학적이고 모호한 것이 되기도 한다. 메타데이터에서 주로 구체화시켜야 하는 항목들은 다음과 같다.

이름	예	기록 내용
제목(title)	Gantt 차트 소개	코스, 레슨, 토픽, 또는 미디어 요소의 공식적 명칭
언어(language)	en-US	단원에서 사용된 언어 코드로서 예시는 미국식 영어임.
설명(description)	비즈니스에서 Gantt 차트 사용에 대한 개관	단원 학습 내용
키워드(keyword)	Gantt 차트, 프로젝트 관리	인덱스 또는 검색 시 해당 모듈이 나타나게 되는 용어들
구조(structure)	계층적	내부적으로 단원이 조직된 방법
집합수준 (aggregation level)	3	단원, 강좌의 규모
버전(version)	1.1	수정본들 중 순서를 나타내는 숫자
형태(format)	text/html, image/gif, application/x-shockwave	단원에서 사용된 파일형태
사이즈	1200000	단원을 이루고 있는 파일의 크기 (바이트로 표시)
지속시간	PT3H30M	단원 완료에 걸리는 시간은 3.5시간
비용	없음	단원 사용료의 여부

다른 메타데이터 항목들은 개별적인 중점 사항들에 따른 구체적인 사항들에 대해 기록한다.

4.3.5.2 구체적인 메타데이터 구성의 틀

메타데이터 표준은 매우 개방적이다. 의무적인 기록 항목들 및 이들을 일관성 있게 기술하는 방법을 구체화해 주는 개별적인 메타데이터의 구성 틀이 있다. 최선의 방법은 각 수준에 대한 구체적인 내용을 만드는 것이다. 구성의 틀을 만들려고 한다면 다음 중 하나의 틀을 토대로 개발하고자 할 경우가 많을 것이다.

- ARIADNE(www.ariadne-eu.org)
- CanCore(www.cancore.org)
- HEAL(www.healcentral.org)
- MERLOT(merlot.org)
- Dublin Core(www.dublincore.org)

4.3.5.3 메타데이터의 설계 이슈

- 어떠한 메타데이터 항목들을 기록하고 싶은가? 다른 사람들에 의해 재사용이 될 것인가?
- 어떠한 수준으로 메타데이터를 포함할 것인가? 코스, 레슨, 토픽, 또는 미디어 요소 중 어느 수준인가?
- 일관성을 어떻게 보장할 수 있는가? 분류법을 사용하는가? 사용한다면 구체적인 단어와 분류방법은 무엇인가? 키워드 사전을 사용하는가? 어떠한 품질관리 확인 절차를 사용하는가?
- 내용과 키워드와 같은 주관적인 메타데이터를 누가 기록하는가? 기록이 정확하고 객관적인지의 여부를 어떻게 보장할 것인가?
- 코스에 대한 교수자의 기여도, 협업 이벤트, 블렌디드 러닝과 같이 메타데이터 항목들을 정의하지 않는 표준들을 어떻게 다룰 것인가?
- 품질과 효과성을 어떻게 제시할 것인가?

4.3.6 관련 표준

이러닝 콘텐츠 개발에 영향을 미치는 수많은 다른 표준들이 있으며, 대부분 이러닝을 만들고 관리하는 도구들에 관해서만 다루고 있고 설계에는 영향을 미치지 않는다. 그러나 몇 가지 더 알아야 할 필요가 있는 것들이 있다.

4.3.6.1 AICC

AICC를 SCORM처럼 생각하라. AICC 표준은 과거 1980년대의 재사용에 관한 표준으로 SCORM 표준의 특성에 많이 반영되었다. AICC 표준이 저작도구나 운영체제에 반영될 경우 시스템 및 그 안에서 개발된 콘텐츠에서도 발견된다. AICC를 충족시키는 콘텐츠를 가지고 있다면 동일한 표준들을 지속적으로 이용하고자 할 것이다. 새로운 것을 시작할 때에는 오래된 표준보다는 SCORM처럼 새로운 표준을 준수하도록 한다.

4.3.6.2 IMS Question and Test Interoperability

IMS Question and Test Interoperability(QTI)는 특정 도구에서 만들어진 평가 질문들이 다른 도구에서 만들어진 질문들과 결합하여 제3의 도구를 통해 전달되는 방법에 대한 것이다. 코스 편집에서 많은 비중을 차지하는 작업이 평가 문제를 기록하는 일이므로, 개발자들은 다루게 되는 서로 다른 운영시스템에 부합되는 문제들을 새롭게 만들기를 기피하게 된다. 운영시스템과 평가 저작도구들이 이런 표준들을 더 많이 따를 수록 평가 문제의 개발이 더 간편해진다.

4.4 고지식한 관점의 극복

재사용은 바람직한 목적을 통해 실질적인 이로움을 제공하지만 교수설계자들은 이용상의 난점에 대하여 문제를 제기하고 있다.

- **실제 세계의 지식은 상호관련성이 높고 기술은 상호의존적이다.** 개념적인 다이어그램에서 효과적으로 제시된 개념을 학습 객체로 만들고자 할 때 관련된 모든 부분에 내용이 연관되어 있다.
- **기술적인 비호환성이 존재한다.** A사로 제작된 모듈은 B사 운영체제에 통합될 수 없으며 C사 운영체제에서 D사 브라우저로 볼 수 없다. 플러그인들의 일부가 표준화되지 않은 경우가 있다.
- **학습자들이 바람직하지 않은 변동성 높은 학습을 경험한다.** 특정 페이지에서는 버튼들이 최상단에 있었으나 다음 페이지에서는 최하단에 나타나며 잔잔한 톤이 갑자기 번쩍거리는 네온톤으로 변하고, 문자만 있던 페이지들이 멀티미디어가 많은 페이지로 대체되어 일관성이 없다면 들쭉날쭉한 학습을 체험하게 된다. 개발자들이 주요 사용자 인터페이스, 시각적 표현, 미디어 사용의 표준을 준수하지 않을 경우 학습자들은 어려움을 겪는다.

5. 품질 표준의 준수

SCORM이나 다른 기술적 표준을 준수한다고 해서 개발한 코스를 모든 사람이 유용하다고 여기는 것은 아니다. 설계 표준은 사람들이 여러분이 개발한 이러닝을 사용할 수 있으며 배울 수 있도록 도울 뿐이다. 품질 표준들 중에는 두 가지 주요 유형들이 있다.

- **설계 품질(design quality).** 교수설계와 사용자 인터페이스의 원칙을 준수하는지를 확인하는 체크리스트
- **접근성(accessibility).** 일반 장애자들이 이러닝을 수강할 수 있는지를 확인하는 필요조건들

5.1 설계의 품질을 위한 표준

설계 품질 표준은 이러닝 설계와 개발의 최소 요건들을 설정하고 있다. 이러닝을 위한 주요 설계 품질은 ASTD 자격인증 기관의 이러닝 코스웨어 자격인증 표준이다. 해당 자격인증 기관은 이러닝이 사용자 인터페이스 디자인, 표준 운영시스템과 도구와의

호환성, 개발 품질, 교수설계의 복합적인 표준들을 따르고 있는지의 여부를 보증할 것이다. 그러나 이런 표준은 전통적으로 구조화된 인지적인 코스들에서만 적용이 된다. 해당 표준은 www.astd.org/ASTD/marketplace/ecc에서 볼 수 있으며, 네 개의 주요 그룹에서 18가지의 설계에 관한 측면에 대해 다루고 있다.

- **인터페이스 표준**은 이러닝 사용의 용이성에 관한 것으로 구체적으로 다음과 같다.
  - 오리엔테이션
  - 트래킹 특성
  - 필요한 내비게이션 기능
  - 선택적 내비게이션 장치
  - 사용 지원

- **양립 가능성 표준**은 이러닝이 컴퓨터의 운영시스템과 컴퓨터에서 운영 중인 다른 프로그램과 같이 잘 작동하는지를 보는 것이다. 구체적인 내용은 다음과 같다.
  - 설치와 프로그램 시작
  - 설정
  - 프로그램 실행
  - 프로그램 삭제

- **개발 품질 표준**은 콘텐츠의 문자, 그래픽이 깨끗하고 일관적인지를 확인하는 것을 말한다. 다음과 같이 제시할 수 있다.
  - 문자와 그래픽의 가독성
  - 편집과 내적 일관성

- **교수설계 표준**은 코스의 교육적인 효과성을 확인하는 것으로 교수목적, 목표, 콘텐츠, 교수방법과 관련이 있으며 다음 사항을 포함한다.
  - 강좌 목적의 표현
  - 학습 목표 제시
  - 학습 목표와 강좌 콘텐츠와의 일관성
  - 프레젠테이션, 시범, 학습의 촉진
  - 피드백이 제공되는 연습
  - 몰입 테크닉
  - 학습 평가

5.2 접근성 표준

접근성 표준은 장애인들이 정보공학을 사용할 수 있게 하는 것을 목표로 삼고 있다. 이러닝을 위한 접근성 표준은 없으나 이러닝은 정보공학을 다루는 표준과 규정하에 관리되므로 대부분 월드와이드웹 콘소시엄(World Wide Web Consortium)의 웹콘텐츠 접근성 가이드라인(Web Content Accessibility Guideline)이나 미국 재활법 508조(regulation of Section 508)를 따르고 있다.

영구적인 장애인들뿐만 아니라 때로는 모든 사람이 이러닝 수강 능력의 한계에 부딪히게 된다. 다음은 이와 관련된 몇 가지 예시들이다.

- 과제 수행 과정 중에 스크린에서 멀리 떨어진 거리에서 내용을 읽어야 함
- 손이나 손가락의 부상
- 사운드 카드가 없음
- 사운드가 꺼져 있음
- 웹 브라우저에서 그래픽이 보이지 않음
- 편두통

5.2.1 웹 접근성 표준

월드와이드웹 콘소시엄(W3C)은 모든 사람들이 사용할 수 있는 이러닝과 같은 유형의 웹 콘텐츠 만들기에 앞장서 온 기관이다. W3C는 웹콘텐츠 접근성 가이드라인을 출간하면서 모든 웹 콘텐츠를 장애인들이 활용할 수 있는 것을 목적으로 하였다.

해당 가이드라인은 다른 우선순위에 따라 세 가지 수준을 구체화하였다. 1순위가 가장 우선적인 것이라고 할 수 있다. 이러한 가이드라인은 여러 정부의 법안에 따라 고유한 방법을 지니게 되었다. 예시는 다음과 같다.

5.2.2 508조(미국 재활법 508조)

508조는 1973년도 재활법의 1998년 개정안을 일컫는 것으로 미국 연방정부와 하위 기관들에 적용되고 있다. 이 법안의 목적은 비장애인들이 접근해서 사용할 수 있는 정보와 데이터들을 장애를 가진 피고용인들과 대중도 이용할 수 있도록 보장하는 것이다.

508조는 몇 가지의 분리된 조항들이 있다. 이러닝을 구성하고 있는 테크놀로지에 따라 처음의 두 개 항의 어느 한쪽에 속하기도 한다. 플러그인이나 미디어 플레이어에 의한 콘텐츠 운영은 첫 번째 조항(§1194.21)에 속하지만, 웹페이지에 제시되는 콘텐츠에 따라 다음 조항(§1194.22)에 속하기도 한다.

5.2.3 접근성을 위한 필요사항

508조 §1194.22에 명시된 몇 가지 필요사항들이 있다.

(a) 모든 비문자 요소들에 상응하는 문자가 제공되어야 한다.(예: alt나 longdesc 또는 개별 콘텐츠)
(b) 모든 멀티미디어 프레젠테이션과 상응하는 대안적 자료들이 프레젠테이션과 동시에 나타나야 한다.
(c) 배경이나 강조와 같이 색을 이용하여 담긴 정보들이 색이 없어도 가능하도록 웹페이지들을 만들어야 한다.
(d) 문서들이 관련 스타일 시트 없이도 읽을 수 있도록 조직되어야 한다.
(e) 서버쪽 이미지 맵 영역과 동일한 내용의 텍스트 링크가 제공되어야만 한다.

지금까지 이러닝을 제작하기 위한 테크닉을 매우 자세하게 명세화하였으나 이는 구체적인 설계 이슈는 아니라고 할 수 있다.

5.2.4 규정 준수를 위한 접근 방법

방법에 따라 접근성에 대한 법조항을 따르기가 매우 어렵고 많은 비용이 소요될 수 있으므로 각 조직은 일관되고 깊이 있는 고려사항을 감안한 접근 방법을 보유하고 있어야 한다. 다음과 같이 몇 가지 가능성 있는 접근 방법들이 있다.

5.2.4.1 (508조에 대한) 예외 청구권

모든 법조항들은 적용되는 부분과 적용되지 않는 부분에 대해 적어놓았다. 예를 들면 508조에서 다음의 사항들을 명확하게 제외하고 있다.

- 불필요한 부담이 부과되는 경우
- 군사적 지적활동이 관련된 국가보안
- 개발물 또는 요소들의 속성이 근본적으로 변하게 되는 경우
- 계약에 따라 테크놀로지가 부수적인 경우

5.2.4.2 대안적인 콘텐츠

대부분 법조항에서 승인된 접근법은 대안적인 콘텐츠를 제공하는 것이다. 실제적으로 비슷하거나 또는 더 나은 접근이라고 인식되는 대안적인 콘텐츠의 유형들은 다음과 같다.

- 대안적인 유형들: 음성, 팩스, 중계 서비스, 텔레타이프라이터(teletype writer: TTY), 인터넷 글 올리기, 캡션 달기, 텍스트-음성 합성기, 오디오 설명)
- 대안적인 지식 산출물: 접근하기 쉬운 전자책(e-book), 웹사이트, 텍스트 파일
- 인적 지원: 도움이나 설명을 요청하는 이메일 링크

5.2.4.3 보편적 접근성

모든 페이지가 모든 사람들에게 접근 가능하도록 하는, 즉, 모든 요소들이 표준을 빠짐없이 준수하는 것으로서 이를 보편적 접근성이라고 일컫는다. 여러 버전들로 유지해야 하는 어려움을 피할 수는 있으나 매우 까다롭고 많은 비용이 소요된다.

5.2.4.4 유의미한 개별 맞춤화

가장 정교한 접근법은 콘텐츠를 중립적인 포맷으로 저장한 뒤에 개별 학습자의 능력에 맞게 맞춤화된 버전으로 제공하는 방법이다. 이러한 방법은 유의미한 개별 맞춤화라고 불린다. 여기에는 두 가지 접근법이 있는데 매우 기술적인 방법들이다.

- **데이터베이스 출판(database publishing).** 콘텐츠의 단위들이 데이터베이스나 XML로 저장되므로 학습자의 능력에 맞게 콘텐츠가 자동적으로 편집되어 새로운 버전이 생성된다.
- **작동 중 편집(on-the-fly formatting).** 데이터베이스 출판과 같은 것으로 볼 수 있으나 요청에 따라 개별 페이지가 생성된다.

5.2.5 접근성을 위한 설계 이슈

저자의 경우 508조의 요구사항을 충족시키기 위한 몇몇 프로젝트에서 일한 경험에 비추어 볼 때 교수설계 전략의 영향이 매우 중요하다고 할 수 있다. 프로젝트 요구사항

에 대한 대부분의 주요한 수정사항들은 다음과 같다.

- 음성 자료의 대본
- 충분한 크기의 커다란 버튼
- 보다 가독성이 높은 텍스트
- 모든 그래픽을 위한 언어적 설명이나 요약
- 모든 링크에 관한 설명
- 대안적인 내비게이션 링크
- 충분한 크기의 명확하게 구분할 수 있는 링크
- 스크린 리더로 인식할 때 의미가 명확하게 전달되도록 논리적 순서에 따라 조직된 HTML 레이어(HTML 코드에서)

5.2.6 바람직한 접근성의 예시

스크린 리더에 의존하는 시각 장애가 있는 사람들에게도 가능한 시뮬레이션을 가능하게 하는 저작도구를 용이하게 사용할 수 없다면 시뮬레이션 정보들을 다른 형태로 제공할 수 있도록 하는 몇 가지 추가적인 절차들을 활용한다.

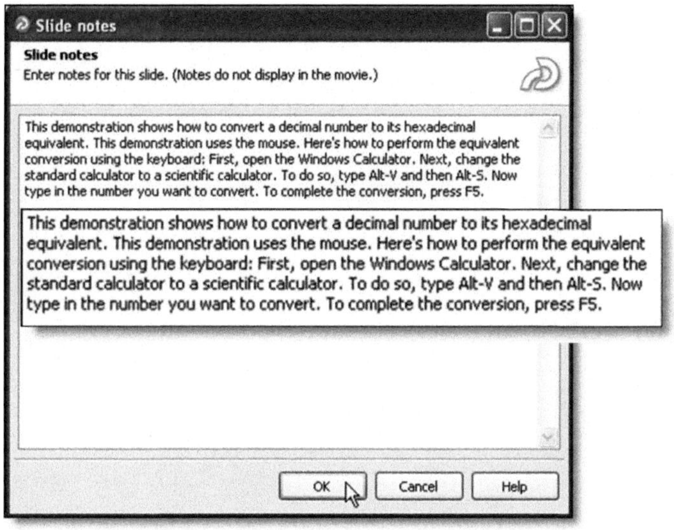

어도비 캡티베이트를 이용하는 방법에 대해 살펴보자. 시뮬레이션의 슬라이드마다 **슬라이드 노트** 대화상자에 설명을 적을 수 있다. 여기에서는 시각 장애가 있는 사람들을 위해 키보드 단축키를 포함시키는 것이 마우스 사용보다 쉽다는 것을 알 수 있다.

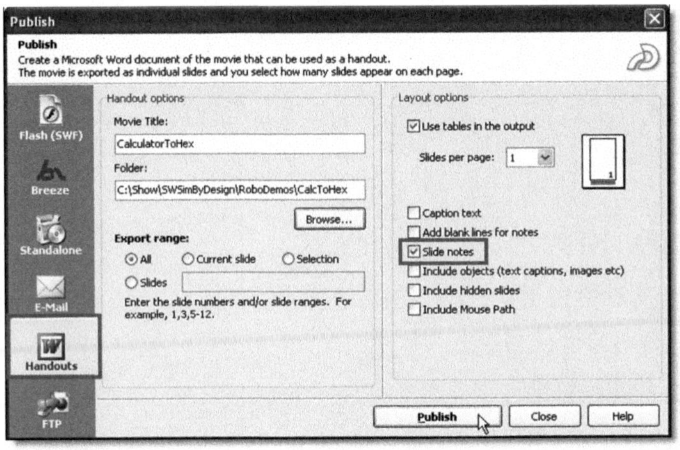

노트에 내용을 기록하면 시뮬레이션을 마이크로소프트 워드 문서로 변환시킬 수 있다. 해당 문서가 슬라이드 노트를 포함하는지를 확인해야 한다.

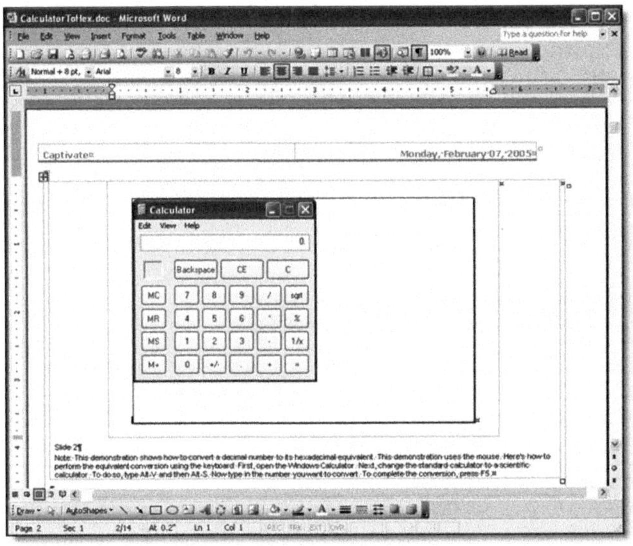

마이크로소프트 워드 문서가 있다면 스크린 리더를 사용하는 사람들이 사용하게 할 수 있다. 또는 스크린 리더가 읽을 수 있는 웹페이지나 어도비 애크로뱃 PDF로도 변환시킬 수 있다.

6. 맞춤형 테크놀로지 표준 설정

이러닝은 테크놀로지에 의존하므로 이러닝 설계자들은 사용할 테크놀로지에 따라 달라지는 기본 규칙들에 따라 목적과 제한점들에 대해 고려해야 한다. 사용할 브라우저의 버전을 상세하게 설명할 필요가 있다. 예를 들면 이러닝이 인터넷 익스플로러 6.0과 파이어폭스 1.5에서 운영될 것이라고 구체화해 주는 설명이 필요하다.

만약 HTML 특성이 사용할 모든 브라우저에 의해 지원이 된다면 자유롭게 사용하도록 한다. 반면 다른 브라우저에서는 문제가 없으면서 사용할 브라우저에는 일부만 지원된다면, 지원되지 않는 기능에는 중요한 정보를 포함시키지 말고 부가적인 정보나 장식적인 것을 위해서만 사용한다. 사용 브라우저에 의해 문제가 발생하는 경우에는 해당 기능을 사용하지 않거나 두 가지 버전을 준비하는 것이 좋다.

많은 플러그인을 필요로 하는 이전 버전의 브라우저보다는 최근 버전 브라우저 요구사항을 고려한다. 예를 들면, 최신 버전의 브라우저에서 지원하는 다이내믹 HTML은 버전 3 브라우저의 플러그인을 요구하는 단순한 애니메이션에 적합하다고 할 수 있다.

6.1 자료 파일 유형의 구체화

사용하는 파일 유형에 대한 선택은 중요한 결과를 야기한다. 어떤 파일 유형들은 학습자들이 미리 다운로드받아서 설치해야 하는 플러그인을 필요로 하기도 한다. 특정 파일 유형에 있는 정보들이 다른 유형보다 신속하게 다운로드되고 정보가 부드럽게 제시될 수도 있다. 다양한 여러 가지 파일 유형들을 모든 브라우저의 모든 버전에서 볼 수 있는 것은 아니다. 파일 유형에 대한 선택은 코스 저작도구의 선택을 제한할 수도 있으나 모든 사람이 안정적으로 볼 수 있는 유형을 선택해야 한다.

6.1.1 파일 유형 선호도

플러그인을 다운로드받아서 설치하는 시간을 최소화할수록 더 많은 사람들이 수강할 수 있으므로 다수의 사람들이 이미 가지고 있는 브라우저에서 재생될 수 있는 파일 유형을 선택한다.

6.1.1.1 브라우저-네이티브로 시작하기

플러그인 같은 다른 소프트웨어의 도움 없이 브라우저만으로도 볼 수 있는 파일 유형으로 시작한다. 이렇게 브라우저만으로도 볼 수 있는 유형을 브라우저-네이티브(brower-native)라고 지칭하며, 이는 선택된 브라우저의 브랜드와 버전을 따르게 된다. 예를 들면 인터넷 익스플로러 6.0에 해당하는 브라우저-네이티브 유형은 다음과 같다.

- 다이나믹 HTML을 포함한 HTML, 캐시케이딩 스타일 시트(CSS)
- 문자(ASCII와 유니코드)
- 자바스크립트
- GIF, JPEG, PNG 그래픽
- XSL 스타일 시트를 포함한 XML
- 자바

6.1.1.2 플랫폼으로부터 독립적인 유형

플랫폼으로부터 독립적인 유형들은 여러 운영체제하의 여러 브라우저들의 다양한 버전으로 원활하게 볼 수 있다. 비록 플러그인이 필요하기는 하지만 대부분의 브라우저에서 이용 가능하며 저렴한 가격이거나 무료이다. 플랫폼으로부터 독립적인 유형은 소유권이 있는 파일 유형보다는 산업 표준을 따른다. 이러한 유형들은 다음과 같다.

- **오디오:** MP3
- **음악:** MIDI
- **비디오:** MPEG
- **가상현실:** VRML

6.1.1.3 대중적인 웹 유형

대중적으로 사용되며 기술적 지원이 제공되고 있는 소유권이 있는 유형을 차선책으로 고려할 수 있다. 많은 학습자들에게 필요한 플러그인이 설치되어 있고 새로 설치하는 경우에도 이를 위한 지원이 효과적으로 제공되고 있다. 이에 해당되는 유형들은 다음과 같다.

- **사운드:** WMA, WAV, Real Audio
- **비디오:** Shockwave Flash(SWF), Flash Video(FLV), Quick Time, WMV, Real Video
- **문서:** Adobe Acrobats PDF, Rich Text Format(RTF), FlashPaper

라이센스 요구사항에 대해 고려해야 한다. 유형에 따라서는 웹으로부터 무료로 배포가 되기도 하지만 어떤 것은 CD-ROM을 통해 배포되며 라이센스를 필요로 하기도 한다.

6.1.1.4 대중적인 데스크탑 유형

구체적인 작업환경에서의 공통적인 유형을 고려하는 경우에는 목표 학습 대상자들이 사용하는 도구와 응용 프로그램을 포함하게 된다. 예를 들면 어떤 비즈니스 분야에서는 마이크로소프트 오피스와 같은 프로그램을 기본적으로 가지고 있으며 강좌에서는 마이크로소프트 파워포인트, 워드, 엑셀과 같은 문서들을 보유하고 있을 수 있다. 라이센스의 제한점들에 대해 반드시 확인해야 한다.

6.1.1.5 희귀하거나 지원이 어려운 유형의 지양

드문 플러그인이나 기술적인 지원이 제공되지 않는 유형은 사용하지 않는 것이 바람직하다.

6.1.2 바이러스 없는 유형의 선택

바이러스가 없는 유형을 선택한다. 예를 들면 자바 애플릿은 자바 어플리케이션보다 바이러스가 없으며 매크로 없는 워드프로세스 문서가 매크로 있는 문서보다는 바이러스가 없는 편이다.

6.2 파일사이즈 제한

모든 학습자들이 항상 초고속 네트워크를 보유하고 있는 것은 아니므로 파일사이즈의 총량을 제한하는 것이 바람직하다. 구체적으로는 HTML 파일 및 이러한 파일에 자동적으로 포함된 모든 파일들을 의미한다. 10초 안으로 케이블에서 전송받아야만 하는 토픽에 대한 가이드라인은 다음과 같다.

학습자 연결속도	전체 사이즈에 대한 각 토픽의 제한
14.4Kbps	10K
28.8Kbps	20K
56Kbps	40K
128Kbps	80K
1Mbps	640K
더 빠르면	Mbps당 1Megabyte

7. 신중한 강좌 명칭 결정

강좌의 제목을 만드는 것이 사소한 결정 같지만, 이러닝에서 강좌의 이름은 수강자들에게 영향을 미친다.

일반적으로 제목은 사용자들로 하여금 보다 많은 정보를 보도록 하게 하므로 이름을 읽는 것만으로도 코스의 목적, 접근방법, 과목 등을 예측할 수 있도록 정한다.

프로젝트 관리-상위 레벨 시뮬레이터
외곽지역 부동산 판매-자기진도에 맞게 학습하는 튜토리얼
재정계획 수립: 개별 투자자들을 위한 웹 세미나

강좌들의 진행 및 온라인 카탈로그 저장방법에 대해 고려해야 하며 강좌 이름을 확정할 때 다음의 가이드라인을 참고한다.

- **가장 중요한 부분을 제일 먼저 제시한다.** 인덱스 또는 알파벳 순서의 리스트에 제목이 있을 때 학습자들은 중요 단어들을 금방 알아차리게 된다.
- **수강의 장점을 보장한다.** 수강을 통해 학습자가 얻게 될 것을 확실히 한다. 많은 경우 학습자가 얻게 될 결과물보다는 교수자가 말하고자 하는 것을 전면에 내세우는 경향이 강하다.
- **하습자들이 이해할 수 있는 용어를 사용한다.** 강좌를 수강하기 이전에 학습자에게 의미 있는 용어를 사용한다. 주요 용어 및 산출물에 대한 현학적인 단어 사용을 피한다.
- **해당 강좌를 수강해야 하는 사람을 암시한다.** '상급' 또는 '기초' 또는 해당 강좌로부터 이익을 얻을 수 있는 직업군 등의 용어를 사용한다.

8. 이 장을 마치며

8.1 요약

- 이러닝을 위해서는 수많은 다양한 유형들이 가능하다. 유형의 선정은 몇 가지 기초적인 선택에 의존하게 되므로 개발할 강좌가 다음 척도의 어느 지점에 해당하는지를 고려해 보도록 한다

전적인 교수자 중심	↔	전적인 학습자 중심
100% 동시적	↔	100% 비동시적
대규모 수업	↔	1인 수업

- 학습자가 코스를 수강하는 장소와 이용할 장치를 구체화하고 이에 적절한 방식으로 이러닝을 설계한다.
- 100% 순수한 이러닝이 최선의 방법이 아니라면 교실 학습의 다른 형태와 혼합하는 다양한 형태들을 고려해본다.
- 코스에서 사용될 수 있는 테크놀로지를 구체화한다. 신뢰할 만하며 많은 사람들이 사용 가능하고 개발업체에 의해 효과적으로 지원받을 수 있는 테크놀로지를 선택하라.

8.2 보충사항

학습 객체를 개발하기 위한 가장 우선적이고 기초적인 것은 *토픽의 설계*(자세한 내용은 6장 참조) 부분에서 제시되고 있다. '재사용 가능한 학습 객체(reusable learning object)' 라는 용어를 이용하여 웹에서 검색해 보면 더 많은 것을 얻을 수 있을 것이다.

표준에 대한 더 많은 자료를 위한 몇 가지 자료 출처들을 제시하면 다음과 같다.

- **SCORM:** www.adlnet.org
- **Web Content Accessibility Guidelines:** www.w3c.org
- **Section 508:** www.section508.gov

1.1 왜 가상교실인가

이러닝을 가상교실로 설계했을 때의 이점은 다음과 같다.

교수자가 학습자에게 적절한 학습을 제공할 수 있다. 교수자는 교실에서 일어나는 모든 것을 직접 모니터링할 수 있다. 교수자는 질문에 답변하고 관심을 즉각적으로 표현할 수 있다. 교수자는 학습자들의 세세한 피드백에 대하여 제공하는 내용과 프레젠테이션을 즉시 수정할 수 있다.

가상교실은 특정 학습자가 요구하는 공동체와 규율을 제공해준다. 가시적인 그룹의 일원이 된다는 것은 일반적으로 공동체 의식이나 특정 문화에 호소하는 노력에서 시작된다. 정해진 일정에 따라 특정 장소에 있어야 한다는 의무조항은 학습자에게 규율을 부과한다. 교수자나 동료와의 면대면 만남을 통해 학습자들이 일정대로 진행할 수 있도록 촉진해 줄 수 있다.

교실 학습은 익숙하고 입증된 방법이다. 학습자들은 교실에서 활용되는 절차, 흐름, 프레젠테이션 방법에 익숙하다. 교실 코스는 500년 이상 동안 교육의 표준이 되어 왔다.

학습은 유연하고 능동적인 것이다. 수업은 강의, 질의응답, 개별 혹은 팀 활동, 읽기, 평가 등을 통합할 수 있다. 학습자들은 동료 학습자와 직접 과제를 수행할 수도 있고 이를 통해 의미있는 대화를 할 수 있다.

교수자 주도의 이러닝의 장점과 단점에 관한 내용은 8장에서 자세하게 다루고 있다.

1.2 코스, 미팅, 프레젠테이션

가상교실 코스는 상호작용과 테크놀로지에 있어 코스, 미팅, 프레젠테이션의 세 가지 범위가 중첩된다.

- **가상교실 코스**는 완전한 학습 프로그램 형태이다. 실시간과 비실시간 사태를 혼합하여 구성한다. 실시간의 경우 온라인 프레젠테이션을 통한 온라인 미팅을 예로 들 수 있다.
- **온라인 미팅**, 혹은 *웨비나(Webinars)*는 상호작용적인 실시간 이벤트로 가상교실

코스의 구성요소가 될 수 있다. 독립형 이러닝 이벤트나 비즈니스 미팅에서 활용할 때 유용하다.

- **온라인 프레젠테이션**은 온라인 미팅의 일부분 혹은 독립된 형태로 정보 제공에 활용될 수 있다. 온라인 프레젠테이션은 상호작용적은 아니며 실시간 전달 혹은 추후 활용을 위해 녹화하여 활용할 때 유용하다.

이 장에서는 위에 언급한 세 가지를 모두 다룬다. 완전한 가상교실을 활용하지 않더라도 이러닝에서 온라인 프레젠테이션이나 온라인 미팅을 활용할 수 있다는 점을 고려할 필요가 있다.

2. 협력 도구의 선정과 활용

컴퓨터와 네트워크 테크놀로지는 대인간 상호작용에서 활용될 수 있는 다양한 협력 도구를 제공한다. 단순한 이메일부터 완전한 온라인 미팅 도구에 이르기까지 다양하다. 이 장은 이러한 협력 도구를 선정하는 데 필요한 지침을 제공하고 원격 학습자를 위해 어떻게 활용할 수 있는지에 대한 안내를 제공한다.

2.1 협력 도구의 선정

협력 도구는 원격 학습자가 자유롭게 커뮤니케이션하고 가상교실에서 공동 과제를 수행하는 것을 가능하게 해준다. 효과적인 활용을 위해서는 무엇보다도 코스 목표에 가장 적절한 대인간 상호작용의 유형이 무엇인지 결정해야 한다. 다음으로 주어진 상황에 적합한 형태로 필요한 테크놀로지를 통해 상호작용을 실천해야 한다.

2.1.1 다양한 도구 고려하기

풍부한 상호작용과 협력을 활성화하기 위해서는 고치적 기술을 가르치는 데 대인 접촉 부족이 문제가 되지 않도록 하는 것이 중요하다. 협력 도구는 교수자와 개별 학습자를 연결해주고 학습자 그룹을 연계해준다.

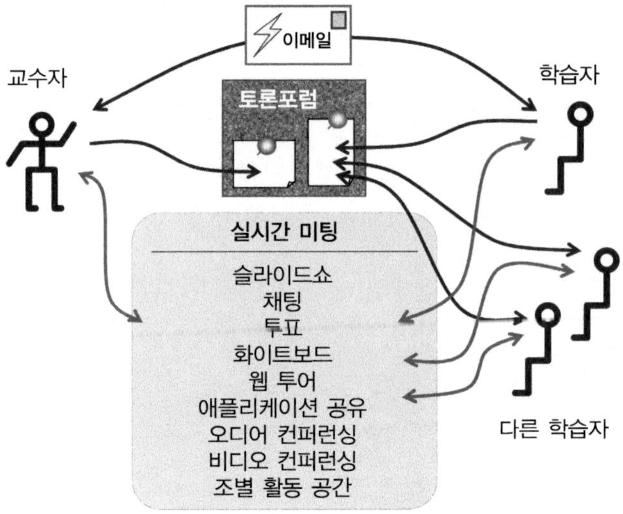

가장 간단한 방법은 교수자와 학습자 간의 이메일 교환이다. 보통 이메일은 수업에 변동이 있거나 특별한 내용이 있을 때 공지사항의 형태로 교수자가 전체 학습자에게 보내게 된다. 학습자는 교수자와 마찬가지로 토론 포럼에 메시지를 올릴 수 있고, 다른 학습자들은 이를 읽고 답글을 올린다.

미팅은 교수자와 학습자 간에 실시간 의견 교환을 할 수 있게 해준다. 참여자들은 즉각적인 이메일이라고 할 수 있는 텍스트 메시지를 교환하기 위해 채팅을 활용할 수 있다. 어떤 이슈나 의사결정을 위해 투표를 활용할 수도 있다. 화이트보드나 스크린 공유 도구를 활용하여 토론이나 과제를 시각적인 객체를 통해 수행할 수 있다. 또한 컨퍼런스 콜 같은 오디오 컨퍼런싱을 활용할 수도 있다. 네트워크 속도가 허락하는 한서로 비디오 이미지 공유를 통해 비디오 컨퍼런싱을 하는 것도 가능하다.

☹ **미팅이 필요하지 않은 경우**	☺ **미팅이 필요한 경우**
명시적 지식을 가르칠 때	비구조화되고 암묵적인 지식을 가르칠 때
상세한 학습이 필요할 때	학습자들의 질문이 많을 때
학습자들의 언어 기술이 부족할 때	개별 학습보다는 함께 학습하기를 원할 때
학습자의 스케줄을 예측하기 어려울 때	독립형 자료를 개발할 시간이 없을 때

2.1.2 실시간 미팅의 필요성 결정하기

온라인 미팅을 활용하기 이전에 모든 사람이 동시에 접속해서 실시간 미팅을 할 이유가 충분한지 반드시 고려해 보아야 한다.

설계자가 게을러서 미팅을 기획하는 것이 타당한 이유가 될 수 없지만, 애석하게도 학습자가 스스로 학습할 수 있는 자료를 교수자가 제작할 수 있는 기술이 부족할 때 온라인 미팅을 활용하게 되는 경우가 많다. 정보가 단순하다면 잘 설계된 웹페이지로 만들어 올리도록 한다. 수업 자료가 약간의 상호작용을 요구한다면 컴퓨터를 이용한다. 온라인 미팅을 무조건 활용할 것이 아니라 먼저 필요성을 파악해야 한다.

2.1.3 여러 가지 학습 활동의 혼합

모든 것을 하나의 협력 유형에서 다 하려고 할 것이 아니라 개별 활동과 그룹 활동, 실시간과 비실시간 활동을 체계적으로 혼합하는 것이 좋다. 아래의 그림이 한 예가 될 수 있다.

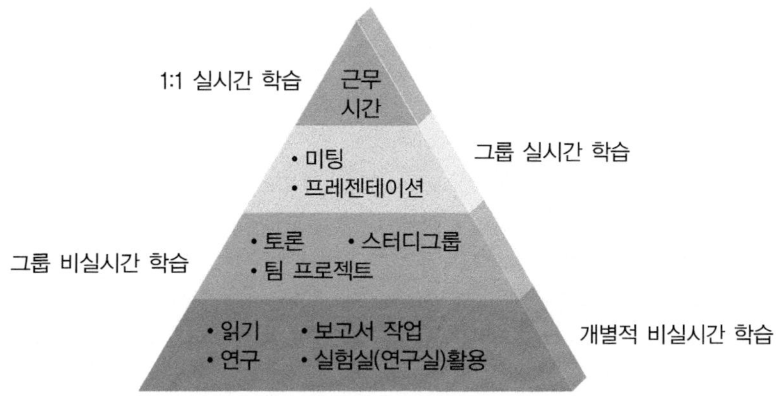

실시간 상호작용은 개별 컨퍼런스와 전체 미팅과 같이 우선 순위가 높은 과제에 활용한다. 개별 수행에 더 적합하거나 동시 접속 활동을 굳이 요구하지 않는 일상적인 과제는 피라미드의 하단에 위치한다.

2.1.4 학습자에게 적합한 도구 선택하기

협력 도구는 테크놀로지이지만 결국 사람이 활용하는 것이다. 그러므로 협력 도구의 선정에 영향을 미치는 가장 중요한 요인은 사람이다. 몇 가지 중요한 고려 사항은 다음과 같다.

언어의 유창성. 어떤 협력 과제는 다른 것보다 언어 기술을 더 많이 요한다. 학습자의 언어 수준이 매우 유창하지 않은 경우에는 특히 채팅이나 오디오 컨퍼런싱, 비디오 컨퍼런싱과 같은 실시간 도구보다는 이메일이나 토론 포럼처럼 메시지를 충분히 읽고 답을 쓸 수 있는 비실시간 도구를 선호할 수도 있다.

억양. 인터넷 오디오의 질은 억양이 독특한 사람의 음성을 이해하는 데서 오는 어려움을 더 증폭시킬 수 있다. 저자의 경우, 매우 다양한 억양과 모국어 배경을 가진 사람들과 오디오 컨퍼런스를 활용했었을 때, 서로 이해하는 데 큰 어려움을 겪었던 경험이 있다.

타이핑 기술. 채팅은 즉시성이 강한 매체이며 타이핑 기술에 전적으로 의존하는 측면이 있다. 많은 학습자들이 타이핑 속도가 늦거나 오타 발생시 당황한다.

테크놀로지 숙달정도. 어떤 학습자들은 인터넷 경험이 오래되었지만 어떤 학습자들은 아직도 더블클릭을 잘 할 줄 모르는 수준이기도 하다. 그러므로 도구를 선택할 때는 학습자들의 컴퓨터나 네트워크 사용 수준을 반드시 고려해야 한다. 그렇다면 협력 도구를 사용하기 위해 어느 정도로 숙달되어 있어야 하는가? 만약 학습자들이 화이트보드 사용 방법을 이미 알고 있다면 애플리케이션 공유는 별로 어렵지 않게 시도해볼 수 있을 것이다. 하지만 이제 막 이메일 사용법을 익히기 시작한 수준이라면 채팅이나 화이트보드, 비디오 컨퍼런싱은 너무 어려운 과제가 될 수도 있다.

또한 제공할 수 있는 기술적 지원에 대한 고려도 필요하다. 학습자들이 협력 도구 사용법을 혼자 터득해야 한다면 쉽게 좌절할 수도 있다. 설계자(혹은 도구 공급업체)가 튜토리얼이나 전화 상담 같은 서비스를 제공한다면 학습자들은 훨씬 쉽게 도구를 사용할 수 있게 될 것이다.

2.1.5 네트워크 연결 속도 고려하기

협력 활동을 하기 위해 학습자들은 어느 정도의 네트워크 연결 속도를 확보하고 있어야 하는가? 유의할 것은 협력 도구에 따라 요구하는 속도에 차이가 있다는 것이다. 다음 그림은 매체가 요구하는 실제 속도의 범위를 나타내고 있다.

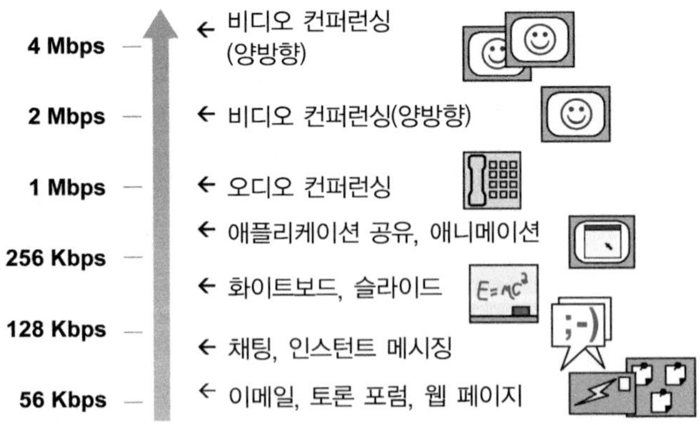

여기서 실제 속도란 네트워크 부하가 없는 새벽 2시와 같은 시간대의 지속적인 네트워크 속도를 말하는 것이다.

2.1.6 활용방안: 네트워크의 최신성과 격차 고려하기

학습자들은 전 세계에 흩어져 있고 초고속 인터넷을 통해 접속해있지만 여전히 오디오가 불안하고 비디오도 끊길 수 있다. 다음과 같은 지연현상이 일반적으로 자주 발생한다.

- 전화로 전달되는 음성: 1초당 1/10
- 네트워크로 전달되는 음성(VoIP): 4초당 1
- 슬라이드나 다른 시각 자료의 제시: 10초당 1

더 지연되는 경우도 있으며 몇 분씩 걸리기도 하는데 네트워크 장애가 발생했을 가능성 또한 매우 크다.

2.1.7 대인간 커뮤니케이션 지원하기

대인간 커뮤니케이션의 본질을 파악하는 것이 중요하다. 다양한 수준의 커뮤니케이션은 다양한 매체를 요구한다. 메시지를 전달하는 데 필요한 것을 다음과 같이 고려해야 한다.

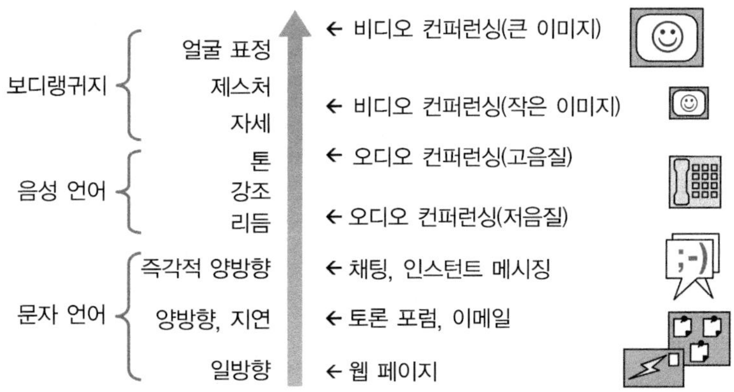

메시지 전달에 충분하다면 채팅, 토론 포럼, 또는 이메일을 통해 커뮤니케이션하면 된다. 만약 제스처, 얼굴 표정, 목소리 톤과 같이 섬세한 감성적 단서가 중요하다면 비디오 컨퍼런싱을 활용한다.

2.2 슬라이드쇼

온라인 슬라이드쇼는 원격의 청중을 대상으로 하는 것이므로 학습자는 교실 전면의 스크린을 보는 대신 각자의 컴퓨터 스크린을 통해 슬라이드쇼를 보게 된다.

2.3 이메일

이메일은 협력 활동으로 가장 일반적인 방법이다. 교수자와 학습자 간에 개별적으로 사적인 메시지를 주고받을 수 있고 교수자가 전체 학습자를 대상으로 공지 메일을 보낼 수도 있다. 이동전화에서 보내는 텍스트 메시지까지 포함될 수 있다.

이메일은 다양한 과제에 사용되었던 가장 오래된 협력 방법이고 여전히 가장 효과적인 방법이다. 단순하고, 신뢰할 수 있고, 저렴하면서, 어디에서나 사용할 수 있고, 친숙하다. 컴퓨터를 사용할 줄 안다면 누구나 이메일을 보낼 수 있으며 거의 모든 사람들이 이메일 주소를 갖고 있다.

원래 이메일은 단순한 텍스트 메시지로 제한되어 있었으나, 최근에는 대부분의 이메일이 HTML 형태의 메시지를 사용하고 있다. 이메일 메시지가 웹 페이지와 같은 풍부하고 다양한 매체를 활용할 수 있게 된 것이다. 대부분의 이메일 프로그램은 첨부 형태로 다른 파일 형태도 포함할 수 있게 해준다. 하지만 애석하게도 이메일은 더 화려하고 비용은 높으면서 신뢰성이 떨어지는 다른 방법에 밀리는 경향이 있다.

2.3.1 즉각성, 친밀성, 효과성을 위해 사적인 이메일 활용하기

일반적 관심사를 묻기보다는 개별적인 질문으로 질의응답을 하는 메시지를 활용한다.

받는 사람의 주의를 끌지 못할 일상적인 이메일은 사용하지 않는다. 만약 답장하는 것이 선택사항이고 주제가 중요하지 않다면 토론 포럼에 올리는 것이 낫다. 즉각적 반응이 중요하다면 전화를 사용한다.

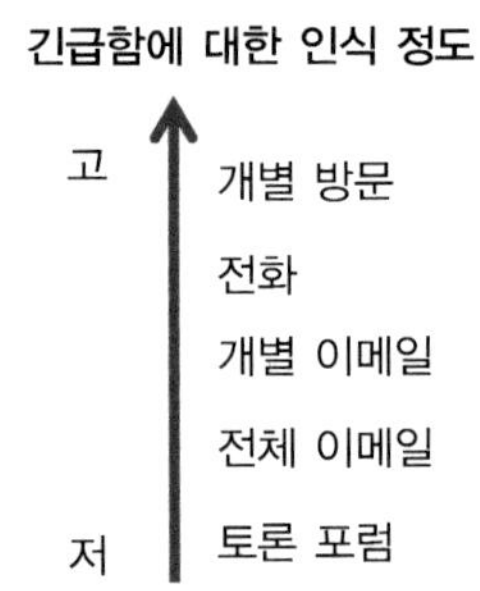

개인적인 이메일은 친밀성과 사적인 관계를 위한 것이다. 공적인 토론 포럼에 올렸을 때 적절하지 않은 내용이라면 이메일을 사용하는 것이 좋다.

2.3.2 이메일로 급한 수업 공지사항 알리기

다가오는 시험, 중요한 마감일, 이벤트, 일정 변화, 초청 강사 등과 같은 공지사항이나 알림을 위해 이메일을 활용한다.

전체 메일은 교수자만 사용한다. 반갑지 않은 메시지를 전체에게 발송하는 것은 보통 스팸이라고 간주한다. 학습자 간 상호작용을 원할 경우는 토론 포럼을 활용하게 한다.

꼭 필요한 경우에만 사용한다. 전체 메일은 다음과 같은 특수 상황에서만 활용한다.

- 수업 초기에 학생들이 이메일 활용이 원활한지 확인하기 위하여 활용한다.

- 중요한 변화, 중요 이벤트의 일정 변화, 시험 일정 공지 등을 위하여 활용한다.
- 심각한 문제를 바로잡거나 잘못된 개념이나 정보를 바로잡기 위하여 활용한다.

전체 메일은 짧게 한다. 간결한 공지사항만 보낸다. 세부사항은 웹페이지나 토론 포럼에 올려서 읽을 수 있게 한다.

공지사항 전달을 위한 차선책도 고려한다. 전체 메일 외에도 공지사항 전달에는 다음과 같은 두 가지 다른 방법을 활용할 수 있다.

- **과목 홈페이지.** 학습자들이 과목에 접속해서 홈페이지를 거쳐 가게 된다면 공지사항의 헤드라인을 게시하기에 좋다. 링크를 두어 상세 설명을 보게 해준다.
- **공지사항 게시판.** 학습자들이 정기적으로 토론 포럼에 접속한다면 공지사항 토론 포럼을 따로 두어 공지사항을 전달할 수도 있다.

2.3.3 이메일 전용 코스

이러닝의 가장 단순한 초기 형태는 19세기와 20세기의 우편 강좌에 기반하고 있다. 이러닝에서는 교수자가 전통적 우편 대신 이메일로 학습자에게 과제를 내주게 된다. 학습자는 과제를 완성한 후 다시 이메일로 보낸다. 그러면 교수자가 학습자의 과제를 평가하고 이메일로 되돌려 보낸다. 이러한 과정이 계속 반복되며, 보통 10~20개의 과제로 한 코스가 구성된다. 이러한 코스는 매우 단순하며 면대면 접촉 없이 교수자가 학습자의 과제를 평가해야 하는 과목에 최적이다.

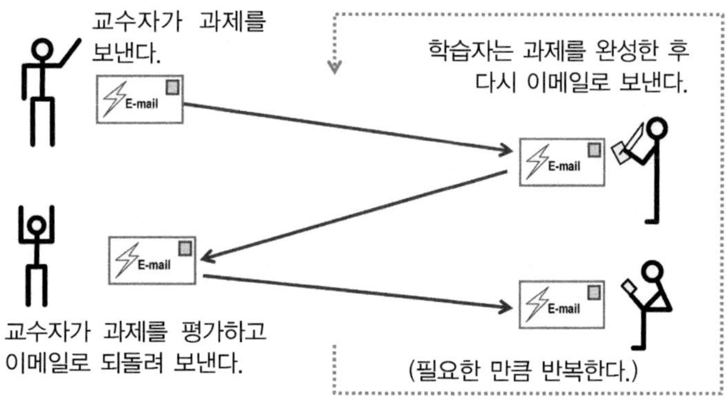

활용방안: 마이크로소프트 아웃룩과 같은 이메일 관리 도구를 활용하여 과제, 공지사항, 기타 이메일을 미리 작성한다. 일정에 맞춰 메일 발송 시간을 설정한다. 메일이 주제나 목적에 따라 자동으로 지정된 폴더로 저장되게 한다. 예를 들면 '주제 4' 라는 제목을 가진 모든 메일은 '주제 4 과제 제출' 폴더로 지정해두는 것이다. 과제 메일이

도착했을 때 교수자에게 알림 기능을 하도록 설정할 수도 있다.

2.3.4 이메일을 효과적으로 활용하기

- **기대수준을 정한다.** 학습자들에게 이메일 답장을 받는 데는 어느 정도 시간을 기다려야 할지(예를 들면 24시간 혹은 48시간 이내) 미리 알려준다. 어떤 학습자들은 교수자가 온라인에서 항상 대기 중인 것으로 오해하기도 한다. 일단 정해진 기대수준에는 부응할 수 있도록 해야 한다.
- **즉각적으로 응답한다.** 즉각적으로 답변을 해주기 어려운 경우라면 언제 충분한 답변이 가능한지 미리 알려주는 짧은 답장부터 보내는 것이 좋다. 만약 출장을 가게 되면 자동 응답 메시지 기능을 활용한다.
- **예상치 않은 메일을 발송할 경우 자기소개부터 한다.** 자신이 누구이며 관심사가 무엇인지 설명하는 것으로 메일을 시작한다. 내가 보낸 메일이 쓸모없는 메일로 취급되기를 원하지 않는다면, 메일 수신자들이 제목을 보고 중요성을 알 수 있게 해야 한다. 단순히 "환영합니다" 라고 쓰기보다는 "온라인 지질학 수업에 온 것을 환영합니다" 와 같이 기술하는 것이 좋다.
- **제목에 주제가 드러나게 쓴다.** 메일을 받으면 얼마나 중요한지 판단할 수 있을 것이고, 내용을 짐작하거나 유사한 메시지를 그룹으로 만드는 데도 용이할 것이다.
- **특별한 경우에만 수신확인 메시지를 요청한다.** 어떤 사람들은 수신확인 메시지를 요청받으면 불쾌하게 여기고 감시당한다고 생각할 수도 있다. 학습자에게 경고를 하는 경우와 같은 때가 아니면 사용을 자제한다.
- **가능하면 짧게 쓰고 주제로 바로 들어가는 것이 좋다.**

2.4 토론 포럼

토론 포럼은 게시판, 리스트서브, 뉴스그룹의 후속으로 복잡한 협력을 지원해준다. 한 사람이 의견이나 질문을 올리면 다른 사람들이 답글을 달고 코멘트를 하게 되며 무한정 진행될 수도 있다.

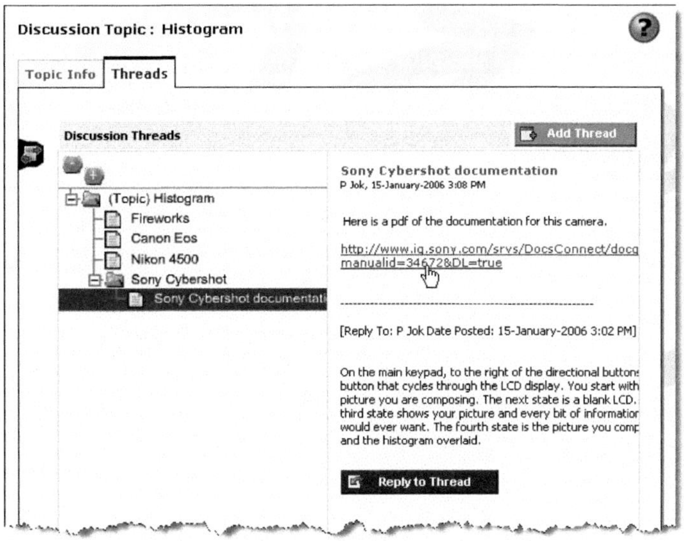

Learning Manager LCMS에서 제공되는 토론 포럼

분기식 토론 포럼은 간단한데, 학습자가 들여쓰기처럼 이어진 답글 목록을 보게 되는 형태이다. 답글을 달기 위해서는 해당 메시지를 선택하여 답글 버튼을 누르고 텍스트 창에 입력하기만 하면 된다.

들여쓰기로 나타내어진 답글을 분기(thread)라고 하며 이후의 대화나 토론을 매우 단순화시켜 준다.

2.4.1 언제 토론 포럼을 활용하는가

이러닝에서 크게 부각되지는 못했지만, 학습자들이 가장 유용하게 생각하는 것이 토론 포럼이고 코스가 끝난 다음에도 몇 달씩 지속되는 경우가 종종 있다. 토론 포럼은 여러 학생 간의 협력, 팀워크, 협상이 포함된 주제이면서 복잡한 멀티미디어가 요구되지 않을 때 특히 적합하다.

- 서로 다른 시간대에 속해 있다 하더라도 **학생들이 상호작용하도록 독려한다.** 학습자들은 서로의 질문에 대답하고, 격려하고, 경험을 공유할 수 있다.
- **필요한 만큼 토론이 지속될 수 있도록 한다.** 교실을 나간다고 대화가 중단될 필요가 없는 것처럼 토론 포럼도 정해진 수업 스케줄이 아니더라도 지속적으로 이어갈 수 있다.
- **모든 사람에게 참여 기회를 준다.** 특히 교실 수업에서 잘 참여하지 않는 사람들, 예를 들면, 수줍음을 타거나, 지나치게 예의를 차리느라 대화에 끼어들지 못하거나, 언어 기술에 어려움이 있거나, 난독증 또는 말더듬과 같은 장애가 있거나, 수업 시간에 뒤에 앉기 좋아하는 사람도 모두 참여할 수 있도록 독려한다.
- **활용되는 언어가 모국어가 아닌 참여자들에게는 언어 연습 기회를 준다.** 메시지를 충분히 해석할 시간을 주고, 메시지를 작성하거나 답변을 작성하는 중에 사전을 참고

할 수 있게 해준다.

- **관심 있는 모든 주제에 관해 토론할 수 있게 해준다.** 교실 수업에서는 소수의 인원이 관심 있는 주제를 다루는 데 한계가 있지만 토론 포럼에서는 두 사람만 관심이 있더라도 토론을 시작할 수 있다.
- **가능하면 충실한 답변을 하도록 독려한다.** 분기식 토론 포럼은 답변을 작성할 시간을 충분히 가질 수 있고, 계속 이어갈 수 있는 주제를 위한 별도 분기를 관리할 수 있게 해주고, 모든 참여자가 동시에 글을 올릴 수도 있으며, 다수가 참여할 수 있는 장점이 있다.
- **학습자가 자기 의존성을 높일 수 있도록 독려한다.** 토론 포럼에서는 교수자보다는 동료 학습자에게 의존도가 높다.

2.4.2 토론 포럼 활용방안

- **각 분기마다 대화의 씨앗을 뿌린다.** 대화를 시작하기 위해서 흥미를 유발하는 진술이나 질문을 활용한다. 단답형 질문보다는 개방형 질문이 더 바람직하다.
- 메시지를 **중재하되 검열하지는 않는다.** 부정적인 행동은 방지하지만 메시지를 너무 세세히 간섭하지는 않도록 한다. 올바른 네티켓에 관한 책무성은 참여자 모두가 가질 수 있도록 한다.
- 발전되어 가는 것에 맞추어 **대화를 관리한다.** 깊이 있는 토론을 탐구하고(probe), 유도하고(provoke), 촉진한다(prompt). 지속적으로 "왜 그렇게 말했나요?", 혹은 "다른 의견 또 없나요?" 하고 질문한다.

이후에 제공될 온라인 토론 중재에 관한 내용을 참고한다.

2.5 채팅과 인스턴트 메시징

일상적으로 수백만의 인터넷 사용자가 짜증내고 거드름을 피우며 수다를 떨거나 가십 거리를 나누기 위해 채팅이나 인스턴트 메시징를 통해 만난다. 채팅은 인터넷 속도가 느린 경우에도 사람들이 실시간 대화를 하는 것이 가능하게 해준다. 채팅(*instant messaging* 혹은 *text-conferencing*)은 학습자가 네트워크를 통해 타이핑한 메시지를 주고받을 수 있게 하는 것이다. 채팅은 즉각적이고 동시적인 토론 포럼과 같다. 온라인 학습에서 채팅은 주로 미팅 중의 질문이나 피드백을 위한 채널로 사용된다. 또한 스터디 그룹 미팅을 위한 개별적인 이벤트가 될 수도 있다.

이 사례는 학생들이 시범을 관찰하면서 서로 토론하는 활동을 보여주고 있다. 상황을 분명하게 파악하기 위해 어떠한 활동을 하는지 잘 살펴보자.

채팅을 통한 대화는 즉각적이고 동시적이다. 하지만 타이핑하고 메시지를 보내는 데 있어서는 제한적이라고 할 수 있다. 그럼에도 불구하고 많은 학습자들은 채팅을 기록하여 보존할 수 있다는 이유로 전화보다 더 선호한다.

학습에서 채팅의 활용은 일상적인 것과는 목적이 다르다. 사교를 위한 활용에만 익숙한 학습자와 교수설계자라면 학습에 효과적으로 활용하기 위해서는 채팅에 대한 태도를 바꿀 필요가 있을지도 모른다.

일반적인 채팅 세션에서는 모든 사람이 모든 메시지를 볼 수 있다. 간혹 어떤 채팅 도구는 다수가 참여하는 가운데에도 두 사람만의 대화가 가능하게 해주는 기능을 제공하기도 한다. 예를 들면 교수자가 한 명의 학생에게 행동을 자제해줄 것을 요청하거나, 아니면 학습자가 프레젠테이션 화면의 오타를 교수자에게 지적해 주거나 할 때 전체 참여자들을 방해하지 않으면서 메시지를 주고받을 수 있다.

2.5.1 언제 채팅을 활용하는가

네트워크에 연결된 참여자들 간에 이메일이나 토론 포럼보다 빠른 대화가 필요할 때 활용한다.

단순한 대화를 위해 채팅을 활용한다. 일반적인 채팅 활용 방법은 다음과 같다.

- 실시간 질의-응답 세션
- 브레인스토밍, 기술적 오류 해결, 문제 해결 세션
- 구술시험
- 학습자나 연구진의 전문가 인터뷰
- 학습자 간 스터디그룹 미팅

프레젠테이션 진행 중 채팅을 보완 채널로 활용한다. 채팅은 응용 프로그램 시범 중이나 화이트보드에 그림을 그릴 때 학습자가 질문을 할 수 있게 해준다. 시범을 보이는 사람에게 방해가 되지 않으면서 양방향 오디오 채널 없이 질문을 주고받을 수 있다. 시범을 보이는 사람은 주기적으로 채팅 창을 확인하여 질문이 없는지 확인할 필요가 있다. 조교가 있어서 발표자가 발표에만 집중할 수 있다면 더욱 바람직하다.

학습을 개인화하기 위해 채팅을 활용한다. 전체 학급 대상보다는 스터디 그룹, 팀미팅, 튜터링 세션, 교수자와의 개인적 미팅 등에 채팅을 활용하는 것이 바람직하다. 수업을 위한 채팅 서버에 시간대를 예약하거나 사적인 채팅 룸을 만드는 절차를 제공할 필요가 있다. 학습자들이 서로 커뮤니케이션하기 위해 팀 멤버들이 프로젝트 의견을 나눌 수 있는 사적인 채팅 룸을 활용하도록 독려한다. 채팅 창은 공식적인 수업이 끝난 후에도 열어둘 필요가 있고, 학습자들이 필요에 따라 채팅 세션을 계획할 수 있게 해준다.

강의에는 채팅을 활용하지 않는 것이 좋다. 채팅은 짧고 즉각적인 사고를 위한 것이다. 깊은 사고나 아이디어 생성을 위한 경우 혹은 메시지를 작성하는 데 시간이 좀 필요한 경우에는 이메일이나 토론 포럼을 활용한다. 이런 경우 채팅을 잘못 활용하여 엉망으로 작성하고, 아무렇게나 타이핑을 한 텍스트 창을 계속해서 스크롤하는 것은 오히려 불쾌한 경험이 될 것이다. 애플리케이션 공유나 화이트보드 세션에서 행동들을 채팅을 통해 말로 설명하는 것 역시 바람직하지 않다. 비주얼 애플리케이션을 사용하다 말고 채팅 윈도우로 돌아가 코멘트나 사용법을 타이핑하느라 과제 수행의 흐름이 계속 끊긴다면 시범을 제대로 보이지도 못하게 될 것이다.

타이핑 속도가 느린 사용자들에게는 좋지 않다. 참여자가 모두 어느 정도의 타이핑 기술을 갖고 있지 않다면 대화가 끊어지고 오히려 어색할 것이다. 타이핑 속도가 느린 사람이 텍스트를 입력하는 동안 대화 주제는 완전히 다른 것으로 이미 바뀌었을 수도 있다.

소그룹에 활용한다. 두 사람만 채팅에 참여하면 심하게 지루할 수도 있고, 그렇다고 5~7인이 참여하면, 게다가 타이핑 속도까지 느리다면 대화를 따라잡기 힘들 것이다. 하지만 몇 명만이 동시에 채팅을 하도록 지원되는 대규모 미팅에서도 채팅은 보완 채널로 활용될 수 있다. 한번은 저자가 60명이 참석하는 미팅에서 복잡한 질문을 던진 적이 있다. 약 1분간은 전혀 반응이 없다가, 갑자기 5~6줄의 텍스트 메시지가 채팅 창에 쏟아져 들어오고 스크린을 스크롤해야 볼 수 있을 정도로 많은 반응이 나타나기 시작했었다.

교수자와의 개인적 대화를 위해 활용한다. 학습자들에게 전체 학급에 방해가 되지 않으면서 질문을 하거나 코멘트를 해야 할 때 교수자와 잠시 대화를 할 수 있게 해준다.

2.5.2 효과적인 채팅 활용방안

학습자와 교수자가 학습 진행을 위해 채팅을 활용해야 함을 유의할 필요가 있다. 오랫동안 사교를 목적으로 채팅이나 인스턴트 메시징을 활용했던 사용자도 종종 혼동하곤 한다. 학습을 위한 채팅은 다음과 같이 활용한다.

- **전문성을 유지한다.** 학습은 늦은 밤 수다나 교제 같은 사교적인 대화와는 다르다. 학습을 위한 행동과 태도를 갖추도록 할 필요가 있다.
- **미리 즉각적인 코멘트를 준비한다.** 예상되는 질문이 있는 경우 미리 대답을 타이핑해 놓고 다른 텍스트 창으로 열어 두었다가 필요할 때 바로 채팅 창으로 복사하여 사용한다.
- **채팅을 모니터링한다.** 대부분의 온라인 미팅 시스템은 발표자나 채팅 룸 개설자(host)가 모든 메시지를 볼 수 있게 해주고 사적 대화도 볼 수 있도록 해준다. 학습자에게 경고해야 할 경우가 발생할 수도 있으므로 계속적으로 모니터링할 필요가 있다.
- **대화 내용을 저장해둔다.** 채팅은 대화 내용을 문서화하는 기능이 있다. 대화 기록을 저장해서 토론 포럼에 게시해준다면 학습자가 채팅 중에 필기를 하거나 메모를 하지 않고 대화에만 집중할 수 있도록 해준다. 하지만 채팅 대화 기록은 나중에 보면 매우 어색하게 보이기도 한다. 어떤 참여자들은 이를 불쾌하게 여기거나 보고 싶어 하지 않기도 한다. 미리 학습자들에게 나중에 대화 내용이 게시될 수도 있음을 알리고 대화 내용을 게시한다고 해서 수업에 방해가 되지는 않을 것임을 알려줄 필요가 있다.

2.6 화이트보드

화이트보드는 교수자가 벽에 있는 화이트보드에 그림을 그리고 학습자가 추가적으로 그림을 그리게 하는 과정을 촉진해주는 협력 도구이다. 모든 학습자들은 화이트보드에 그려진 것을 즉각적으로 볼 수 있다. 어떤 온라인 미팅 도구는 화이트보드 기능을 지원하여 주석 포함 슬라이드, 웹 투어, 비디오 클립, 공유 애플리케이션에서 판서를 할 수 있도록 해준다. 화이트보드의 외양이나 기능은 어떤 도구를 활용하느냐에 따라 다를 수 있다.

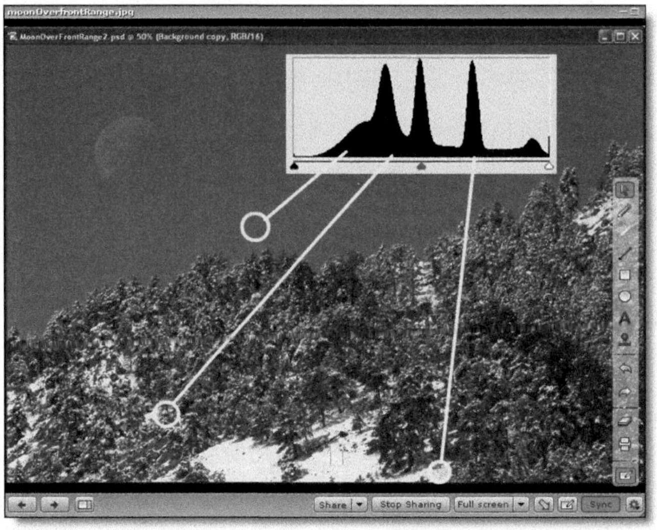

어도비 포토샵 파일을 어도비 브리즈 미팅 프로그램에서 보여주고 있다.

예를 들어, 디지털 포토그래피 수업에서 교수자는 사진에서 해당 영역과 히스토그램의 봉우리를 연결시킬 수 있다.

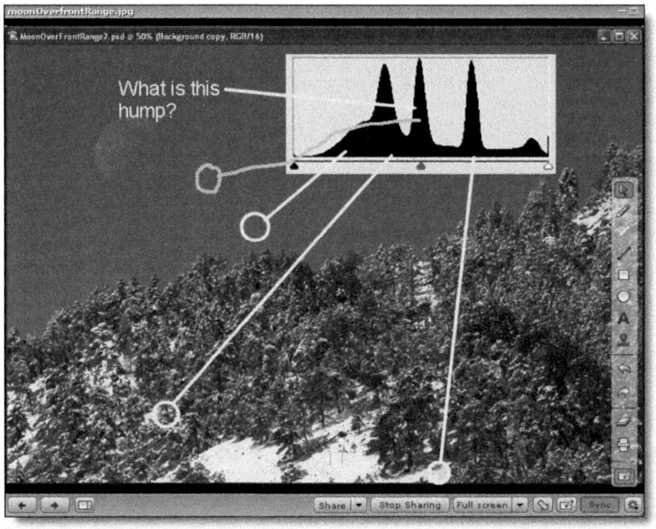

교수자가 먼저 학습자에게 질문을 한 후 통제권을 넘겨주면 학습자가 실제로 화이트보드에 그리면서 대답을 할 수 있다.

2.6.1 시각적 학습을 위한 화이트보드 활용

화이트보드는 교수자와 학습자가 말로 표현할 수 없는 아이디어를 스케치할 수 있게 해준다. 화이트보드는 과학, 공학, 수학, 그 외 그래픽과 텍스트를 함께 사용해야 하는 과목에서 특히 중요하다. 화이트보드는 또한 어학 능력이 부족하거나 시각적으로 표현하는 것이 더 쉬운 학습자에게 유리하다.

화이트보드 활용에 좋은 주제는 다음과 같다.

- **시각적 표현.** 시각적 제시를 위한 색상, 레이아웃, 모양, 내용 등
- **시스템의 요소를 배열하고 조직하기.** 참가자들은 다이어그램을 그리거나 편집할 수

있다.

- 숫자로 표현되는 경향성과 패턴을 보여주는 **차트와 그래프**
- 학습자가 반드시 인식해야 하는 **시각적 상징**

2.6.2 화이트보드를 공동으로 활용하기

화이트보드는 참여자를 수동적으로 만드는 일방향 프레젠테이션의 한계를 극복하게 해준다. 교수자가 시작한 그림을 학습자가 완성할 수 있다. 교수자나 학습자가 특정 부분에 주석을 달아 그래픽을 비평할 수도 있다. 참여자들은 슬라이드, 사진, 차트, 혹은 다이어그램에 표시를 하여 수정할 부분을 지적할 수도 있다.

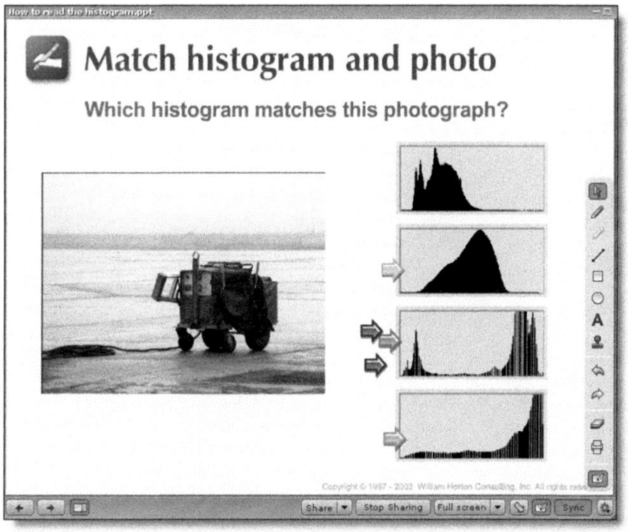

파워포인트 슬라이드를 어도브 브리즈 미팅 프로그램에서 보여주고 있다.

어떤 시스템은 모든 참여자들이 동시에 그릴 수 있게 해준다. 저자는 학습자들이 선택한 것을 지적할 수 있는 투표 방식으로 활용해보았다. 학습자들이 선택 사항을 수정할 때 화살표들이 어지럽게 나열되는 것이 학습에 흥미 요소를 더해준다. 다소 혼란스러울 것이라 여겨지겠지만 동시적 협력 활동에서는 오히려 생산적인 방법이 될 수도 있다.

다음의 리스트는 수업을 활성화시켜 주고 학습자들이 화이트보드 사용에 익숙해지게 해주는 활동들이다.

- 학습자들이 화살표, 체크포인트, 하이라이트 등의 방법으로 자신들의 선택사항을 시각적으로 표시할 수 있게 해준다.
- 지도를 제시하여 학습자들이 자신이 있는 지역을 표시하고 이름을 쓸 수 있게 해준다.
- 학습자들이 질문에 대한 답을 쓸 수 있도록 각자 칸을 하나씩 준다.
- 시각적 활동에 모든 수업 구성원이 참여할 수 있도록 한다. 학습자들에게 화살표를 이용하여 그림에서 지적할 부분을 정하게 한다. 학습자가 웹페이지의 맵이나 버튼을 지적하여 내비게이션할 곳을 제안하게 한다. 개선해야 할 부분을 하이라

이트하여 지적하도록 한다.

- 아이디어나 디자인을 구체화한 자신만의 이미지들을 만들게 하고 이를 콜라주로 제작한다.
- 학습자들에게 테스트 문항에 답하게 하는 한편 테스트 문항을 평가할 수 있도록 해준다. 아니면 학습자들에게 두 개 목록의 항목을 화살표를 이용해 연결하게 할 수도 있다. 선택사항을 지적하게 하여 선다형 문제를 풀게 하는 방법도 가능하다.

2.6.3 화이트보드 활용방안

어떤 활동에서나 마찬가지로 세심한 준비가 중요하다.

- 실시간 미팅 중에 **필요한 그림과 클립아트를 준비한다.**
  - 토론할 객체(object)
  - 사용할 심볼
  - 화살표, 박스, 그 외 일반적 모양
  - 질문하거나 코멘트할 텍스트
- 손으로 쓰지 않는다. 가독성이 뛰어나면서도 빠른 속도로 쓸 수 있는 경우가 아니라면 손으로 쓰는 것은 지양하는 것이 좋다. 꼭 손으로 써야 하는 경우라면

  크고, 굵고, 단순하게, 그리고 산세리프체

  를 활용한다.
- 그림과 텍스트를 위한 **색상 코드를 정한다.** 개별 학생마다 다른 색상을 주어 서로 구별될 수 있게 한다.
- **그래픽과 배경은 단순하게 유지한다.** 조직이 복잡한 배경이나 그래픽은 전송되는 데 시간이 오래 걸린다.
- **적절한 행동 방침을 수립한다.**
  - **학습자들이 순서를 지키도록 한다.** 다른 사람이 작업을 끝낸 후 그리기를 시작하게 한다.
  - **동시에 작업할 수 있는 때가 언제인지 말해주고** 서로 방해가 되지 않도록 한다.
  - **다른 사람의 그리기 실력에 대해 비평하지 않는다.** 혹시 개선할 사항이 있으면 다시 그려준다.
- **세션을 요약한다.** 마지막에 필요 없는 아이디어는 삭제하고 정리하여 그룹의 결론을 반영하여 요약한다. 개별 학습자들이 모두 세션 요약 내용을 받을 수 있도록 한다.

2.7 웹 투어

웹 투어(Web tours)는 학습자를 관심있는 웹페이지로 유도할 수 있는 방법이다. 교수자가 웹페이지로 연결하면 학습자의 브라우저에도 자동적으로 같은 페이지가 제시된다.

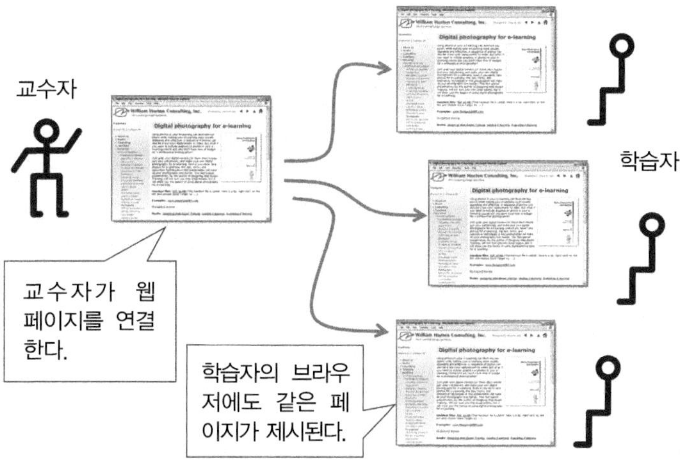

웹 투어에는 두 가지 유형이 있다. 첫 번째는 학습자가 교수자가 이끄는 대로 페이지를 보기만 하는 것이다. 두 번째는 교수자가 일단 페이지를 제시하고 나면 학습자가 페이지와 상호작용을 하거나 더 깊이 검색해 들어갈 수 있게 하는 형태이다.

2.7.1 언제 웹 투어를 활용하는가

웹 투어는 교수자 주도 투어 활동(2장)을 제작하고 학습자에게 탐색적 튜토리얼 활용(7장)을 준비시킬 수 있는 자연스러운 방법이다. 다음과 같은 경우 웹 투어를 활용한다.

- **웹 검색을 가르칠 때 활용한다.** 예를 들어, 정해진 경로를 통해 학습자가 단순한 웹사이트로 이동하게 한 후 원래 시작한 지점으로 돌아가도록 도전적인 과제를 부여한다.
- **학습자에게 웹사이트, 온라인 문서, 온라인 데이터베이스 오리엔테이션을 제공할 때 활용한다.** 교수자는 학습자에게 이러닝의 중요한 점들을 강조할 때 투어를 제공할 수 있다.
- **웹 기반 자료를 코스에 신속하게 통합하고자 할 때 활용한다.** 교수자는 이러한 자료의 활용을 안내하고 감독할 수 있다.
- **학습자에게 웹기반 게임이나 시뮬레이션 경험을 제공하고자 할 때 활용한다.**

- **전문기관의 출판물, 정부기관의 법규, 상품 판매자의 튜토리얼 등과 같이 웹에서 얻을 수 있는 자료들을 제시하고자 할 때 활용한다.**

2.7.2 웹 투어 활용방안

웹 투어는 수업 자료로 전체 웹을 활용하는 비교적 단순한 방법이다. 이러한 활동을 통해 학습자가 학습 목표를 달성할 수 있는지 유의할 필요가 있다.

- **학습자가 따라올 수 있는 시간을 충분히 준다.** 모든 학생들이 같은 시간에 목표 페이지에 도달할 수 있는 것은 아니다. 혼자 힘으로 검색하다 보면 초보자들은 정해진 곳에 도달하는 데 시간이 더 걸릴 수도 있다.
- **학습자에게 스스로 검색할 수 있는 시간이 어느 정도인지 알려준다.** 다시 교수자 중심의 활동으로 넘어가기 전에 어느 정도의 시간이 더 있는지 학습자에게 알려준다.
- **대규모 학급이 동시에 따라올 수 있을 것이라 기대하지 않는다.** "자 이제 상단 왼쪽의 파란 버튼을 모두 클릭하세요." 학습자가 스스로 검색해야 하는 경우라면 세부적인 목적과 도달해야 하는 페이지를 알려준다.
- **채팅과 같은 대안을 미리 마련하여 학습자가 도움이 필요한 경우 활용할 수 있게 한다.**
- **학습자에게 교수자가 웹페이지와 상호작용하는 것을 보여주려 한다면 애플리케이션 공유(9장)를 활용한다.**
- **투어가 끝난 다음 학습자들에게 URL 리스트를 주어 다시 투어를 해볼 수 있게 해준다.**
- **학습자가 사이트 내용을 자세히 살펴보아야 하는 경우라면 URL 리스트를 주어 각자 속도에 맞게 투어를 할 수 있게 한다.**

2.8 애플리케이션 공유

애플리케이션 공유는 발표자가 프로그램, 윈도우, 혹은 스크린 전체를 학습자와 공유할 수 있게 해준다. 교수자는 자신의 컴퓨터에서 소프트웨어를 실행함으로써 절차나 내용을 제시할 수 있고, 학습자는 공유 윈도우를 통해 정확하게 내용을 볼 수 있다. 어떤 시스템에서는 통제 권한도 서로 공유할 수 있게 해준다.

어도비 브리즈 미팅 툴을 활용한 사례

그림은 애플리케이션 공유의 예이다. 교수자가 포토샵에서 사진을 수정하는 것을 학습자가 보고 있는 것이다. 학습자의 컴퓨터에 포토샵 프로그램이 없어도 볼 수 있다. 나중에 교수자가 학습자에게 유사한 활동을 하게 할 수도 있다.

2.8.1 언제 애플리케이션 공유를 활용하는가

애플리케이션 공유는 컴퓨터 프로그램, 컴퓨터 데이터, 그림, 그 외 기타 자료를 컴퓨터 스크린에 제시하기 위해 활용한다.

- **(아직 광범위하게 활용되지 않거나 시중에 판매되지 않는) 컴퓨터 프로그램을 제시하고 조작 기술을 가르칠 때 활용한다.**
- **일반 접근이 어려운 데이터베이스 등과 같이 학습자의 컴퓨터에 없는 애플리케이션으로 데이터를 보고자 할 때 활용한다.**
- **교수자가 시범을 보이고 학습자가 따라하게 할 때 활용한다.** 학습자에게 활동을 수행할 때 말로 소리내어 따라해 보게 하고 학습자가 잘 따라하지 못하는 경우 다시 교수자가 시범을 보인다.
- **다수의 학습자가 참여하는 협력 활동을 만들 때 활용한다.** 주기적으로 학습자가 시범을 보이게 한다. 각 절차를 개별 학습자들이 순서대로 해보게 할 수도 있다. 여러 명의 플레이어가 할 수 있는 게임을 공유하게 한다.

애플리케이션 공유는 빠른 애니메이션이나 유연한 움직임을 보여주기는 어렵다. 단순한 움직임 위주로 활용하는 것이 좋다.

사용하는 미팅 시스템이 애플리케이션 공유를 지원한다면, 부족한 기능의 대안으로 활용할 수 있다.

부족한 도구	애플리케이션 공유 활용
채팅	워드프로세서나 텍스트 편집기
화이트보드	슬라이드나 그리기 프로그램
슬라이드쇼	파워포인트나 다른 슬라이드 프로그램
웹 투어	웹브라우저

2.8.2 애플리케이션 공유 활용방안

애플리케이션 공유는 세심하게 준비하고 부드럽게 실행하는 것이 중요하다. 최상의 효과를 위해서는 다음 사항들을 고려하도록 한다.

- 원활하게 잘 진행할 수 있을 때까지 **시범을 미리 연습한다.** 학습자는 준비되지 않은 시범을 보고 발표자가 비전문적이라고 생각할 뿐 아니라 자신의 시간을 낭비한다고 생각할 것이다.
- **꼭 공유해야 할 것만 공유한다.** 전체 바탕화면보다는 필요한 애플리케이션이나 윈도우만 공유한다. 한 번에 한 프로그램만 공유하는 것이 좋다. 공유하고 있는 애플리케이션을 다른 윈도우가 가리지 않도록 주의한다.
- **필요없는 프로그램은 종료한다.** 신뢰성과 속도를 위해 컴퓨터나 네트워크 리소스를 요구하는 다른 프로그램은 종료한다. 비디오 컨퍼런싱은 꺼둔다.
- 대역폭이 허용하는 한 **내레이션을 위해 오디오를 활용한다.** 학습자가 시범을 보며 들을 수 있도록 무엇을 하고 있는지 계속 설명하는 것이 좋다. 천천히 정확하게 말하고 학습자가 듣고 이해할 시간을 충분히 준다.
- **보안을 염두에 둔다.** 통제권을 다른 사람에게 양도한 경우 내 시스템의 파일을 열고, 수정하고, 삭제할 수도 있음을 고려하여 계속 주의를 기울여야 한다.
- **천천히 부드럽게 움직이고 자주 중지**하여 학습자가 발표자의 시범을 따라올 수 있는 시간을 준다. 스크린에서 윈도우를 드래그하는 것을 피한다. 스크린을 반드시 재배열해야 하는 경우라면 애플리케이션 공유를 중단하고 윈도우를 움직여 사이즈를 조절한 후 다시 애플리케이션 공유를 활용하는 것이 좋다.

2.9 투표

가상 투표소(virtual voting booths), *가상 반응 패드(virtual response pads)* 혹은 *가상 손 들기(virtual show of hands)*라고도 불리는 투표는 학습자들에게 선택을 하게 해주고 투표 결과를 볼 수 있게 해준다. 결과는 스크린에 제시되어 학습자들이 여러 가지 선택지 중 하나를 택할 수 있다. 선택 결과는 기록되어 종합적으로 제시된다. 투표는 교수자가 부과한 질문에 대한 응답을 제시하기 위해 상호작용 비디오에서 활용되는

키패드와 기능이 유사하다. 다른 점이라면 특별한 하드웨어를 필요로 하지 않는다는 점이다.

2.9.1 투표의 유형

투표에는 즉각적 투표, 실시간 투표, 비실시간 투표의 세 가지 유형이 있다.

2.9.1.1 즉각적인 투표

온라인 미팅에서 비형식적 실시간 예/아니오 투표는 참여자에게 응답을 나타내기 위해 **[손 들기]** 혹은 **[예]** 버튼이나 **[아니오]** 버튼을 클릭하게 한다. 이러한 투표는 실시간으로 즉각적인 반응을 확인하게 해준다.

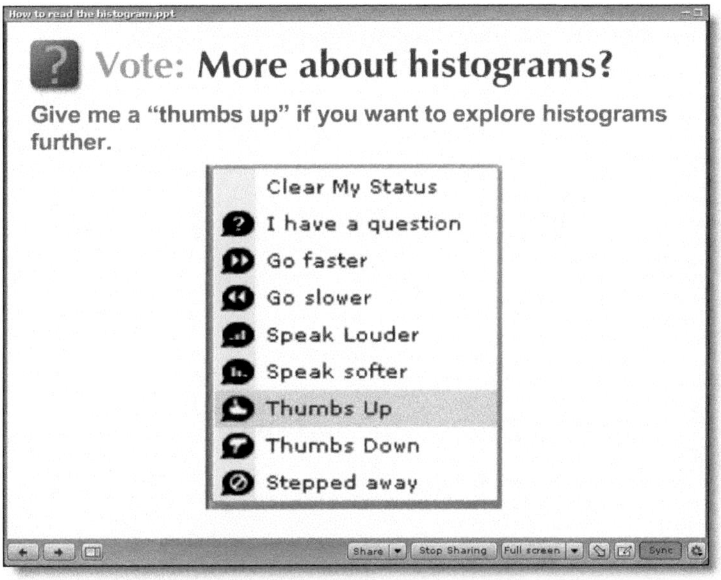

즉각적 투표의 사례이다.

어도비 브리즈 미팅 도구

2.9.1.2 실시간 투표

실시간 투표는 학습자가 응답 목록에서 선택하고 투표 총합을 볼 수 있게 해준다. 참여자들이 비형식적인 테스트 문항에 답하게 하거나, 실시간 선택 혹은 이슈에 대한 투표 등에 활용될 수 있다.

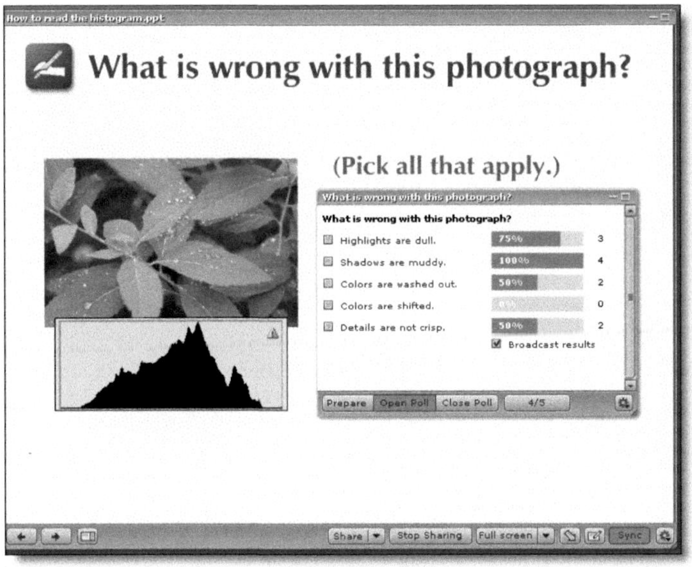

어도비 브리즈 미팅 도구

실시간 투표의 예. 우선 소개하는 슬라이드가 먼저 제시되면 학습자들은 질문과 선택사항을 볼 수 있다. 다음으로 투표 영역이 제시되고 학습자들이 투표를 하고 나면 전체 응답 결과를 제시한다.

2.9.1.3 비실시간 투표

비실시간 투표는 학습자들이 각자 일정에 맞추어 일주일 정도 기간을 두고 참여할 수 있게 하는 것이다. 결과는 투표기간 종료 후 제시하거나 누적되는 결과에 변화가 있을 때마다 보여준다.

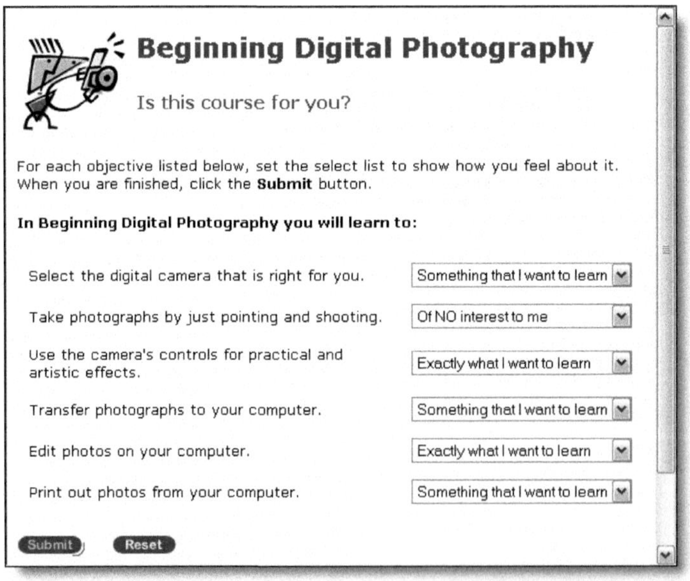

어도비 드림위버로 구축했다. 예시는 horton.com/eld/에서 볼 수 있다.

이 사례에서 보여주는 비실시간 투표는 학습자 자신의 학업 계획과 이러닝의 목표가 얼마나 일치하는지에 관한 것이다. 비실시간으로 운영하는 이유는 학습자들이 코스가 진행되는 동안 응답을 바꿀 수 있게 해주기 위한 것이다.

2.9.2 언제 투표를 활용하는가

투표는 학습자들이 이슈에 대해 조사해보고 심사숙고할 수 있도록 고무하는 데 효과적인 방법이다. 또한 다른 사람들의 의견을 파악하게 하여 사고의 한계를 깨닫게 해주는 데도 좋은 방법이다. 토론 중에 투표를 추가하여 순간적으로 상호작용성을 높일 수도 있다.

선택하는 활동을 촉진시킬 때, 의견조사를 실시할 때, 득표를 합산할 때 투표를 활용할 수 있다. 이러닝에서는 다음과 같이 활용한다.

- 어떤 이슈에 관해 즉시 학습자들에게 의견조사를 실시할 필요가 있을 때 즉각적인 투표를 활용한다. 예를 들어 수업 중 학습자들에게 교수자가 어떤 내용을 더 다루어야 할지 의견을 묻거나 학습자가 어떤 세부 내용을 더 살펴보아야 하는지에 관해 결정하도록 할 때 활용할 수 있다.
- 체크리스트에 있는 항목에 대한 예/아니오로 의견을 표시하게 할 때 활용한다. 모의 재판을 한 후 피고가 유죄인지 무죄인지 투표하게 할 수 있다. 논쟁을 잠시 중단하고 학습자들에게 누가 논쟁에서 이겼는지 투표하게 할 수도 있다.
- 시뮬레이션이나 게임에서 대안을 선택하게 할 때 투표를 활용할 수 있다.
- 학습자들이 내용을 어느 정도 이해했는지에 관한 즉각적인 피드백을 얻고 싶을 때 활용한다. 의견이나 지식에 변화가 있는지 측정하기 위해 사전 및 사후 의견조사를 실시한다.
- 선택지를 줄인 후 남아 있는 선택지에 대해 토론한 다음 다시 한 번 선택하기 위해 투표를 실시할 수도 있다.
- 학습자들에게 특정 이슈에 대해 어떻게 느끼는지 알아보기 위해 감성적인 투표를 활용할 수도 있다. 투표에 사용할 이모티콘(smileys)을 설정한다.

2.9.3 투표 활용방안

학습자들이 자연스럽게 선택할 수 있도록 하기 위해 투표를 활용할 수 있는 방법은 다음과 같다.

- **적시에 의견을 수집한다.** 이벤트의 전, 중기, 후기 등 가장 활발하게 참여할 때의 투표 내용을 기록한다. 예를 들어 학습자들에게 투표하기 전에 주어진 질문에 대해 토론할 수 있게 한다. 다음으로 토론에 대한 다른 사람들의 코멘트를 읽고 투표 내용을 변경할 수도 있게 해준다.
- **투표 참여 방법을 알고 있는지 확인하고**("응답 선택 후 **[엔터]**를 클릭하세요") 새로 고침 방법으로 투표 결과를 보는 방법을 알려준다.

- **질문(prompt)과 선택지는 신중하게 진술한다.** 학습자가 선택지를 제대로 이해하는지 확인하는 절차가 반드시 필요하다. 활동 초기에 선택지에 관해 설명한다. 의도대로 질문이 잘 진술되었는지 다른 사람들에게 확인하고 명확해질 때까지 문장을 다듬는 것이 좋다.
- **투표의 총합만을 제시한다.** 학습자들은 다른 사람들이 자신의 투표 내용을 볼까봐 투표 참여를 꺼려할 수 있다. 하지만 때로 교수자들은 개별 투표 결과를 볼 필요가 있다. 이를 통해 학습자들에게 어떤 한 가지 입장에 대해 더 얘기해보게 시키거나 다른 활동으로 심화시킬 수 있다.
- **의견의 변화 추이를 기록한다.** 변화 추이 기록은 연구를 위한 가치있는 자료가 될 수 있다.
- **학습자들에게 결정할 수 있는 시간을 충분히 준다.** 질문을 받자마자 답하도록 강요하지 않는다. 학습자들이 질문을 마음속으로 이해하고, 답을 생각하고, 생각을 수정하기도 하고, 어떻게 투표해야 하는지 알아보는 충분한 시간을 갖고 참여할 수 있도록 한다.
- 연구 활동을 유도하고 깊이 있는 학습으로 이끌기 위해 비실시간 투표에 참여하기 전에 조사하고 분석해보게 한다.
- 다양한 미팅 시스템을 이용할 때마다 새로 설정하거나 다량의 투표를 만들지 않도록 하려면 **일반적인 투표 형식으로 설정한다.** 실제 질문을 슬라이드에 넣고 선택지는 다음과 같이 작성한다.
  - 예/아니오
  - A, B, C
  - A, B, C, D
  - A, B, C, D, E
  - 많다, 같다, 적다
- **주관식 문제도 포함한다.** 학습자가 투표에 없는 내용을 진술할 수 있게 해준다. "기타" 등의 답변을 두면 교수자가 이미 제공한 선택지 외에도 학습자의 독특한 생각을 엿볼 수 있다.

2.10 오디오 컨퍼런싱

오디오 컨퍼런싱은 참여자들이 서로 대화할 수 있도록 해주는 활동이다. 전화로 컨퍼런스 콜을 이용하거나 인터넷을 활용하여 이용할 수 있다.

2.10.1 언제 오디오 컨퍼런싱을 활용하는가

사람들이 말로 의사소통할 필요가 있을 때 활용하는 것이 좋다. 다음과 같은 상황에서 오디오 컨퍼런싱을 활용하도록 한다.

- **감정적인 측면이 중요할 때 활용한다.** 목소리의 톤은 발언자가 화가 났는지, 흥분했는지, 슬픈지, 아니면 단순히 농담을 하는 것인지 알게 해줄 수 있다. 문자로 녹취한 것은 그러한 역할을 하지 못한다. "교수자: 어떻게 지내는가요? 학습자: 아주 좋습니다."
- **소리가 중요할 때 활용한다.** 무엇인가가 생성해내는 소리를 듣거나 시연할 필요가 있을 때 활용하는 것이 좋다. 예를 들면 컴퓨터 디스크 드라이브의 소리나 인간 심장 박동 소리 등이 있다.
- **학습자들의 작문 또는 타이핑 기술이 부족한 상황이다.** 문자로 된 매체를 이용하여 원활하게 협업 작업을 할 필요가 있을 때 활용한다.
- **토론이 복잡하다.** 지나치게 많은 타이핑을 요구하거나 대화의 흐름을 깨뜨리는 지연이 일어날 때 활용하는 것이 바람직하다.

2.10.2 전화 혹은 IP를 통한 음성 선택하기

많은 온라인 미팅 도구들은 음성을 전달하기 위하여 전화 또는 인터넷 연결을 통한 양방향 음성 전달 방식을 제공하고 있다. 후자의 방식은 '인터넷 프로토콜(IP)을 통한 음성' 으로서 약자로 줄여 *VoIP(Voice over Internet Protocol)*라고도 불린다.

전화 활용이 유용한 상황	IP를 통한 음성 활용이 유용한 상황
일시 정지, 공백, 의미 왜곡의 염려가 없는 완전하고 믿을 만한 기술을 사용할 필요가 있을 때 유용하다.	전화 사용이 지나치게 고비용일 때 유용하다.
음성의 질이 매우 중요할 때 유용하다.	전화선이 사용 중이거나 다른 목적으로 열려 있어야 할 때 활용한다. 또는 학습자가 전화선이 하나밖에 없고, 네트워크 연결을 위해 필요한 경우에 유용하다.
컴퓨터 기능 불량으로 인해 재부팅을 하고 있을 때 수업의 지속적 진행을 가능하게 해준다.	참여자가 다수인 경우 컨퍼런스 콜을 위한 설정이 복잡할 때 활용한다.

저자는 전화를 활용했을 때 좀 더 수월한 상호작용이 이루어졌던 경험을 가지고 있다. 컨퍼런스 도구 전문업자가 추천하는 VoIP를 수업에 활용한 적이 있었다. 그 후 강좌 등록생은 15명에서 50명으로 증대하였다. 첫 세션에서 최신 기술을 활용한 컴퓨

터에서 저자의 프레젠테이션이 반복적으로 실패하기 시작했다. 계속 실패하게 되자 백업 컴퓨터로 전환하였고, 잠시 후 재부팅된 원래의 컴퓨터로 다시 돌아왔다. 그 시점부터 음성 대화를 위하여 전화를 활용하기 시작했으며 그 이후 더 이상의 문제는 없었다.

2.10.3 오디오 컨퍼런싱 활용방안

오디오 컨퍼런싱은 네트워크와 스피커, 그리고 학습자들에게 무리를 줄 수 있다. 인적 한계와 기술적 한계 내에서 어떻게 활용할 것인지 주의 깊게 계획해야 한다.

- **주위의 소음을 줄인다.** 창문을 닫고 라디오를 꺼야 한다. 필요하지 않은 기계들은 끄도록 한다. 대화를 하지 않을 때에는 송화기를 무음으로 설정한다.
- **대화할 필요가 있을 때까지 학습자의 송화기를 무음으로 설정한다.** 학습자가 단순히 무음 설정 방법을 몰랐기 때문에 전체 클래스가 사무실내 소음이나 부모가 아이들을 훈계하는 소리, 그리고 개가 짖는 소리 등의 잡음을 듣게 될 수도 있다.
- **목소리에 감정을 전달한다.** 오디오 연결이 불충분하면 모든 사람들의 목소리가 지루하고 단조롭게 들릴 수 있다. 약간 극단적으로 말하고 과장하며 연기를 할 필요가 있다.
- **천천히 분명하게 말한다.** 가장 좋은 전화 연결이라도 재생음의 질은 낮은 편이다. 명확하게 발음하도록 하고, 낯선 용어들은 반복하여 말한다. 학습자들이 인지하지 못하는 단어들은 한 자 한 자 읽는다.
- **보조 발표자로 보강한다.** 두 명의 발표자가 교대로 말을 할 때 자연스럽게 구두 전달이 다양해지게 된다. 발표자들은 자기의식이 경감되고 보다 자연스럽게 감정을 실어서 말을 할 수 있다. 서로 다른 목소리를 가진 두 명을 선택하여 활용한다. 남성과 여성을 한 팀으로 구성하는 것도 하나의 방법이다.
- **송화기를 아래로 향하게 하고 입 가까이 접근시킨다.** 송화기를 호흡하는 거리 바로 밖에 두도록 한다. 머리에 착용하는 휴대용 송화기를 활용할 것을 추천한다.
- **반응하기 전에 잠시 기다린다.** 소리 회선이 1초 혹은 그 이상 지연될 수도 있다. 오디오 컨퍼런싱에서의 침묵은 본인이 말하는 것을 상대방이 기다리고 있다는 것을 항상 의미하는 것은 아니다.

2.11 비디오 컨퍼런싱

비디오 컨퍼런싱은 학습자들이 발표자의 모습을 부분적이나마 볼 수 있게 해준다. 어떤 시스템들은 보다 큰 이미지 또는 양방향 화면 모두를 보여주기도 한다.

비디오 컨퍼런싱 도구는 일반적으로 음성, 제스처, 신체 언어, 얼굴 표정, 기타 모든 것을 포함하는 대인간 의사소통의 완성을 보장해 준다. 때로는 어색하고 자의식적이며 희미한 영상의 학습자를 작고 거칠며 흐릿하고 산만하게 전달하는 것일 수도 있다.

비디오 이미지의 품질은 대단히 다양하며 네트워크 연결의 속도와 일관성, 비디오 카메라의 품질, 그리고 컴퓨터의 메모리와 프로세서 속도에 의존한다. 아래의 예시는 디지털 카메라의 물리적 조작 절차를 시연해주는 세션에서 가져온 몇 가지 프레임을 보여주고 있다.

비디오 컨퍼런싱은 매우 빠른 네트워크 연결 성능을 요구하는데, 일반적으로 256 Kbps가 필요하다. 이보다 느린 속도는 내용이나 움직임을 전혀 전달해주지 못하는 불안정한 비디오를 만들어낼 수 있다.

2.11.1 언제 비디오 컨퍼런싱을 활용하는가

어떠한 상황에서 비디오 컨퍼런싱을 활용하는가? 누군가 말하는 것을 보아야 하거나 물체들이 움직이는 것을 보아야 할 때 비디오 컨퍼런싱을 활용하도록 한다. 다음과 같은 상황에서 비디오 컨퍼런싱이 유용하다.

- **움직이는 물체를 보여준다.** 특정 기계가 작동하는 방식을 설명하거나 어떤 장비를 조작 또는 수리하는 법을 설명할 때 이용한다.

- **사람들을 실제로 만나는 것처럼 상황을 설정한다.** 멀리 떨어진 학습자들에게 교수자를 소개하거나 교수자에게 학습자들을 소개할 때 활용한다.
- **강한 감정적 메시지를 전달한다.** 학습자들의 동기를 유발하거나 상담할 때 이용한다.

비디오 컨퍼런싱은 특수한 소프트웨어를 요구하고 높은 속도의 네트워크에서도 갑자기 중단될 수 있으므로, 보다 간단하고 비용이 덜 소요되는 대안적 활동이 있다면 활용하지 않는 것이 바람직하다. 화이트보드(일련의 정지된 그림을 제시하기 위한 용도)와 오디오 컨퍼런싱(그림들을 묘사하기 위한 용도)을 통합하여 이용하는 것을 고려할 필요가 있다. 또는 오디오 컨퍼런싱을 통하여 교수자의 목소리를 들으면서 교수자의 정사진들을 제공하여 볼 수 있도록 하는 방볍도 있다.

한편 교수자가 해설자가 되지 않도록 주의한다. 특히 교수자가 반복해서 말하고 또 말하는 것 외에는 아무것도 보여주지 않는 비디오 조각들을 보여주지 않도록 한다. 비디오에 대한 일반적인 문제는 차치하고서라도 해설자와 같은 모습은 교수자를 자기중심적으로 보이게 한다. 또한 학습자들이 20초에서 30초 이상 교수자를 계속 지켜본다는 보장도 없다.

2.11.2 비디오 컨퍼런싱 활용방안

비디오 컨퍼런싱은 매우 세심한 프레젠테이션과 준비를 요구한다.

2.11.2.1 스튜디오 준비

어떻게 비디오를 녹화할 것인지 계획해야 한다. 작은 공간에서 방송을 한다고 하더라도 어디에서 카메라가 작동하고 어떻게 조명을 비출 것인가에 시간을 들여야 한다.

- **좋은 카메라를 준비한다.** 카메라에 내장된 일반적인 웹캠보다 휴대용 캠코더가 낫긴 하지만 전문적 카메라의 성능에는 못 미친다. 카메라가 컴퓨터에 연결될 수 있는 것인지 확인한다.
- **발표자에게 조명을 정면에서 고르게 비춘다.** 확산 조명을 활용하거나 반대쪽 벽의 반사광을 끄도록 한다.
- **배경의 산만함을 최소화한다.** 발표 배경으로는 단순하고 정적인 것을 준비한다. 배경을 발표자의 뒤로 멀리 배치시켜 초점에서 흐려질 수 있도록 하거나 배경이 어두워지도록 빛을 조절한다. 화려한 배경이나 복잡한 장면은 전송과 제시에 보다 많은 작업을 요하며 장면을 생략하게 하거나 소리를 중단시킬 우려가 있다. 발표자를 방 한가운데 있게 하고 배경으로 사람들을 주변에 위치시키는 일반적인 관례를 따르지 않도록 한다. 야외를 배경으로 하거나 나뭇잎들이 바람에 펄럭이는

창문을 배경으로 하지 않는 것이 바람직하다.

- **장면을 구조화한다.** 중요한 것을 잡을 수 있도록 카메라의 위치를 잡는다. 학습자가 볼 비디오 창의 사이즈를 고려한다. 교수자가 교실에서 앞뒤로 이동할 수 있도록 카메라를 뒤에 위치시킬 수도 있고, 제스처나 감정을 잡기 위하여 가까이에 위치시킬 수도 있다. 비디오 이미지가 발표자의 눈 반짝임을 표현할 수 있도록 해야 한다.
- **카메라를 안정시킨다.** 카메라를 확고하게 고정시킨다. 흔들림을 방지할 수 있도록 삼각대를 활용하고 정확하게 방향을 맞춘다. 발표자를 따라가기 위하여 카메라가 움직여야 한다면 삼각대의 상단이 유연하게 움직이는지 확인한다.

2.11.2.2 발표자 준비

- **단순한 옷차림을 한다.** 패턴이 있는 옷은 피하는 것이 좋다. 단순하게 화장을 하고 눈에 띄게 화려한 보석은 지양한다.
- **프레젠테이션을 연습한다.** 카메라 촬영이 되는 상태로 프레젠테이션을 연습한다. 그런 다음 녹화된 비디오를 비평하고 다시 촬영한다. 발표자가 비디오창에서 어느 정도로 작게 나타나는지 또는 몇 가지 제스처가 얼마나 거슬리는지 알지 못할 때도 있다. 교수자들이 새로운 매체를 익힐 시간을 제공할 필요가 있다.

2.11.2.3 학습자 준비

- **비디오의 품질을 설명해 준다.** TV 방송보다 비디오 품질이 낮은 이유를 설명해 준다.
- 요구가 있을 때까지 **학습자들의 비디오 카메라는 꺼둔다.** 지나치게 많은 비디오 스트리밍은 네트워크를 방해하고 학습자들의 주의를 산만하게 할 수 있다. 사람들이 2~3개 이상의 다른 것들을 동시에 바라보아야 할 경우는 거의 없다.
- 학습자들로 하여금 그들의 비디오 이미지를 단순화하도록 한다. 복잡하거나 움직이는 배경이 없도록 주의를 준다.

2.11.2.4 원활한 수업의 진행

비디오 컨퍼런싱 발표의 진행이 이루어지는 동안 발표자와 프로듀서는 매체를 효율적이고 효과적으로 사용해야 한다. 이를 위한 몇 가지 제안은 다음과 같다.

- **발표를 단순하게 유지한다.** 개별적으로 독립된 웹 페이지에 세부적인 사항을 배치하여 학습자가 천천히 읽을 수 있도록 해준다.
- **소도구를 가까이에 둔다.** 보여주어야 할 소도구들을 미리 모아 배치한다. 카메라의 촬영 범위 밖에 두되 닿아서 잡을 수 있는 거리에 둔다. 잡아서 조작하는 연습을

하도록 한다.

- **카메라 각도를 다양화한다.** 수분 이상 말을 해야 한다면 정기적으로 카메라의 각도를 전환시킨다. 인물이 걸어 다닐 수 있도록 해야 한다. 장면을 자르거나 대상 인물이 설명하고 있는 물체로 카메라를 회전시킨다. 청중이 듣고 있는 장면을 삽입시킬 필요도 있다. 세부적인 사항을 보여주기 위하여 클로즈업 장면을 활용한다.
- **부드럽고 예측 가능하게 움직인다.** 부드럽게 천천히 예상이 가능하도록 움직인다. 움직임의 시작과 끝을 천천히 진행한다. 카메라가 예측할 수 없는 진환을 하시 않도록 한다. 모든 움직임이 자연스럽고 논리적으로 보이도록 해야 한다. 장면의 전환을 미리 알려주도록 한다. "이러한 아이디어들이 적용되는 것을 보여주기 위해 워크숍 장면으로 이동할 것입니다."

2.12 조별 활동공간

조별 활동공간(breakout rooms)은 소규모 그룹들이 전체 미팅 내에서 그들만의 작은 미팅을 수행할 수 있도록 해주는 공간이다. 몇 가지 온라인 미팅을 위한 도구들의 특징이 있다. 조별 활동시간은 교수자나 학습자에 의해 촉진될 수 있다.

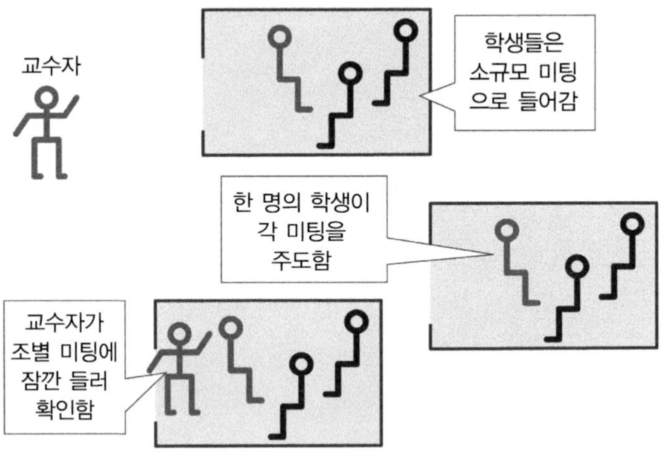

한 명의 학생이 각 미팅을 이끌 수 있도록 한다. 교수자는 개별 미팅에 잠시 들러 상황을 확인할 수 있다. 잠시 진행한 후, 교수자는 소규모 미팅을 종료시키고 원래의 핵심 미팅을 다시 실시한다.

2.12.1 언제 소규모 활동공간을 활용하는가

소규모 활동공간은 소그룹의 작업을 위한 수업시간에 활용하도록 한다. 대규모 미팅이 몇몇 학습자들을 소외시킬 우려가 있거나 보다 친밀한 규모에서 활동의 효과를 볼 수 있을 때 특히 효과적이다. 또한 활동의 일부가 대규모로 이루어져야 하고 또 다른 일부는 소그룹으로 이루어져야 하는 복합적인 활동에도 유용하다고 볼 수 있다.

다음과 같은 상황에서 소규모 활동공간을 활용하도록 한다.

- 팀워크와 소그룹 프로젝트
- 경쟁적 문제해결 상황. 각 그룹은 문제를 보다 신속하게 또는 효과적인 방식으로 해결하려고 노력함.
- 소그룹 브레인스토밍
- 시스템 구성요소에 대한 팀단위 설계
- 다양한 관점에서의 상황에 대한 분석
- 찬반양론의 논쟁 준비
- 교수자가 준비한 의사결정의 일반 시나리오에 대한 대안적 시나리오. 각 소규모 활동공간은 각자 다른 해결책을 제출할 수 있음.

짧은 강좌나 일회성 미팅을 위한 용도로 활용하지 않도록 해야 한다. 장기간의 수업기간 내에서 학습자가 소규모 활동에 익숙해질 시간이 있는 경우에 활용한다.

2.12.2 소규모 활동공간 활용방안

소규모 활동공간은 온라인 미팅 상황에서는 상대적으로 새로운 방식으로 이를 활용하게 될 경우, 학습자들에게 긍정적인 학습 경험이 될 수 있도록 주의해야 할 필요가 있다.

- 목표를 구체적으로 설정하고 소규모 활동에 활용 가능한 시간을 명확히 한다. 학습자들에게 명확한 과제를 부여한다. "쟁점에 대하여 토론하시오"가 아니라 "세 가지 발전방안을 제안해 보시오"가 바람직하다.
- 소규모 활동의 사전, 활동 중, 사후에 학습자들이 해야 할 일을 계획한다. 예를 들면 전체에게 전반적인 문제를 제시하고 이를 하위 문제들로 분리하는 것에서부터 시작할 수 있다. 그런 다음 각 소규모 활동 팀들이 각 하위 문제들을 맡아 학습을 하도록 한다. 마지막으로 개별 그룹 작업 결과물을 전체적으로 통합하게 한다.
- 소규모 활동그룹은 3개에서 7개 정도로 한다.
- 소규모 활동공간 리더를 임명하여 활동하도록 한다. 사전에 리더를 훈련시키고 도움을 요청하는 방법을 알려준다.
- 교수자는 소규모 활동공간을 종종 방문해야 한다. 특히 초기 몇 회의 활동시간에 집중적으로 방문할 필요가 있다.
- 활동공간으로 들어가고 나오는 과정을 능률적으로 만든다. 소규모 활동공간으로

학습자들을 들어가도록 하고 나오도록 할 때 미리 알려주도록 한다.

3. 온라인 미팅 수행

온라인 미팅은 채팅, 가상투표, 화이트보드, 애플리케이션 공유, 오디오/비디오 컨퍼런싱의 조합을 활용하는 생생한 실시간 세션이다. 온라인 미팅은 세심한 준비과정, 관리, 그리고 사후 활동의 복합적인 노력이라고 할 수 있다.

3.1 미팅의 계획

가상교실 강좌의 지속적인 활동이든 일회성 이벤트이든 온라인 미팅은 주의 깊은 계획을 필요로 하는 활동이다.

3.1.1 역할 결정

어떤 온라인 미팅이라 해도 사전에 교수자, 학습자, 게스트 및 기타 인원들의 역할을 명확하게 해야 한다. 활동의 각 국면마다 누가 주도를 하고 누가 발언을 할 것이며 누가 들을 것인지를 결정한다. 누가 사건을 기록하고 요약할지도 정해 놓는다.

국면	구성원			
	교수자	학습자	게스트	기타
소개(5분) 교수자가 초청 강연자를 소개한다.	발표	경청		프로듀서 카메라를 통제하고 일정을 모니터링하며 교수자와 강연자에게 신호를 보낸다.
프레젠테이션(25분) 초청 강연자가 핵심 내용을 발표한다.		경청	발표	
질의응답(20분) 교수자는 학습자가 질문하고 초청 강연자가 응답하는 활동에서 사회를 맡는다.	관리	질의	응답	
요약(5분) 초청 강연자는 발표 내용을 요약하고 질문에 응답한다.			요약	
평가(5분) 교수자는 주요 내용을 논평하고 성공요인을 지적하며 개선 방안을 제안한다.	평가			

1시간짜리 초청 강의의 예시이다. 간단하지만 이 계획은 핵심 책임 소재와 각 국면에서의 참여자들의 역할을 명확히 해주고 있다. 보다 세부적인 계획의 기초를 만들어 주는 사례이다.

만약 사태가 복잡하고 상호작용이 빠르게 이루어져야 한다면 의제나 주요 사태들의 정확한 순서를 구체화한 스크립트를 준비하고 배포하면 된다.

3.1.2 미팅 일정 잡기

이상적인 온라인 미팅은 60분에서 90분 정도 화요일 오전 9시에서 오후 1시 사이에 이루어지는 것이라고 할 수 있을 것이다. 그러나 저자의 경험에 따르면 모든 사람들이 참여할 수 있는 이상적인 일정을 잡는 것은 불가능하다.

3.1.2.1 주중 최적의 날 선택

대부분의 경험이 많은 온라인 미팅 참여자들은 화요일을 주중 가장 좋은 날로 간주하고 있다. 모든 사람들이 아직 생기에 차 있는 날이라고 할 수 있다. 월요일은 한 주 시작을 위한 급한 일을 처리하는 데 소요된다. 주말과 금요일 오후는 피하는 것이 좋다.

3.1.2.2 하루 중 최적의 시간 선택

미팅은 오전 9시 또는 그 이후로 정한다. 사람들은 일을 하고 있으며 전화의 메시지와 이메일을 확인하고 필요한 카페인 음료를 섭취한 이후이다.

미팅은 오후 1시 이전에 끝내도록 하여 모든 사람들이 점심을 먹을 시간적 여유를 갖도록 한다. 점심 이후에는 학습자들이 나른함으로 인해 적극적으로 참여하기가 어려울 수 있다. 수면 시간(오후 9시부터 오전 8시)은 반드시 피하도록 한다.

3.1.2.3 미팅 시간 설정

온라인 미팅을 위한 가장 짧은 시간은 일반적으로 60분이다. 더 짧아지면 목표를 성취하기가 어렵다. 소개와 기본 설정 시간은 여기에 포함되지 않음을 유의해야 한다.

90분 내에 미팅의 결론을 내릴 수 있도록 노력한다. 그보다 길어지게 되면 참여자들은 안절부절못하게 되고 집중력을 잃게 된다. 긴 미팅은 바쁜 사람들의 스케줄을 조정하기 어렵게 만든다. 만약 미팅을 길게 진행해야 할 필요가 있다면 2시간을 넘기지 않도록 하고 5분에서 10분 정도의 쉬는 시간을 넣어야 한다.

3.1.2.4 시간대(시차) 조정

학습자들이 위치하고 있는 지역을 고려할 필요가 있다. 유럽 전역, 호주 국내, 미국내 인접한 지역 내의 시간대 위치에 있다면 거의 문제가 되지 않는다. 예를 들어 미국내 인접 지역이라면 4시간 정도의 차이가 날 수 있다. 즉, 동부 표준시간으로 오후 12시에서 1시 30분, 태평양 표준시로 9시에서 10시 30분까지 진행하는 것을 의미한다.

가능한 한 모든 사람들이 깨어 있는 시간대에 미팅을 개최하도록 노력해야 한다. 일과 시간에서 벗어난 학습자들이 집에서 접속할 수 있는지도 고려해야 한다.

3.1.3 학습자 준비

학습자들이 미팅 이전에 준비가 될 수 있도록 도울 필요가 있다. 미팅 전에 할 수 있는 일들로 미팅 시간을 낭비하지 않도록 한다.

3.1.3.1 미팅에 대한 기본 정보 안내

미팅 참여에 필요한 정보를 학습자들에게 제공한다. 이러한 과정은 적절하게 예고해 주는 역할을 하고 미팅을 준비할 시간을 갖게 해준다. 미팅 전에 무엇을 해야 하는가?

- 학습자들에게 미팅의 목적과 목표를 알려준다.
- 청중 조사를 실시하여 어떠한 사람들이 들으며 어떠한 요구를 갖고 있는지를 확인한다.
- 교수자와 초청 강연자의 약력을 소개한다.
- 학습자들에게 컴퓨터 설정 방법을 알려준다.
- 미팅 중 행동의 표준을 알려준다.

3.1.3.2 사전 미팅 과제 부여

미팅을 생산적으로 만드는 방법 중의 하나는 실시간 세션 이전에 과제를 부여하고 완성해 오도록 하는 것이다. 과제와 관련된 토론으로 미팅을 시작한다. 과제를 완성해 온 토론의 시작을 잘 준비한 학습자에게 보상을 제공할 수 있다.

3.1.3.3 관련 정보의 사전 제공

만약 학습자들이 온라인 미팅 도중에 정보를 참고해야 할 필요가 있다면, 자료를 미리 살펴보고 발표자에게 질의할 사항을 생각해 올 수 있도록 사전에 해당 정보를 제공해 준다. 어떠한 정보를 사전에 제공할 필요가 있는가?

- 학습자들이 필기를 할 수 있는 읽을거리
- 보고서, 백서, 동향보고, 그리고 기타 참고 문헌들
- 구체적인 예시와 사례들
- 강연자의 약력

최소한 학습자들이 발표자의 내용을 여유 있게 따라갈 수 있도록 해주는 슬라이드

발표 자료 인쇄물을 제공해 줄 수 있어야 한다. 이때 발표자의 발표 슬라이드는 약간의 텍스트와 보다 구체적인 그림을 활용할 수 있다.

3.1.3.4 참여자 소개

온라인 미팅에서 모든 사람들을 일일이 소개하느라 시간을 소요하지 않도록 주의한다. 참여자들에게 미팅 전에 각자의 약력을 올리거나 보내도록 안내한다. 초청 강연자의 약력은 생생한 온라인 미팅 시간의 공지사항 속에 포함하여 소개한다. 이러한 방식을 통해 초청 강연자에 대한 소개가 간략해질 수 있다.

3.1.4 미팅의 후속 활동

귀중한 미팅 시간을 당장 할 필요가 없는 일들로 낭비하지 않도록 해야 한다. 미팅은 강렬하고 기억에 남을 만한 활동으로 마무리할 필요가 있다. 그런 다음 틀에 따라 정해진 후속 활동을 수행한다.

- 비실시간 투표를 통해 학습자들의 피드백을 수집한다.
- 토론 포럼에 미팅의 녹취 또는 기록과 함께 관련 자료를 올린다.
- 수정 보완된 읽을거리를 배부한다.

3.1.5 우발적 상황에 대한 계획 수립

문제를 미연에 방지하는 최선의 방법은 미리 예측해 보는 것이다. 잘못될 수 있는 것에 대해 브레인스토밍한다. 잘못된 상황이 발생할 경우 어떻게 대처할지에 대하여 계획해야 한다. 발생 가능한 일들을 열거하면 다음과 같다.

- 강연자가 후두염에 걸린다.
- 강연자의 컴퓨터가 망가진다.
- 야유를 보내는 사람 또는 트집을 잡는 사람이 미팅을 혼란시킨다.
- 전화를 이용한 컨퍼런싱이나 인터넷의 오디오가 작동하지 않는다.

예를 들면 컴퓨터 고장의 경우는 다음과 같은 절차를 따를 수 있다.

1. 프로듀서는 강연자의 컴퓨터가 참여 목록에서 분리되었음을 공지한다.
2. 프로듀서는 강연자의 백업 컴퓨터를 지원하여 발표를 지속할 수 있도록 한다.
3. 강연자는 백업 컴퓨터로 이동한다.
4. 강연자는 고장난 컴퓨터를 재부팅하고 시간이 허락하는 경우 학습자의 컴퓨터에 접속한다. 이 컴퓨터가 백업 컴퓨터로 기능하게 된다.

5. 기술적 장애 등으로 인한 *중단시간(dead-time)*을 위한 그래픽들을 준비해 놓고 중단시간 동안 그래픽들을 제공해준다. "기술적 장애가 발생했습니다. 온라인 상태를 유지해 주십시오." 등의 안내문일 수 있다. 해결 후에 클래스 전체가 즉각적인 시작을 할 수 있도록 준비하는 동안 활용할 또 다른 그래픽을 준비해 놓는다.

3.1.6 대화형 응급상황 자료 준비

최고의 즉각적인 코멘트는 사전에 준비한 것일 때가 많다. 따라서 유용한 대화를 시작하거나 줄어드는 대화를 활성화시키기 위한 코멘트 및 질문들을 준비해놓도록 한다. 다음과 같은 몇 가지 대화 활성화 방안들이 있다.

- 왜 그와 같은 말을 하게 되었는가?
- 그러한 아이디어는 또 다른 어떤 상황에 적용될 수 있는가?
- 의심할 만한 여지는 없는가?
- X가 다르다면 어떻게 할 것인가?
- 그러한 아이디어의 부작용은 없는가?
- 또 다른 것들은 없는가?
- 어느 정도의 비용이 소요될 것인가?
- 그러한 아이디어의 실제적인 적용 사례에는 무엇이 있는가?

3.2 미팅 준비

온라인 미팅을 계획하는 것만으로는 충분하지 않다. 미팅 수행을 위한 준비를 진행해야 한다. 좋은 계획과 준비는 성공적인 미팅을 보증할 수 있다. 발표자의 불안과 혈압 상승을 확실하게 낮출 수 있는 요인들이다. 각 활동 1시간당 5시간~10시간 정도를 준비하는 데 소요할 것으로 예상해야 한다. 프로듀서와 발표자가 어떻게 시간을 활용할 것인가? Mark Twain은 다음과 같이 말한 바 있다.

> *훌륭한 즉석연설을 위해서 일반적으로 나는 3주 이상을 준비한다.*

3.2.1 완벽한 연습

대략 미팅 3일 전에 모든 발표와 모든 협업적 활동을 연습하도록 한다. 실제 미팅이 개최될 시간과 같은 시간에 연습 세션을 실시하는 것이 좋다. 학습자들의 완전한 참여 역량뿐만 아니라 네트워크의 속도 및 신뢰성을 테스트해 본다. 도구들이 제대로 작동하고 발표자가 확실히 그것들을 이용할 수 있는지 명확하게 한다.

- 발표를 위한 자료를 업로드한다. 연습의 끝부분에서 이러한 자료를 삭제하지 않

도록 한다. 저자는 실제 발표를 위한 당일 자료들을 불러오는 것을 1회 이상 실패한 경험이 있다. 연습시 활용했던 자료들이 유용하게 활용되었다.

- 모든 매체의 시연을 연습한다. 즉, 모든 슬라이드, 투표, 웹 사이트, 응용 프로그램들을 의미한다. 참여자들과의 상호작용 활동도 연습해본다.
- 잘못될 수 있는 일들의 목록을 작성해 둔다. 색인 카드에 작성하여 묶음을 고루 뒤섞어 놓는다. 연습시간 5분마다 한 장을 뽑아 그러한 문제가 발생한 것으로 가정하고 이에 대한 대응을 연습한다.
- 연습 시간을 정한다. 실제 수업은 연습보다 20%에서 40% 정도 더 소요되는 것이 일반적이다. 학습자들이 질문을 하면서 끼어들기도 한다. 소소한 기술적 결함들이 발생하고, 발생한 즉시 해결해야 할 때가 있다.
- 문제를 발견하면 이를 설정하고 관련 연습을 반복한다. 저자의 경우 실제 현장 활동에서 3일 전에 첫 번째 연습 시간을 위한 일정을 잡는다. 이를 통해 문제를 해결할 시간을 확보하고 1~2회의 또 다른 연습 기회를 갖게 된다.

3.2.2 지원 확보

교수자 단독으로 역동적인 온라인 미팅을 실시하기 위한 모든 의무를 수행하는 것은 어렵다. 도움을 얻도록 하자.

- **프로듀서를 활용한다.** 모든 화면상의 활동들을 안내해 줄 수 있는 스튜디오 프로듀서를 활용한다. 프로듀서는 모든 사태의 시간을 정하고 진행 속도를 관리할 수 있다. 수신호나 이어폰을 이용하여 신호를 보내고 교수자를 안내해 줄 수 있다. 세션이 게스트 강연자에 의해 진행된다면 교수자가 프로듀서의 역할을 할 수도 있다.
- **보조자를 활용한다.** 교수자와 상호작용하고 교수자에게 질문을 하며 교수자에게 문제가 생기면 강연을 인계받을 수 있는 보조적 요원을 활용하도록 한다. 한 명이 강연을 하는 동안 다른 한 명은 채팅에서 질문에 답하거나 학습자들이 제기한 쟁점에 대한 자료를 제공할 수 있다.

3.2.3 작업 공간의 마련

발표자의 작업 공간을 마련함으로써 생생하고 전문적인 수행을 지원할 필요가 있다.

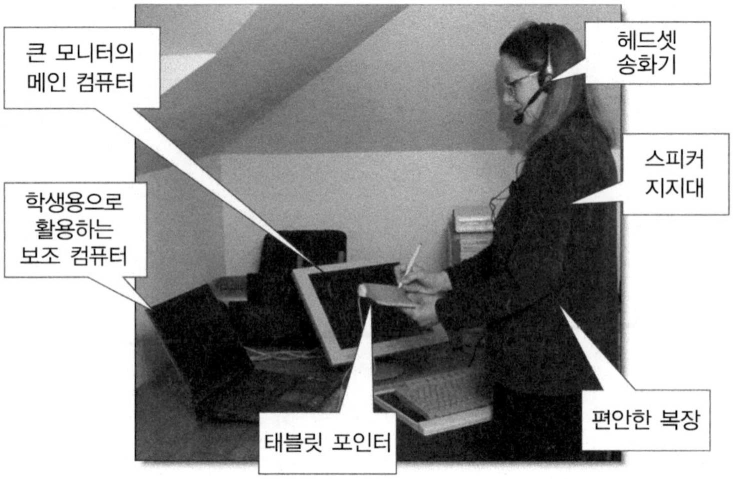

기존의 많은 온라인 프레젠테이션은 다음과 같은 가치 있는 교훈을 제공하고 있다.

- **일어서서 프레젠테이션을 수행한다.** 역동적으로 움직이는 것을 가능하게 해준다. 가슴에는 공기가 가득 차고 목소리는 보다 더 낭랑하게 들릴 수 있으며 제스처도 풍부하게 할 수 있다.
- **헤드셋 송화기를 착용한다.** 입과 송화기간 거리를 일관성 있게 유지하게 해주며 학습자들이 자신의 컴퓨터에서 계속 볼륨을 조절하지 않아도 되도록 소리 크기의 변화를 최소화하여 준다.
- 커다란 화면과 높은 메모리를 지닌 **성능이 좋은 컴퓨터에서 프레젠테이션을 실시한다.** 애플리케이션 공유와 인터넷 오디오를 사용하고 있는 경우에 커다란 문제가 될 수 있는 과부하의 위험을 감수할 필요가 없다.
- 학습자들이 경험하는 컴퓨터와 연결상태가 유사한 **보조 컴퓨터를 이용하여 프레젠테이션을 모니터링한다.** 보조 컴퓨터에서 나타나게 될 프레젠테이션의 방식으로 행동들의 시간을 설정하고 코멘트를 맞춤화한다.
- **편안한 복장을 한다.** 저자에게 있어 편안한 복장은 헐렁한 반바지와 하와이안 셔츠이다. 저자의 동료는 잘 차려 입었을 때 가장 편안하게 느낀다. 무엇이든 발표자를 편안하게 만드는 복장이 프레젠테이션의 질을 향상시키게 된다.
- 화이트보드 활동에서 그리기와 쓰기를 할 때에는 **태블릿 포인터를 이용한다.** 가독성과 작성 시간의 차이가 높은 비용을 정당화하여 줄 수 있다.
- **응급상황을 위한 물품을 가까이에 둔다.** 티슈, 한 잔의 물, 무음 모드의 전화기, 미팅 도구의 기술적 지원인력의 단축 다이얼 상태의 연락처 등을 준비해 놓는다..

다소 미신적인 행위이지만 저자의 경우 대략 미팅 시간 30분 전에 사용할 컴퓨터와 네트워크 장비를 끄고 재시작한다.

3.2.4 화면의 조정

미팅 시간 약 15분 전에 화면을 조정하여 원하는 것을 모두 찾을 수 있도록 해야 한다. 예를 들면 다음과 같다.

미리 준비해야 할 것들을 구체적으로 살펴보자.

- **미팅용 소프트웨어.** 미팅용 소프트웨어는 미리 구동시켜 놓는다. 로그인하고 설정 작업을 해야 한다. 그런 다음 컨퍼런스용 소프트웨어를 시작 시점까지 작게 최소화하여 준비한다.
- **단축 아이콘 폴더.** 공유할 문서, 제시할 슬라이드, 그리고 미팅 도중 참고해야 할 온갖 것들의 단축 아이콘을 만들어 놓는다. 교수자가 폴더를 뒤져 보여주어야 할 파일들을 찾는 것을 보기를 원하는 사람은 없다. 복사해야 할 내용이 있는 텍스트를 보유한 파일의 단축 아이콘 생성을 확실히 해야 한다.
- **초읽기 타이머.** 미팅 시작 전까지 남은 시간을 재기 위하여 화면상에 초읽기 타이머를 마련해 둔다. 시작한 이후에는 미팅 종료까지 남은 시간을 재기 위해 시간을 다시 세팅한다.
- **공유할 애플리케이션.** 공유할 모든 애플리케이션과 문서들을 실행시켜 놓도록 한다. 만약 컴퓨터가 수많은 애플리케이션들을 동시에 실행할 메모리가 충분하지 않다면 애플리케이션 공유 활동을 하지 않는 것을 고려해 볼 수 있다. 적어도 공유할 항목들의 단축아이콘을 만들어 놓을 필요가 있다.

- **복사할 텍스트.** 텍스트 문서에 입력해야 할 모든 유형의 텍스트를 준비해놓아야 한다. 완벽한 타이핑 기술을 보유하지 못한 경우 복사하여 붙이는 것이 훨씬 수월하다. 채팅에서 제시해야 할 미팅장소의 URL, 계정 및 미팅 ID들, 비밀번호들, 공지사항들을 준비할 필요가 있다. 저자의 경우, 전화 컨퍼런싱과 기술적 장애를 알리기 위한 연락처도 포함하여 준비한다.

3.2.5 미팅 공간의 설정

가상 미팅 공간을 일찍 열어 둔다. 특히 사람들이 자료를 다운로드하거나 플레이어를 얻거나 전화를 설정해야 할 경우 중요하다. 30분도 길지 않은 시간이고, 10분은 턱없이 부족하다.

가능하면 본 미팅 시작 전에 강연자 및 프로듀서와 함께 개별 미팅을 실시하도록 한다. 이를 통해 다른 참여자들이 없는 상태에서 서로 대화하고 연습해 볼 수 있다.

3.2.6 통제권 소재의 구체화

채팅, 오디오 컨퍼런싱, 비디오 컨퍼런싱, 화이드보드, 애플리케이션 공유, 그리고 기타 다수 참여자들의 활동에서 모든 참여자들이 누가 통제하고 있고 어떻게 통제 담당자가 바뀌는지 알 수 있게 해주어야 한다. 그렇지 않으면 혼란에 의해 야기된 무질서와 좌절감이 지속될 우려가 있다.

3.2.6.1 청중석 통제 모드

통제권을 넘기기 위한 명확한 기대와 규칙이 있는 통제 모드를 결정하는 것은 도움이 되는 작업이다. 다음과 같은 몇 가지 공통적인 방법들을 활용할 수 있다.

- **강의 모드.** 교수자가 홀로 프레젠테이션을 하는 모드이다. 그 외에 모든 사람들이 보고 듣게 되며, 중간에 끼어들 수 없다. 질문은 채팅으로 입력될 수 있으나 Q&A 세션 전까지는 교수자는 강의 중간에 답을 하지 않는다.
- **Q&A 모드.** 학습자들은 질문을 하고 강연자가 답을 한다. 학습자들은 질문을 채팅의 형태로 타이핑하여 입력하거나 손을 들어 송화기를 요구함으로써 질문을 한다.
- **사회 모드.** 사회자가 토론 활동을 주도하는 모드이다. 모든 학습자들이 발언을 할 기회를 가지지만 사회자에 의하여 발언권이 주어진 이후에만 가능하다. 학습자들은 발언 및 이전 발언에 대한 응답을 할 수 있으며, 질문을 하고 다른 질문에 대한 답을 할 수 있다.

3.2.6.2 통제권 이양을 위한 규칙의 상세 설명

교수 활동 중에 통제권의 이양과 획득 절차를 상세하게 설명해 준다. 예를 들면 다음과 같다.

> 사회자나 교수자가 가능하다고 했을 경우에만 질문을 할 수 있음을 잊지 마시기 바랍니다. 추가 질문은 하나까지 가능합니다. 그 절차는 아래와 같습니다.
>
> **사회자:** 질문을 요청한다.
> **학습자:** **[손 들기]** 버튼을 클릭하여 질문이 있음을 알린다.
> **사회자:** 학습자에게 발언권을 준다. 학습자의 송화기를 유음 모드로 설정하고 질문을 하도록 한다.
> **학습자:** 하나의 질문을 던진다.
> **발표자:** 대답을 한다.
> **사회자:** 후속 질문이 있는지 학습자에게 묻는다.
> **학습자:** 다른 질문을 하거나 생략한다.
> **발표자:** 후속 질문에 대한 답을 한다.
> **사회자:** 학습자에게 감사의 표시를 하고 학습자의 송화기를 무음 모드로 설정한다.
>
> 이 절차는 시간이 다 되거나 더 이상 질문이 없을 때까지 반복됩니다.

학습자, 교수자, 사회자, 발표자, 그리고 초청 강연자들에게 이러한 절차를 알려주고 일관성 있게 준수하도록 한다.

3.3 미팅의 공지

학습자들이 바쁜 스케줄에 맞출 수 있도록 온라인 미팅을 수차례에 걸쳐 공지해야 한다. 학습자들이 필요로 하는 모든 정보를 제공한다.

- **목적.** 미팅에 참여하여 학습자들이 정확하게 무엇을 얻을 수 있는가?
- **시간.** 언제 시작하여 얼마나 오래 실시하는가? 시간을 구체적으로 설정하거나 UTC (Universal Time Coordinated: 협정세계시)나 GMT(Greenwich Mean Time: 그리니치 표준시) 시간을 이용하도록 한다. 학습자들은 얼마나 일찍 접속해야 하는가? 10분에서 15분 정도면 모든 사람들이 시작할 준비를 할 수 있다.

- **절차.** 학습자들은 어떻게 미팅에 참여할 수 있는가? 미팅 개최 주소는 무엇이며 어떻게 입장할 수 있는가(공지사항에 하이퍼링크를 포함시키도록 한다)? 구체적인 사용자 ID나 비밀번호가 필요한가? 미팅이 개별적 전화 연결을 요구할 경우 전화번호는 무엇인가? 국제적으로 통용되는 번호를 제공해야 함을 잊지 말아야 한다.
- **요구사항.** 참여 활동은 필수인가, 선택인가? 참여 활동이 최종 성적에서 차지하는 비율은 어느 정도인가?
- **활용 도구.** 채팅, 오디오, 비디오, 애플리케이션 공유, 화이트보드, 투표, 또는 기타 기술들을 활용하는가? 학습자들은 이러한 도구들의 사용법을 학습 도중이 아니라 사전에 미리 습득해 두어야 한다.
- **학습 준비.** 미팅 이전에 학습자가 해야 할 일은 무엇인가? 무엇을 읽어야 하는가? 완성해야 할 학습 과제나 사전 테스트가 있는가?
- **컴퓨터 세팅.** 최적의 결과를 위하여 하드웨어와 소프트웨어를 어떻게 설정해야 하는가? 학습자들은 다른 특수한 소프트웨어를 다운로드하여 설치해야 하는가? 받아 두어야 할 예시 파일들이 있는가?
- **대안.** 기술적 문제로 미팅 입장을 못하거나 마지막 순간에 취소될 경우 학습자들은 어떻게 해야 하는가? 특정 시간에 참여를 못할 경우 어떻게 해야 하는가?
- **접근.** 학습자들이 세부적인 정보를 얻기를 원할 경우 누구에게 연락을 해야 하는가?

3.4 실시간 활동의 관리

이제 활동을 개시할 시점이다. 준비는 완료되었고 연습도 실시하였다.

프로듀서를 신뢰한다. 실시간 활동의 관리시에는 교수자나 발표자 외에 다른 인력을 보유하는 것이 바람직하다. 프로듀서는 의사일정, 긴 발언 시간의 통제, 소소한 응급상황을 관리할 수 있다. 적극적인 프로듀서는 발표자와 교수자로 하여금 학습자의 요구에 집중할 수 있도록 해준다.

학습자를 적극적으로 만든다. 프레젠테이션을 역동적으로 수행한다. 핵심 개념에 집중할 수 있도록 시각 자료들과 멀티미디어를 이용하도록 한다. 해설자가 되거나 타자수처럼 행동해서는 안된다. 5초 이상 흐름이 끊기는 경우가 발생하면 사유를 설명해 주어야 한다.

빈번한 상호작용을 한다. 특정 형태의 상호작용 없이 5분 이상 강연을 하지 않는다. 40%에서 60%의 시간을 학습자와 상호작용하는 데 소요해야 한다. 15분 또는 20분마다 질문에 대답을 한다. 또는 마무리 부분에서 그렇게 할 것이라고 미리 공지한다.

학습자의 이름을 호명한다. 물리적 교실에서는 교수자가 단순히 가리키거나 특정 방향을 봄으로써 사람들을 부를 수 있다. 온라인에서는 교수자가 이름을 호명할 필요가 있다. 이는 단순히 미팅 도구에서 제시되는 아이디나 이메일 주소가 아니라 모든 참여자의 이름이 기재된 명단을 가지고 있어야 함을 의미한다.

답을 주는 것보다 더 많은 질문을 한다. 학습자들의 질문에 대한 응답을 한 후에는 응답을 이해했는지를 확인하기 위하여 즉각적으로 다시 질문을 해본다. 질문에 대해서 완전한 답을 주지 않도록 한다. 잘못된 이해를 해결하고 학습자들이 그들의 질문에 스스로 답할 수 있게 해주는 자료를 알려준다.

자연스럽게 진행한다. 모든 세션의 대본을 미리 작성하되, 30%에서 40%의 시간은 예상치 못한 질문을 위해 남겨두도록 하고 학습자들의 흥미를 불러일으키는 이슈에 대해 세부적으로 파고들며 즉각적으로 떠오르는 통찰을 넣도록 한다.

보완 채널을 준비한다. 면대면 미팅에서는 참여자들이 눈을 응시하거나 머리를 끄덕이거나 미소짓는 것을 살펴볼 수 있다. 그리고 "으흠", "오케이" 등 언어적 표현을 들을 수도 있다. 웹 협업학습을 위한 매체에서는 이러한 것들을 볼 수 없으므로 교수자는 메시지가 잘 전달되었는지를 테스트해볼 필요가 있다. 채팅과 같은 또 다른 상호작용적 의사소통 채널을 열어 둠으로써 학습자들이 이해하지 못한 것이 있을 때 개입할 수 있도록 해주어야 한다. 프레젠테이션의 각 단계마다 피드백을 얻을 수도 있다.

사용하지 않는 매체를 중지한다. 사용하지 않는 매체는 꺼둔다. 단순히 이야기를 하고 있는 상황이라면 비디오를 끄고 오디오만 켜도록 한다.

통제와 초점을 유지한다. 온라인 미팅에서 학습자들은 "같은 페이지"를 학습하고 있어야 한다. 만약 질문이나 토론이 지나치게 범위를 벗어나면 토론 과정 중에 주제를 다시 재정리하여 설정하는 것이 좋다. 주제에서 지속적으로 벗어나는 활동은 차단한다. 학습자들에게 강좌에서 산만하게 활동하기 이전에 미리 주요 아이디어들의 한계와 주변을 충분히 탐색할 기회를 제공한다.

모든 학습자들에게 주의를 기울인다. 눈에 띄는 학습자들뿐만 아니라 모든 학습자들에게 주의를 기울이도록 한다. 송화기의 소리를 높인 학습자들의 목소리는 다른 이들보다 크게 들릴 것이고 비디오카메라에 가까이 앉은 학습자들은 더 크게 보일 것이다. 이와 같은 잘못된 신호는 무시하고 모든 학습자들에게 동등하게 집중한다. 손을 들면 30초에서 60초 안에 반응하도록 한다.

조직적으로 행동한다. 말하기 이전에 잠시 멈추어 본다. 더 진행하기 이전에 손을 든 학생들을 해결한다. 투표, 심의, 채팅의 결과를 저장하는 것을 잊지 말아야 한다. 학습자들이 투표 사항에 기입을 하고 있거나 질문에 대답을 하는 동안 긴장을 풀고 생각을 정리한다. 심리 상황 체크리스트를 이용하여 다음 할 일을 관리하여 본다.

3.5 미팅의 활성화

대부분의 온라인 미팅은 교실 수업 내의 미팅 못지않게 지루해지기 쉽다. 그러한 상황을 통상적인 것으로 받아들여서는 안된다. 이러닝 미팅을 활성화시킬 필요가 있다.

3.5.1 일방향 강의의 지양

일방향 강의를 하지 않는다. 강의를 하게 되면 미리 녹화하여 학습자들의 편의에 따라 이용할 수 있도록 해주어야 한다. 학습자들이 교실에서 캠코더를 활용한다는 것은 익히 알려진 사실이다. 그들의 편의에 따라 강의를 녹화하여 필요 없는 부분은 생략하면서 이용하고 있다. 단순 정보 습득을 위하여 미팅 스케줄에 반드시 참석하도록 할 필요가 없다.

강의 및 정적인 활동들은 미팅에서 제외하도록 해야 한다. 학습자들이 기존에 실시된 미팅의 녹화물을 들을 수 있도록 해준다. 프레젠테이션을 위해서는 이를 녹화하여 활용한다(자세한 내용은 2장 참조). 미팅이 이루어지는 동안 장시간의 활동을 하는 것보다는 수업 전에 그러한 활동을 미리 경험하고 그 결과를 토론하는 것에 중점을 두는 것이 바람직하다.

3.5.2 강의를 워크숍으로 전환하기

수동적인 프레젠테이션을 적극적인 학습으로 전환시킨다. 유일하게 요구해야 할 것은 창의성이다. 지루한 강의를 활발하게 참여하는 워크숍으로 바꿀 수 있는 몇 가지 방법이 있다.

- 학습자를 무작위로 선택하여 질문에 응답하게 한다.
- 현재까지 진행된 미팅의 내용을 개괄하거나 요약하게 한다.
- 청중이 중심이 되어 완성하는 활동을 채팅으로 수행한다. 예를 들어 슬라이드 내의 공란을 학습자들이 채우도록 한다.
- 공동의 반응을 요구한다. 시나리오의 결과, 이야기할 화두, 문제해결 방법, 시뮬레이션 내의 다음 실행 단계에 대하여 투표의 방식으로 결정하게 해본다. 학급 전체가 문제 해결책들의 가치를 매기도록 한다. 개조식 항목들을 참/거짓의 문제로

다루도록 해준다. 그 결과를 발표하기 위하여 손을 들도록 한다.

- 교수자가 말하는 동안 슬라이드의 내용을 강조하여 표시하도록 한다.
- 반응을 요구한다. "질문이 **없으면** 손을 드시오."
- 짧은 프레젠테이션을 하도록 요구한다. 내용과 형식에 대한 안내를 위하여 템플릿을 제공한다.
- 시나리오와 사례들에 대한 대안들을 제시하도록 해본다. 예를 들어, 계산에서 다른 숫자를 제시하게 하거나, 사건을 설명하기 위한 다른 종류의 가정과 이론을 제시하게 하거나, 광고 또는 계약서의 텍스트에 다른 단어들을 사용하게 하거나, 문제를 해결하는 다른 방법을 제안하도록 만든다. 다음 예시는 학습자들이 사진을 잘라내는 서로 다른 방법들을 보여주고 있다.
- 심화 학습을 위하여 논쟁을 활용할 수 있다. 미팅 전에 학습자들이 찬반 양쪽 입장을 모두 준비해오도록 시킨다. 각 입장을 대변하는 발표자를 무작위로 선정한다. 또는 악역을 하도록 학습자들 중 발표자를 무작위로 선정하여 부여된 입장을 논쟁하도록 할 수 있다.
- 진실을 찾아낼 수 있도록 만든다. 교수자는 그럴듯하게 들리는 발언들을 하고 학습자들이 참 또는 거짓을 판정하도록 한다.

어도비 브리즈 미팅으로 구축했다.

3.5.3 참여자들을 가시화시키기

온라인 미팅의 참여자들은 상호 존재감을 느끼고 알 수 있는 방법이 필요하다. 동료 학습자가 물리적으로 참석하고 있는 것이 아니기 때문에 누가 듣고 보고 있는지를 확신하기 어렵다. 혼자라고 느끼거나 볼 수 없는 참관인들의 감정을 상하게 할까봐 두려워서 망설일 수 있다. 존재감을 증진시키기 위하여 다음과 같은 방법을 사용한다.

- 등록 멤버를 공표한다.
- 정기적으로 모든 사람들이 무엇인가를 말하도록 한다. 단순히 "저 아직 있습니다"와 같은 발언이라도 무방하다.
- 참여자들의 닉네임을 밝힌다.

사람들의 사생활을 존중해야 한다. 원하지 않을 경우 자신이 누구인지를 밝히도록 요구하지 않는다. 미팅에서 알려지기 원하는 고유의 닉네임을 선택할 수 있도록 해준다.

3.5.4 학습 시작을 위한 아이스브레이킹 활용

학습자들이 서로 낯설거나 테크놀로지에 대한 불안감이 있다면 온라인 미팅의 시작은 어려워질 수 있다. 참여를 촉진하고 불안을 덜어주며 동료 학습자들을 소개할 수 있도록 간단하고 짧은 게임을 이용한다.

- 화이트보드에 세계지도를 제시하고 그들이 어디에 거주하고 있는지를 가리키도록 해본다.
- 채팅에서 학습자들의 직업명과 근무지를 말하도록 한다.
- 화이트보드에 공동의 그림이나 낙서를 해보도록 요구한다. 저자의 경우, 자신의 사진을 올려놓고 수염, 뿔, 그리고 원하는 것은 무엇이든 덧붙여 보도록 해본 경험이 있다.
- 오디오나 비디오를 이용하여 모든 참여자들이 서로 인사를 해보도록 할 수 있다.
- 학습자들이 거주하는 곳, 애완동물, 취미에 대한 그림들을 올리도록 한다.

이와 같은 활동들의 목적은 그들 자신에 대한 약간의 정보를 공유하면서 위협적이지 않은 방식으로 협력적 도구들을 이용하는 방법을 알려주는 데 있다.

3.6 참여하지 못한 미팅을 위한 보완 활동

미팅에 참여할 수 없는 학습자들을 위한 보충 활동을 제공할 필요가 있다. 적어도 무단결석한 학습자들에게 녹화된 미팅을 재생하도록 하여 무엇을 놓쳤는지 읽고 보고 들을 수 있게 해야 한다. 미팅의 내용을 요약하여 작성하고 토론 포럼에 업로드하도록 요구할 수도 있다.

3.6.1 수업 후의 토론 활동의 유지

미팅 도중 시작한 대화를 지속하기 위하여 수업 직후 채팅 세션을 시작할 수 있다. 이러한 활동은 교수자에게 수업 도중에는 미처 질문하지 못했던 것을 묻게 할 수 있고 특별히 관심을 가졌었던 점들에 대해 토론할 수 있도록 해준다.

미팅 중에 추후의 주제에 대한 비실시간 분기식 토론 생성에 기여할 수 있도록 참여자들을 독려한다. 미팅의 내용을 기록한 것과 후속 채팅 세션의 내용으로 토론을 시작하도록 할 수 있다.

3.6.2 활동의 평가

실시간 활동을 활성화하기 위하여 다음과 같은 공식적 평가 활동을 실시한다.

- 교수자는 잘된 점과 더 나아질 수 있는 점을 언급하면서 미팅을 비평한다.
- 학습자들은 어떻게 더 잘할 수 있었는지에 대한 방안을 제시한다.
- 교수자는 학습자들의 행동에 대하여 개인적으로 조언을 제공할 수 있다. 특히 적절하지 못했던 경우라면 더욱 필요하다. 공통적인 문제들은 언어적으로 다른 이들을 모욕하거나 부족한 시간을 독점하려고 하거나 주제를 벗어난 질문들을 던지는 것 등이다.

3.6.3 도움 제공자들에 대한 감사의 표현

교수자(또는 학습자들)는 미팅에서 도움을 제공했던 모든 스태프들에게 감사의 뜻을 전해야 한다. 프레젠테이션을 했거나 인터뷰에 응했던 전문가들에게 상품권을 제공하는 것도 좋다.

4. 토론 활동의 안내

토론 포럼은 인터넷 리스트서버와 뉴스그룹 내의 사회적이고 전문적인 교류 활동에서 진화한 활동이라고 할 수 있다. 이와 같은 지적인 공공장소는 아이디어들의 자유로운 교환 활동을 통하여, 유사한 관심사를 가지고 있지만 서로 떨어져 있는 개인들을 모으는 역할을 한다.

토론 포럼을 이러닝에서 활용하는 것은 이와 같은 비공식적인 교류 활동을 생성하고 효율적인 구조를 만든다. 토론 활동이 공식적 교육에서 활용되고 있는 방법은 다음과 같다.

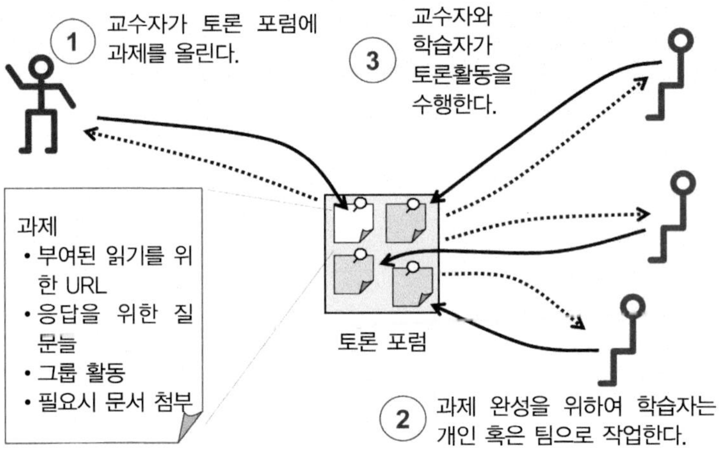

학습은 교수자가 과제를 그룹들에 부여하면서 시작된다. 과제는 읽기 활동, 개별적인 응답을 위한 질문들, 그리고 그룹 활동을 위한 URL이나 하이퍼링크들을 포함할 수 있다. 과제들은 첨부된 읽기 자료와 다른 필요한 자료들도 포함할 수 있을 것이다.

그런 다음 학습자들은 과제를 읽는다. 교수자와 다른 학습자들이 보고 토론하고 평가할 수 있는 토론 포럼에 최종 완성 해결안을 올리기 전에 개별적 혹은 팀 단위로 일할 수 있을 것이다. 하나의 강좌는 대체적으로 6개에서 12개의 과제로 구성된다.

4.1 의미 있는 토론 활동의 설계

온라인 토론은 다양한 많은 종류의 학습 활동들의 핵심이다. 활동은 논쟁이나 브레인스토밍의 형태를 띨 수 있다. 소수의 혹은 다수의 참여자들을 포함할 수도 있다. 사실적 주제 또는 정의적 주제들을 포괄할 수 있다. 이러한 활동들의 성공은 잘 설계된 온라인 토론에 달려 있다. 그러나 좋은 토론 활동들은 그냥 이루어지는 것이 아니다. 심층적인 사고와 더불어 아이디어 및 견해들의 지속적 발전을 일으키도록 설계되어야 한다.

4.1.1 토론의 시작

가장 중요한 것은 설계자가 대화를 시작하는 방법을 어떻게 만드는가이다. 각 토론은 참여자들에 대한 간단한 초청으로 시작해야 한다. 가장 바람직한 초청 방식은 구체적인 과제를 부여하는 것이다. 어떻게 좋은 과제를 만드는가? 학습자들로 하여금 참여하게 만드는 과제를 개발하는 몇 가지 기법들을 제시하면 다음과 같다.

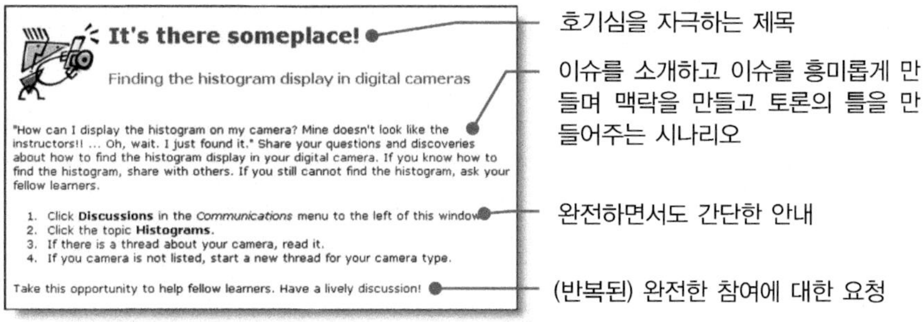

4.1.2 토론을 위한 학습자 준비

토론 활동은 학습자들에게 있어 복잡하고 시간 소요가 많은 활동이다. 학습자들을 혼란스럽게 하거나 시간을 낭비하지 않도록 하기 위하여 각 토론 활동에 대한 완벽한 안내를 제공해야 한다. 다음과 같은 예시는 학습자들이 동료들의 작업 결과물을 비평해야 하는 토론에 참여하도록 준비시키는 사례이다.

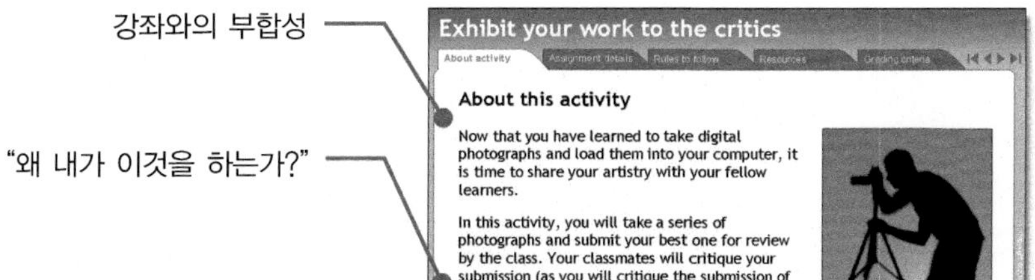

마이크로소프트 파워포인트로 개발되었고 어도비 브리즈 프리젠터를 이용하여 웹 모드로 변환하였다. 예시는 horton.com/eld/에서 볼 수 있다.

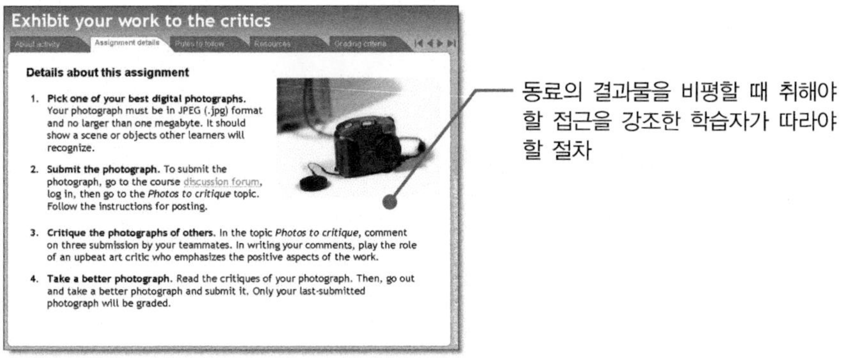

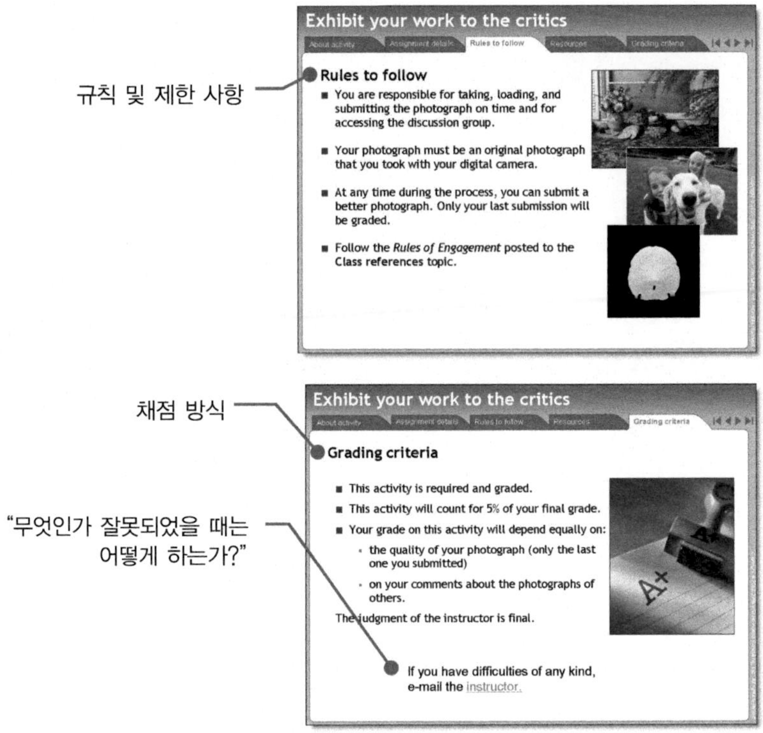

4.1.3 충분한 시간의 허용

온라인 토론은 면대면 토론처럼 신속하게 진행될 수 없다. 일반적으로 10분 정도의 면대면 대화에 해당되는 활동은 다음 사항을 요구한다.

- 20분의 오디오 컨퍼런싱
- 30분의 채팅
- 1~2일의 토론 포럼 활동

교실에서의 1시간짜리 토론은 온라인 토론 포럼에서 일주일에서 10일 정도의 시간을 요구하게 된다.

4.1.4 필요한 토론 분기 설정

학습자가 처음으로 토론 포럼에 들어오면 텅빈 창고처럼 느끼지 않도록 어느 정도 구조를 갖추어 놓아야 한다. 몇 가지 관례적인 것들로 시작할 필요가 있다.

- **소개.** 환영하는 메시지뿐만 아니라 학습자들에게 토론 포럼 전체가 무엇에 관한 것인지를 상세한 수준으로 제공하여 준다. 필요한 안내사항을 포함시킨다.
- **행정적 지원.** 내용이나 기술적 측면 이외의 사항들에 대한 도움을 요청할 만한 공

간을 제공한다.

- **기술적 지원.** 강좌에서 활용하는 도구와 테크놀로지에 대한 질문들을 위한 공간을 마련해 놓는다. 기술적 요구사항, 필요한 도구들을 습득하는 방법, 일반적 문제해결 가이드 등을 올리는 것으로 시작한다.
- **일반적 코멘트.** 현존하는 게시판에 부합되지 않는 일반적인 코멘트를 위한 게시판을 마련한다. 관리자는 이러한 성격의 코멘트들을 적절한 게시판으로 옮기거나 새로운 게시판을 시작하기 위하여 활용할 수 있다.
- **학생 라운지.** 강좌에 관련된 것이든 그렇지 않은 것이든 학습자들이 다양한 주제에 대하여 서로 자유롭게 이야기할 수 있는 공간을 제공한다.

4.2 학습자들의 필수 역량 보유 여부 확인

토론 포럼에 새로이 참여하는 학습자들이 자신이 어리석어 보일지도 모른다는 것에 대한 두려움을 극복하고 서로 상호작용하도록 도와야 한다. 학습자들에게 온라인 토론을 위한 핵심 기술을 가르친다. 필수 토론 기술을 소개하면 다음과 같다.

- **메시지에 대한 답변.** 학습자들에게 특정 메시지에 대하여 답변을 하고자 한다면 **[답변]** 버튼을 클릭해야 함을 주지시킨다.
- **새로운 메시지의 업로드와 새로운 주제의 토론 시작.** 학습자들은 **[새 글 올리기]**와 **[답글]**의 차이점을 이해할 수 있어야 한다. **[새 글 올리기]**는 현재 올라온 메시지들과 같은 수준에서 또 다른 메시지를 추가하는 것이고 **[답글]**은 현재 메시지의 하위 수준에 새로운 메시지를 만드는 것이다. 이러한 차이에 주의를 기울이지 않으면 메시지들의 위계가 얽히고 메시지를 해석하기 위한 맥락이 명확해지지 않는다.
- **명확한 내용 작성.** 답변을 위한 초기 설정은 원래의 메시지 제목 앞에 'Re:' 가 붙는 것으로 나타난다. 학습자들에게 이러한 초기 설정을 유의미한 내용으로 대체하도록 요구한다. 그렇지 않으면 'Re: Re: Re:...' 로 이어지는 메시지들로 가득 차게 될 것이다.
- **게시글의 편집.** 학습자들에게 올린 글의 소소한 오류를 수정하는 방법을 가르쳐주도록 한다. 메시지를 수정하기 위하여 **[편집]** 버튼을 클릭해야 한다는 것을 모를 수도 있다. 중요 사항을 지적한 답변이 올라온 후에 원글을 수정하여 그 답변이 오히려 잘못된 것처럼 보이게 하는 것은 무례하다는 점을 학습자들에게 주지시킨다. 원래의 글이 수정되었다는 내용의 메시지를 추가하고 개선사항을 제안한 이에게 감사를 표하는 방법 등이 적절하다고 할 수 있다.

4.3 토론 활동의 관리

관리가 이루어지는 토론 포럼에서는 교수자나 다른 사람이 메시지의 교류를 지켜보고 있다. 관리자의 주요 임무는 학습자가 다른 학습자들과 생산적인 토론을 하는지를 확인하는 일이다. 관리자는 두 가지 주요 과제를 수행한다. 첫째, 토론 포럼 전반과 주제별 토론 게시판 항목들을 설정한다. 둘째, 이루어지는 대화들을 감독한다.

4.3.1 적절한 관리자의 선정

일반적으로 강좌의 교수자가 토론 포럼의 관리자가 된다. 그러나 교수자에게 요구되는 요구사항과 관리자에게 요구되는 사항은 차이가 있다. 그리고 교수자는 양쪽을 모두 수행하기에는 지나치게 바쁠 수도 있다.

좋은 관리자는 관련 분야의 지식을 보유하고 있으며, 지원 활동을 수행하고, 생각이 분명해야 한다.

- **관리자는 박식하며 빈틈이 없어야 한다.** 관리자는 학습 내용, 컴퓨터 시스템, 토론 포럼이나 수업의 다른 부분에서 사용되는 소프트웨어 등을 이해하고 있어야 한다. 또는 그러한 사람과 즉각적으로 접촉할 수 있어야 한다.
- **관리자는 친절한 심성을 보유하고 있어야 한다.** 관리자는 모욕과 무례한 행동에 재치있게 대응해야 하고, 테크놀로지에 대한 공포심을 가진 사람들을 인내심 있게 안내해야 하며, 낙담한 사람들에게 지속적으로 열정을 주입해야 하고, 모욕당하고 있는 응답자들을 지속적으로 진정시켜야 한다.
- **관리자는 능숙하게 의사소통할 수 있어야 한다.** 관리자는 깊이 있게 경청하고 정확하게 다른 이들의 지식과 감정을 판단할 수 있어야 한다. 모든 사람들이 이렇게 할 수 있는 것은 아니다. 관리자는 재치가 있고 사교적이라는 평을 듣는 사람이어야 한다. 그리고 복잡한 아이디어들과 미묘한 감정을 간단하면서도 꾸밈없이 표현할 수 있어야 한다.

누가 이러한 역할의 후보자가 될 수 있을 것인가?

관리자는 여러 가지 다양한 배경을 보유할 수 있다. 관리자 선정을 위하여 다음과 같은 후보자들을 검토해 보도록 한다.

- **교수자.** 90% 이상 대부분의 경우에 교수자가 곧 관리자이다. 이것을 초기 선택 사항으로 설정할 수 있다.
- **수업 조교.** 종종 교수자는 조교나 훈련받고 있는 강사에게 관리자의 임무를 위임한다. 토론 포럼을 관리하는 것은 보조 스태프 구성원이 학습자들에 대하여 학습

할 수 있는 좋은 방법이 된다.

- **최근 졸업생.** 강좌를 수료한 학습자들 역시 좋은 후보자가 될 수 있다. 특히 강좌 관련 분야를 지속적으로 다루고 있고 계속 접촉하고자 하는 사람이라면 더욱 바람직하다.
- **외부 전문가.** 실천가들은 강좌에서 가르칠 시간은 없을 수도 있으나 토론 포럼을 관리함으로써 수업에 기꺼이 기여하고자 할 수도 있을 것이다.

만약 이상적인 후보자를 만날 수 없다면 관리자의 임무를 분리하여 활용할 수 있다. 기술적으로 숙달된 조교가 기술적 측면을 관리하는 동안 교수자는 무작위로 토론 게시물들을 점검할 수 있고, 관리 활동을 도와주는 학습자를 지정하여 추후 이에 대한 추가점수를 제공할 수도 있다.

4.3.2 학습자 환영하기

토론 포럼의 각 주요 영역에서는 학습자들을 토론 영역으로 환대하고 무엇을 하는 곳인지 누구를 위한 곳인지 설명해 준다. 환영의 말을 해당 영역의 첫 번째 메시지로 올리도록 한다. 다음은 사진 비평에 관한 토론 주제 영역에서의 개시용 메시지이다.

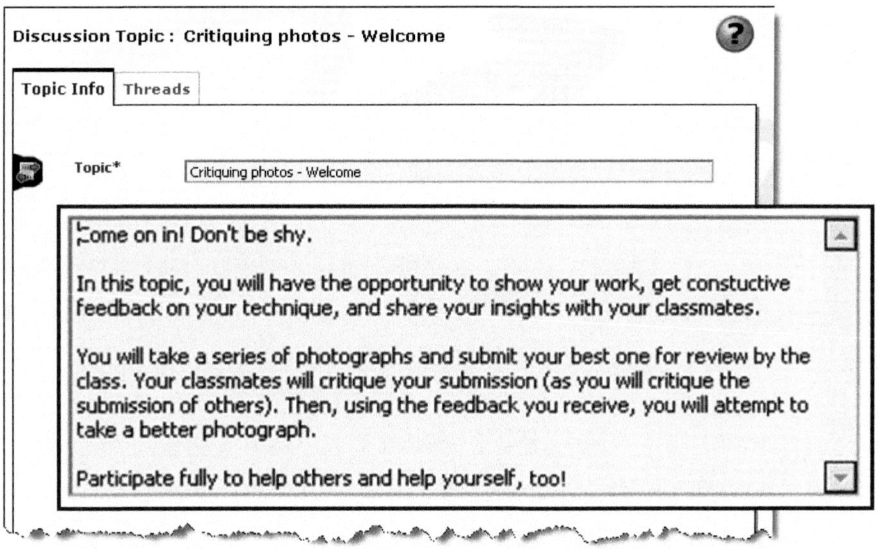

학습자들이 환영받고 있다고 느끼도록 해야 한다. 참여를 촉진하기 위한 초청을 한다. 적절한 토론 포럼 및 적절한 주제 게시판에 들어온 것인지 확인하는 데에 도움을 제공한다. 특히 하나 이상의 포럼이나 게시판을 보유하고 있을 때는 더욱 그러하다. 수업 내의 해당 주제 관련 또 다른 토론 포럼을 링크해 둔다.

4.3.3 적극적으로 중재하되 지배하지 않기

적극적 학습을 위하여 토론을 적극적으로 중재해야 한다. 적극적인 중재자는 수동적인 학습자가 되도록 내버려두지 않는다. 포럼 중재자가 올라온 내용을 보다 적극적으로 비평하고, 코멘트를 달며, 참여를 독려하고, 메시지에 대한 보상을 제공하며, 창의성을 촉발하고, 교착 상태를 해결하며, 성미를 다독이고, 가정을 검증하고, 악역을 할수록 학습자들은 보다 적극적으로 변화할 것이다.

필요할 때마다 개입하되 필요한 만큼만 개입한다. 트집을 잡지 않도록 하고 사소한 초기 실수는 넘어간다. 대부분의 경우 사회적 압력과 자정 분위기가 문제를 해결하게 될 것이다 . 사소한 문제들이 지속적으로 발생한다면 부드럽게 주의를 주는 메시지를 올리고 없어질 때까지 시간적 여유를 둔다. 공격자들에게 태도를 수정하도록 온전하게 요구사항을 전달한다. 바쁘거나 부주의해서 규칙을 미처 읽지 못했을 수도 있다. 다양한 문제를 반복하는 사람들과 심각한 문제들은 유보했다가 적절한 때 강력하게 개입한다.

4.3.4 생생한 대화 유지하기

중재자의 역할은 눈에 뜨이지 않을 수도 있으나 결코 수동적이지는 않다. 중재자는 삐걱거리는 부분에 기름칠을 하고 얽힌 부분을 해결하며, 파열되어 작동이 멈춘 회로차단기의 스위치를 누르는 것처럼 복잡한 기계의 일부분을 다루는 기계공과 유사하다. 중재자는 토론 포럼이 최대한 효율적으로 운영되도록 하기 위해 어떠한 일이라도 하는 사람이다.

일반적으로 우리는 항상 흥미로운 대화의 중심인물이 되는 사람들을 알고 있다. 보통 그들은 대화의 대부분을 도맡아 하는 사람들이 아닐 수도 있으며 다른 이들이 효과적으로 이야기할 수 있도록 하는 사람들이다. 토론 포럼의 중재자는 몇 가지 검증된 기법들을 이용하여 대화를 생생하게 유지할 수 있는 사람이라고 할 수 있다.

- 흥미로운 심층 질문들을 통해 새로운 주제의 토론을 시작한다.
- '게스트' 를 영입하여 새로운 관점을 더하거나 창의적 질문들을 던지도록 한다.
- 며칠동안 응답이 없었던 모든 질문들에 대하여 응답을 해준다.
- 오개념들이 퍼져나가기 전에 정확하게 바로잡는다.
- 필요시 규칙을 상기시킨다.
- 현존하는 토론 분기의 세부적인 것에서 발생한 흥미로운 아이디어를 위한 새로운 토론 분기를 생성한다.
- 요약을 통해 지루한 토론을 마무리하도록 한다(또는 요약 과제를 학습자들에게

부여할 수도 있다).

4.3.5 깊이 없는 사고 활동에 대한 도전

가벼운 견해를 그대로 받아들이지 않도록 해야 한다. 그들의 견해 뒤에 자리하고 있는 증거와 논리적인 사고를 제공하도록 촉진한다. 다음과 같이 반응함으로써 그러한 견해들에 대하여 도전한다.

당신의 답변[내용 인용]에 흥미를 가지게 되었습니다. 왜 그렇게 느끼는지에 대하여 설명해 줄 수 있을까요? 특정 경험이나 연구, 또는 다른 증거가 이러한 견해에 이르게 했습니까?

만약 모든 사람들이 그러한 견해에 동조하면 반대 견해를 취하도록 한다. "악마의 변호인" 역할을 하는 것이다. 생각을 자극하기 위한 몇 가지 반응들을 다음과 같이 제시할 수 있다.

- 알았습니다. 그러면 ...에 대하여 답변해 주세요.
- 저는 반대의견을 주장합니다. 내가 틀렸다는 것을 입증할 수 있습니까?
- 도전적인 가정에 동참해 보세요.
- 만약 ...라면 어떻게 하겠습니까?
- 반대 견해가 옳다고 가정해 보십시오. 그러면 어떻게 될까요?

4.4 메시지 관리

단숨에 작성한 메시지들은 종종 엇나가기도 한다. 사소한 말의 오용이 의도한 뜻을 뒤집을 수도 있다. 메시지의 질을 유지하기 위하여 관리자가 수행해야 할 것들은 다음과 같다.

- 잘못된 방향으로 작성된 메시지들을 적절한 토론 분기로 다시 이동시킨다. 올린 사람에게 변경된 사항과 그 이유를 알려준다.
- 불명확하거나 부정확한 제목들을 바로잡는다.
- 오타나 우발적 허위진술들을 수정한다(혹은 작성자에게 수정하도록 한다).

4.4.1 부적절한 게시물 관리

관리자는 강좌의 규정을 위반한 글을 거부해야 한다. 화가 난 사람을 진정시키거나 필요에 따라 추방할 필요가 있다. 다른 학습자들이 불만을 제기하는 글에 동의할 수 없다면 삭제하도록 한다. 글을 거부해야 할 경우 다음과 같은 조치를 취하도록 한다.

- 왜 부적합 판정했는지에 대하여 명확한 이유를 설명한다. 글의 기준에 대하여 상기시킨다.
- 구체적인 수정 작업 후 다시 올릴 기회를 제공한다.
- 다른 이들을 부적절하게 모욕하거나 공격했다면 사과를 요구한다.
- 보다 거시적인 규정의 위반사항과 그 결과에 대하여 알려준다.

4.4.2 부적절한 메시지가 즉각적으로 작성되는 경우

어떤 토론 포럼에서는 관리자가 살펴볼 틈도 없이 즉각적으로 부적절한 메시지들이 올라오는 경우가 있다. 이와 같은 경우에는 다음과 같이 대응한다.

- 참여자들에게 상황을 알려주고 몇몇의 부적절한 메시지를 제때 삭제하지 못했음을 알린다.
- 모든 새로운 메시지를 자주 읽고 부적절한 것들은 가급적 즉각적으로 처리한다.
- 공격적인 메시지를 놓쳤다면 삭제한 후 사과의 글을 올린다. 메시지 작성자 역시 사과의 글을 올리도록 요구한다.
- 학습자들이 토론의 규정을 수립하는 것에 대해 책임을 지도록 한다. 중재자가 도와줄 수는 있으나 부적절한 것과 그렇지 않은 것을 결정하는 것은 그들 자신임을 주지시킨다.

5. 가상 강좌의 관리

가상교실 강좌의 성공 여부는 일반적으로 테크놀로지 시설보다는 사람들의 상호작용에 의존한다. 성공의 비결은 잘 조화된 학습 경험들과 구성원 전체의 학습 요구에 주의를 기울인 수용적인 교수자라고 할 수 있다.

가상 강좌의 중요한 두 가지 부분에 대한 기법들을 앞서 다룬 바 있는데, 하나는 온라인 미팅이고 또 다른 하나는 토론 활동이다. 이제 강좌 전반적으로 최적의 활용방안을 살펴보겠다.

5.1 수준 높은 교수자 선정

가상교실에서의 교수 활동의 수준은 교수자의 준비와 재능에 의존한다. 어떠한 교수설계라도 준비가 되어 있지 않고 역량이 없는 교수자를 보완해주지 못한다. 가상교실에서 요구되는 역량은 물리적 교실에서 활용되는 것과 유사하지만 중대한 차이가 있다.

- **학습자들은 물리적으로 참여하고 있지 않다.** 교수자는 태도와 얼굴 표정이 아니라 목소리의 톤 또는 급히 작성한 타이핑으로 작성된 글로 학습자들을 '읽어야' 한다.
- **교수자는 활용 가능한 매체를 통해 의사소통해야 한다.** 화면에 제시된 단어, 음성 언어, 슬라이드, 스케치, 시연, 그리고 비디오 등을 통해 의사소통해야 한다. 교수자는 기술적으로 이러한 매체를 생산해 내고 이들을 전달하는 도구들에 능숙해야 한다. 무대 위의 위엄 있는 존재보다는 잘 조정된 목소리, 능숙한 타이핑 기술, 다양한 컴퓨터 프로그램을 조화롭게 조작하는 것이 보다 효과적일 수 있다.
- **학습자들은 교수자에게 덜 의존한다.** 교수자와의 면대면 접촉이 부족하므로 학습자들은 그들끼리 교류하게 된다. 교수자는 그러한 '교실에서 이야기하기'를 격려하고 이를 생산적으로 만들어야 한다. 설사 그러한 활동이 교수자에게 덜 의존하게 하고 주의를 덜 기울이게 만들더라도 그 필요성은 높다. 그렇게 할 필요가 있다. 교수자는 명령을 내리던 역할에서 보조자의 역할로 물러날 수 있어야 한다.

5.1.1 교수자에게는 어떠한 태도가 필요한가

온라인 교수자로서의 성공은 지식과 기술뿐만 아니라 태도의 문제이기도 하다. 온라인 교수자에게 필요한 몇 가지 태도에는 어떠한 것들이 있는가?

무아성(Egolessness): "단순히 무대 위의 현자가 되는 것이 아니라 사람들을 돕고 싶다."
타당성에 대한 신념(Validity): "이러닝은 가치가 높은 교수 방식이다."
자신감(Confidence): "나는 할 수 있다!"

자기중심적인 교수자는 문제에 대한 해결책이라기보다는 문제 그 자체가 된다. 지나친 자기중심성의 신호를 경계한다. 대체로 다음과 같다.

- "카메라의 초점을 나에게 맞추세요."
- "나는 연습이 필요 없습니다. 교실에서 20회 가르친 바 있습니다."
- "나는 교실에서 수업을 합니다. 그것이 내가 원하는 바입니다."
- "눈을 보지 않으면 가르칠 수 없습니다."
- "내가 없으면 그들은 학습을 하지 않습니다."

5.1.2 교수자에게 필요한 기술

온라인 교수자로서의 기술은 면대면 교수자에게 요구되는 것과는 차이가 있다. 각각의 주요 기술들을 비교하면 다음과 같다.

물리적 교실	가상교실
● 교과 지식	● 교과 지식
● 권위적인 톤의 목소리	● 잘 조정된 톤의 목소리(전화 또는 인터넷 오디오)
● 제스처와 신체 언어	● 작문과 타이핑
● 읽을 수 있는 글씨	● 협업 도구를 능숙하게 활용하는 역량
● 기본적인 파워포인트 기술	● 애니메이션과 같은 능숙한 파워포인트 기술

5.1.3 경험에 대한 요구

가상교실에서의 교수 활동은 경험 있는 교수자들에게도 도전적인 일이다. 혼자 독립적으로 가르치기 전에 예비 온라인 교수자들에게 다음의 내용이 요구된다.

- 십여 회 정도의 온라인 미팅의 경험
- 경험 많은 온라인 교수자와의 3회의 연습
- 검증된 온라인 교수자에 의해 수행되는 3회의 온라인 미팅 보조 활동
- 보조 교수자와 함께 하는 1회의 교수 활동
- 검증된 온라인 교수자와 함께 수행하는 온라인 활동 성과에 대한 비평

물리적 교실에서만큼 온라인에서 역량 있고 능숙하며 자신감을 갖기 위해서는 수개월이 소요될 수도 있다. 온라인 교수자를 신속하게 양성할 필요가 있다. 또한 중간에 포기하지 않도록 한다. 테크놀로지는 교수자들이 교실에 빨리 받아들이는 만큼 신속하게 지속적으로 발전할 것이다.

5.2 학습이 일어나기를 기다리지 말고 먼저 가르치기

교수자로서 진행 속도를 설정하고 학습자들의 참여를 확인하고 문제들을 극복해가면서 수업을 적극적으로 이끌어 나가야 한다.

학습자들에게 개별적으로 접촉한다. 학습자들을 개인적으로 지켜보고 있다는 것을 알리고 그들이 가지고 있는 관심사에 대하여 듣기 위해 개별적으로 전화하거나 이메일을 보낸다. 가능하다면 개인적으로 만나는 것도 좋다. 저자의 경우 어떤 한 온

라인 강좌에서 학습자들의 절반이 저자가 참석하고 있던 전문적인 컨퍼런스에 참석하기를 희망한다는 것을 알고 함께 참여했다. 우리는 생산적인 몇 시간을 함께 보냈다.

수업 동료들이 서로 알아가도록 돕는다. 학습자들이 각자 자신의 약력을 올리게 한다. 그런 다음 동료 학습자들의 약력을 살펴보고 공통의 관심사나 중요한 유사점을 발견하도록 한다. 또한 공식 일정을 준수한다. 일정을 공표했다면 이를 준수해야 한다. 먼 거리의 학습자들과 바쁜 일정이 있는 학습자들은 그들의 일정을 공식적인 강좌 일정에 맞추어 조정하기 때문이다.

정규 근무시간을 준수한다. 주중 일정 시간을 내도록 한다. 학습자들은 교수자가 허용하지 않는 경우 전화하는 것을 망설일 수도 있다. 구체적인 시간대를 정해놓지 않으면 식사를 하거나 자고 있을 때 전화가 올 수도 있다.

학습자의 진행속도를 조정한다. 과제 간의 간격을 설정하고 기한을 정한다. 매주 요구하는 학습량이 일관성이 있도록 해야 한다. 초기 활동은 강좌와 관련 기술에 익숙해지는 후기의 활동보다 학습자들에게 더욱 부담이 될 수 있음을 유의할 필요가 있다. 기한을 강조함으로써 전체 학습자들이 같은 부분을 학습하고 서로 돕도록 한다.

미리 학습을 할 수 있도록 한다. 수업 초기에 전체 강의계획서를 공개한다. 큰 프로젝트나 일반적인 읽기 등 수업 기간 전반에 요구되는 과제를 초반에 부여하여 원하는 학습자는 일찍 시작할 수 있게 해준다. 한 주를 공부하지 못한 학습자도 미리 학습함으로써 수월하게 따라잡을 수 있도록 할 수 있다.

강좌 소프트웨어를 가르치는 데 너무 많은 시간을 소요하지 않는다. 학습자들은 강좌 소프트웨어를 배우는 데 지나치게 많은 시간을 소요하면 실망하게 된다. 다른 참고자료를 이용하게 하거나 과외로 그러한 기술들을 가르치도록 한다.

5.3 예측 가능한 학습 주기 계획하기

강좌는 일회성 이벤트가 아니다. 학습 주제에 대해 목적 없는 배회가 되어서도 안된다. 온라인 강좌를 위한 최상의 구조는 예측 가능한 학습 주기로서 클래스 미팅과 동반되는 것이다. 예시를 제시하면 다음과 같은 주별 활동 주기를 들 수 있다.

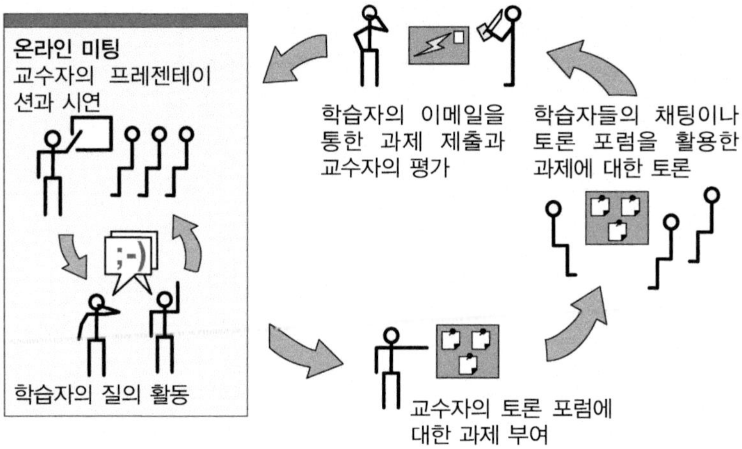

이와 같은 반복되는 활동들은 학습자로 하여금 지속적으로 새로운 종류의 학습경험에 숙달하고 새로운 요구에 부응하는 것보다 학습을 예측 가능하고 집중할 수 있도록 해준다. 실제 과제에는 다양한 것들이 포함된다. 이러닝을 설계할 때에는 가르칠 학습경험을 구체화하고 그러한 경험들에 효과적인 학습 자료들(온라인 또는 그 외의 것들)을 선정해야 한다.

다음 그림은 6주짜리 디지털 사진촬영기법 강좌를 위한 계획의 개요이다. 각 항목들은 강좌에서 활용되기 위하여 산출되기 전에 보다 세부적인 사항들을 요구하고 있다.

5.4 완전한 교수 제공하기

많은 초보 온라인 학습자들에게 있어서 이메일을 여는 것은 여전히 고생스러운 일이다. 반면 테크놀로지에 익숙한 학습자들은 이동 전화기에 도착하는 동료들의 문자 메시지, 컴퓨터 내의 친구들로부터 온 인스턴트 메시지, 블로그 업데이트 동안에 들어야 할 파드캐스트, 이메일에 비디오클립 첨부하기, 최신 디지털 카메라를 자랑하기 위한 웹캠의 활용 등 많은 일들을 처리할 수 있다. 두 가지 유형의 학습자 그룹 모두에게 학습을 위한 협력 도구 활용법을 명확히 안내해 주어야 한다. 협력 도구에 익숙하지 않은 학습자들에게는 초기에 간단하고 명확한 가이드와 격려가 필요하다. 매체에 익숙한 학습자들에게는 사회적 교류보다 학습 목적을 위하여 도구들을 활용하기 위한 안내가 필요하다고 할 수 있다. 가상교실에는 일반적으로 학습 안내를 위한 세 개의 주요 문서가 필요하다. 학습자 가이드, 교수자 가이드, 그리고 강의계획서이다.

	1 The new world	2 Shoot to edit	3 Edit to show	4 Fixing problems	5 Histograms	6 Artistic effects
Class meeting						
Presentation	How digital is different	Capturing the most editable image. Demo of difference in Photoshop.	Demo: Editing your image.	Demo: Correcting exposure, contrast, perspective, blur, noise, color, and cropping.	How histograms help prevent and correct problems. Demo in camera and in editing program.	Demo filters in Photoshop. Plea for voluntary restraint.
Activities	Identify assumptions carried over from film photography.	Identify camera settings that produce an editable image.	Identify edits needed in a series of photographs.	Identify problems and suggest ways to fix them.	Match histogram and photos. Suggest ways to edit the histogram.	Match effect and filter. Suggest effects to use.
Assignments						
Hands-on (individual)	Submit your best and worst digital photo.	Submit images shot to edit and shot to show.	Edit the photograph shot to edit.	Fix three of your worst photographs.	Use the histogram to improve a shot and to edit it.	Apply effects to three photos.
Discussion (group)	List and prioritize differences between digital and film photography.	Create a checklist for shooting with editing in mind.	Advice on using Photoshop or other tool to edit photographs.	Post a bad photo, suggest edits for others' photos, and post a fixed version.	Catalog the locations of histograms in cameras and editing tools.	Ethical rules for modifying photos. Best practices for artistic effects.
Scavenger hunt	How digital photography is different.	Characteristics of an editable image.	Instructions on editing digital photographs.	Books, tutorials, and demos on fixing photos.	Find histograms in your camera and editing tool.	Good examples of artistic effects in photos.
Resources						
Web sites and searches	Web sites for Nikon, Canon, and Olympus. Search: **digital film photography**.	Sites for editing programs, such as Photoshop. Search: **edit digital photograph**.	Sites supporting editing tools, e.g., photoshopuser.com. Search: name of the editing tool.	Sites with tutorials on fixing problems, e.g., photoshopuser.com.	Sites for camera makers and editing software. Search: **histogram digital photograph**.	Sites where professional photographers give advice on using artistic effects.
Other	Articles on the digital workflow from Adobe and Apple.				"Your friend the histogram"	Tutorials and demos on using specific Photoshop filters.

마이크로소프트 워드를 이용하여 작성하였고 어도비 애크로뱃 프로페셔널을 이용하여 PDF로 변환하였다. 예시는 horton.com/eld/에서 볼 수 있다.

5.4.1 학습자 가이드

학습자 가이드는 학습자들과 팀 리더들에게 안내를 제공한다. FAQ, 이메일, 규정, 토론 글, 미팅이나 포럼에서의 질문들에 대한 답 등에 흩어져 있는 안내 사항들을 통합하는 역할을 한다.

5.4.1.1 언제 학습자 가이드가 필요한가

학습자 가이드는 다음과 같은 상황에서 특히 중요하다.

- 학습자들이 강좌에서 활용하는 매체와 협력적 도구들을 처음 접한다.
- 학습자들이 이러닝의 관례나 네티켓을 알지 못한다.
- 학습자들의 적절치 못한 행동이 조직으로 하여금 법적 책임을 지게 할 우려가 있다. 예를 들어 인종적 편견이나 성희롱 등에 대한 고발 등을 들 수 있다.
- 이러닝의 정규적인 과제에 대하여 각 학습자를 안내할 지원 요원이 부족하다.

5.4.1.2 필수 행동의 설명

학습자들이 요구되는 모든 행동을 수행할 수 있음을 확신시켜 준다. 그리고 학습자들이 수업에서 필요한 종류의 메시지를 준비하고 보낼 수 있는지를 확인한다. 다음과 같은 활동을 위하여 단계별 안내를 제공하도록 한다.

- 개별 학습자나 그룹에게 메시지를 보낼 수 있다.
- 메시지에 답을 보낼 수 있다.
- 메시지의 형식을 갖출 수 있다.
- 원래의 메시지에서 인용할 수 있다.
- 메시지에 링크를 포함시킬 수 있다.
- 메시지에 파일을 첨부할 수 있다.
- 토론 포럼의 특정 토론 분기에 메시지를 올릴 수 있다.

강좌에서 활용하는 토론, 이메일, 채팅, 또는 미팅 시스템을 위한 완전한 매뉴얼을 제공할 수 있어야 한다. 맞춤화된 고유 시스템을 개발한 경우가 아니라면 아마도 활용 도구의 전문 업자들이 제공하는 온라인 매뉴얼과 튜토리얼로의 연결이 가능할 것이다. '아마도' 라는 단서를 붙인 것은 모든 전문 업자들이 초보 학습자들을 위한 좋은 안내들을 제공하는 것은 아니기 때문이다.

아울러 학습자들이 이와 같은 안내들을 인쇄하기 용이하도록 해주어야 한다. 그렇지 않을 경우 모든 주제를 하나의 파일로 통합시키든지 특수한 인쇄용 파일로 모을 필요가 있다. 더 좋은 것은 모든 시스템을 위한 모든 매뉴얼들을 전체적인 목차가 있는 하나의 파일로 통합시키는 것이다.

5.4.1.3 이러닝 방법 설명

학습자들은 이러닝 상황에서 높은 학습동기와 시간관리 기술이 어느 정도로 요구되는지 잘 모를 수 있다. 필요한 학습 기술과 태도를 구체적으로 지적하고 그것들을 계발하는 방법을 제안해야 한다. 다음과 같은 방법을 안내할 수 있다.

- 그들의 목표가 강좌에서 충족될 수 있음을 검증하기
- 그들만의 고유한 목표와 이를 성취할 수 있는 시간표 및 이정표들을 설정하기
- 동료 학습자들과 구성적인 방법으로 상호작용하기
- 가르쳐지기를 기다리기보다는 적극적으로 새로운 지식과 기술을 탐색하기
- 새로운 테크놀로지를 아이와 같은 태도로 습득하기. 탐색하고, 실험하며, 도움말에서 필요사항 찾아보기

5.4.1.4 컴퓨터 설정 가이드의 제공

생생한 실시간 학습 활동은 고성능 컴퓨터와 네트워크를 요구할 수 있다. 교수자들과 학습자들은 협업을 위한 컴퓨터 기능 설정이 필요하게 된다. 다음의 예시는 다가올 온라인 세션에 대한 공지사항에서 발췌한 것으로서 학습자들에게 활동에 대하여 알려주고 기술적인 준비사항들을 제시하고 있다.

Special tools?	We will be using Breeze for our online meeting. To participate, you will need the Flash Player, a headset microphone (for voice-conferencing), and a 100 kbps connection or faster.
Computer set-up?	Test your setup by going to: http://breeze15896395.breezecentral.com/common/help/en/support/meeting_test.htm. On the day of the meeting, turn off any scheduled maintenance tasks and screen savers. The fewer programs running while you are in the meeting, the quicker will be the response time.

5.4.1.5 메시지 작성 안내

모든 학습자들이 효과적인 메시지를 작성하고 전송 활동을 관리할 수 있는 기술을 알고 있는 것은 아니다. 학습자들이 얼마나 수월하게 메시지를 보내는지 확인하고자 할 때가 있다. 문제가 생기면 구체적인 훈련 방법을 추천할 필요가 있다. 또는 직접적으로 안내해준다.

메시지를 교환하기 위한 적절한 방법들에 관한 구체적인 안내를 통합하여 제공한다. 또는 개별적이고 더 일반저인 안내, 예를 들면 메시지 활용 방법에 대한 안내(*Guide to Messaging*) 등을 제공한다. horton/eld/로 가서 예시들을 참고할 수 있다.

5.4.1.6 협업 규칙의 명세화

만약 학습자들이 함께 작업해야 하거나 서로의 작업 결과물에 대하여 코멘트를 제공해야 한다면 함께 작업하고 필수적으로 해야 하는 활동의 방법을 추천해줄 필요가 있다. 이러한 자료를 학습자 가이드나 개별적 가이드로 출판하는 것이 가능하다. horton/eld/에서 예시가 제공되고 있다.

5.4.2 교수자 가이드

다음 교수자 가이드는 온라인 강좌에서 가르쳐야 할 모든 것을 설명하고 있다. 인쇄할 수 있는 파일 형태로 제공된다.

교수자 가이드는 교수자들에게 강좌를 운영하기 위하여 무엇이 필요한지를 온라인 미팅, 토론, 그리고 기타 활동들과 더불어 안내해 줄 수 있어야 한다.

강좌를 관리하고 전달하는 데 관련되는 다른 이들의 의무도 포함하고 있어야 하는데, 예를 들면 온라인 미팅의 프로듀서, 초청 강연자, 그리고 수업 조교 등이 있다.

5.4.2.1 언제 교수자 가이드를 활용하는가

교수자 가이드는 강좌 운영자들이 특정 측면에서 초보일 때 활용하는 것이 좋다. 다음과 같은 상황에서 이용하도록 한다.

- 교수자들이나 전문가들이 직접 설계하고 개발하지 않은 강좌를 가르칠 때 활용한다.
- 교수자들이 온라인 교수 및 내용, 그리고 특정 강좌에 있어서 초보일 때 활용한다.
- 교수자들이 가이드를 받지 않으면 임의로 처리할 수도 있는 상황일 때 활용한다.
- 학습이 주로 교수자의 피드백을 통해 일어날 때 활용한다.

5.4.2.2 강좌 설정 방법의 설명

교수자 가이드는 강좌를 새롭게 구성하는 방법을 제공해야 한다. 이에 대하여 다음과 같이 안내하도록 한다.

- 학습자들 및 기타 참여자들을 등록시킨다. 역할 설정과 보안에 대한 권리 부여도 포함된다.
- 학습자들 및 기타 참여자들에게 강좌에 대하여 공지한다.
- 강좌 자료들을 업로드한다.
- 교수자 및 다른 책임자들의 약력을 올린다.
- 이메일이나 전화로 학습자들에게 환영 메시지를 보낸다.
- 학습자 가이드, 메시지 관리 규정, 협업 활동 가이드를 출판한다.

5.4.2.3 강좌 운영 방법의 설명

강좌를 운영하는 것은 단순히 가르치는 것 이상을 의미한다. 많은 활동들을 요구하게 된다. 어떤 것들은 단순한 반면 어떤 것들은 복잡하다. 교수자들에게 다음 활동을 수행하기 위한 방법들을 안내한다.

- 학습자들의 수행 결과물, 행동, 태도를 모니터링한다.
- 토론 포럼을 관리한다.
- 동기가 낮은 학습자들과 적절치 못한 행동을 하는 학습자들을 중재한다.
- 학습자들의 성취를 평가한다. 복잡한 활동들을 평가할 때에는 구체적인 평가표(rubric)가 필요하게 될 수도 있다.
- 피드백을 제공한다. 어떤 피드백은 예측했던 것일 수 있고, 어떤 피드백은 안내 및 규정에 따른 것일 수 있다.

5.4.2.4 미팅 설정 방법의 설명

모든 미팅은 세심한 준비를 요한다. 교수자들이 다음 사항들을 수행할 수 있도록 해야 한다.

- 강의계획서를 조정하고 학습자들에게 미팅을 상기시킨다.
- 학습 자료를 업데이트하고 과제물들을 수정한다. 슬라이드를 준비하거나 수정하며, 새로운 투표 활동을 정의한다.
- 학습 자료를 업로드한다.
- 세부적인 미팅 일정을 공표한다. 학습자들에게 일반적인 일정을 보내고 더 구체적인 것을 프로듀서, 초청 강연자, 기타 관련된 사람들에게 발송한다.

5.4.2.5 미팅 수행 방법의 설명

교수자는 방송국 토크쇼 같은 완벽함에 익숙한 학습자들을 위해 미팅을 부드럽고 효율적으로 운영해야 한다. 그리고 오디오 컨퍼런싱, 슬라이드쇼, 애플리케이션 공유, 채팅, 투표, 화이트보드 등과 같은 필요한 모든 협업 도구들의 기본적 기능을 다룰 줄 알아야 한다. 또한 이러한 도구들을 학습자들을 참여시키고 사고를 촉진할 수 있는 방식으로 사용할 수 있어야 한다. 교수자 가이드는 미팅 도구를 개발한 전문 업자들의 발표자 가이드를 대체할 수는 없으나 가장 중요한 조작법들을 요약하여 제공할 수는 있다.

5.4.2.6 토론 중재에 관한 설명

토론이 강좌에서 중요한 역할을 하는 활동이라면 교수자는 토론 주제 게시판을 개설하고 토론의 시작과 지속적 활동을 관리할 필요가 있다. 교수자들이 다음과 같은 업무를 수행하기 위한 방법을 알고 있는지 확인한다.

- 소개, 행정 지원, 기술 지원, 일반적 코멘트, 학생 라운지 등과 같은 표준적인 게시판 생성하기
- 개별 미팅과 학습 활동들을 지원하는 게시판 생성하기
- 학습자들의 질문에 답변하기
- 참고문헌, 템플릿, 활동 완료를 위한 필요 자료 등 학습 자원 올리기

5.4.3 강의계획서

가상교실의 강좌에서 강의계획서는 수업을 명확하게 구조화하는 뼈대의 역할을 하게 된다. 온라인 강좌에서 가장 중요한 페이지라고 할 수 있으며, 메뉴와 홈페이지의 기능을 모두 수행한다. 일정, 요구사항, 그리고 전체 활동들에 대한 틀을 제공한다. 학습

자들이 강좌에서 요구하는 모든 것들을 찾을 수 있는 곳이기도 하다. 상황에 따라 길이가 길어지는 것은 상관이 없으나, 체계적으로 조직되고 매력적인 형식을 갖추어야 한다.

5.4.3.1 언제 강의계획서를 활용하는가

수십 개의 온라인 강좌를 운영해 오면서 저자는 강의계획서가 가장 중요한 자료라는 것에 더욱 확신을 갖게 되었다. 학습의 시작 지점이 되기 때문이다. 학습자들은 강좌를 수료하기 위해 필요한 모든 것들을 얻을 수 있다는 것을 인식하고 있다. 강의계획서는 강좌의 개요를 제공하고 활동 맥락을 설정하여 주기도 한다. 강좌가 어떻게 조직되어 있고 각 구성요소들이 전체적인 것과 어떻게 부합되는지를 보여준다. "내가 어디에 있는가?" 와 같은 질문에 답해주기도 한다. 강의계획서는 잘 조직된 강좌 메뉴의 역할을 수행한다. 하이퍼링크는 학습자들을 필요한 부분으로 즉시 안내해 줄 수 있다.

5.4.3.2 강의계획서에 포함되어야 할 요소

다음은 효과적인 강의계획서가 포함하고 있어야 할 것들에 대한 예시이다. 오른쪽의 주석은 내용의 명칭 및 가능한 대안들이다.

Syllabus

Beginning Digital Photography

제목과 기본 정보

Instructor: William Horton

Contents

Objectives
About the course
Modules:

1. The new world
2. Shoot to edit
3. Edit to show
4. Fixing problems
5. Histograms
6. Artistic effects

Weekly events
Resources
Notes

매주 활동 및 자료에 대한 링크

강의계획서가 길어질 수 있기 때문에 관련내용 링크를 포함하는 것이 바람직함.

Objectives

In this course will learn basic and advanced techniques to help you take better digital photographs. You will learn to:

- Select the digital camera that is right for you.
- Take photographs by just pointing and shooting.
- Use the camera's controls for practical and artistic effects.
- Transfer photographs to your computer.
- Edit photos on your computer.
- Print out photos from your computer.

학습 목표

강좌가 다루는 내용을 주지시킴

About the course

Make sure you understand the policies and procedures governing this course and that you meet the requirements—before the first class. Also take a few minutes to get to know your instructor and and fellow students.

Policies
Technical requirements
Grading criteria

Week 1: The new world

Events	Readings	Activities
Presentation "How digital is different" * Be prepared to identify assumptions carried over from film photography. *	Explore Web sites for Nikon, Canon, and Olympus. Search: *digital film photography* Read articles on the digital workflow from Adobe and Apple.	Submit your best and worst digital photo. * Due: Wednesday List and prioritize differences between digital and film photography. Due: Anytime How digitial photography is different. * Due: Friday

Week 2: Shoot to edit

Events	Readings	Activities
Presentation "Capturing the most editable image" * Presentation "Capturing the most editable image" * Be prepared to identify camera settings that produce an editable image. *	Explore Web sites for graphics editing programs, such as Photoshop. Search: *edit digital photograph*	Submit images shot to edit and shot to show. * Due: Wednesday Create a checklist for shooting with editing in mind. Due: Anytime Find the characteristics of an editable image. * Due: Friday

[Weeks 3 and 4 are similar]

Week 6: Artistic effects

Events	Readings	Activities
Presentation "Demo filters in Photoshop " * Presentation "Plea for voluntary restraint" * Be prepared to match effects with the appropriate filter. * Suggest effects filters you would use. *	Explore sites where professional photographers give advice on using artistic effects. Read tutorials and demos on using specific Photoshop filters.	Apply effects to three photos. * Due: Wednesday Ethical rules for modiifying photos. Due: Friday Post best practices for artistic effects. Due: Friday Find good examples of artistic effects in photos. * Due: Friday

Weekly events

These events and activities occur every week, but may not be listed in the week's detailed description:

Lecture: Monday at 20:00 GMT. Required *
Post-lecture chat: Immediately after the lecture
Open forum: Monday at 20:00 GMT
Discussion group: Open all hours

강좌 개관
강좌 수강 전 또는 수강 중에 참고해야 할 자료들을 링크함.

주별 학습 내용

수업 활동 읽기자료, 학습 활동

수업 활동은 실시간 미팅에 해당된다. 비디오 컨퍼런스, 채팅 세션, 기타 실시간 활동들을 포함함.

읽기 자료는 학습자들이 읽거나 보아야 하는 자료임. 로컬 컴퓨터 또는 네트워크상의 자료들을 포함함. 단순한 웹 페이지일 수도 있고 정교한 멀티미디어 자료일 수도 있음.

학습 활동은 수행해야 할 활동을 말함. 마감기한이 있을 수 있으나 보통 자신의 일정에 맞추어 완료할 수도 있음. 평가 활동을 포함함.

수업 활동이나 학습 활동 중간에는 이정표 역할을 하는 기점 또는 중간과제 등을 장기간의 여러 주차에 걸친 프로젝트를 위해 포함시키도록 함.

주기적 수업 활동
주기적으로 반복되는 미팅, 강의, 채팅 및 기타 계획된 일들과 실습 세션 등을 목록화함.

Resources

As you take the class, you may find these general resources useful:

About the instructor	Course discussion group
Roster	Technical support
Biographies of students	Administrative support

Notes

Assignments are due at midnight (00:00 hours UTC) on the day stated. For example, if we say an activity is due on April 15, then that would make it due by 7:00 PM (19:00 hours) New York time on April 14th (the evening before), or by 1:00 AM (01:00 hours) Berlin time on April 15th.

Lectures are required. We do not take attendance, but we do present information not available through readings or other resources.

자료
강좌 수강에 유용한 자료들을 목록화함.

유의사항
주의를 기울여야 할 기타 유의사항 및 경고사항 등을 기재함.

5.4.3.3 강의계획서 활용방안

강의계획서를 수정하고 업데이트함으로써 유지된 강좌들이 매우 많다. 이는 강의계획서가 어느 정도로 중요한지를 일깨워주고 있다. 내용이 빈의한 강의계획서에 세심한 주의를 기울이는 노력은 매우 가치 있는 것으로 여겨진다.

강의계획서를 종합적으로 작성한다. 모든 활동, 자원, 지원 연락처, 행정 요구사항을 열거한다. 언급된 문서들과 포럼 게시판들을 링크하고, 교수진 및 스태프의 전화번호와 이메일 주소를 포함시킨다. 모든 링크들과 전화번호들을 점검하는 것을 잊지 않도록 한다.

강좌를 작은 부분들로 나눈다. 처음부터 완벽한 전체 세트로 제공하면 자료들은 학습자들에게 부담을 줄 수 있다. 이해할 수 있는 작은 부분들로 나누고 논리적 범주로 분류하며 의미있는 학습의 흐름으로 배열한 후 학습 완료에 적절한 일정들을 설정한다.

공식적인 강의계획서를 제공하지 않더라도 적어도 자료를 모두 학습하기 위한 흐름과 일정을 제공할 필요가 있다. 그리고 우선순위에 따라 '필수' 자료와 '선택' 자료를 명확하게 구분하여 준다.

날짜를 구체화한다. 주말의 시작이 언제인지 확인하여 전 세계에 흩어져 있는 학습자들의 시간대의 차이점에 주의를 기울이도록 한다.

GMT를 기준으로 월요일 아침에 한 주가 시작된다.

필요시에는 단순히 1주, 2주 등과 같은 방식으로 제시하기보다는 실제적 정보를 기입해 놓아야 한다.

모든 것을 링크한다. 학습자들로 하여금 강의계획서에 언급된 자료들을 따로 검색하도록 요구하지 않는다. 바로 이동할 수 있도록 링크를 걸어둔다. 강의 및 컨퍼런스들을 위하여 미팅 사이트로 연결해준다. 활동의 완수를 위하여 기입해야 할 양식들을 링크해 놓는다.

필수 항목들을 강조한다. 필수 항목은 분명하게 구별되는 아이콘을 활용할 필요가 있다. 필수적이거나 날짜가 확정된 활동들을 강의계획서와 강좌 공지사항에 표시해 두도록 한다. 어떤 항목들이 최종 점수에 영향을 미치고 어떤 항목들이 그렇지 않은지를 명확하게 한다. 만약 선택사항이지만 추가 점수를 받을 수 있는 것이라면 오히려 필수 항목이 되어야 하는 것은 아닌지 확인해야 한다.

5.5 학습 과제의 단순화

최적의 조건에서도 학습은 쉬운 일이 아니다. 학습을 가능한 한 쉽게 만들어야 한다. 강좌를 단순하게 하여 생산적이고 효율적으로 할 필요가 있다.

5.5.1 수업의 소규모화

대부분의 교수자들은 가상교실을 7명에서 10명 정도의 학생들로 구성하여 작은 규모로 만들 것을 추천하고 있다. 그러나 소규모 수업은 보다 큰 규모의 강좌들이 달성할 수 있는 비용효율성에는 장애가 될 수 있다. 교수자는 대규모 강좌들에서 얻을 수 있는 수익과 소규모 그룹에서 가능한 높은 품질의 학습 경험으로 발생하는 인지도의 효과를 비교분석할 수 있어야 한다. Jones International 대학은 소규모 수업을 다음과 같이 홍보하고 있다.

> 전통적 교실에 있는 것과 매우 유사하지만 많은 측면에서 좀 더 친근함을 가질 수 있다. 많은 JIU 졸업생들은 면대면 교실 상황에서보다 JIU의 학우들과 교수들을 친근하게 느꼈다고 말하고 있다.
> (www.jonesinternational.edu/studentLife/index.php)

만약 소규모 수업을 수행할 수 없는 상황이라면 학습자들이 개별적인 존재로 다루어지고 있음을 확신시키기 위해 노력해야 한다. 많은 소규모 그룹 활동들을 포함함으로써 수업의 범위가 학습자들에 대한 위협 요소가 되지 않도록 한다.

5.5.2 교과서(또는 유사자료)의 제공

온라인 강좌에서 가장 가치 있는 요소 중 하나는 전통적인 교과서이다.

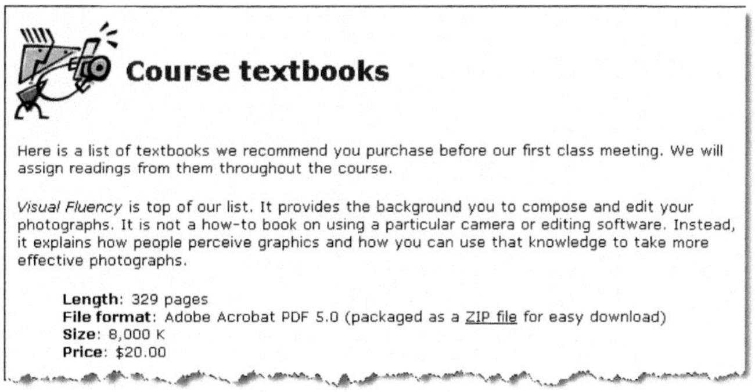

예시에서는 특정 과제들을 위해 읽어야 할 교과서들을 제시하고 있다.

교과서는 학습자들에게 친숙한 자료이다. 전자적인 형태로 접근 가능한 교과서는 접근성을 높여준다(자세한 내용은 8장 참조). 시각장애인들을 위한 스크린 리더(screen reader)[1]는 텍스트를 정확하게 읽어준다. 청각장애인들은 미팅에서의 음성 정보를 듣는 것 대신 교과서를 읽는 것이 가능하다. 그리고 어떤 학습자들은 테크놀로지를 배우느라 고생하기보다는 단순히 읽는 활동을 선호할 수 있다.

5.5.3 즉각적이고 신뢰할 수 있는 답변의 제공

시간에 맞추어 학습자들의 이메일, 토론 포럼의 글, 시험, 연습 활동에 대한 답변을 제공할 것을 약속하고 수행해야 한다. 다음은 그러한 약속들을 구체화한 예시이다.

> 이메일은 아침과 주중 오후시간대에 확인할 것입니다(타이베이 시간).
> 월요일과 화요일에 토론 포럼 글을 살펴볼 것입니다. 자동 채점이 되지 않는 모든 연습 활동과 시험은 3일 내로 채점되어 점수를 확인할 수 있을 것입니다.

교수자의 응답에 대해 현실적인 기대를 형성하는 것이 바람직하다. 어떤 교수자들은 주말에 쉬기를 바랄 수도 있다. 어떤 교수자들은 다른 정치적, 사업적, 종교적 휴일로 인해 한 국가에서도 9시간 정도 차이가 나게 될 수 있다.

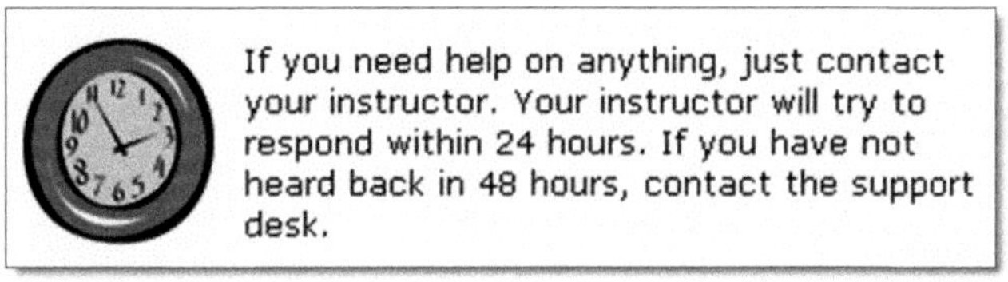

예시는 학습자들이 얼마나 빨리 이메일에 대한 답을 얻을 수 있을지 알 수 있게 안내하는 사례이다.

오랜 기간의 활동이 어려운 교수자들은 부재시 메시지들을 관리할 다른 인력을 갖출 필요가 있다. 또는 다음과 같이 수신 이메일에 대한 부재 메시지를 설정하는 것이 좋다.

---

1) 스크린에 있는 내용을 음성으로 제공해 주는 것.

> 1월 27일까지 부재중입니다. 그 이후 답장을 드리도록 하겠습니다. 즉각적 응답이 필요한 경우 지원팀으로 연락하십시오.

학습자들에게 중요한 공지사항을 어디에 올릴 것인지 알려주고 얼마나 자주 확인해야 하는지를 알려준다. 이러한 일정은 합리적이어야 한다. 최종 일정을 기준으로 48시간 이상 먼저 올려야 한다.

5.6 팀 관리

학습자들을 개별적으로 학습하게 할 것인가, 아니면 팀으로 학습하게 할 것인가? 모든 학습자들에게 공평하도록 팀 활동을 관리하는 방법은 무엇인가?

5.6.1 팀 필요성의 결정

대규모 수업에서는 대규모 팀보다는 직접적으로 상호작용할 수 있는 소규모 팀으로 그룹을 구성하기도 한다. 팀 접근을 취하기 전에 장점과 단점을 비교 분석하여 본다.

저자의 경우 성인 전문가들로 구성된 수많은 수업들에서 초기에는 협력학습을 원하였지만 결국 곧 혼자 학습하는 것을 선호하게 되는 현상을 경험한 적이 있다.

팀의 장점

- 과제 부담을 배분한다.
- 보다 직접적인 사회적 상호작용을 할 수 있다.
- 다양한 관점에서 이득을 취할 수 있다.
- 다양한 버전과 검증자료들 중 최상의 것을 선택할 수 있다.
- 접근성을 발달시키고 사회적 네트워크를 형성한다.

팀의 단점

- 미팅을 위해 일정을 맞추어야 한다.
- 합의에 이르기 전에 논쟁과 토론을 위한 시간이 필요하다.
- 어떤 학습자들은 팀의 결정에 따르지 않을 수 있다.
- 빠른 학습자들이 다소 소극적인 학습자들로 인해 진도를 나가기 어렵다.
- 느린 학습자들은 적극적인 학습자들에 비해 뒤처지기도 한다.

5.6.2 협업적 활동의 관리

가상적 팀워크는 효과적으로 관리하지 않으면 오히려 실패할 수도 있다. 성공적인 팀 노력을 위하여 적극적으로 다음과 같은 관리 활동을 수행해야 한다.

- 활동 일주일 전에 문서로 작성된 안내사항을 공표한다. 과제와 팀 구성원들의 역할을 명확히 진술한다.

- 분명한 목표와 기한을 정한다.
- 누군가가 초기에 팀의 리더십을 맡도록 한다. 리더십은 팀의 발전으로 이어질 수 있다.
- 적절한 시간을 할당한다. 가상적 팀은 물리적 팀보다는 활동의 성취를 위하여 보다 많은 시간을 요구할 수 있다. 구성원들이 가상적 팀으로 학습해 본 경험이 없다면 원거리에서의 협업 방법을 학습하는 것에 시간이 소요될 수도 있다.
- 팀 활동, 합의 도달, 분쟁 조정 등을 위한 규칙과 절차를 제공한다.
- 팀워크에 참여하고 있지 않은 학습자들을 점검한다. 개인적으로 참여하지 않는 이유를 물어보고 격려한다. 필요시 혼자 학습하거나 다른 팀으로 옮길 수 있도록 해준다.

5.7 문제 학생의 관리

대부분의 학습자들은 근면하게 학습을 수행한다. 그러나 어떤 학생들은 면대면 수업과 마찬가지로 문제가 되는 행동을 하기도 한다. 기술의 힘으로 인하여 적절치 못한 행동의 기회는 증대될 수 있다. 몇몇 불만을 가진 학습자들 또는 혼란스러워 하는 학습자들이 다른 이들의 학습 경험을 방해하지 않도록 확실히 조치해야 한다.

5.7.1 합리적인 경고

학습자들에게 어떠한 행동들이 수용 가능하고 어떠한 것들이 그렇지 않은지 명확하게 알려주어야 한다.

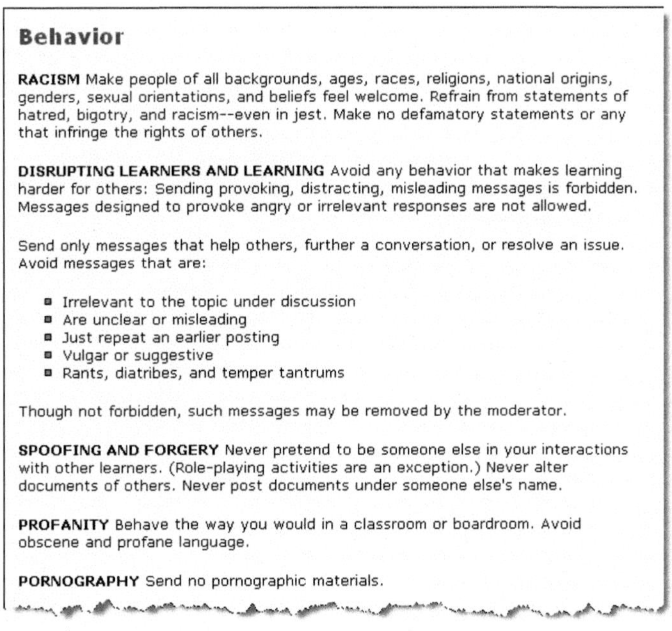

Behavior

RACISM Make people of all backgrounds, ages, races, religions, national origins, genders, sexual orientations, and beliefs feel welcome. Refrain from statements of hatred, bigotry, and racism--even in jest. Make no defamatory statements or any that infringe the rights of others.

DISRUPTING LEARNERS AND LEARNING Avoid any behavior that makes learning harder for others: Sending provoking, distracting, misleading messages is forbidden. Messages designed to provoke angry or irrelevant responses are not allowed.

Send only messages that help others, further a conversation, or resolve an issue. Avoid messages that are:

- Irrelevant to the topic under discussion
- Are unclear or misleading
- Just repeat an earlier posting
- Vulgar or suggestive
- Rants, diatribes, and temper tantrums

Though not forbidden, such messages may be removed by the moderator.

SPOOFING AND FORGERY Never pretend to be someone else in your interactions with other learners. (Role-playing activities are an exception.) Never alter documents of others. Never post documents under someone else's name.

PROFANITY Behave the way you would in a classroom or boardroom. Avoid obscene and profane language.

PORNOGRAPHY Send no pornographic materials.

협업 활동 규정에 대한 위의 일부 내용은 어떠한 행동들을 기대하고 있는지에 대한 명확한 규칙을 제시함으로써 부적절한 행동을 방지하려고 한다. 이와 같은 규칙이 부적절한 행동을 막지는 못하더라도 어떤 행동들이 수용 가능한 것인지에 대해서는 확실하게 해줄 수 있다.

5.7.2 부적절한 행동에 대한 대응

교실 수업과 마찬가지겠지만 온라인 수업에서도 부적절한 행동이 자주 일어나는 것은 아니다. 그러나 잠재되어 있다가 더욱더 분열적인 효과를 야기할 수도 있다. 잘못된 행동을 하는 학습자들을 다루는 검증된 몇 가지 기법들을 제시하면 다음과 같다.

- 일반적으로 잘못된 행동들에 대한 **대응을 계획한다.** 문제들을 예측하고 일관성을 통해 철저한 대응을 준비하도록 한다.
- **행동 표준을 공표한다.** 많은 학습자들이 온라인 학습의 관례와 기대사항을 알지 못할 수도 있다. 규정을 일관성 있게 시행한다.
- **차분하게 대응한다.** 분노로 대응하지 않도록 한다. 학습자의 행동이 근거가 없는 것이라고 간주하지 말아야 한다. 이유를 물어본다. 아마 학습자들은 규칙을 몰랐거나 기술을 활용하는 방법을 몰랐을 수도 있다. 단순히 교수자의 주의를 끌려고 했던 것일 수도 있다.
- **단계적으로 대응한다.** 예의있는 방식으로 초기의 위반자들을 지적한다. 심각하거나 반복적으로 공격하는 학습자들을 사적으로 상담한다. 만약 부적절한 행동이 계속된다면 무시하도록 한다. 채팅을 막고, 구제할 수 없는 학습자들은 추방할 필요도 있다.
- **지적인 불일치와 모욕적 행동을 구분한다.** 전문적이고 예의바른 태도로 의견에 동의하지 않는 방법을 가르친다. 타당하게 주어지는 비평에 반응하는 방법을 알려준다.

5.7.3 공통적 문제의 관리

다음은 협업 활동에서 접할 수 있는 몇 가지 공통적인 문제들과 대처 방안들이다.

문제	설명	해결책
스팸	전체 그룹에게 본인의 이익을 위한 광고나 구매 권유를 발송한다.	메시지를 삭제하고 발송자에게 강좌 규정을 위반했음을 알린다. 규정이 구체적이어야 한다. 예를 들면, 한 학습자가 잠재적 고용인이 될 수 있는 다른 학습자에게 이력서를 보내는 것은 괜찮은가? 학습자들은 정규 혹은 파트타임 일을 위하여 다른 학습자를 고용하는 것이 가능한가?

문제	설명	해결책
이메일 폭탄	분노의 반응을 야기함으로써 그룹을 분열시키도록 계획된 메시지를 올린다. 낙태, 총기 사용, 정치적으로 바른 것, 성적 선호, 국적 등에 관한 코멘트는 토론 포럼을 적어도 한 주동안 엉망으로 만들 수 있다.	메시지를 삭제하고 올린 학습자에게 경고한다. 다른 학습자들에게 그러한 메시지에 코멘트함으로써 낭비한 시간을 인식시킨다.
트집 잡기	다른 이들의 산출물의 흠을 지적하지만 해결책은 결코 제시하지 않는다. 지속적으로 오타나 사소한 문법적 오류를 지적하기도 한다. 트집을 잡는 학습자들은 학습 주제에서 벗어나 분위기를 산만하게 만든다.	보다 거시적인 수준의 쟁점에 초점을 맞추도록 주지시킨다. 왜 트집을 잡는지 알아보도록 한다. 높은 수준의 비평을 할 수 있는 지식이 결여되어 있다면 선수 과목을 추천한다.
태만함	게으르고 다른 학습자들을 고려하지 않는다. 전화기 끄는 것을 잊거나 메시지에 유의미한 제목을 다는 것을 잊는다. 안내사항을 읽지 않고 이해하기 어려운 의식의 흐름을 나열한다. 이전 글을 읽지 않고 응답한다.	동료 학습자들에 대한 책임이 있음을 지적한다. 태만한 학습자들이 다른 이들의 시간을 얼마나 낭비하는지 알려준다. 결과물의 깔끔(neatness)함을 평가의 기준으로 설정한다.
표절	다른 이들의 결과물을 자신의 것인 것처럼 제출한다. 일반적으로 웹에 있는 자료들을 복사하는 경우가 많다.	Turnitin(turnitin.com) 등 웹기반 서비스를 이용하여 표절을 확인하고, 학습자들이 이를 인식하게 한다. 최초의 위반이 발생하면 규정을 설명한다. 더 좋은 것은 정보를 복사하는 것만으로는 답이 될 수 없도록 활동을 다시 설계하는 것이다.
저작권 침해	다른 이들에게 저작권이 있는 자료를 제출한다. 표절과 유사하지만 윤리가 아니라 법을 위반하는 것이라는 차이점이 있다.	학습자들에게 경고하고 자료를 대체하며 활동을 다시 수행할 것을 요구한다. 또한 표절에 대한 조치를 강구한다.
지각생	어떤 학생들은 미팅과 토론에 늦게 참석하면서 모든 활동을 다시 시작할 것을 요구한다.	정확한 시간에 미팅을 실시한다. 지각생을 위하여 모든 것을 재시작하지 않는다. 학습자들의 지각이 학습을 방해하는 행동임을 지적한다. 몇 가지 특이한 변명들에 대처하도록 한다.
분노	모욕적이고 감정적인 공격을 가한다.	공격의 정도가 가볍다면 초기에는 그룹 차원에서 대처하도록 한다. 필요시 개입한다. 사과를 요구하고 경고한다.
지배	어떤 학습자들은 위협이나 모든 질문에 답함으로써 대화를 지배하려고 한다.	개인적 이메일을 통해 다른 이들이 답할 수 있는 질문들을 올리도록 요구한다. 동시에 다른 이들이 참여하도록 격려한다.

5.8 소규모의 비실시간 수업을 위한 협업 학습의 적용

수업을 빈번하게 운영할 수 있을 만큼 학습자가 충분하지 않은 강좌들도 있을 수 있다. 이러한 경우에는 학습자들이 수업을 자신의 방식으로 진행할 수 있도록 한다. 이와 같은 방식은 장점이 있지만 문제를 발생시킬 수도 있다. 협업 활동들은 학습자가 지식의 수준이 같지 않거나 같은 시점에 같은 이슈에 집중하고 있지 않으면 운영이 어려울 가능성이 있다.

5.8.1 실시간 수업과 유사하도록 수정

모든 학습자들이 같은 진도가 아닌 경우에 보다 나은 학습을 할 수 있도록 협업 활동을 수정할 수 있다. 구체적인 방법은 다음과 같다.

- 모듈 단위의 학습으로 강좌를 설계하여 학습자들이 어떤 모듈에서도 학습의 시작이 가능하도록 해준다.
- 실시간 활동을 선택사항으로 제공한다. 동시적 활동보다 토론 포럼이나 기타 비동시적 활동에 더 많이 의존하게 한다.
- 이전 수업에서 녹화된 미팅을 자유롭게 재생하여 학습할 수 있도록 한다.
- 모든 수준의 학습자들이 참여할 수 있도록 활동을 설계한다.
- 빠른 진도의 학습자들로 하여금 느린 진도의 학습자들을 보조하고 도와줄 수 있도록 한다.

5.8.2 공개 채팅과 토론 포럼의 활용

동시에 접속한 참여자가 충분하지 않아 활발한 채팅이나 토론 포럼이 가능하지 않을 때, 다음과 같은 방법을 활용할 수 있다. 강좌와 관련된 일반적인 영역의 공공 채팅방이나 토론 포럼에 참여하도록 하는 것이다.

- 강좌의 주제와 관련된 채팅방, 토론 포럼, 뉴스그룹을 찾아보도록 한다. 자신의 요구 및 강좌의 목표와 가장 부합되는 것이 무엇인지 결정하기 위해 조사해 보게 한다.
- 채팅과 토론 포럼을 이용하게 한다. 예를 들어 채팅이나 토론 포럼을 이용하여 교수자가 제시한 세 가지 질문에 대한 답을 획득하도록 요구한다.
- 학습자들이 그들이 제기한 질문에 대한 답을 얻기 위하여 채팅과 포럼을 활용하도록 한다.

5.8.3 비실시간 활동으로 실시간 활동을 대체

비실시간으로 가르치는 코스라면 실시간 활동을 강요하지 않는다. 다음과 같은 대안을 고려해본다.

실시간 활동	대체할 수 있는 비실시간 활동
채팅:	편집된 채팅 모음과 토론 포럼
교수자 성취 평가 활동:	자기 평가 또는 컴퓨터 자동 채점 활동
일정이 구체화된 프레젠테이션:	녹화된 프레젠테이션과 교과서
팀 과제:	개별 과제

5.9 수업 후속 활동

마이크로폰은 모두 꺼지고 화면 보호장치(screen saver)가 나타나고 있는 상황이라도 학습은 지속될 수 있다. 학습자들이 방금 학습한 것을 적용하기 시작하려는 강좌의 마무리에서 학습이 중단되어서는 안된다. 협업 학습 도구들을 활용하여 교수자와 학습자가 지속적으로 접촉하고 수업에서 얻은 지식이 얼마나 성공적으로 직무나 추후 수업들에 적용되는지를 모니터링해야 한다.

또한 수업이 완료된 후에도 학습자들과의 교류를 유지하도록 한다. 수료생들에게 성공 이야기를 공유하도록 하고 도움을 요청하며 다른 이들에게 도움을 제공하도록 격려할 수 있다. 지속적으로 접촉하는 것을 용이하고 비용효과적으로 만들 필요가 있다.

- 토론 포럼을 지속적으로 열어 두거나 수료생만을 위한 포럼을 열어 놓는다.
- 연락 정보를 공유할 의향이 있는 수료생들의 명부를 마련한다. 수료생들만 이용이 가능하도록 한다.
- 강좌에서 얻은 지식을 어떻게 적용하고 있는지 논의할 수 있는 수료생을 위한 미팅을 개최한다.
- 수료생이 추후 개설될 강좌에 참여할 수 있도록 한다.
- 특별 튜터, 조언자, 수업 조교로 활동할 수 있도록 수료생들을 초청한다.

6. 이 장을 마치며

가상교실은 전통적인 교실 수업들의 활동과 구조를 만들고 수행하기 위하여 컴퓨터와 네트워크 기술을 활용하는 것이다.

6.1 요약

- 학습자들에게 동기를 부여하고, 발전사항을 모니터링하며, 즉각적으로 질문에 대한 답을 줄 필요가 있을 때 가상교실을 활용한다. 또는 동기유발을 위해 친숙한 활동을 필요로 하거나 동료와의 경쟁 상황 등이 도움이 될 때 이용한다.
- 모든 사태, 활동, 읽기 자료를 나열하고 있는 강의계획서를 공개적으로 공유한다. 웹 페이지, 양식, 그리고 기타 요구되는 자원들을 링크할 필요가 있다. 마찬가지로 명단, 규정, 요구사항, 채점 기준, 토론 포럼, 기타 자원들을 모두 링크해 준다.
- 수업을 적극적으로 운영한다. 교수자는 참여자들에게 직접 연락하여 일정을 맞추고 강좌에 집중하게 하며 협업 학습 활동을 관리한다.
- 실시간 활동을 세심하게 계획한다. 사전에 역할을 부과하고, 시간을 할당하며, 통제권 이양을 위한 규칙을 명확히 하고, 활동 내용을 연습하고, 활동 중 필요한 자료를 전송한다.
- 가상 교수자들을 위한 다음의 10가지 최선의 활용방안을 따르도록 한다.
  1. 효과적으로 준비한다: 즉흥적으로 수행하려고 하지 말아야 한다.
  2. 연습하고 연습하고 연습하라.
  3. 프레젠테이션을 줄이고 활동을 활성화한다.
  4. 교수자가 지나치게 권위적이지 않은지 점검한다.
  5. 지속적으로 동기를 부여하고 동기를 부여하고 동기를 부여한다.
  6. 약자를 괴롭히는 사람, 고집쟁이, 둔하게 반응하는 학습자들을 즉각적으로 관리한다.
  7. 전문적이면서 성인학습 차원의 태도를 강조한다.
  8. 다른 이들에게서 배울 수 있도록 격려한다.
  9. 학습자들의 편의에 맞추어 일정을 정한다.
  10. 학습자들을 모니터링하거나 다른 이들에게 모니터링을 맡긴다.

6.2 보충사항

가상교실에서 적극적으로 가르칠 수 있는 방법에 대한 보다 많은 아이디어들을 위하여 2장, 3장, 4장에서 설명하고 있는 활동들 중 몇 가지를 활용하는 방안을 고려해 볼 필요가 있다. 비실시간 학습 방법도 응용하여 활용할 수 있다.

더 많은 가상교실 설계와 전달 전략을 찾으려면 다음 용어들의 조합으로 웹을 검색해 보자: 가상교실(virtual class room), 온라인 미팅(online meeting), 실시간 이러닝(synchronous e-learning), 화이트보드(whiteboard), 비디오 컨퍼런싱(video conferencing). 다른 단어들도 활용하여 검색한다. 통합적인 용어의 경우에 더욱 그러하다.

온라인 미팅을 수행하기 위해서는 온라인 미팅 도구가 필요하다. 선택할 수 있는 것들은 매우 다양하다. 시작을 위해 선택할 수 있는 몇 가지 보편적인 것들을 제시하면 다음과 같다.

- Breeze(www.adobe.com).
- Centra(www.centra.com).
- ECP Connect(www.interwise.com).
- Live Meeting(www.microsoft.com).
- WebEx(www.WebEx.com).

가상 학교 도구는 미팅, 토론, 기타 협업 학습 활동을 위한 전체 패키지를 제공하며 모두에게 익숙한 학교 또는 캠퍼스처럼 구조화되어 있다.

- .LRN(www.dotlrn.com).
- Blackboard(www.blackboard.com).
- Desire2Learn(www.desire2learn.com).
- eCollege(www.ecollege.com)

더 많은 도구들의 예시들을 보고자 한다면 horton.com/tools로 가서 탐색해 보기 바란다.

e-learning by design

제 10 장

비주얼 디스플레이

이러닝 시각 디자인

시각적인 커뮤니케이션은 이러닝에서 큰 비중을 차지한다. 그럼에도 불구하고 간과하거나 사소한 장식적 요소로 간주하는 경향이 있다. 저작도구에서 제공되는 기본 템플릿으로 콘텐츠를 개발하는 경우도 자주 발생한다.

통상적으로 학습자들은 시각 디자인의 효과성을 인식하지 못하는 경향이 있으므로 텍스트 가독성이 높다거나 그림이 정확하게 표현되었다는 등 긍정적인 피드백을 확실하게 제공하지는 않는 편이다. 내비게이션하는 방법을 모르므로 학습 창들을 찾아 헤매므로 불필요한 스크롤을 함으로써 중요한 자료를 찾지 못하고 눈이 피로해지는 경우가 되어서야 비로소 시각 디자인의 중요성에 대해 인식하게 된다. 좋은 시각 디자인은 주의를 끄는 것보다는 학습 문제를 해결하는 것과 밀접하게 관련되어 있다.

1. 기본 디자인 결정

이러닝의 시각적 제시를 위해서는 몇 가지 기본적인 디자인 결정을 내려야 한다. 이와 같은 결정은 특정 접근법과 스타일을 선호하는 경향이 있다 해도 주로 프로젝트의 특징 및 방향에 의존하게 된다.

- **전체 스크린 또는 창.** 학습을 위해 전체 스크린을 사용할 것인가 아니면 별도의 창을 사용할 것인가?

- **창의 개수.** 모든 것이 창 하나에 제시되게 할 것인가 아니면 몇 개의 분리된 창들에 제시되게 할 것인가?
- **창의 속성.** 이러닝에 사용되는 창의 크기와 모양은 어떻게 설정할 것인가? 스크롤을 사용할 것인가 아니면 창의 크기에 맞게 할 것인가?
- **콘텐츠 가독성.** 학습자들이 텍스트를 쉽게 읽을 수 있으며 그래픽 해석이 용이한지 어떻게 확신할 수 있는가? 배경으로 어떤 색상과 그래픽을 사용할 것인가? 텍스트를 위해 폰트, 크기, 스타일을 어떻게 설정할 것인가?
- **레이아웃.** 구성요소들을 어떻게 디스플레이 방식에 적합한 방식으로 배열할 것인가?
- **통일성.** 어떻게 전체 코스를 시각적으로 일관성 있게 할 것인가? 미학적 요소는 바람직한 목적으로 사용해야 할 것이다.

이 장에서는 이와 관련된 의사결정에 대하여 차례대로 살펴볼 것이다. 모든 내용들이 서로 연관성이 있다는 점을 유의할 필요가 있다. 추후 의사결정을 할 때에 이전의 의사결정을 다시 참고하게 될 것이다.

2. 전체 화면 또는 별도의 창

이러닝을 전체 화면으로 제시할 것인가 아니면 별도의 창으로 제시할 것인가? 이러닝이 전체 디스플레이 공간에 걸쳐 한꺼번에 제시되도록 할 것인지 아니면 다른 목적으로 사용 가능한 여유 공간을 남겨둘 것인지 결정해야 한다. 각 접근법에 대해 살펴보겠다.

2.1 전체 화면으로 제시하는 방법

전체 스크린에 걸쳐 제시하는 것은 활용할 수 있는 최대한의 영역을 제공하게 된다.

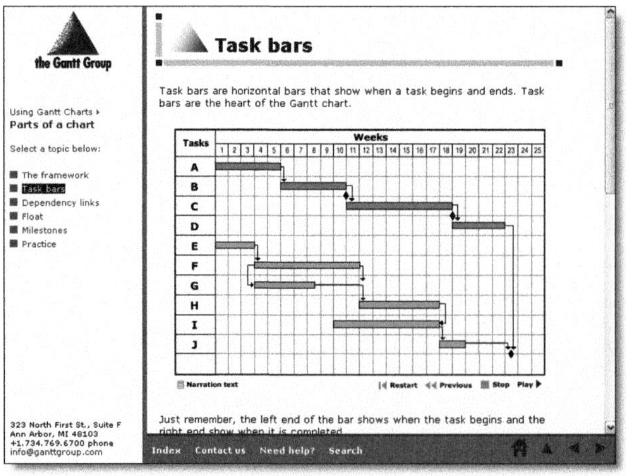

어도비 드림위버, 자바스크립트, 플래시(Flash)로 구축했다. 예시는 horton.com/eld/에서 볼 수 있다.

800×600 규격의 스크린에 걸쳐 제시되는 강좌의 예시이다. 주의를 산만하게 하는 요소들이나 다른 프로그램으로의 접근의 제약을 최소화하여 주고 있다.

컴퓨터 초보자들은 여러 개의 창들과 산만한 아이콘들로 인해 혼란을 느끼고 주의가 산만해질 수 있으므로 내용을 제시할 때 전체 화면을 사용하도록 한다. 아동이나 인스턴트 메시지를 많이 사용하는 사람들처럼 주의가 쉽게 산만해지는 사람에게도 유용하다. 또한 전체 화면을 사용하게 되면 다른 온라인 자료들을 동시에 보기가 어려워지므로 자연스럽게 부정행위를 방지할 수 있다.

2.2 별도의 창으로 제시하는 방법

독립된 창에 내용을 제시하면 학습자들이 화면상의 다른 요소들에도 주의를 기울일 수 있다.

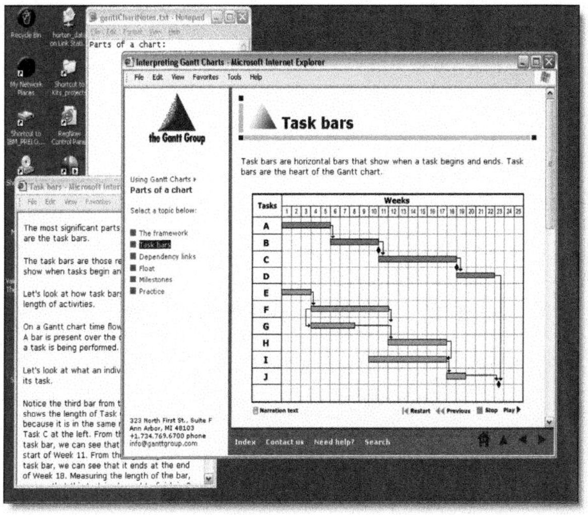

이 예시는 같은 내용의 코스를 분리된 별도의 창에 제시한 사례이다. 전체 화면으로 보는 것이 아니므로 같은 스크린에서 다른 창들도 볼 수 있다. 주요 학습 창의 애니메이션 설명대본이 별도의 창에서 제시되고 있으며 또 다른 창에서는 학습자들이 기록한 노트를 볼 수 있다. 다른 파일들 및 프로그램을 열 수 있는 아이콘들을 확인하고 이용하는 것도 가능하다.

그러면 어떠한 상황에서 이동 가능한 별도의 창에 학습 내용을 제시할 것인가? 이 방법의 장점은 멀티 태스킹을 가능하게 하여 학습자들로 하여금 과제 간 이동을 할 수 있도록 해준다는 점이다. 예를 들면 학습자들이 노트 필기를 하거나 이메일 메시지에 답하고 싶은 경우를 들 수 있다.

또한 학습자들이 별도의 프로그램으로 작업을 해야 하는 경우에도 마찬가지이다. 컴퓨터 프로그램의 사용법을 가르치는 상황에서는 학습자가 학습한 기술을 즉각적으로 컴퓨터 프로그램으로 응용하도록 하고 싶을 것이다.

별도의 창을 이용하는 또 다른 이유로는 학습자들이 다른 자료들로부터 정보를 얻을 수 있다는 점을 들 수 있다. 이러한 자료들은 학습내용의 일부분으로서 보충 읽기 자료이거나 웹에서 학습자들이 직접 찾은 자료들이다.

2.3 관련 의사결정에 대한 고려사항

화면 전체를 사용하는 경우에는 디스플레이 크기 또는 적어도 학습자들이 사용하는 디스플레이 최소 사양에 대해서 알고 있어야 하고 모든 것이 크기에 맞게 설계되어야 한다. 주요 학습 창 위에 보조 창들을 사용하고자 할 때도 있다. 그러나 그렇게 되면 화면 전체를 사용하는 목적에 부합되지 않는 경우가 발생한다. 이동 가능한 움직이는 창을 사용할 경우에는 크기 및 기타 관련 특징들을 결정할 필요가 있다. 이에 대한 모든 의사결정은 다른 요소들에게도 영향을 미치게 된다.

3. 창의 개수

또 다른 중요한 디자인상의 의사결정 사항은 이러닝에 사용되는 창의 개수이다.

3.1 분리된 창들의 제한적 사용

대부분의 이러닝 강좌들은 분리된 창들을 제한적으로 사용한다. 다음은 이러한 사례를 보여주는 예시이다.

주요 창은 왼쪽에 위치한 메뉴와 오른쪽에 위치한 콘텐츠의 두 가지 영역으로 나뉜다. 이들 각 영역 안에는 보조적 영역인 내비게이션 버튼과 제목, 그리고 기타 부수적 항목들이 포함된다. 하나의 창이 학습 내용의 대부분을 포함하고 있음을 알 수 있다.

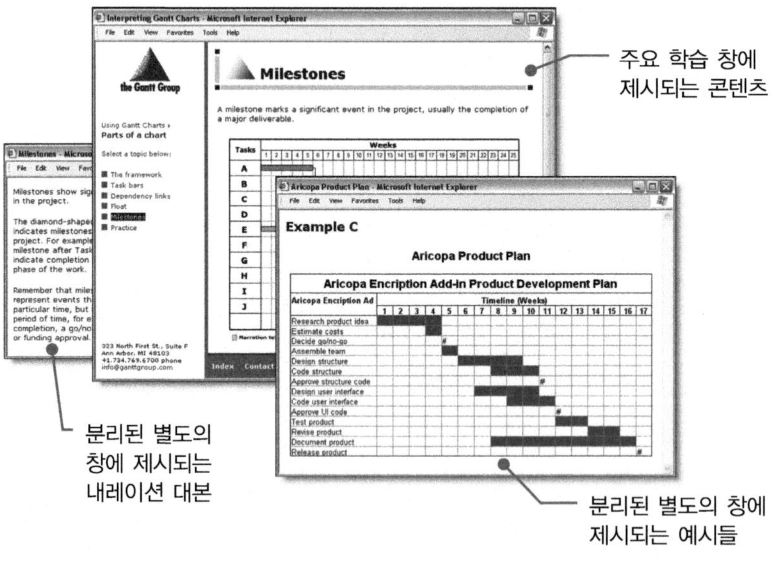

몇 가지 예외들은 음성 내레이션 대본을 위한 것과 연습 활동을 위한 예시들이다. 이들은 독립적인 고유의 창에서만 제시되므로 코스의 주요 콘텐츠와 혼동될 우려가

없다.

교수설계자는 어떠한 경우에 단일창 사용의 원칙(one-window policy)을 포기하고 별도의 창에 콘텐츠를 제시할 것인지에 대한 일관된 규칙을 정할 필요가 있을 것이다.

3.2 언제 동일한 창에 내용을 제시하는가

언제 모든 콘텐츠를 같은 창에 제시해야 하는가? 이러한 방법은 학습자의 관점에서 볼 때 다른 팝업 창으로 인하여 주의가 산만해지는 것을 최소화시킬 수 있다. 주요 학습 창에 콘텐츠를 제시하게 되면 개발자가 제시방식을 통제하게 되므로 학습자들이 콘텐츠 크기를 변경하거나 새로운 모양으로 만들거나 이동시키지 못하게 된다.

모든 내용을 하나의 창에 제시하는 또 다른 상황은 학습자의 팝업 차단기를 해제시키지 못하는 경우이다. 팝업 차단기는 웹 브라우저에서 부수적인 창이 제시되는 것을 방지하는 것으로서 사용자가 방문한 웹사이트에서 광고물이 나오지 않도록 하기 위하여 사용되고 있다. 팝업 차단기가 활성화되어 있으면 학습자가 코스를 수강하는 동안에 팝업 차단기 사용을 중지하라고 안내해 주거나, 애초부터 부가적인 창을 이용하여 학습 내용을 제시하지 않도록 해야 한다. 어떤 사용자들은 팝업 차단기 해제방법을 알지 못한다. 특히 본인이 아닌 다른 사람이 설치하였을 경우에는 거의 의식하지 못할 수도 있음을 유의해야 한다.

3.3 언제 별도의 창에 내용을 제시하는가

언제 분리된 별도의 창에 콘텐츠를 제시해야만 하는가? 강좌 진행 과정상에서 어떠한 경우에 새 창에 띄우는 것이 적합한지 생각해 보자.

크기가 더 크거나 모양이 다른 창을 필요로 하는 자료를 이용할 때 새 창이 필요할 것이다. 컴퓨터 프로그램 사용법을 가르치는 시뮬레이션을 활용하면서 화면 공간의 대부분을 필요로 하게 되면 새 창이 필요한 경우이다. 시뮬레이션은 코스의 학습 창 안에서 사용 가능한 공간보다 더 큰 공간을 필요로 할 수도 있다.

별도의 창은 학습자들이 반복적으로 참고해야 하는 그래픽이나 다른 자료들을 제시하기 위한 목적으로도 사용된다. 관련 자료들을 주요 학습 창에 놓게 되면 학습자가 스크롤을 해야 하게 만들거나 새로운 콘텐츠가 등장한 것처럼 보일 수도 있다. 별도의 창을 이용할 때에는 학습자들이 가장 편리한 방법으로 분리된 내용들을 나란히 놓고 비교할 수 있도록 해야 한다.

별도의 창을 사용하는 것에는 기술적인 이유들도 있다. 때로는 자료들을 틀에 맞추어 제시하기 위해 프레임셋을 사용하거나 상호작용성을 촉진하기 위하여 스크립트를 포함하기도 한다. 이와 같은 프레임셋이나 스크립트는 별도의 고유한 창에서 콘텐츠가 제시되지 않는다면 제대로 작동을 하지 않기 때문이다.

또 다른 경우는 소유권이 있는 자료를 제시하기 위한 목적으로 사용할 때이다. 저작권 소유자들은 그들의 콘텐츠가 코스의 일부분으로서가 아니라 다른 출처에서 제공된다는 점을 명확하게 하기 위하여 독립적인 창에서의 내용 제시를 요구할 때가 있다. 만약 콘텐츠를 주요 학습 창에 놓게 되면 개발자들이 소유권을 가지고 있거나 사용 승인을 받았다는 인상을 주게 된다.

4. 창의 특징

학습 내용이 제시되는 창의 특징을 중요하게 고려해야 할 필요가 있다. 크기, 형태, 환경 설정을 구체화해야 한다. 이러한 고려사항은 주요 학습 창에서부터 시작하여 부수적인 창들에 이르기까지 모두 적용하도록 한다.

4.1 창의 크기

최우선적인 의사결정 사항 중의 하나는 학습 대상이 되는 창의 크기이다. 디스플레이 창을 어느 정도의 크기로 만들어야 할지 생각해보자.

4.1.1 창 크기의 산정

창의 크기를 구체화하기 위해서는 체계적인 과정이 필요한데, 이러한 과정은 제한점들과 요구사항들을 고려한 것이어야 한다.

4.1.1.1 최대 크기의 산정

최대 창 크기 계산을 통해 이러닝을 위한 창의 크기를 결정할 수 있다.

최대 크기의 창 = 모니터 크기 - 다른 프로그램을 위한 공간

가장 먼저 학습자가 사용할 수 있는 크기가 가장 작은 모니터를 고려해 본다. 이러한 모니터의 크기가 이러닝 창 크기에 관한 최대 한계점을 제공한다. 수평과 수직 양측면에서 얼마나 많은 픽셀들(pixels)을 제시하고 있는지를 검토해야 한다. 예를 들면 모니터가 1024×768픽셀들을 제시한다는 것의 의미는 픽셀들이 1024개의 행과 768개의 열로 구성되어 있다는 뜻이다. 중요한 것은 픽셀의 면적이며 직선 길이가 아니라는 점을 유의할 필요가 있다. 경우에 따라 30cm 모니터가 35cm 모니터보다 더 많은 것을 보여줄 수도 있는 것이다.

다음으로 이러닝 창과 동시에 제공되는 다른 프로그램들을 위한 공간에 대해 고려해 보도록 한다. 다른 프로그램으로의 전환을 위한 태스크 바(task bar)와 인스턴트 메시지 창이 필요할 수도 있다. 또한 필기를 위한 노트패드 창이나 조사 작업 및 예시의 제공을 위한 기타 다른 웹브라우저 창들이 있을 수 있다.

4.1.1.2 최소 크기의 산정

다음 단계로 학습 내용을 제시하는 창의 최소 크기를 산정하는 작업이 있다.

최소 창 크기 = 콘텐츠 공간 + 내비게이션 공간 + 알림 공간 + 윈도우 크롬

창 크기 계산 작업은 한꺼번에 제시해야 하는 최소 콘텐츠 크기로 시작한다. 콘텐츠가 모호해지지 않을 정도의 수준으로 작은 크기는 어느 정도인가를 확인할 필요가 있다. 이를 위해서는 강좌 내비게이션 버튼 및 메뉴 등과 같은 코스 내비게이션 영역을 구성해야 한다. 다음으로는 강좌를 지원하는 스폰서 회사의 로고나 연락처 등과 같이 강좌 홍보용 공간을 포함시키고, 마지막으로 창이름, 창 메뉴, 스크롤바위치와 같은 창의 크롬(chrome) 공간을 구성한다. 이와 같은 영역들의 크기를 모두 합산하면 최소 창 크기가 나오게 된다.

만약 최소 창 크기가 사용 가능한 공간보다 크다면 절충 방안을 마련해야 한다. 구체적인 이러닝과 전달 매체 설계를 시작하기 전에 이와 같은 기술적 요건에 대해 미리 주지하고 있어야 할 것이다.

4.1.2 작은 창 또는 큰 창의 활용

작은 창이나 큰 창을 활용할 때의 각각의 장점과 단점은 무엇인가? 작은 창과 큰 창의 크기 범위에 대하여 생각해보자. 작은 창은 640×480픽셀의 크기보다 작다. 보다 큰 창들을 살펴보면 800×600픽셀의 크기가 될 수 있고 1024×768픽셀의 크기가 될 수도 있으며 더욱 크게 구성될 수도 있다.

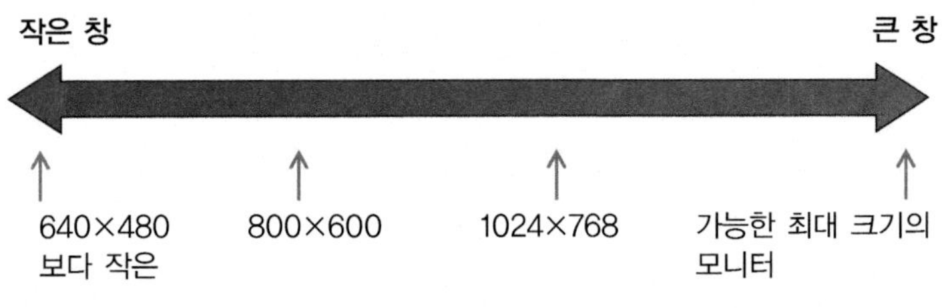

보다 작은 제시방식으로 설계한다는 것은 보다 많은 학습자들이 스크롤을 하지 않고도 학습을 할 수 있다는 것을 뜻한다. 이러한 방식으로 설계된 강좌들은 널리 사용

될 수 있으면서도 학습자들이 사용하는 모니터 크기에 대한 걱정을 할 필요가 없다는 장점이 있다. 예를 들면 데스크탑이나 랩탑에서 코스를 수강하는지 또는 가정용 컴퓨터로 수강하는지에 대하여 걱정할 필요가 없다. 여분의 학습 공간이 있기 때문에 학습하는 동안 다른 창들을 볼 수 있으며 관련 참고자료들에서 정보를 찾아보고 노트를 하기도 하며 다른 과제를 쉽게 수행할 수 있다.

반면 큰 창에서는 내용을 쉽게 읽을 수 있으므로 글자들을 좁은 공간에 빽빽하게 배치할 필요가 없고 그래픽도 크게 만들어 세부적인 것들도 확실하게 보이도록 할 수 있다. 많은 콘텐츠가 주요 학습 화면에 적합한 형태로 제시되므로 팝업창 때문에 학습자들을 놀라게 하거나 팝업 차단기를 조작해야 하는 별도의 창이 거의 필요하지 않을 것이다. 큰 창은 더욱 정교한 레이아웃을 사용할 수 있으며 빠르고 유연한 내비게이션을 가능하게 하는 목차를 고정적으로 제시할 수도 있다. 또한 학습에 활용할 그래픽을 나란히 위치시킬 수 있으며 필요시 커다란 사이즈의 표도 사용할 수 있다.

4.1.3 미래형 디자인

창 크기를 결정할 때 미래형 학습 장소에 대하여 고려할 필요가 있다. 개발한 이러닝 프로그램이 계속 사용되는 도중에 디스플레이 크기가 변화할 수도 있을 것이다. 디스플레이 기술과 장치들이 계속해서 발전하고 있고 높은 해상도 모니터 가격이 점차 떨어지고 있다. 작은 화면의 이동 기기들이 점차 보편화됨에 따라 모바일 러닝으로 이동하려는 경향을 보인다. 이러닝이 활용되고 있는 장소들의 현재와 미래에 대해 살펴보도록 하겠다.

데스크탑 컴퓨터는 몇 년 전에 유사한 컴퓨터가 단 몇 회에만 걸쳐 보여줄 수 있었던 것을 수없이 보여줄 수 있는 성능의 모니터를 가지고 있다. 예를 들면, 애플의 HD Cinema screen은 2580×1600픽셀까지 보여 줄 수 있으며 최근의 랩탑 컴퓨터는 1400×1280픽셀을 보여줄 수 있다. 대부분의 태블릿 컴퓨터는 768×1024픽셀의 화면을 보유하고 있고 가로나 세로 방향으로도 볼 수 있다. 또한 가장 최근의 PDA는 640×480픽셀 크기로 VGA 사이즈라고 불린다. 이는 이전 세대의 PDA 디스플레이보다 4배가 큰 크기이다. 스마트폰은 240×320픽셀 디스플레이의 성능이고, 기존의 이동 전화는 일반적으로 120×150픽셀의 디스플레이 성능을 가지고 있다. 가장 큰 것과 작은 것의 차이는 200 이상이다.

다음의 그림에서는 픽셀 사이즈에 따른 크기를 제시해주고 있으므로 각각의 기기가 보여줄 수 있는 상대적인 정보의 양을 확인해 볼 수 있다.

화면의 크기를 확정하기 전에 관련 기기의 화면의 크기가 근시일 내에 변화하지 않을지의 여부를 반드시 확인해 볼 필요가 있다. 작은 디스플레이에서 큰 디스플레이로 바꾸는 것이 그 반대의 경우보다 용이하다는 점을 유의해야 한다.

4.2 창의 모양

콘텐츠를 디스플레이 영역에 맞게 설계하거나 창의 모양을 콘텐츠에 맞춘다면 어떤 모양으로 설정해야 할 것인가? 위아래로 길게 할 것인가, 아니면 옆으로 넓게 할 것인가? 또는 가로 세로 길이를 동일하게 할 것인가, 목적에 맞도록 모양을 맞출 것인가? 아니면 단순히 스크린을 채우는 모니터 모양으로 제시할 것인가?

4.2.1 레이아웃과 창의 모양 조화시키기

공간을 소모하지 않으며 불필요한 스크롤을 두지 않는다.

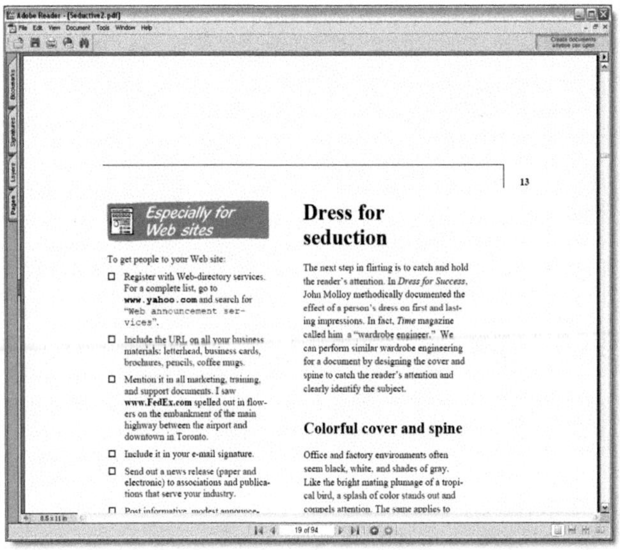

온라인 참고자료의 예시를 살펴보면, 세로 형태의 자료를 위해 설계되었지만 화면 형태로 인하여 가로로 제시되고 있음을 알 수 있다. 전체 페이지를 보려면 스크롤을 해야 하며 불필요한 여백이 있다는 점이 부적절하다. 게다가 더욱 좋지 않은 것은 학습자가 왼쪽 단을 읽은 뒤에 다시 위로 스크롤을 해야 오른쪽 단을 읽을 수 있다는 점이다.

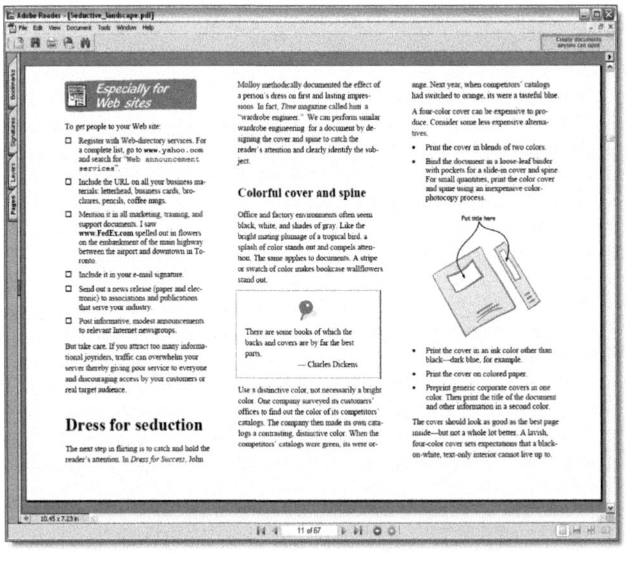

두 번째 예시는 가로 형태의 창에 맞게 페이지를 재구성한 것으로 모든 콘텐츠가 스크롤 없이 크기에 적절하고 공간들도 효율적으로 사용되었다.

여기서 중요한 점은 수평적인 디스플레이가 더 낫다거나 스크롤이 부적절하다는 것이 아니라 콘텐츠의 레이아웃이 창의 모양과 조화를 이루어야 하고 그 반대의 경우도 마찬가지라는 것이다. 창의 모양을 설정할 때에는 레이아웃을 제한하게 되는 경향이 발생한다는 점과 콘텐츠의 내용 특성을 고려해야 할 것이다.

4.2.2 가장 좋은 형태

수직의 *세로* 형태가 *가로*의 수평 형태보다 적절한가? 정보를 제시할 때 보편화된 모양들을 역사적인 관점에서 살펴보고 이들의 대중성이 시사하는 바를 알아보자.

종이 크기는 전통적으로 세로방향이다. A4와 미국의 Letter 크기의 종이를 생각해보면 알 수 있다.

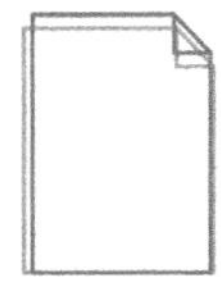

사진과 동영상의 형태는 가로 방향이다. 비록 정확한 비율은 다른지만 HDTV, 미국 텔레비전, 35mm 영화 모두 가로로 넓은 형태를 사용한다.

어느 것이 더 바람직한 것인가? 몇몇의 연구 프로젝트에서 연구 참가자들이 자신의 선호도에 따라 디스플레이 모양을 다시 설정할 수 있도록 한 뒤에 이에 관한 답변을 제출하도록 하였다. 대부분 참가자들이 세로로 긴 것보다는 가로로 넓은 것을 선택하였다(선택된 비율은 가로가 세로보다 1.6배 넓은 것으로 황금비율의 직사각형에 가깝다).

왜 테스트 참가자들이 일관되게 세로보다는 가로로 넓은 모양을 선호했을까? 아마도 사람의 시각에 상응하는 비슷한 비율이 가로가 더 긴 것이기 때문일 것이다.

그러면 왜 종이는 가로보다는 세로로 긴 것일까? 이에 대한 답은 실제로는 그렇지 않다는 것이다. 책을 읽을 때 일반적으로 두 페이지가 펼쳐진 상태로 읽게 되며, 이것은 인간의 시각과 같은 비율로서 가로가 더 넓은 형태이다.

어떤 모양이 더 나은지에 대한 대답은 적어도 이론적으로는 가로 방향의 황금비 직사각형이라고 볼 수 있다.

4.2.3 예외: 실습 튜토리얼

가로 방향 원칙에 대한 예외로는 실습 컴퓨터 튜토리얼 프로그램이 있다.

다음의 예시는 어도비 캡티베이트를 사용하여 시뮬레이션을 캡처한 내용을 가르치는 화면이다. 스크린 우측 하단에 창이 보이며 그 위에 빨간색 사각형으로 둘러싸여 있는 부분이 캡처되고 있다.

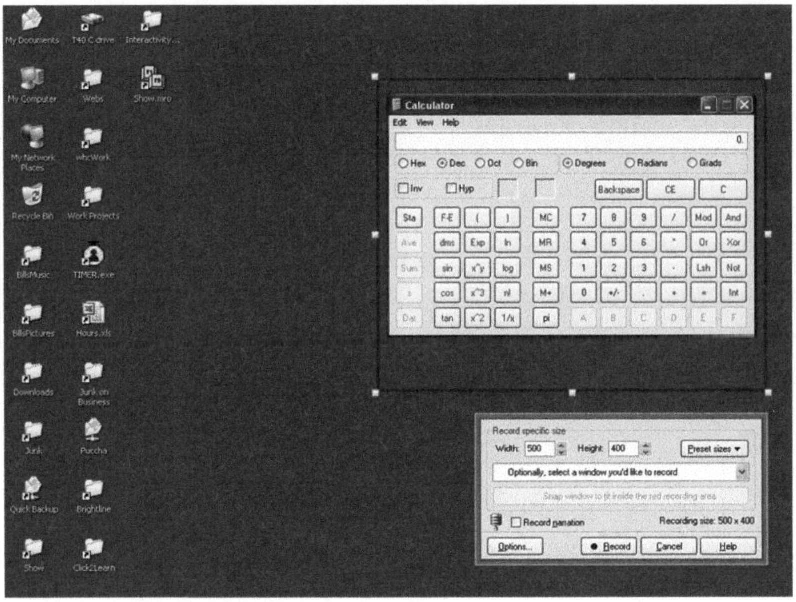

튜토리얼을 가로로 넓게 제시하는 방법에는 문제가 있다. 학습 내용이 그래픽 옆에 위치하고 있기 때문에 지나치게 가로로 넓어져서 캡처하는 부분까지 침범하게 되어 심각한 불편함을 주고 있다.

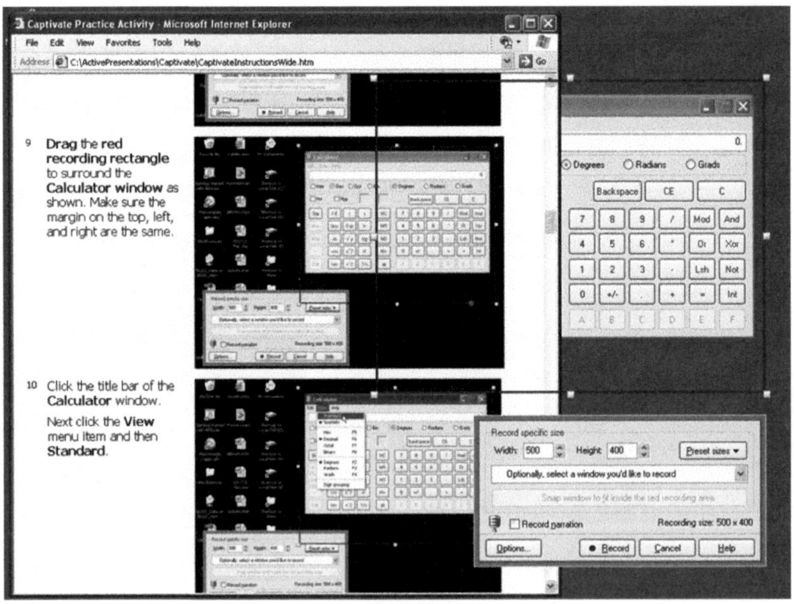

다음의 예시는 세로 방향으로 개발한 튜토리얼이다. 캡티베이트 창과 녹화해야 하는 부분의 공간이 스크린상에서 적절하게 배치되었음을 알 수 있다.

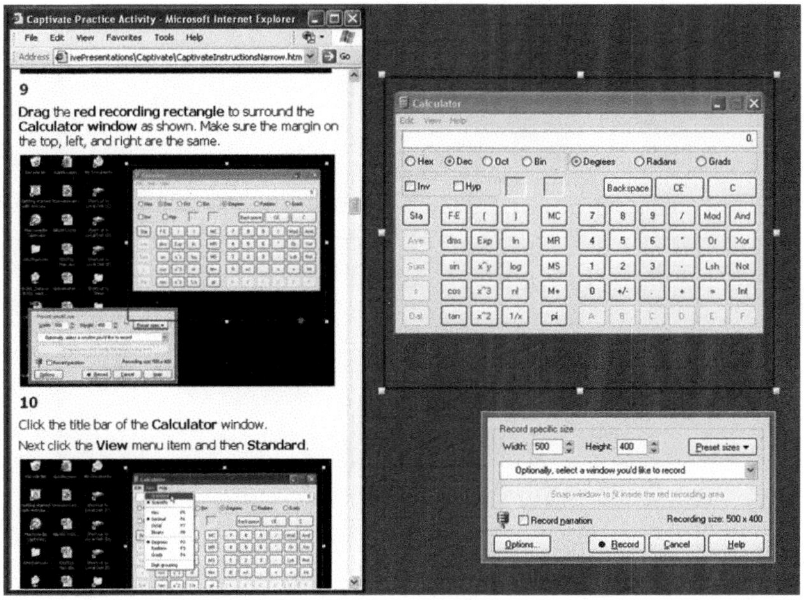

위 예시를 살펴보면, 학습자들이 학습 콘텐츠뿐만 아니라 다른 무엇인가에도 주의를 기울여야 하는 상황일 때에는 단순히 내용 디스플레이뿐만 아니라 전체 디스플레이 형태를 고려해야 한다는 점을 알 수 있다. 예시에서는 전체 디스플레이가 가로가 넓은 직사각형 형태로 제시되고 있다. 이러한 상황에서는 모든 내용이 적절하게 직사각형 공간을 공유할 수 있도록 설계되어야 한다.

4.3 스크롤 여부

스크롤이 있는 디스플레이를 사용하고 있는가, 아니면 없는 디스플레이를 사용하고 있는가? 바꾸어 말하면, 콘텐츠를 창의 크기에 맞추어 개발해야 하는가, 아니면 학습자가 학습 내용을 보기 위해 스크롤을 사용해야 하는가? 이때의 스크롤이란 세로 방향의 스크롤을 의미한다. 가로 방향의 스크롤은 대부분의 경우 바람직하지 않은 전략이라고 볼 수 있으나 시간계획표 등과 같이 가로로 넓은 그래픽 자료의 경우는 예외가 될 수 있다.

4.3.1 스크롤이 없는 디스플레이

스크롤이 없는 디스플레이란 무엇인가? 말 그대로 스크롤을 사용하지 않는 것을 의미한다. 스크롤 없는 디스플레이가 실제로는 어떻게 제시되는지 살펴보자.

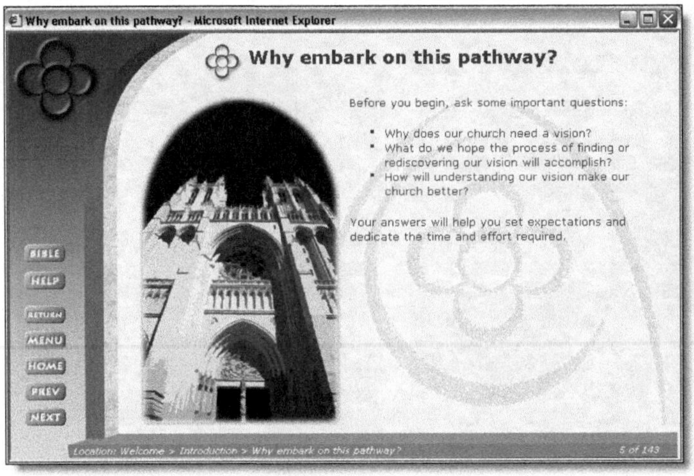

어도비 드림위버, 액티브 서버 페이지와 어도비 플래시로 구축했다. 예시는 horton.com/eld/에서 볼 수 있다.

그림에서 제시되고 있는 예시는 스크롤이 없는 고정된 크기의 디스플레이로서, *비전과 교회*라는 강좌를 위해 사용된 화면이다.

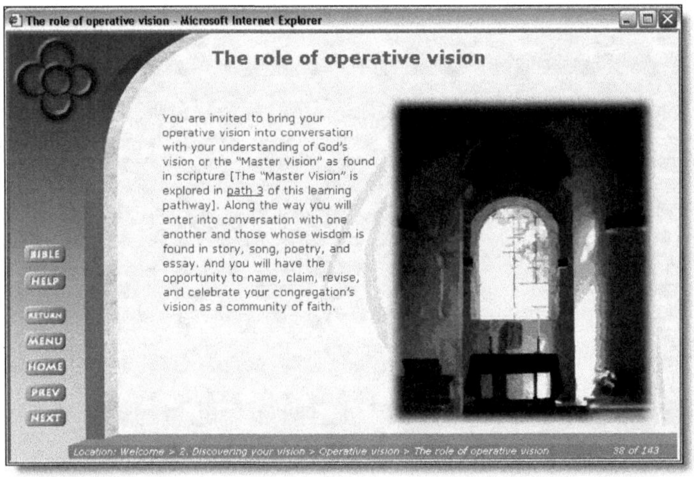

콘텐츠가 고정된 창의 크기 안에 꼭 맞도록 설계되었기 때문에 스크롤을 사용할 필요가 없다. 이는 특정 주제의 일정 부분에 대한 내용을 위해 많은 페이지들이 필요하다는 것을 의미한다.

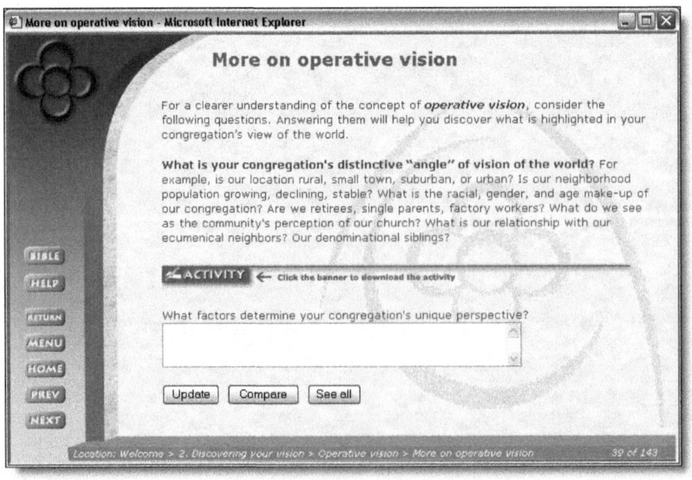

그림과 같이 스크롤을 사용하지 않는 디스플레이는 크기와 모양이 동일한 한 묶음의 카드에 콘텐츠가 제시되는 것 같은 느낌을 주게 된다.

4.3.2 스크롤이 있는 디스플레이

스크롤이 있는 디스플레이는 더 많은 콘텐츠를 보기 위해 세로로 이동할 수 있다는 것을 뜻한다.

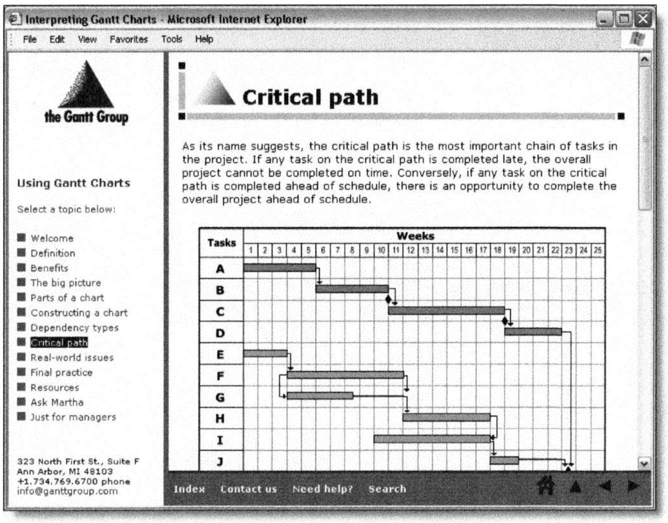

Gantt 차트 활용하기 강좌에서는 스크롤이 있는 디스플레이가 사용되었다.

어도비 드림위버, 자바스크립트, 플래시로 구축했다. 예시는 horton.com/eld/에서 볼 수 있다.

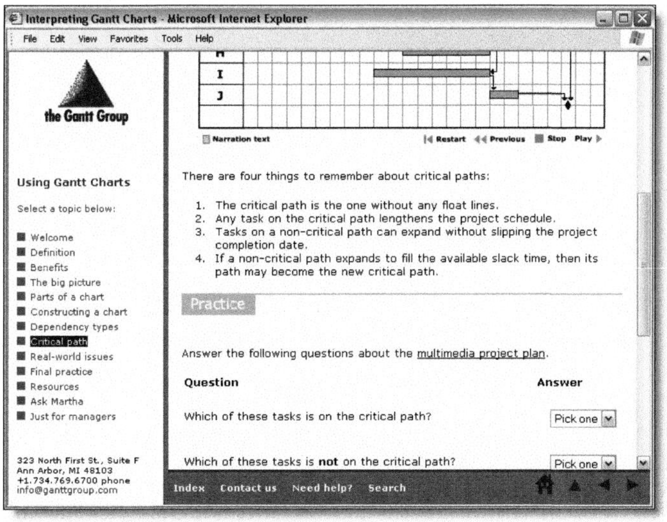

하단의 내용이나 중간에 있는 흥미로운 부분으로 이동하기 위해 스크롤을 사용할 수 있다. 그림의 예시에서 나타난 대부분의 토픽들은 세 번의 스크롤로 모두 학습할 수 있는 분량이다.

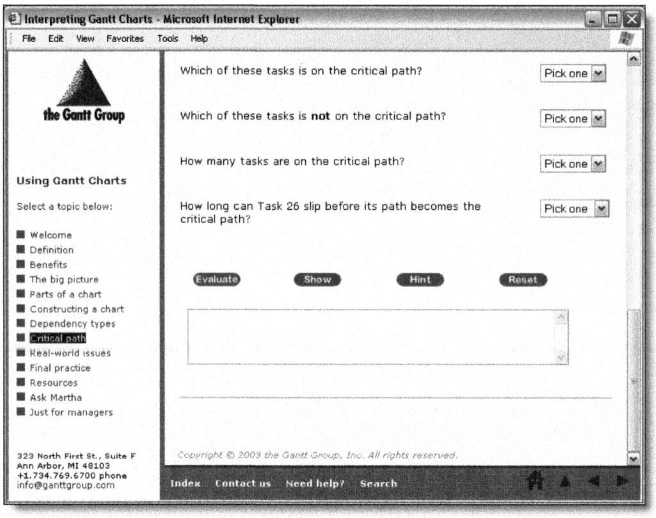

스크롤을 사용함으로써 학습 객체 전체를 하나의 페이지에 제시할 수 있게 되었다. 즉, 도입, 학습 활동, 평가를 모두 한 페이지에서 볼 수 있다. 토픽의 양은 일정하게 고정되기보다는 학습 목표 달성에 필수적인 콘텐츠를 기준으로 유연하게 결정한다.

4.3.3 스크롤의 유무에 대한 의사결정

스크롤이 있는 디스플레이를 사용해야 할 것인지 없는 디스플레이를 사용해야 할 것인지 결정해야 하는 경우가 있다. 웹의 사용이 새롭고 이메일 사용이나 온라인 물품구매 경험이 없는 기술적 초보 학습자들의 경우 엄정한 규칙을 따라야 할 필요가 많다.

스크롤이 없는 디스플레이는 일반적으로 스크롤바 사용법을 모르거나 모든 페이지에 스크롤바가 나타나도 알아차리지 못하는 초보자들에게 적절하다. 교육을 많이 받은 전문가들이라도 컴퓨터 사용에는 초보자들이라는 점을 유념하라. 스크롤이 없는 디스플레이는 한 번에 하나의 이슈에 집중할 때 바람직하며 전체 토픽에 관한 모든 콘텐츠를 한꺼번에 제시해 준다. 한편 스크롤을 사용하지 않는 디스플레이는 레이아웃을 자유롭게 설정할 수 있도록 해주고 있다. 이러한 경우 상단 좌측 코너와 하단 우측 코너에 무엇을 위치시킬 것인지 구체적으로 결정해야 한다.

스크롤이 있는 디스플레이는 주로 복잡한 콘텐츠에 적절하다. 복잡한 콘텐츠는 동일한 크기의 하위 단위들로 구성되어 있지 않다. 또한 관련된 개념들이 상호 분리되어 제시되면 내용을 이해하기가 힘들다. 그러므로 스크롤을 사용하게 되면 하나의 토픽이 쪼개질 때 발생하는 산만한 분산 현상을 피할 수 있다. 학습자들은 물리적으로 한 페이지 내에서 학습하는 경우에 연관된 개념들을 놓치지 않고 학습할 확률이 높다. 스크롤을 통해 학습 내용의 제시와 연습이 같은 페이지에서 제시될 수 있고 결과적으로 학습 사이클도 빨라지게 된다. 학습자들이 학습 내용을 출력하고자 할 때에도 스크롤이 있다면 보다 용이하게 할 수 있다.

때로는 설계자들이 기존의 연구 결과들을 바탕으로 스크롤을 사용하지 않는 디스플레이를 선택하기도 한다. 1995년에 수행된 연구에 의하면 소수의 사무직원들이 웹 브라우저를 10분간 사용해 본 후 스크롤 사용이 혼란을 야기한다고 언급했다. 그러나 오늘날 구글, 아마존, CNN과 같이 가장 대중적인 웹사이트들이 스크롤을 당연한 것으로 사용하고 있다는 점을 고려할 필요가 있다.

4.4 고정된 크기 또는 가변적 크기

고정된 크기의 디스플레이를 사용하는가, 아니면 가변적인 크기의 디스플레이를 사용하는가? 즉, 학습자가 학습 창과 콘텐츠를 확대시킬 수 있는가?

4.4.1 고정된 크기의 디스플레이

고정된 크기의 디스플레이에서는 창을 확대시키는 것과는 상관없이 콘텐츠가 같은 크기로 제시된다.

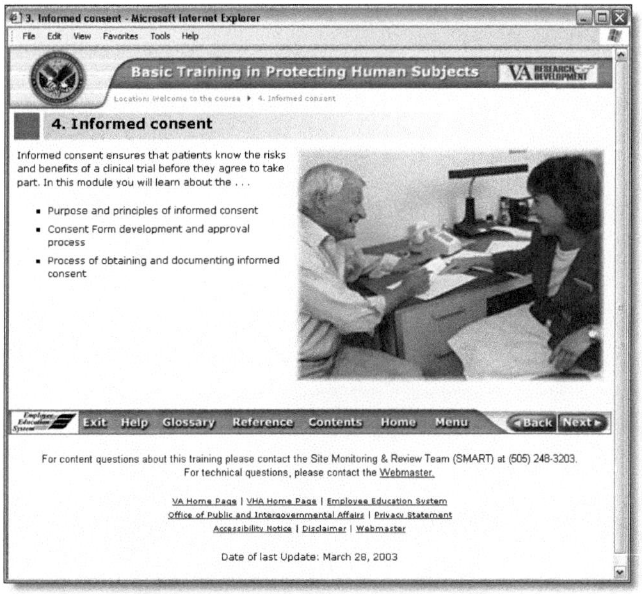

창의 크기가 콘텐츠 내용에 맞게 설정된 디스플레이의 예시이다.

윌리엄 호튼 컨설팅사에 의해 설계되었고, VA 연구개발(VA Research and Development)과 윌리엄 호튼 컨설팅이 어도비 드림위버로 제작하였다.

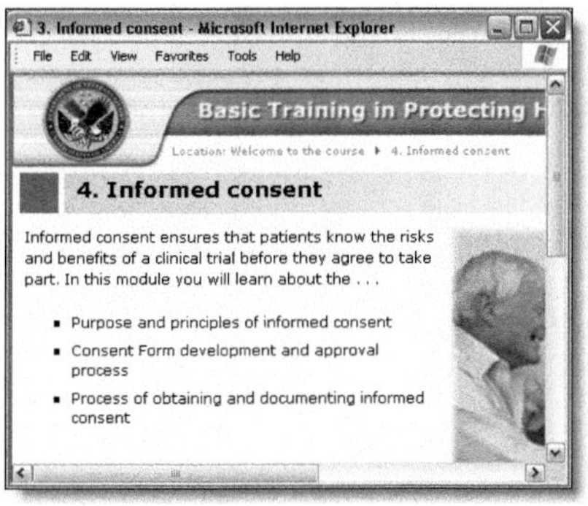

창의 크기를 줄여도 콘텐츠는 같은 크기로 제시되고 스크롤바가 생긴다.

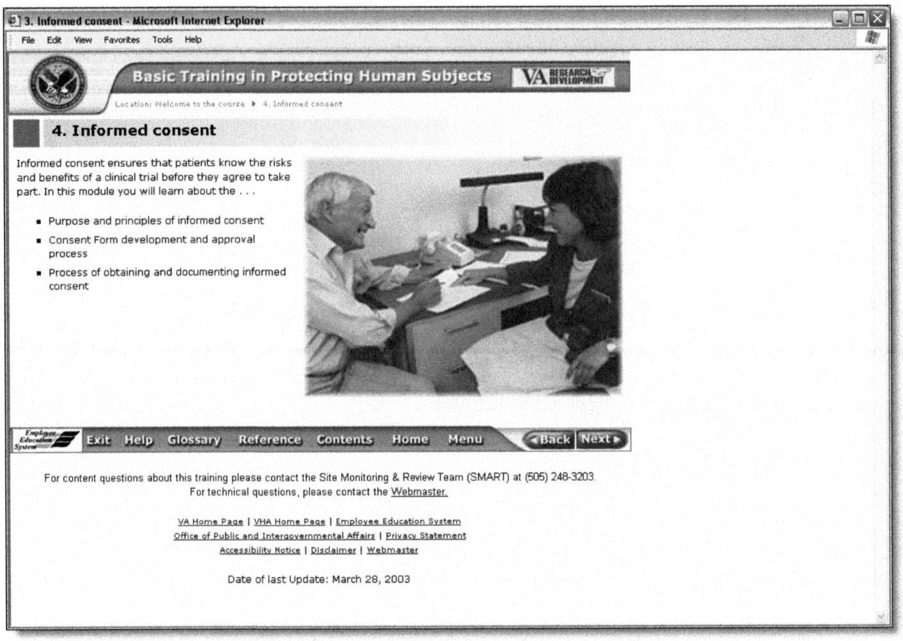

창의 크기를 콘텐츠보다 늘려도 여백의 공간만 나타난다.

4.4.2 가변적 크기의 디스플레이

가변적 크기의 디스플레이를 이용하면 콘텐츠가 늘어날 수도 있고 창에 맞게 줄어들 수도 있다.

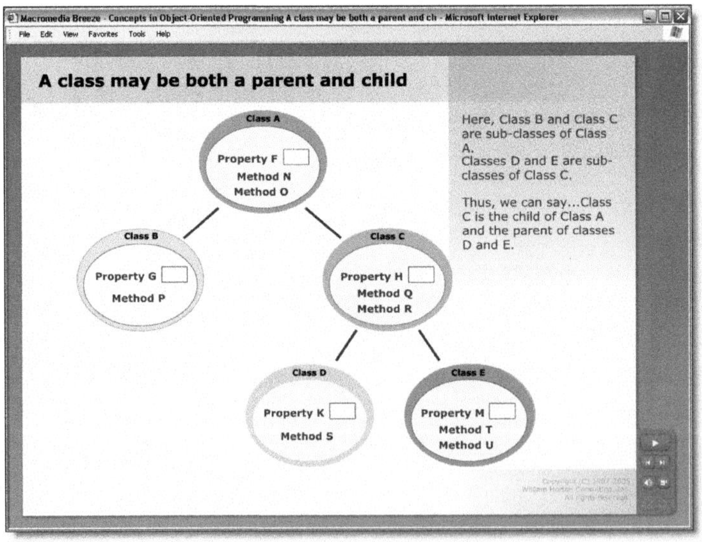

마이크로소프트 파워포인트로 개발되었고 어도비 브리즈 프리젠터를 통해 웹으로 변환되었으며 예시는 hoton.com/ eld/에서 볼 수 있다.

이러한 디스플레이의 예를 살펴보면 콘텐츠가 창의 공간 전체에 펼쳐진 것을 볼 수 있다.

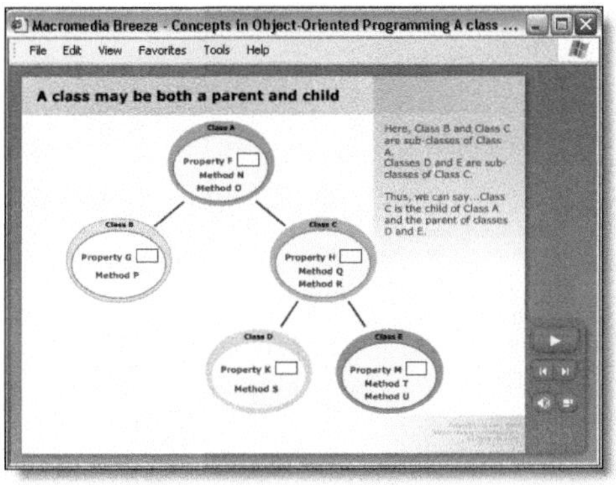

창을 줄이면 텍스트와 그래픽도 작아진다. 같은 자료가 더 작은 크기로 보인다.

가변적 크기의 디스플레이를 이용하면 창을 늘리거나 줄일 수 있다. 콘텐츠도 크기가 변한 창에 맞추어 커지기도 하고 작아지기도 한다. 디스플레이의 크기는 스크린 해상도에 제한을 받지 않으므로 글자를 더 확실하게 하기 위해서는 창을 늘리면 된다.

4.4.3 고정된 크기 또는 가변적 크기에 대한 의사결정

어떠한 경우에 고정된 크기나 가변적 크기의 디스플레이를 사용해야 하는가?

고정된 크기의 디스플레이는 모든 것이 같은 크기와 모양으로 제시되므로 단순성과 통일성에 중점을 둘 때 활용하는 것이 바람직하다. 초보 컴퓨터 사용자들을 위하여 단순하고 통일성 있는 형태를 제시하고자 할 경우 고정된 크기의 디스플레이가 최선의 선택이 될 수 있다. 초보 학습자들은 가변적 디스플레이를 이용하면 당황하여 크기의 변화조차 모를 수 있다. 고정된 크기의 디스플레이는 페이지 또는 카드 메타포를 사용하여 단원들의 크기와 범위가 유사함을 안내하기 위하여 사용될 경우 적절하다.

반면 가변적 크기의 디스플레이는 모니터의 크기가 다양할 때 가장 유용하다. 다양한 학습자들이 다양한 버전과 성능이 다른 기기를 이용하여 이러닝을 수강한다. 따라서 어떤 학습자들은 작은 디스플레이를 지닌 새로운 모바일 장비로 이러닝을 수강할 수도 있다. 가변적 크기의 디스플레이는 화면 내의 각기 다른 다양한 기능을 이용하고자 하는 학습자들에게 필요할 것이다. 콘텐츠를 학습하면서 다른 정보를 보기 위해 디스플레이의 크기와 형태를 조절할 수 있다. 가변적 크기의 디스플레이는 창의 크기를 크게 할 때 콘텐츠도 커지게 함으로써 다양한 수준의 시력을 지닌 학습자들을 도와줄 수 있다. 시력이 좋지 않은 학습자들은 글자와 그래픽을 확대하기 위해 창을 늘리는 것이 가능하다.

5. 가독성

가독성(legibility)은 학습자들이 글자를 읽고 그래픽을 인식할 수 있는 정도를 말한다. 가독성을 높이기 위해서는 콘텐츠를 분명하고 읽기 쉽게 만들 필요가 있다.

5.1 가독성 유지하기

성공적인 이러닝 학습을 위하여 학습자들이 글자를 분명하게 읽을 수 있도록 해야 한다. 이에 대한 고려사항은 다음과 같다.

5.1.1 쉽게 읽을 수 있는 디자인의 글자

가독성을 위해 쉽게 읽을 수 있도록 글자를 디자인해야 한다. 가독성에 관한 반세기에 걸친 수많은 연구들이 시력이 좋지 않은 학습자들도 쉽게 글자를 읽을 수 있도록 하는 비교적 단순한 가이드라인을 다음과 같이 제시하고 있다.

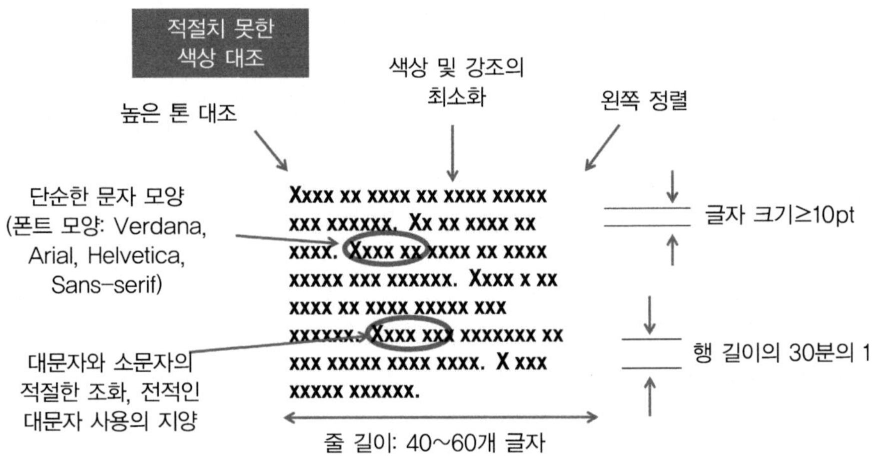

첫 번째 지침은 배경과 분명하게 대조가 되도록 글자를 제시해야 한다는 것이다. 색상 대조뿐만 아니라 검은색과 흰색 등 톤에 있어서도 대조를 분명하게 해야 한다. 톤의 대조는 밝기의 차이를 의미한다. 검은색과 흰색의 조합이 톤 대조 방법의 유일한 정답은 아니지만 다른 색상들을 사용할 경우 대조성과 가독성을 잃게 될 수도 있다.

본문에서는 색과 강조 효과를 최소한으로 한다. 개별 단어를 강조하지 않아야 한다는 의미가 아니라 예컨대 매번 세 번째 단어마다 밝고 진한 색으로 표시한다든지 하는 등의 방법을 활용하지 말아야 한다는 뜻이다. 강조하는 부분을 제시되는 콘텐츠의 대략 15% 이하로 설정해야 한다.

왼쪽 가장자리를 기준으로 문단의 글자선들을 배열하는 좌측 정렬을 한다. 제목이 있는 행은 중앙 정렬로 배치하되 세 줄 이상 넘기지 않도록 한다. 또한 양측 정렬을 하지 않도록 한다. 양측 정렬을 하면 단어 사이에 지나치게 넓은 공간이 생기게 되어 같은 행의 다음 단어를 읽기가 쉽지 않고 다음 행으로 건너뛰어 읽는 경향이 생긴다.

적절한 글자 크기는 일반적으로 10포인트로 하고 HTML 기준일 때는 글자 크기를 2로 설정한다. 글자의 크기는 학습자의 화면 해상도에 달려있으나 다른 요소들로 인해 조정되기도 한다. 학습자의 화면에서 어떻게 나타나는지에 따라 글자 크기의 적절성을 평가한다.

빈번하게 간과되기 쉬운 것이 글자 크기만큼이나 중요한 요소인 행간이다. 전체 행길이의 30분의 1로 행간을 설정할 필요가 있다. 행간에 충분한 여백이 있어야 쉽게 다음 행을 찾을 수 있다. 반면 행간이 거의 없으면 시선이 같은 행에 계속 고정되거나 다음 행을 지나쳐서 그 다음 행으로 이동할 수도 있다.

한 단락은 40개에서 60개 문자 정도의 행으로 제시하도록 한다. 짧은 행들은 공간을 약간 소모할 수도 있으나 가독성 측면에서 거의 문제를 일으키지 않는다. 긴 행들은 가독성을 떨어뜨리는 데 특히 행간 여백에 관한 지침을 지키지 않을 경우 그 정도가 더욱 심해진다.

대문자와 소문자를 이용하여 글자를 적되 모든 내용을 대문자로 적지 않도록 해야 한다. 비록 대문자가 크게 보이더라도 글자 모양이 소문자보다 구별하기 어렵기 때문에 읽기가 힘들다.

가급적 단순한 모양의 글자를 고른다. 가독성 높은 글자들로는 Verdana, Arial, Helvetica, generic sans-serif 모양이 있으며 웹브라우저나 플래시에서 구현이 가능하다. 너무 장식이 많은 글자 또는 작은 크기의 글자 사용을 피하도록 한다.

5.1.2 피카소 효과의 방지

초보 화면 설계자의 공통적인 실수 중 하나는 피카소 효과를 부각시키는 것이다. 이는 많은 색상과 글자 강조 효과를 사용함으로써 글자라기보다는 아름다운 추상화로 보이게 하는 것이다. 글자를 차례로 읽게 하기보다는 두드러지는 특징적 영역에서 다음 영역으로 시선이 이동하게 된다. 다음에 제시된 내용을 읽어보면 피카소 효과를 직접적으로 경험할 수 있으며 이에 대한 예시는 horton.com/eld/에서 볼 수 있다.

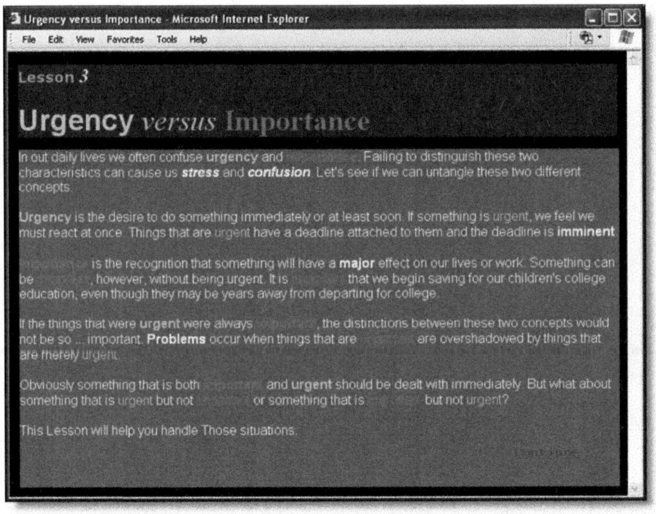

5.2 전경-배경 대조

가독성의 최우선 순위는 전경-배경의 대조를 분명하게 하는 것으로서 글자와 그래픽이 배경으로부터 분리되지 않으면 제대로 볼 수 없게 된다.

5.2.1 톤 대조

글자의 가독성을 위한 전면-배경 대조를 생각해보자.

각 행에서 어느 글자가 두드러지는가?

흰색을 배경으로 할 때 대조가 분명하여 가장 잘 읽을 수 있는 글자는 무엇인가?

중간 정도 회색의 배경은 어떠한가?

검은 배경색은 어떠한가?

글자 가독성은 배경과의 톤의 대조에 달려 있다. 따라서 배경색이 분명할 경우에만 전경색도 분명하게 설정할 필요가 있다.

5.2.2 밝은 배경 또는 어두운 배경의 설정

전면과 배경 간에 톤의 대조가 있어야 글자와 그래픽을 읽을 수 있다. 글자가 밝고 배경이 어두운 설정이 적절할 것인가, 아니면 어두운 글자색과 밝은 배경이 적절할 것인가? 25년 전에는 디스플레이가 현재보다 어두웠고 사람들이 컴퓨터를 약간 어두운 방에 비치하였기 때문에 어두운 배경에 밝은 색 글자를 쉽게 읽을 수 있었다.

그러나 최근에는 밝은 디스플레이와 밝은 조명의 사무실로 인해 대부분의 전문가들이 어두운 글자와 밝은 배경을 선택하여 사용하고 있다. 그렇게 하면 인쇄된 자료와 컴퓨터 화면을 번갈아 읽기가 쉽기 때문이다. 또한 스크린에 반사되는 빛의 굴절을 약화시킬 수 있다는 장점이 있다. 컴퓨터 스크린에서 읽기 쉬운 그래픽은 인쇄물로 출력해도 읽기가 쉽다.

5.2.3 안정감 있는 배경

질감이나 패턴이 있는 배경은 일반적으로 널리 활용되고 있다. 이러한 배경은 외양을 풍부하게 만들거나 시각적인 다양성을 제공하기 위해 사용된다.

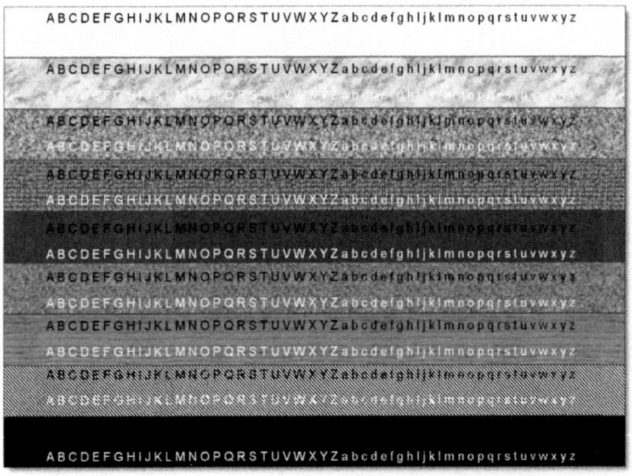

질감이 있는 배경을 사용하기 전에 예시를 참고하여 보고 어떤 질감이 가독성을 높일 수 있는지 살펴본다. 각 질감의 배경에 검은색과 흰색의 글자 샘플들이 배치되어 있으므로 참고할 수 있다.

대부분의 사람들이 질감이 단순할수록 작은 글자들을 읽기 쉽다고 언급하고 있다. 그리고 대조가 두드러질수록 가독성이 높아진다.

시각적인 매력을 위하여 가독성을 포기하지 않도록 한다. 읽기가 어렵다면, 보기 좋아도 소용이 없다.

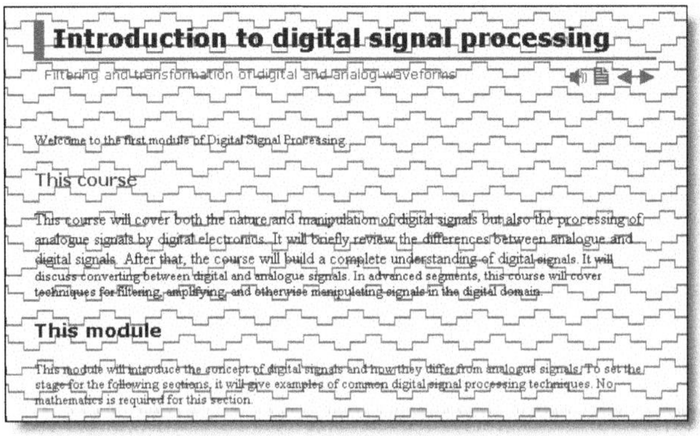

적절하지 못한 배경의 예시이다. 물결 모양이 스크린을 가로질러 가고 있다. 이와 같은 효과가 읽기 쉽게 해준다고 생각할 수 있는가?

색상이 가미된 예시를 horton.com/eld/에서 볼 수 있다.

5.2.4 단순한 단색 배경으로 시작하기

디스플레이 디자인은 단순한 단색의 배경으로 시작한다. 중립적이거나 차분한 색상을 사용하는 것이 바람직하다.

글자 및 그래픽과 대조를 이룰 수 있는 배경색을 선택하고 내용제시 영역과 기능 영역으로 나눈 후 각 영역에 단색을 사용하도록 한다.

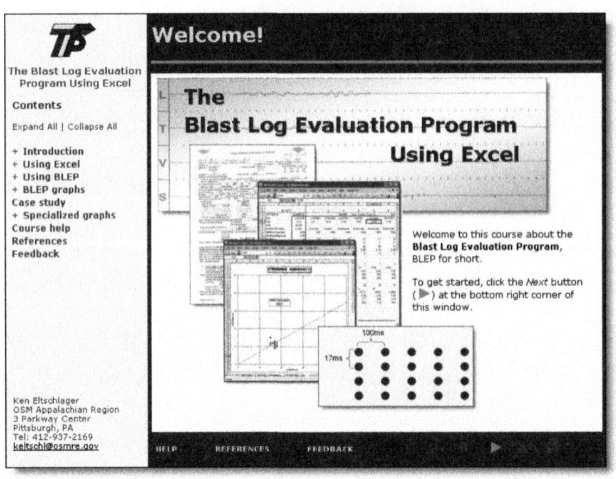

크기가 작은 요소들에 약간의 색상을 사용하되 밝은 색상들은 콘텐츠의 주요 내용에 사용한다.

색상이 가미된 예시를 horton.com/eld/에서 볼 수 있다.

6. 레이아웃

레이아웃은 디스플레이 창에서 콘텐츠를 배열하는 방법에 관한 것이다. 가장 중점을 두어야 하는 특징은 예측 가능한 형태로 배열되어 있는가의 여부라고 할 수 있다. 즉 디스플레이에서 그들이 찾고자 하는 정보와 관리 도구들을 쉽게 찾을 수 있는가가 중요하다.

6.1 디스플레이 영역의 설정

디스플레이는 복잡하고 밀도가 높더라도 예측 가능하게 구성되어야 한다. 여기서 핵심사항은 각 영역의 역할이 구분되어야 하며 학습자들도 각 역할을 알 수 있어야 한다는 점이다. 이러닝 디스플레이에 관한 기본적인 레이아웃 평가를 제시하면 다음과 같다. 학습자들에게 해당 영역과 이들 이름과 대응시켜 보면서 각각의 역할을 알 수 있는가에 관해 질문하는 내용이다.

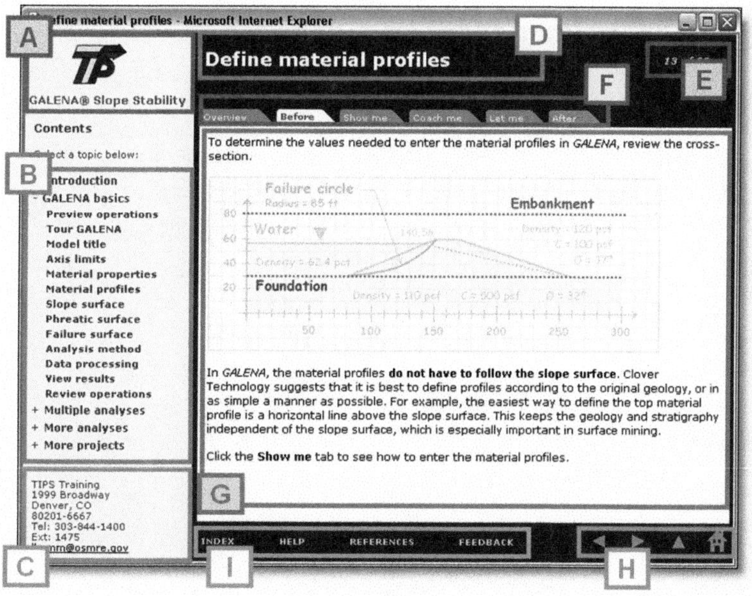

___ 연락처
___ 내부 토픽 버튼
___ 로고
___ 주요 콘텐츠
___ 메뉴
___ 특별 기능 버튼
___ 하위 토픽용 탭
___ 토픽 숫자
___ 토픽 제목

이와 같은 간단한 평가를 통해 레이아웃을 다듬게 된다. 정답은 순서대로, C, H, A, G, B, I, F, E, D이다.

6.2 유연한 구조

디스플레이의 레이아웃을 설계할 때에는 서로 다른 종류의 콘텐츠를 다룰 수 있는데 이때 적절하게 다양성을 지니도록 유연한 구조를 만들어야 한다. 이와 같은 디자인의 사례는 다음과 같이 제시할 수 있다. *Gantt 차트 활용하기* 강좌를 위한 레이아웃으로서 디스플레이 안의 주요 영역들과 그 용도를 규정하고 있다.

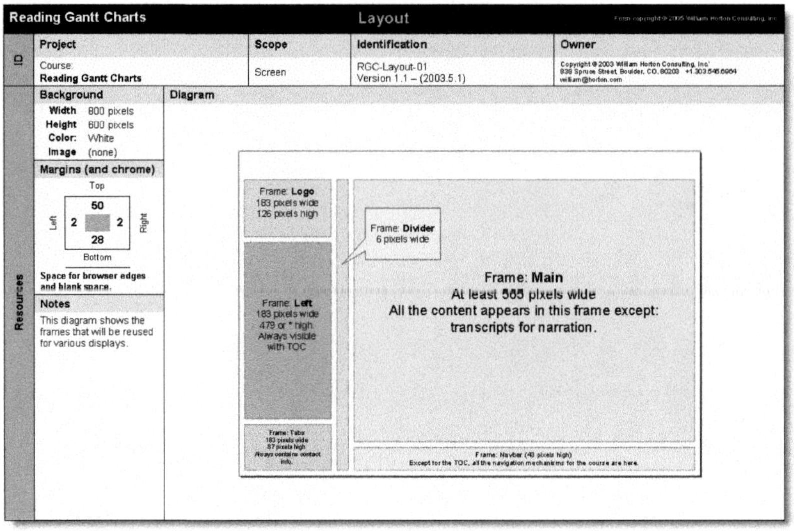

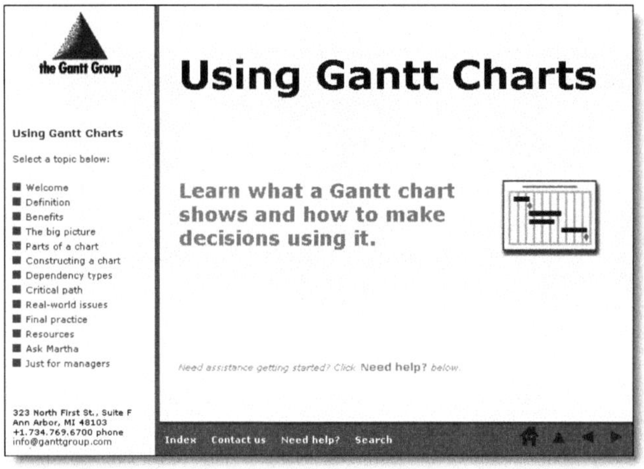

여기서 레이아웃이 제목 화면을 위해 어떻게 사용되었는지 볼 수 있다.

어도비 드림위버, 자바스크립트, 플래시로 구축했다. 예시는 horton.com/eld/에서 볼 수 있다.

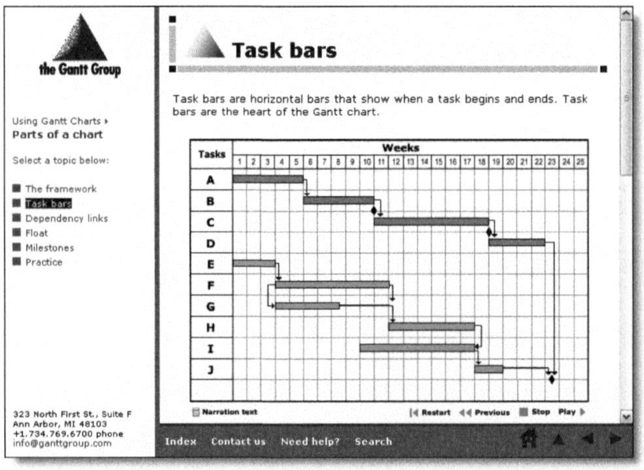

콘텐츠의 대부분을 차지하는 일반적인 레이아웃을 위한 부분이다.

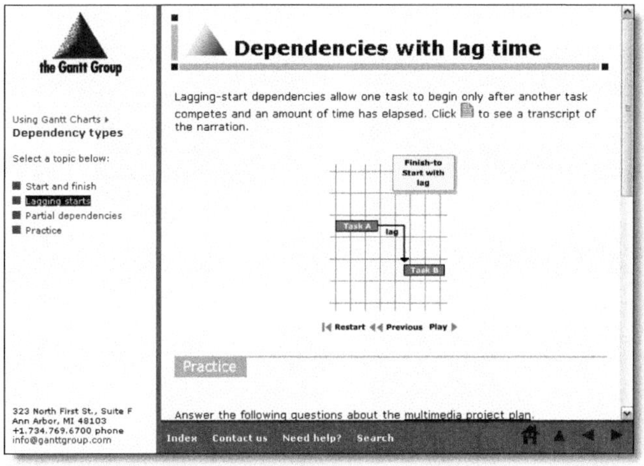

일반적인 레이아웃에 다양성을 가미한 화면이다.

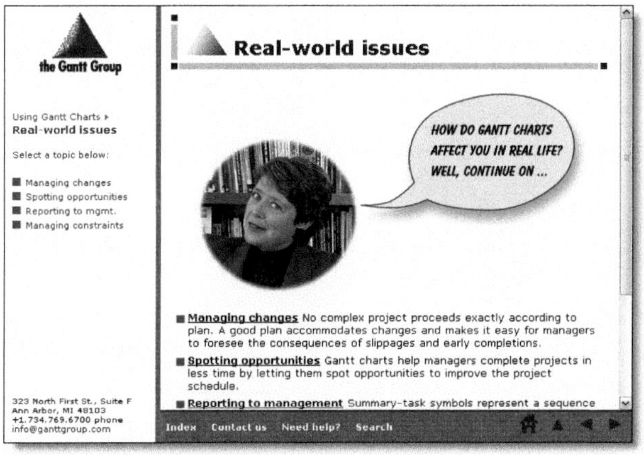

마지막으로 특별한 유형의 콘텐츠의 화면을 다음과 같이 제시할 수 있다.

유연한 레이아웃은 다양한 유형 및 다양한 변형을 가능하게 한다.

6.3 학습 내용에 대한 주의집중

학습자가 콘텐츠에 집중을 하지 않는다면 학습은 이루어지기 어려울 것이다. 따라서 집중을 가능하게 하는 레이아웃을 사용하고 주의를 산만하게 하는 요소들을 멀리하게 해야 한다.

6.3.1 시각적인 특성의 부각

많은 기관들이 규명한 표준들은 로고, 상징, 우회적인 표현들을 화면에 제시하는 것을 권장하고 있다. 그러나 이러한 방법은 핵심 내용과 부수적인 것들을 구분하기 위하여 영역과 색상을 나누는 것이 용이한 커다란 디스플레이의 화면에서도 문제가 될 수 있다. 핵심 내용들보다 산만하고 요란한 장식들이 많은 작은 디스플레이의 화면에서는 심각한 문제가 된다.

☹ 부적절한 제시 경우

☺ 적절한 제시 경우

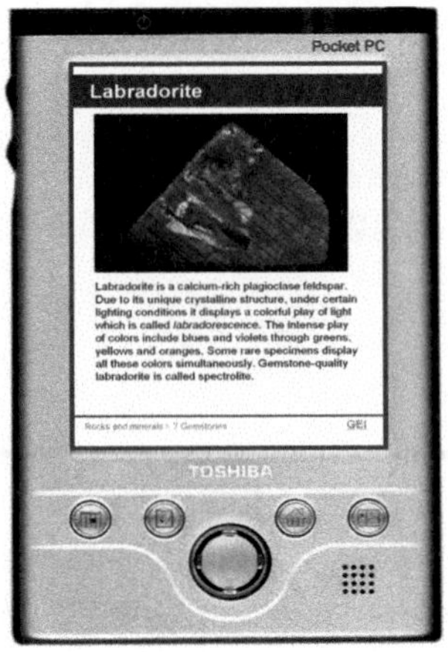

부가적인 자료는 *안내(about)* 또는 *관련 정보(information)* 페이지에 넣고 이에 대한 링크를 전체적으로 삽입하여 해당 페이지로 이동할 수 있도록 한다.

6.3.2 중요 부분의 중점적 제시

주의를 끄는 또 다른 접근으로서 학습자가 보고 싶어 하는 내용만을 제시하는 방법이 있다. 일반적으로 대부분의 그래픽들은 너무 크거나 복잡하며 상세한 경향이 있다.

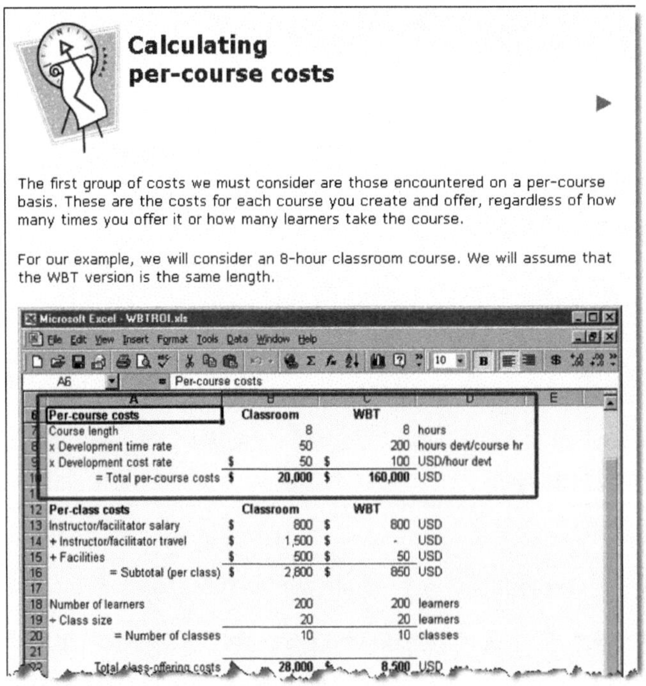

	A	B	C	D
6	Per-course costs	Classroom	WBT	
7	Course length	8	8	hours
8	x Development time rate	50	200	hours devt/course hr
9	x Development cost rate	$ 50	$ 100	USD/hour devt
10	= Total per-course costs	$ 20,000	$ 160,000	USD
11				
12	Per-class costs	Classroom	WBT	
13	Instructor/facilitator salary	$ 800	$ 800	USD
14	+ Instructor/facilitator travel	$ 1,500	$ -	USD
15	+ Facilities	$ 500	$ 50	USD
16	= Subtotal (per class)	$ 2,800	$ 850	USD
17				
18	Number of learners	200	200	learners
19	÷ Class size	20	20	learners
20	= Number of classes	10	10	classes
21				
22	Total class-offering costs	28,000	$ 8,500	USD

제시된 초안 화면에서는 박스 모양의 선으로 둘러싸인 첫 다섯 개의 줄이 중요한 내용이다.

어도비 드림위버, 테크스미스 스내그잇으로 구축했다. 예시는 horton.com/eld/에서 볼 수 있다.

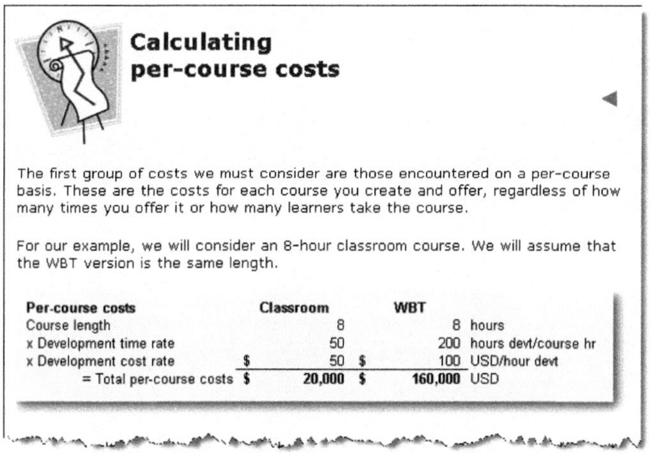

두 번째 초안에서는 이러한 문제를 해결하였으므로 디스플레이가 훨씬 단순하고 주의 분산 요소가 적어진 것을 볼 수 있다.

6.3.3 토론 중인 사항의 강조

학습자에게 무엇이 중요한지를 알도록 도와주는 것이 중요하다. 시각적 제시를 할 때 토론 중인 사항에 주의를 집중하게 한다.

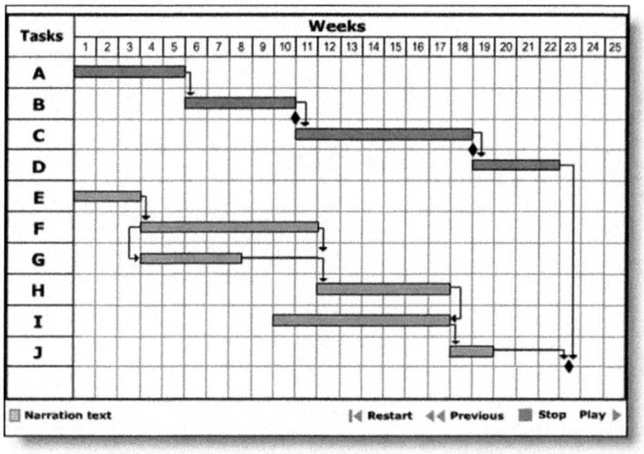

어도비 플래시로 구축했다. 예시는 horton.com/eld/에서 볼 수 있다.

Gantt 차트 활용하기 강좌에서 내레이션 성우가 단순 Gantt 차트에 대해서 설명하고 있다.

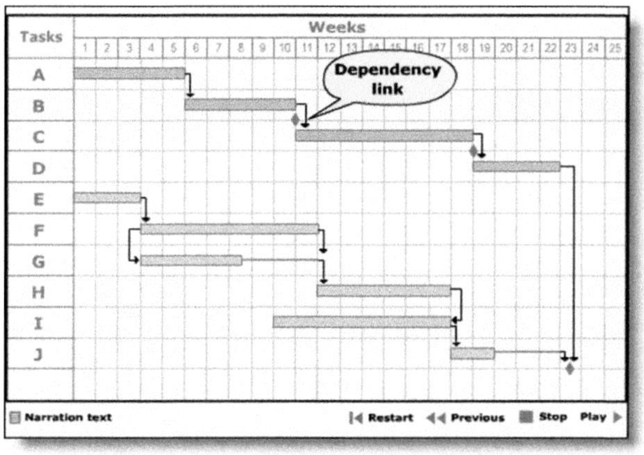

특정 사항이 토론중이면 다른 내용들은 약간 어둡게 하고 토론 사항에 라벨을 붙여서 나타내도록 한다.

6.3.4 과도한 정보의 방지

일반적으로 적절한 양의 정보보다 더 많은 내용을 이러닝 화면에 넣고자 할 때가 있다. 이에 대한 해결책으로서 텍스트 자료를 편집하고 난 다음에 남은 자료 중 일부를 내레이션에 넣는 방법을 활용한다. 최종 화면에서는 중요 문구만 제시하여 내레이션과 동시에 나오도록 한다.

한 화면에 지나치게 많은 정보를 제시하고 있는 프로토타입의 예시는 다음과 같다.

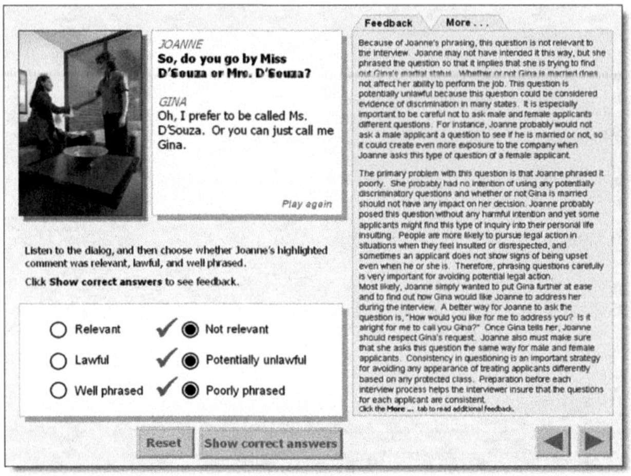

마이크로소프트 파워포인트로 구축했다.

브라이트라인 컴플라이언스(www.brightlinecompliance.com)에 제공되는 완성된 강좌의 결과물은 다음과 같다. 실제 콘텐츠로 디스플레이의 초안을 만드는 방법의 효과를 알 수 있게 해준다.

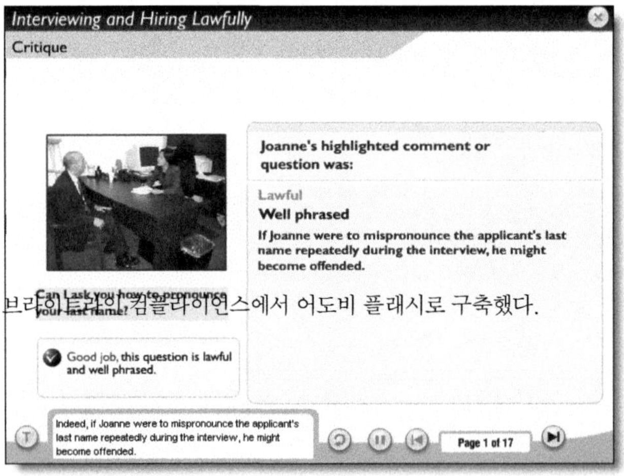

브라이트라인 컴플라이언스에서 어도비 플래시로 구축했다.

7. 통일성

이러닝 콘텐츠는 일관성이 있고 쾌적하게 보일 수 있어야 한다. 이를 위해서는 전체 강좌들 또는 교육과정들이 통일되어 있다고 느끼게 해주는 일관된 높은 품질의 외양을 만들 필요가 있다. 심미적인 측면을 고려해야 하는 상황은 다음과 같이 제시될 수 있다.

7.1 통일성에 관한 사례 연구

특정 강좌의 몇 가지 디스플레이를 통해 학습자들이 일관성 있고 매력적으로 인식하는지 확인할 수 있는 몇 가지 단계들에 대해 알아보도록 한다.

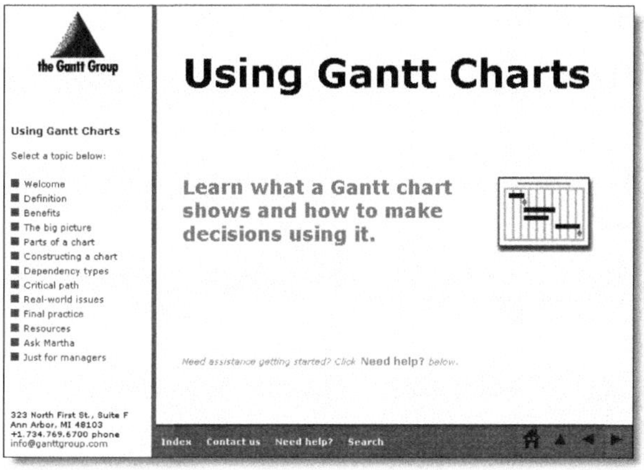

어도비 드림위버, 커스텀 자바스크립트, 플래시를 이용해서 구축했다. 색상이 가미된 예시를 horton.com/eld/에서 볼 수 있다.

여기에 있는 페이지들은 *Gantt 차트 활용하기* 강좌에서 활용된 것이다. 제목 화면에서 몇 가지 디자인 테마를 인식할 수 있을 것이다.

혼란과 산만함을 방지하기 위하여 단순한 흰색 배경과 간결한 레이아웃이 선택되었다. 진한 붉은 색을 제목으로 사용하였고 고객사들의 로고를 바탕으로 강조 색상을 채택했다. 일반적으로 이러한 방식으로 붉은 색을 사용하지는 않지만, 이 강좌를 제공하는 회사를 홍보하기 위한 무료 강좌이고 다른 기업에 코스 수강을 권유하는 것이 사업상의 목표이므로 이와 같이 활용하였다. 선택된 붉은 색은 로고에 있는 것보다 약간 더 진한 색인데 이를 통해 가독성을 증가시키고 색상이 공격적으로 보이지 않도록 하였다. 유일한 다른 색은 회색인데 붉은 색과 대치되지 않는 색상임을 알 수 있다. 회색보다 두 단계 어두운 색을 사용하여 문자와 그래픽이 상대적으로 두드러져 보이는 현상을 통제하였다.

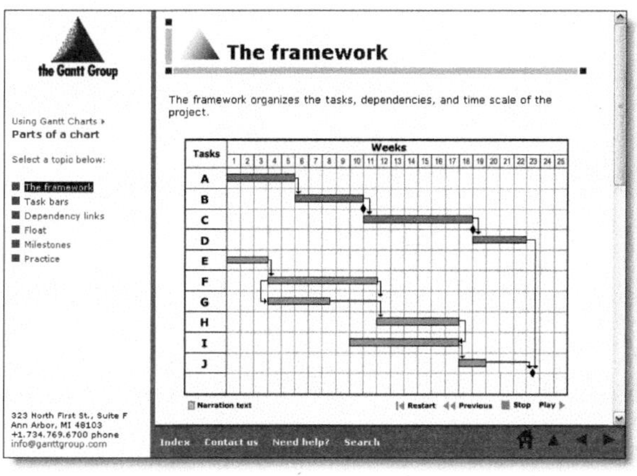

이 예시는 전형적인 형태의 레슨을 제시해 주고 있다. 진한 붉은 색은 강조를 위한 것이고 회색은 부차적인 요소를 위해 일관되게 사용되었음을 알 수 있다. Gantt 차트 샘플의 직사각형 모양은 전체 화면의 틀을 직사각형의 형태로 설계한 근거 중의 하나가 되었다.

화면 영역, 글머리표, 그래픽 삽입을 위하여 직사각형 모양을 사용함으로써 디스플레이를 질서 정연하면서도 실제 업무와의 관련성을 높이는 효과를 줄 수 있었다. 학습 페이지의 가장 표준적인 유형이므로 제목 바에 있는 아이콘은 단순하고 일반적으로 표현하였다. 아울러 다양한 유형의 정보들을 포함할 수 있도록 했다.

차트에서 바(bar)의 색상이 주의를 끌기에 충분하도록 특징적으로 설정하였으나 차트의 다른 부분들도 주의를 끌 수 있도록 지나치게 밝은 색상을 사용하지 않았다. 배경과 대조를 이룰 수 있을 만큼 충분히 어둡게 하면서도 모두 잘 보일 수 있는 조화로운 색상을 배치했다.

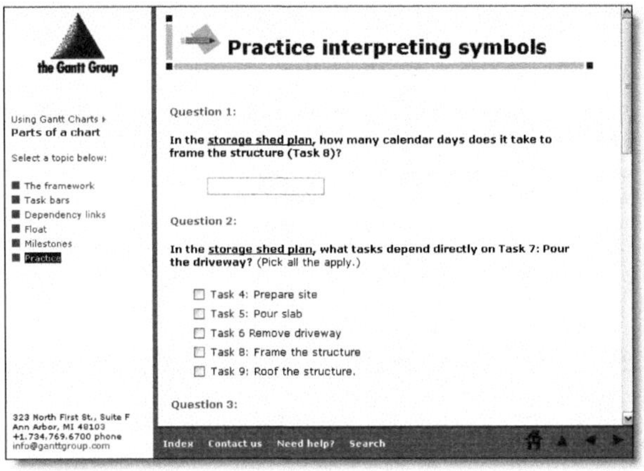

연습 활동은 단순한 주제를 지속적으로 다루고 있다. 문제 번호를 나타내는 회색빛 도는 파란색 외에는 다른 색상을 사용하지 않았다. 회색 아이콘은 해당 페이지의 목적이 연습 활동임을 알려주고 있다.

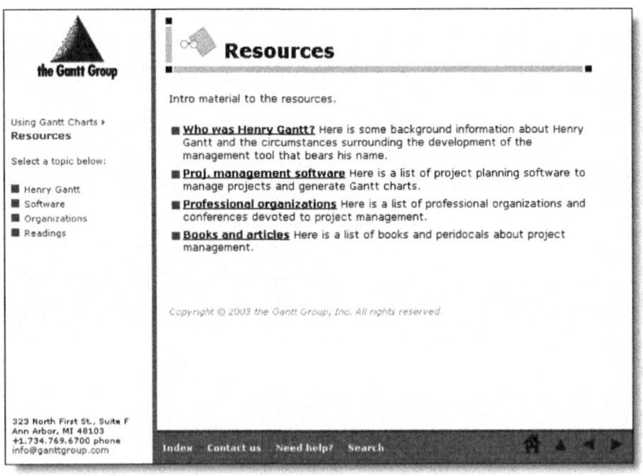

자료 리스트는 기능을 알려주는 아이콘이나 상징을 포함하며 해당 리스트 항목들은 정사각형의 회색 글머리표 다음에 오게 된다.

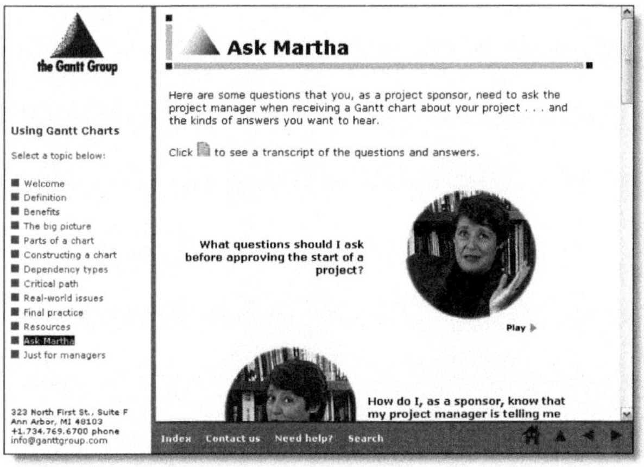

'마사에게 물어보세요(Ask Martha)' 페이지는 학습자들이 Gantt 그룹의 대표인 Martha Legare가 Gantt 차트와 관련된 질문에 대해 답변하는 것을 들을 수 있게 해준다. 페이지에서 제시된 사진은 원형의 모양으로 직사각형의 모티브에서 벗어나 있으나 단순한 기하학상의 모양을 준수하고 있다.

마사의 재킷은 붉은 색이다. 전체의 색상과 조화를 이루기 위해 선택되었으며 더 나은 조화를 위하여 약간 조정되었다.

7.2 상징과 테마 그래픽

작은 상징들과 테마 그래픽을 활용하면 통일감 있는 분위기를 조성하면서 동시에 이름을 붙여준다는 장점이 있다.

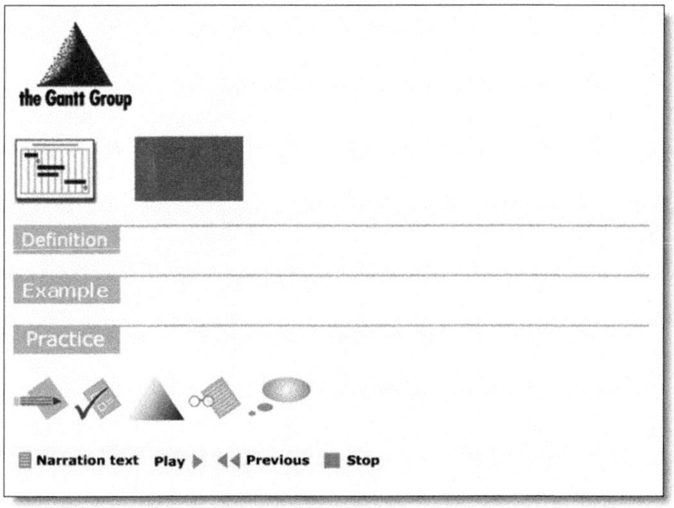

제시된 예들은 로고, 작은 상징, 분할 표시, 아이콘 등으로 *Gantt 차트 활용하기* 코스에서 간결함과 일관성을 위해 활용된 것들이다.

테마 그래픽을 웹페이지에 삽입하여 활용하도록 한다. 이러한 그래픽을 활용할 때에는 마우스의 오른쪽 버튼을 클릭해서 **[복사]** 명령어를 선택한 뒤에 삽입하고자 하는 곳에 두고 **[붙이기]** 명령어를 사용하면 된다. 작은 상징들과 테마 그래픽은 모두 한 페이지에 위치시키는 것이 바람직하다. 이를 통해 추구하고자 하는 스타일을 시각적으로 상기시킬 수 있다.

8. 이 장을 마치며

8.1 요약

- **첫째,** 디스플레이를 기능적으로 디자인하는 것에 중점을 둔 다음에 외관에 대해 고려해야 한다. 디스플레이가 제대로 작동하는지 확인한 이후 심미적으로 꾸미도록 한다.
- **둘째,** 심미적인 것도 기능적인 것이 될 수 있다. 학습자들은 실제로 시간을 들여야 하는 강좌에서 학습하기를 원한다. 시간을 들여 학습하는 것이 즐겁다면 계속 학습하기를 원하게 될 것이다.
- **셋째,** 학습 목표 달성과 학습자 편의 제공의 목적 모두를 위하여 학습 창을 설계한다. 강좌가 제시해야 하는 내용과 더불어 이를 다루는 학습자의 능력 및 기술에 대해 고려해야 한다.
- **넷째,** 디스플레이를 일관성 있게 디자인한다. 폰트, 색상, 레이아웃, 버튼, 작은 상징과 다른 디자인 요소들에 대한 기준을 수립해야 한다. 필요시에는 변화를 주되 변화 자체를 위한 변화를 도모하지 않도록 한다.
- **다섯째,** 읽기 힘들다면 보기 좋은 것이라 할 수 없다. 텍스트와 그래픽이 충분한 크기를 유지하며 배경과 대조할 때 명확하게 보이는지 확인한다.

8.2 보충사항

시각 디자인에 관한 더 많은 아이디어를 찾고자 한다면 컴퓨터 스크린(computer screen), 디스플레이(display), 가독성(legibility), 레이아웃(layout), 인체공학(ergonomics), 색상(color)과 같은 용어들을 조합하여 웹을 검색해 본다.

이러닝 콘텐츠 개발 프로젝트 전체에 적용되는 색, 폰트, 레이아웃 사용을 표준화할 필요가 있다. horton.com/forms에서 제시되는 디자인 유형들이 도움이 될 것이다.

디스플레이 디자인을 활용하기 위해서는 스크린 레이아웃의 템플릿과 텍스트 스타일을 정한다. 어도비사의 드림위버나 마이크로소프트사의 프론트페이지와 같은 최신의 웹페이지 편집도구들이 이 작업을 보다 단순화시켜 줄 수 있다.

제 11 장

내비게이션

이러닝 구성요소에 대한 접근 방법

성공적인 이러닝에는 두 가지 중요한 요소인 콘텐츠 및 콘텐츠 접근성의 설계와 개발이 동반된다. 콘텐츠는 학습자들이 접하게 되는 레슨, 토픽, 매체 구성요소, 활동, 그리고 평가로 구성되어 있다. 접근성은 필요시 콘텐츠를 찾아서 볼 수 있게 해주는 기능으로 적절한 내비게이션 메커니즘 설계를 요구한다.

1. 학습자들은 어떻게 내비게이션해야 하는가

학습자들에게 제공할 내비게이션 수준에 대한 결정은 초기에 이루어져야 한다. 이는 다음과 같은 내용에 대한 의사결정의 방침이 된다.

- 학습 관리 시스템(LMS), 학습 콘텐츠 관리 시스템(LCMS), 저작도구 같은 내비게이션 메커니즘을 개발하기 위한 툴
- 내비게이션 방법과 관계없이 독립적으로 이해할 수 있는 토픽 모듈화 방식
- 계획한 내비게이션을 가능하게 하는 템플릿, 모델, 버튼, 아이콘

내비게이션에 대한 의사결정은 필요 도구들의 결정에도 영향을 미친다. 내비게이션은 학습관리 시스템이나 학습 콘텐츠 관리시스템에 의해 자동적으로 실행될 수도 있고, 이러닝 콘텐츠 저작도구에 포함될 수도 있으며 또는 개발자가 수동으로 코딩하기도 한다. 프로젝트를 시작하기 전에 운영관리 시스템이나 저작도구에 필요한 내비

게이션을 제공할 수 있는지 확인해야 한다.

1.1 모든 행동 패턴에 대한 한 가지 경로 신드롬의 극복

전통적인 교실학습의 관행들이 이러닝 설계에 장애가 될 수도 있다. 주로 모든 행동 패턴에 대해 한 가지 경로로만 대처하는 방법인데, 건축학적인 비유를 활용하여 현재 5층짜리 건물 2층에 있으면서 4층에 가려고 하는 경로를 설계하는 사례를 생각해 보자.

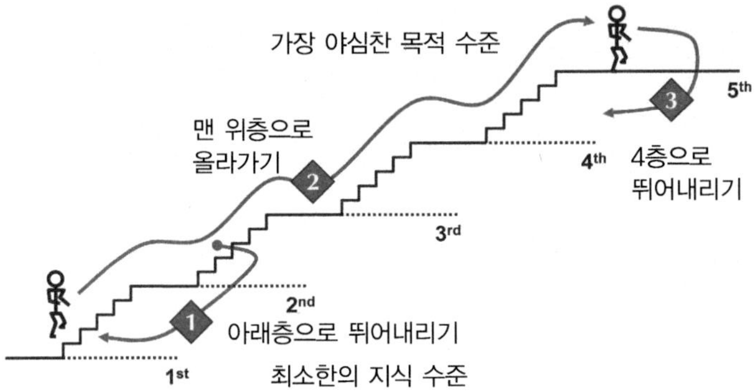

2층에서 4층으로 가기 위해서 맨 아래층으로 우선 뛰어 내려간다. 그리고 목적지인 4층을 지나쳐서 꼭대기 층에 도달할 때까지 계단을 올라간다. 꼭대기 층에 도달한 후에 목적지인 4층으로 뛰어내려 도착한다. 이런 빌딩의 구조에 몇 점을 줄 수 있다고 생각하는가?

이 건물의 예를 코스 설계를 위한 은유로 설명해 보자면, 1층은 학습자가 교육받아야 하는 가장 기초수준의 지식을 나타낸다. 그리고 맨 위층은 가장 상위 수준이다. 교실수업의 전형적인 설계는 모든 학습자가 최저 수준부터 최고 수준까지 전체를 돌아보도록 요구하는 식이다. 하지만 전체 수업의 일부로서가 아니라 개별적으로 수업을 수강하는 이러닝에서는 모든 학습자에게 같은 시점에서 시작하고 끝내게 할 수 없다. 학습자들이 현재 본인의 지식이나 기술의 수준에서부터 원하는 수준까지 우회할 필요 없이 진행할 수 있어야 하므로, 설계자들은 이를 위해 필요한 내비게이션 메커니즘을 제공해야 한다.

1.2 최소한 또는 최대한의 내비게이션

어떤 특정 경로를 따라 학습자를 안내하기를 원하는가, 아니면 학습자들이 스스로 경로를 개척하기를 원하는가? 즉 최소한의 내비게이션 경로를 활용하기를 원하는가, 혹은 최대한의 내비게이션을 활용하기를 원하는가?

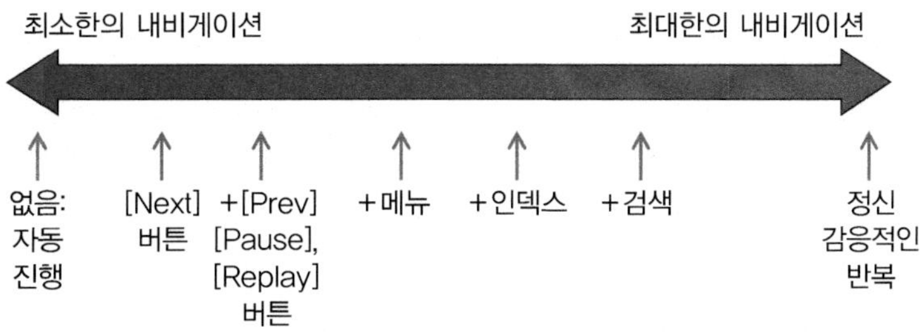

통제가 전혀 없는 것에서부터 완벽한 통제에 이르기까지 선택의 범위는 다양하다. 실시간 강의를 시행할 수도 있고, 중간에 학습자 반응을 고려하지 않는 녹화된 강의를 활용할 수도 있다. 이는 중간에 끝내는 것 외에 학습자에게 다른 선택권을 주지 않는다. 또는 학습자가 원할 때 다음 페이지로 갈 수 있도록 [Next] 버튼을 제공할 수 있다. 학습자에게 보다 많은 통제권을 주기 위하여 표준화된 진행 버튼들, 즉 이전 페이지로 가기 위한 [Previous] 버튼, 중간에 잠시 멈추도록 하는 [Pause] 버튼, 일지 정지했던 부분에서 다시 시작하도록 하는 [Replay] 버튼을 제공할 수도 있다. 더 많은 통제권을 주고자 한다면 학습자 스스로 학습하고 싶은 주제를 선택할 수 있도록 메뉴나 학습 목차를 제공하는 방법이 있다. 더 나아가 코스의 구조상 어디에 있든지에 상관없이 학습자가 원하는 주제로 갈 수 있도록 알파벳 순서에 따른 인덱스나 검색 기능을 포함할 수도 있다. 그렇게 되면 학습자는 완전한 통제권을 가진다. 앞으로 이보다 더한 것이 가능할지 누가 알겠는가? 학습자의 마음을 읽을 수 있는 인터페이스가 등장하여 학습자가 무언가를 떠올리면 몇 초 내에 바로 그곳으로 이동하게 해줄지도 모른다.

최소한의 내비게이션	최대한의 내비게이션
초보자를 위한 단순한 튜토리얼 구조에 적합	구글 등 복잡한 내비게이션에 익숙한 사람들을 위한 적시적 학습에 적합함.
학습자 보호[1]	학습자에게 권한 이양
보다 예측 가능한 학습경험을 제공	이러닝을 보다 융통성 있게 해 줌.
학습자 인터페이스를 단순화함. 학습자가 클릭할 수 있는 영역은 거의 없으며 제공되는 것을 보는 영역이 대부분	보다 풍부한 자원과 학습 경험에 접근하게 함으로써 보다 풍부한 경험을 제공함.
코스의 특정 부분에 대한 접근을 제한할 수 있음. 예를 들어 학습 내용의 핵심을 모두 학습하기 전에는 기말시험을 치를 수 없도록 함.	다양한 상황에서 다양한 목적들을 추구하는 수많은 학습자 그룹에 적합함.

1) 정해진 경로를 따라 움직이며 길을 잃거나 주제를 벗어나지 않게 한다는 의미에서 보호한다는 것을 의미함.

Gantt 차트 활용하기 코스에서, 저자는 중간 정도 수준의 복잡함을 가진 내비게이션 계획을 선택했는데, 그 이유는 학습자들이 컴퓨터 사용 경험이 있었기 때문이다. 그들은 아마존 사이트, CNN, horton.com, 그리고 다른 유명한 웹 사이트에서 제공하는 내비게이션과 비슷한 정도를 기대하고 있었다.

이러한 학습자들은 인내심이 부족한 중간급 관리자들로서 필요한 것을 신속히 얻기 위해 스스로 의사결정을 내리는 데 익숙하다. 원하는 것을 원하는 시간에 배우기를 원한다.

이 코스는 대부분의 학습자들의 재교육 자원에서 활용되었고 다른 사람들에게는 참고문헌의 용도로 활용될 수 있었다. 학습자들은 모든 단계들을 탐색할 필요 없이 필요한 것을 학습하고 싶어 했다.

2. 내비게이션 메커니즘

오늘날의 학습자들은 자유와 다양한 웹 검색 기능에 익숙하며 제한을 거부한다. 따라서 최근의 경향은 온라인 교재 안에 보다 많은 검색 경로를 포함하는 것이라고 할 수 있다. 아래 그래프는 모든 일반적인 방법들을 요약해서 보여주고 있다. 모든 방법의 적용을 필요로 하는 경우는 거의 없으며 대체로 몇 가지만을 필요로 하는 상황이 많다.

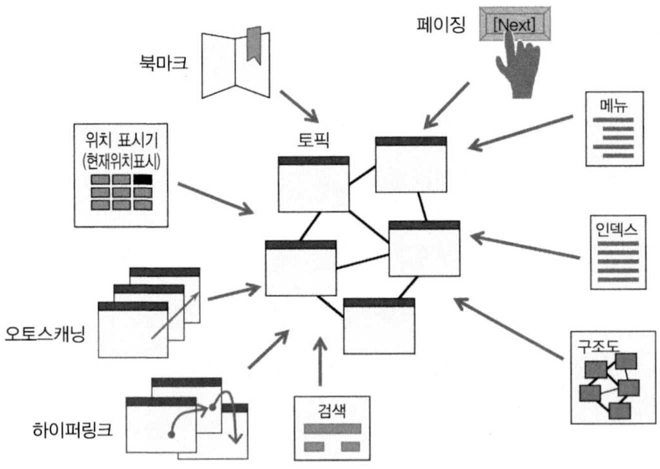

이런 메커니즘의 일부는 실질적인 수업에서 주로 활용되며 또 다른 부분들은 지식 기반의 학습 객체의 저장소 등과 같은 곳에서 더 자주 활용된다. 보통의 코스, 문서 또는 웹사이트는 복수의 토픽이나 페이지와 연결되어 있다. 어떻게 학습자들이 원하는 것을 찾을 수 있게 할 수 있을까? 가장 간단한 방법은 화면을 **페이지별로** 나누고 마치 가이드의 안내에 따라 여행하는 것과 같은 방식으로 **[Next]** 버튼을 계속하여 클릭하게 하는 것이다.

접근 메커니즘의 또 다른 유형으로 원하는 정보의 위치를 찾기 위해서 안내판의 도움을 받게 하는 것이 있다. 이런 안내판의 종류 중 가장 많이 쓰이는 것은 **목차**나 **메뉴**이며, 이들은 주제의 범주를 통해 필요한 곳으로 찾아갈 수 있게 해준다. 또 다른 유형으로서 주제를 알파벳 순으로 분류한 **인덱스**가 있다. **구조도(map)**는 전체 주제들의 구성을 보여줄 뿐만 아니라 시각적인 메뉴로서의 기능도 수행한다.

대부분의 큰 웹사이트들은 방문자들이 원하는 지식의 특성을 구체화하고 그 지식을 다루는 주제영역으로 이동할 수 있도록 **검색** 기능을 포함하고 있다. 분량이 많은 코스들은 내비게이션의 한 옵션으로서 검색 기능을 추가하여 제공한다.

외부 자료에 대한 참고 또는 로컬 내비게이션을 위해서는 일반 웹사이트에서 활용하는 것과 같은 유형의 **하이퍼링크**를 포함시킨다. 가상 박물관 같은 사이트에서는 학습자들이 [Stop] 버튼을 누를 때까지 빠른 속도로 자동적으로 진행되는 **오토스캐닝** 기능을 제공하고 있다. 또한 학습자들의 학습 위치를 보여주는 기능을 뜻하는 **현재 위치 표시**를 조회할 수 있으며, 이를 통해 관련있는 주제들을 학습할 수 있다. **북마크**는 나중에 학습자들이 다시 보고 싶은 주제들의 리스트를 구성할 수 있도록 해준다. 히스토리 메커니즘은 최근 방문했던 주제들의 리스트를 제공한다.

2.1 페이징

페이징(paging)은 이러닝 코스의 전체 구조에 대한 논리적인 경로를 제공한다. 지난 5세기 동안 가장 보편적인 교재였던 책을 다루는 방식과 유사한 것으로, 책장을 넘기듯이 다음 페이지로 넘어가는 것을 가능하게 해준다. 가장 간단한 접근 메커니즘이라고 할 수 있으며 주로 [Next] 버튼을 통해 메뉴나 학습 목차상에 제시된 순서대로 주제를 학습할 수 있도록 한다.

2.1.1 [다음], [이전] 버튼 포함시키기

[Next], [Previous] 버튼은 논리적인 순서에 따라 다음 주제로 진행할 수 있도록 해준다.

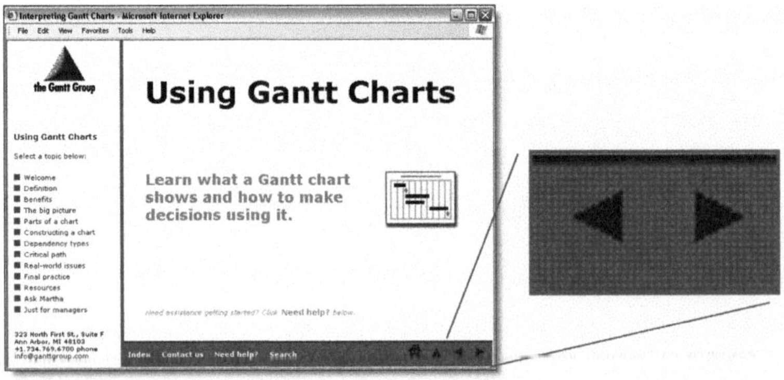

예를 들어 *Gantt 차트 활용하기* 코스는 화면 하단의 오른쪽에 화살표 모양의 버튼을 포함하고 있다.

어도비 드림위버, 자바스크립트, 어도비 플래시로 구축했다.
예시는 horton.com/eld/에서 볼 수 있다.

*비전과 교회*라는 명칭으로 제공되는 코스는 화면 하단 왼쪽에 글씨로 적힌 버튼을 포함하고 있다.

어도비 드림위버, 액티브 서버 페이지, 자바스크립트, 어도비 플래시로 구축했다. 예시는 horton.com/eld/에서 볼 수 있다.

버튼 형태의 아이콘이 단어나 다른 형태로 만들어진 버튼보다 더 낫다는 특별한 증거는 아직까지 없다. 예컨대 코스의 내용과 관련된 언어가 활용되지 않은 단어 버튼은 다소 위험성이 있다. 버튼의 위치가 확실하게 눈에 띄고 일관성 있게 같은 위치에 제공된다면 크게 중요하지 않다고 볼 수 있다.

2.1.2 특별 검색 경로의 고려

검색 경로, 즉 유의미한 방식으로 콘텐츠를 이동할 수 있는 특별 경로를 정의한다. 학습자들이 이 경로에 따라 움직일 수 있도록 페이징을 활용한다.

- 초보자들이 복잡한 의사결정 없이 내비게이션을 할 수 있게 해준다.
- 관련된 많은 내용들을 빨리 둘러볼 수 있게 해준다.
- 복잡한 구성 속에서 단순한 직선형 경로를 제공해준다.
- 학습자들이 한 레슨 안에 포함된 모든 주제를 순서에 따라 찾아볼 수 있게 해준다.
- 특별한 요구나 흥미를 가진 학습자들을 위한 지식을 제공해 준다.

2.1.3 페이징을 활용하는 이유

"내비게이션을 위해 페이징 버튼을 꼭 활용해야만 하는가"라고 질문한다면 일반적으로 "그렇다"라고 답할 수 있다. 심지어 코스의 규모 측면에서 페이징이 주요 방법으로서 실효성이 없다고 하더라도 코스의 일부를 위한 내비게이션 방법으로는 활용될 수 있다. 페이징은 컴퓨터 능력이 부족하거나 다른 메커니즘을 활용하는 데 필요한 관련 지식이 부족한 학습자들에게도 유용하다.

특정 경로로 내비게이션을 제한하고 싶을 때 페이징을 활용한다. 예를 들어, 저자는 모든 학습자들이 모든 부분을 경험하기를 원하는 스폰서와 함께 프로젝트에 참여한 적이 있다. 페이징 버튼은 이를 가능하게 만들었다.

페이징은 논리적 순서로 배열되어 있는 경험들을 학습하는 데 바람직하다. 그러한 경우가 아니라면 오히려 더 큰 혼란을 야기할 수도 있다.

2.2 메뉴

메뉴는 선택 가능한 레슨과 주제들을 나열해 준다. 학습 목차의 형태로 제시되거나 이와 유사한 형식으로 제시되기도 한다.

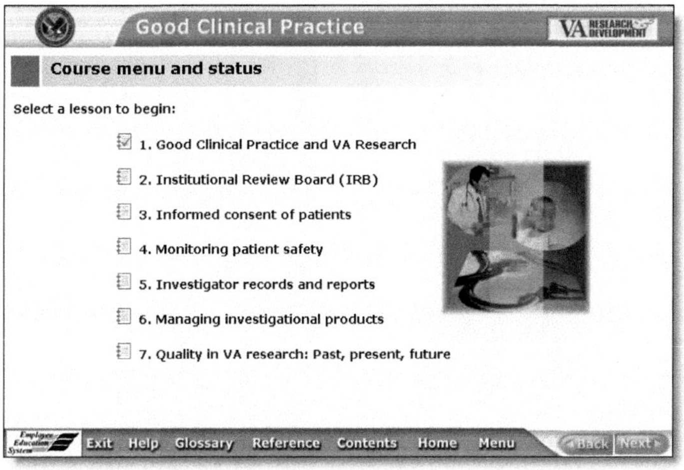

이 그림의 예시는 *효과적인 임상 실습*이라는 코스의 메인 메뉴의 상위 수준을 보여준다. 체크 표시된 것은 이미 학습 완료된 레슨을 나타낸다.

어도비 드림위버로 구축했다.

학습자들은 인쇄된 교재에서와 같은 형태의 학습 목차를 활용하는 것에 익숙하므로 단순한 일련의 의사결정을 통해서 특정 주제로 깊이 들어갈 수 있도록 해주면 된다. 내용 목차는 또한 전체 이러닝이 어떻게 구성되어 있는지를 보여주는 지도와 같은 역할을 하기도 한다.

메뉴의 설계는 어떻게 메뉴를 보여주고 구성할 것인지, 그리고 어떻게 전체 이러닝을 조직화할 것인지에 대한 중요한 의사결정을 요구한다.

2.2.1 지속형 메뉴와 주문형 메뉴

메뉴가 항상 화면상에 보이게 할 것인가 아니면 [Menu] 버튼을 클릭했을 때만 나타나게 할 것인가?

2.2.1.1 지속형 메뉴

지속적으로 보이는 지속형 메뉴는 화면상의 영구적인 한 부분이다. 메뉴를 감출 수 없으며, 필요시 즉각 활용될 수 있도록 항상 화면상에 존재한다.

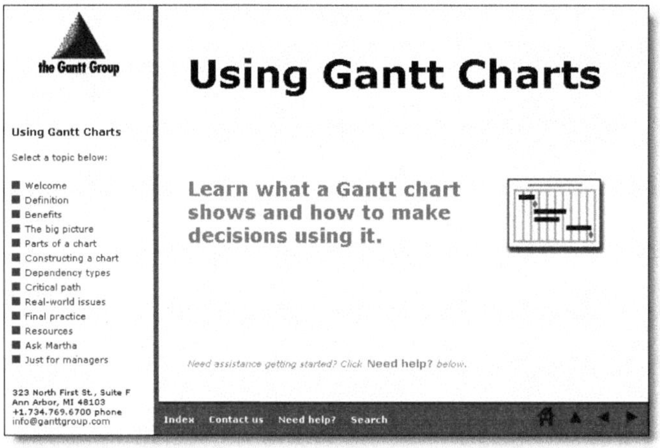

Gantt 차트 활용하기 코스에는 화면 왼쪽에 메뉴 패널이 포함되어 있다.

어도비 드림위버, 자바스크립트, 어도비 플래시로 구축했다. 예시는 horton.com/eld/에서 볼 수 있다.

지속형 메뉴는 언제나 이용 가능하다. 학습자들의 내비게이션을 돕고 어떻게 코스가 구성되어 있는지를 지속적으로 보여준다. 이는 화면의 일정부분을 차지하므로 학습할 때는 방해가 될 수도 있다. 계속적으로 보이는 메뉴를 활용하기 위해서는 표제어가 짧아야만 한다. 하지만 제한된 공간에 유의미한 표제어를 넣기가 어려운 경우도 있다.

2.2.1.2 주문형 메뉴

요구에 의해서만 제시되는 주문형 메뉴를 보려면 학습자들이 버튼을 클릭해야 한다.

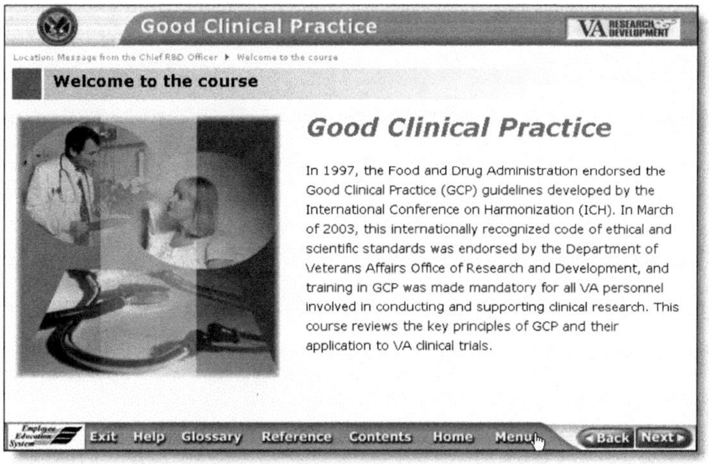

효과적 임상 실습 코스는 [Menu] 버튼을 포함하고 있다.

어도비 드림위버로 구축했다.

[Menu] 버튼을 클릭하면 현재 화면이 메뉴 화면으로 전환된다.

주문형 메뉴는 공간을 절약하여 준다. 메뉴가 나타났을 때만 공간을 차지하므로 제목들이 충분한 공간을 가지고 완성될 수 있어서 이해하기에도 쉽다. 하지만 현재 학습하는 화면 전체가 메뉴 화면으로 전환되기 때문에 혼란스러울 수도 있다.

주문형 메뉴를 활용할 때는 메뉴를 불러오기 전에 학습자들이 보던 페이지로 되돌아갈 수 있는 방법도 제공해야만 할 것이다. *비전과 교회* 코스의 경우 이전 페이지로 돌아갈 수 있는 [Return] 버튼을 제공하고 있다. 설계자는 [Back] 버튼이 이전 위치로 돌아가게 한다는 것을 모르는 학습자들도 있음을 유의해야 한다.

2.2.2 다층 메뉴와 확장 메뉴

전체 메뉴를 보여줄 수 있는 활용 가능한 공간이 부족하다면, 다층 구조의 메뉴로 나누거나 표제어를 선택했을 때 관련된 하위 메뉴를 위해 공간을 확장시키는 확장 메뉴를 활용할 수 있다.

2.2.2.1 다층 메뉴

다층 메뉴에서는 첫 메뉴 화면에서 원하는 주제를 선택하면 이와 관련된 하위 주제들을 보여주는 메뉴 화면으로 바뀐다. 각 메뉴는 관련 있는 표제어들만 보여준다.

차트의 구성 부분(Parts of a chart)을 선택한다.

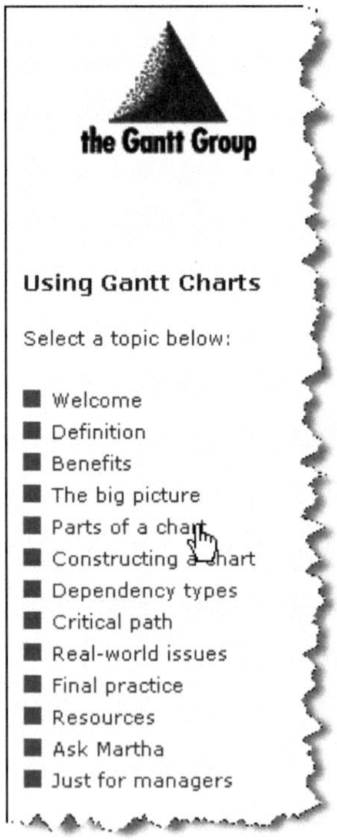

관련된 하위 메뉴들이 제공된다. 여기서 **종속 고리(Dependency links)**를 선택하고

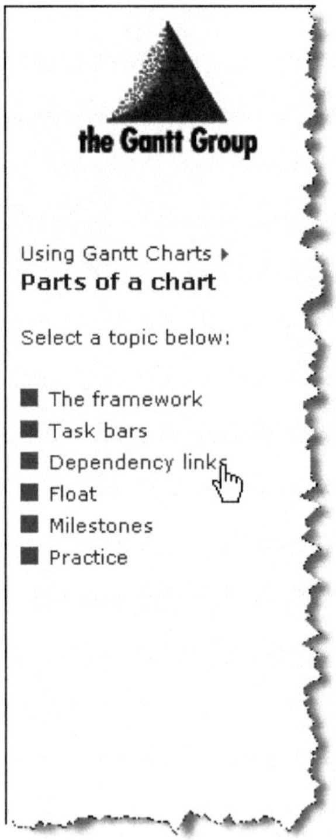

메뉴상에서 선택된 아이템이 하이라이트되어 제시된다.

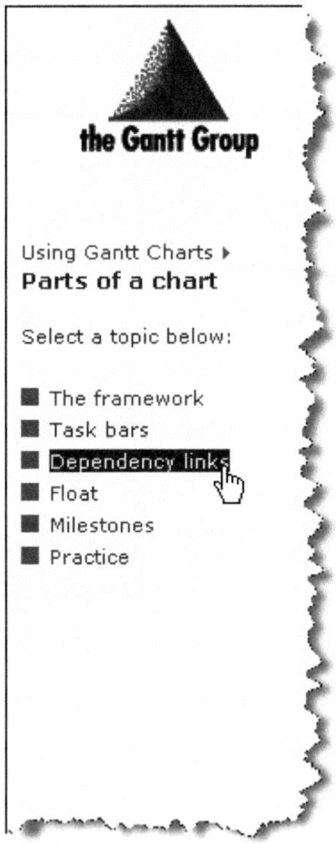

다층 메뉴는 학습자들이 한 번에 한 세트만을 볼 수 있기 때문에 혼란을 감소시킨다. 그러나 전체 메뉴 구조상의 작은 한 부분만을 보게 됨으로써 좁은 시각을 갖게 할 수도 있다.

2.2.2.2 확장 메뉴

확장 메뉴에서는 메인 표제어 아래로 한 칸 정도 들어간 위치에 하위 표제어들이 제시된다. 예를 들어 *GALENA 경사 안정성 분석* 코스 메뉴의 표제어들은 선택하면 확장되어 나타난다.

여기서 GALENA basics을 선택한다.

GALENA basic에 관련된 하위 메뉴들이 아래쪽에 제시된다. 그 중에서 Material properties를 선택한다.

메뉴상에 선택된 아이템이 강조되고 관련 주제가 제시된다.

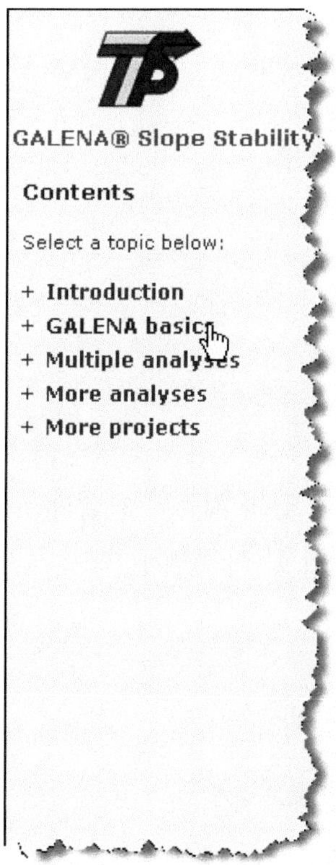

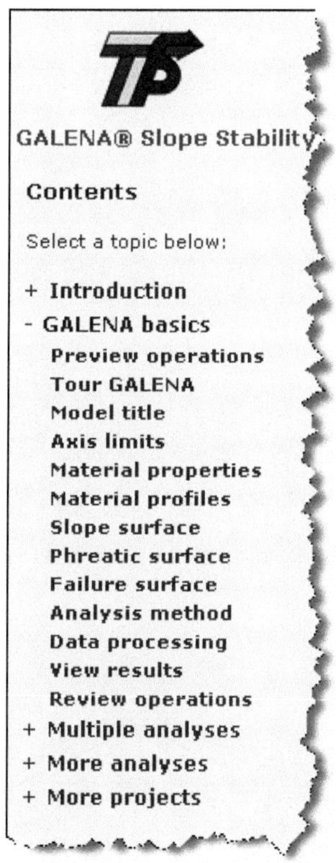

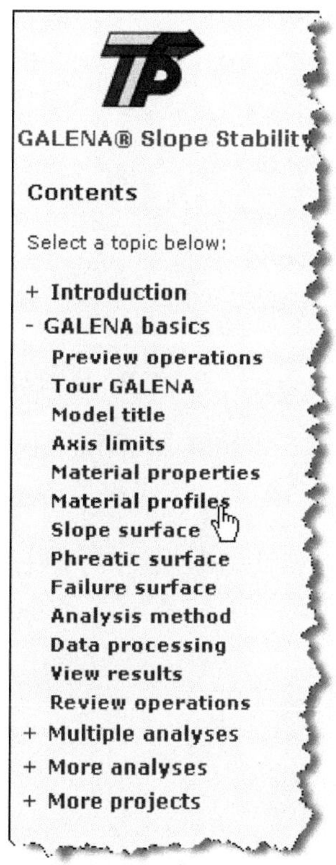

이러한 방식으로 확장 메뉴는 표제어들의 맥락을 보여주는 역할을 한다. 학습자들은 항상 메뉴의 맨 윗부분에서부터 원하는 개별 주제에까지 아래로 경로를 따라 움직일 수 있다. 그러나 검색에 많은 시간을 소요하게 하여 혼란을 초래하기도 한다.

2.2.3 깊이 메뉴와 폭 메뉴의 장단점

메뉴는 깊어지거나 넓어질 수 있다. *깊이*는 최상위 수준에서 특정 주제까지 세분화하여 요구되는 선택의 수를 의미하고, 폭은 같은 수준에서 제시되는 내용 선택의 개수를 의미한다. 이는 단순히 어떻게 메뉴를 조직화하는가의 문제가 아니라 어떻게 레슨들을 구조화할 것인가에 관한 문제라고 할 수 있다(자세한 내용은 7장 참조).

2.2.3.1 깊이 메뉴

깊이 메뉴(depth menu)는 각 수준에 대한 선택은 단순하지만 보다 많은 의사결정을 요구한다. 일반적으로 하나의 메뉴를 선택할 때 세 번 이상의 의사결정을 하지 않게 해야 한다.

2.2.3.2 폭 메뉴

폭 메뉴(breadth menu)는 학습자들이 원하는 주제에 도달하기 위한 선택의 수를 줄여 준다. 그러나 각 수준에서 선택해야 할 많은 항목들이 있기 때문에 개별적인 선택들이 더 어렵다. 일반적으로 메뉴의 각 수준에서 선택해야 할 가짓수가 7개가 넘지 않도록 한다.

2.2.3.3 깊이 메뉴와 폭 메뉴의 선택

3개의 수준이 있고 각 수준별로 7개의 선택으로 구성하는 것이 적절하다는 내용의 가이드라인에 따른다면 한 코스당 343개의 주제를 가지는 것이 이상적이다(7×7×7=343). 이는 대부분의 단순한 코스의 구조에는 적절한 숫자일 것이다. 그러나 실제 코스들은 일률적이지 않으므로 절충이 필요하다.

컴퓨터 메뉴 관련 연구들은 깊이 메뉴보다는 폭 메뉴가 더 바람직하다고 제안하고 있다. 이는 메뉴 체제의 각 수준 사이를 클릭을 통해 왔다갔다 하는 것보다는 긴 메뉴를 한번에 읽고 조작하는 것이 더 편하기 때문이다. 그리고 마우스를 움직이는 것보다는 눈을 움직여서 원하는 표제어를 찾는 것이 더 쉽다.

2.2.3.4 메뉴의 조직화를 위한 절충방안

깊이와 넓이의 문제에 대한 한 가지 해결책은 한 번에 많은 선택사항을 보여주되 몇 개의 범주로 그룹화하는 것이다.

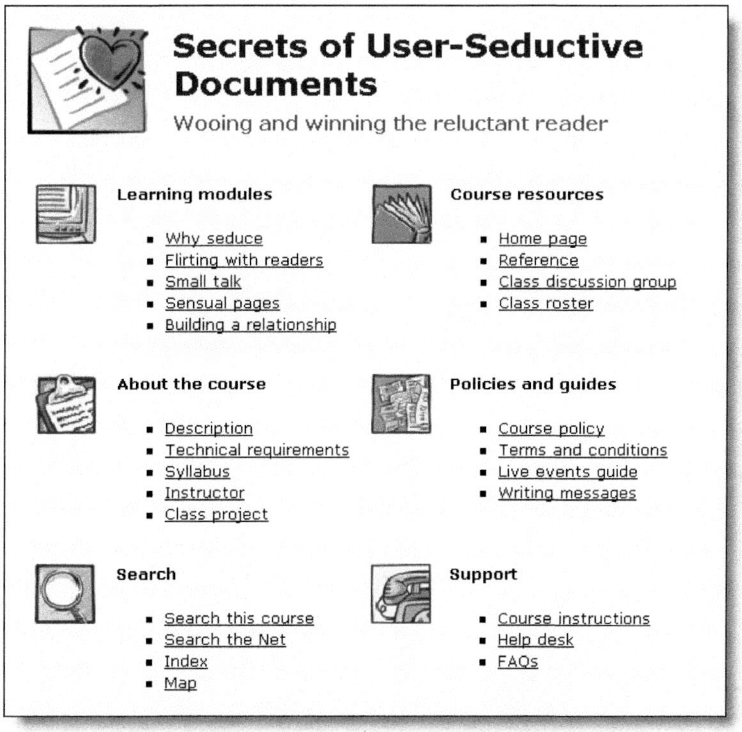

어도비 드림위버로 구축했다. 예시는 horton.com/eld/에서 볼 수 있다.

그림에서 보여주는 메뉴는 25개의 선택 주제를 그룹당 3~5개의 선택 주제가 포함된 6개의 그룹으로 조직화하였다.

2.2.3.5 예외: 아동을 위한 콘텐츠

아동들은 너무 많은 선택항목을 가진 메뉴를 혼란스러워하거나 부담스러워할 수 있다. 몇 가지 메뉴를 통해 충분히 호기심과 동기가 유발될 수 있다. 아동들을 위해서는 메뉴를 짧고 단순하게 유지시켜야 한다. 그래픽이나 애니메이션 또는 흥미를 끌 수 있는 다른 방법들을 활용하고, 일련의 메뉴들을 선택함으로써 학습이 진행된다는 것을 이해할 수 있도록 해주어야 한다. 게임을 하는 것처럼 메뉴를 선택할 수 있도록 한다.

2.2.4 보다 좋은 메뉴의 설계

강좌의 구조를 보여주고 학습자들이 원하는 특정 주제로 안내할 수 있는 메뉴를 개발한다.

2.2.4.1 덤프트럭 메뉴 피하기

학습 주제의 관련성과는 상관없이 메뉴의 동일 레벨상에 모든 주제들이 나타나는 덤프트럭 메뉴는 피해야 한다.

☹ 부적절한 경우

디지털 카메라로 사진찍기
노출모드 설정 - 디지털
셔터스피스 설정 - 디지털
사진 구도 잡기 - 디지털
초점 맞추기 - 디지털
필름 카메라로 사진찍기
노출모드 설정 - 필름
셔터스피드 설정 - 필름
사진 구도 잡기 - 필름
초점 맞추기 - 필름
디지털카메라로부터 업로드하기
디지털카메라 연결하기
업로드 완료하기
필름사진 스캔하기
필름 스캐너 시작하기
스캔한 사진 불러오기
컴퓨터에서 사진 편집하기
밝기 조절하기
명암 조절하기
채도 조절하기
사진 다듬기
사진 위치 조절하기
크기 조절하기
사진 인쇄하기
모니터 설정하기
프린터 설정하기
사진 인쇄하기

☺ 적절한 경우

- 디지털 카메라로 사진찍기
  - 노출모드 설정
  - 셔터스피드 설정
  - 사진 구도 잡기
  - 초점 맞추기
- 필름 카메라로 사진찍기
  - 노출모드 설정
  - 셔터스피드 설정
  - 사진 구도 잡기
  - 초점 맞추기
- 디지털카메라로부터 업로드하기
  - 디지털카메라 연결하기
  - 업로드 완료하기
- 필름사진 스캔하기
  - 필름 스캐너 시작하기
  - 스캔한 사진 불러오기
- 컴퓨터에서 사진 편집하기
  - 밝기 조절하기
  - 명암 조절하기
  - 채도 조절하기
  - 사진 다듬기
  - 사진 위치 조절하기
- 사진 인쇄하기
  - 모니터 설정하기
  - 프린터 설정하기
  - 사진 인쇄하기

2.2.4.2 첫 부분에 제시하는 메뉴 항목

가장 중요한 단어가 메뉴 표제어의 앞부분에 나타나는지 확인한다. 참을성이 부족한 학습자들은 앞의 몇 단어 이후의 부분까지 모두 살펴보지 않는다. 메뉴가 좁은 틀 안에 나타나는 경우라면 단지 첫 몇 단어만 보게 된다.

☹ 부적절한 경우	☺ 적절한 경우
레슨 1: 어떻게 디지털카메라로 사진을 찍을 수 있는가	디지털카메라로 사진찍기
레슨 2: 어떻게 필름카메라로 사진을 찍을 수 있는가	필름카메라로 사진찍기
레슨 3: 어떻게 디지털카메라로 사진을 업로드할 수 있는가	디지털카메라로 사진 업로드하기
레슨 4: 어떻게 필름 사진을 스캔할 수 있는가	필름 사진 스캔하기
레슨 5: 어떻게 컴퓨터에서 사진을 편집할 수 있는가	컴퓨터에서 사진 편집하기
레슨 6: 어떻게 사진을 인쇄할 수 있는가	사진 인쇄하기

2.2.4.3 학습자의 언어로 표현하기

메뉴에서 제공되는 제목들은 학습자들이 이해할 수 있는 용어를 활용해야 한다. 학습을 마친 후에나 이해할 수 있는 난해한 용어는 학습자들이 이미 알고 있는 단순한 일상 용어로 대체해야 할 필요가 있다.

☹ 부적절한 경우	☺ 적절한 경우
MERCHECK 프로그램	매매 사기 줄이기
CHARGNET 네트워	카드 사용 확인
FraudAlert 페이지	사기 경고 페이지
OverLim 페이지	크레딧 한계 확인
Reissue 데이터베이스	재발행카드 수락
FastHold 프로그램	의심스런 결재 보류하기
RePotal 사이트	최신정보 얻기

2.2.4.4 한두 가지 메뉴 양식 고수하기

저자의 경우 텍스트 및 그래픽, 한 칼럼 배열, 두 칼럼 배열, 표, 다이어그램 안에 배열된 항목들, 페이지의 왼쪽, 중간, 오른쪽에 위치한 메뉴, 팝업용 하위메뉴 등 여섯 가지 다른 양식의 메뉴를 가진 코스를 본 적이 있다. 또 다른 경우 하나의 주제를 찾기 위해 네 가지 서로 다른 양식의 메뉴에서 선택을 해야 할 때도 있었다. 이러한 현상을 방지하기 위하여 하나 또는 두 가지 정도의 메뉴 양식을 고수할 필요가 있다.

2.2.4.5 홈페이지를 시작 메뉴로 활용하기

홈페이지를 가장 중요한 주제들을 위하여 특별 메뉴로 활용할 수 있다. 홈페이지의 특성을 살펴보면 다음과 같다.

- 학습자들을 맞이한다.
- 학습자들을 적응시킨다.
- 상위 수준의 조직(구조)을 보여준다.
- 주요 항목들에 대한 '원-클릭(one-click)' 접근을 제공한다.

홈페이지는 학습자들이 상위 우선순위의 주제들을 내비게이션하도록 해준다. 완벽하지는 않지만 정보를 제공해 주면서도 편리하게 활용될 수 있다.

2.2.4.6 제목 전체 제시

어떤 경우 메뉴는 좁은 틀 안에서 제시되기 때문에 제목을 전체적으로 보여주기 위한 공간이 없다. 이와 같은 한계를 극복하기 위한 몇 가지 방법이 있다.

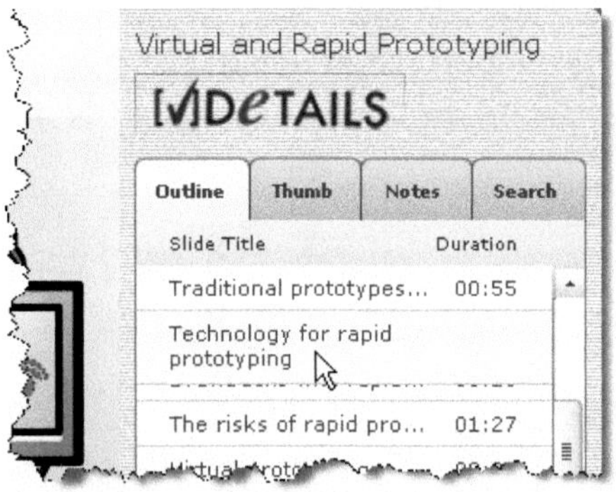

가상 래피드 프로토타이핑 강좌에서는 학습자가 메뉴 항목에 마우스를 올리면 메뉴 항목이 확장되면서 제목 전체를 보여준다.

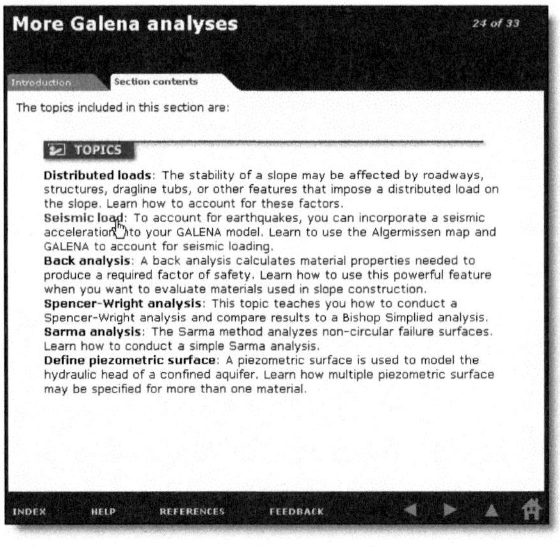

GALENA 경사 안정성 분석 강좌에서는 메뉴의 상위 수준을 선택하는 데 도움이 되는 레슨 개요 페이지를 제공한다. 이 페이지는 메뉴를 구성하는 내용에 대해 자세한 설명을 제공한다.

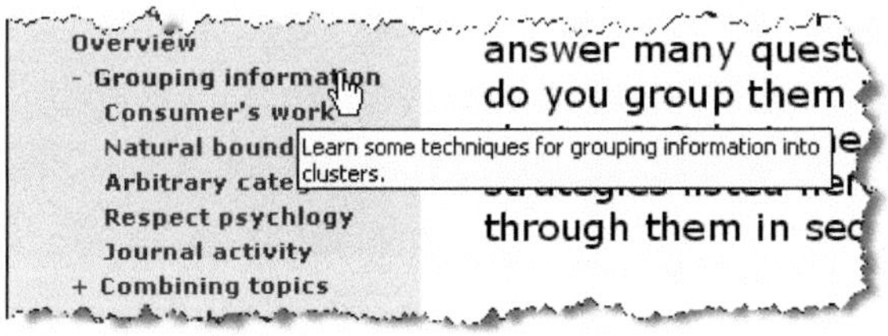

*지식 산출물 설계 강좌*에서는 학습자들이 메뉴 항목에 마우스를 올리면 이에 대한 설명을 담은 말풍선이 나타난다.

2.2.5 시각적 메뉴

시각적 메뉴는 글자로 된 명칭보다는 시각적 이미지를 통해 선택을 하게 한다. 학습자들이 어떤 모양인지 알지만 이름을 정확히 모르는 경우에 유용하다.

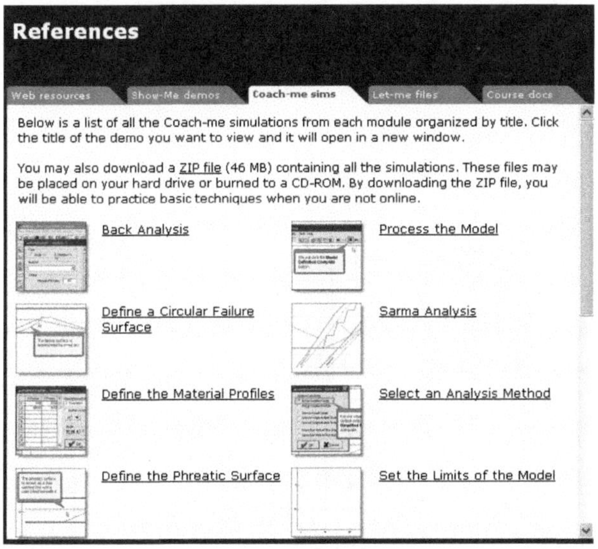

어도비 드림위버와 자바스크립트로 구축했다.

GALENA 경사 안정성 분석 강좌에서 제공된 시뮬레이션 메뉴의 한 예이다.

어도비 드림위버, 액티브 서버 페이지, 자바스크립트로 구축했다.
예시는 horton.com/eld/에서 볼 수 있다.

광석 박물관 프로젝트의 한 예이다. 작은 이미지들이 내용과 관련된 모양을 미리 보여준다.

어떤 도구에서는 자동으로 시각적 메뉴를 보여주기도 한다. 어도비 애크로뱃은 페이지 썸네일(thumbnail)을 제공한다. 그리고 아티큐레이트 프리젠터와 어도비 브리즈 프리젠터는 파워포인트에서 플래시로 전환된 슬라이드의 작은 이미지를 포함하고 있다.

시각적 메뉴는 건축, 천문학, 예술, 고고학, 지리학, 생물학같이 시각적 표현이 중요한 주제의 경우에 유용하다. 시각적 메뉴를 시도해 보고 싶다면, 항목들을 혼합형 시각 제시 방식으로 조직화하여 보여주는 맵 구조에 대해 생각해 볼 수 있다.

2.2.6 도움말 메뉴

컴퓨터 프로그램은 종종 도움말 메뉴를 통해 사용자들이 튜토리얼이나, 시뮬레이션, 데모 프로그램을 볼 수 있도록 해준다. 이러한 접근 방식은 인내심이 부족한 학습자들에게 지름길을 제공한다.

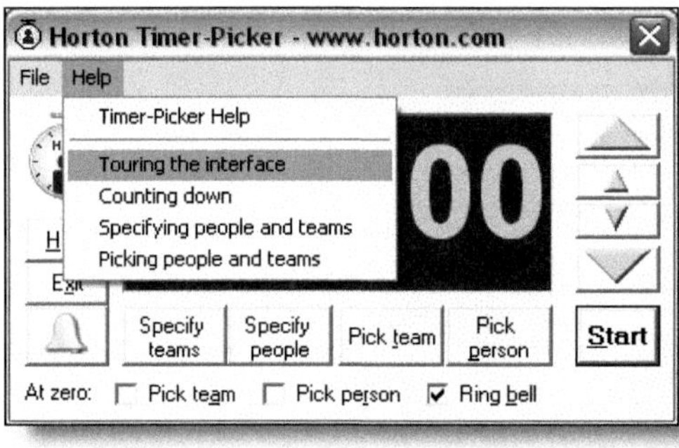

예를 들어 *Horton Timer-Picker*에서는 **[Help]** 메뉴를 클릭하면 일반적인 도움말 뿐만 아니라 튜토리얼 리스트도 보여준다. 예를 들어, **[Help]**를 선택하고 → **인터페이스 살펴보기(Touring the Interface)**를 선택하면 다음과 같은 내용이 제시된다.

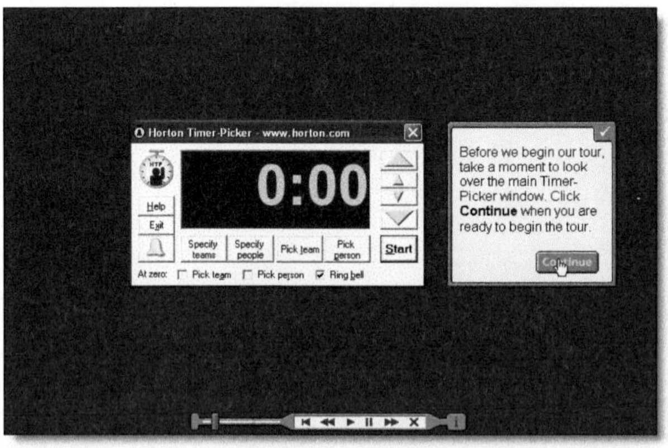

어도비 캡티베이트로 구축했다. 예시는 horton.com/eld/에서 볼 수 있다.

프로그램의 가장 일반적인 요소들이 어떻게 활용될 수 있는지에 대한 짧은 튜토리얼을 보여준다.

2.2.7 메뉴를 활용하는 이유

몇 가지 예외는 있을 수 있으나 이러닝 콘텐츠는 반드시 메뉴를 포함해야 한다. 학습자들이 특정 주제에 대한 요구가 전혀 없는 경우에는 필수적이라고 할 수 있다. 예를 들어 재교육을 받는 학습자라든지 강좌를 참고문헌 정도로 활용하고자 하는 학습자들에게는 메뉴가 더욱 필요하다. 메뉴가 필수적이지 않은 몇 가지 예외는 다음과 같다.

- 학습자가 어떤 부분을 건너뛰는 것을 허용하고 싶지 않을 때
- 주제에 대한 위계적 조직이 유의미하지 않을 때

2.3 인덱스

코스에서 사용되는 인덱스는 전형적인 책의 인덱스처럼 선택 가능하도록 주제들을 알파벳 순으로 제시한다.

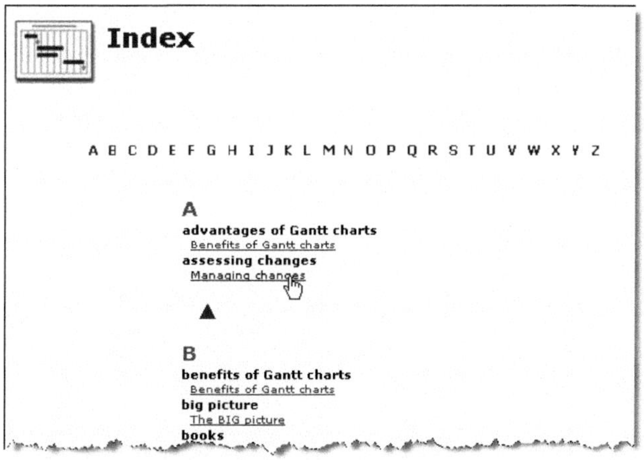

어도비 드림위버, 자바스크립트, 어도비 플래시로 구축했다. 예시는 horton.com/eld/에서 볼 수 있다.

Gantt 차트 활용하기 강좌는 해당 주제 문구의 첫 단어의 알파벳이 동일한 주제별로 묶여 있어서 학습자들이 찾고자 하는 내용의 해당 알파벳을 클릭하게 해준다. 그리고 해당 표제어를 선택하면 내용이 제시된다.

2.3.1 인덱스를 활용하는 이유

인덱스는 좋은 아이디어이지만 많은 개발 노력을 필요로 한다. 인덱스는 메뉴나 학습목차 이상의 장점을 가지고 있다. 어떠한 특정의 개념을 표현하기 위해 사용할 것이라고 예상되는 단어들과 동의어를 포함할 수 있다. 특히 어느 한 제목이나 주제에 명확하게 나타나지 않은 개념을 발견하도록 도와주는 데 유용하다. 인덱스는 검색 기능을 갖고 있지 않는 경우 더 중요해진다. 하지만 인덱스를 개발하는 것은 시간이 오래 걸리는 어려운 일이다. 이는 주제와 학습자 어휘 수준에 대한 상당한 이해를 요구한다.

인덱스는 학습자들이 맥락을 벗어나 계열성 밖에서 주제들을 경험하게 하고자 할 때는 적절하지 않을 수도 있다. 인덱스에 무작위 순서로 접근할 때는 잘못된 주제로 이어지거나 혼란스러운 상태가 되지 않도록 주의해야 한다.

2.3.2 보다 좋은 인덱스의 설계

몇 년 동안 저자는 *시네매니아*라는 CD-Rom을 구입해 왔다. 그 이유는 영화에 대한 개관, 등장인물에 대한 정보, 사진, 사운드와 비디오 클립 그리고 기타 다양한 정보들을 담고 있기 때문이다. 어느 날 알프레드 히치콕 감독의 사진을 찾고자 해당 시디롬의 인덱스에서 H 부분에 있는 인덱스를 검색했다.

하지만 히치콕을 발견할 수가 없었다. 다시 이름과 관련된 몇 개의 다른 표제어를 찾아보았고 A부분을 찾았지만 알프레드 히치콕은 없었다. 예상외로 S 부분에서 Sir Alfred Hitchcock을 찾을 수 있었다. 이러한 방식은 컴퓨터에서 항목을 분류할 때는 편리할지도 모르지만 일반적으로 사람들이 무엇인가를 찾아보기에 편리한 방식은 아니다.

인덱스는 누구나 이해할 수 있고 일반적으로 사물을 지칭하는 방식에 따라 만드는 것이 바람직하다. 인덱스를 구성할 때는 학습자들이 이미 알고 있거나 이해할 수 있는 용어를 활용한다. 원하는 것을 표현하기 위해 사용할 것으로 예상되는 일반적인 용어를 활용해야 한다. 주제를 인덱스로 만드는 것에 대한 세부적인 지침은 6장을 참고한다.

2.4 지도

지도(maps)는 학습 내용이 어떤 구조로 되어 있는지를 보여주는 시각적인 메뉴이다. 지도는 논리적인 내비게이션 구성을 보여준다. 주요 주제에 이르는 지름길을 제공하고, 학습자들 고유의 신뢰할 만한 방법으로 내비게이션할 수 있도록 코스에 대한 정신 모델(mental model)을 형성하게 해준다.

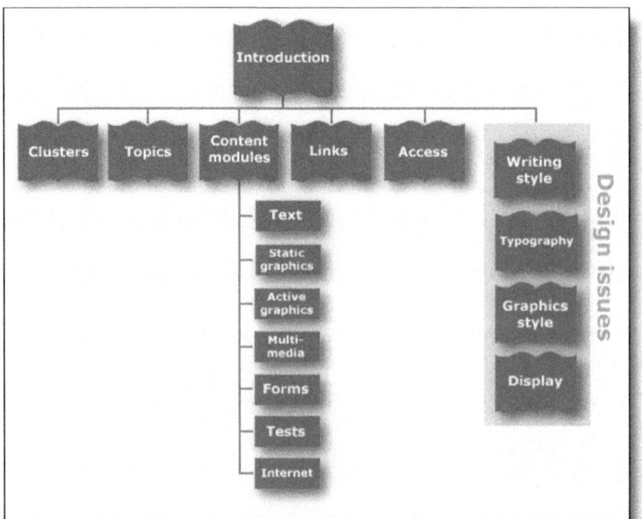

HTML과 자바스크립트로 구축했다. 예시는 horton.com/eld/에서 볼 수 있다.

*효과적인 온라인 강좌 설계 방법*이라는 강좌는 콘텐츠가 어떻게 조직화되어 있는지를 보여주고 학습 주제 간의 중요한 관계를 나타내어 주는 지도를 이용하고 있다. 지도상의 한 항목을 클릭하면 관련된 주제 또는 레슨 화면을 보여준다.

만약 독립된 메뉴가 있다면 완전한 지도를 활용할 필요는 없다. 하나의 코스도 다양한 지도를 가질 수 있고 각 지도는 학습 주제의 다른 측면을 강조한다.

2.4.1 논리적 지도

논리적 지도는 레슨과 강좌내 학습 주제 간의 논리적인 관계를 보여준다.

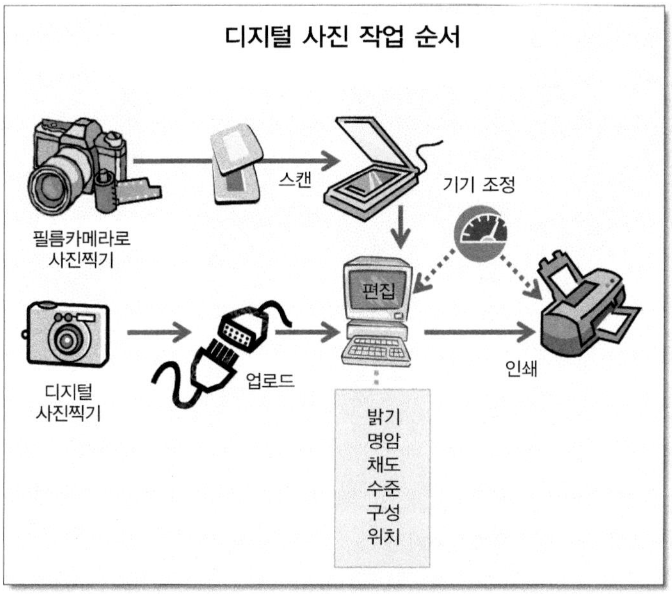

예를 들어 위의 지도는 디지털 사진 처리의 과정들을 보여준다. 이는 작업들 간의 논리적 연관성, 처리 절차 상의 대안적 방법들, 선택적 단계들을 보여준다. 학습하기를 원하는 부분을 선택할 수 있도록 해주고 있다.

논리적 지도는 복잡한 절차와 과정을 학습해야 하는 상황이거나 일부만을 배울 필요가 있는 개념들을 익힐 때 유용하다. 다음과 같은 관계들을 이해하고자 할 때 좋은 방법이라고 할 수 있다.

- 또 다른 것의 일부분일 때
- 다른 것의 원인이 될 때
- 두 개의 항목이나 경로가 서로 대안적일 때
- 한 항목이 또 다른 것을 요구하거나 의존적일 때

2.4.2 지리 관련 지도

지리 관련 지도는 실제 현실 세계의 지리적 위치에 대한 학습 주제와 관련이 있다.

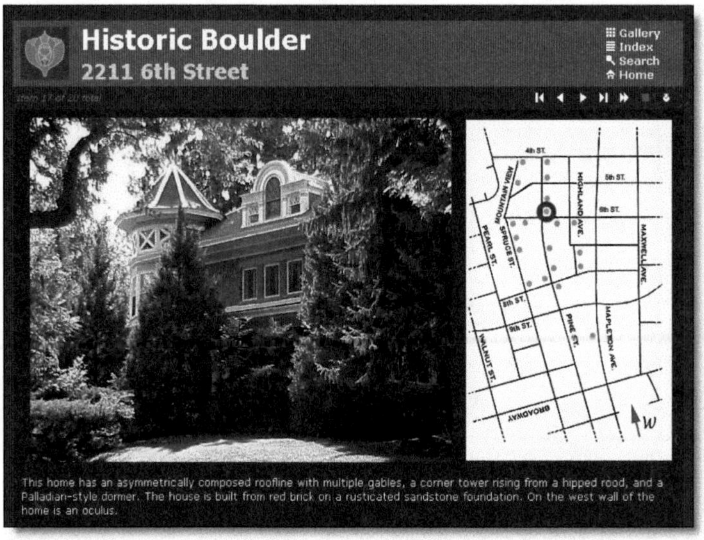

어도비 드림위버와 액티브 서브 페이지로 구축했다. 예시는 horton.com/eld/ 에서 볼 수 있다.

'*Historic Boulder(역사적 표석)*'이라는 가상의 현장 학습 강좌에서는 역사적 집의 위치나 방문할 수 있는 다른 집들의 위치를 지도 상에서 보여준다. 표시가 있는 위치 중 하나를 클릭하면 그 지점에 위치한 집을 보여준다.

이와 같은 지도는 지리적 위치 정보 및 지식이 중요할 때 사용될 수 있다. 예를 들면 다음과 같다.

- 지역 또는 길의 단면층에 의한 지질학
- 대륙, 나라, 지방, 또는 지역에 의한 지리학
- 발생한 장소에 의한 역사학
- 관할권에 의한 법
- 대기층에 따른 기후
- 지역에 따른 도시 건축
- 접전 위치에 따른 유명한 전투
- 세계 지도상의 해양학

2.4.3 스케줄표 형식의 지도

어떤 주제들은 시대 순으로 조직화하는 것이 최선이 될 수 있다. 과정, 절차, 역사에 대해서 언급하는 경우에는 스케줄표 형식의 지도를 고려해 본다.

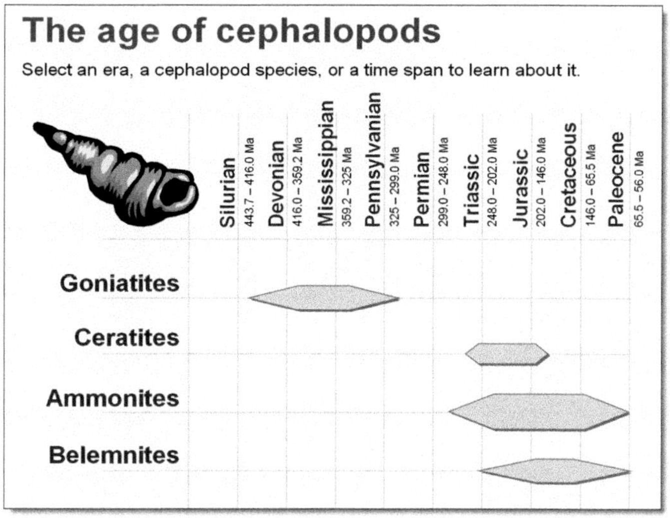

마이크로소프트 파워포인트로 구축했다.

이 지도는 멸종한 생물들이 살았던 시기를 시대별로 제시한 것이다. 학습자들은 윗부분에 제시된 시간 또는 왼쪽에 제시된 종의 이름, 또는 그들이 살았던 기간을 클릭하여 학습 내용에 접근할 수 있다.

스케줄표 형식의 지도를 활용하는 경우에는 시간의 범위를 포함해야 한다. 그리고 해당 항목과 범위가 학습자에게 익숙한지도 확인한다.

스케줄표 형식의 지도는 학습 주제가 시간 간격별로 발생한 사건들을 다룰 때 유용하다. 예를 들면, 제조 과정, 사업 과정, 군사 캠페인, 과학이나 종교의 발달과정, 예술이나 문학 발달사, 자연적 또는 인공적 시스템의 진화 등의 주제가 이에 속한다.

2.4.4 개념적 지도

개념적 지도(schematic map)는 비유적인 여행으로 학습자들을 초대하는 유형의 지도이다. 주제 간의 관계를 보여주는 동시에 부가적인 볼거리를 제공해 준다.

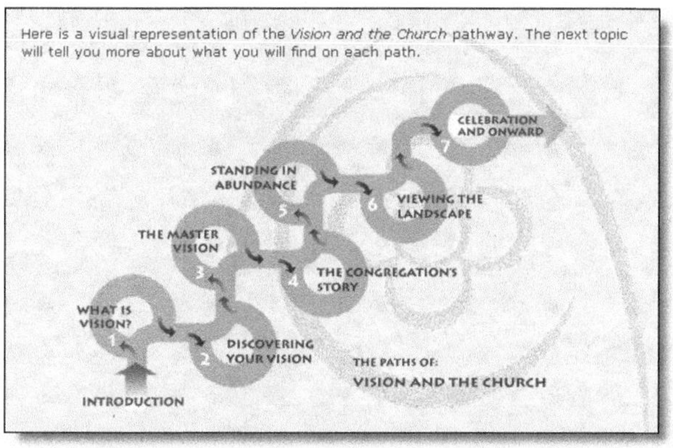

어도비 드림위버, 액티브 서버 페이지, 자바스크립트, 어도비 플래시로 구축했다. 예시는 horton.com/eld/에서 볼 수 있다.

*비전과 교회*라는 코스의 지도는 레슨들의 계열을 보여주고 있다. 각 레슨은 달성해야 할 궁극적 목표를 위해 정해진 길을 따라가는 탐험을 대표한다. 다른 형식의 지도가 제시하고자 하는 관계들을 표현해 줄 수 없을 때 개념적 지도를 활용할 수 있다. 이는 특정한 형태의 관련성을 제시할 때 특히 유용하게 활용된다.

2.4.5 지도를 활용하는 이유

지도는 절대적인 필수 요소는 아니지만, 시각적인 것을 선호하는 학습자들이나 시각적인 학습 주제를 보조하기 위한 수단이 될 수 있다. 예를 들어 건축가들에게 예술적 역사를 가르치고자 할 때에도 지도는 효율적으로 활용될 수 있다.

지도는 어떻게 주제와 코스가 구조화되어 있는지를 가르칠 필요가 있는 경우에 적절하다. 만약 구조가 단순한 직선형 구조이거나 일반적 위계구조라면 메뉴상에서 구조를 이해할 수 있기 때문에 지도는 크게 중요하지 않다. 지도가 단지 메뉴를 복사하는 정도의 의미라면 지도를 위한 공간을 확보할 필요가 없다. 그러나 구조가 복잡하고 내용 구성요소 간의 중요한 관계를 보여주는 경우라면, 그 관계를 명확하게 보여주기 위해 지도를 포함시키는 것이 바람직하다.

2.5 검색 기능

검색 페이지는 강좌 내에서 활용하기에 다소 어색해 보일 수도 있다. 그러나 책보다 인터넷 검색엔진을 통해 정보와 지식을 얻는 데 익숙한 학습자들은 검색 기능을 기대하고 요구한다.

몇 년 전에 저자는 교육용 코스에 검색 메커니즘을 포함시킬 것을 제안하여 교수설계자들과 갈등을 빚은 적이 있었다. 그들은 저자가 무슨 소리를 하는지 이해하지 못했고, 몇몇은 이를 정크메일 이래로 최악의 아이디어라고 생각했다. 하지만 오늘날 대부분의 설계자들은 구글, 야후, 알타 비스타, 엠에스엔 또는 기타 검색엔진을 활용하고 있으며 학습을 위한 검색 기능의 가치를 인정하고 있다. 새로운 세대의 학습자들의 특성을 이해한다면 검색 기능의 가치는 더 재고해 볼 필요도 없을 것이다.

2.5.1 검색 기능 작동방법

이러닝에서 학습자들은 코스를 검색하거나 코스 내에서 정보를 검색할 수 있다.

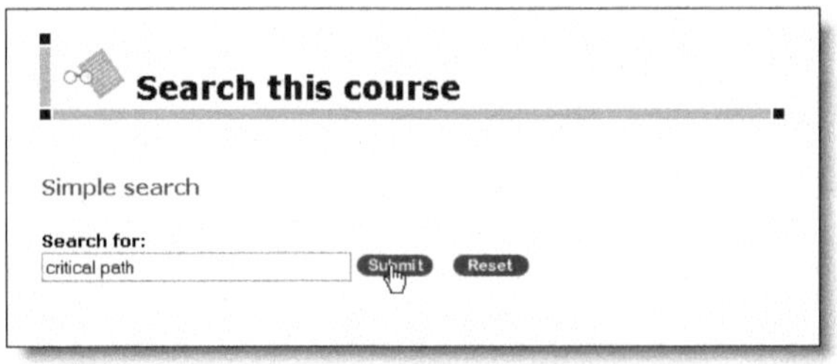

어도비 드림위버, 액티브 서버 페이지, 자바스크립트로 구축했다.
예시는 horton.com/eld/에서 볼 수 있다.

예를 들어, *Gantt 차트 활용하기* 코스에서는 [Search] 버튼을 클릭하면 간략한 검색 창이 뜨게 되어 있다.

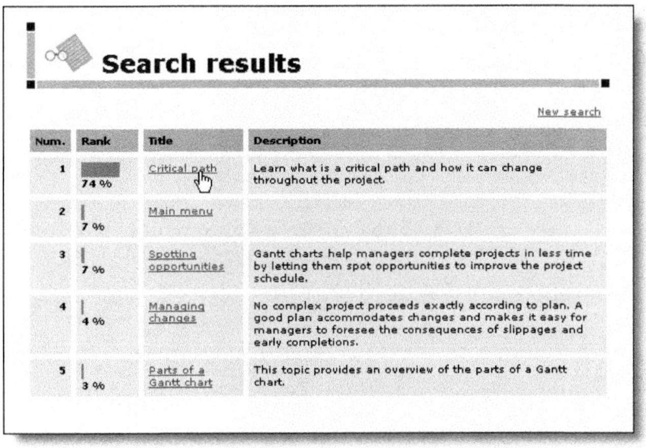

학습자들이 검색 용어를 입력하고 [Submit] 버튼을 클릭하면 시스템은 검색 용어와 관련 있는 주제들의 목록을 보여준다. 검색 용어와 가장 관련성이 높다고 판단되는 주제가 최상단에 나타난다. 이 주제들 중 하나를 클릭하면 해당 주제에 대한 페이지가 제시된다.

어도비 드림위버, 액티브 서버 페이지, 자바스크립트로 구축했다.

상위 수준의 고급 검색 기능은 학습자에게 단어와 구를 찾아보게 하고, 일치하는 결과가 어디 있는지, 결과 제시가 어떻게 되는지 검색할 수 있게 해준다.

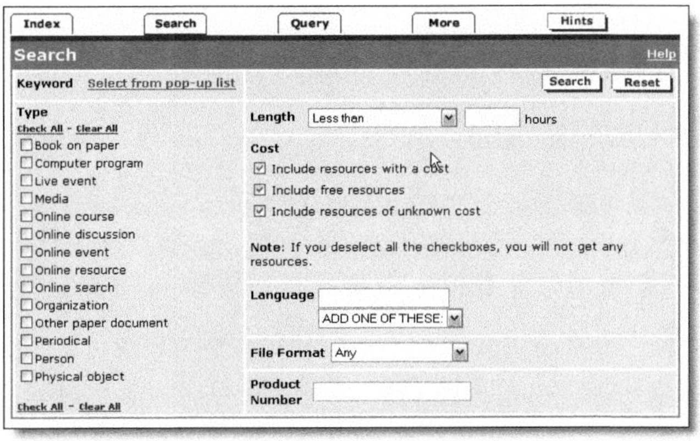

HTML, 액티브 서버 페이지, 자바스크립트로 구축했다.

보다 더 상위 수준의 고급 검색 기능은 특정 주제, 특정 매체(책, 코스, 프레젠테이션, 사람), 길이, 사용 언어, 파일 형태에 제한을 두고 검색하도록 해준다.

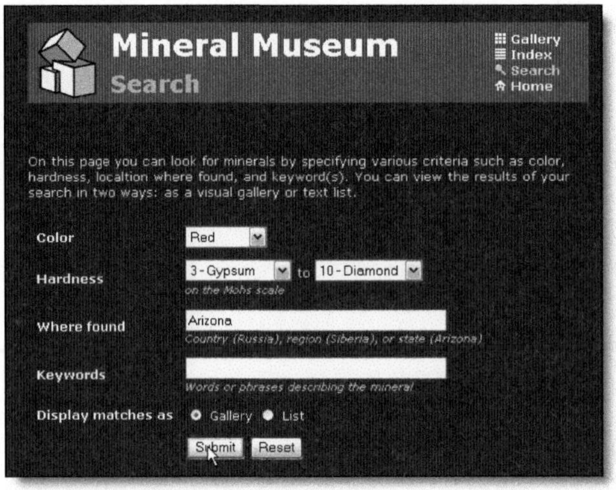

어도비 드림위버, 액티브 서버 페이지로 구축했다. 예시는 horton.com/eld/에서 볼 수 있다.

또 다른 검색 기능은 대상의 특성에 따라 주제를 찾을 수 있도록 해준다. 예를 들어 *광석 박물관*은 광석의 색깔, 단단함의 정도, 근원지, 그리고 다른 성격들에 따라 광석을 검색할 수 있다.

검색 기능의 이점은 정확한 용어를 통해 찾고자 하는 정보를 표현하는 것을 허용하면서 아울러 찾는 지식을 가장 잘 전달해 줄 수 있는 주제들을 모아 준다는 것이다. 효과적인 검색 기능이 있다면 강좌가 크거나 구조가 복잡하다 해도 필요한 지식을 찾는 데 장애가 되지 않는다.

2.5.2 검색 기능을 활용하는 이유

참을성이 부족한 학습자들이 이러닝을 참고자료나 기분전환을 위해 활용하는 경우, 특히 구글이나 야후 또는 다른 인터넷 검색 기능을 활용하는 데 익숙한 경우에는 검색 기능을 포함시키는 것이 좋다. 또한 강좌에 인덱스가 없는 경우에도 매우 유용하다.

그러나 매우 쉽게 한 번에 코스 중간으로 이동할 수 있게 해주기 때문에 계획에 따라 사전 설계된 경우에는 강좌의 구조를 혼란스럽게 할 수도 있다는 점을 염두에 두어야 한다. 따라서 검색 기능을 포함시킬 경우 주제 자체가 문맥을 벗어난 경우에도 이해될 수 있도록 충분히 독립적이어야 할 필요가 있다(6장).

2.5.3 검색 기능의 효과적인 활용

검색 기능을 효과적으로 활용할 수 있는 방법은 다음과 같다.

- 복잡한 검색 기능을 어떻게 활용할 수 있는지 설명한다. 개별 단어, 단어들의 조합, 특정 문구들의 검색 방법을 알려주는 안내문을 제공한다.
- 검색자들이 활용하는 용어를 이용하여 이러닝의 콘텐츠를 편집하고 학습자들이 활용하는 어휘를 활용해서 콘텐츠를 개발한다. 이렇게 하는 것이 검색도 쉽고 이

해도 쉽다.

- 텍스트상에서 활용된 용어들의 동의어를 제공하기 위하여 메타데이터(8장)의 키워드를 포함시킨다.

2.6 하이퍼텍스트 링크

하이퍼텍스트 링크, 약칭하여 하이퍼링크는 학습자들이 제시되는 정보를 선택할 수 있도록 허용한다. 스크린상의 아이콘이나 텍스트의 영역을 클릭하면 문서나 코스의 새로운 위치로 이동하여 내용을 보여준다.

2.6.1 하이퍼링크의 정의

하이퍼링크는 학습자들이 학습 내용을 정해진 하나의 위치에서만이 아닌 다양한 위치에서 역동적으로 읽고 다룰 수 있도록 해주는 기능이다. 뿐만 아니라 학습 주제들 간의 관련성을 나타내어 주기도 한다. 링크는 새로운 것이 아니다. 이는 수세기 동안 목차, 인덱스 표제어, 주석, 참고문헌, 그림 인용, 색인표 등의 형식으로 인쇄된 책에서도 존재해 왔다. 이러닝에서 하이퍼링크는 학습자들에게 '이것을 클릭하면 가치있는 것을 경험하게 될 것이다' 라고 말하는 일종의 신성한 계약 같은 것이다.

2.6.2 명확한 하이퍼링크의 표시

링크를 통해 볼 수 있는 내용을 예상할 수 있도록 명확하게 표현해 준다.

2.6.2.1 하이퍼링크의 구성

구체적으로 표현된 하이퍼링크는 명확한 약속, 유발자, 필요사항의 세 가지 중요한 정보를 제시한다.

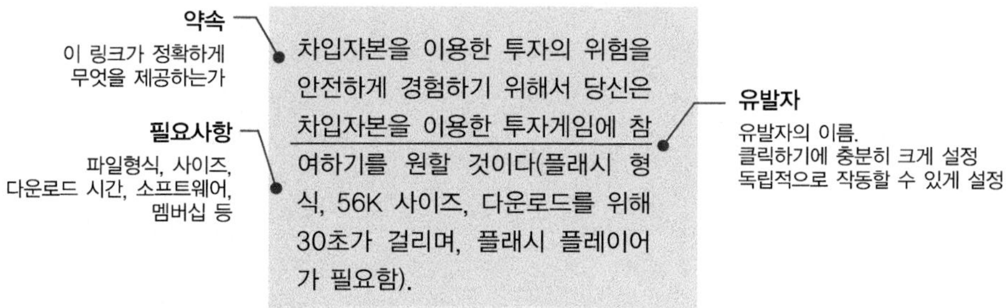

2.6.2.2 명확한 약속 만들기

학습자들에게 링크를 클릭한 후에 무엇을 경험하게 될 것인지를 알려주는 것이 명확한 약속이다. 이를 위해서는 하나의 정확한 문구면 충분하다.

☹ 부적절한 경우	☺ 적절한 경우
다양한 다른 정보를 보기 위해서는 여기를 클릭하세요.	보다 상세한 설명 보기
몇 가지 정말 좋은 것들	사진, 게임 음악들

2.6.2.3 클릭할 부분의 명세화

학습자들이 어디를 클릭해야 하는지 시각적으로 분명하게 표시해 준다. 클릭할 위치를 찾기 위해 마우스로 스크린을 돌아다니지 않도록 한다.

☹ 부적절한 경우	☺ 적절한 경우
코스를 계속 진행할 것인가 또는 시뮬레이션으로 돌아갈 것인가?	코스를 계속 진행할 것인가 또는 시뮬레이션으로 돌아갈 것인가?

2.6.2.4 텍스트는 읽게 쉽게

링크가 텍스트의 가독성을 떨어뜨려서는 안된다. 텍스트를 읽기 쉽게 해주는 링크의 색깔이나 스타일을 선택한다. 링크가 걸린 부분은 클릭하기 쉬운 크기여야 하며 전체 문구를 링크로 만들지 않는 것이 좋다.

☹ 부적절한 경우	☺ 적절한 경우
당신은 프로젝트의 전반적 계획과 프로젝트에서 요구하는 업무의 주요 단계를 보여주는 보다 상세한 그림을 보기를 원할 것이다.	당신은 프로젝트의 전반적 계획과 프로젝트에서 요구하는 업무의 주요 단계를 보여주는 보다 상세한 그림을 보기를 원할 것이다.

2.6.2.5 하이퍼링크와 텍스트의 자연스러운 통합

읽기의 흐름을 방해하지 않도록 링크 부분을 문장 끝이나 문단 끝에 둔다.

☹ 부적절한 경우	☺ 적절한 경우
단순한 절차의 학습을 완료한 후에만 상위절차를 시도하라.	단순한 절차의 학습을 완료하였다면, 상위절차를 시도하시오.
에메랄드 광석의 가장 가치로운 형태는 에메랄드 보석이다. 에메랄드에 대해 좀 더 학습하기를 원하면 여기를 클릭하시오.	에메랄드 광석의 가장 가치로운 형태는 에메랄드 보석이다.

2.6.3 새로운 콘텐츠의 적절한 제시

하이퍼링크로 연결된 콘텐츠를 어디에 나타나게 할 것인지에 대한 의사결정은 다소 복잡하다. 다른 화면으로 대체하여 보여주는 것이 좋은가, 아니면 새로운 창을 띄워 보여주어야 하는가? 다음의 표에서 각각의 장 · 단점을 제시하고 있다.

콘텐츠가 제시되는 위치	장점	단점
현재 창의 내용을 대체함.	관리할 별도의 창이 없다. 학습자들은 한 번에 한 화면씩 보게 된다.	학습자들은 기존에 제시되었던 내용을 참고할 수 없다. 초보자들은 처음 화면으로 어떻게 돌아가는지 알지 못한다.
새로운 창 안에 제시함.	학습자들은 기존의 내용과 새롭게 제시된 내용을 비교할 수 있다. 새로운 화면은 독립적이며 명확하게 분리되어 있다.	새로운 창이 기존의 창을 덮어버리므로 화면이 혼란스러울 수 있다.
같은 창 안의 또 다른 프레임을 통해 제시함.	화면이 안정적으로 유지되며 새로운 정보의 맥락이 명확하다.	새로운 내용이 여전히 기존 화면의 특정영역을 대체한다. 시각장애인의 경우에는 화면을 읽기가 더 어려워진다.
링크가 걸린 텍스트의 바로 아래에 제시함.	정보가 학습자들이 보고 있는 바로 그곳에 나타난다. 주변 정보가 맥락을 제공할 수 있다. 예를 들어 용어의 정의 등을 나타낼 때 유용하다.	새롭게 제공되는 정보의 양이 제한된다.

2.6.4 일관성 있는 웹 링크의 선택

외부 웹 콘텐츠에 대한 링크는 해당 콘텐츠의 내용이 바뀌거나 위치가 바뀌는 등의 새로운 문제를 야기할 수 있다. 이에 대한 몇 가지 해결책은 다음과 같다

- **변화가 적은 사이트에 링크를 연결한다.** 개별 학생이 대학 서버에 작성한 웹 사이트는 학생이 졸업하고 나면 변화가 있을 수 있다.

- **안정된 사이트에 링크를 연결한다.** 너무 자주 웹 사이트를 재구조화하지 않는 사이트에 링크를 거는 것이 좋으며, 유행 타는 주제들은 안정된 사이트라 할 수 없다.
- **많이 인용되는 자료들에 링크를 연결한다.** 이러한 사이트의 제공자는 계속해서 자료들을 이용 가능하게 하는 것을 본인의 의무라고 생각한다.
- **각각의 정보에 대해 다양한 링크를 제공한다.** 어떤 순간 그들 중 일부만이 이용 가능할 수도 있기 때문이다.
- **문제를 확인하기 위해서 링크를 자주 점검한다.** 없어진 링크들을 대체할 만한 것을 찾도록 한다.
- **자료를 찾기 위해서는 링크 대신에 검색 용어를 제공한다.** 예를 들어 "위장병학 세미나라는 용어로 웹 검색을 해 보세요"와 같이 구체적인 용어를 제시할 수 있다.

2.7 오토스캐닝

오토스캐닝(autoscanning)은 원하는 곳에 이를 때까지 주제들을 자동으로 빠르게 휙휙 넘겨볼 수 있도록 해준다. 왜 이러한 방식으로 접근하기를 원할까? 과거의 경험을 되살려 보자. 책이 무슨 내용을 담고 있는지 보기 위해 새 책의 페이지들을 훌훌 넘겨본 적이 있는가? 이렇게 넘겨가며 본 정보를 찾기 위해 책을 다시 집어 들고 기억을 되살려 정보가 담긴 페이지를 찾아본 적이 있는가? 가족 중 누군가가 무엇을 볼지를 결정하기 위해 리모콘으로 TV채널을 빠르게 돌려본 적이 있지 않은가?

2.7.1 오토스케닝 작동방법

오토스캐닝은 정해진 속도(예: 분당 몇 페이지)로 페이지, 화면, 학습 주제들이 [■] 버튼을 누를 때까지 자동적으로 진행된다.

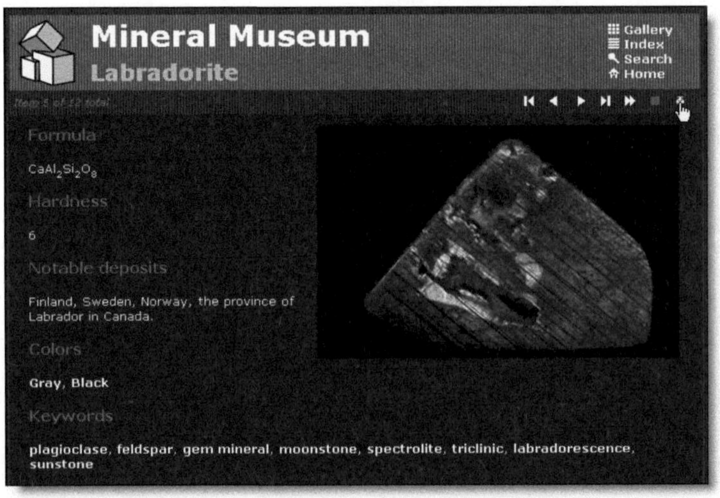

광석 박물관은 오토스캐닝 구조를 포함하고 있다.

어도비 드림위버와 액티브 서버 페이지로 구축했다. 예시는 horton.com/eld/에서 볼 수 있다.

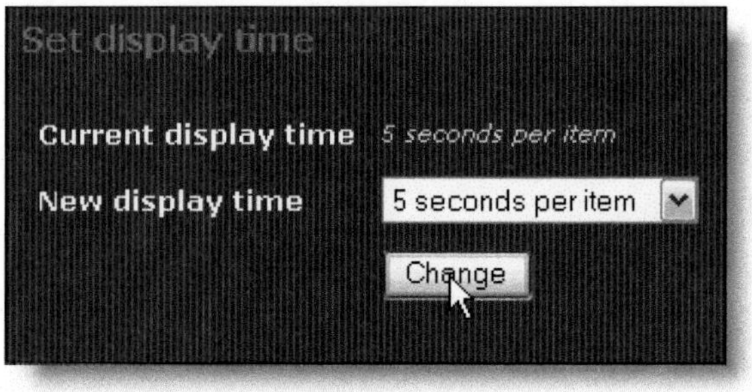

상단 우측의 주머니 시계모양 아이콘을 클릭하면 디스플레이 시간을 선택할 수 있는 창이 뜨고, 각 페이지를 보여줄 시간의 양을 학습자들이 정할 수 있다.

학습자들이 [⏩] 버튼을 클릭하면 가상 투어가 시작되며, 광석 종류들이 정해진 속도로 보여지게 된다.

자세히 보고 싶은 광석이 나타난 지점에서 학습자들은 [■] 아이콘을 클릭한다.

2.7.2 오토스캐닝을 활용하는 이유

어떠한 경우에 오토스캐닝을 활용할 수 있는가? 오토스캐닝은 특별한 목적을 가진 도구이다. 다음과 같은 특별한 경우를 제외하고는 일반적으로 자주 사용하지 않는다.

- 사전 리뷰와 소개
- 별도의 시범
- 기본적인 내비게이션 기술을 가르치는 경우
- 학습자들의 완전한 주의집중을 얻고자 하는 경우
- 학습 속도를 조절하고자 하는 경우

오토스캐닝은 예술이나 건축 같은 시각적인 주제에 유용하다. 또한 이름보다는 사진, 그림, 다이어그램, 차트 등과 같은 모양이나 형태로 인식할 수 있을 때 도움이 된다. 또는 학습자들이 특정 타이틀이나, 배너, 제목, 표, 기타 시각적으로 독특한 구성요소를 찾고자 할 때에도 도움을 줄 수 있다. 그러나 대상물들이 비슷해 보이거나 연결 속도가 느린 경우에는 효과적이지 않다.

2.8 위치 표시기

크고 복잡한 코스에서는 학습자들이 길을 잃기 쉽다. 이전에 방문했던 주제를 찾을 수 없는 경우도 있다. 이러한 혼란을 완화시키는 좋은 방법은 '현재 위치는 여기입니다' 등과 같은 학습자의 위치를 보여주는 기능을 포함하는 것이다.

사전을 이용할 때에는 페이지 위쪽의 머리글 부분에 정의된 단어의 범위를 표시해 줌으로써 어디를 보고 있는지를 알려 준다. 책의 경우 머리글이 이와 비슷한 역할을 한다. 놀이공원이나 운동경기장에서도 현재의 위치를 보여주는 화살표를 포함한 지도를 제공하는 것은 흔한 일이다.

2.8.1 위치 표시기의 기능

이러닝에서 위치 표시는 어떻게 현재의 주제와 다른 주제들이 관련되는지를 시각적으로 보여주고 전체 구조에서 해당 주제의 위치를 보여준다. 위치 표시기(location indicator)는 학습자들로 하여금 코스 전체의 구성에 대한 정신 모델을 개발할 수 있도록 돕는다.

위계적으로 구성된 코스에서의 위치 표시기의 일반적인 활용 방법은 홈페이지나 메인 메뉴로부터 현재의 페이지에 이르는 경로를 보여주는 것이다. *연구 참가자 보호*에 관한 기본 훈련 코스에서는 학습자들의 이동 경로를 추적할 수 있는 표시와 유사한 것을 포함하고 있다. 경로상에 있는 아이템들 중 하나를 클릭하면 관련 화면을 보여준다.

또 다른 방법은 위치 표시기를 메뉴의 최상단에 두는 것이다.

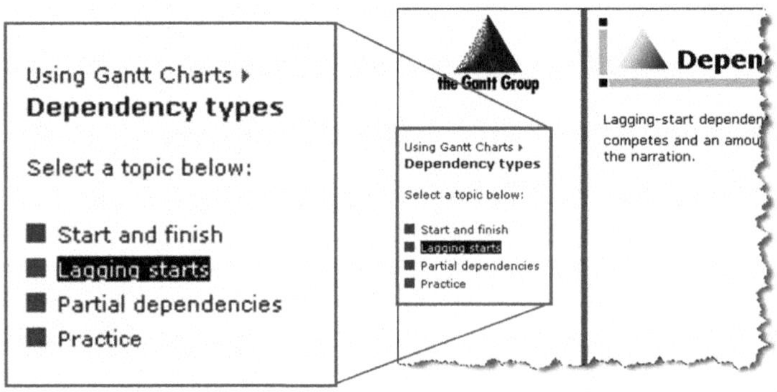

Gantt 차트 활용하기 강좌에서는 현재 메뉴의 위치가 메뉴 프레임의 가장 상단에 표시되어 있다. 현재의 주제는 메뉴 안에서 하이라이트되어 있다.

보다 복잡한 구조를 가진 강좌에서는 부가적인 조직적 길잡이가 필요하다.

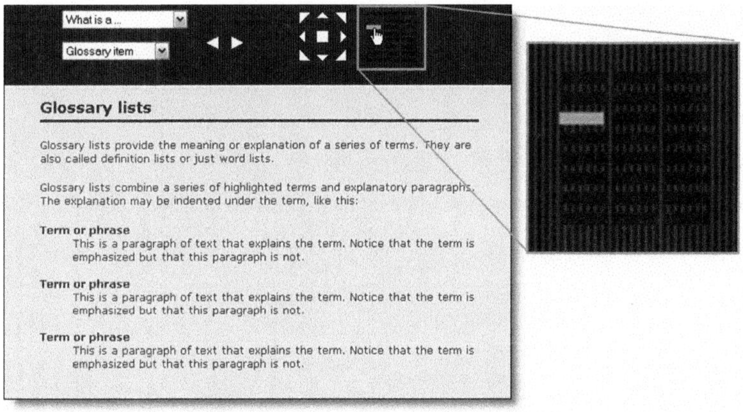

바둑판 모양의 구조에서는 현재 줄과 행의 이름뿐만 아니라 바둑판상에서의 위치도 표현해줄 필요가 있다.

어도비 드림위버와 자바스크립트로 구축했다. 예시는 horton.com/eld/에서 볼 수 있다.

2.8.2 위치 표시기를 사용하는 이유

위치 표시기는 코스의 단계가 두 단계 이상의 깊이로 세분화될 때 효과적이다. 시뮬레이션이나 탐험적 학습처럼 반복적으로 되돌아가고 새로운 경로를 시작할 필요가 있을 때 큰 도움이 된다.

학습자들이 시뮬레이션이나 문제해결 절차와 같은 긴 경로를 따라가야 할 때 특히 중요하다. 위치 표시기는 역방향으로 가기, 최근 선택하지 않은 메뉴로 이동하기, 다른 경로로 시작하여 내려가기 등의 일들을 쉽게 할 수 있도록 해준다.

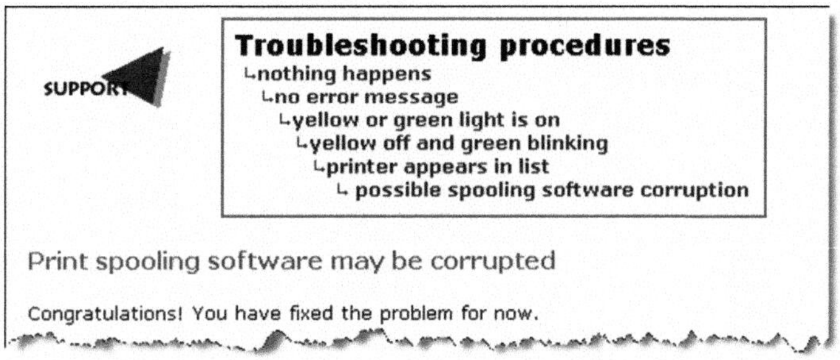

그림의 문제해결 절차 안에는 각 페이지의 최상단에서 현재의 페이지까지 오기 위해 거쳤던 진단적인 경로를 보여준다.

위치 표시기는 일반적인 구조, 즉 직선 형태, 위계적 형태, 바둑판 형태 등과 같은 구조로 코스가 조직화되어 있는 경우라면 크게 효과를 보지 못할 수도 있다. 이러한 형태들과는 다른 목적으로 사용되는 구조에서 더 효과적일 것이다.

2.9 북마크

북마크는 쉽게 다시 방문할 수 있도록 머물렀던 위치에 표시를 해놓는 것이다. 책을 읽을 때에는 페이지를 접어놓거나 책갈피를 끼워놓아 위치를 표시해 놓는 것처럼 이러닝 상에서는 전자적 북마크가 이와 같은 역할을 한다.

2.9.1 북마크의 기능

이러닝상에서 북마크는 일반적인 종이로 된 책과 수행하는 기능은 같으나 작용방법이 다르다. 학습자가 끝내고 나간 위치 정보를 저장함으로써 다음번에 학습을 다시 시작했을 때 그 위치로 되돌아갈 수 있도록 해준다.

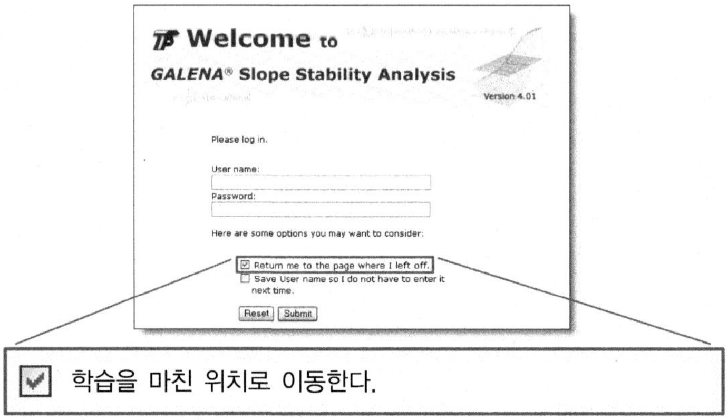

학습자가 *GALENA 경사 안정성 분석* 코스에 로그인했을 때, 학습자들은 그들이 지난번의 학습 위치에서부터 학습을 다시 시작할지의 여부를 선택할 수 있다.

또는 북마크를 손으로 직접 표시할 수도 있다.

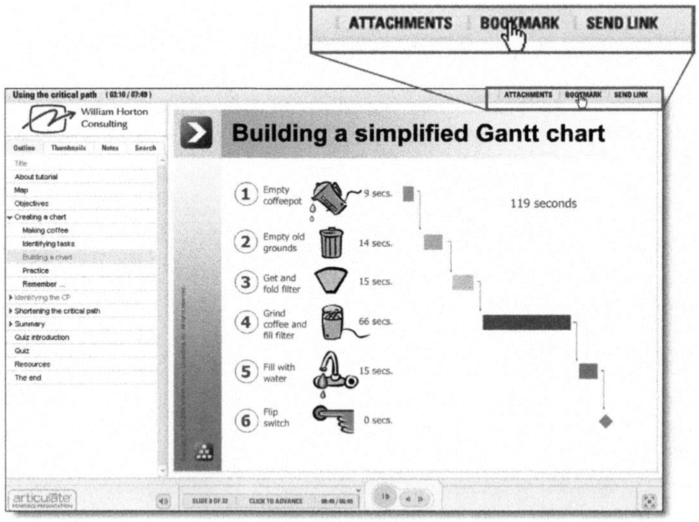

아티큐레이트 프리젠터를 활용하여 파워포인트 자료를 변환해서 만든 다음 학습할 때에는 북마크 버튼을 클릭할 수 있다.

마이크로소프트 파워포인트로 구축한 후 웹에서 볼 수 있도록 아티큐레이트 프리젠터를 활용하여 변환되었다. 예시는 horton.com/eld/에서 볼 수 있다.

학습자들은 해당 모듈이나 모듈 안의 현재 위치에 북마크를 만들어 놓을 수 있다.

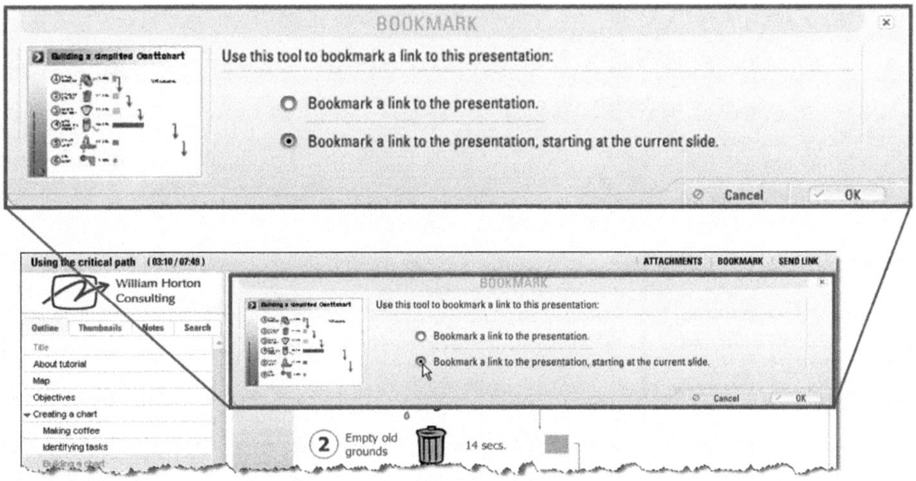

웹 브라우저를 이용하여 진행되는 코스에서는 학습자들이 **북마크**나 **즐겨찾기**를 이용하여 현재 페이지로 이동하는 지름길을 만들어 놓을 수 있다.

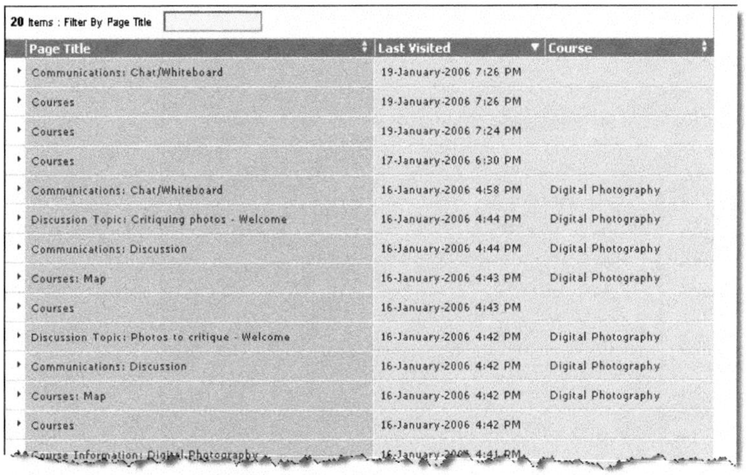
20 Items : Filter By Page Title

Page Title	Last Visited	Course
Communications: Chat/Whiteboard	19-January-2006 7:26 PM	
Courses	19-January-2006 7:26 PM	
Courses	19-January-2006 7:24 PM	
Courses	17-January-2006 6:30 PM	
Communications: Chat/Whiteboard	16-January-2006 4:58 PM	Digital Photography
Discussion Topic: Critiquing photos - Welcome	16-January-2006 4:44 PM	Digital Photography
Communications: Discussion	16-January-2006 4:44 PM	Digital Photography
Courses: Map	16-January-2006 4:43 PM	Digital Photography
Courses	16-January-2006 4:43 PM	
Discussion Topic: Photos to critique - Welcome	16-January-2006 4:42 PM	Digital Photography
Communications: Discussion	16-January-2006 4:42 PM	Digital Photography
Courses: Map	16-January-2006 4:42 PM	Digital Photography
Courses	16-January-2006 4:42 PM	
Course Information: Digital Photography	16-January-2006 4:41 PM	

학습 매니저 같은 학습관리시스템에서는 최근 학습했던 주제들의 히스토리를 보여준다.

2.9.2 북마크를 활용하는 이유

북마크는 코스가 한번에 학습하기에는 다소 길거나 자주 방해를 받는 상황일 때 유용하며 짧은 코스에서는 그 유용성이 덜하다. 활용하는 도구가 북마크 제작 과정을 자동적으로 지원하지 않는다면 만들기 어려울 수도 있다.

3. 내비게이션 메커니즘의 균형

내비게이션 메커니즘을 이러닝에 추가하면 효율적인 참조물로 활용할 수도 있게 된다. 학습자가 개별적인 설명, 사실, 관계들을 빨리 찾을 수 있다면 전체 과정을 다 수강하지 않아도 필요한 시점에 필요한 지식을 찾을 수 있다. 또한 전체 강좌 중 특정 주제와 관련된 부분을 빨리 발견할 수 있다면 특정 기술이나 지식이 필요한 바로 그 시점에 적시 학습으로 활용할 수 있다.

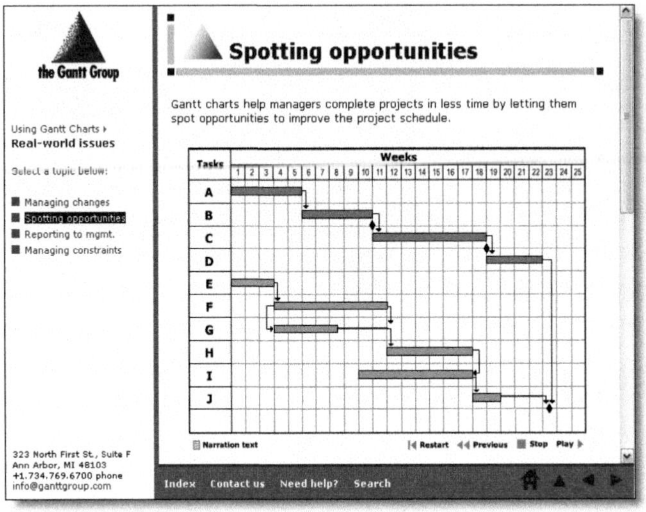

몇 가지 내비게이션 메커니즘이 *Gantt 차트 활용하기* 강좌에서 활용되었다. 첫 번째는 화면 왼쪽에 **메뉴** 영역을 배치하여 지속적으로 메뉴가 나타나도록 한 것이다. **위치 표시기** 기능을 메뉴의 일부로 포함시켰으며 화면 오른쪽 하단에 페이지 단위로 이동 가능한 버튼이 있다.

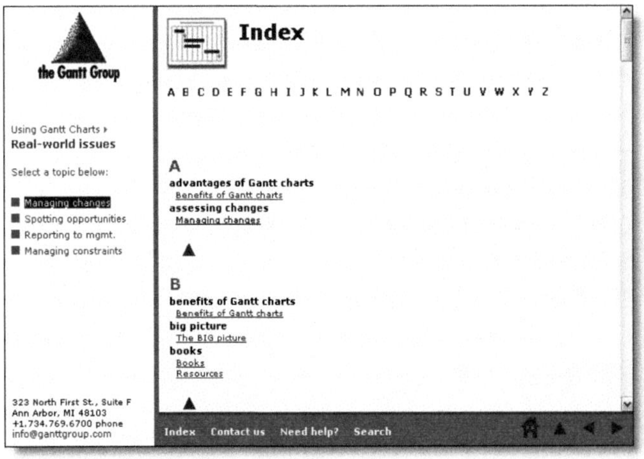

또한 알파벳 순서에 따른 **인덱스** 역시 제공함으로써 코스의 구조에 익숙하지 않은 경우에도 원하는 주제나 모듈을 발견할 수 있도록 하였다.

다음 코스는 **검색** 기능도 포함하고 있다. **북마크** 기능을 따로 가지고 있지는 않지만 브라우저에서 제공하는 즐겨찾기 기능을 활용할 수 있다. 왼쪽에 제시되고 있는 위계적 구조의 **메뉴**는 **지도**의 역할도 수행한다.

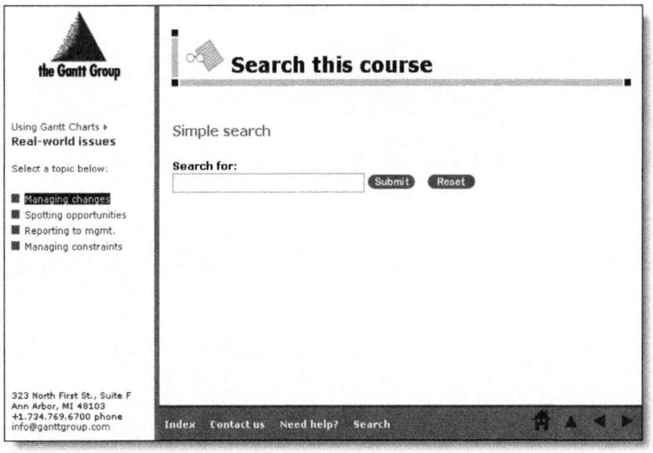

어도비 드림위버, 액티브 서버 페이지, 자바스크립트, 어도비 플래시로 구축했다. 예시는 horton.com/eld/에서 볼 수 있다.

이 코스는 시작 화면으로 돌아오게 하는 [🏠] 버튼, 메뉴상에서 한 단계 위의 수준으로 이동하도록 해주는 [▲] 버튼 등 몇 가지 다른 내비게이션 기능을 포함하고 있다.

4. 내비게이션 메커니즘의 실행

이 장에서 다루고 있는 접근 메커니즘을 제공하는 방법으로 다음과 같이 세 가지를 제시할 수 있다.

- 접근 메커니즘이 있는 학습관리시스템이나 학습콘텐츠 관리시스템으로 강좌를 운영하는 경우
- 자동으로 접근 메커니즘이 생성되는 저작도구를 이용하여 강좌를 개발하는 경우
- 프로그래밍과 스크립트를 활용하여 직접 접근 메커니즘을 개발하는 경우

4.1 학습관리시스템을 이용한 내비게이션 기본 틀의 수립

학습관리시스템은 강좌의 시작에서부터 완료 시점까지 관리한다. 학습콘텐츠 관리시스템은 강좌의 모듈 또는 객체를 조합하고 내비게이션을 제공한다. 이러한 방식으로 필요한 내비게이션의 기능을 제공할 수 있다.

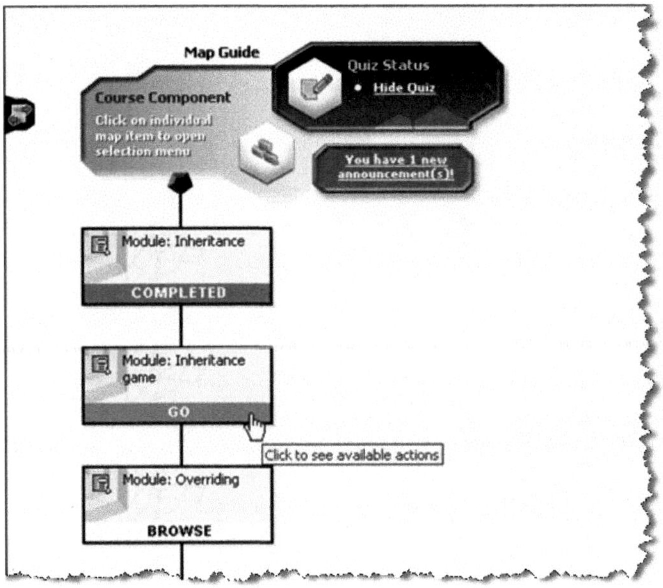

예시의 그림은 코스 매니저라고 불리는 LMS에 의해 생성된 코스 맵이다.

학습관리시스템은 활용하는 메커니즘에 따라서 매우 다양하다. 순수한 학습관리시스템은 단순히 강좌의 시작과 운영을 지원한다. 학습콘텐츠 관리시스템과 통합된 경우 자동으로 메뉴, 지도, 페이징 버튼, 북마크, 위치 표시기, 검색 기능, 기타 다른 내비게이션 보조물들을 생성하여 준다. 내비게이션 기능으로서의 사용 여부를 결정하려면 먼저 학습관리시스템의 기술적 특성을 점검해 볼 필요가 있다.

학습관리시스템을 활용하는 것의 장점은 내비게이션이 자동화되며 동일한 관리시스템으로 운영되므로 모든 강좌들의 일관성을 도모할 수 있다는 점이다. 이러한 경우 할 일은 개별 학습 객체를 만들고 시스템 안으로 불러온 후 메뉴를 결정하는 것이다. 설계자가 다이얼로그 박스로부터 원하는 내비게이션 도구를 선택하면, 보다 세부적인 작업들은 시스템이 알아서 하게 된다.

이와 같은 방식의 단점은 강좌가 전적으로 운영시스템에 의존한다는 점이라고 할 수 있다. 만일 다른 운영시스템으로 강좌를 옮길 필요가 생긴다면 기존의 동일한 내비게이션 메커니즘을 가질 수 없다. 또한 관리시스템 밖에서 강좌를 운영하는 것도 불가능하다.

4.2 표준화를 위하여 저작도구를 사용하는 경우

몇 가지 저작도구들은 자동적으로 내비게이션 기능들을 생성할 수 있거나 최소한 그 과정을 단순화시켜 줄 수 있다. 아티큐레이트 프리젠터는 파워포인트 자료를 이러닝 화면으로 전환하는 도구로 몇 가지 내비게이션 메커니즘을 제공한다. 콘텐츠 왼쪽 면에 있는 패널상에서 아티큐레이트 프리젠터는 슬라이드와 평가에 관한 다양한 수준의 메뉴를 보여주는 **아웃라인** 탭을 생성한다. **썸 네일 탭**은 슬라이드의 축소된 이미지를 통해 학습자들이 직접 선택할 수 있는 시각적 메뉴를 제공한다. **검색** 탭은 단순한 검색 기능을 제공하는 부분이다.

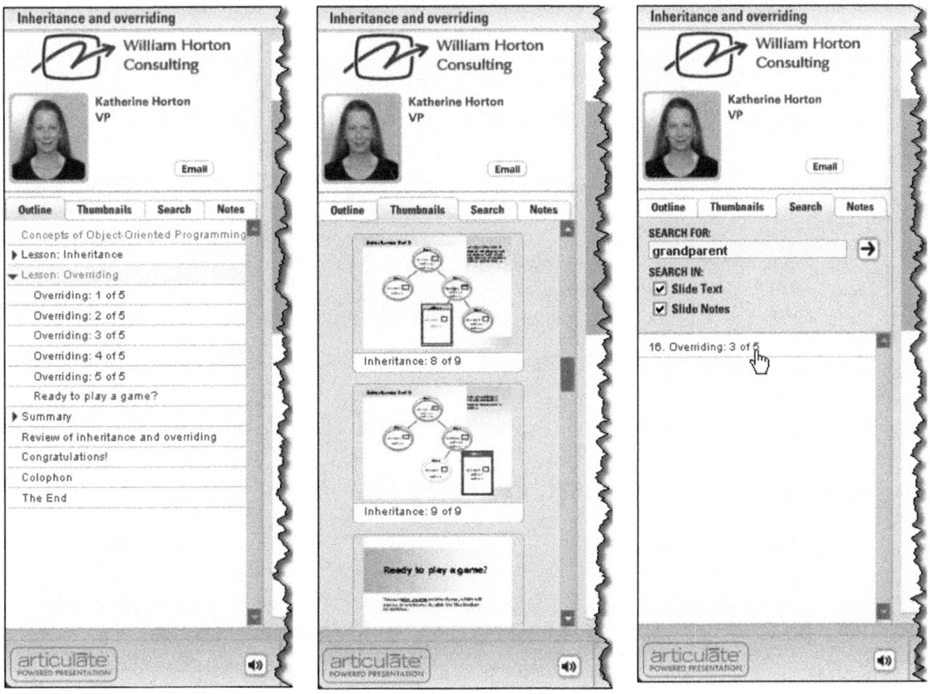

마이크로소프트 파워포인트로 구축한 후 웹에서 볼 수 있도록 아티큐레이트 프리젠터를 활용하여 변환되었다. 예시는 horton.com/eld/에서 볼 수 있다.

또한 아티큐레이트 프리젠터는 페이지 이동을 위한 버튼과 북마크를 생성하게 해주는 버튼을 포함하고 있다. 이를 통해 관련있는 문서로 링크를 걸어주거나 내레이션 텍스트 등을 보여줄 수 있다.

사용하는 저작도구가 내비게이션 메커니즘을 생성할 수 있다면 이를 활용하는 것이 좋다. 내비게이션을 직접 개발하는 것보다 시간을 절약해 준다. 그러나 저작도구가 내비게이션을 통제하도록 하지는 말아야 한다. 저작도구를 이용한 내비게이션이 적절하지 못하거나 부족하다면 직접 개발하는 것을 고려해 보는 것이 좋다.

4.3 내비게이션을 직접 개발하는 경우

어떤 경우에는 콘텐츠에 적합한 내비게이션을 직접 개발해야 한다. 아마도 관리시스템이 내비게이션을 지원하지 않는 상황이거나, 저작도구가 특정 유형의 내비게이션을 제공할 수 없는 경우에 직접 개발하는 것을 고려하게 될 것이다.

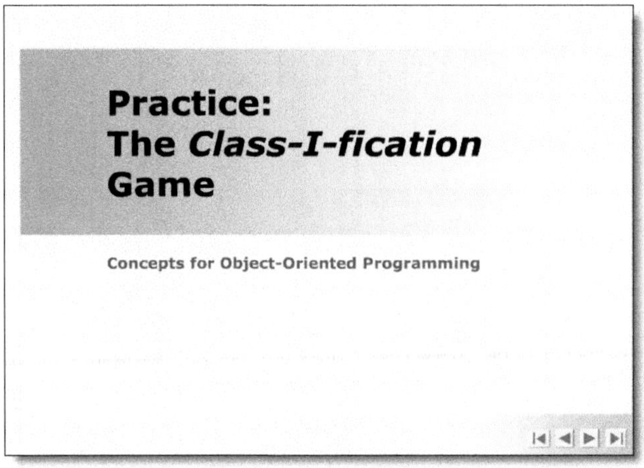

마이크로소프트 파워포인트로 구축한 후 웹에서 볼 수 있도록 아티큐레이트 프리젠터를 활용하여 변환되었다. 예시는 horton.com/eld/에서 볼 수 있다.

저자의 경우, *Class-I-fication game*이라는 강좌를 개발할 때 특정 내용을 위한 내비게이션 버튼을 개발할 필요가 있었기 때문에 그림의 우측 하단에 있는 버튼들을 개발하게 되었다. 자체 개발이 필요한 몇 가지 경우는 다음과 같다.

- 강좌 전반 또는 일부에 맞춤형 내비게이션이 요구될 때 사용할 필요가 있다.
- 주제 영역에 특화된 내비게이션이 필요할 때 사용한다. 운영관리시스템은 고도로 분지화된 시뮬레이션 같은 특화된 주제를 위한 내비게이션에는 도움을 주지 못할 수 있다.
- 어떤 관리시스템과도 관계없이 독립적으로 운영될 필요가 있을 때 사용할 필요가 있다.
- 단순한 구조를 가지고 있지 않을 때 사용한다.

5. 내비게이션 활용방안

5.1 예측 가능한 내비게이션 만들기

학습자들은 코스상에서 자신감과 확신을 갖고 내비게이션할 수 있어야 한다. 버튼은 학습자가 원하는 곳으로 데려다 주는 것일 필요가 있다. 강좌 내용은 학습자들이 기대하는 방식으로 이동하고 움직여야 한다. 예측 가능하게 만들고자 한다면 학습자들을 대상으로 프로토타입을 실행해 보고 학습자 요구와 이해의 정도를 분석해 본다.

하나의 특정한 학습 주제 내에서의 이동을 위한 내비게이션도 제공한다. 학습자들이 개별 주제들을 탐구할 때도 여전히 주제 주변을 이동하면서 탐색할 필요가 있기 때문이다.

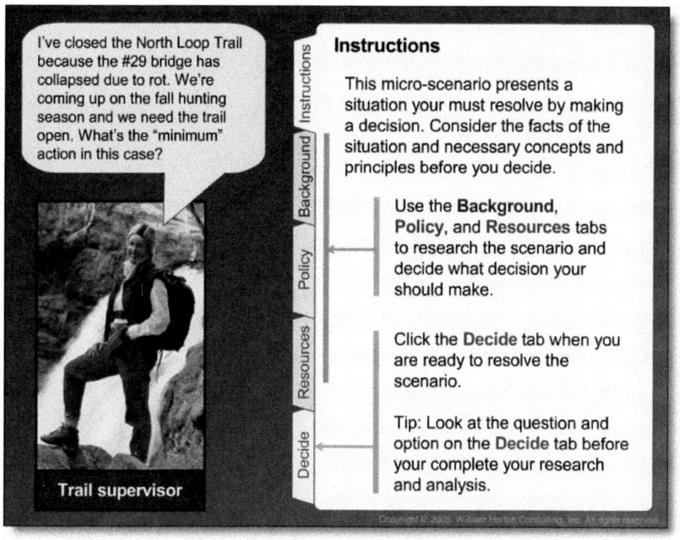

마이크로소프트 파워포인트로 구축한 후 웹에서 볼 수 있도록 어도비 브리즈 프리젠터를 활용하여 변환되었다. 예시는 horton.com/eld/에서 볼 수 있다.

이 예에서 학습자들은 주제 내에서 탭을 선택하는 방식으로 내비게이션한다.

모든 수준에서 내비게이션을 단순하고 직접적으로 만드는 것이 좋다.

5.2 효율적인 학습을 위한 경로 설계

학습자들이 내비게이션할 경로를 차트로 그려본다. 참을성이 부족한 학습자들을 위해서는 우회 경로나 지름길을 만들어 주고, 상세하게 모두 학습하고 싶은 학습자들을 위해서는 천천히 학습할 수 있는 경로를 만들어 준다.

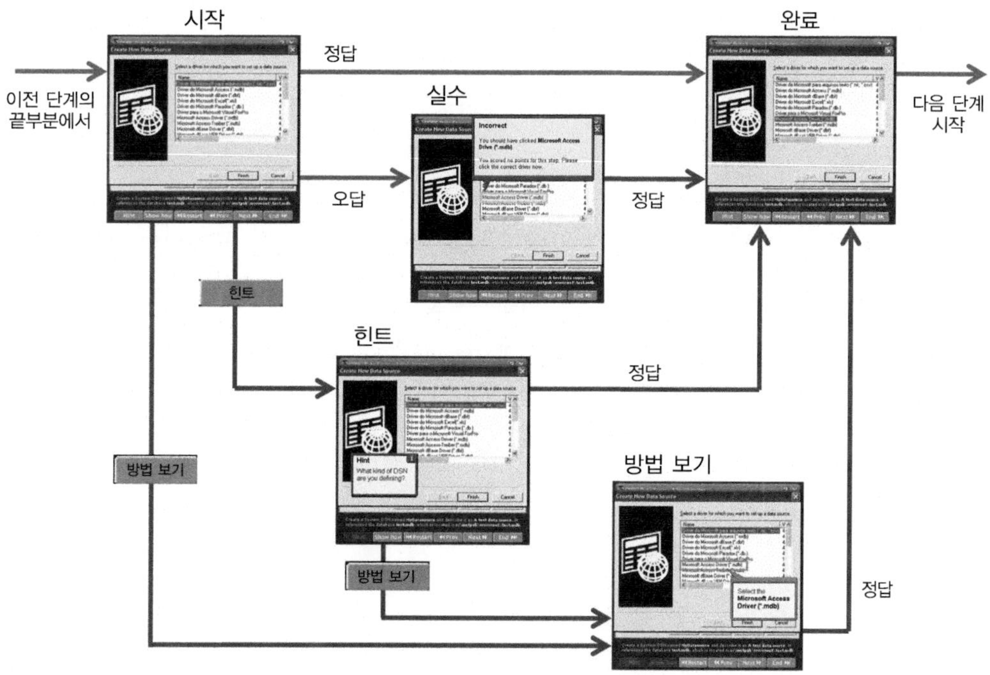

다음 다이어그램은 컴퓨터 절차를 가르치는 시뮬레이션의 각 단계들을 통과할 수 있는 내비게이션을 나타낸다. 출발 단계부터 학습자들은 정확하게 반응함으로써 완료할 수 있다. 만약 학습자들이 실수를 한다면 진행방법에 대한 안내사항을 얻게 된다. 또한 힌트나 명확한 안내를 요구할 수도 있다.

경로를 차트로 표현해 보는 것은 경로를 보다 정밀하게 만드는 데 도움을 줄 수 있으며, 보다 단순하고 자연스럽게 보일 수 있도록 해준다.

5.3 단순 경로

학습자들은 학습하고 싶을 때 학습하기를 원한다. 무엇인가 유용한 것을 발견할지도 모른다는 희망만으로 강좌 내용을 상세하게 들여다보고 싶어하지는 않을 것이다. 학습의 시기를 유지하기 위한 기준으로서 다음과 같은 규칙을 활용할 수 있다.

코스의 어떤 구성요소에 도달하기 위해 또는 어떤 질문의 답을 얻기 위해 3개에서 5개보다 많은 의사결정을 요구해서는 안된다.

이보다 더 많은 의사결정을 요구한다면 학습자들은 원하는 곳에 이르기 전에 포기하고 말 것이다.

6. 이 장을 마치며

학습자들이 원하는 내용을 발견할 수 없는 이러닝은 가치를 가지기 어렵다. 내비게이션 메커니즘은 학습자가 학습 목표(개인적 목표와 강좌의 학습 목표)를 달성하기 위하여 콘텐츠를 자유롭게 이동할 수 있도록 해준다.

6.1 요약

이러닝은 학습자의 요구를 반영한 내비게이션 메커니즘의 적절한 조합에 의해 효과를 높일 수 있다. 이러한 메커니즘의 일부는 일반적으로 책에서 사용하던 것과 유사한 방식이고 또 다른 부분들은 새롭게 창조된 방식들이다. 다음 표에서 제시된 방식들 중에서 상황에 맞게 현명하게 선택할 필요가 있다.

내비게이션 메커니즘	설명	활용시기
페이징	학습자가 반복적으로 [Next] 버튼을 클릭함으로써 논리적인 순서를 따라 콘텐츠를 이동한다.	거의 항상 활용될 수 있다. 특히 정교한 내비게이션 방식에서 요구되는 기술을 갖추지 못한 초보자들을 위하여 주로 사용된다. 접근을 하나의 경로로 제한하고자 할 때에도 활용된다.
메뉴	논리적인 범주를 중심으로 조직된 위계적 목록에서 레슨과 주제를 선택한다.	특정 주제에 대해 드릴 다운하는 것을 허용하거나, 강좌의 조직을 강화하기 위하여 활용한다.
인덱스	알파벳 순서에 따라 제시된 주제 목적으로부터 원하는 주제를 고른다	특정 내용이 어느 부분에 위치해 있는지와 상관없이 직접 특정 주제로 접근할 수 있도록 하여 적시 학습이 가능하도록 할 때 활용한다.
지도(map)	강좌의 구조를 보여주는 시각적 화면으로부터 레슨이나 주제를 선택한다.	시각적 주제에 대한 복잡한 구성을 표현하고자 할 때 활용한다.
검색	코스상의 단어나 문장을 검색한다.	웹 검색에 익숙한 학습자들이 직접 개별 주제로 찾아가기를 필요로 할 때 활용한다.
하이퍼링크	하이라이트된 단어나 문구를 클릭함으로써 관련 내용으로 이동한다.	모든 내용이 공식적인 조직상에 맞춰질 필요가 없거나 학습자들이 부가적인 자료로의 접근을 요구할 때 활용한다.
위치 표시기	코스상에서 현재 자신의 위치를 시각적으로 확인할 수 있다.	학습자들이 신뢰를 가지고 이동할 수 있도록 강좌가 어떻게 구조화되어 있는지를 알려 줄 필요가 있을 때 활용한다.
오토스캐닝	자동으로 나타나는 화면을 보여주고 원하는 곳에서 정지하거나 재생하도록 신호를 보낸다.	정확한 이름은 모르지만 형태나 모양을 알고 있는 내용을 다룰 때 활용한다.
북마크	이전 학습 주제로 돌아간다.	이전 학습 주제로 돌아가기를 요구하거나 다시 한 번 훑어보기를 원할 때 활용한다.

6.2 보충사항

강좌에서 필요로 하는 내비게이션은 코스가 어떻게 구조화되어 있는지에 달려 있다. 7장에서는 토픽들이 레슨 안으로 조직화되는 방법에 대해서 제안한 바 있다. 내비게이션 메커니즘은 전형적으로 버튼, 텍스트, 제시되어야만 하는 다른 도구들을 필요로 한다. 10장에서는 어떻게 시각적 표현들이 설계되어야 하는지에 대한 내용을 제시하였다.

내비게이션 메커니즘을 활용하는 것은 관련된 도구를 필요로 한다. 따라서 무엇보다 중요한 것은 이러닝을 저작하기 위한 도구들이다. 뿐만 아니라 *학습관리시스템*이나 *학습콘텐츠 관리시스템*도 중요하다. 웹 검색을 통해 학습관리시스템 및 학습콘텐츠 관리시스템에 대하여 검색해 보면 특정 도구들에 대한 정보를 얻을 수 있을 것이다.

제 12 장

결론

이러닝의 미래

이러닝은 단순한 기술의 변화가 아니다. 지식, 기술, 그리고 가치를 새로운 세대에게 어떻게 전달할 것인가에 대한 새로운 정의를 내리는 과정의 일부이다. 이러닝과 이러닝이 지원하는 기능이 어떻게 발전할 것인지에 대한 몇 가지 전망을 정리하면서 본 서를 마무리하고자 한다.

1. 학습의 새로운 모델

이러닝은 지난 500년간 효과적이었던 학습 모델을 대체하는 새로운 모델을 제시해 해주고 있다.

1.1 과거: 출판 모델

500년 동안 학문적 교육과 산업 훈련은 출판 모델에 의존하고 있었다. 때로는 방송 모델로 알려져 있기도 한 출판 모델은 몇몇 지식인들에 의하여 지식을 축적하여 무지한 대중들에게 보급되는 형태였다.

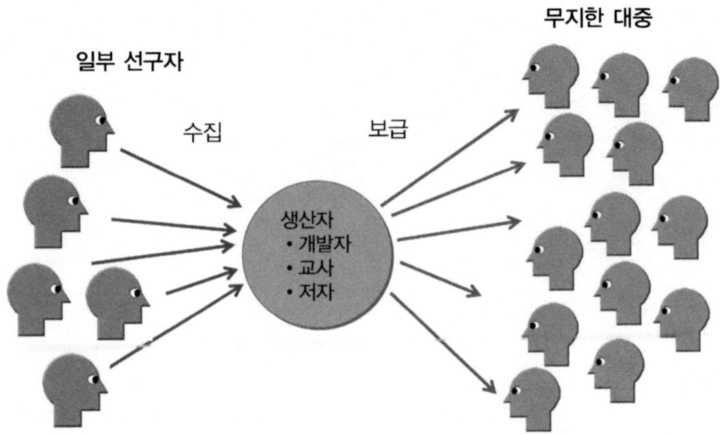

출판 모델의 중심에는 생산자가 있다. 생산자는 훈련 개발자일 수 있고, 교실 안의 교사일 수도 있으며, 책이나 매뉴얼의 저자일 수도 있다. 생산자는 일부 깨우친 사람들의 자문을 얻어 작업을 하게 된다. 깨우친 사람들은 다른 이들이 필요로 하는 지식을 가진 사람들이다. 생산자들은 이러한 지식을 모으고 조직하며 표현한다. 그런 다음 정보를 무지한 대중에게 보급하거나 출판한다.

이와 같은 모델은 소수만이 교육을 받았고 전체 계층의 사람들이 교육에 접근하기 어려웠을 때 생겨난 모델이다. 그러나 이제는 누구나 교육받을 수 있도록 하는 것이 보편화되어 가고 있다. 그리고 개개인들은 공유해야 할 지식을 가지고 있을 뿐만 아니라 많은 지식을 필요로 하고 있다.

1.2 미래: 촉진 모델

교육에서의 촉진 모델은 복잡하고 상당히 혼란스러워 보인다.

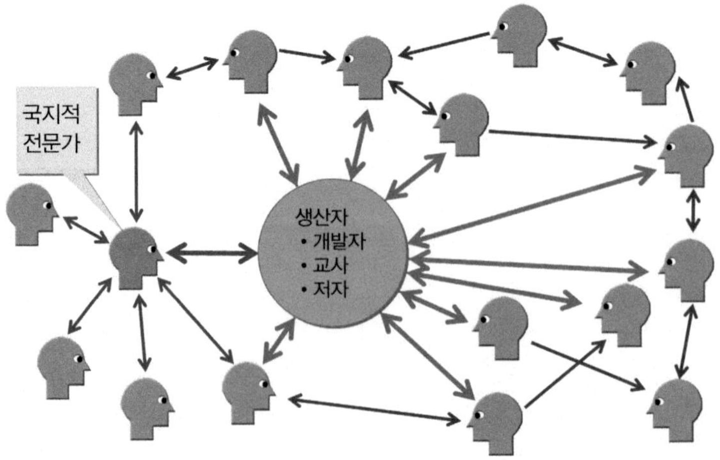

여전히 지식 생산자와 함께 지식을 필요로 하는 사람들도 존재한다. 그러나 지식 소비자들 간의 교류는 양방향적 교환이라고 할 수 있다. 소비자들은 질문을 하고 직접 아이디어들을 제공하기도 한다. 학습자가 선생님이 될 수도 있고 모든 교사가 학습자가 될 수도 있다.

몇몇 지식 소비자들은 스스로 지식 생산자가 된다. 저자는 이들을 국지적 전문가(local-area experts)라고 부른다. 국지적 전문가들은 지식 소비자들 중 일부 집단들과 정보를 나눈다. 이러한 집단들은 전체 주제 중 보다 어려운 이슈들에 대해 흥미를 가지고 있는 사람들일 수 있다. 또는 지식을 적용하고자 하는 특정한 하나의 부서나 기업의 전문가들일 수도 있다.

지식 소비자들은 더 이상 고립되어 있지 않다. 그들은 토론하고 대화하며 이메일을 열심히 교환한다. 이러한 순환적인 교류가 생산자에 의한 급속한 교환 작업을 완성하게 된다.

생산자들에게 이와 같은 새로운 모델이 시사하는 바는 무엇인가? 단순히 정보를 퍼뜨리는 것이 아니라 소비자들과 대화를 해야 한다는 점이다. 국지적 전문가들을 촉진하고 지원하는 자료를 개발해야 한다. 지식 소비자들이 다른 지식 소비자들, 국지적 전문가들, 생산자들과 교류할 수 있도록 의사소통 방법을 수립할 필요가 있다.

2. 우리는 어떻게 학습하는가

새로운 학습 모델은 미래 환경에서 교육이 어떻게 이루어질 것인가에 대한 흥미로운 비전을 제시해 준다. 예측 가능한 시나리오 하나를 다음과 같이 생각해볼 수 있다.

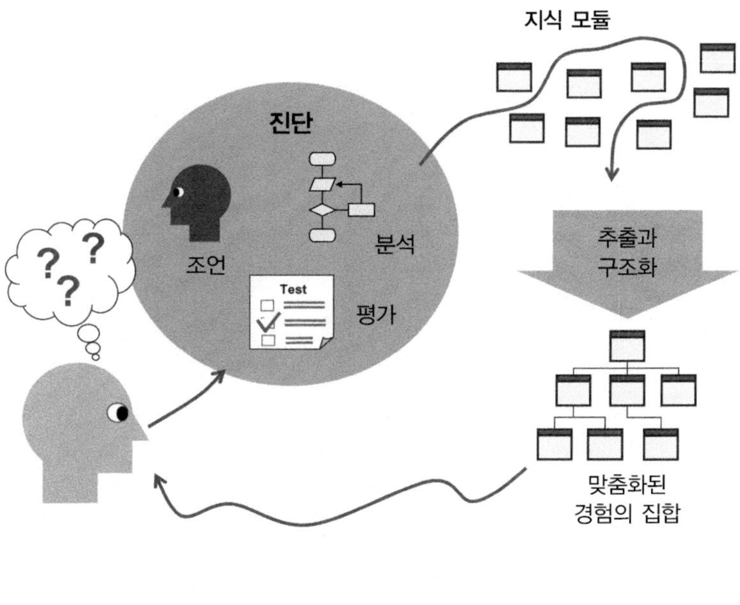

학습자들은 수백만 또는 수억의 지식 모듈에 접근하게 될 것이다. 어떠한 것들은 간단한 텍스트와 그림을 지닌 웹 페이지일 수도 있고, 어떠한 것들은 멀티미디어 시뮬레이션을 포함한 것일 수도 있다. 몇몇은 전문가들과의 비디오 컨퍼런스를 위한 쿠폰들로 구성되어 있을 수 있다.

학습자들이 지식에 대한 요구가 생기면 진단 과정을 거치게 된다. 이와 같은 진단은 그들의 컴퓨터의 알고리즘에 의하여 수십억분의 1초 만에 수행될 수 있다. 또는 이러한 진단은 요구 분석을 위해 현재 수준을 평가하는 시험을 치르거나 질문지를 작성하는 것과 관련되기도 한다. 수일에 걸쳐 상담자나 조언자와 함께 작업해야 할 수도 있다.

진단의 결과는 수백만 또는 수억의 지식 모듈을 가지고 있는 데이터베이스에서 추후 요청해서 볼 수 있다. 필요한 모듈들은 통합되어 개인의 필요에 따라 요구되어 맞춤화된 하나의 레슨이나 문서로 구성된 구조로 완성되는 과정을 거친다.

이와 같은 지식에 대한 요구와 획득의 순환구조는 하루에 수십 회에 걸쳐 일어날 수도 있다. 맞춤화된 경험의 집합은 그 소비과정이 몇 분 또는 몇 달일 수 있다. 결과적으로 대량 생산형에서부터 맞춤형 교육으로의 전환이 될 것으로 판단된다.

3. 새로운 시작

우리는 이제 이러닝의 시작점에 있다. 교실 학습의 버전은 1,364,287.4.6을 활용하고 있고, 매우 효율적이고 잘 다듬어져 있다. 반면 이러닝은 버전 2.0을 활용하고 있는 중이다. 조잡하고 산만하며 한계가 많지만 하루가 다르게 발전하고 있다. 창의적인 설계자들은 이제 준비 단계에 있다고 볼 수 있다. 설계자로서 무엇을 어떻게 할 수 있을지 높은 기대를 갖게 되는 시점이라고 할 수 있다.

찾아보기

ㅁ

ㅂ

ㅅ

ㅇ

ㅈ

ㅊ

ㅋ

ㅌ

ㅍ

ㅎ

역자소개

김세리
- 이화여자대학교 교육공학과 학사 (B.A.)
- 서울대학교 교육학과 교육공학 전공 석사 (M.A.)
- 서울대학교 교육학과 교육공학 전공 박사 (Ph.D.)
- 현) 서울벤처정보대학원대학교 교육공학과 교수
- 연구영역: 이러닝, 원격교육 체제 설계 및 운영 전략, 교수 메시지 설계, 교수-학습 이론

한승연
- 이화여자대학교 교육공학과 학사 (B.A.)
- 이화여자대학교 교육공학과 석사 (M.A.)
- 미국 University of Georgia 교육공학 박사 (Ph.D.)
- 현) 한양사이버대학교 교육공학과 교수
- 연구영역: 이러닝, 교수-학습 이론과 교수설계

우영희
- 이화여자대학교 교육공학과 학사 (B.A.)
- 이화여자대학교 교육공학과 석사 (M.A.)
- 미국 University of Georgia 교육공학 박사 (Ph.D.)
- 현) 한국방송통신대학교 연구원
- 연구영역: 이러닝, 상호작용 전략, 교수설계

박성희
- 이화여자대학교 교육공학과 학사 (B.A.)
- 이화여자대학교 교육공학과 석사 (M.A.)
- 미국 Purdue University 교육심리 및 통계 석사 (M.A.)
- 미국 Purdue University 교육공학 박사 (Ph.D)
- 현) 이화여자대학교 교육공학과 교수
- 연구영역: 교수설계, 테크놀로지 기반 학습설계

Horton의 이러닝 설계 활동 유형 및 사례

e-learning by design

초판 인쇄 • 2009년 5월 27일
초판 발행 • 2009년 6월 1일
저자 • William Horton
역자 • 김세리, 한승연, 우영희, 박성희
발행인 • 홍진기
발행처 • 아카데미프레스
주 소 • 122-900 서울시 은평구 역촌동 58-9 부호아파트 102동 상가 3호
전화 • (02)2694-2563
팩스 • (02)2694-2564
웹사이트 • www.academypress.co.kr
등록일 • 2003. 6. 18, 제313-2003-220호
ISBN • 978-89-91517-62-2

정가 25,000원